# Standpunkte der Ethik

## Oberstufe

Herausgegeben von
Hermann Nink

Erarbeitet von
Carl Gneist, Burkhard Hoffmann,
Petra Klähn, Hermann Nink,
Heinrich Schneider

Best.-Nr. 025002 9

Schöningh

www.schoeningh.de
Schöningh Verlag, Jühenplatz 1–3, 33098 Paderborn



Druck A 9 8 7 / Jahr 2007 06 05
Alle Drucke der Serie A sind im Unterricht parallel verwendbar.
Die letzte Zahl bezeichnet das Jahr dieses Druckes.

Umschlagentwurf: Veronika Wypior unter Verwendung von Paul Klee, Hauptweg und Nebenwege, 1929, 90 (R 10), 83,7 x 67,5 cm; Öl auf Leinwand; Museum Ludwig, Köln. © VG Bild-Kunst, Bonn 1999
Besitzer: Museum Ludwig Köln
Bildquelle: Rheinisches Bildarchiv Köln

Druck und Bindung: westermann druck GmbH, Braunschweig

ISBN 3-14-025002-9

# Inhaltsverzeichnis

# Anwendungsbereiche der Ethik

# Was soll ich tun? – Moral im Alltag

# Einführung

Rekapitulieren Sie Ihren gestrigen Tagesablauf. Mit welchen moralisch-ethischen Fragestellungen waren Sie konfrontiert? Wie haben Sie diese gelöst?

„Der Müll wird wieder teurer", liest Mike in der Zeitung. Gemeint sind die Gebühren dafür, dass der Müll zweimal wöchentlich verschwindet, aber auch der Müll selbst scheint ein kostbares Gut geworden zu sein. Jetzt gibt es das Duale System schon seit Jahren und noch immer weiß Mike nicht, ob er die Olivenölflasche mit dem fest integrierten Plastikverschluss in den Glascontainer für Weißglas werfen darf oder nicht. Dieses Schuldbewusstsein, die Grundlagen der Entsorgungstechnik immer noch nicht verstanden zu haben, beschwert Mike das Herz: „Wie oft hat er der wieder verwertenden Industrie in all den Jahren schon Plastikverschlüsse zugemutet?" Diese und ähnliche Alltagssituationen, in denen moralische Entscheidungen getroffen werden müssen, schildert Beatrix Novy in ihrem Buch „Du darfst – aber was?"
Das Beispiel zeigt, wie uns moralisch-ethische Konflikte im Alltag auf Schritt und Tritt begegnen, denn sobald sich der Mensch nicht nur als Einzelwesen mit Eigeninteressen, sondern als Teil der Gesellschaft begreift, sind Regeln als Bedingungen für das Zusammenleben unumgänglich.
Eine ungefähre Vorstellung von dem, was moralisch handeln bedeutet, hat wohl jeder. Sie umfasst solch allgemeine Werte wie Ehrlichkeit, Verantwortungsbewusstsein, Rücksichtnahme usw. Würden wir es mit der Moral aber immer ganz genau nehmen, müssten wir uns bei beinahe jeder Handlung fragen, ob es nicht eine andere, ethisch bessere gibt. Einige Beispiele: Darf man während des Zähneputzens das (Trink-)Wasser laufen lassen? Darf man Elektro-Geräte im Stand-by-Betrieb eingeschaltet lassen? Soll man den „preiswerten" Thunfisch, der möglicherweise mit Treibnetz gefangen wurde, kaufen? Soll man in den Wintermonaten frische Blumen, gar Orchideen aus Bolivien, verschenken? Wenn Alltagsentscheidungen solcher Art immer nur nach moralischen Kriterien zu entscheiden wären: Würde dies nicht eine Überforderung oder gar eine Zumutung darstellen?
Wenngleich viele sich bemühen, auch (oder vor allem) Alltagsentscheidungen unter moralischen Aspekten zu treffen, glaubte ein Nachrichtenmagazin angesichts der Zunahme unmoralischer Verhaltensweisen wie Korruption, Steuerbetrug, Schwarzarbeit, Arbeitsplatz-Mobbing u.a. feststellen zu müssen, dass die Deutschen ein „Volk ohne Moral" seien. Und die Wochenzeitung „Die Zeit" schrieb im März 1999, dass umweltgerechtes Verhalten vor allem Jugendliche immer weniger interessiere, weil die Umwelt „uncool" geworden sei.
Das folgende Kapitel soll Anlass zur Diskussion über diese Fragen geben. Am Beispiel des Wahrheitsgebotes, der Integration von Ausländern und des Umgangs mit Behinderten werden drei Themenbereiche vorgestellt, die deutlich machen, wie moralisch-ethische Fragestellungen unseren Alltag mitbestimmen.

# 1. Wahrheit und Lüge

Wissenschaftliche Untersuchungen ergaben: Jeder Mensch lügt am Tag mindestens 200-mal. Verhaltensforscher haben beobachtet, dass auch Tiere lügen können. Amseln und Singdrosseln treiben zuweilen an der Futterstelle ihre Konkurrenten mit einem Warnruf, der Bedrohung durch einen Feind signalisiert, in Deckung, um sich ungestört zu bedienen.

## Harald Weinrich: Die Linguistik der Lüge

*„Magna quaestio est de mendacio." So beginnt der Philosoph und Theologe Augustinus (354-430) seine Schrift über die Lüge (De mendacio). Für ihn ist sie die große Frage (magna quaestio) der Ethik überhaupt.*

Die Lüge ist in der Welt. Sie ist in uns und um uns. Man kann die Augen nicht vor ihr verschließen. „Omnis homo mendax", sagt ein Psalmvers (115,11). Wir können übersetzen: Der Mensch ist ein Lebewesen, das der Lüge fähig ist. Das ist eine Definition, die ebenso richtig ist wie jene Definitionen, die den Menschen ein Lebewesen nennen, das zu denken, zu sprechen oder zu lachen versteht. Es mag wohl eine misanthropische[1] Definition sein, aber sie ist nicht widerlegbar. Molières Misanthrop nimmt sich aus ihr das Recht, das ganze Menschengeschlecht zu hassen [...] Augustin, der als Erster die Lüge zum Gegenstand der philosophischen und theologischen Reflexion gemacht hat, hat auch als Erster den linguistischen Aspekt der Lüge gesehen. Er erinnert daran, dass den Menschen die Sprache nicht gegeben ist, damit sie sich gegenseitig täuschen, sondern damit sie einander ihre Gedanken mitteilen. Wer also die Sprache zur Täuschung gebraucht, missbraucht die Sprache, und das ist Sünde [...] Lüge ist erst da, wo das Andersreden von einer bewussten Täuschungsabsicht begleitet ist. Daher Augustins berühmte Definition der Lüge: *mendacium est enuntiatio cum voluntate falsum enuntiandi* (Lüge ist eine Aussage mit dem Willen falsch auszusagen). Die Diskussion der Moralphilosophie betrifft nun nur noch Grenzfragen der Lügendefinition. Sind Notlügen erlaubt? Gibt es einen „frommen Betrug"? Heiligt der Zweck die Mittel? Es geht also um die Frage, ob die (böse) Täuschungsabsicht, die seit Augustin zum Wesen der Lüge gehört, durch irgendeine gute Absicht, die sich mit der Lüge vielleicht verbinden mag, wettgemacht werden kann.

❶ Erstellen Sie ein Wortfeld „Lüge" (z.B. Schwindeln, Notlüge, Unterstellung etc.), versuchen Sie die Begriffe zu definieren und untersuchen Sie, wie sie motiviert sind.

❷ Überlegen Sie, ob es Lügen gibt, die nicht durch Augustinus' Definition erfasst werden.

❸ Aus welchen Motiven heraus könnte eine Lüge moralisch gerechtfertigt sein? Diskutieren Sie konkrete Beispiele.

❹ Untersuchen Sie die These, dass Sprache lügen kann, an der Sprache des Nationalsozialismus (z.B. „Endlösung", „Konzentrationslager", „Schutzhaft", „liquidieren", „Sonderbehandlung") und an den alljährlich „prämierten" Unworten wie „Vermüllung" (der Gesellschaft) oder „Überfremdung".

## Immanuel Kant: Über die Lüge

Die größte Verletzung der Pflicht des Menschen gegen sich selbst, bloß als moralisches Wesen betrachtet (die Menschheit in seiner Person), ist das Widerspiel der Wahrhaftigkeit: die Lüge [...] Die Lüge kann eine äußere oder auch eine innere sein.– Durch jene macht er sich in anderer, durch diese aber, was noch mehr ist, in seinen eigenen Augen zum Gegenstande der Verachtung, und verletzt die Würde der Menschheit in seiner eigenen Person; [...] Ein Mensch, der selbst nicht glaubt, was er einem anderen sagt, hat einen noch geringeren Wert, als wenn er bloß Sache wäre. Die Lüge (in der ethischen Bedeutung des Wortes), als vorsätzliche Unwahrheit über-

[1] misanthrop: menschenfeindlich

❶ Vergleichen Sie Kants Argumentation mit der Augustinus'. Wie begründet Kant das Wahrheitsgebot, wie Augustinus?

❷ Wenden Sie Kants Überlegungen auf folgendes von ihm selbst genanntes Beispiel an: „Ich habe einen Verfolgten aufgenommen. Der Mörder, der ihn verfolgt, klingelt und fragt, ob der von ihm Verfolgte in meinem Haus ist. Wie soll ich mich verhalten?" Bedenken Sie zu jeder Alternative die möglichen Folgen.

**Bocca della verita** – Der Mund der Wahrheit: In der Vorhalle der Kirche Santa Maria in Cosmedin in Rom ist ein antiker Verschlussdeckel einer römischen Wasserleitung, der einen Triton (Wassergott) darstellt. Ein Lügner sollte sich hüten – so der heute eher scherzhafte, im Mittelalter eher ernste Aberglaube – seine Hand in den Mund zu legen. Es könnte nämlich sein, dass ihm die Finger abgebissen werden. Im Mittelalter hat man dem Gottesurteil manchmal durch ein Schwert, das im Raum hinter der Platte geführt wurde, Wirkung verschafft. Es wurde auch benutzt, wenn ein Mann den Treueschwüren seiner Gattin nicht traute.

haupt, bedarf es auch nicht, anderen schädlich zu sein, um für verwerflich erklärt zu werden; denn da wäre sie Verletzung der Rechte anderer. Es kann auch bloß Leichtsinn, oder gar Gutmütigkeit, die Ursache davon sein, ja selbst ein wirklich guter Zweck dadurch beabsichtigt werden, so ist doch die Art, ihm nachzugehen, durch die bloße Form ein Verbrechen des Menschen an seiner eigenen Person und eine Nichtswürdigkeit, die den Menschen in seinen Augen verächtlich machen muss.

## Immanuel Kant: Über ein vermeintes Recht aus Menschenliebe zu lügen

Die Lüge also, bloß als vorsätzlich unwahre Deklaration gegen einen anderen Menschen definiert, bedarf nicht des Zusatzes, dass sie einem anderen schaden müsse; wie die Juristen es zu ihrer Definition verlangen [...] Denn sie schadet jederzeit einem anderen, wenngleich nicht einem anderen Menschen, doch der Menschheit überhaupt, indem sie die Rechtsquelle unbrauchbar macht. Wer also lügt, so gutmütig er dabei auch gesinnt sein mag, muss die Folgen davon, selbst vor dem bürgerlichen Gerichtshofe, verantworten und dafür büßen, [...] weil Wahrhaftigkeit eine Pflicht ist.

## Marcus George Singer: Warum es nicht richtig ist zu lügen

Ich kann mich nicht enthalten, darauf hinzuweisen, wie ganz und gar fantastisch es wäre, die Frage: „Warum ist es nicht richtig zu lügen?" oder irgendeine Frage dieser Art so zu beantworten: „Es ist nicht richtig zu lügen, weil die meisten Leute es missbilligen." Das wäre überhaupt keine Antwort. Es ist nicht deshalb nicht richtig zu lügen, weil es missbilligt wird, d.h. weil man es nicht für richtig hält. Plausibler wäre es, wenn man sagte, dass Lügen für nicht richtig gehalten wird, weil es nicht richtig ist, denn zu erklären, warum Lügen nicht richtig ist, ist gleichbedeutend damit zu rechtfertigen, warum man es für falsch hält. Für die Erklärung, warum es nicht richtig ist zu lügen, ist jedoch die Tatsache, dass es missbilligt wird, ebenso irrelevant wie die, dass jemand, der lügt, wahrscheinlich dafür bestraft werden wird. Es ist keine Antwort, wenn man sagt: „Es ist nicht richtig zu lügen, weil ich dich schlagen werde, wenn du es tust." Das ist nicht der Weg, mit dem man zeigen kann, dass oder warum es nicht richtig ist zu lügen.[...]. Ähnliche Überlegungen gelten für Antworten, die darauf hinweisen, dass etwas allgemeine Missbilligung findet. Sie können als Ratschlag dienen, jemanden vom Lügen abzuhalten. Solche Ratschläge sind oft nützlich. Sie sind aber irrelevant für die Frage, warum es nicht richtig ist zu lügen. Eine Handlung, die nicht richtig ist, könnte nämlich ebenso bestraft oder missbilligt werden. Auch in solchen Situationen ist es nicht richtig zu lügen, in denen man davonkommt, ohne bestraft zu werden oder ohne dass es missbilligt wird. [...]

Der Grund, warum es nicht richtig ist zu lügen, sollte aus dem, was bisher gesagt wurde, schon hinreichend klar geworden sein. Es ist nicht richtig zu lügen im Hinblick auf das, was passieren würde, wenn es jeder täte. Es wäre nichts weniger als verheerend, wenn jeder lügen würde, wann immer es ihm passt, wenn es zur Regel würde zu lügen, und zur Ausnahme, die Wahrheit zu sagen, was, wenn es auch so aussehen mag, tatsächlich nicht die herrschende Praxis ist. Daraus folgt, dass es im Allgemeinen nicht richtig ist zu lügen oder dass niemand das Recht hat, ohne Grund zu lügen; und dass der Wunsch oder das Verlangen zu lügen allein niemals eine ausreichende Rechtfertigung ist, wird an der weiteren Anwendung des Arguments der Verallgemeinerung gezeigt. Denn nehmen wir einmal an, dass es so wäre und dass ich mit der Begründung, es einfach zu wollen, das Recht in Anspruch nähme zu lügen. Dann hätte jede Person mit ähnlichen individuellen Voraussetzungen, und das heißt in diesem Zusammenhang jeder, der lügen möchte, das Recht zu lügen; das bedeutet, jeder hätte das Recht zu lügen, wann immer er will. Die Folgen davon, dass jeder das täte, wären, wie ich bereits gezeigt habe, nichts weniger als verheerend, und also könnte nicht jeder das Recht dazu haben. Aber wenn nicht jeder das Recht dazu haben kann, dann kann es niemand ohne einen speziellen Grund haben, und hier kann kein spezieller Grund angegeben werden, denn der Wunsch zu lügen ist kein unterscheidendes Merkmal. Das Recht zu lügen in dieser Weise zu „begründen" oder auszuweisen, enthält wirklich einen Widerspruch, weil es bedeutet, dass man den Anspruch, eine Ausnahme zu sein, aus Gründen erhebt, die jeden zu einer Ausnahme machen würden. Und wenn jeder das Recht hätte zu lügen, wann immer es ihm gefällt, dann hätte auch jeder das Recht zu tun, was immer ihm beliebt, und zwar unter allen beliebigen Umständen; und das ist ebenso widersprüchlich.

❶ Welche Gründe für das Wahrheitsgebot führt Singer an, welche lehnt er ab?

❷ Zeigen Sie, dass Singer im Sinne Kants argumentiert.

## Recht auf Lüge

ari Kassel, 1. Juli. Die Rechtsprechung des Bundesarbeitsgerichtes (BAG), wonach im Rahmen von Bewerbungen die Frage nach einer Schwangerschaft unzulässig ist, Frauen deshalb ein „Recht auf Lüge" haben, ist am Donnerstag an einem konkreten Fall modifiziert worden. Danach darf eine werdende Mutter nicht „schwindeln", wenn sie auf diesem Arbeitsplatz gar nicht beschäftigt werden kann oder eine Beschäftigung Schwangerer sogar gesetzlich verboten ist.

Das BAG wies eine Frau ab, die in einem Labor für Mikrobiologie eingestellt worden war und vom „Recht auf Lüge" Gebrauch gemacht hatte. Laut BAG hätte sie die Frage nach einer Schwangerschaft richtig beantworten müssen, da eine Beschäftigung werdender Mütter in diesem Bereich wegen möglicher Infektionen als gefährlich gilt.

Anne Riedel, in: Frankfurter Rundschau, 2.7.1993

❶ Nennen Sie Gründe für das im Text genannte „Recht auf Lüge".

❷ Nehmen Sie Stellung zum Urteil des Gerichts.

❸ Begründen Sie die strafrechtliche Relevanz von übler Nachrede, Verleumdung und Meineid (§§ 186, 187, 154 StGB). Berücksichtigen Sie dazu auch den Text von Norbert Hoerster (S. 29 f.).

Ekkehardt Martens (Hg.): Das Wahrheitsgebot. Oder: Muss man immer die Wahrheit sagen? Arbeitstexte für den Unterricht. Stuttgart (Reclam) 1987

Steffen Dietzsch: Kleine Kulturgeschichte der Lüge. Leipzig (Reclam) 1998

# 2. Leben in kultureller Vielfalt

Im Mai 1993 fand in Solingen ein Brandanschlag auf ein von Türken bewohntes Haus statt, dem fünf Menschen, darunter drei Mädchen im Alter von vier, neun und zwölf Jahren zum Opfer fielen.
Auch in den folgenden Jahren gab es zahlreiche Übergriffe auf Ausländer mit Verletzten und Todesopfern.

## Hans Magnus Enzensberger: Der Clan der Seßhaften

Zwei Passagiere in einem Eisenbahnabteil. Wir wissen nichts über ihre Vorgeschichte, ihre Herkunft oder ihr Ziel. Sie haben sich häuslich eingerichtet, Tischchen, Kleiderhaken, Gepäckablage in Beschlag genommen. Auf den freien Sitzen liegen Zeitungen, Mäntel, Handtaschen herum. Die Tür öffnet sich, und zwei neue Reisende treten ein. Ihre Ankunft wird nicht begrüßt. Ein deutlicher Widerwille macht sich bemerkbar, zusammenzurücken, die freien Plätze zu räumen, den Stauraum über den Sitzen zu teilen. Dabei verhalten sich die ursprünglichen Fahrgäste, auch wenn sie einander gar nicht kennen, eigentümlich solidarisch. Sie treten, den neu Hinzukommenden gegenüber, als Gruppe auf. Es ist ihr Territorium, das zur Disposition steht. Jeden, der neu zusteigt, betrachten sie als Eindringling. Ihr Selbstverständnis ist das von Eingeborenen, die den ganzen Raum für sich in Anspruch nehmen. Diese Auffassung läßt sich rational nicht begründen. Um so tiefer scheint sie verwurzelt zu sein … Die neuen Fahrgäste werden geduldet. Man gewöhnt sich an sie. Doch bleiben sie, wenn auch in abnehmendem Grade stigmatisiert. […] Nun öffnen zwei weitere Passagiere die Tür des Abteils. Von diesem Augenblick an verändert sich der Status der zuvor Eingetretenen. Eben noch waren sie Eindringlinge, Außenseiter; jetzt haben sie sich mit einem Mal in Eingeborene verwandelt. Sie gehören zum Clan der Seßhaften, der Abteilbesitzer und nehmen alle Privilegien für sich in Anspruch, von denen jene glauben, daß sie ihnen zustünden. Paradox wirkt dabei die Verteidigung des „angestammten" Territoriums, das soeben erst besetzt wurde; bemerkenswert das Fehlen jeder Empathie mit den Neuankömmlingen, die mit denselben Widerständen zu kämpfen, dieselbe schwierige Initiation vor sich haben, der sich ihre Vorgänger unterziehen mußten; eigentümlich die rasche Vergeßlichkeit, mit der das eigene Herkommen verdeckt und verleugnet wird.

Ein Rettungsboot, das so viele Schiffbrüchige aufgenommen hat, daß seine Kapazitätsgrenze erreicht ist. Ringsum in stürmischer See schwimmen weitere Überlebende, denen der Untergang droht. Wie sollen sich die Insassen des Bootes verhalten? Die Hände des Nächsten, der sich an den Spülbord klammert, zurückstoßen oder abhacken? Das ist Mord. Ihn aufnehmen? Dann sinkt das Boot mit allen Überlebenden. Dieses Dilemma gehört zum Standard-Repertoire der Kasuistik. Den Moralphilosophen und allen anderen, die darüber verhandeln, fällt der Umstand, daß sie auf dem Trockenen sitzen, gewöhnlich gar nicht auf. Doch eben an diesem Als-ob scheitern alle abstrakten Überlegungen, gleichgültig, zu welchem Schluß sie kommen. An der Gemütlichkeit des Seminars wird der beste Vorsatz zu schanden, weil kein Mensch glaubhaft angeben kann, wie er sich im Einzelfall verhalten würde.

Die Parabel vom Rettungsboot erinnert an das Eisenbahn-Modell. Sie ist eine extreme Zuspitzung. Auch hier treten Reisende so auf, als wären sie Grundbesitzer, nur daß sich das angestammte Territorium, das sie verteidigen, in eine dahintreibende Nußschale verwandelt hat, und daß es nicht mehr um ein bißchen mehr Komfort, sondern um Leben und Tod geht.

(Aus lizenzrechtlichen Gründen ist dieser Text nicht in reformierter Rechtschreibung gedruckt.)

❶ Wie begründet Enzensberger das Verhalten der Passagiere im Zug?

❷ Warum ist nach Enzensberger das Schiffbrüchigengleichnis im Zusammenhang mit Ausländerpolitik völlig verfehlt und was veranlasst Menschen dazu, es dennoch zu gebrauchen?

## Wolfgang Huber: Bedingungen des Zusammenlebens

Am Brandenburger Tor in Berlin, wo Hitler am 30.1.1933 seine Ernennung zum Reichskanzler hatte feiern lassen, demonstrierten genau 60 Jahre später 100 000 Menschen gegen Ausländerhass und Rassismus.

Lässt sich das Zusammenleben mit Fremden lernen? Ich will drei Bedingungen formulieren, die für derartiges Lernen wichtig sind.

Erstens: Die Bereitschaft zum Zusammenleben mit Fremden bildet sich an positiven Beispielen; sie entsteht nicht dadurch, dass man diejenigen verteufelt, die vor Fremden Angst haben.

Um Vorurteile abzubauen, sind gemeinsame Projekte von Deutschen und Türken, von Christen und Muslimen nötig. Nur dadurch, dass wir über Fremdenfeindlichkeit klagen, nimmt sie dagegen nicht ab. Die Gemeinschaft der Verschiedenen entsteht erst, wenn die Gründe für die verbreitete Angst erkannt sind und wenn diese Gründe bekämpft werden statt ihrer Folgen. Ein Grund ist meistens: die Angst vor dem sozialen Abstieg. Wer sich vor Arbeitslosigkeit oder mangelhaften Wohnbedingungen fürchtet, will als Erstes die Ausländerinnen und Ausländer vertreiben, die mögliche Konkurrenten um Arbeitsplätze und Wohnungen sind. Die faktische und bedrohliche Fremdenfeindlichkeit nimmt nur ernst, wer sich nicht mit hochmütigen Verurteilungen zufrieden gibt, sondern sich um ihre Ursachen kümmert.

Zweitens: Kulturelle Feindbilder entstehen schnell und sind nur schwer zu beseitigen. Kulturelle Freundschaft entsteht langsamer; aber auch sie kann tiefe Wurzeln schlagen.

Der Golfkrieg[1] kam manchen offenbar gerade recht; das verloren gegangene Feindbild des Sowjetkommunismus konnte zeitgemäß ersetzt werden. Ich zitiere als ein Beispiel die regierungsamtlichen „Informationen für die Truppe“, die den entscheidenden Grund des gegenwärtigen „Weltbürgerkriegs“ einzig und allein im islamischen Fundamentalismus sehen. „Er richtet sich […] gegen die Grundlagen der westlichen Zivilisation und Kultur. Wir alle sind herausgefordert“ durch diese „Konfrontation zwischen der christlich-jüdischen Zivilisation des Abendlandes und dem islamisch-fundamentalistischen Morgenland“ (Informationen für die Truppe 4/1991,6). So werden Klischees entwickelt und gepflegt, die dem Zusammenleben der Verschiedenen schwere Hindernisse in den Weg legen.

Wer solchen Feindbildern kulturelle Freundschaft entgegensetzen will, muss offenbar auf zwei Ebenen zugleich arbeiten: Man braucht konkrete Initiativen vor Ort, in denen Menschen die Chance haben, sich kennen zu lernen, statt übereinander zu reden. Man braucht

---

[1] Golfkrieg: 1991 im Auftrag der UN unter Führung der USA vorgenommene militärische Maßnahme zur Befreiung des vom Irak besetzten Kuwait.

In Deutschland lebten Anfang 1999 ca. 7,37 Millionen Ausländer (= 9% der Bevölkerung). Die Bundesländer mit dem höchsten Ausländeranteil sind Hamburg (18%), Berlin (14%), Hessen (14%), Baden-Württemberg (12,3%), Bremen (12,2%) und Nordrhein-Westfalen (11,2%). Den geringsten Ausländeranteil verzeichnen die neuen Bundesländer mit ca. 1-2%. Die Mehrheit der Ausländer sind Türken (2,1 Millionen), Jugoslawen (721000), Italiener (608000), Griechen (363000), Polen, Bosnier (je 280000) und Kroaten (207000). 40% aller Ausländer leben seit 15 Jahren und länger in Deutschland.

aber auch die Arbeit für eine politische Kultur, die nicht auf klischeehafte Feindbilder angewiesen ist. Eine reife Demokratie zeichnet sich dadurch aus, dass der Fremde nicht als Feind gesehen wird. Drittens: Zur Gesellschaft mit kultureller Vielfalt kann nur beitragen, wer sich für beides interessiert: für die fremden Kulturen und für die eigene kulturelle Identität.

Auf die faktische Pluralität unserer Gesellschaft werden häufig zwei entgegengesetzte Antworten gegeben, die beide unbefriedigend, ja verhängnisvoll sind. Der *Fundamentalismus* will die Rückkehr in einfache Verhältnisse. Er weicht der Infragestellung durch das Fremde aus. Eine kleine Zahl einfacher Lehrsätze soll für die Orientierung im Leben genug sein; anderes wird nicht zur Kenntnis genommen oder abgelehnt. Solchen Fundamentalismus gibt es nicht nur im Islam, sondern auch in Judentum und Christentum. Es gibt ihn nicht nur in den Religionen, sondern auch bei nicht religiösen Menschen. Es gibt ihn nicht nur auf der Rechten, sondern auch auf der Linken. Der Fundamentalismus sperrt sich gegen die mögliche Wahrheit, gegen die möglichen Werte, gegen den Reichtum in der Person, der Erfahrung, dem Glauben und der Kultur des anderen, des Fremden. Deshalb ist seine Intoleranz inhuman.

Ihm steht der *Relativismus* gegenüber. Er sagt: Jeder Mensch hat seine Überzeugung und Lebensweisen für sich selbst, eine Verständigung ist ohnehin nicht möglich; die Wahrheitsansprüche, die für uns als Einzelne wichtig sind, lassen wir in der Begegnung mit anderen auf sich beruhen. Nach diesem Modell können die unterschiedlichen Menschen und Gruppen deshalb gut miteinander leben, weil sie einander im Letzten gleichgültig sind. Eine plurale Gesellschaft kommt so zustande, in der die ernsten, tiefen, für die Menschen wichtigen Fragen nicht mehr gestellt und die Antworten auf diese Fragen tabuisiert werden. Diese Art von Multikulturalität ist am Ende der Tod aller Kultur.

Wer heute für eine an der Würde aller orientierten Gesellschaft arbeitet, will auf anderes hinaus: auf eine kulturell offene Gesellschaft, in der alle Menschen guten Willens eine Heimat finden können; auf eine friedensfähige Gesellschaft, in der im Innern ein Frieden zwischen den Verschiedenen gelebt wird, wie wir ihn auch zwischen den Völkern erhoffen; eine menschenorientierte Gesellschaft, in der die Rechte von Minderheiten besonderen Schutz und besondere Aufmerksamkeit genießen.

❶ Stellen Sie die Bedingungen zusammen, unter denen Zusammenleben in kultureller Vielfalt möglich ist.

❷ Berichten und diskutieren Sie über Initiativen interkultureller Zusammenarbeit (z. B. die Arbeit der Ausländerbeiräte, die „Woche der ausländischen Mitbürger“ u. Ä.).

❸ Informieren Sie sich über die Rechte und Pflichten von Ausländern in Deutschland (z. B. Informationen zur politischen Bildung 237, 4. Quartal 92, hg. von der Bundeszentrale für politische Bildung, Ausländergesetz vom 1. Jan. 91, Asylrecht (GG Art 16 Abs. 2 Satz 2) und über Möglichkeiten der Einbürgerung in die BRD.

❹ Entwerfen Sie einen Fragebogen, mit dessen Hilfe Sie eine Umfrage zum Thema „Akzeptanz von Ausländern bei Jugendlichen“ an ihrer Schule durchführen können. (Es soll deutlich werden, wie hoch bzw. niedrig der Grad der Akzeptanz ist, welche Ängste, Vorurteile, Erfahrungen diesen bestimmen.) Stellen Sie die Ergebnisse in der Schule vor.

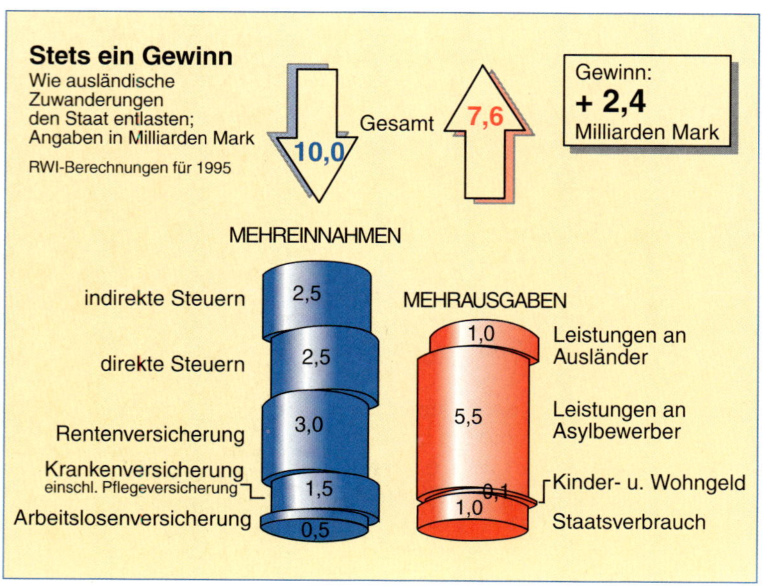


Widerlegen Sie mithilfe der Grafik eines der am weitesten verbreiteten Vorurteile gegen Ausländer.

# 3. Leben mit Behinderten

## Richard von Weizsäcker: „Es gibt keine Norm für das Menschsein“

Wie bekennen wir uns zu Menschen mit Behinderungen? Wie leben wir zusammen?
Fredi Saal schreibt eine Biographie mit dem Titel „Warum sollte ich jemand anders sein wollen?“ An ihrem Schluß sagt er: „Ich jedenfalls fühle mich als Spastiker als eine Schöpfung Gottes.“ Wer diese Worte liest, wird sie nicht vergessen. Sie sind eine Herausforderung für jeden Menschen, ob mit oder ohne Behinderung.
Es ist normal, verschieden zu sein. Es gibt keine Norm für das Menschsein. Manche Menschen sind blind oder taub, andere haben Lernschwierigkeiten, eine geistige oder körperliche Behinderung – aber es gibt auch Menschen ohne Humor, ewige Pessimisten, unsoziale oder sogar gewalttätige Männer und Frauen.
Daß Behinderung nur als Verschiedenheit aufgefaßt wird, das ist das Ziel, um das es uns gehen muß. In der Wirklichkeit freilich ist Behinderung nach wie vor die Art von Verschiedenheit, die benachteiligt wird. Es ist eine schwere, aber notwendige, eine gemeinsame Aufgabe für uns alle, diese Benachteiligung zu überwinden.
Maßstäbe für Behinderung sind zufällig und fragwürdig. Noch immer gehen sie von den Forderungen unserer sogenannten Leistungsgesellschaft aus: vor allem von rationalen und motorischen Fähigkeiten, von der Leistungskraft im Produktionsprozeß. Wäre soziales Verhalten der beispielgebende Maßstab, dann müßten wir den Menschen mit Down-Syndrom nacheifern. Gemessen an der Sensibilität, mit der Taubblinde durch die Haut wahrnehmen können, sind Sehende und Hörende behindert. Vielleicht würde ein Rollstuhlfahrer einen Professor, der nicht lachen und weinen kann, als in seinem Menschsein behindert einschätzen. Wir sollten Menschen mit einem definierten Handicap fragen, was sie unter „behindert“ verstehen.
Jedenfalls darf man nicht allgemein von „Behinderten“ sprechen, das würde den ganzen Menschen betreffen. In Wahrheit sind doch nur Teilbereiche, einzelne Fähigkeiten eingeschränkt.
Jeder kann durch einen Verkehrsunfall, durch Herzinfarkt, überhöhten Zucker-, Alkohol- und Zigarettenkonsum, durch Streß, im Alter oder bei der Geburt eines Kindes im Laufe seines Lebens eine Behinderung erleiden. Gegen Behinderung kann sich niemand versichern. Etwa jeder Zehnte in Deutschland ist schwer- oder schwerstbehindert. Sie sind keine Randgruppe.
Etwa vier Prozent der Menschen mit schwerer oder schwerster Behinderung werden so geboren. 96 Prozent dagegen begegnen der Behinderung erst im Laufe ihres Lebens. Manche stellen heute das Lebensrecht von Kindern in Frage, die mit schwerem Handicap geboren werden. Manche

**Frida Kahlo** (1907–1954): „Die gebrochene Säule“. Die mexikanische Künstlerin erlitt mit 18 Jahren einen Verkehrsunfall, unter deren Folgen, u.a. mehrfache Brüche des Beckens und der Lendenwirbel, sie ihr ganzes Leben lang zu leiden hatte. In dem 1944 entstandenen Bild stellt sie ihre Gebrechen, ihren Schmerz und ihre Verletzlichkeit, aber auch ihren Lebenswillen dar.

Der Kosmologe und Astrophysiker **Stephen Hawking** bei einer Vortragsreise in Chile 1997

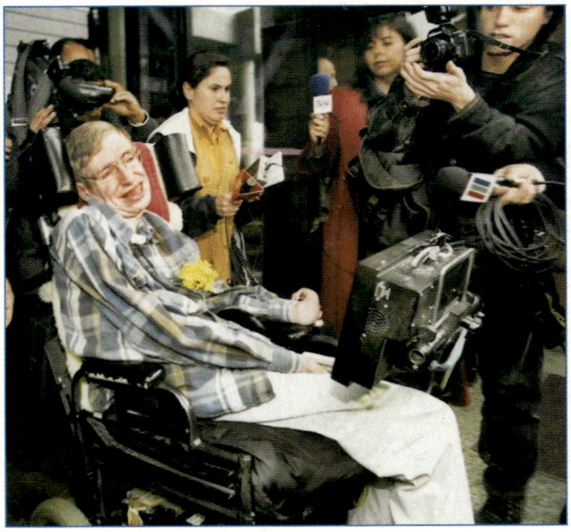

machen Kosten-Nutzen-Rechnungen auf und diffamieren gar Eltern, wegen ihrer Entscheidung, ein blindes, taubes oder geistig behindertes Kind zur Welt zu bringen. Das ist ein Verstoß gegen die Achtung vor der Würde des Menschen.
Es gibt noch immer eine bösartige, die Wirklichkeit verzerrende Stimmungsmache gegen eine kleine Gruppe schutzbedürftiger Mitmenschen. Auf deutschen Straßen sieht man viele Rollstühle. Zu viele? Wer so denkt, der muß für Tempolimit, für verkehrsberuhigte Wohngebiete, gegen hohen Alkohol- und Tabakkonsum kämpfen. Er muß Sicherheit am Arbeitsplatz und Umweltschutz fordern, damit nicht immer mehr Menschen in den Rollstuhl gezwungen werden. So kann man Behinderungen wirksam vorbeugen. Das ist sinnvoll und notwendig. Wer aber publizistisch das Lebensrecht von Menschen mit angeborener Behinderung in Zweifel zieht, verletzt die Würde des Menschen. Mecklenburg-Vorpommern und Sachsen-Anhalt haben den Schutz und die Gleichstellung von Menschen mit Behinderung ausdrücklich in ihre Landesverfassungen aufgenommen.
Der Artikel 1 unseres Grundgesetzes mit dem verbrieften Schutz der Menschenwürde ist nicht weniger schutzfähig. Aber mit einem Satz in der Verfassung ist es nicht getan. Sondern jeder von uns muß selbst dazu beitragen, ihn durch Wachsamkeit, Zivilcourage und Solidarität zu verwirklichen.
Auch durch diese von den Betroffenen als existentielle Bedrohung empfundene Diskussion über das Lebensrecht ist die gewiß zwiespältige wissenschaftliche Früherkennung in negatives Licht geraten. Wenn die Gentechnik irgendwann vererbbaren Krankheiten entgegenzutreten vermag, Menschen die Sehkraft erhalten, ist das ein Fortschritt, den wir den Betroffenen nicht vorenthalten dürfen. Aber die pränatale[1] Diagnostik wird unser Leben nicht einfacher machen, sondern schwieriger. Denn sie wird uns nur Fakten mitteilen, nicht mehr. Wer sie hören will, begibt sich in eine Entscheidungssituation, die moralisch und ethisch höchste Anforderungen stellt. Besitzen wir immer schon die notwendige Reife, uns denen entgegenzustellen, die diese Wissenschaft dazu mißbrauchen, Normvorstellungen zu entwickeln, wonach bestimmte körperliche oder geistige Beeinträchtigungen schlechthin als menschlich unzumutbar bezeichnet werden? Frida Kahlo, Helen Keller, Stephen Hawking und Thomas Quasthoff – sie führen ein bewundernswert erfülltes Leben mit schweren und schwersten Behinderungen.

(Aus lizenzrechtlichen Gründen ist dieser Text nicht in reformierter Rechtschreibung gedruckt.)

❶ Bestimmen Sie den Begriff „Menschenwürde“ (s. S. 297).

❷ Diskutieren Sie über Weizsäckers Aussage zur pränatalen Diagnostik. Berücksichtigen Sie dabei auch die Texte von Peter Singer und Robert Spaemann (s. S. 76 ff.).

Am 15. November 1994 trat die überarbeitete Verfassung für das geeinte Deutschland in Kraft. In Artikel 3, Absatz 3 wurde der Satz: „Niemand darf wegen seiner Behinderung benachteiligt werden“ angefügt. Doch dieser Satz bedeutet nicht, dass die Benachteiligung bestimmter Menschen nun automatisch vorbei ist, zumal es sich lediglich um ein Benachteiligungsverbot nicht aber um ein Gleichstellungsgebot, wie es in einigen Landesverfassungen enthalten ist, handelt. Im Oktober 1997 startete ein Aktionsbündnis aus mehr als neunzig bundesweit arbeitenden Verbänden der Behindertenhilfe und Selbsthilfeverbänden die „Aktion Grundgesetz“, um auf die Diskrepanz zwischen Verfassungsanspruch und Verfassungswirklichkeit aufmerksam zu machen.

[1] pränatal (lat.): vorgeburtlich

## Hans-Günter Heiden: Behindert ist man nicht, behindert wird man

In der Diskussion, die im Jahre drei nach der Verfassungsergänzung über die Bedeutung der sieben Worte entstanden ist, geht es natürlich auch um begriffliche Festlegungen. Was ist eigentlich unter „Behinderung“ zu verstehen? Was ist eine „Benachteiligung“? Ist „Benachteiligung“ gleich „Diskriminierung“? […]

So heißt es in der Behinderungs-Definition des 3. Berichts der Bundesregierung zur „Lage der Behinderten und die Entwicklung der Rehabilitation“ von 1994: „Behinderte“ sind alle die, „die von den Auswirkungen einer nicht nur vorübergehenden Funktionsbeeinträchtigung betroffen sind, die auf einem regelwidrigen körperlichen, geistigen oder seelischen Zustand beruht.“

Im EURO-Atlas des Bundesministeriums für Arbeit und Sozialordnung (BMA) heißt es ergänzend, dass Behinderte all diejenigen seien, die aufgrund der „nicht nur vorübergehenden Funktionsbeeinträchtigung in ihrer Fähigkeit zur Eingliederung in die Gesellschaft eingeschränkt sind.“ Diese Definition hat gravierende Folgen, denn sie bedeutet im Klartext: Die Tatsache, dass ich beispielsweise nicht laufen kann und zum Ausgleich den Rollstuhl benutzen muss, schränkt mich in meiner Eingliederungsfähigkeit ein. Meine Beeinträchtigung ist dafür verantwortlich, dass ich nicht in die Straßenbahn komme. Man kann es auch ganz anders sehen: Im Aktionsplan der norwegischen Regierung zur Behindertenpolitik von 1994 findet man folgende Definition: „Behinderung ist die Diskrepanz zwischen den Fähigkeiten eines Individuums und den Funktionen, die ihm in der Gesellschaft abverlangt werden. Dies bezieht sich auf alle Gebiete, die wesentlich für die Selbstbestimmung und ein Leben in der Gemeinschaft sind.“ Und daraus folgt dann: Die Tatsache, dass die Straßenbahn zu hohe Stufen hat, schränkt meine Fähigkeit zur Eingliederung in die Gesellschaft ein; die Straßenbahn muss also zugänglich gemacht werden. […] Behindert ist man also nicht, behindert wird man: durch die Gesellschaft der Behinderer!

❶ Stellen Sie sich das Unvorstellbare vor: Sie sind auf einen Rollstuhl angewiesen. Rekapitulieren Sie in Stichworten einen beliebigen Tag der letzten Woche. Welche Tätigkeiten müssten Sie aufgrund Ihrer Behinderung streichen?

❷ Welche gesellschaftlichen Konsequenzen hat die Art und Weise, wie ich „Behinderung“ definiere?

❸ Nennen Sie Einrichtungen im Alltag für eine gelungene Umsetzung des Rechts auf Gleichstellung.

❹ Setzen Sie sich kritisch mit den in diesem Kapitel und auf der Auftaktseite abgebildeten Plakaten von Behindertenverbänden auseinander. Untersuchen Sie Text, Bild und Art der Aufmachung im Hinblick auf die damit beabsichtigte Wirkung.

# Behindertes Mädchen muss in die Sonderschule

## Verfassungsgericht: Kein Anspruch auf Regelunterricht

Eine körperbehinderte Schülerin aus Niedersachsen muss nun doch die Anordnung der Schulbehörde befolgen und eine Sonderschule besuchen. Das Bundesverfassungsgericht (BVG) in Karlsruhe hat am Mittwoch die Verfassungsbeschwerde der 13-jährigen Schülerin abgewiesen.

KARLSRUHE, 29. Oktober. Im Eilverfahren hatte das Mädchen zweimal vor dem BVG Erfolg gehabt. Sie hatte zwei einstweilige Anordnungen erlangt, dass sie bis zur abschließenden Entscheidung über ihre Verfassungsbeschwerde in einer Regelschule bleiben konnte. In der Hauptsache aber verlor sie nun (Az: 1 BvR 9/97).

Das Mädchen ist aufgrund einer Querschnittslähmung auf den Rollstuhl angewiesen – und leidet außerdem an einer Sprachverzögerung. Dennoch absolvierte sie die Grundschule, ohne eine Klasse wiederholen zu müssen. Danach ordnete die Schulbehörde jedoch die sofortige Überweisung an eine Förderschule für Körperbehinderte an. Das Niedersächsische Oberverwaltungsgericht (OVG) hatte diese Anordnung bestätigt. Die Entscheidung sei verfassungsrechtlich nicht zu beanstanden, urteilte jetzt Karlsruhe.

Da sich das BVG erstmals mit dem 1994 neu eingeführten Grundgesetzartikel zu befassen hatte, nach dem „niemand wegen seiner Behinderung benachteiligt werden“ darf, enthält die Entscheidung grundsätzliche Ausführungen zur Förderpflicht des Staates gegenüber behinderten Schülern. Verfassungswidrig wäre es, wenn die Möglichkeit eines gemeinsamen Unterrichts von behinderten und nicht behinderten Schülern generell ausgeschlossen würde, entschied der Erste Senat. Eine verfassungswidrige Benachteiligung Behinderter komme etwa dann in Betracht, wenn eine Überweisung in die Sonderschule erfolge, obwohl der Besuch einer Regelschule bei vertretbarem Einsatz sonderpädagogischer Förderung möglich wäre. Das BVG gesteht dem Gesetzgeber aber zu, die Integration behinderter Schüler vom „faktisch Möglichen“ abhängig zu machen. Organisatorische, personelle und sachliche Vorbehalte seien verfassungsrechtlich nicht zu beanstanden.

An diesem Vorbehalt scheiterte die Verfassungsbeschwerde der 13-Jährigen. Das OVG hatte argumentiert, in einer Klasse mit 27 Schülern könne die Schülerin nicht besonders gefördert werden. Sie brauche wöchentlich fünf Stunden Sonderförderung in Mathematik; hierfür seien an der Schule aber nicht ausreichend Sonderschullehrer verfügbar. Diese Würdigung, so das BVG sei verfassungsrechtlich nicht zu beanstanden.

Bei Behindertenverbänden stieß das Urteil auf scharfe Kritik. Sie sprachen Agenturberichten zufolge von einem „schlimmen Rückschlag für alle Integrationsbemühungen“.

Ursula Knapp, in: Frankfurter Rundschau, 30.10.97

❶ Diskutieren Sie den vorgestellten Fall. Wie beurteilen Sie das Urteil des Gerichts?

❷ Verfassen Sie dazu einen Zeitungskommentar aus der Sicht der Behindertenverbände oder der Eltern. Was könnten Gründe dafür sein, dass Behinderte eine Regelschule besuchen sollten?

❸ Wenn möglich, befragen Sie zum Thema „Regelschule“ oder „Sonderschule“ Familien mit einem behinderten Kind.

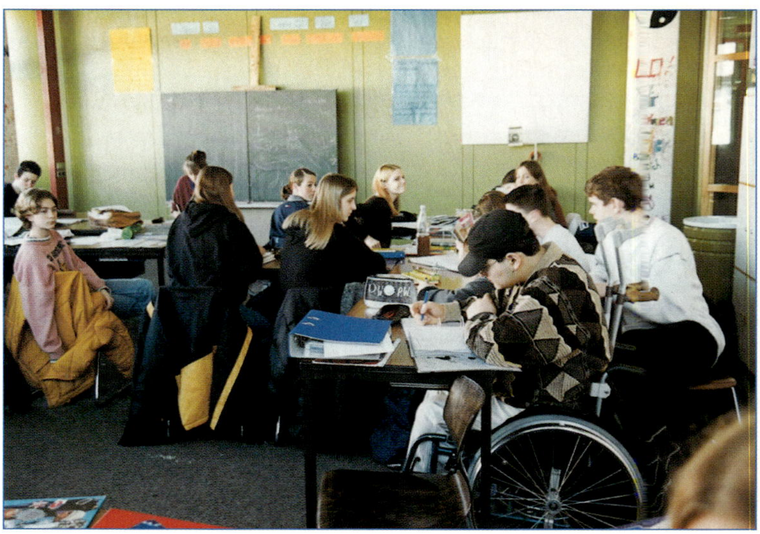

Behinderte und nicht behinderte Schüler an der Integrierten Gesamtschule Ernst Bloch in Oggersheim

# Warum moralisch sein? – Wesen und Ziele der Ethik

Bernd Pfarr
Der fade Geschmack von Weißkohl und Tofu ließ Stechmücke Günther stark an seiner Entscheidung zweifeln, aus ethischen Gründen auf das Blutsaugen zu verzichten.

## Einführung

Die Karikatur auf der vorherigen Seite zeigt ein Dilemma: „Stechmücke Günther“ hat zwar „aus ethischen Gründen“ auf das Blutsaugen verzichtet, leidet anscheinend aber unter den neuen Lebensverhältnissen. Man erfährt zwar nicht, ob sein Verzicht freiwillig war oder unter öffentlichem Druck geschah, seine Entscheidung aber führt offensichtlich zu einem freudlosen, ja geradezu „unnatürlichen“ Dasein. Ist das die Konsequenz einer Entscheidung zu einem von der Moral bestimmten Leben?

Im privaten wie auch im gesellschaftlichen Leben werden häufig moralische Entscheidungen gefordert. Will man damit aber nicht ständig gefordert (und damit überfordert) sein, vertraut man auf eine Moral, die von der überwiegenden Zahl der Mitmenschen geteilt und praktiziert wird, auf die man sich verlassen kann und die dem Einzelnen oder der Gesellschaft Orientierung gibt. Institutionen wie z.B. die Familie können eine solche Wertevermittlung repräsentieren und weitergegeben. Nun scheint aber die Gewissheit über das, was man konkret darf und soll, welche Moral, welche Norm zu gelten hat, brüchig und fragwürdig geworden zu sein. Manch einer glaubt sogar, dass die traditionelle Moral den heutigen Lebensverhältnissen und Problemen nicht mehr gerecht werde und man deshalb eine „neue Ethik“ brauche. Immer häufiger werden deshalb „Ethik-Kommissionen“ einberufen, um sich über die moralische Dimension von Entscheidungen und Vorhaben klar zu werden und zu einem moralischen Konsens zu kommen.

Darüber, dass bestimmte Werte und Normen notwendig sind, herrscht weitgehend Einigkeit. Welche Werte aber könnten die Grundpfeiler einer konsensfähigen Moral bilden? Welchen Grad an Verbindlichkeit sollte diese Moral haben? Und wie sollte sie vermittelt und durchgesetzt werden?

Dazu hat die Ethik als Lehre von der Moral zahlreiche Fragestellungen und Antworten entwickelt. Darüber hinaus hat sie sich auch mit Einwänden auseinander gesetzt, die grundsätzlich gegen moralische Forderungen und Festlegungen gerichtet sind.

# 1. Werte und Normen – eine Notwendigkeit?

Oft hört man Klagen über „Werteverlust", „Orientierungslosigkeit" oder über rücksichtsloses Verhalten als Kennzeichen einer „Ego-Gesellschaft". Das Magazin „Der Spiegel" erstellte Anfang 1999 einen „deutschen Sittenspiegel" und glaubte auf Grund seines Befundes sogar fragen zu müssen, ob die Deutschen ein „Volk ohne Moral" seien (s. S. 8). Bundespräsident Herzog kritisierte 1997 in einer Rede zur Bildungspolitik, dass man in Schulen und Universitäten den Werten oft zu skeptisch gegenüberstehe. „Das Vermitteln von Werten und sozialen Kompetenzen" gehöre aber zur Persönlichkeitsbildung, so der Bundespräsident.
Ähnliche Klagen über fehlende Orientierung an moralischen Werten gibt es auch in anderen Ländern, wie die folgende Zeitungsnachricht zeigt.

**Werte:** Grundsätze und Zielvorstellungen, die ein Individuum oder eine Gesellschaft als erstrebenswert bzw. verbindlich anerkennt.
**Moral, Sitte** und **Ethos** bezeichnen die tatsächlich gelebten oder angestrebten verbindlichen Verhaltensweisen eines Individuums (Individualmoral), einer Gruppe (Gruppenmoral, Berufsmoral) oder der Gesellschaft (gesellschaftliche Moral).
**Ethik** (gr. ethos: gewohnter Ort des Lebens, Sitte, Charakter) ist die Wissenschaft bzw. die Lehre von der Moral. Sie analysiert und bewertet moralische Normen und stellt Moralsysteme auf bzw. begründet sie (s. Grafik S. 47).

## Gierige Norweger können sich auf eine Moralpredigt gefasst machen

Norwegen droht moralisch zu verarmen. Findet Ministerpräsident Bondevik, der nun einzugreifen gedenkt: Mit einer „Wertekommission" will die Regierung Gier und Materialismus zu Leibe rücken.
Oslos Regierungsvertreter haben unter ihren Landsleuten eine „Habgier-Kultur" ausgemacht. Im reichen Ölland Norwegen mache sich seit geraumer Zeit „wachsender Materialismus" breit. So darf es nicht weitergehen, findet der Ministerpräsident, der nun eine „gesellschafts-ethische Mobilisierung" plant. Zu diesem Zweck hat er eine „Wertekommission" eingesetzt, die sich damit beschäftigen soll, auf welche ethischen Grundlagen die künftige norwegische Gesellschaft aufbauen kann.

Frankfurter Rundschau, 7.2.1998

| Werte | notwendig | wichtig | entbehrlich |
|---|---|---|---|
| Solidarität | | | |
| Fleiß | | | |
| Treue | | | |
| Flexibilität | | | |
| Gleichheit | | | |
| Selbstsicherheit | | | |
| Spontaneität | | | |
| Aufrichtigkeit | | | |
| Verantwortung | | | |
| Spaß | | | |
| Gehorsam | | | |
| … ? … | | | |
| … ? … | | | |

❶ Was verstehen Sie unter der „Vermittlung sozialer Kompetenzen"? Nennen Sie Beispiele.

❷ Nehmen Sie an, Sie seien Mitglied einer „Wertekommission". Ergänzen bzw. korrigieren Sie die nebenstehende Liste und begründen Sie ihr Votum anhand von Beispielen. Erstellen Sie dann eine Rangliste und versuchen Sie in Ihrer Gruppe, einen Wertekonsens herzustellen. Welche Schwierigkeiten treten dabei auf?

❸ Welche Personen oder Institutionen vermitteln Ihrer Meinung nach notwendige oder wichtige Werte? Begründen Sie Ihre Antwort anhand von Beispielen.

## Hans-Christoph Schaefer: Wertevermittlung durch Vorbilder

*Der Jurist Hans-Christoph Schaefer ist Generalstaatsanwalt und hat es in dieser Funktion häufig mit Wirtschaftskriminalität und Korruption zu tun. Er führt die zunehmende Kriminalität auf mangelndes Unrechtsbewusstsein und auf den Verlust von Werten zurück.*

Nach der Niederlage der Fußball-Nationalmannschaft gegen Kroatien im Viertelfinale der Weltmeisterschaft 1998 hat der damalige deutsche Bundestrainer eine einmalige Chance vergeben, nämlich vor aller Welt kundzutun, dass die Deutschen in der Lage seien, fair zu verlieren und die sportliche Leistung des anderen auch anzuerkennen. Statt sich an den eindrucksvollen Gratulationsszenen der englischen oder italienischen Trainer ein Beispiel zu nehmen, verschlimmerte Berti Vogts auch nach der Bedenkzeit einer Nacht noch den fatalen Eindruck[1]. Offensichtlich war ihm zu dieser Zeit nicht bewusst, dass er als Prominenter eine Vorbildfunktion wahrzunehmen hatte, an der sich Fußballer, Sportler, auch Menschen allgemein hätten orientieren können.
Dieses Verhalten hat viel Ähnlichkeit mit dem Verhalten anderer, die in unserer Gesellschaft herausragende Positionen wahrnehmen und durch ihre Prominenz eine Vorbildfunktion haben, sie aber nicht wahrnehmen und sich auch dessen wenig bewusst sind. Der Vorsitzende der Deutschen Bischofskonferenz, der Mainzer Bischof Lehmann, fragte vor einigen Monaten, wo unsere Gesellschaft eigentlich noch Werte vermittele. Er machte diese Äußerung im Zusammenhang mit seiner Kritik an der Einführung eines Ethik- anstelle des Religionsunterrichts in einem Bundesland. Es soll dahingestellt bleiben, ob auch die Kirche immer die Werte vermittelt, die sie für sich beansprucht. Die Frage aber ist berechtigt: Wo sind die Werte in unserer Gesellschaft, die durch gute Beispiele, eben durch Vorbilder, vermittelt werden?
Ein wirksamer Schutz der Gesellschaft gegen innere und äußere Gefahren, d.h. auch gegen Kriminalität und Extremismus, erfolgt nicht nur durch repressive[2] Maßnahmen, wie etwa das Strafrecht, dessen ultima-ratio-Funktion allerdings oft verkannt wird, sondern auch durch die wesentlich wirksamere Prävention und schließlich durch eine Wertorientierung, durch die eine Gesellschaft stabilisiert wird.
Wichtig ist zunächst eine Wertediskussion, d.h. die Gesellschaft muss sich darüber klar werden, dass sie Orientierungslinien benötigt. Dies gilt besonders für eine „multikulturelle" Gesellschaft, in die ganz verschiedene Werte ungesteuert Einzug halten. Es genügt nicht, ständig nach äußeren Schutzmaßnahmen zu rufen, ob repressiv oder präventiv[3], die Gesellschaft selbst muss auch bereit sein, darüber nachzudenken, wie sie sich stabilisieren kann. Was kann z.B. die Gesellschaft tun, um ihre innere Sicherheit zu ge-

---

[1] Vogts machte indirekt den Schiedsrichter und den Internationalen Fußballbund für die Niederlage verantwortlich.
[2] repressiv: hemmend, unterdrückend
[3] präventiv: vorbeugend, verhütend

währleisten, d.h. sich auch gegen Kriminalität zu wehren? Natürlich kann die Gesellschaft zunächst versuchen, kriminogene[1] Ursachen zu beseitigen, die sie selbst gesetzt hat. Ein Steuerrecht etwa, das in seiner Unübersichtlichkeit und seinen Privilegien dazu einlädt, zu tricksen und den Staat zu hintergehen, ist allein schon aus diesem Grund dringend reformbedürftig. Andere Beispiele gibt es vielfach. Aber dies ist ein anderes Thema, und es soll hier auch nicht behauptet werden, dass die Gesellschaft ihre Kriminalität selbst hervorbringe. Die Gesellschaft kann aber durch ihre Werteorientierung und das Vorleben dieser Werte abwehrbereiter gegen Kriminalität werden. Ein Beispiel ist die Korruption, in einem umfassenden, über das Strafrechtliche hinausgehenden Sinne verstanden: d.h., dazu gehören moralisch-ethische Verhaltensweisen, bei denen der Eindruck oder der Anschein der Käuflichkeit erzeugt wird. Korruption ist auch Ausdruck von Werteverfall, fehlendem Unrechtsbewusstsein und Doppelmoral. Korruption bewirkt eine Erosion von Normen. […] Wollen wir eine Kultur, in der Korruption, d.h. Käuflichkeit beim Umgang mit einem Amtsträger oder im Rahmen eines Wettbewerbs, dazugehört, oder wollen wir Integrität und Unbestechlichkeit? Diese Eigenschaften müssen dann aber auch vorgelebt werden. […] Negative Vorbilder in Staat und Gesellschaft durch Verhaltensweisen von Politikern und hohen Verantwortlichen, die durch „Geschenke" und Inanspruchnahme ihnen nicht zustehender Vergünstigungen zugänglich wirken, erzeugen Nachahmeeffekte. […] Wirksam ist das Vorleben und Vermitteln von Solidarität in diesem Zusammenhang. Es muss Respekt und Achtung vor den Mitmenschen gezeigt werden. Eine (partei-) politische Auseinandersetzung etwa, in der dem Gegner alles abgesprochen, er verächtlich gemacht wird, ihm niemals zugestanden wird, dass er vielleicht auch einmal etwas Vernünftiges gedacht oder getan hat, wirkt abstoßend und findet in vielfältiger Form Nachahmungen. Die einseitige Hervorhebung von Wohlstandsdenken, Egoismus, ausschließlichem Markt- und Leistungsdenken und damit die Überbetonung der Gesetze des Stärkeren gegenüber dem Schwächeren fördern nicht den Respekt vor und die Solidarität mit dem Mitmenschen. Sie begünstigt die Ausgrenzung von anderen, Andersartigen, Fremden, Schwachen und Hilfebedürftigen und animiert die Gewaltbereitschaft bei denen, die aus den verschiedensten persönlichen und soziologischen Gründen dafür anfällig sind. […]

Innere Sicherheit und Werteordnung gehören zusammen. Auch die pluralistische, säkularisierte[2] Gesellschaft am Ende des 20. Jahrhunderts kann ohne Werte und ihre Vermittlung durch Vorbilder nicht auskommen. Die weite Werteordnung der Verfassung, die im Wesentlichen sich darauf beschränkt, den Freiheitsraum des Einzelnen zu schützen, muss insofern mit Leben ausgefüllt werden.

**Klage über den Verfall der Moral**

dpa. Mit deutlichen Worten hat Altbundeskanzler Schmidt einen „fortschreitenden Verfall der öffentlichen Moral" kritisiert. Nie zuvor habe es eine derartige Häufung von Skandalen bei Managern und in der politischen Klasse gegeben. Viele wollten in der Politik in erster Linie Karriere machen, in der Wirtschaft vor allem Umsatz, Gewinn und viel Geld für sich selbst erzielen. Das Gemeinwohl stehe bei vielen weit unten in der Rangfolge ihrer Ziele.

Süddeutsche Zeitung, 18.9.1998

❶ Welche unmoralischen Verhaltensweisen kritisiert der Autor? Wozu führen sie seiner Meinung nach?

❷ Welche Werte hält der Autor für unerlässlich? Wie begründet er dies? Welche Rolle spielen sie in der Kriminalitätsbekämpfung?

❸ Worin sieht der Autor die Wichtigkeit von Vorbildern? Diskutieren und ergänzen Sie seine Beispiele.

❹ Diskutieren Sie die Schlussfolgerungen des letzten Abschnittes. Was meint er mit seiner Feststellung von der „weiten Werteordnung der Verfassung"?

---

[1] kriminogen: zu Verbrechen führend
[2] säkularisiert: verweltlicht

Nach Auffassung des Philosophen **Arnold Gehlen** (1904–1976) ist der Mensch ein „Mängelwesen", das seine lückenhafte Instinktausstattung mit einer „zweiten Natur", der Kultur, deren Grundpfeiler die Institutionen sind, ausgleichen muss, um überleben zu können. Seinem Plädoyer für eine Stärkung der Institutionen widersprach z.B. der Philosoph **Theodor W. Adorno** (s. S. 109).

**Institution** (lat.: Einsetzung, Anordnung): System, durch das moralische und rechtliche Normen dauerhaft, aber nicht unbedingt starr festgeschrieben und vermittelt werden (z.B. Familie, Schule).

## Arnold Gehlen/Theodor W. Adorno: Wertevermittlung durch Institutionen?

ADORNO: Wir sind uns darüber einig, dass die Menschen heute […] von den Institutionen und das heißt hier in erster Linie von der ins Ungeheuerliche zusammengeballten Wirtschaft und in zweiter von den Verwaltungen in einem umfassenden Sinn, die aber mit der Wirtschaft teils fusioniert und teils ihr nachgebildet sind, dass die Menschen also davon abhängig sind. – […] Sie sind dazu geneigt, diese Institutionen als eine Notwendigkeit aufgrund der Mangelsituation des Menschen […] zu bejahen, prinzipiell, und zu sagen: „Ohne diese Übermacht der auch den Menschen gegenüber verselbstständigten" oder wie ich sagen würde, verdinglichten und entfremdeten – „Institutionen würde es nicht gehen. Sie entlasten die Menschen, die sonst unter der Last aller möglichen Dinge, die sie gar nicht mehr bewältigen können, zusammenbrechen würden. Sie geben den Menschen allerhand Direktiven" […] – Demgegenüber würde ich sagen: Auf der einen Seite ist genau diese Macht der Institutionen über die Menschen das, was man in der alten Sprache der Philosophie als heteronom bezeichnete, […] sie stehen den Menschen als eine fremde und bedrohliche Macht entgegen. […] Sie sind geneigt […] diese Art Fatalität als etwas Schicksalhaftes und letztlich auf die Natur des Menschen Zurückweisendes zu akzeptieren. Und ich würde sagen, diese Fatalität selber liegt daran, dass menschliche Verhältnisse und Beziehungen zwischen Menschen selbst undurchsichtig geworden sind und dadurch, dass sie von sich selbst – nämlich als Beziehungen zwischen Menschen – nichts mehr wissen den Menschen gegenüber diesen übermächtigen Charakter angenommen haben. […] Dem würde zunächst einmal entgegenzustellen sein die Analyse, die kritische Analyse dieser Institutionen und dann schließlich die Frage, […] ob […] diese Institutionen zu verändern waren und solche an ihre Stelle zu setzen, die für die Menschen vielleicht […] weniger entlastend sind als die Institutionen heute, aber auch dafür nicht diese entsetzlich drückende Last sind, die jeden Einzelnen unter sich zu begraben droht und die schließlich so etwas wie die Bildung eines freien Subjekts überhaupt nicht mehr zulässt. […] Ich meine […] die Frage, ob die Institutionen wirklich eine Notwendigkeit der Menschennatur sind oder ob sie Frucht einer geschichtlichen Entwicklung sind, deren Gründe durchsichtig sind und die sich unter Umständen auch verändern lässt […].

GEHLEN: […] Ich bin geneigt, wie Aristoteles […] dem Gesichtspunkt der Sicherheit eine große Rolle einzuräumen. Ich glaube, dass die Institutionen Bändigungen der Verfallsbereitschaft des Menschen sind. Ich glaube auch, dass die Institutionen den Menschen vor sich selbst schützen. Gewiss auch Freiheit beschränken. Aber man sieht ja immer wieder, dass es Revolutionäre gibt. […]

ADORNO: […] Diese Verpflichtung kann […] ebenso die Gestalt der Anpassung und der Unterordnung haben, die Sie mir stärker zu betonen scheinen, wie auch die, die ich stärker betonen würde, […] das zu verändern, was verhindert – und zwar alle Menschen verhindert – innerhalb dieser gegebenen Verhältnisse ihre eigene Möglichkeit zu leben und also das zu verwirklichen, was als Potenzial in ihnen steckt.

Jedes Jahr verpflichten sich mehr als 10.000 junge Menschen für ein „Freiwilliges Soziales Jahr" bzw. „Freiwilliges Ökologisches Jahr". Ihre Motive sind vielfältig: Berufsorientierung, Friedensarbeit, sinnvolles soziales oder ökologisches Engagement u.Ä. Einsatzmöglichkeiten gibt es in pflegerischen, erzieherischen und ökologischen Bereichen. Das „Freiwillige Soziale Jahr" und die Träger der infrage kommenden Arbeitgeber werden vom Bundesministerium für Jugend und Familie finanziell unterstützt (Adresse s. S. 417).

Gehlen: […] Woher wissen Sie denn, was als Potenzial in den Menschen ungelenkt steckt?

Adorno: […] Ich weiß aus allen möglichen […] Teilansichten, dass die Anpassungsprozesse, denen die Menschen heute gerade unterworfen sind, in einem unbeschreiblichen Umfang […] auf Verkrüppelung der Menschen hinauslaufen. […] Allein die psychologische Beobachtung all der ungezählten defekten Menschen […] berechtigt dazu, zu sagen, dass die Potenzialitäten der Menschen durch die Institutionen in einem noch nie da gewesenen Maß verkümmern und unterdrückt werden.

Gehlen: Das glaube ich eben nicht. Nicht wahr, wir sind beide ungefähr gleich alt und wir haben nun alles erlebt: vier Regierungsformen, drei Revolutionen und zwei Weltkriege.

Adorno: Ja.

Gehlen: In der Zeit ist doch ungeheuer viel an Institutionen zerrieben und abgebaut worden. Der Erfolg ist eine allgemeine innere Unsicherheit und das, was ich als subjektivistisch mit einem Minuszeichen versehe. Ich meine das innere Gewoge.
[…] Da bin ich doch dafür, dass man das, was an Institutionen da ist, nun auch […] konserviert.

Adorno: Das würde ich auch zugeben. Ich meine nur, mit der Unsicherheit ist es so furchtbar weit nicht her. […]
Ich mache eigentlich […] die Beobachtung, dass die Menschen sich viel zu genau in den ihnen vorgezeichneten Bahnen bewegen, dass sie viel zu wenig Widerstand überhaupt noch aufbringen. […] Die Menschen sind heute wesentlich Anhängsel der Maschinerie und nicht die ihrer selbst mächtigen Subjekte. Ich will ja gar nichts anderes, als dass die Welt so eingerichtet wird, dass die Menschen nicht ihre überflüssigen Anhängsel sind, sondern dass die Dinge um der Menschen willen da sind und nicht die Menschen um der Dinge willen, die sie noch dazu selbst gemacht haben. […]

Gehlen: Ja, das Kind, das sich hinter der Schürze der Mutter versteckt, das hat zugleich Angst und das Minimum oder Optimum an Sicherheit, das die Situation hergibt. Herr Adorno, Sie sehen hier natürlich wieder das Problem der Mündigkeit. Glauben Sie wirklich, dass man die Belastung mit Grundsatzproblematik, mit Reflexionsaufwand, mit tief nachwirkenden Lebensirrtümern, die wir durchgemacht haben, weil wir versucht haben, uns freizuschwimmen, dass man die allen Menschen zumuten sollte? […]

Adorno: […] Ja! Ich habe eine Vorstellung von objektivem Glück und objektiver Verzweiflung, und ich würde sagen, dass die Menschen so lange, wie man sie entlastet und ihnen nicht die ganze Verantwortung und Selbstbestimmung, zumutet, dass so lange auch ihr Wohlbefinden und ihr Glück in dieser Welt ein Schein ist. Und ein Schein, der eines Tages platzen wird. Und wenn er platzt, wird das entsetzliche Folgen haben.

Gehlen: Da sind wir nun genau an dem Punkt, wo Sie „ja" und ich „nein" sage […] Alles, was man vom Menschen seit je bis heute weiß und formulieren kann, würde dahin weisen, dass ihr Standpunkt ein anthropologisch utopischer […] ist …

ADORNO: […] Ich meine, die Not, die die Menschen zu diesen Entlastungen treibt, ist gerade die Belastung, die von den Institutionen, also von der ihnen fremden und über sie übermächtigen Einrichtung der Welt ihnen angetan wird. […] Und das scheint mir geradezu ein Urphänomen der Anthropologie heute zu sein, dass die Menschen sich flüchten zu genau der Macht, die ihnen das Unheil […] antut. Die Tiefenpsychologie hat dafür einen Ausdruck, sie nennt das nämlich „Identifikation mit dem Angreifer". […] Was mir die Gefahr in Ihrer Position erscheint, bei der ich den Untergrund einer tiefen Verzweiflung […] nicht überhöre, ist dieses: dass ich fürchte, dass Sie manchmal […] dieser Identifikation mit dem Angreifer sich überantworten, das heißt, dass Sie sich theoretisch mit eben der Macht identifizieren, die Sie selber, wir alle, fürchten […]

GEHLEN: Ich möchte […] einen Gegenvorwurf anbringen. Obzwar ich das Gefühl habe, dass wir uns in tiefen Prämissen einig sind, habe ich den Eindruck, dass es gefährlich ist und dass Sie die Neigung haben, den Menschen mit dem bisschen unzufrieden zu machen, was ihm aus dem ganzen katastrophalen Zustand noch in den Händen geblieben ist.

ADORNO: Ja, dann möchte ich darauf wirklich den Satz von Grabbe zitieren: „Denn nichts als nur Verzweiflung kann uns retten."

❶ Von welchen Institutionen sprechen die beiden Philosophen?

❷ Stellen Sie (in einer Tabelle) die gegensätzlichen Positionen und Argumente gegenüber.

❸ Wie würde Adorno die Institution des „Freiwilligen Sozialen Jahres" beurteilen?

❹ Wie bewerten Sie den Einfluss der Institution Schule auf ihr Leben?

## Annemarie Pieper: „Andere Länder – andere Sitten" – Ist in der Moral alles relativ?

**Annemarie Pieper** ist Professorin für Philosophie an der Universität Basel. Der nebenstehende Text stammt aus ihrem Buch „Einführung in die Ethik", Tübingen (Francke) 3/1994.

Nirgends sind die Meinungsverschiedenheiten und die Widersprüche zwischen miteinander unverträglichen Standpunkten größer als in der Beurteilung von Handlungen bezüglich ihrer Richtigkeit und Moralität. Was der eine für gut hält, lehnt der andere rigoros ab und ist oft nicht einmal dazu bereit, seinen Standpunkt zu problematisieren, d.h. der Kritik auszusetzen und Gegenargumenten zu begegnen. Solche dogmatisch als unangreifbar behaupteten, zu bloßen Vorurteilen erstarrten Haltungen sind Formen eines „Moralisten-" oder „Pharisäertums", das Freiheit nicht als Freiheit aller begreift, sondern als Freiheit einiger weniger Auserwählter. Die Folgen eines solch unkritisch verallgemeinerten Ethos sind bekannt: religiöse Verfolgung, Diffamierung von Minderheiten, Rassendiskriminierung, Ächtung politisch oder ideologisch Andersdenkender, Verfemung moralisch Andershandelnder usf. […] **Freiheit als Fundament menschlicher Praxis ist keine regellose Willkürfreiheit,** der gemäß jeder tun und lassen kann, was ihm beliebt. […] Vielmehr besteht die menschliche Freiheit als moralische Freiheit darin, sich selber Regeln im Hinblick auf das, was man als von Bedürfnissen und Trieben abhängiges, durch diese aber nicht schlechthin determiniertes Sinnenwesen ist, zu geben und diese Regeln aus Freiheit und zur Erhaltung der Freiheit zu befolgen. **Erst durch die Selbstbindung an solche Regeln der Freiheit entsteht so etwas wie Verbindlichkeit und damit eine Moral.** […]

Jede Moral ist als geschichtlich entstandener und geschichtlich sich mit dem Freiheitsverständnis von Menschen verändernder Regelkanon immer eine Gruppenmoral, deren Geltung nicht ohne weiteres über die Mitglieder der Gruppe hinaus ausgedehnt werden kann.

Der Versuch, eine **umfassende Menschheitsmoral** aus der Vielzahl vorhandender Moralen zu destillieren, würde letztlich weniger daran scheitern, dass über universale Basisnormen bzw. Grundwerte keine Einigung zustande käme: Es lässt sich wohl bis zu einem gewissen Grad einsichtig machen, dass keine Moral ohne die Ideen Freiheit, Gleichheit, Menschenwürde, Gerechtigkeit u.a. auskommen kann. Die eigentliche Schwierigkeit besteht vielmehr darin, die Regeln einer solchen Universalmoral im Kontext unterschiedlicher, geschichtlich gewachsener Lebensformen und Kulturkreise „anzuwenden", d.h. mit den jeweiligen Lebensbedingungen (Klima, geographische Lage, religiöse Überzeugungen, wirtschaftlicher Status, Stand der Zivilisation etc.) zu vermitteln. Auch Tradition und Konvention bestimmen den durch den jeweiligen Moralkodex repräsentierten Sinnhorizont einer Sozietät wesentlich mit und führen zu unterschiedlichen, ja manchmal sogar entgegengesetzen Ausprägungen einer und derselben Basisnorm. [...]
Ein extremes Beispiel mag dies veranschaulichen: Bei manchen 'primitiven' Gruppen, z.B. bei den Eskimos, soll es Brauch gewesen sein, alte und schwache Leute zu töten. Diese Regel steht in krassem Widerspruch zu unserem Verständnis von Menschenwürde und wird nur nachvollziehbar vor dem Hintergrund extremer Lebensverhältnisse, die durch große Unwirtlichkeit des Lebensraumes und knappe Lebensmittel gekennzeichnet sind. Nur so ist es verstehbar, dass die moralische Norm, seinen Eltern Gutes zu tun und ihnen Leid zu ersparen, dadurch erfüllt wird, dass man ihnen einen qualvollen Tod erspart, indem man sie auf schmerzlose Weise tötet und somit die Überlebenschancen der Jungen vergrößert. [...] Wohlgemerkt: Die Tötung alter Menschen geschah bei den Eskimos nicht gegen den Willen der Alten, sondern mit ihrem Einverständnis. Sie waren mit dieser Regel bereits aufgewachsen und wussten um ihre Bedeutung. Ihnen wurde also keineswegs Zwang oder Gewalt im eigentlichen Sinn angetan.
Die Frage, die sich in diesem Zusammenhang stellt, ist die, wie **solche unterschiedliche Praktiken ethisch zu beurteilen** sind. Hier ist es sicher nicht mit Toleranz getan, wie der Ethnologe Herskovits meint, der folgende drei Thesen aufstellt: „l. Das Individuum verwirklicht seine Persönlichkeit im Rahmen seiner Kultur; daher gebietet die Achtung individueller auch die Achtung kultureller Verschiedenheiten ... 2. Die Achtung kultureller Unterschiede folgt aus der wissenschaftlichen Tatsache, dass noch keine Methode zu qualitativen Bewertung von Kulturen entdeckt worden ist ... 3. Maßstäbe und Werte sind relativ auf die Kultur, aus der sie sich herleiten. Daher würde jeder Versuch, Postulate zu formulieren, die den Überzeugungen oder dem Moralkodex nur einer Kultur entstammen, die Anwendbarkeit einer Menschenrechtserklärung auf die Menschheit als ganze beeinträchtigen." Die ethische Schlussfolgerung in Bezug auf den oben beschriebenen Fall müsste vielmehr die sein, dass alles darangesetzt wird, die Lebensverhältnisse und die wirtschaftlichen Bedingungen dieser Menschen so zu verbessern, dass die geschilderten Praktiken von selbst obsolet werden. [...]
Wer aus der kulturellen Verschiedenheit von Normen den Schluss zieht, in der Moral sei letztlich alles relativ, daher dürfe und könne man keine normativ verbindlichen ethischen Aussagen über die

**Toleranz** (lat. Duldung) meint das Gelten- und Gewährenlassen (passive Toleranz), besser noch: die Achtung, sogar freie Anerkennung (aktive u. kreative Toleranz) andersartiger Anschauungen und Handlungsweisen [...] Als persönliche Haltung gegenüber den Mitmenschen ist T. keineswegs an Gleichgültigkeit gegen religiöse, weltanschauliche, sinnliche und politische Fragen gebunden (T. als Alibi des Nihilismus). Vielmehr setzt sie voraus, dass man feste Überzeugungen hat und trotzdem die anderen respektiert [...] Toleranz gründet in der Einsicht, dass kein Mensch schlechthin irrtums- und vorurteilsfrei ist [...] und ermöglicht ein von Freiheit und Humanität bestimmtes Zusammenleben. Sie endet dort, wo es um die Missachtung der Rechte anderer geht [...] Die Toleranz dient auch der Wahrheit; denn die freie Auseinandersetzung befreit von Vorurteilen und setzt neue Erkenntnis frei.

Otfried Höffe: Lexikon der Ethik. München (Beck) 5/1997

Gültigkeit von moralischen Normen machen, übersieht zwei Dinge. Erstens hat er den Unterschied zwischen Basisnormen und den aus diesen abgeleiteten Folgenormen nicht beachtet. Zweitens ist er nicht in der Lage, seine eigene normative Schlussfolgerung zu begründen, denn wenn in der Moral schlechthin alles relativ ist, kann niemand beanspruchen, ein gültiges normatives Urteil darüber abzugeben, wie man sich in moralischen Angelegenheiten generell verhalten soll.

Nehmen wir als Beispiel den Fall des Schriftstellers Salman Rushdie. **Wie steht es mit unserer Toleranz in Bezug auf den weltweiten Aufruf, Rushdie zu töten?** Nach christlicher und ethischer Auffassung in den westlichen Ländern ist ein Menschenleben das größte Gut und damit ein Wert, der als unverletzlich gilt. Wer – und noch dazu im Namen eines Gottes – zur Tötung eines Menschen aufruft, muss nach unseren Maßstäben schärfstens als widermoralisch verurteilt werden. [...] Aus islamischer Sicht hingegen gibt es einen höheren Wert als den eines Menschenlebens: das ist der Wert der Religiösität. Wer das religiöse Gefühl eines Menschen verletzt und damit Gott beleidigt, der hat damit sein Recht auf Leben verwirkt. Ein solcher Frevel kann nicht anders als durch den Tod gesühnt werden – so steht es auch im Koran. [...]

Die Fronten stehen sich also unversöhnlich gegenüber, und es ist zu fragen, ob wir uns ethisch richtig verhalten, wenn wir uns über den Mordaufruf empören. Sind wir vielleicht sogar verpflichtet, ihn und letztlich sogar Rushdies Tod zu dulden? Diese Frage ist mit Nein zu beantworten. Wir sind ganz im Gegenteil nach den für uns verbindlichen Maßstäben zu kritischer Intoleranz aufgerufen und können dies auch rechtfertigen. Zunächst einmal haben wir das Recht uns dagegen zu wehren, dass die Prinzipien einer regional gültigen religiösen Moral über die Grenzen ihres Geltungsbereiches hinaus ausgedehnt werden. In Europa gelten andere ethische Maßstäbe als im Iran. Wir müssen also auf unserem Boden nicht die Ausübung eines Rechts dulden, das in unseren Augen als ein Verbrechen an Leib und Leben gilt, auch wenn wir religiöse Gefühle grundsätzlich respektieren und als unverletzlich ansehen.

Aber wie steht es umgekehrt mit dem Anspruch auf Geltung unserer Normen außerhalb unseres Geltungsbereiches? Müssen wir grundsätzlich alles tolerieren, was nicht auf unserem Boden geschieht? [...] Auch hier lautet die Antwort: Nein. Aber diesbezüglich gilt es zu differenzieren. Wir dürfen uns nicht deshalb einmischen, weil wir meinen, eine bessere Moral oder Religion zu haben, die absolut gilt, sondern weil wir davon ausgehen, dass es auf einer übergeordneten, neutralen Ebene möglich sein muss, über solche Praktiken vernünftig miteinander zu reden. Ohne eine solche Annahme stünde eine Organisation wie Amnesty International nicht nur moralisch auf verlorenem Posten, sondern wäre sogar illegitim. Aber gerade solche Institutionen haben ja ihre Legitimation darin, **dass es so etwas wie einen überregionalen Bereich gibt, in dem man sich über das, was wir als Menschenrechte bezeichnen, die jedem Menschen unangesehen seiner Rasse, Religion und Volkszugehörigkeit unverbrüchlich zustehen, verständigen kann.** Wer die Rede und damit jede Kommunikation verweigert, also jeglichen Verständigungswillen vermissen lässt, muss sich Kritik gefallen lassen und Protest dazu. [...]

Der Schriftsteller **Salman Rushdie** wurde 1989 von der islamisch-schiitischen Geistlichkeit des Iran zum Tode verurteilt, weil er in seinem Buch „Satanische Verse“ den Islam beleidigt habe. Der Aufruf, Rushdie aufzuspüren und zu töten, wurde 1995 aufgehoben. Bis dahin hielt sich der Schriftsteller versteckt (s. auch S. 101).

❶ Welchen Zusammenhang sieht die Autorin zwischen Freiheit und Regeln?

❷ Worin bestehen Chancen und Schwierigkeiten, eine „umfassende Menschheitsmoral“ (Z. 28) zu formulieren und durchzusetzen?

❸ Welche Werte stehen sich in den im Text genannten Beispielen (Eskimos, Rushdie) gegenüber? Welchen Toleranzbegriff lehnt die Autorin in diesem Zusammenhang ab? Mit welchen Argumenten?

❹ Wie beantwortet die Autorin die Frage, ob in der Moral „alles relativ“ ist? Welchen Umgang empfiehlt die Autorin mit dem Pluralismus der Werte?

❺ Erläutern Sie die Problematik des Miteinanderlebens an aktuellen Beispielen im beruflichen Bereich (z.B. Tragen von Kopftüchern in der Schule), in der Gesellschaft (z.B. Arbeit und Einkauf am Sonntag), im zwischenstaatlichen Bereich (z.B. Todesstrafe in den USA oder der Türkei) und treffen Sie eine begründete Entscheidung.

Auch wenn sich auf der Ebene der Moral keine einzige materiale Form, kein einziger Wert finden ließe, der in jeder Gesellschaft Verbindlichkeit beansprucht, so würde das nicht bedeuten, dass in Sachen Moral am Ende alles gleichgültig ist. [...] Die Tatsache, dass in moralischen Disputen oft kein Konsens erzielt wird, kann nicht als Beleg dafür angeführt werden, dass mit der Moral etwas nicht stimmt, denn faktisches Verhalten kann in keiner Weise über die normative Gültigkeit einer Regel oder Norm entscheiden.

❻ Lesen Sie zur Problematik einer „Universalmoral" auch den Text von Marion Gräfin Dönhoff „Vom Recht auf Würde" (S. 299) und bearbeiten Sie die hierzu gestellten Aufgaben.

Die **Wertvorstellungen und moralischen Grundüberzeugungen des europäischen Kulturkreises**, die z.B. in den Verfassungen der europäischen Nationen (und auch in der UN-Menschenrechtsdeklaration von 1948) zum Ausdruck kommen, haben ihre Wurzeln in der griechisch-römischen Antike (z.B. die Idee der Demokratie), im Christentum (z.B. die Lehre von der Nächstenliebe) und in der Aufklärung (z.B. die Idee der Menschenrechte). Speziell das Grundgesetz der Bundesrepublik Deutschland und die Menschenrechtserklärung der UN basieren darüber hinaus auf den Erfahrungen mit dem Faschismus und dem Nationalsozialismus sowie unter dem Eindruck des Völkermords an den Juden und den Gräueln des Zweiten Weltkrieges.
Können Verfassung und Rechtsprechung jedoch moralisches Bewusstsein schaffen? Kann oder sollte ein (demokratischer) Staat seinen Bürgern Moral überhaupt „verordnen"?

## Norbert Hoerster: Über die Notwendigkeit einer Minimalmoral

In jeder menschlichen Gruppe oder Gesellschaft sollten einige wenige, inhaltlich feststehende Normen – eine (wie ich es nennen möchte) „Minimalmoral" – allgemein akzeptiert, d.h. in Geltung sein. [...] Der Kern meines Argumentes lautet wie folgt: Wie unterschiedlich die verschiedenen Individuen auch in ihren einzelnen Wünschen, Idealen, Präferenzen und damit in die diesen dienenden moralischen Forderungen („moralisch" im weiteren Sinne des Wortes verstanden) auch sein mögen, sie müssen rationalerweise (nämlich im Sinne einer Zweck-Mittel-Rationalität) praktisch alle ein Interesse daran haben, dass gewisse Rahmenbedingungen des sozialen Zusammenlebens allgemein akzeptiert und in der Regel befolgt werden. Diese normativen Rahmenbedingungen sind in meiner Sichtweise im Wesentlichen die folgenden: **Schutz des Lebens** (einschließlich seiner ökonomischen Voraussetzungen); **Schutz der körperlichen Integrität und der Bewegungsfreiheit; Einhaltung von Verträgen und Abmachungen; Wahrheit der Mitteilungen; Privateigentum** (im Sinne eines ausschließlichen Zugriffs) **an Konsumgütern.**
Der Grund, den m.E. praktisch jedes Individuum hat, gerade dieses System von Normen zu akzeptieren, ist der folgende: Die Vorteile (die Rechte), die das System gewährt, wiegen für jeden auf lange

**Norbert Hoerster** (*1937), war bis 1998 Professor für Rechts- und Sozialphilosophie an der Universität Mainz.

**Strafgesetzbuch (StGB), § 186: Üble Nachrede**
Wer in Beziehung auf einen anderen eine Tatsache behauptet oder verbreitet, welche denselben verächtlich zu machen oder in der öffentlichen Meinung herabzuwürdigen geeignet ist, wird, wenn nicht diese Tatsache erweislich wahr ist, mit Freiheitsstrafe bis zu einem Jahr oder mit Geldstrafe und, wenn die Tat öffentlich oder durch Verbreiten von Schriften begangen ist, mit Freiheitsstrafe bis zu zwei Jahren oder mit Geldstrafe bestraft.

Sicht schwerer als die Nachteile und Opfer (die Pflichten), die es auferlegt. Wir können uns das etwa am generellen Tötungsverbot oder am generellen Verbot der Lüge verdeutlichen: Jeder mag gelegentlich ein Interesse daran haben, etwa einen unliebsamen Rivalen aus dem Weg zu schaffen und umzubringen. Doch größer als dieses gelegentliche Interesse ist sein anhaltendes Interesse, nicht selbst von einem anderen umgebracht zu werden. Jeder hat gelegentlich ein Interesse daran, die Unwahrheit zu sagen. Doch größer ist sein Interesse (insbesondere mit Rücksicht auf die Bedeutung zutreffender Informationen für eine rationale Zukunftsplanung), jedenfalls in der Regel von anderen die Wahrheit gesagt zu bekommen. Der Wunsch nach sozialer Geltung der genannten Normen beruht somit auf einer Interessenabwägung, die jedes Individuum vernünftigerweise vornimmt.

Dies ist im Kern genau die Argumentation, die Thomas Hobbes für die Existenz von Staat und Rechtsordnung vorbringt. In Abweichung von Hobbes möchte ich allerdings behaupten: Staat und Rechtsordnung sind ergänzungsbedürftig, und zwar ergänzungsbedürftig durch die informellen Regeln und Institutionen einer allgemein geltenden Moral. Denn es ist nicht sinnvoll, die Einhaltung sämtlicher wünschenswerter Minimalnormen durch das schwere Geschütz staatlicher Sanktionen zu sichern (wie Hobbes es tun möchte). Nehmen wir etwa das Verbot der Lüge oder das Gebot der Einhaltung von Versprechen. In diesen Fällen erscheinen die Nachteile staatlich-rechtlicher Sanktionen, die Kosten, die sie für Individuum wie Gesellschaft beinhalten, eindeutig zu groß. Die billigeren und weniger einschneidenden Druckmittel der Moral erweisen sich hier als durchaus ausreichend.

Das setzt allerdings voraus, dass diese Moral in der betreffenden Gruppe oder Gesellschaft allgemein akzeptiert, dass sie von dieser Gruppe oder Gesellschaft als Institution gestützt und getragen wird. Sofern das der Fall ist, entwickelt die Moral nämlich eigene Sanktionsmechanismen, die zwar nicht so massiv wie die staatlich-rechtlichen sind, aber – was eben Hobbes nicht erkannte – doch ausreichen, um jedenfalls in der Regel ein moralkonformes Verhalten sicherzustellen. Diese spezifisch moralischen Sanktionsmechanismen sind insbesondere: Lob und Bewunderung sowie Tadel und Verachtung durch die Mitmenschen, die öffentliche Meinung. Es sind aber die inneren Sanktionen des so genannten „schlechten Gewissens"; sie wirken in der Weise, dass der Einzelne von Kind auf durch Erziehung und Umwelt angehalten wird, die betreffenden moralischen Normen zu internalisieren, d.h. sie sich als prima-facie-Regeln[1] des Verhaltens, als generelle Verhaltensdispositionen zu eigen zu machen.

**Thomas Hobbes** (1588–1679): engl. Philosoph und Staatstheoretiker (s. S. 63 ff.)

❶ Aus welchen Gründen hat nach Meinung des Autors jedes Individuum ein Interesse an der Gültigkeit von Normen? Wie lassen sich diese Normen durchsetzen?

❷ Stellen Sie fest, ob und inwieweit die von Hoerster genannten Normen (Z. 13 ff.) a) in Deutschland Verfassungsrang haben und b) in der UN-Menschenrechtskonvention (s. S. 296) festgeschrieben sind.

❸ Welche Einschränkung macht das Grundgesetz bezüglich des Eigentums (GG, Art 14)? Welche Position bezieht dazu die katholische Kirche (s. S. 387)?

❹ Nennen Sie weitere Beispiele für „moralische Sanktionsmechanismen" (Z. 57) und bewerten Sie deren Wirksamkeit.

[1] prima facie (lat.): in erster Hinsicht

Das **Wertverständnis in den Ländern Ostasiens** beruht auf den philosophischen Systemen und Moralvorstellungen des Buddhismus (s. S. 194 ff.) und des **Taoismus**, vor allem aber auf der Lehre des Philosophen Konfuzius. Dieser **„Konfuzianismus“** war in China und Ostasien bis zum Jahr 1912 sogar offizielle Staatsdoktrin und wirkt dort bis heute prägend.

Den Grund für den wirtschaftlichen Erfolg asiatischer Länder, vor allem Japans, hat man oft im Fundament des Konfuzianismus gesehen. Dessen Moral pries man als vorbildlich gegenüber dem angeblich übertriebenen Individualismus und Liberalismus im Westen, der zur Entsolidarisierung und zur Zerstörung sozialer Bande geführt habe oder sie bewirke.

Ende der 90er-Jahre gerieten die ostasiatischen Länder in schwere wirtschaftliche und gesellschaftliche Krisen. Korruption, Missmanagement, „Vetternwirtschaft“ und Probleme mit der „Globalisierung“ und der dadurch notwendigen Öffnung der Länder ließen am Glauben an der Durchschlagskraft fernöstlicher Ethik und Moral zweifeln und führten zu Kritik an den kulturellen Traditionen.

**Konfuzius** (551–497 v. Chr.)

**Taoismus:** religiös-philosophische Lehre, deren Handlungsnorm das Angleichen an das Tao, das Absolute, ist. Begründer: der chin. Philosoph Laotse (4./3. Jh. v. Chr.).

## Aus den Lehren des Konfuzius

Zi-gong fragte den Konfuzius: „Gibt es ein Wort, das ein ganzes Leben lang als Richtschnur des Handelns dienen kann?“

Konfuzius antwortete: „Das ist ‚gegenseitige Rücksichtnahme‘. Was man mir nicht antun soll, will ich auch nicht anderen Menschen zufügen.“

Konfuzius sprach: „Ein junger Mensch soll in der Familie ehrfürchtig und gehorsam gegenüber seinen Eltern sein. Außer Haus begegne er den Menschen so, wie sich ein jüngerer Bruder gegenüber seinem älteren Bruder verhält, mit Achtung und Aufrichtigkeit; er sei durchdrungen von Liebe zu allen und eng mit dem Guten verbunden. Wenn ihm bei all dem noch Kraft bleibt, dann soll er sich den Büchern widmen.“

Konfuzius sprach: „Will man Gehorsam durch Gesetze und Ordnung durch Strafe, dann wird sich das Volk den Gesetzen und Strafen zu entziehen versuchen und alle Skrupel verlieren. Wird man hingegen nach sittlichen Grundsätzen regiert und die Ordnung durch Beachtung der Riten und der gewohnten Formen des Umgangs erreicht, so hat das Volk nicht nur Skrupel, sondern wird auch aus Überzeugung folgen.“

**Konfuzianismus:** philosophisch begründete Ethik, benannt nach dem chinesischen Philosophen Konfuzius (Kuntzu, Konfutse, 551–497 v. Chr.). Das Fundament der Moral liegt einerseits in der Orientierung an den fünf Tugenden **gegenseitige Liebe, Rechtschaffenheit, Weisheit, Sittlichkeit, Aufrichtigkeit,** andererseits in der Verwirklichung der „drei unumstößlichen Beziehungen“: **Unterordnung des Sohnes unter den Vater, des Volkes unter den Herrscher, der Frau unter den Mann.** Konfuzius' Lehre ist niedergelegt in den „Lun Yü“ („Gespräche“, „Erörterungen“), einer in 20 Bildern zusammengefassten Sammlung von Dialogen, kurzen Aussprachen und Aphorismen. Zentrales Ziel der Lehre ist das Erreichen des „Yen“, der „Menschlichkeit“.

Konfuzius sprach: „Fordere viel von dir selbst und erwarte weniger von anderen. So wird dir Ärger erspart bleiben.“
Konfuzius sprach: „Dem Edlen geht es um innere Werte, der Gemeine hingegen ist auf Materielles aus. Der Edle denkt an die richtigen Vorbilder, der Gemeine strebt nach Gunst.“
Zi-zhang fragte Konfuzius, was es heiße, sittlich zu handeln. Der Meister antwortete: „Überall fünf Grundsätze verwirklichen – das ist Sittlichkeit.“ Zi-zhang wollte daraufhin wissen, was das für Grundsätze seien. Konfuzius sagte: „Höflichkeit, Großmut, Aufrichtigkeit, Eifer und Güte. Der Höfliche genießt mehr Achtung, durch Großmut gewinnt man Sympathie, Aufrichtigkeit schafft Vertrauen, Eifer bringt Erfolg, wer Güte hat, kann anderer Menschen Herr und Leiter sein.“

„Wenn die Fürsprecher asiatischer Werte westliche Werte ablehnen, meinen sie damit die anderen Geschlechterrollen im Westen. Es war die selektive Anwendung der asiatischen Werte, die es Asiens Gesellschaften ermöglichte, die Kernfamilie zu retten und sich vor der sozialen Zerrüttung zu schützen, die im Westen den ökonomischen Umbruch begleitet hat.“
*Francis Fukuyama*, Historiker

## Konfuzianische Konfusion

Laut einer Umfrage, die vor einigen Jahren durchgeführt wurde, um Grundeinstellungen der Völker im weltweiten Vergleich zu ermitteln, zeigten sich Japaner weniger bereit als Bürger anderer Nationen, einem Fremden in der Not zu helfen. Tanin, wie der Fremde auf Japanisch heißt, hat einen besonders negativen Beigeschmack. Dem Fremden stand seit jeher die geschlossene Phalanx[1] einer Dorfgemeinschaft gegenüber, die nicht nur den nicht Dazugehörigen in ihm witterte, sondern einen Eindringling. […] Die Wertvorstellungen vieler asiatischer Gesellschaften, nicht nur in Japan, beruhen im Wesentlichen auf Prinzipien, die von dem chinesischen Philosophen Konfuzius vor zweieinhalbtausend Jahren aufgestellt wurden. Deren Wirkung auf die Kulturkreise Asiens blieb nicht weniger nachhaltig als der Einfluss der hellenistischen Philosophie und des Christentums auf die abendländische Kultur. Die fünf Grundmaximen der konfuzianischen Ethik beziehen sich auf das Verhältnis zwischen Fürst und Untertan, zwischen Vater und Sohn, zwischen Mann und Frau, zwischen Geschwistern und schließlich auch noch zwischen Freunden. Von Verpflichtungen Fremden gegenüber ist nirgends die Rede, der Begriff Nächstenliebe unvorstellbar. Die Moral bleibt gewissermaßen eine Familienangelegenheit, unter Ausschluss der restlichen Menschheit. Im zwanzigsten Jahrhundert offenbart eine nur auf die Familie oder familienähnliche Bereiche zugeschnittene Moral ihre Defizite. Menschen in modernen Großstädten leben und arbeiten immer mehr mit anderen Bürgern zusammen, immer weniger als geschlossene Gruppen von Familienmitgliedern oder Stammesangehörigen. Ohne den Begriff der Öffentlichkeit kommen die Spielregeln einer modernen Gesellschaft nicht aus. Aber Öffentlichkeit ist nichts anderes als eine Versammlung von Menschen, die einander nicht kennen, also von Fremden. […] Der organischen Entwicklung so vieler begrifflicher Voraussetzungen (für die „Globalisierung“) fehlte und fehlt in asiatischen Ländern der geistige Humus, der sich naturgemäß nur langsam bildet. Um den tief greifenden Wandel zu einer modernen Gesellschaft westlicher Prägung ohne Schaden durchzustehen, kann man aber auf eine solche Entwicklung nicht verzichten.

John David Morley, in: Süddeutsche Zeitung, 29.4.1998

❶ Stellen Sie (in einer Tabelle) Grundzüge konfuzianischer Ethik den „westlichen“ Wertvorstellungen gegenüber (z.B. Gleichberechtigung von Mann und Frau) und stellen Sie Gemeinsamkeiten und Unterschiede fest.

❷ Worin liegen nach der Auffassung des Zeitungstextes die Stärken und Schwächen konfuzianischer Ethik?

[1] Phalanx (gr.): dichte Reihe kampfbereiter Soldaten

## Die Stufen moralischer Entwicklung nach Kohlberg*

Wie kommt der Mensch überhaupt zu moralischem Bewusstsein? Der Philosoph Rousseau hatte im 18. Jh. noch die Auffassung vertreten, der Mensch sei von Natur aus gut und es gebe ein „angeborenes Prinzip der Gerechtigkeit und Tugend" (s. S. 239 f.). Genauere Erkenntnisse über Herkunft und Unterschiede der Moral konnten allerdings erst mit der wissenschaftlichen Erforschung der Psyche und des Unbewussten, die im 20. Jh. durch die Psychoanalyse begann, gewonnen werden. Demnach entwickelt sich moralisches Bewusstsein in verschiedenen Entwicklungsstufen. Vor allem das Entwicklungsmodell des amerikanischen Psychologen Lawrence Kohlberg (1927–1987) hat als Erklärungsversuch große Bedeutung erlangt.

Kohlberg nahm an, dass die moralische Entwicklung von der Kindheit zum Erwachsenenalter in sechs Stufen verlaufe: je zwei Stufen auf der **präkonventionellen,** auf der **konventionellen** und auf der **postkonventionellen Ebene.** Dabei erweitert sich der Kreis des ins moralische Bewusstsein Einbezogenen ständig.

Auf der präkonventionellen Ebene (Stufen 1 und 2) erfolgt die moralische Orientierung an Belohnung und Strafe. Auf der noch rein ichbezogenen Stufe 1 gilt als gut, was belohnt, als schlecht, was bestraft wird. Auf der zweiten Stufe gilt darüber hinaus als gut, was zuweilen auch anderen nutzt.

Auf der konventionellen Ebene (Stufen 3 und 4) erweitert sich der Kreis der moralischen Aufmerksamkeit auf Kleingruppe und Gesellschaft. Stufe 3 berücksichtigt die Interessen und Bedürfnisse der eigenen Bezugsgruppe (Familie, Bekanntenkreis). Stufe 4 orientiert sich an staatlichen Gesetzen und dem Wohlergehen der eigenen Gesellschaft (staatliche und soziale Ordnung).

Die postkonventionelle Ebene (Stufen 5 und 6) schließlich findet ihre Orientierung in übergeordneten ethischen Prinzipien. Hier überwiegt „das Bemühen, moralische Werte und Prinzipien zu bestimmen, die unabhängig von der Autorität der Gruppen und Personen, die diese Prinzipien vertreten, und unabhängig von der Identifikation des Individuums mit diesen Gruppen gültig sind und Anwendung finden" (Kohlberg). Stufe 5 orientiert sich dabei an verfassungsgemäßen und demokratischen Werten und Verfahren (von etwa einem Viertel der Erwachsenen erreicht), Stufe 6 darüber hinaus an universalen ethischen Prinzipien wie z.B. dem Kategorischen Imperativ oder den Zehn Geboten (von weniger als 5% erreicht).

Diese schrittweise erfolgende Entfaltung des Moralbewusstseins besteht also aus (a) einer **Erweiterung des Blickes auf soziale Zusammenhänge**, (b) einer fortschreitenden **Selbstständigkeit des moralischen Standpunktes** und (c) einer zunehmenden Fähigkeit, moralische Begründungen auf **Vernunftargumenten** aufzubauen.

Kohlberg Grundannahme ist, dass diese Moralentwicklung von jedem Individuum in derselben Reihenfolge durchlaufen wird, dass keine Stufe übersprungen werden kann, und dass diese Entwicklung unabhängig von Kultur und Religion abläuft, also **universal gültig** ist.

Während der Philosoph Jürgen Habermas Kohlbergs Theorie in sein Konzept der „kommunikativen Kompetenz" (s. „Ethik des

**Lawrence Kohlberg** griff mit seinem Modell auf die Erkenntnisse des Schweizer Psychologen **Jean Piaget** (1896–1980) zurück und übertrug dessen Modell der Entwicklung des Denkvermögens (kognitive Entwicklung) auf die Entwicklung der moralischen Urteilsfähigkeit und der Geschlechtsidentität.

**„Ebene":** das Niveau des jeweiligen Moralbewusstseins. Präkonventionell: das Niveau des Kleinkindes; konventionell: das Niveau des Kindes und des Jugendlichen; postkonventionell: das Niveau des mündigen Erwachsenen.

❶ Formulieren Sie für jede der von Kohlberg genannten Stufen ein Beispiel für ein moralisches Urteil.

❷ Nach Kohlberg bildet für den größten Teil der Erwachsenen Stufe 4 die oberste Stufe des Moralbewusstseins. Diese Menschen sind demnach darauf aus, vorgefundene gesellschaftliche Gesetze und Regeln unkritisch zu befolgen und lediglich ihre Pflicht zu erfüllen. Durchdenken Sie diese Ansicht.

❸ Diskutieren Sie Kohlbergs Behauptung, dass Frauen oft nur Stufe 3 erreichen.

Diskurses", S. 110 ff.) übernahm, warf die Kritik Kohlberg vor, nur die eigenen (westlichen) Werte zum Maßstab zu machen und damit keine universelle Gültigkeit für sein Modell beanspruchen zu können.
Auch eine andere Annahme Kohlbergs stieß auf Kritik. Kohlberg hatte nämlich ursprünglich die Auffassung vertreten, dass Frauen oft auf Stufe 3 (des von ihm entwickelten Schemas) stehen blieben, während Männer zu Stufe 4 fortschritten. Den daraus ableitbaren Gedanken, dass Frauen als moralisch „unterentwickelt" zu gelten hätten, provozierte heftige Kritik. Den entschiedensten Widerspruch zu Kohlberg formulierte dessen Mitarbeiterin, die Psychologin **Carol Gilligan**. Sie suchte in ihren Untersuchungen den Nachweis zu führen, dass die Moralentwicklung zu zwei verschiedenen Moralen führe: einerseits eine **männliche, gerechtigkeitsorientierte Moral**, die eine strikte bzw. rigide Geltung abstrakter Normen beinhalte und andererseits eine **weibliche, fürsorgliche Moral**, die Regeln flexibel und gefühlvoll-situationsbezogen im Sinne einer „Ethik der Anteilnahme" anwende.

## Gertrud Nunner-Winkler: Gibt es eine weibliche Moral?

„Gerechtigkeit ist mehr die männliche, Menschenliebe mehr die weibliche Tugend."
*Arthur Schopenhauer* (1788–1860)

Unsere Ergebnisse legen folgende – Kohlbergs Beschreibung der präkonventionellen Phase differenzierende – Deutung des moralischen Lernprozesses nahe: zuerst lernt das Kind, dass es moralische Regeln gibt und warum diese Geltung beanspruchen. Danach aber bedarf es noch eines weiteren Lernprozesses, bis die Kinder begreifen, dass es nicht genügt, Normen zu kennen und zu verstehen, sondern dass man Normen befolgen wollen soll, auch dann, wenn es den eigenen Interessen zuwiderläuft, d.h. bis den Kindern die Befolgung der Normen selbst zum Bedürfnis wird (Verinnerlichung). Dieser zweite Lernschritt erstreckt sich über mehrere Jahre. Unsere Daten zeigen, dass von den 4-Jährigen noch 75%, von den 8-Jährigen immer noch knapp über 50% erwarten, dass der Täter sich nach der Übertretung gut fühlen werde; die anderen erwarten nunmehr, er werde sich schlecht fühlen, weil er etwas Böses getan hat. Zu diesen Daten lassen sich – trotz der unbestrittenen unterschiedlichen Bedeutung, die eine frühkindliche Mutterbindung für Jungen und Mädchen besitzt – keine Geschlechtsunterschiede im Moralverständnis von Vorschulkindern nachweisen. Ohnedies ist es ein Missverständnis, zu glauben, Moral erwachse aus Mitgefühl und spontaner Empathie. Diese vermögen zwar in der Tat altruistische[1] Handlungen anzuleiten. Dass aber als gültig anerkannte moralische Normen auch denen gegenüber einzuhalten sind, mit denen man spontan Empathie nicht empfindet, und dass sie auch dann einzuhalten sind, wenn dies den eigenen Interessen widerspricht – das muss erst mühsam gelernt werden: Dieser zweite moralische Lernprozess verläuft – wie die Daten zeigen – bei den ein-

[1] Altruismus: Uneigennützigkeit, Selbstlosigkeit; Ggs. zu Egoismus

zelnen Kindern unterschiedlich schnell und sicherlich auch unterschiedlich erfolgreich: Diese Unterschiede aber sind individuelle Unterschiede – nicht geschlechtsspezifische.

*Auch bezüglich der Adoleszensphase (Pubertät, Jugendzeit) und für die Phase des frühen Erwachsenenlebens referiert die Autorin empirische Ergebnisse.*
*Dabei sieht sie nicht in der Geschlechtszugehörigkeit, sondern in den verschiedenen Rollenmustern den Grund für spätere Unterschiede in den moralischen Präferenzen der Geschlechter.*

In der Krisenerfahrung (der Adoleszenz) rebellieren die Jugendlichen gegen gesellschaftliche Rollenzumutungen oder dominante Wertorientierungen. Die krisenhaften Frauen rebellieren gegen die traditionelle weibliche Geschlechtsrollenzuschreibung, die krisenfreien Frauen hingegen übernehmen sie. […] Wer die traditionelle weibliche Geschlechtsrollenidentität bruchlos (krisenfrei) übernimmt, nach der die Frau primär in affektive, diffuse, partikularistische[1] Rollenzusammenhänge eingebettet bleibt, der mag in der Tat Gilligans Fürsorglichkeitsperspektive generalisieren und spontan bei der Berurteilung der unterschiedlichen sozialen Konflikte anwenden. Wer hingegen die Autonomie und Unabhängigkeit für sich beansprucht, die bislang eher den Männern zustanden oder auch zugemutet wird, urteilt eher nach Gilligans Gerechtigkeitsethik. […]
Wenn Frauen mehr Fürsorglichkeit zeigen, dann nicht, weil sie Fähigkeit haben, Kinder zu gebären, und nicht, weil sie aufgrund einer engeren frühkindlichen Mutteridentifikation ein beziehungs- und fürsorgeorientiertes Selbst aufgebaut haben, sondern weil sie häufiger diffuse Rollen innehaben.

❶ Worin sieht Nunner-Winkler Gründe für geschlechtsspezifische moralische Überzeugungen bzw. Verhaltensweisen?

❷ Ist es Ihrer Meinung nach notwendig, dass sich dies ändert? Begründen Sie Ihre Meinung.

❸ Zur Karikatur: Prüfen Sie, ob die karikierten Verhaltensweisen geschlechtsspezifisch sind. Mit welchen Argumenten könnten die Partner ihr Verhalten begründen?

Gertrud Nunner-Winkler (Hg.): Weibliche Moral. Die Kontroverse um eine geschlechtsspezifische Ethik. München (dtv) 1995

[1] partikularistisch: Teilgebiete betreffend (hier z.B. die Hausfrauenrolle)

# 2. Moral und Normen – fragwürdige Erfindungen?

Wie steht es mit der tatsächlich gelebten Moral? Da bestrafen Eltern ihr Kind für eine Lüge, verkünden aber andererseits vor ihren Freunden mit Stolz, wie sie ihr schrottreifes Auto durch Verdecken der Schäden zu einem hohen Preis verkaufen konnten. Da verlangen Arbeitgeber einerseits mehr Teamarbeit, andererseits fordern sie den Konkurrenzkampf der Arbeitnehmer durch „Leistungsanreize" untereinander. Da unterhalten Kliniken und Konzerne „Ethik-Kommissionen", die aber womöglich nur die Funktion eines „Riesenamuletts" haben, das „weniger vor einem schlechten Gewissen als vor einem Schadenersatzprozess bewahren" soll (Erwin Chargaff, Genforscher und Biochemiker).
Unwichtig, ob es sich bei diesen und ähnlichen Beispielen um Ausnahmen oder um Regelfälle handelt: Sie nähren jedenfalls den Zweifel an der tatsächlichen Geltung der von einer Gesellschaft propagierten Werte und Normen.
Bringt die Befolgung moralischer Normen nicht hauptsächlich Nachteile? Sind die moralischen Minimalforderungen, von denen im ersten Abschnitt dieses Kapitels die Rede ist, für viele Menschen nicht bereits „Überforderungen", auf die man mit einer Art „Doppelmoral" reagiert? Noch weiter gehend könnte man fragen, ob Werte und Normen lediglich dazu dienen, die tatsächliche Unmoral zu verschleiern. Und ob ihre Funktion darin besteht, dass z.B. Gerechtigkeit und das Gerechte in Wahrheit der Vorteil des Mächtigen und Herrschenden ist" (Thrasymachos).
Diese und ähnliche Fragen sind Gegenstand einer Moralkritik, die bereits in der Antike von den so genannten „Sophisten" vorgetragen wurde.

## Moralkritik der Antike: Die Sophisten*

Die Ablösung der Aristokratie durch die Demokratie im Athen des 5. Jh. v. Chr. führt zu einem starken Interesse der Bürger an Bildung, vor allem begriffen als die Kunst, durch Reden zu überzeugen. Die Sophisten („Weisheitslehrer") erkennen die so entstandene Chance und bieten als freischaffende Lehrer den Bürgern **Unterweisung in der Rhetorik**, der Redekunst, an.
Ihr Wirken lässt sich aber nicht auf diese (eigentlich unphilosophische) Tätigkeit reduzieren, denn zugleich sind sie auch **Aufklärer**. Dabei richten sich ihre Analysen und ihre Kritik auf die gesellschaftliche Praxis, auf die Rechtsordnung und auf die Religion.
Gesetze und moralische Werte bestehen für die Sophisten nicht von Natur aus, sondern lediglich auf Grund von Vereinbarungen. *Hippias, Thrasymachos, Antiphon* und *Kallikles* etwa vertreten die Auffassung, dass natürliches Recht und gesetztes Recht Gegensätze sind. In ihrer Berufung auf ein Naturrecht kommen sie jedoch zu unterschiedlichen Erkenntnissen. So begründet nach *Antiphon* das Naturrecht die Gleichheit aller Menschen, wohingegen *Kallikles* daraus die Überlegenheit der Starken ableitet.

Mit ihrer Kritik an den tradierten Rechts- und Moralvorstellungen verbinden die Sophisten die Religionskritik. Für *Kritias* etwa ist die Religion ein von den Herrschenden geschaffenes Instrument, um die Einhaltung der Gesetze zu gewährleisten. (Vgl. dazu das Kapitel „Religionskritik".)
Im Gegensatz zu der Naturphilosophie stellen die Sophisten **den Menschen in den Mittelpunkt philosophischen Denkens**. *Protagoras* z.B. erklärt: „Der Mensch ist das Maß aller Dinge, des Seienden für das Sein, des Nichtseienden für sein Nichtsein" („Homo-Mensura-Satz"). Diese Aufwertung des Menschen bedeutet auch eine Aufwertung des Individuums und seiner Interessen.
Mit ihrer radikalen Kritik der traditionellen moralischen Wertmaßstäbe, aber auch mit dem Zweifel an scheinbar unumstößlichen Wahrheiten schaffen die Sophisten die **Voraussetzung für eine vernunftbegründete und autonome Ethik.** Kein Geringerer als Sokrates entwickelt schließlich in der Auseinandersetzung mit den Sophisten seine Philosophie.
Die Sophisten wurden von den meisten Philosophen als skrupellose Opportunisten[1] und als Pragmatiker ohne Ideale abgelehnt. Auch heute versteht man unter einem Sophisten einen „Wortverdreher", dem es nicht darum geht, andere durch Argumente zu überzeugen, sondern der die Rhetorik dazu benutzt, andere zu manipulieren.

## Thrasymachos: Die Gerechtigkeit ist der Vorteil des Ungerechten

*Der Text stammt aus Platons „Politeia" („Der Staat"). Im Dialog mit dem Sophisten Thrasymachos vertritt Sokrates die These, dass ein richtiger Herrscher in seinem Reden und Handeln auf das Wohl des Untergebenen achtet und nicht auf seinen eigenen Vorteil. Thrasymachos erwidert:*

**Platon** (427–347 v. Chr.): griech. Philosoph, Schüler des Sokrates (s. S. 135)
**Sokrates** (470–399 v. Chr.): griech. Philosoph, gilt als Begründer der philosophischen Ethik. Seine Lehre ist durch die Aufzeichnungen Platons überliefert. Sein philosophisches Denken orientierte sich an dem Leitsatz: „Erkenne dich selbst!" (s. S. 104 ff. und S. 107)

THRASYMACHOS: Sag mir, Sokrates, hast du eine Amme?
SOKRATES: Wieso? Solltest du nicht antworten statt fragen?
THRASYMACHOS: Weil sie deinen Schnupfen übersieht und dich nicht schnäuzt, obwohl du es brauchtest, da du – ihr zur Schande – nicht Herde noch Hirt erkennst!
SOKRATES: Ja, wieso denn?, fragte ich.
THRASYMACHOS: Weil du glaubst, die Schaf- und Rinderhirten achten nur auf das Wohl ihrer Herden und mästen und betreuen sie zu einem anderen Zweck als zum Vorteil ihrer Herren und ihrem eigenen. Und ebenso meinst du, die Herrscher in den Staaten, und zwar die wahren Herrscher, verhielten sich anders zu ihren Untergebenen als der Hirt zu seiner Herde, und ihr Ziel bei Tag und Nacht sei ein anderes als ihr eigener Vorteil. Und so tief bist du in das Wissen von Recht und Gerechtigkeit, von Unrecht und Ungerechtigkeit eingedrungen, dass dir ganz entgeht, wie die Gerechtigkeit und das Gerechte in Wahrheit der Vorteil des anderen ist, nämlich des Mächtigen und Herrschenden, zugleich aber

[1] Opportunismus: aus reinem Eigeninteresse bereitwillige Anpassung des Denkens und Handelns an die jeweilige Situation

der eigene Schaden des Gehorchenden und Untertanen; wie andererseits die Ungerechtigkeit, das Gegenteil davon, über die wahrhaft Einfältigen und Gerechten herrscht, während die Untertanen nur den Vorteil des Mächtigen ausführen und ihn durch ihren Dienst glücklicher machen, sich selbst jedenfalls nicht. Wie sehr, mein einfältigster Sokrates, der Gerechte überall dem Ungerechten unterlegen ist, erkennt man bei folgender Überlegung. Zunächst im Vertrags- und Geschäftsverkehr: Wo solche Menschen Partner sind, findest du bei einer Auflösung der Partnerschaft niemals den Gerechten reicher als den Ungerechten, sondern umgekehrt. Dann im öffentlichen Leben: wenn es Steuern zu zahlen gilt, zahlt der Gerechte vom gleichen Ertrag mehr als der andere, geht es um Zuschüsse, erhält der eine nichts, der andere viel. Schließlich bei der Verwaltung eines öffentlichen Amtes: der Gerechte hat, wenn schon keinen anderen Schaden, so die Zerrüttung seiner Vermögensverhältnisse zu beklagen, weil er sich nicht darum kümmern kann; aus den Staatsgeldern schlägt er sich infolge seiner Gerechtigkeit keinen Gewinn heraus; dazu macht er sich bei Freunden und Bekannten unbeliebt, weil er ihnen wider das Gesetz nichts zukommen lassen will. Beim Ungerechten liegt alles umgekehrt. Ich meine da den Mann, den ich eben erwähnt habe, der große Vorteile zu gewinnen versteht. Ihn musst du im Auge haben, wenn du beurteilen willst, wie viel größeren persönlichen Vorteil er aus der Ungerechtigkeit als aus der Gerechtigkeit gewinnt. Am allerleichtesten erkennst du das, wenn du dir die vollendetste Ungerechtigkeit vorstellst, die den Ungerechten zum glücklichsten Menschen, die Geschädigten, die selbst ein Unrecht nicht einmal begehen wollten, zu den Unseligsten macht. Das ist die Tyrannis: Sie reißt das fremde Gut, ob es Göttern oder der Welt, Privaten oder dem Staat gehört, nicht im Kleinen an sich, sei es heimlich oder mit Gewalt, sondern alles auf einmal. Wer solche Verbrechen im Einzelnen begeht und dabei gefasst wird, den erwartet Strafe und höchste Schmach. Denn man schilt solche dann Tempelräuber, Sklavendiebe, Einbrecher, Räuber, Diebe, wenn sie diese Untaten einzeln verüben. Wer aber außer ihrem Besitz die Bürger selbst unterwirft und versklavt, den schmäht und schimpft man nicht, sondern preist ihn glücklich und selig; das machen nicht nur die Bürger, sondern alle, die seine volle Schurkerei erfahren. Denn wer die Ungerechtigkeit schmäht, macht es nicht aus der Furcht vor dem Unrechttun, sondern vor dem Unrechtleiden! So ist, mein Sokrates, die Ungerechtigkeit stärker, edler und mächtiger als die Gerechtigkeit, wenn sie nur groß genug ist; und wie ich am Anfang sagte, der Vorteil des Mächtigen ist das Gerechte, das Ungerechte aber, was sich selber Nutzen und Vorteil schafft.

❶ Wie begründet Thrasymachos, dass die Gerechtigkeit der Vorteil des Ungerechten und der Nachteil des Gerechten sei?

❷ Was versteht er unter Gerechtigkeit?

❸ Antworten Sie an Sokrates' Stelle auf die Rede des Thrasymachos.

❹ Diskutieren Sie, ob Thrasymachos ein skrupelloser Opportunist bzw. ein „Pragmatiker ohne Ideale" ist.

Nicht nur in der Antike, sondern auch in der Moderne wurde die Moral grundsätzlich infrage gestellt. So übt der Philosoph **Friedrich Nietzsche** eine vehemente fundamentale Kritik an abendländischer Moral und Philosophie. Der Schriftsteller **Bertolt Brecht** dagegen versucht die Funktion der Moral im Kapitalismus zu entlarven und der Philosoph Hans Lenk weist an einem Beispiel auf die Diskrepanz zwischen moralischem Anspruch und tatsächlich gelebter Moral hin.

## Friedrich Nietzsche: Die „Guten“

*Friedrich Nietzsche (1844–1900) geht es in seinem Werk „Zur Genealogie der Moral“, aus dem der folgende Textabschnitt stammt, vor allem um die Entlarvung dessen, was seiner Meinung nach Werte und Normen verbergen und verleugnen sollen. Er spricht von zwei unterschiedlichen Moralen, einer (ursprünglichen) „Herrenmoral“, die nur die Unterscheidung „gut“ (in der Bedeutung von vornehm, edel) und „schlecht“ kennt, und einer „Sklavenmoral“, die den moralisch abwertenden Gegensatz von „gut und böse“ entwickelt. Letztere ist für ihn das jüdisch-christliche Ethos, das er als eine Moral des „Ressentiments,“ bezeichnet, da sie eigentlich nur zur Abwertung und Unterdrückung der „Starken“, die so die moralisch „Bösen“ werden, diene (s. S. 204 ff.). Er fordert einen „Übermenschen“, der als autonomes Individuum seine eigenen Werte setzt und der „jenseits von Gut und Böse“ steht.*

Hier wollen wir Eins am wenigsten leugnen: wer jene „Guten“ nur als Feinde kennen lernte, lernte auch nichts als böse Feinde kennen, und dieselben Menschen, […] die im Verhalten zueinander so erfinderisch in Rücksicht, Selbstbeherrschung, Zartsinn, Treue, Stolz und Freundschaft sich beweisen, – sie sind nach außen hin, dort wo das Fremde, die Fremde beginnt, nicht besser als losgelassene Raubtiere. Sie genießen da die Freiheit von allem Zwang, sie halten sich in der Wildnis schadlos für die Spannung, welche eine lange Einschließung und Einfriedung in den Frieden der Gemeinschaft gibt, sie treten in die Unschuld des Raubtier-Gewissens zurück, als frohlockende Ungeheuer, welche vielleicht von einer scheußlichen Abfolge von Mord, Niederbrennung, Schändung, Folterung mit einem Übermute und seelischen Gleichgewichte davongehen, wie als ob nur ein Studentenstreich vollbracht sei, überzeugt davon, dass die Dichter für lange nun wieder etwas zu singen und zu rühmen haben. Auf dem Grunde aller dieser vornehmen Rassen ist das Raubtier, die prachtvolle nach Beute und Sieg lüstern schweifende blonde Bestie nicht zu verkennen; es bedarf für diesen verborgenen Grund von Zeit zu Zeit der Entladung, das Tier muss wieder heraus, muss wieder in die Wildnis zurück … in diesem Bedürfnis sind sie alle gleich.

**Friedrich Nietzsche** (1844–1900, Biografie s. S. 208) wird oft als der „erste Psychologe unter den Philosophen“ bezeichnet.

**„Blonde Bestie“:** Der Begriff verweist auf die – nach Nietzsche – animalische Natur des Menschen und soll die Mentalität aller Eroberervölker veranschaulichen.

❶ Wie beschreibt, erklärt und bewertet Nietzsche das Verhalten der „Guten“?

❷ Welche Konsequenzen für Denken und Handeln lassen sich aus Nietzsches Ausführungen ziehen?

❸ Angenommen, Nietzsche hat Recht: Was würde das für unser Denken und Handeln bedeuten? Gibt es Ihrer Meinung nach Verhaltensweisen, die denen einer „blonden Bestie“ entsprechen?

Der Schriftsteller **Bertolt Brecht** (1898–1955) zeigte in seinen Theaterstücken, vor allem in „Der gute Mensch von Sezuan“, Möglichkeit und Konsequenz des gütigen Handelns in der kapitalistischen Gesellschaft.

Brecht-Denkmal in Berlin (vor dem „Berliner Ensemble“)

## Bertolt Brecht: Was nützt die Güte?

1
Was nützt die Güte
Wenn die Gütigen sogleich erschlagen werden, oder es werden erschlagen
Die, zu denen sie gütig sind?

Was nützt die Freiheit
Wenn die Freien unter den Unfreien leben müssen?

Was nützt die Vernunft
Wenn die Unvernunft allein das Essen verschafft, das jeder benötigt?

2
Anstatt nur gütig zu sein, bemüht euch
Einen Zustand zu schaffen, der die Güte ermöglicht, und besser:
Sie überflüssig macht!

Anstatt nur vernünftig zu sein, bemüht euch
Einen Zustand zu schaffen, der die Unvernunft der einzelnen
Zu einem schlechten Geschäft macht!

(Aus lizenzrechtlichen Gründen ist dieser Text nicht in reformierter Rechtschreibung gedruckt.)

❶ Worin besteht Brechts Kritik an der moralischen Haltung der Güte?

❷ Überlegen Sie, ob sie auch auf das Wirken von Mutter Teresa zutrifft.

❸ Was fordert Brecht vom Einzelnen und von der Gesellschaft? Wie müsste eine Gesellschaft beschaffen sein, damit der von Brecht geforderte Zustand erreicht wird? Welche Chancen sehen Sie für die Realisierung dieses Zustandes?

Die mazedonische Nonne Agnes Gonxha Bojayhiu, genannt „**Mutter Teresa**“ († 1997), gründete in Indien mehrere Krankenhäuser, in denen sie sich zusammen mit anderen Ordensschwestern um Schwerstkranke und Sterbende kümmerte. Sie galt als „Engel der Armen“ und bekam für ihre Arbeit 1979 den Friedensnobelpreis. Sie war eine entschiedene Gegnerin von Geburtenkontrolle und Abtreibung. Ihre Arbeit war nicht politisch motiviert, sondern galt ausschließlich der Pflege, Heilung, Tröstung der Patienten und der „Rettung der Seelen“.

## Hans Lenk: Fair geht vor oder die Spaltung der Moral

In Hochleistungssystemen, die den Erfolg absolut setzen, unbedingt, unnachgiebig anstreben, entwickeln sich zwangsläufig rücksichtslose und auch betrügerische Strategien, um zum Erfolg zu gelangen. Ist der Hochleistungssport in unserer Gesellschaft ein solches System geworden? Manche Anklänge daran gibt es zweifellos: In der Realität scheint „Du sollst dich nicht erwischen lassen“ eine heimliche Obernorm für Dopingstrategien, unfaires Verhalten, taktische Fouls usw. zu sein. Eine Spaltung der Moral in eine zum Teil heimliche Erfolgsmoral und eine öffentliche Moral der Lippenbekenntnisse ist bei manchen Handelnden, Organisatoren, Managern, Offiziellen und Betreuern festzustellen. Damit einhergehend Verwischungsstrategien und Abschiebungs-, Alibi-, Ablenkungstaktiken – auch hinsichtlich der Verantwortlichkeit. Wenn die Versuchung zum Brechen der Regeln angesichts einer derartigen Doppelmoral geradezu in das System einprogrammiert ist, kann man nicht den einzelnen Akteur, im Hochleistungssport also bloß den Athleten, allein verantwortlich machen. Wenn die Gesellschaft und die öffentliche Meinung, den Erfolg so uneingeschränkt in den Vordergrund stellen, kann man Schuld und Verantwortung nicht auf den Athleten häufen, wenn Unfairness, Brutalität, rücksichtsloses Erfolgsstreben und betrügerische Taktiken im Hochleistungssport und in der Gesellschaft generell zunehmen. Es wird ja neuerdings ein Unding wie ein „faires Foul" von Trainern und Reportern sowie einigen Sportlern gefordert und gerechtfertigt. Sport sei schließlich ein Geschäft, und hier müssten in der Konkurrenz alle Möglichkeiten ausgeschöpft werden – eben auch harmlosere Regelübertretungen – so kritisiert eine renommierte Zeitung die Kritik an der Rechtfertigung des „fairen Fouls". Werden Fouls nur noch wie die Geschwindigkeitsübertretungen auf der Autobahn als Kavaliersdelikte angesehen, ja, geradezu erwartet, gefordert, geschult, antrainiert? Oder ist der Hochleistungssport – wie ein Fußballbundesligaspieler meinte – zu einem „Existenzkampf mit allen Mitteln" geworden? „Jeder muss versuchen, den anderen fertig zu machen!". Wenn selbst ein Uwe Seeler[1] meint: „Ein normales Foul ist für mich nicht unfair", sondern es als legitimes taktisches Mittel auffasst, wenn selbst der Bundestrainer Beckenbauer[2] feststellt: „Das Foulspiel gehört zum Fußball dazu", dann ist mit der moralischen Praxis allgemein etwas nicht in Ordnung, vielleicht gar generell mit der unnachgiebigen Erfolgs- und Konkurrenzmoral einer Ellenbogengesellschaft.

Die Forderung, „Fair geht vor!" – so sinnvoll, gut und schön sie klingt – scheint der Realität gegenüber idealistisch zu bleiben. Solange nur Erfolg und Sieg zählen und die Konkurrenz immer härter wird, scheint es müßig zu sein, vom Einzelnen die Einhaltung von Fairnessregeln zu fordern, wenn an der Überbewertung des Sieges und Konkurrenzdruckes selbst nichts geändert wird, ja, wenn mit zwei Zungen Höchsterfolg um nahezu jeden Preis und lupenreines Fair Play zugleich gefordert werden. Die Gesellschaft muss ihre Überbewertung des Sieges, die Singulärsiegerorientierung, herabmildern – und zwar auf greifbare und kontrollierbare Weise –, sie muss die absolute Erfolgsmoral moderieren, um der Fairness wieder eine wirkliche Chance zu geben. Das bloße Predigen, Marketing und Werbungsaktionen für Fairness sind wichtig und gut, aber können nur auf das Problem aufmerksam machen, das Systemproblem selbst nicht lösen.

[1] Ehrenspielführer der Fußballnationalmannschaft
[2] Teamchef der Fußballnationalmannschaft 1984–1990

**Ben Johnson**, Olympiasieger 1988 im 100-m-Lauf, wurde wegen Dopings die Goldmedaille aberkannt.

❶ Welche gesellschaftliche Moral sieht der Autor (auch) im Hochleistungssport vorherrschend? Überlegen Sie, ob es auch andere Bereiche gibt, für die diese Moral zutrifft.

❷ Was muss sich nach Meinung des Autors (und Ihrer eigenen) in der Gesellschaft ändern, um die Doppelmoral zu überwinden?

❸ Was würde Hans Lenk auf die Aufforderung des Sophisten Thrasymachos, ungerecht zu sein, antworten?

## Rollenspiel

Wählen Sie aus Ihrer Gruppe Mitglieder aus, die in der Rolle von Autoren dieses Kapitels eine Podiumsdiskussion zum Thema: „Siegen um jeden Preis?" führen.

Werten Sie anschließend die Diskussion aus:

- Wie haben sich die Diskutanten in ihrer Rolle gefühlt?
- Welche Auffassung hat besonders beeindruckt?
- Welche Gemeinsamkeiten und Unterschiede der Positionen sind Ihnen aufgefallen?
- Konnte ein Konsens gefunden werden?

# 3. Ethik als Lehre von der Moral

Der Philosoph Immanuel Kant sah die Aufgaben der Philosophie in der Beantwortung der vier Fragen: „Was können wir wissen?", „Was ist der Mensch?", „Was dürfen wir hoffen?", „Was sollen wir tun?". Mit der letzteren Frage befasst sich die Ethik. Sie ist also eine Disziplin der Philosophie und befasst sich mit dem moralisch Guten und dem moralisch richtigen Handeln. Wegen dieser Ausrichtung auf den konkreten Lebensvollzug wird die Ethik auch als „praktische Philosophie" bezeichnet.

Die Fragen, um die es in der Ethik geht, sind zum Beispiel: Ist es ausnahmslos falsch zu lügen? Ist ein militärischer Einsatz unter bestimmten Bedingungen moralisch zu rechtfertigen? Ist ein Schwangerschaftsabbruch ausnahmslos abzulehnen? Wie lassen sich die „Menschenrechte" begründen?

Ethik ist somit eine Wissenschaft, die sich mit der Moral, mit Werten und Normen, befasst. Sie versucht, das moralisch Richtige und Gute zu **ermitteln**, zu **begründen** oder bestehende Normen auf ihre **Gültigkeit zu befragen**. Darüber hinaus analysiert und bewertet sie die **Methoden**, die für die Begründungen und Problemlösungen gefunden werden.

Mit zwei Grundtypen ethischer Theorie befasst sich der folgende Text.

Die **Ethik** (Moralphilosophie) wurde als wissenschaftliche Disziplin von dem griechischen Philosophen **Aristoteles** (384 –322 v. Chr., s. S. 57) begründet.
Man unterscheidet je nach der Grundfrage und der Methodik drei **Grundtypen ethischer Theorien: deskriptive** (beschreibende) Ethik, **normative** (normbildende, normbegründende) Ethik und **Metaethik** (sprachanalytische Ethik) (s. Grafik S. 47).

## Norbert Hoerster: Normative Ethik und Metaethik

Die Funktion, die obersten Prinzipien des moralisch (sittlich) Richtigen und Guten zu ermitteln, macht den Bereich der **normativen Ethik** aus. Wir möchten wissen, was letztlich richtig oder unrichtig, gut oder schlecht ist, das heißt was uns als letztes Kriterium unseres Verhaltens im moralischen Bereich dienen kann: Wir suchen nach den grundlegenden Normen menschlichen Verhaltens. Die normative Ethik ist somit eine Theorie, die Normen aufstellt und deren Gegenstand Handlungen sind.

Anders verhält es sich mit jener weiteren Funktion der Ethik, die Begründungs- und Rechtfertigungsmethoden moralischer Urteile zu diskutieren. Sie fällt in den Bereich der **Metaethik,** die gegenüber der normativen Ethik auf einer logisch höheren Ebene (einer Metaebene) liegt. Gegenstand der Metaethik sind nicht Handlungen, sondern Urteile über Handlungen.

[...]

Machen wir uns den **Unterschied zwischen normativer Ethik und Metaethik** an einem Beispiel klar.

Angenommen, A möchte sich von seiner Frau scheiden lassen, um seine Sekretärin zu heiraten. B, ein Freund des A, macht ihm deshalb Vorhaltungen; er hält A's Schritt für moralisch falsch. B macht sich also das moralische Urteil zu eigen: „A sollte sich nicht scheiden lassen". Im Zuge der von A geforderten Begründung dieses Urteils könnte B früher oder später (je nach seiner moralischen Grundüberzeugung) etwa die folgenden Sätze ins Treffen führen:

(1) „Wenn du dich scheiden lässt, versündigst du dich; nach dem Willen Gottes darf eine gültig geschlossene Ehe zu Lebzeiten der Ehegatten nicht aufgelöst werden"; oder
(2) „Du hast deiner Frau durch die Eheschließung in bindender und feierlicher Form versprochen, zeitlich unbegrenzt eine enge Lebensgemeinschaft mit ihr zu führen. Ein solches Versprechen darf man nicht brechen, nur weil man jemanden kennen gelernt hat, den man momentan attraktiver findet"; oder
(3) „Das Unglück, das du durch eine Scheidung über deine Frau und deine Kinder brächtest, würde das Glück, das du in deinem Alter noch für dich und deine neue Frau erwarten könntest, weit überwiegen. Man darf sein eigenes Glück nicht auf Kosten anderer verfolgen"; oder
(4) „Auf die Dauer gesehen, würdest du dir in deiner Situation mit einer Scheidung und einer Wiederheirat nur schaden. Man sollte nie etwas tun, wodurch man auf lange Sicht die eigenen Interessen verletzt".
Man beachte, dass in jedem der vier Argumente mindestens zwei verschiedene Behauptungen enthalten sind: Zum einen vertritt B jeweils ein **bestimmtes moralisches Prinzip** („Wer Gottes Willen zuwiderhandelt, ... Wer ein Versprechen bricht, ... Wer andere unglücklich macht, ... Wer sich selber schadet, handelt moralisch falsch"). Und zum anderen behauptet B, dass A in seiner konkreten Situation unter dieses moralische Prinzip fällt, und daher, wenn er sich scheiden lässt, moralisch falsch handelt.
Dementsprechend bieten sich für A zwei grundsätzlich verschiedene Möglichkeiten der Erwiderung auf B's Argumente: Er kann bestreiten, dass er tatsächlich unter das entsprechende Prinzip fällt, [...], oder er kann das von B geltend gemachte moralische Prinzip selbst attackieren.
Dabei repräsentieren die vier alternativen Argumente des B die vier **wichtigsten normativ-ethischen Positionen** innerhalb der Ethik: die Positionen einer **religiösen**, einer **deontologischen,** einer **utilitaristischen** und einer **egoistischen** Ethik.
Der Streit über das moralische Problem, ob es für A richtig sei, sich scheiden zu lassen, führte A und B in unserem fingierten Beispiel dazu, sich mit **normativer Ethik** zu beschäftigen. Wir dagegen haben, indem wir den möglichen Verlauf des Streites analysiert haben, **Metaethik** betrieben: A und B ging es um das richtige Verhalten (und in diesem Zusammenhang um die obersten Prinzipien jedes richtigen Verhaltens), uns ging es darum, in welcher Form und mit welchen Methoden A und B ihr Problem in Angriff nahmen. Gegenstand unserer Überlegungen war also die Sprache der Moral (die Sprache, in der über moralisch richtiges Verhalten geredet wird), die Art der Argumentation.
Während die **normative Ethik** fragt „Was ist letztlich moralisch richtig?", fragt die **Metaethik**: „In welcher Weise lassen sich moralische Urteile über das moralisch Richtige rechtfertigen?"

**Deontologische Ethik:** Pflichtenethik, Gesinnungsethik (von gr. déon: das Erforderliche, die Pflicht). Sie begründet eine Handlung von einem Prinzip her (s. S. 79 ff.).
**Utilitaristische Ethik:** Nützlichkeitsethik (von lat. utilis: nützlich). Sie begründet und bewertet eine Handlung von ihren möglichen Folgen her (s. S. 70 ff.).
**Egoistische Ethik:** eine Ethikbegründung, die auf langfristigen egoistischen Interessen aufgebaut ist (s. S. 61 ff.).
**Religiöse** (oder theologische) **Ethik:** eine Ethik, die auf Erkenntnissen aufbaut, die aus dem Glauben an Gott gewonnen werden (s. S. 163 ff.).

❶ Formulieren Sie eine ausführliche Erwiderung des A auf die Argumente des B.

❷ Treffen Sie anschließend eine Entscheidung über A's Vorhaben und begründen Sie diese.

Die **metaethische** Fragestellung, von der Hoerster spricht, ist nicht neu. Bereits der englische Philosoph David Hume, der zur Skepsis gegenüber allen Wahrheitsansprüchen aufforderte, hatte im 18. Jh. ethische Begründungstheorien zum Gegenstand seiner Überlegungen gemacht. In deren Mittelpunkt rückte er die Frage: „Ist das Sein von etwas auch gleichzeitig das Argument dafür, dass es sein sollte?" Die analytische Ethik des 20. Jh. versucht durch eine Analyse ethischen Argumentierens eine wissenschaftliche Grundlegung und Fundierung der Ethik. So zeigt z.B. George Edward Moore an einer Analyse der Verwendung des Wortes „gut" in der Alltagssprache den von ihm so bezeichneten „naturalistischen Fehlschluss" auf.

## Das Sein-Sollen-Problem und der naturalistische Fehlschluss*

Es ist statistisch erwiesen, dass alle Menschen lügen. Daher ist das Lügen moralisch erlaubt. Oder: Der Mensch hat wie alle anderen Lebewesen ein grundlegendes Interesse an der Erhaltung seiner Art. Daher sind homosexuelle Beziehungen moralisch falsch und abzulehnen.

Diese Art von Schlussfolgerungen klingt zwar zunächst einleuchtend, bei näherer Betrachtung kommen einem jedoch Zweifel. Wie wird hier argumentiert?

Von der Beobachtung einer Tatsache (Menschen lügen) wird darauf geschlossen, welche Konsequenzen moralischer Art daraus zu ziehen sind (Lügen ist statthaft).

Hier liegt aber nun ein logischer Fehler vor. Denn der Beobachtung wird etwas hinzugefügt, was außerhalb der beobachteten Tatsache liegt. Aus einer Aussage über ein Sein wird also eine Aussage über ein Sollen abgeleitet.

**David Hume** (1711–1776): englischer Philosoph (s. S. 89 ff.)

In seiner „Abhandlung über die menschliche Natur" hat der Philosoph David Hume den Grundsatz aufgestellt, dass man aus Prämissen, die sagen, was ist, war oder sein wird, nicht ableiten kann, was sein soll. Hume möchte zeigen, dass moralische Unterscheidungen nicht durch die Vernunft erfasst, sondern gefühlsmäßig getroffen werden. Wenn wir unsere Welt erforschen, tun wir dies mit Hilfe der Vernunft. Wir analysieren die Natur mit dem Anspruch, sie so zu erfassen, wie sie tatsächlich ist. Dies lässt sich jedoch nur erreichen, wenn wir von uns als den moralischen Beurteilern absehen. Dies tun wir in der Regel aber nicht, sondern verbinden es gleich mit einer (moralischen) Wertung. Das Gute und Böse finden wir aber nicht in den Gegenständen unserer Betrachtung vor, sondern lediglich in uns selbst.

**George Edward Moore** (1873–1958): englischer Philosoph

Diesen kritischen Ansatz in der Analyse unserer moralischen Urteile führte der Philosoph George Edward Moore weiter. Er stellte die Frage, ob sich „gut" überhaupt definieren lässt. Ein Blick in die Philosophiegeschichte zeigt, dass solche Definitionen tatsächlich vorliegen. Ein Hedonist etwa sagt, das Gute sei das Lustvolle. Ein Utilitarist dagegen sieht in dem Guten das Nützliche. Moore lässt diese Aussagen, wenn sie als Handlungsanweisung (z.B.: „Lebe lustvoll") gemeint sind, durchaus gelten. Als Definition aber sind sie unbrauchbar, weil sich seiner Ansicht nach „gut" überhaupt nicht definieren lässt. Dies liegt daran, dass „gut" ein einfacher Be-

griff ist, der nicht weiter zerlegbar ist. Er dient, wie auch der Begriff „rund“, zur Definition komplexer Begriffe und nur solche lassen sich überhaupt definieren. Daher lässt sich nach Moore nur sagen: „Gut“ ist „gut“ wie „rund“ „rund“ ist. Wenn man nun aber behauptet, dass „gut“ = „lustvoll“ ist, wie es der Hedonist tut, so sitzt man einem Fehlschluss auf, den Moore als den „naturalistischen Fehlschluss“ bezeichnet. Der Fehler, den der Hedonist begeht, ist also seine absolute und vollständige Gleichsetzung des Guten mit dem Lustvollen. Mit dem gleichen Recht und Wahrheitsanspruch könnte der Utilitarist behaupten, das Gute sei das Nützliche.
Für die Ethik und das ethische Argumentieren bedeutet dies, dass Vorsicht gegenüber Wahrheitsansprüchen moralischer Art geboten ist und dass ethische Werturteile und Sollensansprüche eine andere Qualität haben als rein beschreibende Aussagen. In Werturteilen nämlich sind immer auch Gesichtspunkte enthalten, die bei dem Urteilenden selbst liegen und somit dem betrachteten und beurteilten Gegenstand eine ganz eigene, mitunter ihm sogar fremde Qualität geben.

❶ Suchen Sie weitere Beispiele für das Sein-Sollen-Problem und den „naturalistischen Fehlschluss“.

❷ Inwiefern leiten die Sophisten (s. S. 36 ff.) aus der Beschreibung des Seins ein Sollen ab?

❸ „Fressen und Gefressen werden – das ist ein Grundprinzip der Natur, dem auch wir Menschen unterliegen“. Setzen Sie sich mit dieser Aussage kritisch auseinander.

Humes und Moores Ausführungen legen die weit verbreitete Auffassung nahe, dass ethische Urteile Gefühlssache und rein subjektiv seien. Objektivität scheint demnach in der Ethik, im Gegensatz zur Wissenschaft, nicht möglich zu sein. Ist demnach in der Ethik alles „relativ“? Sind ethische Begründungen damit letztlich unverbindlich?
Gegen einen solchen **„ethischen Relativismus“** argumentiert der englische Mathematiker und Philosoph Bertrand Russell.

## Bertrand Russell: Gibt es ein sittliches Wissen?

Die Ethik unterscheidet sich von der Wissenschaft dadurch, dass ihre grundlegenden Gegebenheiten, Gefühle und Empfindungen, nicht Wahrnehmungen sind. Das ist wörtlich zu verstehen: Die Gegebenheiten sind die Gefühle und Empfindungen als solche, nicht die Tatsache, dass wir sie haben. Dass wir sie haben, ist ein wissenschaftliches Faktum wie andere auch; wir erkennen es in der üblichen wissenschaftlichen Weise durch Wahrnehmung. Ein sittliches Urteil dagegen sagt kein Faktum aus; es drückt, wenn auch häufig in verkappter Form, eine Hoffnung oder eine Befürchtung, ein Begehren oder eine Abneigung, Liebe oder Hass aus. Es sollte die Form des Optativs oder Imperativs, nicht im Indikativ ausgesprochen werden. In der Bibel heißt es: „Du sollst deinen Nächsten lieben wie dich selbst“, und ein moderner Mensch könnte angesichts der unter den Staaten herrschenden Zwietracht in die Worte ausbrechen: „Möchten doch alle Menschen einander lieben!“ Das sind rein moralische Sätze, die sich selbstverständlich nicht durch bloßes Summieren von Tatsachen beweisen oder widerlegen lassen. […]
Aber wenn man auch die grundlegende Bedeutung des Fühlens und Wünschens zugibt, so bleibt doch die Frage, ob es so etwas wie ein sittliches Wissen gibt. „Du sollst nicht töten!“ ist ein Imperativ; „Morden ist böse!“ dagegen ist anscheinend ein Indikativ und die

Der englische Mathematiker, Philosoph und Sozialwissenschaftler **Bertrand Russell** (1872–1970) erlangte Weltruhm mit seinem Werk „Principia Mathematica“, das den Zusammenhang zwischen der Logik und der Mathematik aufzeigt. Während des Ersten Weltkrieges kam er wegen Aufforderung zur Kriegsdienstverweigerung ins Gefängnis. Er erregte als Pazifist mit Appellen (z.B. der „Einstein-Russell-Appell“ 1955) und Tribunalen (z.B. das „International War Crimes Tribunal“ zum Vietnamkrieg 1966) internationales Aufsehen (s. S. 68).

Behauptung, dass etwas falsch oder richtig ist. „Möchten doch alle Menschen glücklich sein!" ist ein Optativ, während „Das Glück ist gut" die gleiche grammatische Form hat wie „Sokrates ist sterblich". Ist diese grammatische Form irreführend, oder gibt es auch in der Sittlichkeit „richtig" und „falsch" wie in der Wissenschaft? [...] Damit hängt ein anderes Problem eng zusammen, nämlich die Frage der Subjektivität sittlicher Urteile. Wenn ich behaupte, Austern seien etwas Gutes, und Sie sagen, sie seien abscheulich, dann wissen wir beide, dass wir nur unserem persönlichen Geschmack Ausdruck geben, und über den Geschmack lässt sich nicht streiten. Wenn aber die Nazis behaupten, es sei gut, Juden zu quälen, und wir sagen, es sei schlecht, dann haben wir nicht das Gefühl, nur einen Geschmacksunterschied auszudrücken; wir sind sogar bereit, für unsere Überzeugungen zu kämpfen und zu sterben, was wir nicht wären, um unsere Ansicht über Austern durchzusetzen. Trotz aller Argumente, die sich dafür geltend machen lassen, dass es sich um zwei gleich gelagerte Fälle handelt, werden doch die meisten Menschen davon überzeugt sein, dass irgendwo ein Unterschied besteht, mag es auch schwierig sein, zu sagen welcher. Ich glaube, dieses Gefühl verdient respektiert zu werden, auch wenn es nicht entscheidend ist; es sollte uns davor bewahren, uns blindlings auf den Standpunkt zu stellen, alle moralischen Urteile seien völlig subjektiv.

Man könnte vielleicht sagen, dass, wenn Hoffnungen und Wünsche in der Ethik von grundlegender Bedeutung sind, schlechthin alles auf dem Gebiet des Moralischen subjektiv sein müsse, da Hoffnungen und Wünsche es sind. Doch dieses Argument ist nicht so überzeugend, wie es klingt. Die wissenschaftlichen Gegebenheiten sind individuelle Wahrnehmungen; sie sind viel subjektiver, als der gesunde Menschenverstand glaubt, und doch ist auf dieser Grundlage das imposante Gebäude der unpersönlichen Wissenschaft errichtet worden. Das war möglich, weil in gewissen Beziehungen die Wahrnehmungen der meisten Menschen übereinstimmen und die abweichenden Wahrnehmungen von Farbenblinden oder von Opfern irgendwelcher Halluzinationen nicht ins Gewicht fallen. Vielleicht kann man auf ähnlichem Wege zur Objektivität in der Moral kommen; wenn ja – denn es macht einen Appell an die Mehrheit erforderlich –, dann gelangen wir damit aus dem Bereich der persönlichen Ethik in den der Politik, die in der Tat sehr schwer von der Ethik abzugrenzen ist.

❶ Welche Unterschiede bestehen nach Russell zwischen Wissenschaft und Ethik?

❷ Suchen Sie Antworten auf Russells Frage, ob es auch in der Sittlichkeit „richtig" und „falsch" gibt.

❸ Welche Gründe lassen sich für die Behauptung anführen, moralische Urteile seien „rein subjektiv"? Was sagt Russell zu dieser Position?

❹ Erläutern und diskutieren Sie die Aussagen des letzten Satzes.

Otfried Höffe (Hg.): Lesebuch zur Ethik. Philosophische Texte von der Antike bis zur Gegenwart. München (Beck) 1998

Otfried Höffe: Lexikon der Ethik. München (Beck) 5/1997

Annemarie Pieper: Einführung in die Ethik. Tübingen (Francke) 5/1999

Hans Joachim Störig: Kleine Weltgeschichte der Philosophie. Überarbeitete Neuausgabe. Frankfurt am Main (Fischer) 1999

# ETHIK UNTER DER LUPE

Ihre Stellung im System der wichtigsten philosophischen Disziplinen

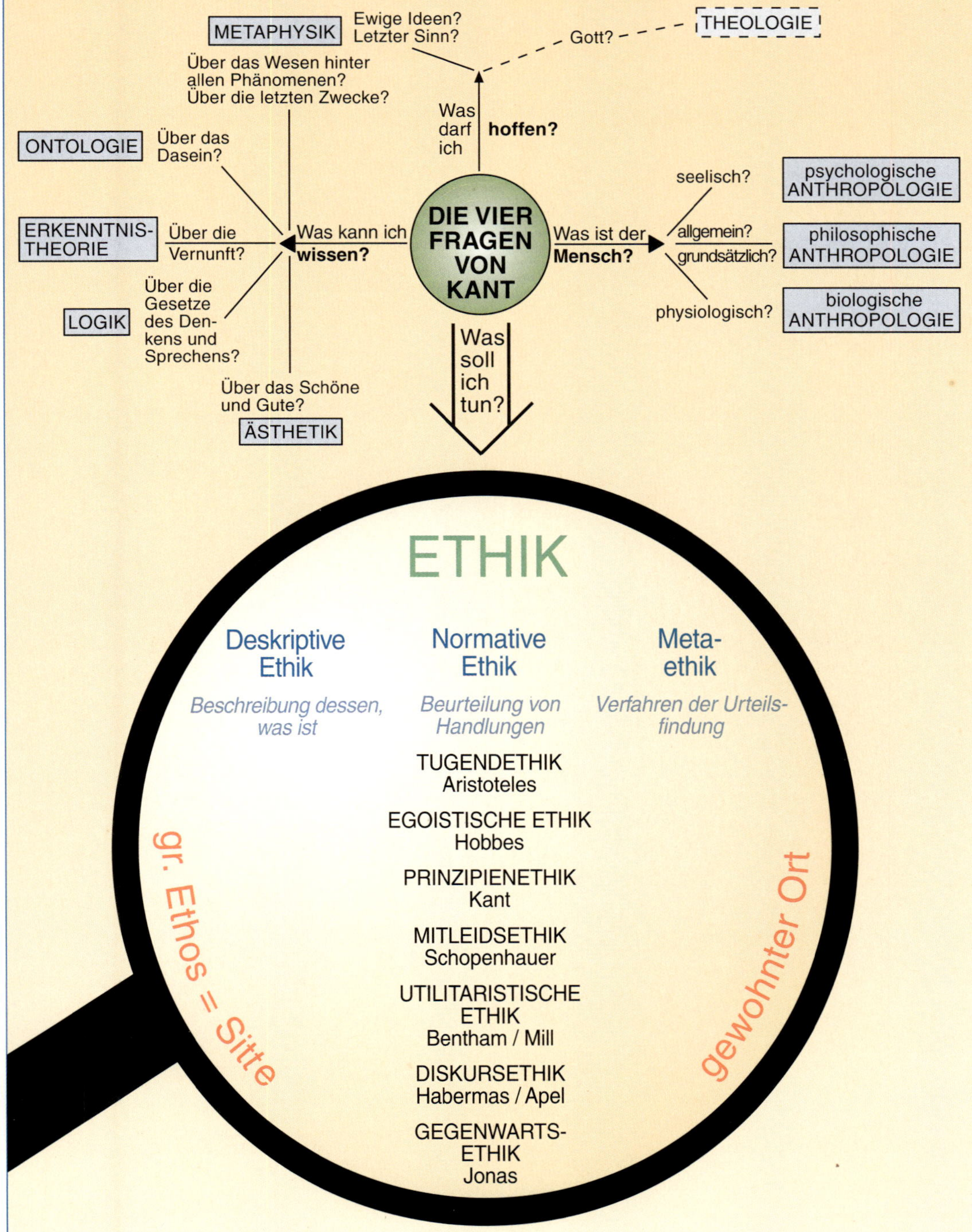

# Wie lässt sich Moral begründen? – Modelle normativer Ethik

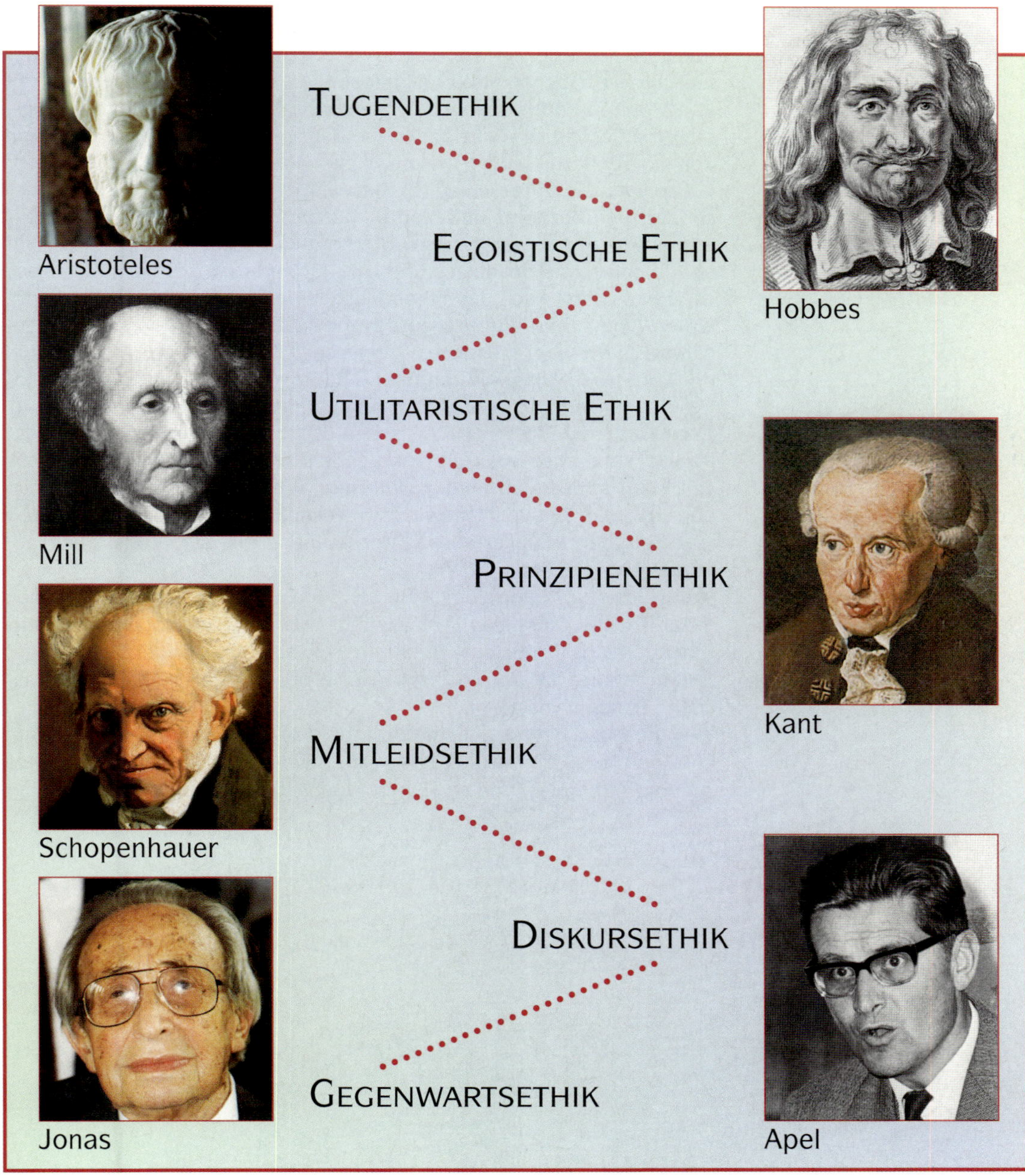

# Einführung

„Eine Verständigung über die Grundsätze der Moral, deren Anerkennung jedermann rational einsichtig gemacht werden kann und daher zugemutet werden kann, ist ebenso unerlässlich wie eine kritische Hinterfragung von faktisch erhobenen moralischen Geltungsansprüchen hinsichtlich ihrer Legitimität."
*Annemarie Pieper* in ihrem Buch „Einführung in die Ethik", Tübingen (Francke) 3/1994.

Im Kapitel „Moral im Alltag" wird aus einem Buch zitiert, das den Titel trägt „Du darfst – aber was?" (s. S. 8). Darin behauptet die Autorin, dass in der heutigen Zeit „das Dürfen geradezu der Imperativ geworden" sei, der „das Müssen und Sollen von früher abgelöst" habe. Denn diejenigen, die bisher die Grenzen des Müssens und Sollens abgesteckt hätten, nämlich „Staat, Kirche und Patriarchat", hätten in Fragen der Moral „abgedankt". Die Frage nach dem aber, *was* man dürfe, sei bestehen geblieben und die täglichen moralischen Entscheidungen gingen nun mit den „Qualen des ständigen Wählens" einher.
Moralische Orientierung und Handlungsnormen wurden indes nicht nur von Institutionen wie Staat oder Kirche vorgegeben. Im Lauf der Geschichte haben zahlreiche Philosophen sowohl die Notwendigkeit von Werten und Normen aufgezeigt als auch ethische Begründungssysteme der Moral vorgelegt. Diese Begründungsmodelle reichen von der „Tugendethik" der Antike bis zur „Verantwortungsethik" in der Gegenwart. So unterschiedlich diese Modelle auch sind: sie alle basieren auf der Vernunft und sind damit für jedermann nachvollziehbar und überprüfbar. Sie gründen auf der Einsicht, dass moralisches Handeln nicht etwas Beliebiges und Willkürliches ist, sondern Ausdruck der Humanität. Auch deswegen werden heute bei elementaren Problemen (wie z.B. in den Fragen des medizinischen Fortschritts) so genannte „Ethik-Kommissionen" eingesetzt, die auf dem Hintergrund der von der Philosophie (und der Theologie) entwickelten Ethik-Modelle Lösungen vorschlagen und an den Entscheidungen beteiligt sind.
Dem Anspruch der philosophischen Ethik, einen Eingriff in unser Leben vorzunehmen und uns vorzugeben, wie man leben und handeln soll, wird man umso eher zustimmen, wenn dieser Anspruch „vernünftig" (d.h. mit den Mitteln der Vernunft) begründet ist, frei von ideologischen Prämissen und Interessen ist und das Wohl *aller* Menschen zum Ziel hat.
„Die Grundvoraussetzung, auf der jede Ethik aufbaut, ja aufbauen muss, ist allerdings der ‚gute Wille', also die grundsätzliche Bereitschaft, sich nicht nur auf Argumente einzulassen, sondern das als gut Erkannte auch tatsächlich zum Prinzip des eigenen Handelns zu machen" (Annemarie Pieper).
Welche Moralbegründungen die Ethik seit der Antike entwickelt hat und welche Normen und Sollensansprüche sich daraus ableiten lassen, wird im Folgenden an sieben Modellen aufgezeigt.

# 1. Zu einer sittlichen Persönlichkeit werden: Tugendethik

„Man muss immer trunken sein. Vom Wein, von der Poesie oder der Tugend, nach eurem Belieben." So der französische Dichter Charles Baudelaire. Für seinen Dichterkollegen Friedrich Schiller kam allerdings (außer der Poesie) nur die Tugend infrage. In seinem „Lied von der Glocke" pries er die Tugenden und wies Männern und Frauen ganz spezifische tugendhafte Verhaltensweisen zu. Sein Gedicht ist jedoch nur ein Beispiel dafür, wie das Bürgertum vor allem im 19. Jh. versuchte, nach den Enttäuschungen der fehlgeschlagenen Revolutionen eine eigene, vor allem im Privaten angesiedelte Moral zu etablieren, die vorrangig auf Tugenden wirtschaftlich-ökonomischer Art aufbaute („Sekundärtugenden"). Viele dieser „bürgerlichen Tugenden" sind auch heute in Sprichwörtern und in der Alltagsmoral zu finden: „Ohne Fleiß kein Preis", „Müßiggang ist aller Laster Anfang", „Üb' immer Treu' und Redlichkeit", „Ordnung ist das halbe Leben" u.a. Der Philosoph Max Scheler kritisierte zu Beginn des 20. Jh., dass ausschließlich solche Tugenden zu gesellschaftlichen Grundwerten gemacht würden und forderte daher eine Rehabilitierung der „Tugenden", die in der antiken Philosophie, vor allem von Platon, Aristoteles und von den Philosophen der Stoa, entwickelt worden waren („Kardinaltugenden").

**In der Tugendethik geht es um die Bewertung der handelnden Person. Sie stellt fest, was eine Tugend und was ein moralisch guter Charakter ist.** Es geht also nicht, wie in der Prinzipienethik oder im Utilitarismus, um die Gesinnung, die einer Handlung zugrunde liegt noch um eine Beurteilung der Handlungsfolgen. Bei den Tugenden handelt es sich um **erworbene Charaktereigenschaften. Erziehung** und **Selbst-Bildung** spielen dabei die wesentliche Rolle.

Johann Liss (1591–1629): Herakles am Scheidewege

**Tugend:** ein seit der Antike zentraler Begriff der Ethik, ist das Ideal der (Selbst-) Erziehung zu einer sittlich vorbildlichen Persönlichkeit.
Seit Platon unterscheidet man vier so genannte **„Kardinaltugenden"** (Primärtugenden): Klugheit, Gerechtigkeit, Tapferkeit (Mut) und Besonnenheit (maßvolles Handeln).
Diesen hat die christliche Ethik noch drei weitere hinzugefügt: Glaube, Hoffnung, Liebe.
Als so genannte **„Sekundärtugenden"**, die vorrangig instrumentelle und funktionale Bedeutung haben, gelten: Fleiß, Pünktlichkeit, Sauberkeit, Sparsamkeit u.Ä.
Den sieben Kardinaltugenden gegenübergestellt sind die sieben **Laster/Todsünden:** Stolz, Habsucht, Neid, Zorn, Unkeuschheit, Unmäßigkeit und Trägheit.

❶ Was verstehen Sie unter „Tugend" bzw. einem „tugendhaften Leben"?

❷ Lesen Sie Schillers „Lied von der Glocke", erarbeiten und diskutieren Sie den dort propagierten Tugendkatalog.

❸ Die griechische Mythologie erzählt davon, dass der junge Herakles darüber nachdachte, welchen Lebensweg er einschlagen sollte. Da erschienen ihm zwei Frauen, die ihn beide für sich zu gewinnen versuchten: das Laster und die Tugend.
Wie hat der Maler die Szene gestaltet? Mit welchen Attributen sind Laster und Tugend dargestellt?

❹ Lassen Sie das Laster und die Tugend auf Herakles einreden. Welche Argumente würden sie vorbringen? Wie könnte Herakles darauf antworten?

❺ Lesen Sie den Text des Mythos (z.B. in G. Schwab: „Sagen des klassischen Altertums") und vergleichen Sie ihn mit Ihren eigenen Überlegungen.

X

## Klaus-Peter Rippe/Peter Schaber: Der tugendethische Ansatz

Mit dem Begriff der Tugend werden bestimmte Eigenschaften ausgezeichnet, derentwegen ein Mensch gelobt wird, als moralisches Vorbild oder einfach als ein moralisch guter Mensch gilt. Diese Eigenschaften beziehen sich (im Regelfall) auf einen spezifischen Bereich menschlichen Könnens und menschlicher Erfahrung. Sie drücken aus, dass sich eine Person in dem jeweiligen Bereich vortrefflich und vorzüglich zu verhalten pflegt. Die Betonung liegt dabei darauf, dass eine Person nicht von Zeit zu Zeit und nicht nur zufällig richtig handelt, sondern dass sie eine Disposition hat, das Richtige zu wählen. Tugendhaftigkeit zeigt sich nicht nur darin, dass richtige Handlungen gewählt werden, vielmehr bestimmt die Tugend insgesamt das Urteilen und auch die emotionale Einstellung der tugendhaften Person. Mut z.B. kann man als Vermögen bezeichnen, in bestimmten Kontexten die richtige, nämlich mutige Einstellung einzunehmen. Mut kann dabei – wie von Aristoteles verstanden – das Vermögen sein, das richtige Maß zwischen Tollkühnheit und Feigheit zu finden. Oder es kann in der Disposition liegen, bestimmte Emotionen wie Angst und Furcht unterdrücken und überwinden zu können.
Diese Haltung bzw. das Vermögen des Tugendhaften wird [...] zunehmend mit dem Begriff des Charakters in Verbindung gebracht. Tugenden bezeichnen demnach Charaktereigenschaften; und die Diskussion darüber, was als Tugend zählen soll, geht darum, welchen Charakter ein Mensch ausbilden sollte. Mut, Klugheit, Loyalität, Besonnenheit, Mäßigung oder Geduld bezeichnen jene Charaktereigenschaften, die positiv zu bewerten sind. Wer sie besitzt, hat die Disposition, in bestimmten moralischen Kontexten moralisch richtig zu handeln und zu urteilen, nämlich mutig, klug, loyal, besonnen, gemäßigt oder geduldig. Die Rede vom Charakter mag falsche Assoziationen erwecken; man könnte meinen, es gehe hier um angeborene, psychologische Eigenschaften einzelner Personen oder um Willensstärke. Entgegen diesen alltagspsychologischen Bedeutungen von Charakter beziehen sich Tugenden vielmehr im Wesentlichen auf erworbene Eigenschaften. Charaktereigenschaften sind solche, die der Einzelne selbst entwickelt hat und die zu entwickeln Hauptaufgabe jeder moralischen Erziehung ist.
Wenn man fragt, warum bestimmte Charaktereigenschaften moralisch lobenswert sind, kann man darauf verweisen, dass diese Charaktereigenschaften eine essenzielle Rolle für das menschliche Wohlergehen spielen. Tugendethik basierte dann auf einer bestimmten Theorie des guten Lebens. Aber diese enge Verbindung von gutem Leben und Tugend ist kein zwingendes Element einer tugendethischen Position. [...] Man kann sagen, die Entwicklung von Tugenden sei selbst etwas in sich Gutes, auch wenn diese weder zum richtig verstandenen Glück des Menschen noch zum guten Leben beitragen.

❶ Wann kann man von einem „tugendhaften" Menschen sprechen?

❷ Welches Missverständnis bezüglich der Tugend bzw. des Charakters wollen die Autoren ausräumen?

❸ Aus welchen Gründen ist ein tugendgemäßes Handeln von wesentlicher Bedeutung?

❹ Welche Inhalte könnte Ihrer Meinung nach eine Erziehung zur Tugend haben? Auf welchen Wegen sollte sie vermittelt werden?

## „Renaissance“ der Tugend?

In der öffentlichen Diskussion um Werte, Normen und Moral wird zunehmend von der wichtigen Rolle der Tugenden gesprochen. Max Schelers Forderung nach einer „Rehabilitierung der Tugenden“ (s. S. 51) findet auch heute von zahlreichen Seiten Beifall und Zustimmung. Ein bekannter Journalist sprach sogar davon, die Tugenden seien „wieder modern“.

## Iring Fetscher: Ermutigung zur Zivilcourage. Plädoyer für eine zu wenig beachtete Tugend

**Tapferkeit** ist eine Tugend, **Mut** eine natürliche Haltung. Mut kann auf mangelndem Bewusstsein der Gefahr beruhen und wird dann zur Tollkühnheit. Der Tollkühne vernachlässigt seine Pflicht zur Selbsterhaltung. Der Tapfere setzt sein eigenes Leben für ein Ziel aufs Spiel, von dem er annimmt, dass es den Wert seines individuellen Lebens übersteigt. Vielleicht sollte man dieses Wort allein für denjenigen reservieren, dessen subjektive Wertschätzung zugleich objektiv „richtig“ und human ist. Der Räuber, der sein Leben für die Sache des Raubes, den Erfolg seiner Bande aufs Spiel setzt, wäre dann zwar mutig, aber nicht tapfer. Aber die Grenzen sind nicht immer klar zu bestimmen. Was sollen wir von dem Soldaten sagen, der glaubte, ehrlich glauben konnte, sein Mut diene dem Schutz des Lebens seiner Mitbürger und einer gerechten Sache, der sich aber – ein getäuschtes Opfer seiner Regierung – irrte? Darf man ihn nicht tapfer nennen? Tapfer – gewiss. Aber damit wird nur deutlich, dass auch Tapferkeit eine „sekundäre Tugend“ ist, die ihren Wert letztlich erst durch die Ziele erhält, denen sie dient. Man kann die Haltung des Tapferen würdigen und doch bedauern, dass sie – unwissentlich – der schlechten Sache diente. Wertvoll ist an ihr, dass ein Individuum ein Ziel kennt, das über sein begrenztes, beschränktes Dasein hinausreicht. Fragwürdig und kritikbedürftig ist aber die Qualität jenes Zieles. Tapferkeit ist also – wie Mut – nicht unter allen Umständen „ganz gut“. Sie mag gut sein – was das tapfere Individuum anlangt –, sie kann aber zugleich schlecht sein. Die Tatsache, dass viele – Getäuschte – im Dienste eines verbrecherischen Krieges tapfer waren, hat die Niederlage der Naziarmeen verzögert und die Dauer der Unterdrückung verlängert. Und doch waren jene zweifellos tapfer. Die Missbrauchbarkeit ist freilich nicht nur dieser einen sekundären Tugend eigentümlich. Sie gilt ebenso für andere: etwa den Fleiß oder die Zuverlässigkeit. Fleiß im Begehen einer Missetat und Zuverlässigkeit in der Zusammenarbeit mit einem Verbrecher sind höchst schädliche Verhaltensweisen. […]
Von jenem Mut und jener Tapferkeit, deren ambivalenten Charakter ich eben angedeutet habe, ist die Zivilcourage prinzipiell zu unterscheiden. Die Zivilcourage ist eine ganz besondere Art von Mut. Sie gehört zur „politischen Kultur“, über deren Mangel wir gerade in Deutschland so gerne klagen. In der Demokratie wird sie vielleicht noch mehr benötigt als in monarchischen und aristokratischen Gesellschaften. […]
Gegenüber wem beweisen wir in der liberalen Demokratie Zivilcourage?

**Iring Fetscher**, dt. Politologe, geb. 1922, tritt in seinen Werken dafür ein, „die selbstzerstörerisch gewordene Industriezivilisation durch eine bewusst geplante, qualitativ andere Weltzivilisation abzulösen“.

**Courage am Bussteuer**
Wiesbaden. Ein couragierter Stadtbusfahrer kam am Donnerstagnachmittag einer Frau zur Hilfe, die in der Frankfurter Straße von einem rabiaten Autofahrer mit Schlägen traktiert wurde. Laut Polizei hielt der 45-Jährige mit dem Bus so an, dass der Schläger bis zum Eintreffen der Beamten nicht mehr wegfahren konnte. Dann zog er den Mann von der 42-jährigen Frau weg, die zuvor lediglich mit ihrer Handtasche gegen das Auto gestoßen war, ohne es jedoch zu beschädigen. Trotzdem war der 45-jährige Autofahrer „ausgerastet“.

Joachim Knapp, in: Mainzer Rhein-Zeitung, 20./21.2.1999

Gewiss, auch in der Demokratie gibt es noch „Vorgesetzte", „Behörden", einschüchternde Amtsinhaber, vor deren Drohgebärde Zivilcourage am Platze sein kann. Aber der eigentliche „Souverän" ist doch das Volk, die öffentliche Meinung oder das, was als solche gilt. Zivilcourage muss daher in erster Linie auf einem anderen Felde bewährt werden als in der Monarchie oder unter der Diktatur. Zivilcourage ist nicht das gleiche wie der oft apostrophierte „Mut zu unpopulären Entscheidungen", den man Abgeordneten oder Regierungen wünscht. Sie hat aber eine gewisse Verwandtschaft mit ihm. Zivilcourage ist eine Haltung einzelner Bürger, nicht von Mitgliedern der Regierung. Sie kann bewiesen werden in der Fähigkeit und Bereitschaft, Vorurteile, die in einer Bevölkerung weit verbreitet sind, in Frage zu stellen; gegen den Strom der „öffentlichen Meinung" zu schwimmen; den Zorn eines mächtigen Zeitungsverlegers zu riskieren (wenn es darum geht, eine Verwirrung stiftende, Leser manipulierende Aussage zu kritisieren); dem Konformitätszwang einer Gruppe zu widerstehen und die davon abweichende persönliche Einsicht oder Überzeugung offen einzubekennen. All das sind Äußerungen, zu denen Zivilcourage gefordert ist. Zivilcourage ist, psychoanalytisch ausgedrückt, ein Beweis von „Ichstärke". Wer Zivilcourage an den Tag legt, muss nicht immer im Recht sein. Ohne Menschen, die der Zivilcourage fähig sind, geht aber die Freiheit zugrunde. […]

Zivilcourage ist eine notwendige Bürgertugend, aber sie sollte in einer Gesellschaft möglichst weit verbreitet sein und sich mit Toleranz und demokratischer Gesinnung paaren.

Zivilcourage ist eine leise Tugend und keine „dekorative", aus diesem Grunde und weil sie den Herrschenden so wenig gefällt, wird von weniger gesprochen als von kämpferischer Tapferkeit. Zivilcourage ist die Haltung Einzelner, die durch ihr Vorbild andere aufwecken und ermutigen können. Tapferkeit wird meist in der Gemeinschaft geübt, auch wenn Einzelne als „Helden" aus ihr herausragen. Der Tapfere schlägt zu, der Zivilcouragierte stellt in Frage und klagt an, wobei der den Gegenschlag ebenso riskieren muss wie der Tapfere. Die Waffe des einen ist materiell, sein Mut physisch, die des anderen spirituell, sein Mut vor allem ein seelischer. Beide Haltungen können sehr wohl in einem Menschen verbunden sein. Mir scheint jedoch, dass es mehr Zivilcouragierte geben dürfte, die auch tapfer sein können als umgekehrt.

❶ Der Autor spricht von „Tapferkeit", „Mut" und „Zivilcourage". Grenzen Sie die Begriffe voneinander ab und geben Sie eine Definition von „Zivilcourage".

❷ Inwiefern geht in einer Gesellschaft ohne Menschen mit Zivilcourage „die Freiheit zugrunde" (Z. 64)?

❸ Nennen Sie Beispiele für Zivilcourage. Überlegen Sie, inwieweit auch im Schulsystem Zivilcourage gefordert ist.

❹ Fetcher spricht in Z. 28 von „Missbrauchbarkeit" der Tapferkeit und anderer Tugenden. Finden Sie dafür Beispiele.

Till Bastian: Zivilcourage. Von der Banalität des Guten. Hamburg (Rotbuch-Verlag) 1996

## Tugend in der antiken Philosophie

Bereits in der Philosophie der Antike dachte man über die Notwendigkeit und die Ziele einer sittlichen Persönlichkeitsbildung nach. Die Überlegungen führten zu dem Katalog der bereits erwähnten „Kardinaltugenden" (s. S. 51). Die griechischen Philosophen **Sokrates** und **Platon** vertraten dabei die Ansicht, die Tugend sei mit dem Wissen um das Gute identisch. Denn derjenige, der das Gute kenne, handle auch danach. Niemand tue bewusst und freiwillig etwas, von dem er wisse, dass es schlecht sei. Aufgabe der Philosophie sei es daher, den Menschen in den Stand des Wissens (um das Gute) zu versetzen.

Auch für **Aristoteles** ist moralisches Handeln vernunftgeleitet. Den Optimismus seiner Lehrer teilte er jedoch nicht. Ein Problem, auf dem

Wege der Wissensvermittlung zur Tugend zu gelangen, sah er in der menschlichen Willensschwäche. Maßstab für die moralische Beurteilung einer Handlung sei daher in erster Linie ihre Freiwilligkeit.
Im folgenden Text erläutert Aristoteles seine Auffassung von tugendhaftem Handeln.

## Aristoteles: Tugend als Mitte

Die ethische Tugend befasst sich mit den **Leidenschaften** und **Handlungen,** und an diesen befinden sich **Übermaß, Mangel und Mitte.** So kann man mehr oder weniger Angst empfinden oder Mut, Begierde, Zorn, Mitleid und überhaupt Freude und Schmerz, und beides auf eine unrichtige Art; dagegen es zu tun, wann man soll und wobei man es soll und wem gegenüber und wozu und wie, das ist die Mitte und das Beste, und das kennzeichnet die Tugend. Ebenso gibt es bei den Handlungen Übermaß, Mangel und Mitte. […]
Die Tugend ist ein Verhalten der Entscheidung, begründet in der Mitte im Bezug auf uns, einer Mitte, die **durch Vernunft bestimmt** wird und danach, wie sie der Verständige bestimmen würde. Die Mitte liegt aber zwischen zwei Schlechtigkeiten, dem Übermaß und dem Mangel. Während die Schlechtigkeiten in den Leidenschaften und Handlungen hinter dem Gesollten zurückbleiben oder über es hinausgehen, **besteht die Tugend darin, die Mitte zu finden und zu wählen.** Darum ist die Tugend hinsichtlich ihres Wesens und der Bestimmung ihres Was-Seins eine Mitte, nach der Vorzüglichkeit und Vollkommenheit aber das Höchste.
Freilich hat nicht jede Handlung und nicht jede Leidenschaft Raum für eine Mitte. Denn einzelne sind in ihrem Namen schon verbunden mit der Schlechtigkeit, so wie die Schadenfreude, die Schamlosigkeit oder der Neid, und bei den Handlungen der Ehebruch, der Diebstahl und der Mord. Alle diese Dinge werden getadelt, weil sie in sich selbst schlecht sind und nicht ihr Übermaß oder ihr Mangel. Man kann bei ihnen also niemals das Rechte treffen, sondern immer nur sich verfehlen. Es gibt kein Richtig oder Unrichtig im Bezug auf diese Dinge, etwa mit wem und wann und wie man Ehebruch treiben sollte, sondern etwas derart zu tun ist schlechthin falsch. Ebenso steht es, wenn man meinen wollte es gäbe bei Ungerechtigkeit, Feigheit, Zügellosigkeit eine Mitte, ein Übermaß und einen Mangel. Denn so gäbe es ja eine Mitte in Übermaß und Mangel und ein Übermaß des Übermaßes und einen Mangel des Mangels. Wie es also in der Besonnenheit und Tapferkeit kein Übermaß und keinen Mangel geben kann, weil die Mitte gleichzeitig auch eine Art von Spitze ist, so gibt es Mitte, Übermaß und Mangel auch nicht bei jenem, sondern wie immer man handelt, wird man sich verfehlen. Allgemein gesagt, gibt es weder eine Mitte von Übermaß und Mangel noch ein Übermaß und einen Mangel von der Mitte. […]
Bei Furcht und Mut ist Tapferkeit die Mitte. Bei Übermaß hat dasjenige in der Richtung auf die Furchtlosigkeit keinen eigenen Namen (wie das oft der Fall ist), dasjenige in Richtung auf den Mut heißt Tollheit; das Übermaß der Angst und der Mangel an Mut heißt Feigheit.
Bei Lust und Schmerz, freilich nicht in jedem Falle und weniger beim Schmerz, heißt die Mitte Besonnenheit, das Übermaß Zügel-

Der griechische Philosoph **Aristoteles** ( 384–322 v. Chr., Biografie s. S. 57) übernahm von seinem Lehrer Platon dessen Lehre der vier Kardinaltugenden. In seiner „Nikomachischen Ethik" (s. S. 216) gründete er seine Tugendlehre auf vernunftgeleiteter Freiwilligkeit und unterschied zwischen **dianoetischen Tugenden** (die durch das Denkvermögen abgeleitet werden können, z.B. die Weisheit) und **ethischen Tugenden** (die das Handlungsvermögen betreffen, z.B. die Tapferkeit).

„Maß und Mitte bewahren – das ist die höchste Tugend. Sie ist selten geworden, seit langem schon."
*Konfuzius* (551–479 v. Chr.), chinesischer Philosoph (s. S. 31)

❶ Aus welchen Gründen fordert Aristoteles Maß und Mitte? Ergänzen und problematisieren Sie seine Ausführungen mit eigenen Beispielen.

❷ Für welche Handlungen lässt sich nach Meinung des Autors keine maßvolle Mitte finden? Warum nicht?

❸ Aristoteles und Konfuzius sprechen davon, dass tugendhaftes Verhalten „selten" sei. Warum? Wie könnte man Abhilfe schaffen?

❹ „Maßhalten in der Konsumgesellschaft". Diskutieren Sie das Für und Wider.

losigkeit. Mangelhaft in Richtung auf die Lust sind die Menschen kaum. Darum haben solche auch keinen eigenen Namen. Man mag sie stumpf nennen.

Bei Geben und Nehmen von Geld ist die Mitte die Großzügigkeit, Übermaß und Mangel sind Verschwendung und Kleinlichkeit. [...]

Es gibt auch in den Leidenschaften und in Bezug auf sie Mittelzustände. Denn die Schamhaftigkeit ist zwar selbst keine Tugend, aber der Schamhafte wird gelobt. Denn auch hier gibt es Mitte, Übermaß und Mangel. Übermäßig ist der Schüchterne, der sich vor allem scheut; der Mangelhafte oder der sich überhaupt nicht scheut, ist der Schamlose, der Mittlere der Schamhafte.

Entrüstung ist die Mitte zwischen Neid und Schadenfreude; diese betreffen Schmerz und Freude über das, was unseren Nächsten zustößt. Der Entrüstete ärgert sich über jene, die unverdient Glück haben, der Neidische über diesen und empfindet Schmerz über alles; der Entrüstete empfindet andererseits auch Schmerz über die, die unverdient Glück haben, der Schadenfreudige dagegen empfindet nicht nur keinen Schmerz, sondern freut sich darüber. [...]

Dass nun also die ethische Tugend eine Mitte ist, und wie sie es ist, und dass sie die Mitte zweier Schlechtigkeiten ist, derjenigen des Übermaßes und derjenigen des Mangels, und dass die Tugend solcher Art ist, in den Leidenschaften und Handlungen auf die Mitte zu zielen, dies ist nun hinreichend dargelegt.

Darum ist es auch anstrengend, tugendhaft zu sein. Denn überall ist es mühsam, die Mitte zu treffen. So trifft auch nicht jeder Beliebige, sondern nur der Kundige die Mitte des Kreises. Ebenso kann ein jeder leicht in Zorn geraten und Geld ausgeben und verschwenden. Das Wem, Wieviel, Wann, Wozu und Wie zu bestimmen ist aber nicht jedermanns Sache und ist nicht leicht. Darum ist das Richtige selten, lobenswert und schön.

BIO-GRAFIE

## Aristoteles (384–322 v. Chr.)

„Ohne Ziel ist die Natur nicht tätig"

Neben Platon gilt Aristoteles als der einflussreichste Philosoph der Antike. Er wuchs in Stagira im Osten Makedoniens als Sohn des Arztes Nikomachos auf. Im Jahre 366 ging er nach Athen, um dort an Platons Akademie zu studieren. 20 Jahre blieb er dort, zunächst als Schüler, später als Lehrer. Nach dem Tode Platons reiste Aristoteles nach Assos und gründete dort am Hofe des Fürsten Hermias, dessen Schwester er heiratete, seine erste eigene Schule. Als die Perser Hermias besiegten, floh er zum Hofe seines Jugendfreundes Philipp, dem König Makedoniens, der ihn zum Erzieher seines vierzehnjährigen Sohnes Alexander bestimmte. Als Alexander König wurde, kehrte Aristoteles nach Athen zurück und gründete dort seine Schule, die man auch die „peripatetische" nennt, da Aristoteles beim Lehren in den Gängen des Schulgebäudes, den Peripatoi, umherwandelte. Nach dem Tod seiner Frau hatte er ein Verhältnis mit seiner Haushälterin. Aus dieser Verbindung ging sein erster Sohn, Nikomachos, hervor. Im Jahr 323 drohte Aristoteles ein Prozess wegen Gotteslästerung. Er floh auf seine geerbten Besitztümer in Chalkis/Euböa. Angeblich wollte er mit seiner Flucht die Athener davor bewahren, sich – nach der Tötung des Sokrates – ein zweites Mal an der Philosophie zu versündigen. Kurze Zeit später starb er an einem Magenleiden.

*„Alle Menschen streben von Natur nach Wissen."* Mit dieser Aussage begründet Aristoteles sein philosophisches Interesse. Er wollte eine Synthese der sich zum Teil widersprechenden philosophischen Theorien seiner Zeit schaffen. Dazu hat er das ihm bekannte Wissen zusammengetragen und in verschiedene Gebiete eingeteilt, die wir heute als Disziplinen kennen: Philosophie, Naturwissenschaften, Geschichte, Medizin und Politik. Zugleich hat er dieses Wissen in eine Rangordnung gebracht. Die Philosophie als theoretische Wissenschaft von den Ursachen und Prinzipien des Seins gilt ihm als das Ziel aller anderen Wissenschaften.

Aristoteles teilt aber nicht Platons Geringschätzung der durch die Sinne erfahrbaren Welt. Er war ein leidenschaftlicher Naturforscher, der den Grundstein legte für die moderne Naturwissenschaft: *„Vor der Untersuchung der niederen Lebewesen dürfen wir keinen kindischen Ekel verspüren, denn in allen Naturdingen ist etwas Wunderbares."* Mithilfe Alexanders, der ihm aus allen Teilen der Welt Tiere und Pflanzen schickte, richtete er sich einen Zoo ein. Die **Sinneswahrnehmung** und die darauf basierende Erfahrung sind für ihn die Grundlage für Erkennen und Handeln. Im Alltag zeige sich oft, *„dass die Erfahrenen mehr das Richtige treffen als diejenigen, die ohne Erfahrung nur den allgemeinen Begriff besitzen."*

In seiner **Metaphysik** bestimmt er den Zweck/das Ziel (griech. **telos**) als die entscheidende Ursache für den natürlichen Entwicklungsprozess (Entelechie) eines Dinges, vom unbearbeiteten Rohzustand, der Materie, bis zu seiner endgültigen Gestalt, seinem Wesen als dem Ziel dieses Prozesses. Die Dinge streben immer nach der vollkommenen Realisierung dessen, was der Möglichkeit nach bereits in ihnen angelegt ist. Das ursprüngliche Prinzip der Natur, die immer die beste von allen Möglichkeiten verwirklicht, ist die **Vernunft**.

Weil der Mensch im Gegensatz zu den anderen Lebewesen von der Natur mit Vernunft und Sprache ausgestattet wurde, gilt er Aristoteles als die Krönung der Schöpfung. Das höchste Gut des Menschen bestimmt er in der **Nikomachischen Ethik** als die **Eudämonie**, die Glückseligkeit. Er meint damit das vollkommen selbst bestimmte Leben des Weisen, der *„denkend tätig ist und die Vernunft in sich pflegt"*.

Nach der Lehre der in Rom entwickelten Philosophie der **Stoa** (s. S. 138) ist es die Aufgabe des Menschen, „gemäß der Natur" zu leben. Mithilfe der Vernunft, mit der der Mensch Anteil an der göttlichen All-Vernunft hat, kann er erkennen, dass das sittlich Gute das einzig wahre Gut ist. Dieses Gut ist geistiger Natur und gleichbedeutend mit der Tugend, der sittlichen Vollkommenheit.
Der römische Philosoph **Seneca,** der Stoiker war, legte in den „Briefen an Lucilius", aus denen der folgende Text stammt, seine Auffassung einer von der Tugend bestimmten Lebensführung dar.

**Seneca** (4 v. Chr. – 65 n. Chr.) sah in dem griechischen Philosophen Sokrates sein Vorbild (s. S. 104 ff.).

## Seneca: Tugend und sittliche Vollkommenheit

Daher will ich dir, wenn du einverstanden bist, zunächst den Unterschied zwischen der Weisheit und der Philosophie beschreiben. Weisheit ist das vollkommene Gut menschlichen Geistes; Philosophie ist die Liebe zur Weisheit und das Bemühen um sie … Freilich ist weder die Philosophie ohne Tugend möglich noch die Tugend ohne die Philosophie. Philosophie ist das Streben nach Tugend, aber eben mithilfe der Tugend. […]
Der sittlichen Vollkommenheit schreiben wir folgende Aufgaben zu: Sie soll die Leidenschaften zügeln, Ängste beseitigen, voraussehen, was zu tun ist, und jedem das Seine zuteilen. So verstehen wir die Begriffe Mäßigkeit, Tapferkeit, Klugheit, Gerechtigkeit und bestimmen jedem seine zugehörigen Pflichten. […]
Die sittliche Vollkommenheit lässt sich nicht steigern, folglich ist auch das glückliche Leben nicht steigerungsfähig, da es ja auf der Tugend beruht. Die sittliche Vollkommenheit ist nämlich ein so großes Gut, dass sie diese unbedeutenden Begleiterscheinungen wie Kürze des Lebens, Schmerz und verschiedene körperliche Beeinträchtigungen gar nicht spürt; die Lust freilich ist erst recht nicht ihre Beachtung wert. Was ist das besondere Merkmal der Tugend? Von der Zukunft unabhängig zu sein und ihre Tage nicht zu zählen. Auch in noch so kurzer Zeit bringt sie ihre ewigen Vorzüge zur Vollendung. […]
Du musst wissen, dass der sittlich gute Mann keinen Augenblick zögert, eine edle Tat zu vollbringen. Mag da der Henker stehen, mögen der Folterknecht und der Scheiterhaufen auf ihn warten, er wird standhaft bleiben und nicht auf das schauen, was er zu erleiden, sondern auf das, was er zu tun hat. Er wird sich einer ehrbaren Sache so vertrauensvoll überlassen wie einem guten Menschen. […]
Alles kann man verachten, alles haben nicht. Der kürzeste Weg zum Reichtum führt über die Verachtung des Reichtums. […] Nicht wer zu wenig hat, sondern wer mehr haben will, ist arm. […] Du fragst nach dem Maß des Reichtums? Erstens, das zu haben, was notwendig ist, dann: das, was ausreicht.

❶ Worin besteht für Seneca die Tugend? Zu welcher Lebenshaltung führt sie? Welche praktischen Auswirkungen hat eine solche Haltung? Beziehen Sie auch den Seneca-Text auf S. 219 f. mit ein.

❷ Diskutieren Sie über den gegen die Stoa erhobenen Vorwurf, der einzelne Mensch habe „keine andere Stütze als sich selbst, um sich gegen die Welt zu wappnen, die nicht für ihn gemacht ist".

## Kritik an der Tugendethik

### Jörg von Uthmann: Tugend und Laster

Ganz unangefochten blieb der Kanon der Tugenden und Laster freilich nicht. Schon Thomas von Aquin, dem „Doctor Angelicus", der die christlichen Sünden in ein System brachte, dämmerte: „Viel Nützliches würde verhindert werden, wenn alle Sünden streng verboten würden". Machiavelli wurde deutlicher: „Wenn man alles genau betrachtet, wird man finden, dass manches, was als Tugend gilt, zum Untergang führt und dass manches andere, was als Laster gilt, Sicherheit und Wohlstand bringt." Den gleichen Gedanken formulierte Lichtenberg so: „Wenn die Menschen plötzlich tugendhaft würden, müssten viele Tausende verhungern." Dass gerade der Wohlstand ohne die Todsünde der avaritia[1] nicht denkbar wäre, sprach der holländische Arzt Bernard de Mandeville in seiner 1714 erschienenen „Bienenfabel" offen aus. In diesem tiefsinnigen Pamphlet, das den Untertitel „Private Laster, öffentlicher Nutzen" trägt. Wird eine Gesellschaft von korrupten, genuss- und gewinnsüchtigen „Bienen" geschildert, denen es glänzend geht, da die allgemeine Habgier Handel und Gewerbe fördert. Als ein Moralprediger auftritt und den „Bienen" ins Gewissen redet, werden sie genügsam und ehrlich – mit der Folge, dass die Wirtschaft zusammenbricht und die Gesellschaft in einen archaischen Naturzustand der Armut und des Elends zurückfällt. Mandeville musste für seinen Freimut schwer büßen. Er wurde in England vor Gericht gestellt und genötigt, seine provozierenden Thesen zu widerrufen. Auch Oscar Wilde, der das Laster einen Mythos nannte, „den gute Leute erfunden haben, um die rätselhafte Anziehungskraft anderer zu erklären", wurde von der Justiz verfolgt und von der Gesellschaft geächtet. […] Kein Wunder, dass die meisten vorziehen, dem Laster privat zu frönen und sich öffentlich zur Tugend zu bekennen. „Wer weit kommen will", sagte Talleyrand, der seine glanzvolle Laufbahn als Geistlicher begonnen hatte und daher wusste, wovon er sprach, „muss die Tugend lieben und das Laster üben." Als Weltmeister im Bemänteln ihrer Laster gelten die Engländer; für die spezifisch britische Scheinheiligkeit gibt es sogar ein besonderes Wort: *cant*. Wie der Fall des Moralphilosophen Max Scheler zeigt, fehlt es den Deutschen aber nicht an Talent. Als ihm der Kölner Erzbischof Vorwürfe wegen seines anstößigen Lebenswandels machte, fragte Scheler ungerührt zurück: „Haben Eminenz schon einmal einen Wegweiser gesehen, der den Weg, den er wies, selber ging?"

**Thomas von Aquin** (1225–1274): bedeutendster Theologe des Mittelalters

**Niccolò Machiavelli** (1469–1527): ital. Staatstheoretiker („Der Fürst")

**Oscar Wilde** (1854–1900): englischer Schriftsteller („Das Bildnis des Dorian Gray")

**Talleyrand** (1754–1838): frz. Staatsmann und Diplomat

**Max Scheler** (1874–1928): Philosoph und Anthropologe

Worin liegt der Kern der Kritik, die der Autor mithilfe der angeführten Beispiele übt? Überlegen Sie anhand von Beispielen, ob die Kritik berechtigt ist.

[1] Avaritia (lat.): Habsucht

## Otto Dix: Die sieben Todsünden (1933)

Der Maler und Grafiker **Otto Dix** (1891–1969) wurde 1927 Professor an der Kunstakademie in Dresden, nach der Machtübernahme der Nationalsozialisten 1933 aber wieder entlassen. Er erregte besonders mit seinen Kriegsbildern zum Ersten Weltkrieg großes Aufsehen. Sein wohl bekanntestes Bild ist das „Großstadt-Tryptichon“ aus dem Jahr 1928.

❶ Im Mittelpunkt des Bildes steht der Tod als Sinnbild für die Trägheit des Herzens. Welche Absicht verbindet der Maler damit? Beachten Sie auch Form und Haltung, in der der Tod bzw. das Laster dargestellt ist.

❷ Ordnen Sie auch den anderen Gestalten die jeweilige Todsünde bzw. das Laster zu (s. S. 51).

❸ „Als ich das Bild malte, war dies eine Eingebung und Vorausschau“ (Otto Dix). Setzen Sie diese Aussage in Bezug zu dem Bild.

❹ Dix bekam 1934 Ausstellungsverbot. Aus welchem Grund?

# 2. Seinen eigenen Interessen nachgehen: „Egoistische Ethik“

„Jeder ist sich selbst der Nächste“, „Nach mir die Sintflut“, „Die Kunst, ein Egoist zu sein“, „Vom Egoismus der Gene“: Solche und ähnliche Parolen sind nicht nur oft zu hören, sondern auch Gegenstand erfolgreicher populärwissenschaftlicher Bücher. Sie befürworten eine Lebenseinstellung, die zwar nicht neu ist, heute aber mit dem Anspruch auf emanzipatorischer Selbstverwirklichung gefordert und gerechtfertigt wird. Dennoch wird der Egoismus meist moralisch missbilligt: er führe zu einer „Ellbogenmentalität“ und seine Anhänger würden „über Leichen“ gehen.
Von einer „egoistischen *Ethik*“ zu sprechen wäre demnach eigentlich ein Widerspruch in sich. Soll sie etwa eine „Ego-Gesellschaft“ begründen bzw. zur Norm erheben? Kann eine Ethik auf einem radikalen Individualismus aufbauen, wie ihn der Philosoph **Max Stirner** fordert?
Man kann den Egoismus jedoch auch anders verstehen. Soziobiologen und Verhaltensforscher sprechen davon, dass der Egoismus eine Haltung ist, die letztlich und eigentlich allen menschlichen Handlungen zugrunde liegt, selbst denen, von denen man glaubt, sie geschähen aus nicht-egoistischen Motiven. Eine rigorose Verdammung des Egoismus würde somit Grundgegebenheiten der menschlichen Natur leugnen.
Aus dem, was *ist* (dem Egoismus), nun aber auf das zu schließen, was sein *soll* (eine „Ego-Gesellschaft“), unterliegt aber einem fundamentalen Irrtum, weil aus dem faktisch Vorfindlichen nicht logisch abgeleitet werden kann, dass es auch so sein soll („naturalistischer Fehlschluss“, s. S. 44 f.).
Allerdings kann man aus dem Egoismus die normative Theorie entwickeln, nach der der Mensch nicht nur das Recht, sondern auch die *Pflicht* hat, seine eigenen Interessen wirksam zu vertreten. Demnach hat eine „egoistische Ethik“ die Aufgabe, normative Verhaltensmodelle zu begründen, die diesem Menschenbild entsprechen, für alle gelten können und praktisch umsetzbar sind.
Den konsequentesten Versuch einer Ethikbegründung, die auf dem (langfristigen) Eigeninteresse des Menschen aufbaut, hat der englische Philosoph und Staatstheoretiker **Thomas Hobbes** vorgelegt. Das Gesellschafts- und Staatsmodell, das er daraus entwickelt hat, diente der Staatsform des „Absolutismus“ als philosophisch-ethische Grundlage, ist aber darüber hinaus auch von grundsätzlicher Bedeutung.

## Egoismus als radikaler Individualismus

### Max Stirner: Mir geht nichts über Mich!

Was soll nicht alles meine Sache sein! Vor allem die gute Sache, dann die Sache Gottes, die Sache der Menschheit, der Wahrheit, der Freiheit, der Humanität, der Gerechtigkeit; ferner die Sache Meines Volkes, Meines Fürsten, Meines Vaterlandes; endlich gar die Sache des Geistes und tausend andere Sachen. Nur *Meine* Sache soll niemals Meine Sache sein. „Pfui über den Egoisten, der so denkt!“ Se-

Der Philosoph **Max Stirner** (1806–1856) gehörte wie Ludwig Feuerbach und Karl Marx zu den so genannten „Linkshegelianern" (s. S. 146). In seinem Buch „Der Einzige und sein Eigentum" (1844) vertrat Stirner einen radikalen Individualismus.

hen Wir denn zu, wie diejenigen es mit *ihrer* Sache machen, für deren Sache Wir arbeiten, Uns hingeben und begeistern sollen. [...]
Wie steht es mit der Menschheit, deren Sache Wir zur unsrigen machen sollen? Ist ihre Sache etwa die eines anderen und dient die Menschheit einer höheren Sache? Nein, die Menschheit sieht nur auf sich, die Menschheit will nur die Menschheit fördern, die Menschheit ist sich selber ihre Sache. Damit sie sich entwickle, lässt sie Völker und Individuen in ihrem Dienste sich abquälen, und wenn diese geleistet haben, was die Menschheit braucht, dann werden sie von ihr aus Dankbarkeit auf den Mist der Geschichte geworfen. Ist die Sache der Menschheit nicht eine rein egoistische Sache?
Ich brauche gar nicht an jedem, der seine Sache Uns zuschieben möchte, zu zeigen, dass es ihm nur um sich, nicht um uns, nur um sein Wohl, nicht um das Unsere zu tun ist. Seht Euch die Übrigen nur an. Begehrt die Wahrheit, die Freiheit, die Humanität, die Gerechtigkeit etwas anderes, als dass Ihr Euch enthusiasmiert und ihnen dient?
Sie stehen sich alle ausnehmend gut dabei, wenn ihnen pflichteifrigst gehuldigt wird. Betrachtet einmal das Volk, das von ergebenen Patrioten geschützt wird. Die Patrioten fallen im blutigen Kampfe oder Kampfe mit Hunger und Not; was fragt das Volk danach? Das Volk wird durch den Dünger ihrer Leichen ein „blühendes Volk"! Die Individuen sind „für die große Sache des Volkes" gestorben, und das Volk schickt ihnen einige Worte des Dankes nach und – hat den Profit davon. Das nenn ich mir einen einträglichen Egoismus.
Aber seht doch jenen Sultan an, der für „die Seinen" so liebreich sorgt. Ist er nicht die pure Uneigennützigkeit selber und opfert er sich nicht stündlich für die Seinen? Jawohl, für „die Seinen". Versuch es einmal und zeige Dich nicht als der Seine, sondern als der Deine: Du wirst dafür, dass du seinem Egoismus dich entzogst, in den Kerker wandern. Der Sultan hat seine Sache auf Nichts, als auf sich gestellt: Er ist sich alles in allem, ist sich der Einzige und duldet keinen, der es wagte, nicht einer der „Seinen" zu sein.
Und an diesen glänzenden Beispielen wollt Ihr nicht lernen, dass der Egoist am besten fährt? Ich Meinesteils nehme Mir eine Lehre daran und will, statt jenen großen Egoisten ferner uneigennützig zu dienen, lieber selber der Egoist sein.
Gott und die Menschheit haben ihre Sache auf Nichts gestellt, auf nichts anderes als auf sich. Stelle ich denn meine Sache gleichfalls auf Mich, der Ich so gut wie Gott das Nichts von allem anderen, der Ich mein alles, der Ich der Einzige bin.
Hat Gott, hat die Menschheit, wie ihr versichert, Gehalt genug, um sich alles in allem zu sein: so spüre ich, dass es mir noch weit weniger daran fehlen wird, und dass ich über meine „Leerheit" keine Klage zu führen haben werde. Ich bin nicht Nichts im Sinne der Leerheit, sondern das schöpferische Nichts, das Nichts, aus welchem ich selbst als Schöpfer alles schaffe.
Fort denn mit jener Sache, die nicht ganz und gar Meine Sache ist! Ihr meinet, Meine Sache müsse wenigstens die „gute Sache" sein? Was gut, was böse! Ich bin ja selber Meine Sache, und ich bin weder gut noch böse. Beides hat für Mich keinen Sinn. Das Göttliche ist Gottes Sache, das Menschliche Sache „des Menschen". Meine Sache

ist weder das Göttliche noch das Menschliche, ist nicht das Wahre, Gute, Freie etc., sondern allein das *Meinige*, und sie ist keine allgemeine, sondern ist – *einzig* wie Ich einzig bin.
Mir geht nichts über Mich!

❶ Was fordert Stirner und wie begründet er seine Forderung?

❷ Nehmen Sie Stellung zu seiner Argumentation.

❸ „Der Egoist fährt am besten" (Z. 43). Suchen Sie Beispiele, die diese These stützen.

❹ Diskutieren Sie, ob Stirner überhaupt ethisch argumentiert.

## Begründung der Ethik auf dem Egoismus: der Entwurf von Thomas Hobbes

### Thomas Hobbes: Selbsterhaltung als höchstes Gut – Der Staat als Garant des Friedens

Das höchste Gut ist für jeden die Selbsterhaltung. Denn die Natur hat es so eingerichtet, dass alle ihr eigenes Bestes wünschen. Um das erlangen zu können, müssen sie Leben und Gesundheit wünschen und für beide, soweit es möglich ist, Gewähr für die Zukunft. Auf der anderen Seite steht unter allen Übeln an erster Stelle der Tod; besonders schlimm ist der Tod unter Qualen; am schlimmsten sind die Leiden des Lebens, die sogar so groß werden können, dass sie, wenn nicht ihr nahes Ende abzusehen ist, uns den Tod als ein Gut erscheinen lassen.
Macht ist, wenn sie bedeutend ist, ein Gut, weil sie uns Mittel zur Lebenssicherung gewährt; darauf aber beruht der Frieden unseres Gemütes. Wenn die Macht nicht bedeutend ist, ist sie unnütz; denn wenn andere gleiche Macht besitzen, bedeutet sie nichts.

Der englische Philosoph **Thomas Hobbes** (1588–1679) gilt mit seiner individualistischen vertragstheoretischen Staatslehre als Begründer der politischen Philosophie der Neuzeit.

Hintergrund seiner Lehre (Hauptwerk: „Der Leviathan", 1651) sind die Gräuel und Verheerungen des 30-jährigen Krieges (1618–1648) und des englischen Bürgerkrieges (1642–1646). In diesen Kriegen offenbart sich für Hobbes die wahre menschliche Natur: Getrieben vom Egoismus und vom Willen zur Selbsterhaltung ist „der Mensch dem Menschen ein Wolf" (homo homini lupus), was in letzter Konsequenz zum Krieg, zum „Kampf aller gegen alle" führt. Zu zähmen ist die Wolfsnatur des Menschen allein durch einen staatlichen Souverän, dem in einem Vertrag alle Macht übertragen wird. Nur der Leviathan, das staatliche Monster, ist in der Lage, den menschlichen Wolf in Schach zu halten. Dem Menschen bleibt somit nur die Wahl zwischen diesem allmächtigen Staat, der die Überlebensinteressen aller um den Preis der Einschränkung von Freiheit sichert, und dem Bürgerkrieg.

❶ Was sind nach Hobbes die grundlegenden Interessen des Menschen?

Freundschaften sind ein Gut, da sie nützlich sind. Denn auch Freundschaften tragen zur Sicherheit bei. Daher sind Feindschaften etwas Schlechtes, da sie Gefahren mit sich bringen und Erhaltung und Sicherheit bedrohen.

Das höchste Gut oder, wie man es nennt, Glückseligkeit oder ein letztes Ziel kann man in diesem Leben nicht finden. Denn gesetzt, das letzte Ziel ist erreicht, so wird nichts mehr ersehnt, nichts erstrebt. Daraus folgt, dass es von diesem Zeitpunkte an für den Menschen kein Gut mehr gibt, ja dass der Mensch überhaupt nicht mehr empfindet. Denn jede Empfindung ist mit einem Begehren und Widerstreben verbunden, und nicht empfinden heißt: nicht leben.

Das größte der Güter aber ist ein ungehindertes Fortschreiten zu immer weiteren Zielen. Der Genuss selbst des Begehrten ist, während wir genießen, ein Begehren, das, wie wir stückweise genießen, stückweise fortgeht. Denn das Leben ist beständige Bewegung, die in sich selbst kreist, wenn sie geraden Weges nicht fortschreiten kann. [...]

Es gibt kein letztes Ziel oder höchstes Gut, wovon in den Schriften der alten Moralphilosophen[1] die Rede ist. Ein Mensch, der keine Wünsche mehr hat, kann vielmehr ebenso wenig weiterleben wie einer, dessen Empfindungen und Vorstellungen zum Stillstand gekommen sind. Glückseligkeit ist ein ständiges Fortschreiten des Verlangens, von einem Gegenstand zum anderen, wobei das Erlangen des einen Gegenstandes nur der Weg ist, der zum nächsten Gegenstand führt. Der Grund hierfür ist, dass es Gegenstand menschlichen Verlangens ist, auch sicherzustellen, dass seinem künftigen Verlangen nichts im Wege steht. Deshalb gehen die willentlichen Handlungen und Neigungen des Menschen nicht nur darauf aus, sich ein zufriedenes Leben zu verschaffen, sondern auch darauf, es zu sichern.

*Ein schrankenloser Egoismus führe, so Hobbes weiter, zum „Kampf aller gegen alle". Andererseits kann man aber die langfristigen egoistischen Bedürfnisse des Menschen akzeptieren und versuchen, sie zu bändigen und auf ihnen eine Ethik aufzubauen. Eine solches Ethik-Modell legt Hobbes in „Der Leviathan" (Kap. 14 und 18) vor. Dort begründet er die Notwendigkeit eines auf freiwilliger Basis geschlossenen Gesellschaftsvertrages und weist dem Staat die Aufgabe zu, eine Minimalethik zu garantieren.*

In den Worten liegt nun nicht die Kraft, die Menschen zur Erfüllung ihrer Abkommen zu bewegen. Zweierlei muss dabei mitwirken, entweder der auf der Nichterfüllung des Abkommens zu befürchtende Schaden oder die Besorgnis, durch Treulosigkeit einen Beweis der Schwäche zu geben und sich zu entehren. Letzteres ist Edelmut und wird so selten angetroffen, dass es nicht in Erwägung gezogen werden kann. Nur die Furcht muss man berücksichtigen, sowohl die vor unsichtbar wirkenden Mächten als vor menschlicher Gewalt; sie reicht indessen, wo kein eigentlicher Staat besteht, nicht aus, die Menschen zur Erfüllung der Abkommen zu nötigen. Im Naturzustande wird nur durch den Ausgang des Krieges die größere Macht sichtbar. Vor Gründung der Staaten und sooft sie durch Bürgerkriege erschüttert werden, können daher Abkommen

[1] Gemeint sind Aristoteles, Platon und die Philosophen der Stoa.

nicht bessser gegen die Begierden der Menschen gesichert werden als durch die Furcht vor einem unsichtbaren Wesen, welches von allen Gott genannt und auf verschiedene Weise verehrt wird. Deshalb fand man es zur Festigung der getroffenen Abkommen für nötig, bei dem Gott, den man fürchtete, zu schwören, dass man das Abkommen erfüllen werde.

Alles zu tun, was die natürlichen Gesetze fordern, wie z.B. Gerechtigkeit, Billigkeit und kurz, andern das zu tun, was wir wünschen, dass es uns von andern geschehe, ist, wenn die Furcht vor einer Zwangsmacht wegfällt, den natürlichen Leidenschaften, Zorn, Stolz und den Begierden aller Art, gänzlich zuwider.

Um aber eine allgemeine Macht zu gründen, unter deren Schutz gegen auswärtige und innere Feinde die Menschen bei dem ruhigen Genuss der Früchte ihres Fleißes und der Erde ihren Unterhalt finden können, ist der einzig mögliche Weg folgender: Jeder muss alle seine Macht oder Kraft einem oder mehreren Menschen übertragen, wodurch der Willen aller gleichsam auf einen Punkt vereinigt wird. Es ist eine wahre Vereinigung in einer Person und beruht auf dem Vertrage eines jeden mit einem jeden, wie denn ein jeder zu einem jeden sagt: „Ich übergebe dir mein Recht, mich selbst zu beherrschen, diesem Menschen oder dieser Gesellschaft unter der Bedingung, dass du ebenfalls dein Recht über dich ihm oder ihr abtrittst."

Auf diese Weise werden alle Einzelnen eine Person und heißen Staat oder Gemeinwesen. So entsteht der große Leviathan oder, wenn man lieber will, der sterbliche Gott, dem wir unter dem ewigen Gott allein Frieden und Schutz zu verdanken haben. Dies macht das Wesen eines Staates aus, dessen Definition folgende ist: Staat ist eine Person, deren Handlungen eine große Menge Menschenkraft der gegenseitigen Verträge eines jeden mit jedem als ihre eigene ansehen, auf dass diese nach ihrem Gutdünken die Macht aller zum Frieden und zur gemeinschaftlichen Verteidigung anwende.

*Anschließend nennt Hobbes in zwölf Punkten die Rechte und Pflichten von Staat und Bürger. Die Punkte 6 bis 9 lauten:*

Sechstens zielt man bei der Gründung eines Staates nur auf Frieden und Schutz. Das Recht auf den Zweck aber gibt auch das Recht auf die Mittel, und wenn einem einzelnen Menschen oder einer Gesellschaft die höchste Gewalt übertragen ist, so hat man ihm oder ihr zugleich die freie Beurteilung der Mittel zum Frieden und Schutz überlassen. […]

Siebtens ist mit der höchsten Gewalt auch das Recht verbunden zu entscheiden, was zur Erhaltung oder zur Störung des Friedens dienen kann; folglich auch zu bestimmen, zu welcher Zeit, unter welchen Bedingungen und wem es erlaubt sei, das Volk aufzuklären; **welche Bücher verboten werden müssen und wer darüber Aufsicht führen soll.** Handlungen haben ihren Grund in Meinungen; folglich müssen diese unter Aufsicht gestellt werden, wenn man Frieden und Einigkeit in einem Staat erhalten will. […]

Achtens hat auch die höchste Gewalt das Recht, diejenigen Vorschriften zu erlassen, welche das Eigentum betreffen, damit ein jeder wisse, was ihm gehört, dies ungestört genießen könne und un-

❷ Auf welche ethische Norm spielt Hobbes hier an? Was hindert die Menschen daran, nach dieser Norm zu handeln?

Plakat des P.E.N. über Bücherverbote und verfolgte Autoren. Der Internationale Schriftsteller-Verband (P.E.N.) hat 1960 das „Writers in Prison"-Komitee gegründet, das sich für verfolgte Schriftstellerinnen und Schriftsteller einsetzt. Der P.E.N. kämpft weltweit gegen Zensur und Bücherverbote. (Adresse s. S. 417)

Ray Bradbury: „Fahrenheit 451". Der 1953 erschienene Roman schildert einen Staat, in dem der Besitz von Büchern verboten ist.

terrichtet werde, was er mit Recht tun und nicht tun dürfe. Vor der Errichtung der höchsten Gewalt hatten alle ein Recht auf alles: und dies eben veranlasste den Krieg. Die Vorschriften über das Dein und Mein, über das Gute und Böse, Erlaubte und Unerlaubte in den Handlungen müssen daher von dem Oberherrn gemacht werden; denn von alledem hängt der Frieden im Staate ab. Diese Vorschriften bekommen den Namen *bürgerliche Gesetze*. [...]
Neuntens gehört es zur höchsten Gewalt, alle Rechtshändel der Wahrheit und den Rechten nach zu untersuchen und alle Streitigkeiten zu entscheiden, mit einem Worte: das Richteramt. Gäbe es dieses nicht, wären die Bürger gegen Unrecht nicht gesichert; die Gesetze über Dein und Mein wären ohne Kraft, und die Menschen blieben in dem Zustand des Krieges aller gegen alle.

*Zusammenfassend verteidigt Hobbes die Einschränkungen, die eine solche Staatsverfassung für den Bürger mit sich bringt.*

Man könnte vielleicht auf den Gedanken kommen, die Bürger seien in einem bedauernswerten Zustande, weil sie von der Willkür und den Leidenschaften der Oberherren abhängen. So klagt der, welcher unter einer Monarchie steht, den Oberherren, und welcher in einem Volksstaate lebt, die regierende Versammlung an: ohne zu

❸ Was versteht Hobbes unter „Egoismus“? Wie unterscheidet sich sein Egoismus-Begriff von dem Stirners?

❹ Aus welchen Gründen ist der Abschluss eines Gesellschaftsvertrages notwendig? Erläutern Sie die Bestimmungen dieses Vertrages.

❺ Mit welchen Maßnahmen stellt der Hobbes'sche Staat sicher, dass die Menschen die Normen und Werte des Vertrages einhalten? Wie begründet er die Notwendigkeit dieser Maßnahmen?

❻ Warum gibt Hobbes seinem Werk den Titel „Der Leviathan“?

❼ Wo sehen Sie Stärken und Schwächen des Hobbes'schen Entwurfs?

**Titelbild der Erstveröffentlichung des „Leviathan“ 1651**
Das Bild zeigt den Leviathan als einen aus Menschen zusammengesetzte riesenhafte Gestalt, die die Zeichen weltlicher und geistlicher Macht in den Händen hält. Sie symbolisiert den Staat, der durch den Schrecken seines uneingeschränkten Macht- und Gewaltmonopols alle Menschen zum Frieden zwingt und gleichzeitig vor inneren und äußeren Feinden schützt.
Die Figur des Leviathan ist dem Alten Testament entnommen, der im Buch Hiob als schlangenähnliches Ungeheuer und Herr der Tiere eine gewalttätige Schreckensherrschaft ausübt, bis er schließlich von Gott vernichtet wird.

bedenken, dass die Gewalt, von der sie allein Schutz erwarten könne, bei einer jeden Verfassung diesselbe sei. Man vergisst, dass bei einer jeden Einrichtung der Menschen Unangenehmes niemals zu vermeiden ist und dass selbst die größten Unannehmlichkeiten bei jeder Staatsverfassung dann kaum merklich werden, wenn man sie mit dem Elend des Krieges vergleicht und dem Naturzustand, in dem man ohne Herren und ohne Gesetze nur vom Raube lebt. Auch erwägt man nicht, dass selbst diejenigen Lasten, welche als besonders drückend erscheinen, von dem Oberherren nicht in der Absicht auferlegt werden, dass er die Untertanen entkräfte und arm mache. Denn es muss ihm doch viel mehr daran gelegen sein, seine Untertanen reich und im Wohlstande zu sehen, als dass sie sich weigern, das aufzubringen, was zum Frieden und zur Erhaltung ihrer Sicherheit erforderlich ist.

## Hobbes' Entwurf der „einzigen wahren Sittenlehre“*

In Anlehnung an das **naturwissenschaftlich-mechanistische Welt- und Menschenbild** von Bacon (s. S. 334) und Descartes (s. S. 334) sieht Hobbes die Natur als ein mathematisch erfassbares Gebilde mit rein mechanischen Kausalitätsbeziehungen. Dies gilt auch für den Menschen. Nur die nachweisbare, objektive Erkenntnis der menschlichen Natur kann demnach die Grundlage einer Ethik bilden. Hobbes nimmt in seinem gedanklich-theoretischen Modell des menschlichen **„Naturzustandes“** an, dass Wille und Streben des Menschen ausschließlich auf Sinneseindrücke, Neigungen und auf Zustandsäußerungen seines Körpers zurückzuführen sind. Das Wesen des Menschen besteht demnach letztlich in einem unbedingten Selbsterhaltungs- und Überlebenswillen. Da die Durchsetzung der egoistischen Interessen aber mit denen der Mitmenschen kollidiert, empfindet der Mensch eine ständige Bedrohung seiner Sicherheit und seines Lebens. Dies und die daraus resultierende Todesfurcht lassen folglich weder eine wirkliche Willensfreiheit zu noch ein auf Gemeinschaft und soziales Leben gerichtetes Streben. Aus diesem Naturzustand kann der Mensch **„nur durch Vernunft und gewissermaßen durch seine Leidenschaften gerettet“** werden. Denn die egoistischen Leidenschaften, vor allem aber die Todesangst, treiben die Vernunft an und weisen sie zur Beachtung elementarer Regeln gedeihlichen Zusammenlebens und damit auf den Weg zum Frieden. Andererseits mäßigt die Vernunft die Leidenschaften und „liefert uns einige zum Frieden führende Grundsätze, und das sind die natürlichen Gesetze“. Das im Naturzustand herrschende Naturrecht als Recht eines jeden auf alles, was der Selbsterhaltung und dem Eigennutz dient, muss durch das „natürliche Gesetz“ ersetzt werden, um einen Rechtszustand zu schaffen. Somit besteht in der **„Wissenschaft der natürlichen Gesetze die einzige wahre Sittenlehre“.**

Die von der Vernunft gelehrten „natürlichen Gesetze“ sind eine „Vorschrift oder allgemeine Regel, nach welcher keiner dasjenige unternehmen darf, was er als schädlich für sich selbst anerkennt“. Das erste und wichtigste dieser Gesetze lautet: „Suche Frieden und

❶ Beschreiben Sie den von Hobbes konstruierten Naturzustand.

❷ Worin sieht Hobbes den Zusammenhang zwischen Leidenschaften, Vernunft und dem Recht? Überlegen Sie, ob bzw. inwieweit sich mit dieser Argumentation die Menschenrechte (s. S. 295 f.) begründen lassen.

❸ Lesen Sie Texte über die Entwicklung des Naturrechtsgedankens (s. S. 276) und bewerten Sie von daher den Naturrechtsbegriff Hobbes'.

❹ Vergleichen Sie Hoersters Modell einer Minimalethik (s. S. 29 f.) mit dem Entwurf von Hobbes und prüfen Sie, ob die von Hoerster vorgebrachte Kritik an Hobbes berechtigt ist.

❺ Lesen Sie ergänzend den Sternberger-Text über die Wurzeln des Staates und der Politik (s. S. 313 f.) und stellen Sie die dort behandelten Theorien der Hobbes'schen Staatstheorie gegenüber. Welche finden Sie überzeugender? Begründen Sie Ihre Ansicht.

jage ihm nach". Aus diesem Gesetz ergibt sich das zweite: „Sobald seine Ruhe und Selbsterhaltung gesichert ist, muss auch jeder von seinem Recht auf alles – vorausgesetzt, dass andere dazu auch bereit sind – abgehen und mit der Freiheit zufrieden sein, die er den übrigen eingeräumt wissen will". Der Verzicht auf alles, was den Frieden stört, führt dann zum dritten Gesetz: „Vertragliche Abkommen müssen eingehalten werden." Weitere natürliche Gesetze sind u.a.: „Jeder soll den anderen nützlich sein", „Alle Menschen sind von Natur untereinander gleich".
Garant und Hüter der natürlichen Gesetze und damit der Minimalethik kann, so Hobbes, nur ein **absoluter Staat** als eine auf Intelligenz und rationaler Überlegung beruhende menschliche Schöpfung sein. Diesem „sterblichen Gott" übertragen die Individuen in einem freiwilligen Vertrag alle Macht.

## Kritik an der egoistischen Ethik

**Instrumentelle Vernunft:** eine Vernunft, die sich nicht völlig unabhängig ihre eigenen Ziele setzt, sondern zum Werkzeug bestimmter Interessen (z. B. Machterhalt, Bereicherung) gemacht wird.

Der Philosoph Karl-Otto Apel (s. S. 110 f.) wandte gegen Hobbes ein, dass der Abschluss des von ihm entworfenen Gesellschaftsvertrages **keine unbedingte moralische Verpflichtung darstelle, sondern lediglich eine zweckmäßige, auf „instrumenteller Vernunft" beruhende Verhaltensweise sei.** Sie schütze demnach auch nicht vor unmoralischen Vertragsinhalten: „Die von Hobbes begründete Legalität einer Rechtsordnung unterscheidet sich prinzipiell nicht von der einer erfolgreichen Räuberbande."
Einen anderen kritischen Vorbehalt gegen eine Ethikbegründung, die auf der Berücksichtigung des Egoismus aufbaut, formuliert der englische Philosoph Bertrand Russell.

## Bertrand Russell: Eigeninteresse und Selbstaufopferung

**Bertrand Russell** (1872–1970), englischer Mathematiker und Philosoph, engagierte sich als Pazifist gegen jede Form gesellschaftlicher und politischer Unterdrückung. Er rief die „Pugwash-Bewegung", einen Zusammenschluss zahlreicher, gegen Krieg und Rüstung engagierter Wissenschaftler, ins Leben (s. S. 45 f.). Darüber hinaus organisierte er zahlreiche Demonstrationen und Friedensinitiativen. Für sein Buch „Ehe und Moral" erhielt er 1950 den Literaturnobelpreis (s. auch S. 45).

Nahe liegende Beispiele (zu der These des Egoismus) sind hier natürliche Fälle von Selbstaufopferung – von Männern etwa, die sich für ihr Land oder von Eltern, die sich für ihre Kinder aufopfern. Aber diese Beispiele sind so nahe liegend, dass die egoistische Theorie eine Antwort bereit hat. Sie behauptet, dass in solchen Fällen diejenigen, die das Opfer bringen, nicht glücklich wären, wenn sie anders handeln würden, dass sie den Beifall anderer oder den Beifall ihres Gewissens suchen oder dass sie im Augenblick des Opfers das Gefühl einer inneren Erhebung empfinden, in dem ihr höchstes Selbst zur Verwirklichung kommt etc. etc.
Sehen wir uns diese Argumente im Einzelnen an. Zunächst wird behauptet, dass die infrage stehenden Menschen, wenn sie das Opfer nicht brächten, nicht glücklich sein würden. Dies trifft bereits auf viele Fälle nicht zu, aber lassen wir das durchgehen. Aus welchem Grunde würden sie nicht glücklich sein? Entweder weil andere weniger hoch von ihnen denken würden, weil sie Gewissens-

bisse haben würden oder weil ihnen an dem, was sie durch ihr Opfer erreichen wollen, ernstlich gelegen ist und sie ohne es nicht glücklich sein könnten. Im letzteren Falle wäre zugestanden, dass sie ein Verlangen haben, das sich nicht auf sie selbst bezieht.

Wenn es so ist, dass die Menschen nach Dingen verlangen können, die außerhalb ihres Ichs liegen, dann kann ein solches Verlangen – wie jedes andere auch – das Handeln bestimmen und es ist möglich, einen Zweck zu verfolgen, der in keinem Sinne außer dem, dass es etwas ist, das ich begehre und erstrebe, „mein Wohl“ genannt werden kann.

Die Vertreter der egoistischen Theorie werden somit in allen Fällen von Selbstaufopferung sagen müssen, dass der außerhalb des Ichs liegende Zweck, der durch das Opfer erreicht werden soll, nicht eigentlich erstrebt wird: Opfert ein Soldat sein Leben, so ist ihm am Sieg seines Landes eigentlich gar nicht gelegen usw. Dies ist an sich selbst schon widersinnig genug und im Widerspruch zu allen bekannten Tatsachen. Aber es ist noch nicht alles. Nehmen wir an, es sei so, wie der Vertreter der egoistischen Theorie behauptet, und stellen wir uns vor, der Akt der Selbstaufopferung sei nicht von einem außerhalb des Ichs liegenden Zweck, sondern von der Furcht vor der Missbilligung anderer diktiert. Wäre dies so, würde es niemals zu einer selbstaufopfernden Tat kommen, solange niemand erführe, dass man sie nicht getan hat. Derjenige, der einen Ertrinkenden sieht, würde demnach keinen Versuch unternehmen, ihn zu retten, wenn er sicher wäre, dass niemand sieht, dass er nicht ins Wasser springt. Auch dies widerspricht den bekannten Tatsachen.

Man könnte hier vielleicht sagen, dass man das Verlangen nach dem Beifall anderer und die Angst vor Missbilligung anderer berücksichtigen sollte, und dass man sich des Beifalls der anderen durch geschickte Hinweise auf die eigenen guten Taten leicht versichern kann. Aber es gibt Menschen, die Opfer gebracht haben, die allgemein missbilligt wurden, zum Beispiel dadurch, dass sie unpopuläre Meinungen vertreten haben, und viele haben Opfer gebracht, bei denen ein wesentlicher Teil des Opfers darin bestand, dass es nicht erwähnt werden sollte. Also kann der Vertreter des psychologischen Egoismus am Ende nur noch auf den Beifall des eigenen Gewissens als das eigentliche Motiv der Selbstaufopferung zurückgreifen. Aber es ist einfach unmöglich zu glauben, dass allen, die sich selbst verleugnen, die Gabe der vernünftigen Vorausschau in dem Maße abgeht, wie es diese Theorie impliziert. Für die meisten Menschen sind Gewissensbisse eine durchaus erträgliche Pein, und mit wachsender Übung in der Untugend nimmt ihre Intensität schnell ab. Und in den Fällen, in denen der Akt der Selbstverleugnung den Tod nach sich zieht, muss die Wonne des Selbstgenusses, auf die es der Tugendhafte abgesehen haben soll, ohnehin von recht kurzer Dauer sein.

Ich komme also zu dem Schluss, dass sich die Psychologie des Egoismus nichts anderem als den Erfordernissen einer falschen Theorie verdankt und mit den Tatsachen der menschlichen Natur, wie wir sie in der Erfahrung vorfinden, nicht zu vereinbaren ist.

Es spricht nichts für die Theorie, dass die Menschen de facto nur das begehren oder erstreben, was sich in einer besonderen Weise auf sie selbst bezieht und sich nicht nur insofern auf sie selbst bezieht, als sie es begehren oder erstreben.

❶ In welchen Fällen stimmt Russell den Vertretern des Egoismus zu, in welchen nicht? Erklären Sie seine Aussagen durch Beispiele.

❷ Ergänzen Sie die Schlussfolgerung Russells durch die Überlegungen Schopenhauers (s. S. 91 f.) und begründen Sie eine eigene Position.

# 3. Das Wohl aller anstreben: Utilitaristische Ethik

„Mir geht es nicht so gut. Soll ich zu Hause bleiben oder zur Schule gehen?" „Fahre ich mit dem Auto oder dem Zug?" „Benutze ich den Spickzettel oder nicht?" Jeden Tag werden wir vor eine Vielzahl solcher und ähnlicher Entscheidungen gestellt. Manche davon treffen wir fast automatisch, andere fallen uns weniger leicht, vor allem die, deren Folgen für uns, aber auch für andere Menschen schwer wiegen, etwa wenn sie die berufliche oder private Zukunft betreffen oder wenn eine Situation es erfordert, zwischen unseren Interessen und denen anderer abzuwägen: „Soll ich dem Menschen, der verprügelt wird, helfen, auch wenn ich dabei selbst verletzt werden könnte?" „Soll ich die pflegebedürftige Mutter aufnehmen oder in ein Altersheim schicken?" Besonders gewichtig sind Entscheidungen, die das Leben vieler Menschen oder die Entwicklung einer ganzen Gesellschaft beeinflussen.

Im Übergang zum Industriezeitalter entwickelte sich in England und Amerika der Utilitarismus (lat. utilis: nützlich) als eine Ethik, die den oben aufgezeigten alltäglichen Entscheidungsproblemen gerecht zu werden versucht. Das entscheidende Merkmal einer jeden Handlung ist für den **Utilitarismus**, dass sie Folgen für alle von ihr Betroffenen hat. Ein ethisches Urteil basiert demnach auf der Kenntnis dieser Folgen und gibt an, ob sie den von der Handlung Betroffenen nutzen oder schaden. Das Motiv oder die Gesinnung spielen für den Utilitarismus nur eine untergeordnete Rolle. So besteht die utilitaristische „Grundformel" aus vier Teilkriterien:

„Diejenige Handlung bzw. Handlungsregel ist moralisch richtig, deren Folgen **(Konsequenzprinzip)** für das Wohlergehen **(hedonistisches Prinzip)** aller Betroffenen **(universalistisches Prinzip)** optimal sind **(Utilitätsprinzip)**." (Monika Sänger)

Ein konsequenter **Handlungsutilitarismus** fordert, dass man für jede einzelne Entscheidung die Folgen bedenken muss, um der Einzigartigkeit der Situation gerecht zu werden. Demgegenüber stützt sich der **Regelutilitarismus** auf bewährte Regeln, deren Folgen uns aus der Erfahrung bekannt sind. Statt also immer wieder neu die Folgen zu bedenken, wendet der Handlungsutilitarist in einer Entscheidungssituation allgemeine moralische Regeln an, die sich in ähnlichen Situationen bewährt haben. Diese Regeln müssen mit dem Prinzip der Nützlichkeit übereinstimmen.

Im ersten Teil dieses Kapitels werden die beiden Begründer des Utilitarismus, **Jeremy Bentham** und **John Stuart Mill**, vorgestellt. Im Anschluss wird am Beispiel der Abtreibung überprüft, ob der Utilitarismus seinem Anspruch gerecht wird, eine moralische Norm zu liefern, die in schwierigen Entscheidungssituationen Orientierung bietet. Die kontroverse Diskussion zwischen den Philosophen **Peter Singer** und **Robert Spaemann** um das Lebensrecht ungeborener und neugeborener Kinder lädt zu einer kritischen Auseinandersetzung mit dem Utilitarismus ein.

## Philosophische Grundlegung des Utilitarismus

**Jeremy Bentham** gilt als der Begründer des Utilitarismus. Für ihn sind Lust und Schmerz die für das Leben des Menschen entscheidenden Gefühle. Er erarbeitete einen „hedonistischen Kalkül“[1], um damit das Glück als höchstmöglichen Nutzen für die größtmögliche Zahl zu berechnen.

### Jeremy Bentham: Das Prinzip des größten Glücks als Grundlage der Moral

Wenn man also die allgemeine Tendenz einer Handlung, durch die die Interessen einer Gemeinschaft betroffen sind, genau bestimmen will, verfahre man folgendermaßen. Man beginne mit einer der Personen, deren Interesse am unmittelbarsten durch eine derartige Handlung betroffen zu sein scheinen, und bestimme:

a) den Wert jeder erkennbaren *Freude,* die von der Handlung in *erster* Linie hervorgebracht zu sein scheint;

b) den Wert jeden *Leids,* das von ihr in *erster* Linie hervorgebracht zu sein scheint;

c) den Wert jeder *Freude,* die von ihr in *zweiter* Linie hervorgebracht zu sein scheint. Dies begründet die *Folgenträchtigkeit* der ersten *Freude* und die *Unreinheit* des ersten *Leids;*

d) den Wert jeden *Leids,* das von ihr in *zweiter* Linie anscheinend hervorgebracht wird. Dies begründet die *Folgenträchtigkeit* des ersten *Leids* und die *Unreinheit* der ersten *Freude.*

e) Man addiere die Werte aller *Freuden* auf der einen und die aller *Leiden* auf der anderen Seite. Wenn die Seite der Freude überwiegt, ist die Tendenz der Handlung im Hinblick auf die Interessen dieser *einzelnen* Person insgesamt *gut,* überwiegt die Seite des Leids, ist ihre Tendenz insgesamt *schlecht.*

f) Man bestimme die *Anzahl* der Personen, deren Interessen anscheinend betroffen sind, und wiederhole das oben genannte Verfahren im Hinblick auf jede von ihnen. Man *addiere* die Zahlen, die den Grad der *guten* Tendenz ausdrücken, die die Handlung hat – und zwar in Bezug auf jedes Individuum, für das die Tendenz insgesamt *gut* ist: das gleiche tue man in Bezug auf jedes Individuum, für das die Tendenz insgesamt *schlecht* ist. Man ziehe die *Bilanz;* befindet sich das Übergewicht auf der Seite der *Freude,* so ergibt sich daraus für die betroffene Gesamtzahl oder Gemeinschaft von Individuen eine allgemein *gute Tendenz* der Handlung; befindet es sich auf der Seite des *Leids,* ergibt sich daraus für die gleiche Gemeinschaft eine allgemein *schlechte Tendenz.*

Es kann nicht erwartet werden, dass dieses Verfahren vor jedem moralischen Urteil und vor jeder gesetzgebenden oder richterlichen Tätigkeit streng durchgeführt werden sollte. Es mag jedoch immer im Blick sein, und je mehr sich das bei solchen Anlässen tatsächlich durchgeführte Verfahren diesem annähert, desto mehr wird sich ein solches Verfahren dem Rang eines exakten Verfahrens annähern.

---

[1] hedonistisch (gr. hedone: Lust): dem Hedonismus verpflichtet, also der philosophischen Lehre, die Lust und Genuss als höchstes Ziel annimmt.
Kalkül (frz. calcul): Berechnung

**Jeremy Bentham** (1748–1832).

Das „ausgestopfte“ und bekleidete Skelett des Jeremias Bentham, das gemäß seiner letzten Willensverfügung von der Universität London aufbewahrt wird.
Bentham hinterließ sein Vermögen dieser Universität unter der Bedingung, dass seine Gebeine bei allen Ratssitzungen anwesend sein müssten.
Der mit einem Hut bedeckte Kopf ist aus Wachs, der wirkliche Totenschädel Benthams liegt zwischen seinen Füßen; er wurde nach der Methode der Kopfjäger von Südamerika konserviert.

❶ Versuchen Sie, für eine Handlungsentscheidung im Rahmen Ihres Kurses (z. B. „Jeder soll im Zeugnis eine Eins erhalten") den „hedonistischen Kalkül" durchzuführen, gemäß Benthams Anweisung. Welche Schwierigkeiten ergeben sich?

❷ Welche Haltung zu Leben und Tod wird in dem Testament Benthams sichtbar?

Das gleiche Verfahren lässt sich ebenso auf Freude und Leid anwenden, ganz gleich in welcher Gestalt sie auftreten und durch welche Namen man sie voneinander unterscheidet: auf Freude, ob sie nun *Gutes* genannt wird (das eigentlich die Ursache oder das Instrument der Freude ist), *Gewinn* (der entfernte Freude oder die Ursache oder das Instrument entfernter Freude ist), *Annehmlichkeit* oder *Vorteil, Wohltat, Vergütung, Glück* und so fort; auf Leid, ob es nun *Schlechtes* genannt wird (was dem *Guten* entspricht), *Unheil, Unannehmlichkeit, Nachteil, Verlust* oder *Unglück* und so fort.

**John Stuart Mill** verteidigt in seinem Buch „Der Utilitarismus" (1871) Benthams Ideen, indem er genauer bestimmt, was für ihn Lust bzw. Freude und damit Glück bedeutet. Im Gegensatz zu Bentham sucht er nicht nach einem rein äußerlichen Maßstab zur Bewertung von Handlungen, er versucht eine am Individuum orientierte qualitative Bestimmung von Glück.

**John Stuart Mill** (1806–1873), britischer Philosoph und Nationalökonom, war 1855–1868 Mitglied des Unterhauses. Schon sein Vater James Mill war ein bekannter utilitaristischer Philosoph, sein Sohn baute die Ethik dieser Denkrichtung aus.

## John Stuart Mill: Was heißt Utilitarismus?

Die Auffassung, für die die Nützlichkeit oder das Prinzip des größten Glücks die Grundlage der Moral ist, besagt, dass Handlungen insoweit und in dem Maße moralisch richtig sind, als sie die Tendenz haben, Glück zu befördern, und insoweit moralisch falsch, als sie die Tendenz haben, das Gegenteil von Glück zu bewirken. Unter „Glück" (happiness) ist dabei Lust (pleasure[1]) und das Freisein von Unlust (pain[2]), unter „Unglück" (unhappiness) Unlust und das Fehlen von Lust verstanden. Damit die von dieser Theorie aufgestellte Norm deutlich wird, muss freilich noch einiges mehr gesagt werden, insbesondere darüber, was die Begriffe Lust und Unlust einschließen sollen und inwieweit dies von der Theorie offen gelassen wird. Aber solche zusätzlichen Erklärungen ändern nichts an der Lebensauffassung, auf der diese Theorie der Moral wesentlich beruht: dass Lust und das Freisein von Unlust die einzigen Dinge sind, die als Endzwecke wünschenswert sind, und dass alle anderen wünschenswerten Dinge (die nach utilitaristischer Auffassung ebenso vielfältig sind wie nach jeder anderen) entweder deshalb wünschenswert sind, weil sie selbst lustvoll sind oder weil sie Mittel sind zur Beförderung von Lust und zur Vermeidung von Unlust.

Eine solche Lebensauffassung stößt bei vielen Menschen, darunter manchen, deren Fühlen und Trachten im höchsten Maße achtenswert ist, auf eingewurzelte Abneigung. Der Gedanke, dass das Leben (wie sie sagen) keinen höheren Zweck habe als die Lust, kein besseres und edleres Ziel des Wollens und Strebens, erscheint ihnen im äußersten Grad niedrig und gemein; als eine Ansicht, die nur der Schweine würdig wäre, mit denen die Anhänger Epikurs ja schon sehr früh verächtlich gleichgesetzt wurden.

Auf Angriffe dieser Art haben die Epikureer stets geantwortet, dass nicht sie, sondern ihre Ankläger es sind, die die menschliche Natur in entwürdigendem Lichte erscheinen lassen, da die Anklage ja un-

**Epikur** (um 342–271 v. Chr.): griech. Philosoph, für den die Lust, begriffen als Abwesenheit von Schmerz und Unruhe, das ethische Grundprinzip ist (s. S. 217 ff.).

[1] pleasure (engl.): bedeutet nicht Lust als bloße Triebbefriedigung, sondern Freude, Vergnügen, Wohlbefinden.

[2] pain (engl.): Schmerz, Mühe

terstellt, dass Menschen keiner anderen Lust fähig sind als der, deren auch Schweine fähig sind.
Nur wenige Menschen würden darein einwilligen, sich in eines der niederen Tiere verwandeln zu lassen, wenn man ihnen verspräche, dass sie die Befriedigungen des Tiers im vollen Umfange auskosten dürften. Kein intelligenter Mensch möchte ein Narr, kein gebildeter Mensch ein Dummkopf, keiner, der feinfühlig und gewissenhaft ist, selbstsüchtig und niederträchtig sein – auch wenn sie überzeugt wären, dass der Narr, der Dummkopf oder der Schurke mit seinem Schicksal zufriedener ist als sie mit dem ihren. Das, was sie ihm voraushaben, würden sie auch für die vollständigste Erfüllung all der Wünsche nicht aufgeben, die sie mit ihm gemeinsam haben. Sollte ihnen dies doch einmal in den Sinn kommen, dann nur in Fällen äußersten Unglücks, in denen sie bereit sind, fast jedes andere Schicksal in Kauf zu nehmen, wie wenig sie sich auch von ihm versprechen, nur um dem ihren zu entgehen. Ein höher begabtes Wesen verlangt mehr zu seinem Glück, ist wohl auch größeren Leidens fähig und ihm sicherlich in höherem Maße ausgesetzt als ein niedrigeres Wesen; aber trotz dieser Gefährdungen wird es niemals in jene Daseinsweise absinken wollen, die es als niedriger empfindet. Wir mögen dieses Widerstreben erklären, wie wir wollen: Wir mögen es dem Stolz zuschreiben – einem Begriff, mit dem man einige der am meisten und einige der am wenigsten schätzenswerten Gefühle, deren Menschen fähig sind, bezeichnet, wir mögen es der Freiheitsliebe und dem Streben nach Unabhängigkeit zuschreiben, woran die Stoiker appelliert und worin sie eines der wirksamsten Mittel gefunden haben, die Menschen zu diesem Widerstreben zu erziehen; der Liebe zur Macht und zur begeisterten Erregtheit, die beide darin enthalten sind. Aber am zutreffendsten wird es als ein Gefühl der Würde beschrieben, das allen Menschen in der einen oder anderen Weise und im ungefähren Verhältnis zu ihren höheren Anlagen zu eigen ist und das für die, bei denen es besonders stark ausgeprägt ist, einen so entscheidenden Teil ihres Glücks ausmacht, dass sie nichts, was mit ihm unvereinbar ist, länger als nur einen Augenblick lang zu begehren imstande sind. Wer meint, dass diese Bevorzugung des Höheren ein Opfer an Glück bedeutet – dass das höhere Wesen unter den gleichen Umständen nicht glücklicher sein könne als das niedere –, vermengt die zwei durchaus verschiedenen Begriffe des Glücks (happiness) und der Zufriedenheit (content). Es ist unbestreitbar, dass ein Wesen mit geringerer Fähigkeit zum Genuss die besten Aussichten hat, voll zufrieden gestellt zu werden; während ein Wesen von höheren Fähigkeiten stets das Gefühl haben wird, dass alles Glück, das es von der Welt, so wie sie beschaffen ist, erwarten kann, unvollkommen ist. Aber wenn diese Unvollkommenheiten überhaupt nur erträglich sind, kann es lernen mit ihnen zu leben, statt die anderen zu beneiden, denen diese Unvollkommenheiten nur deshalb nicht bewusst sind, weil sie sich von den Vollkommenheiten keine Vorstellung machen können, mit denen diese verglichen werden. Es ist besser, ein unzufriedener Mensch zu sein als ein zufrieden gestelltes Schwein; besser ein unzufriedener Sokrates als ein zufriedener Narr. Und wenn der Narr oder das Schwein anderer Ansicht sind, dann deshalb, weil sie nur die eine Seite der Angelegenheit kennen. Die andere Partei hingegen kennt beide Seiten.

**Stoa:** eine philosophische Strömung, die vom Hellenismus bis in die Spätantike sehr einflussreich war (s. S. 138).

❶ Wie bestimmt Mill die Begriffe Lust und Glück? Benennen Sie auch, was er ausdrücklich nicht darunter versteht.

❷ Diskutieren Sie seine These, es sei besser, „ein unzufriedener Sokrates als ein zufriedener Narr zu sein.“

❸ Vergleichen Sie Mills abschließende Bestimmung des Utilitarismus mit der im ersten Abschnitt. Welche Präzisierungen nimmt er vor?

❹ Verfassen Sie eine Stellungnahme zum „fairen Foul“ (s. S. 41) aus der Sicht Benthams oder Mills.

❺ „Der Utilitarismus ist eigentlich eine besonders raffinierte Form des Egoismus.“ Nehmen Sie Stellung zu dieser Behauptung.

❻ Mit welchen Schwierigkeiten und Problemen könnte eine utilitaristische Ethik in der Praxis konfrontiert werden?

Ich bin auf diesen Punkt näher eingegangen, weil er für ein angemessenes Verständnis der Begriffe Nützlichkeit oder Glück, als Leitvorstellungen des menschlichen Handelns verstanden, absolut unerlässlich ist. Zur Annahme der utilitaristischen Norm ist er dagegen nicht unbedingt erforderlich; denn die Norm des Utilitarismus ist nicht das größte Glück des Handelnden selbst, sondern das größte Glück insgesamt; und wenn es vielleicht auch fraglich ist, ob ein edler Charakter durch seinen Edelmut glücklicher wird, so ist doch nicht zu bezweifeln, dass andere durch ihn glücklicher sind und dass die Welt insgesamt durch ihn unermesslich gewinnt. [...]
Nach dem Prinzip des größten Glücks ist, wie oben erklärt, der letzte Zweck, bezüglich dessen und um dessentwillen alles andere wünschenswert ist (sei dies unser eigenes Wohl oder das anderer), ein Leben, das so weit wie möglich frei von Unlust und **in quantitativer wie in qualitativer Hinsicht** so reich wie möglich an Lust ist; wobei der Maßstab, an dem Qualität gemessen und mit der Quantität verglichen wird, die Bevorzugung derer ist, die ihrem Erfahrungshorizont nach – einschließlich Selbsterfahrung und Selbstbeobachtung – die besten Vergleichsmöglichkeiten besitzen. Indem dies nach utilitaristischer Auffassung der Endzweck des menschlichen Handelns ist, ist es notwendigerweise auch die Norm der Moral. Diese kann also definiert werden als die **Gesamtheit der Handlungsregeln und Handlungsvorschriften**, durch deren Befolgung ein Leben der angegebenen Art für die gesamte Menschheit im größtmöglichen Umfange erreichbar ist; und nicht nur für sie, sondern, soweit es die Umstände erlauben, für die **gesamte fühlende Natur.**

## Möglichkeiten und Grenzen utilitaristischer Ethik am Beispiel: Schwangerschaftsabbruch, Recht auf Leben

Der Utilitarismus fordert uns dazu auf, die Folgen einer Handlung für alle von dieser Handlung Betroffenen zu bedenken und deren Interessen zu berücksichtigen. Ist dies aber in der Praxis immer möglich? Wie lässt sich feststellen, worin das Interesse der betroffenen Personen besteht? Gibt es einen objektiven Maßstab für Glück? Ist das Leid einer Minderheit gerechtfertigt, wenn es die Lebensqualität der Mehrheit einer Gesellschaft erhöht? Wie steht es mit den Motiven für eine Handlung: Spielen sie für die moralische Bewertung keine Rolle?
Am Problem der Abtreibung soll vor dem Hintergrund dieser kritischen Anfragen an den Utilitarismus seine Praxistauglichkeit überprüft werden. Die Betrachtung des Konflikts zwischen dem Selbstbestimmungsrecht der Frau und dem Lebensrecht des Ungeborenen durch die Darstellung einer konkreten Situation und der in Deutschland geltenden rechtlichen Regelung der Abtreibung soll zur Diskussion über Möglichkeiten und Grenzen des Utilitarismus anregen.

### Ungewollt schwanger*

Kathrin ist 16 Jahre alt und besucht die 11. Jahrgangsstufe eines Gymnasiums. Seit zwei Jahren ist sie mit Steffen befreundet, der ebenfalls noch zu Schule geht. Beide leben bei ihren Eltern. Als Kathrin erfährt, dass sie schwanger ist, denkt sie zunächst nicht an

eine Abtreibung. Ihr Freund hat dafür kein Verständnis. Er sagt ihr, dass sie von ihm keine Unterstützung erwarten könne. In den nächsten Wochen zerbricht ihre Beziehung.
Kathrin informiert sich über soziale Hilfen. Ihre Eltern, zu denen sie ein gespanntes Verhältnis hat – sie waren der Meinung, dass sie noch viel zu jung für eine intime Beziehung sei –, bieten ihre Unterstützung ebenso an wie die Eltern des Vaters. Sie geizen aber nicht mit Vorwürfen. Kathrin ist eine sehr gute Schülerin und möchte Psychologie studieren. Sie war sich bis jetzt sicher, den Numerus Clausus zu schaffen. Aber nun zweifelt sie daran, dass sie ihren Leistungsstand halten kann, wenn sie gleichzeitig ein Kind versorgen muss. Ihren Mitschülern gegenüber verschweigt Kathrin die Schwangerschaft, zumal sich bei einer Diskussion im Ethikunterricht herausstellte, dass fast alle ihre Mitschülerinnen abtreiben würden, wenn sie jetzt schwanger würden. Allmählich kommen ihr immer größere Zweifel, ob sie das Kind wirklich haben möchte. Sie merkt, wie ihre Leistungen nachlassen, da sie sich nicht mehr auf ihre Arbeit konzentrieren kann. Sie fühlt sich von aller Welt allein gelassen und ringt um eine Entscheidung.

❶ Welche Fragen und Probleme werden Kathrin wohl beschäftigen?

❷ Bedenken Sie gemeinsam ihre Handlungsmöglichkeiten und benennen Sie Gründe, die für bzw. gegen eine Abtreibung sprechen. Informieren Sie sich hierzu über Hilfsangebote für Frauen in einer solchen Situation.

❸ Wie würden Bentham und Mill die verschiedenen Handlungsmöglichkeiten bewerten?

❹ „Abtreibung ist Mord“ – „Mein Bauch gehört mir“. Nehmen Sie Stellung zu diesen Parolen. Welche Normen und Werte stehen hinter Ihrer Stellungnahme?

## Das Strafrecht zum Schwangerschaftsabbruch*

Seit Dezember 1995 gilt in Deutschland folgende strafrechtliche Regelung des Schwangerschaftsabbruchs:
Nach § 218 des Strafgesetzbuchs (StGB) wird der, der eine Schwangerschaft abbricht, mit einer Geldstrafe oder einer Freiheitsstrafe bis zu drei, in besonders schweren Fällen bis zu fünf Jahren bestraft. Eine Tat wiegt besonders schwer, wenn der Täter den Abbruch gegen den Willen der Schwangeren vornimmt oder „leichtfertig die Gefahr des Todes oder einer schweren Gesundheitsschädigung der Schwangeren verursacht.“ Begeht die Schwangere die Tat, so muss sie mit einer Geldstrafe oder Freiheitsstrafe bis zu einem Jahr rechnen. „Handlungen, deren Wirkung vor Abschluss der Einnistung des befruchteten Eis in der Gebärmutter eintritt, gelten nicht als Schwangerschaftsabbruch im Sinne des Gesetzes.“
Ein Schwangerschaftsabbruch auf Verlangen der Schwangeren ist unter folgenden Bedingungen straflos:
Die Frau muss dem Arzt nachweisen, dass sie sich der gesetzlich vorgeschriebenen Beratung unterzogen hat. Der Eingriff darf frühestens am vierten Tag nach dem Abschluss der Beratung vorgenommen werden. Er muss von einem Arzt oder einer Ärztin bis zum Ende der zwölften Woche nach der Empfängnis durchgeführt werden.
Die Entscheidung liegt allein bei der Frau, sie benötigt keine vom Arzt befürwortete Indikation[1]. Allerdings ist ein solcher Abbruch nicht „rechtmäßig“, die Kosten werden nicht von der Krankenkasse übernommen. „Rechtmäßig“ ist ei-

[1] Indikation: zwingender Grund zur Durchführung eines Heilverfahrens

Rund 200 000 Abtreibungen wurden 1996 in Deutschland vorgenommen, 159 davon nach der 23. Schwangerschaftswoche.
Die Woche, 6.3.1998

ne Abtreibung nur dann, wenn aus ärztlicher Sicht eine **medizinische** oder **kriminologische Indikation** vorliegt. Der Arzt, der die Indikation vornimmt, darf nicht den Abbruch durchführen.
Eine medizinische Indikation liegt vor, „wenn der Abbruch der Schwangerschaft unter Berücksichtigung der gegenwärtigen und zukünftigen Lebensverhältnisse der Schwangeren nach ärztlicher Erkenntnis angezeigt ist, um eine Gefahr für das Leben oder die Gefahr einer schwerwiegenden Beeinträchtigung des körperlichen oder seelischen Gesundheitszustandes der Schwangeren abzuwenden und die Gefahr nicht auf andere für sie zumutbare Weise abgewendet werden kann." Es gibt keine Frist für die Durchführung des Abbruchs.
Eine kriminologische Indikation liegt vor, wenn eine Frau durch eine Straftat, z.B. eine Vergewaltigung schwanger geworden ist. Die Frau muss sich vor dem Eingriff beraten lassen. Es gilt die Frist von zwölf Wochen.
Die **Grundsätze der Beratung** werden im § 219 geregelt. „Die Beratung dient dem Schutz des ungeborenen Lebens. Sie hat sich von dem Bemühen leiten zu lassen, die Frau zur Fortsetzung der Schwangerschaft zu ermutigen und ihr Perspektiven für ein Leben mit dem Kind zu eröffnen; sie soll ihr helfen, eine verantwortliche und gewissenhafte Entscheidung zu treffen. Dabei muss der Frau bewusst sein, dass das Ungeborene in jedem Stadium der Schwangerschaft auch ihr gegenüber ein eigenes Recht auf Leben hat und dass deshalb nach der Rechtsordnung ein Schwangerschaftsabbruch nur in Ausnahmesituationen in Betracht kommen kann, wenn der Frau durch das Austragen des Kindes eine Belastung erwächst, die so schwer und außergewöhnlich ist, dass sie die zumutbare Opfergrenze übersteigt. Die Beratung soll durch Tat und Hilfe dazu beitragen, die in Zusammenhang mit der Schwangerschaft bestehende Konfliktlage zu bewältigen und einer Notlage abzuhelfen."

Umstritten ist die Aufhebung der früher geltenden „embryopathischen Indikation". Sie gestattete eine Abtreibung bis zur 22. Woche nach der Empfängnis, wenn dringende Gründe für die Annahme vorliegen, dass das Kind „an einer nicht behebbaren Schädigung seines Gesundheitszustandes leiden wird", die so schwer wiegend ist, „dass von der Schwangeren die Fortsetzung der Schwangerschaft nicht verlangt werden kann." Die Streichung dieser Indikation erfolgte, um die darin latent enthaltene Diskriminierung behinderten Lebens aufzuheben. Fälle dieser Art fallen nun unter die medizinische Indikation.

❶ Welche Interessenabwägungen werden vom Gesetzgeber vorgenommen, mit welcher Gewichtung und Begründung? Welche moralischen Werte liegen der gesetzlichen Regelung zugrunde?

❷ Wie lassen sich die Rechtsnormen utilitaristisch begründen?

❸ Verfassen Sie in Gruppen einen alternativen Gesetzentwurf zur Abtreibung.

Die Diskussion um die Abtreibung hat zu einer grundsätzlichen Auseinandersetzung über das Recht auf Leben geführt: Wann beginnt menschliches Leben? Besitzen Ungeborene ein Grundrecht auf Leben? Dürfen schwerstbehinderte neugeborene Kinder getötet werden? Diese Fragen wurden vor allem von dem australischen Bioethiker **Peter Singer** aufgeworfen, der utilitaristisch argumentiert und in bestimmten Fällen die Tötung Neugeborener für moralisch gerechtfertigt hält. Der Philosoph Robert Spaemann widerspricht den Thesen Singers und fordert das unbedingte Lebensrecht aller Menschen.

## Peter Singer: Nur Personen haben ein Recht auf Leben

**Peter Singer** (geb. 1947) leitet das „Centre for Human Bioethics" an der Monash-University in Melbourne. Er bezeichnet sich selbst als Utilitaristen und befasst sich vor allem mit Tier- und Bioethik (s. S. 357 f.). Seine umstrittenen Thesen zur Tötung schwerstbehinderter Neugeborener machten ihn weltberühmt.

*Singer bestreitet nicht, dass das Ungeborene von der befruchteten Eizelle an ein Mensch ist. Er bestreitet aber, dass der, der zur menschlichen Gattung gehört, nur deshalb schon ein höheres Recht auf Leben hat.*

Ich glaube, dass man eine liberale Praxis der Abtreibung ethisch durchaus rechtfertigen kann, aber nur, wenn man bereit ist, mit der traditionellen Ethik radikal zu brechen und unsere Auffassung von der Unantastbarkeit menschlichen Lebens zu revidieren. Was unterscheidet den Menschen – nicht nur rein biologisch – von allen an-

deren Lebewesen und macht sein Leben schützenswerter als das der Tiere? Eine mögliche Antwort ist diese: Es ist die Bewusstheit seiner selbst und die Bewusstheit seiner Zukunft, die sich erst nach der Geburt entwickeln. Entscheidend für das Recht auf Leben ist, so meine ich, diese Entwicklung des Selbst-Bewusstseins. Erst dann würde ich den Menschen als Person anerkennen. Diese Grenze zwischen Lebewesen und einer Person ist nicht präziser, aber sie ist ethisch bedeutsamer als alle anderen Grenzziehungen. Denn nur eine Person mit Selbst-Bewusstsein, die weiß, was es bedeutet, wenn ihr Leben beendet wird, kann sich auch wünschen, weiterzuleben. Das kann ein Lebewesen ohne Selbst-Bewusstsein nicht.
Erscheint etwa irgendjemandem die nur auf den Ort bezogene Unterscheidung zwischen einem Fötus innerhalb oder einem Kind außerhalb der Gebärmutter besser? Warum, fragen wir dann, sollte der Fötus mit 24 Wochen kein Recht auf Leben haben, aber das Frühgeborene zum selben Zeitpunkt sehr wohl? Wenn wir somit zu dem Schluss gekommen sind, dass Neugeborene kein eigenes Recht auf Leben haben, müssen wir auch einräumen, dass nicht alles getan werden muss, um ein Kind unter allen Umständen am Leben zu halten. Doch bis zu welchem Zeitpunkt darf man sich gegen das Leben entscheiden? Das Selbst-Bewusstsein entwickelt sich allmählich, innerhalb der ersten sechs Monate nach der Geburt. Theoretisch wäre also die Tötung noch Monate nach der Geburt ethisch zu rechtfertigen. Das will ich nicht. Wir brauchen einen genaueren und früheren Zeitpunkt, von dem an menschliches Leben zu schützen ist. Man könnte ihn nach dem Ablauf des ersten Monats ansetzen. Innerhalb dieser Frist müsste sich allerdings irgendjemand finden – die Eltern, eine Ersatzfamilie, der Staat –, der sich des Kindes annimmt. Wenn die Ärzte dem Kind nicht ein dauerhaft qualvolles Leben voraussagen, dann wird der Staat, falls die Eltern das Kind ablehnen, einspringen und für das Baby sorgen. Jeder annähernd wohlhabende Staat ist dazu verpflichtet. Tut er das aber nicht, müssen die Eltern – gemeinsam mit dem Arzt – die Entscheidung darüber haben, ob ihr Kind am Leben bleiben soll. [...]
Wer behinderten Menschen sagt, sie müssten sich von meinen Ansichten bedroht fühlen, der schürt ohne jeden Grund Furcht und Empörung. Jahrelang habe ich mich nach Kräften bemüht, die Behinderten besser in die Gesellschaft zu integrieren. Kein Behinderter, der verstehen kann, dass er am Leben ist, wird durch meine Thesen bedroht. Erst wenn neugeborene Kinder verstehen könnten, dass sie am Leben sind und von meinen Ansichten bedroht werden, müssten sie Grund zur Furcht haben – aber dass sie genau das nicht begreifen können, ist die Grundlage meiner Argumentation.

❶ Geben Sie Singers Argumentation wieder. Benennen Sie genau seine Prämissen und Schlussfolgerungen.

❷ Inwiefern argumentiert Singer utilitaristisch?

❸ Viele Behinderte fühlen sich von Singers Thesen bedroht. Sie stellen seine Thesen in die Nähe des nationalsozialistischen „Euthanasieprogramms“ (s. S. 369). Diskutieren Sie, ob diese Ängste und Proteste, wie Singer es sieht, unbegründet sind (Z. 40 ff.)?

❹ Verfassen Sie eine kritische Stellungnahme zu Singers Thesen.

## Robert Spaemann: Alle Menschen sind Personen

*Spaemann plädiert seit den Siebzigerjahren für das Lebensrecht des Ungeborenen von Beginn an. Er ist ein Verfechter der Strafbarkeit der Abtreibung, auch richtet er sich gegen aktive Sterbehilfe. Der folgende Text ist eine Entgegnung auf die Thesen Singers.*

Tatsächlich haben diejenigen, die die Begriffe „Mensch" und „Person" trennen wollen, ihre Konsequenzen immer noch nicht zu Ende durchgedacht. Nach traditioneller und philosophisch wohl

**Robert Spaemann** (geb. 1927) war bis 1992 Professor für Philosophie. In seinem Buch „Personen. Versuche über den Unterschied zwischen ‚etwas' und ‚jemand'" (1996) setzt er sich mit der Geschichte des Begriffs „Person" auseinander.

begründeter Auffassung ist Person jedes Wesen einer Spezies, deren normale Mitglieder die Möglichkeit haben, Ich-Bewusstsein und Rationalität zu erwerben. Wenn nun aber nur diejenigen Wesen Personen sind, die tatsächlich aktuell über diese Eigenschaften verfügen, dann darf jeder Schlafende dadurch am Aufwachen gehindert werden, dass man ihn tötet. Denn solange er schläft, ist er offensichtlich keine Person. Die Reduktion der Person auf bestimmte aktuale Zustände von Ich-Bewusstsein und Rationalität löst so am Ende den Begriff „Person" überhaupt auf. Es gibt gar keine Personen, sondern nur so etwas wie „personale Zustände" von Organismen. Dass dies unseren elementaren und spontanen Intuitionen widerspricht, ist offensichtlich. Ja, diese Sicht ist insofern selbstwidersprüchlich, als die personalen Bewusstseinszustände gar nicht beschrieben werden können, ohne auf etwas wie eine Identität von Mensch und Person zu rekurrieren[1]. Wenn wir sagen: „Ich wurde da und da geboren", so meinen wir mit „Ich" nicht so etwas wie ein Ich-Bewusstsein, das wir ja zur Zeit der Geburt noch gar nicht hatten, sondern wir meinen das Wesen, das schon war, was es ist, ehe es „Ich" sagen konnte. Ebenso spricht die Mutter, wenn sie zu ihrem erwachsenen Kind sagt: „Als ich mit dir schwanger war ..." Sie sagt nicht: „Als ich mit jenem Individuum schwanger war, aus dem dann später du wurdest ..." Dass die Mutter das Kind von Anfang an als Person, als ein Du betrachtet, ist sogar die Bedingung dafür, dass der Mensch jene Bewusstseinszustände erlangt, die dann für Personen charakteristisch sind. Kinder lernen Rationalität und Ich-Bewusstsein nur im Medium der Sprache. Diese aber lernen sie, indem die Mutter mit ihnen wie mit Wesen spricht, die bereits Personen *sind*. Die Mutter lächelt dem Baby zu, und nur so lernt es zurückzulächeln. Kein Mensch würde die Ausdrucksformen des Personseins lernen, wenn man ihn nicht als Person, sondern als ein zu konditionierendes Lebewesen behandelte. Personalität ist deshalb eine Wesensverfassung, nicht eine Eigenschaft, und schon gar nicht eine solche, die – im Unterschied zum Menschsein – allmählich erworben wird. Weil die normalen Individuen der Spezies *homo sapiens* sich durch bestimmte Eigenschaften als Personen zu erkennen geben, müssen wir *alle* Individuen dieser Spezies als Personen betrachten, auch diejenigen, die zu solcher Kundgabe noch nicht, nicht mehr oder überhaupt nicht aktual imstande sind. [...] Die Anerkennung von Personsein ist die Anerkennung eines unbedingten[2] Anspruchs. Die Unbedingtheit eines Anspruchs wäre illusorisch, wenn zwar der Anspruch als solcher unbedingt, sein tatsächliches Vorliegen aber von empirischen Voraussetzungen abhängig wäre, die immer hypothetisch[3] sind. [.. ]
Personenrechte werden nicht verliehen und nicht zuerkannt, sondern von jedem mit gleichem Recht in Anspruch genommen. „Von jedem", das heißt: mindestens von jedem Menschen. Personenrechte sind überhaupt nur unbedingte Rechte, wenn sie nicht von der Erfüllung irgendwelcher qualitativer Bedingungen abhängig gemacht werden, über deren Vorliegen jene entscheiden, die bereits Mitglieder der Rechtsgemeinschaft sind. Als *closed shop* kann die Menschheit keine Rechtsgemeinschaft sein.

1 rekurrieren: (zu etwas) Zuflucht nehmen, sich berufen auf
2 unbedingt: an keine Bedingung geknüpft, voraussetzungslos
3 hypothetisch: auf Vermutungen beruhend, fraglich

❶ Welche Argumente setzt Spaemann den Thesen Singers entgegen?

❷ Wie begründet er dagegen seine These, dass alle Menschen Personen sind?

❸ Welche grundlegenden Einwände gegen den Utilitarismus lassen sich aus Spaemanns Text ableiten?

❹ Welche ethische Position liegt Spaemanns Argumentation zugrunde?

# 4. Sich an Prinzipien halten: Gesinnungsethik

Der Schriftsteller Franz Kafka verfügte testamentarisch, dass man seinen literarischen Nachlass nach seinem Tode vernichten solle. Sein lebenslanger Freund Max Brod, dem er das Versprechen, für die Einhaltung dieses Wunsches zu sorgen, abgenommen hatte, hat sich nach einigem Zögern über diese Verfügung hinweggesetzt, weil er zu der Überzeugung kam, dass Kafkas Nachlass von hohem literarischen Wert sei und deshalb unbedingt erhalten und veröffentlicht werden müsse.
Wie ist das Verhalten Brods ethisch zu beurteilen?
Bewertet man eine Handlung nur nach ihrem Zweck bzw. ihren möglichen Folgen, wird man die Handlungsweise Brods sicherlich gutheißen können. Denn sie hat der Nachwelt Werke eines der bedeutendsten Dichter des 20. Jahrhunderts erhalten.
Betrachtet man aber die Handlung als solche, losgelöst von ihren möglichen Zwecken und Folgen, so hat Brod unmoralisch gehandelt, weil er ein Versprechen brach und damit gegen ein sittliches Prinzip verstieß.
Auch wir befinden uns oft in Situationen, in denen wir vor dem Problem stehen, ob wir einem moralischen Gebot (z.B. die Wahrheit zu sagen) unbedingt folgen sollen, obwohl dies unter Umständen negative Konsequenzen für die davon Betroffenen haben könnte.
Die Ansicht, dass eine Handlung dann gut und moralisch richtig sei, wenn sie Maximen und Prinzipien folgt, die in sich gut sind, vertrat bereits der griechische Philosoph Sokrates.
Die systematischste und folgenreichste Begründung einer solchen Ethik legte **Immanuel Kant** vor. Er brach mit der Tradition ethischer Theorien, die den moralischen Wert einer Handlung in erster Linie durch ihr Ziel oder ihre Folgen bestimmen. Ethikbegründungen, wie sie also von Aristoteles oder den Utilitaristen vertreten wurden, lehnte er ab. Diese Ethiken können nämlich, so Kant, ihren Anspruch, ein Prinzip zu liefern, das als Orientierung für alle nur denkbaren Entscheidungssituationen dienen kann, nicht einlösen, da sie selbst auf empirischen, d.h. aus Erfahrung gewonnenen Grundlagen beruhen.
Demgegenüber stellte Kant ein ethisches Prinzip auf, das **unabhängig von Erfahrung (a priori), allein auf der Grundlage der Vernunft**, gewonnen werden kann und **immer und überall gültig** ist.

Der griechische Philosoph Sokrates war in einem zwar legalen Verfahren, aber aus unzureichenden Gründen zum Tode verurteilt worden. Er nutzte die ihm angebotene Fluchtmöglichkeit nicht, weil er die Achtung vor dem Recht über die persönlichen Interessen stellte. Bis kurz vor seinem Tod durch einen Becher mit Gift belehrte er seine Freunde über die Richtigkeit seiner Gesinnung.

Jacques Louis David (1748– 1825): Der Tod des Sokrates

## Orientierung des Handelns am Prinzip der Sittlichkeit

„Zwei Dinge erfüllen das Gemüt mit immer neuer und zunehmender Bewunderung und Ehrfurcht, je öfter und anhaltender sich das Nachdenken damit beschäftigt: der bestirnte Himmel über mir und das moralische Gesetz in mir."

*Immanuel Kant*

Die Quelle der Moral ist nach Kant die praktische (auf das Sollen bezogene) **Vernunft.** Im Gegensatz zu einer religiös begründeten Ethik, die den Willen Gottes zur Grundlage hat, ist für ihn die **Willensfreiheit** notwendige Voraussetzung einer **autonomen** (selbstgesetzlichen) Ethik.
Die Aufgabe der Vernunft ist es nicht, dem Menschen Glückseligkeit zu verschaffen. Hierfür sind nach Kant die natürlichen Instinkte und Neigungen besser geeignet. Als Basis für die Ethik sind diese jedoch ungeeignet, weil sie auf einer empirischen und daher zeit- und gesellschaftsbedingten Grundlage beruhen. Die Aufgabe der Vernunft ist es vielmehr zu bestimmen, was unsere moralische **Pflicht** ist. Über den moralischen Wert einer Handlung entscheidet nicht ein konkreter Zweck, sondern der **Wille**, auf den sie zurückgeht. Dieser Wille ist nur dann gut, wenn er ausschließlich durch die Pflicht bestimmt ist. Es reicht nicht aus, wenn eine Handlung, die man aus Neigung oder Interesse begeht, der Pflicht (mehr oder weniger zufällig) entspricht. Dann hätte man zwar pflichtgemäß, nicht aber aus Pflicht gehandelt. Die Handlung muss daher vollständig in dem Bewusstsein und dem Willen zur Pflichterfüllung erfolgen. Diese Pflicht besteht in der freiwilligen Unterwerfung unter das **Sittengesetz**. Dieses ist dem Menschen kraft seiner Vernunft in der Form des **kategorischen Imperativs** gegeben.

### Immanuel Kant: Guter Wille und kategorischer Imperativ

**Immanuel Kant** (1724 – 1804, Biografie s. S. 83) hat eine Ethikbegründung entwickelt, die nicht von den Handlungszwecken bzw. Handlungsfolgen ausgeht, sondern ausschließlich nach dem Prinzip und der Gesinnung des Handelns fragt. Eine solche „gesinnungsethische" Normbegründung bezeichnet man als **„deontologisch"** (gr. deón = das Erforderliche, die Pflicht). Diese Normbegründung hat Kant systematisch entfaltet und in drei Schriften veröffentlicht: „Grundlegung zur Metaphysik der Sitten" (1785), „Kritik der praktischen Vernunft" (1788) und „Metaphysik der Sitten" (1797). Der nebenstehende Text stammt aus der „Grundlegung zur Metaphysik der Sitten".

Es ist überall nichts in der Welt, ja überhaupt auch außer derselben zu denken möglich, was ohne Einschränkung für gut gehalten werden könnte, als allein ein *guter Wille.* Verstand, Witz, Urteilskraft und wie die *Talente* des Geistes sonst heißen mögen, oder Mut, Entschlossenheit, Beharrlichkeit im Vorsatze, als Eigenschaften des *Temperaments,* sind ohne Zweifel in mancher Absicht gut und wünschenswert; aber sie können auch äußerst böse und schädlich werden, wenn der Wille, der von diesen Naturgaben Gebrauch machen soll und dessen eigentümliche Beschaffenheit darum *Charakter* heißt, nicht gut ist. [...] Einige Eigenschaften sind sogar diesem guten Willen selbst beförderlich und können sein Werk sehr erleichtern, haben aber desungeachtet keinen inneren unbedingten Wert, sondern setzen immer noch einen guten Willen voraus, der die Hochschätzung, die man übrigens mit Recht für sie trägt, einschränkt und es nicht erlaubt, sie für schlechthin gut zu halten. Mäßigung in den Affekten und Leidenschaften, Selbstbeherrschung und nüchterne Überlegung sind nicht allein in vielerlei Absicht gut, sondern scheinen sogar einen Teil vom *inneren* Werte der Person auszumachen; allein es fehlt viel daran, um sie ohne Einschränkung für gut zu erklären (so unbedingt sie auch von den Alten gepriesen worden). Denn ohne Grundsätze eines guten Willens können sie höchst böse werden, und das kalte Blut eines Bösewichts macht ihn nicht allein weit gefährlicher, sondern auch unmittelbar in unseren Augen noch verabscheuungswürdiger, als es ohne dieses dafür würde gehalten werden.

Der gute Wille ist nicht durch das, was er bewirkt oder ausrichtet, nicht durch seine Tauglichkeit zur Erreichung irgendeines vorgesetzten Zweckes, sondern allein durch das Wollen, d.i. an sich gut und, für sich selbst betrachtet, ohne Vergleich weit höher zu schätzen als alles, was durch ihn zugungsten irgendeiner Neigung, ja wenn man will der Summe aller Neigungen, nur immer zustande gebracht werden könnte. Wenngleich durch eine besondere Ungunst des Schicksals, oder durch kärgliche Ausstattung einer stiefmütterlichen Natur es diesem Willen gänzlich an Vermögen fehlte, seine Absicht durchzusetzen; wenn bei seiner größten Bestrebung dennoch nicht von ihm ausgerichtet würde, und nur der gute Wille (freilich nicht etwa als ein bloßer Wunsch, sondern als die Aufbietung aller Mittel, soweit sie in unserer Gewalt sind) übrig bliebe: wo würde er wie ein Juwel doch für selbst glänzen als etwas, das seinen vollen Wert in sich selbst hat. Die Nützlichkeit oder Fruchtlosigkeit kann diesem Werte weder etwas zusetzen noch abnehmen. [...]

Was kann das aber wohl für ein Gesetz sein, dessen Vorstellung, auch ohne auf die daraus erwartete Wirkung Rücksicht zu nehmen, den Willen bestimmen muss, damit dieser schlechterdings und ohne Einschränkung gut heißen könne? Da ich den Willen aller Antriebe beraubt habe, die ihm aus der Befolgung irgendeines Gesetzes entspringen könnten, so bleibt nichts als die allgemeine Gesetzmäßigkeit der Handlungen überhaupt übrig, welche allein dem Willen zum Prinzip dienen soll, d.i. ich soll niemals anders verfahren als so, ***dass ich auch wollen könne, meine Maxime solle ein allgemeines Gesetz werden.*** Hier ist nun die bloße Gesetzmäßigkeit überhaupt (ohne irgendein auf gewisse Handlungen bestimmtes Gesetz zum Grunde zu legen) das, was dem Willen zum Prinzip dient und ihm auch dazu dienen muss, wenn Pflicht nicht überall ein leerer Wahn und chimärischer Begriff sein soll; hiermit stimmt die gemeine Menschenvernunft in ihrer praktischen Beurteilung auch vollkommen überein und hat das gedachte Prinzip jederzeit vor Augen.

Die Frage sei z.B.: Darf ich, wenn ich im Gedränge bin, nicht ein Versprechen tun in der Absicht, es nicht zu halten? Ich mache hier leicht den Unterschied, den die Bedeutung der Frage haben kann, ob es klüglich oder ob es pflichtgemäß sei, ein falsches Versprechen zu tun. Das Erstere kann ohne Zweifel öfters stattfinden. Zwar sehe ich wohl, dass es nicht genug sei, mich vermittelst dieser Ausflucht aus einer gegenwärtigen Verlegenheit zu ziehen, sondern wohl überlegt werden müsse, ob mir aus dieser Lüge nicht hinterher viel größere Ungelegenheit entspringen könne, als die sind, von denen ich mich jetzt befreie, und da die Folgen bei aller meiner vermeinten *Schlauigkeit* nicht so leicht vorauszusehen sind, dass nicht ein einmal verlorenes Zutrauen mir weit nachteiliger werden könnte als alles Übel, das ich jetzt zu vermeiden gedenke; ob es nicht *klüglicher* gehandelt sei, hierbei nach einer allgemeinen Maxime zu verfahren und es sich zur Gewohnheit zu machen, nicht zu versprechen als in der Absicht, es zu halten. Allein es leuchtet mir hier bald ein, dass eine solche Maxime doch immer nur die besorglichen Folgen zum Grunde habe. Nun ist es doch etwas ganz anderes, aus Pflicht wahrhaft zu sein, als aus Besorgnis der nachteiligen Folgen:

**Kategorischer Imperativ:**
**Kategorisch** bedeutet, dass die Forderung unbedingt, allgemein und ausnahmslos verpflichtend ist. Ein **Imperativ** (als innere Handlungsaufforderung) ist notwendig, weil der Mensch nicht nur durch Vernunft, sondern auch durch Neigungen und Gefühle bestimmt wird, sein Wille also gut oder böse sein kann.
Neben der im Text formulierten Fassung des kategorischen Imperativs verwendet Kant auch folgende: **„Handle so, dass du die Menschheit, sowohl in deiner Person als in der Person eines jeden anderen jederzeit zugleich als Zweck, niemals bloß als Mittel brauchst."**

indem im ersten Falle der Begriff der Handlung an sich selbst schon ein Gesetz für mich enthält, im zweiten ich mich allererst anderwärtsher umsehen muss, welche Wirkungen für mich wohl damit verbunden sein möchten. Denn wenn ich von dem Prinzip der Pflicht abweiche, so ist es ganz gewiss böse; werde ich aber meiner Maxime Klugheit abtrünnig, so kann das mir doch manchmal sehr vorteilhaft sein, wiewohl es freilich sicherer ist, bei ihr zu bleiben. Um indessen mich in Ansehung der Beantwortung dieser Aufgabe, ob ein lügenhaftes Versprechen pflichtgemäß sei, auf die allerkürzeste und doch untrügliche Art zu belehren, so frage ich mich selbst: Würde ich wohl damit zufrieden sein, dass meine Maxime (mich durch ein unwahres Versprechen aus Verlegenheit zu ziehen) als ein allgemeines Gesetz (sowohl für mich als auch für andere) gelten solle? Und würde ich wohl zu mir sagen können, es mag jedermann ein unwahres Versprechen tun, wenn er sich in Verlegenheit befindet, daraus er sich auf andere Art nicht ziehen kann? So werde ich bald inne, dass ich zwar die Lüge, aber ein allgemeines Gesetz zu lügen gar nicht wollen könne, denn nach einem solchen würde es eigentlich gar kein Versprechen geben, weil es vergeblich wäre, meinen Willen in Ansehung meiner künftigen Handlungen anderen vorzugeben, die diesem Vorgeben doch nicht glauben oder, wenn sie es übereilterweise täten, mich doch mit gleicher Münze bezahlen würden; mithin meine Maxime, sobald sie zum allgemeinen Gesetze gemacht würde, sich selbst zerstören müsse. Was ich also zu tun habe, damit mein Wollen sittlich gut sei, dazu brauche ich gar keine weit ausholende Scharfsinnigkeit. Unerfahren in Ansehung des Weltlaufs, unfähig auf alle sich ereignenden Vorfälle desselben gefasst zu sein, frage ich mich nur: Kannst du auch wollen, dass deine Maxime ein allgemeines Gesetz werde? Wo nicht, so ist sie verwerflich, und das zwar nicht um eines dir auch auch anderen daraus bevorstehenden Nachteils willen, sondern weil sie nicht als Prinzip in eine möglich allgemeine Gesetzgebung passen kann; für diese aber zwingt mir die Vernunft unmittelbare Achtung ab, von der ich zwar jetzt noch nicht *einsehe,* worauf sie sich gründe (welches der Philosoph untersuchen mag), wenigstens aber doch so viel verstehe: dass es eine Schätzung des Wertes sei, welcher allen Wert dessen, was durch Neigung angepriesen wird, weit überwiegt, und dass die Notwendigkeit meiner Handlungen aus *reiner* Achtung fürs praktische Gesetz dasjenige sei, was die Pflicht ausmacht, der jeder andere Bewegungsgrund weichen muss, weil sie die Bedingung eines an sich guten Willens ist, dessen Wert über alles geht.

❶ Welche Kritik übt Kant an einer Ethik, die von ihren Zielen und Folgen her bestimmt ist?

❷ Wie begründet er seine These, dass „allein ein guter Wille ohne Einschränkung“ (Z. 1 f.) für gut gehalten werden kann?

❸ „Aus gutem Willen ist viel Schlechtes hervorgegangen.“ Prüfen Sie anhand von Beispielen, ob diese Behauptung zutrifft.

❹ Fügen Sie dem von Kant gegebenen Beispiel für den kategorischen Imperativ noch weitere hinzu. Was würde Kant zu Max Brods Entscheidung bezüglich der Werke Kafkas sagen?

❺ Vergleichen Sie den kategorischen Imperativ mit der Goldenen Regel (s. S. 186).

❻ Kants Ethik wurde oftmals moralische Kompromisslosigkeit vorgeworfen. Diskutieren Sie, ob dieser Vorwurf berechtigt ist.

BIO-GRAFIE

# Immanuel Kant (1724–1804)

„Sapere aude" – „Wage es zu wissen"

Immanuel Kant wurde 1724 als Kind einer einfachen Handwerkerfamilie in Königsberg geboren. Er verließ seine Geburtsstadt bis zu seinem Tod 1804 nie.

Mit 16 Jahren ging er auf die Universität und studierte Mathematik, Philosophie, Naturwissenschaften und Theologie. Nach Jahren als Hauslehrer wurde er Professor an eben dieser Universität Königsberg. Diese wenig aufregenden biografischen Daten zeigen eine schlichtes, geordnetes bürgerliches Leben; dies gibt aber nur den Rahmen ab für eine abenteuerliche geistige Existenz und ein großes philosophisches Werk, mit dem Kant das Denken der westlichen Welt tiefgreifend beeinflusste und das ihn für alle Zeiten berühmt machte. Er hatte sich nämlich die Lebensaufgabe gestellt, die Grundlagen der menschlichen Erfahrung und Erkenntnis und des Glaubens einer genauen Prüfung zu unterziehen, sie also zu „kritisieren".

In der **„Kritik der reinen Vernunft"** (1781) arbeitete er heraus, dass das Bild der umgebenden Realität auf bestimmten angeborenen Voraussetzungen der sinnlichen Wahrnehmung und des Denkens beruht. Jedes Ding, das seine Sinne reizt, wird vom Menschen sofort in **Raum** und **Zeit** eingeordnet, nur so kann er es als Gegenstand erfassen. Im weiteren Verlauf der Gegenstandswahrnehmung wendet der Erkennende auf sein Material vorgegebene **logische Denkformen** an wie z.B. die Kausalität, den Ursache-Wirkung-Zusammenhang. Wie die Welt da draußen, das „Ding an sich", wirklich ist, kann der Mensch nicht wissen, er konstruiert sich eine Realität gemäß seinen menschlichen Voraussetzungen. Diese Theorie, die bis heute modern ist und von der Hirnforschung bestätigt wurde, stellte für die damalige Zeit eine Sensation dar. Viele Denker und Schriftsteller stürzten in Weltanschauungskrisen. Was galt denn jetzt noch? War auch Gott nur ein menschlicher Entwurf? Gab es überhaupt so etwas wie wahre Wirklichkeit?

In seiner zweiten **„Kritik der praktischen Vernunft"** (1788) befragte Kant das ethische Handeln des Menschen mit strenger Logik: Was sollen wir tun?

Er wollte nicht einzelne moralische Vorschriften untersuchen, sondern ein Verfahren finden, mit dem der Mensch eine moralische Handlung begründen kann.

Das innere Gesetz, mit dem der Mensch unabhängig von einer weltlichen oder göttlichen, strafenden Macht, nur auf seine Vernunft bezogen, eine Entscheidung treffen kann, ist von Kant als **„kategorischer Imperativ"** bezeichnet worden: „Handle so, dass du jederzeit wollen kannst, die Maxime (= Regel) deines Handelns solle allgemeines Gesetz werden." Von anderen nichts fordern, was man nicht selbst zu leisten bereit ist! Dahinter steht als letztes Motiv die Achtung vor der Person im anderen, vor der „Menschheit in mir und anderen": „Handle so, dass die Menschheit in dir und anderen niemals bloßes Mittel, sondern jederzeit zugleich Zweck sei." Damit hatte Kant die **Definition der Menschenwürde** gefunden.

In seiner letzten **„Kritik der Urteilskraft"** (1790) versuchte er unter anderem das Wesen der Kunst zu erfassen als ein Reich der Freiheit, in dem ein „interesseloses Wohlgefallen" am Schönen herrscht. Als alter Mann, mit 71 Jahren, entwirft Kant in der Abhandlung **„Vom ewigen Frieden"** ein politisches Modell, das vieles vorwegnimmt, was heute in der westlichen Welt gilt. Darin fordert er ein allgemeines **„Menschenrecht"**, das innerhalb der Staaten durch Verfassungen und zwischen den Staaten durch ein Vertragssystem geschützt werden soll, das dem heutigen Völkerrecht und der UNO nahe kommt.

Hinter der ungeheuren, jahrzehntelangen Arbeit dieses Philosophen stand ein sehr diszipliniertes, geregeltes Privatleben. Seine Pünktlichkeit war so exakt, dass die Königsberger Mitbürger ihre Uhren nach seinem Erscheinen an bestimmten Orten gestellt haben sollen. Er blieb zeitlebens unverheiratet, nahm nie mehr als zwei Tabletten pro Tag selbst bei schwerer Krankheit und verbot sich den von ihm geliebten Kaffee, da er seine berauschende Wirkung für schädlich hielt. Kant war aber alles andere als langweilig. Im Umgang mit seinen Freunden, die er täglich an seiner Mittagstafel versammelte, war er witzig, schlagfertig und liebenswürdig.

Heute gilt Kant als der deutsche Philosoph, dessen Werk weltweit den stärksten Einfluss ausübte.

Kants Lehre zeigt, wie das moralische Gesetz, der kategorische Imperativ, dem Menschen angibt, wie er seine (Willens-) Freiheit in der Selbstgesetzgebung zu realisieren hat. Die Erfüllung des Sittengesetzes ist demnach eine Pflicht, die auf Einsicht und Eigenverantwortlichkeit beruht.
Diese Zusammenhänge und vor allem der Pflichtbegriff wurden oftmals fehlgedeutet und missbräuchlich angewendet. Ein Beispiel für eine höchst eigenwillige und fatale Anwendung der Ethik Kants findet sich im Selbstverständnis und in der Lebensführung **Adolf Eichmanns**. Dieser organisierte im „Dritten Reich“ von seinem Berliner Schreibtisch aus die Transporte der europäischen Juden in die Vernichtungslager. Nach Kriegsende floh er nach Südamerika, wurde 1961 durch den israelischen Geheimdienst aufgespürt, nach Jerusalem gebracht und nach einem halbjährigen Prozess zum Tode verurteilt und hingerichtet. Vor Gericht verteidigte er sich damit, dass er „weder ein Mörder noch ein Massenmörder“ gewesen sei, sondern lediglich ein „getreuer, ordentlicher, korrekter und fleißiger [...] Angehöriger der SS“, der, „nur von idealen Regungen für mein Vaterland“ geleitet, lediglich seine Pflicht getan habe. Ein „innerer Schweinehund und ein Verräter“ sei er nie gewesen. Er berief sich dabei ausdrücklich auf Kant: „Zur Norm habe ich die Kant'sche Forderung erhoben, und zwar schon sehr lange. Nach dieser Forderung habe ich mein Leben ausgerichtet [...] Aus dieser Einstellung heraus tat ich reinen Gewissens und gläubigen Herzens meine mir befohlene Pflicht.“
Die Philosophin **Hannah Arendt** (Biografie s. S. 317), die an dem Prozess gegen Eichmann als Beobachterin teilnahm, fasste ihre Eindrücke in dem Buch „Eichmann in Jerusalem. Ein Versuch über die Banalität des Bösen“ zusammen. Darin erläutert sie auch, worin das falsche Verständnis der Ethik Kants bestand.

## Hannah Arendt: Eichmann und die Ethik Kants

Die Philosophin **Hannah Arendt** (1906–1975, Biografie s. S. 317) erhielt die Erlaubnis, als Berichterstatterin an dem Prozess gegen Eichmann teilzunehmen und ihn darüber hinaus auch in seiner Zelle zu befragen. Sie zeigte sich erstaunt über dessen ruhige bürokratische Korrektheit und seine fleißige Unauffälligkeit, mit der er die Massenmorde organisiert hatte, und prägte daher den (umstrittenen) Begriff von der „Banalität des Bösen“.

Ein erstes Anzeichen von Eichmanns vager Vorstellung, dass in dieser ganzen Angelegenheit mehr zur Diskussion stehen könnte als die Frage, ob der Soldat auch Befehlen gehorchen müsse, die ihrer Natur nach eindeutig verbrecherisch sind, ergab sich während des Polizeiverhörs, als er plötzlich mit großem Nachdruck beteuerte, sein Leben lang den Moralvorschriften Kants gefolgt zu sein, und vor allem im Sinne des Kant'schen Pflichtbegriffs gehandelt zu haben. Das klang zunächst nur empörend und obendrein unverständlich, da Kants Morallehre so eng mit der menschlichen Fähigkeit zu urteilen, also dem Gegenteil von blindem Gehorsam, verbunden ist. Der verhörende Offizier hatte sich darauf nicht weiter eingelassen, doch Richter Raveh, ob nun aus Neugier oder aus Entrüstung über Eichmanns Versuch, im Zusammenhang mit seinen Untaten sich auf Kant zu berufen, entschloss sich, den Angeklagten hierüber zu befragen. Und zu jedermanns Überraschung konnte Eichmann eine ziemlich genaue Definition des kategorischen Imperativs vortragen: „Da verstand ich darunter, dass das Prinzip meines Wollens und das Prinzip meines Strebens so sein muss, dass es jederzeit zum Prinzip einer allgemeinen Gesetzgebung erhoben werden könnte“, was auf Diebstahl oder Mord z.B. nicht gut anzuwenden ist, da der Dieb oder Mörder unmöglich in einem Rechtssystem leben wollen kann, das anderen das Recht gibt, ihn zu bestehlen oder zu ermorden. Auf weitere Befragung fügte er hinzu, dass er Kants Kritik der praktischen Vernunft gelesen habe. Weiter erklärte er, dass er in dem Augenblick, als er mit den Maßnahmen zur „Endlösung" beauftragt wurde, aufgehört habe, nach kantischen Prinzipien zu leben, er habe das gewusst und und habe sich mit dem Gedanken getröstet, nicht länger „Herr über sich selbst" gewesen zu sein – „ändern konnte ich nichts". Was er dem Gericht darzulegen unterließ, war, dass er in jener „Zeit [...] der von Staats wegen legalisierten Verbrechen", wie er sie jetzt selber nannte, die kantische Formel nicht einfach als überholt beiseite getan hat, sondern dass er sie sich vielmehr so zurechtbog, bis sie ihm im Sinne von Hans Franks Neuformulierung „des kategorischen Imperativs im Dritten Reich", die Eichmann gekannt haben mag, befahl: „Handle so, dass der Führer, wenn er von deinem Handeln Kenntnis hätte, dieses Handeln billigen würde." Natürlich ist es Kant nie in den Sinn gekommen, das Prinzip des Handelns einfach mit dem Prinzip des jeweiligen Gesetzgebers eines Landes oder den in ihm jeweils geltenden Gesetzen zu identifizieren, da für ihn ja jeder Bürger im Augenblick seines Handelns selbst Gesetzgeber wird durch den Gebrauch seiner „praktischen Vernunft". Dennoch entspricht Eichmanns unbewusste Einstellung dem, was er selbst „den kategorischen Imperativ für den Hausgebrauch des kleinen Mannes" nannte. In diesem „Hausgebrauch" bleibt von Kants Geist nur noch die moralische Forderung übrig, nicht nur dem Buchstaben des Gesetzes zu gehorchen und sich so in den Grenzen der Legalität zu halten, sondern den eigenen Willen mit dem Geist des Gesetzes zu identifizieren – mit der Quelle, der das Gesetz entsprang. In Kants Philosophie war diese Quelle die praktische Vernunft; im Hausgebrauch, den Eichmann von ihr machte, war diese identisch geworden mit dem Willen des Führers. Viel von der gespenstisch peniblen Gründlichkeit, mit der die „Endlösung" in Gang gesetzt und gehalten wurde, [...] lässt sich auf die eigentümliche, in Deutschland tatsächlich sehr verbreitete Vorstellung zurückführen, dass Gesetzestreue sich nicht darin erschöpft, den Gesetzen zu folgen, sondern so zu handeln verlangt, als sei man selbst der Schöpfer der Gesetze, denen man gehorcht. Daraus entwickelt sich leicht die Überzeugung, mehr als seine Pflicht zu tun, sei das Mindeste, was man von sich verlangen müsse.

❶ Welchen „Hausgebrauch" macht Eichmann von der Ethik Kants? Vergleichen Sie Eichmanns Pflichtbegriff mit dem Kants (s. dazu den Kant-Text S. 144) Kommentieren Sie die Ausführungen Eichmanns zu dessen Berufung auf Kant.

❷ Die Richter ließen Eichmanns Verteidigung nicht gelten. Welche Argumente könnten sie vorgebracht haben?

❸ Warum ist der Arendtsche Begriff von der „Banalität des Bösen" problematisch? Wie ist er Ihrer Meinung nach zu verstehen?

## Die „Ehrfurcht vor dem Leben" als gesinnungsethisches Prinzip

### Albert Schweitzer: Die Ehrfurcht vor dem Leben

Das Denken muss danach streben, das Wesen des Ethischen an sich zum Ausdruck zu bringen. Dabei kommt es dazu, Ethik als Hingebung an Leben zu bestimmen, die durch Ehrfurcht vor dem Leben motiviert ist. Mag das Wort Ehrfurcht vor dem Leben als sehr allgemein etwas unlebendig klingen, so ist doch das, was damit bezeichnet wird, etwas, das den Menschen, in dessen Gedanken es

**Albert Schweitzer** (1875–1965) studierte Theologie, Philosophie und Medizin. Daneben war er Organist und bedeutender Bach-Interpret. Gemäß einem früh gefassten Entschluss verzichtete er auf eine Universitätslaufbahn, um sein Leben als Dienst am Menschen weiterzuführen. Er ging 1913 nach Afrika und gründete in Lambarene (Gabun/Afrika) ein Tropenkrankenhaus mit einem zusätzlichen Spital zur Bekämpfung der Lepra-Krankheit. Er finanzierte sein bis heute bestehendes Projekt vornehmlich aus den Erlösen seiner Vortrags- und Konzerttätigkeit. 1952 erhielt er den Friedensnobelpreis. Während seiner zahlreichen Europa-Reisen warb er für sein Prinzip der „Ehrfurcht vor dem Leben" und warnte eindringlich vor den Gefahren der Hochrüstung und der Atomwaffen. „Nur das Denken, in dem die Gesinnung der Ehrfurcht vor dem Leben zur Macht kommt, ist fähig, die Zeit des Friedens in unserer Welt anbrechen zu lassen."

einmal aufgetreten ist, nicht mehr loslässt. Mitleid, Liebe, und überhaupt alles wertvoll Enthusiastische sind in ihm gegeben. Mit rastloser Lebendigkeit arbeitet die Ehrfurcht vor dem Leben an der Gesinnung, in die sie hineingekommen ist, und wirft sie in die Unruhe einer niemals und nirgends aufhörenden Verantwortlichkeit hinein. Wie die sich durch die Wasser wühlende Schraube das Schiff, so treibt die Ehrfurcht vor dem Leben den Menschen an.

Aus innerer Nötigung entstehend, ist die Ethik der Ehrfurcht vor dem Leben nicht davon abhängig, inwieweit und inwiewenig sie sich zu einer befriedigenden Lebensanschauung auszudenken vermag. Sie braucht nicht auf die Frage Antwort zu geben, was das auf Erhaltung, Förderung und Steigerung von Leben gehende Wirken ethischer Menschen im Gesamtverlaufe des Weltgeschehens bedeuten kann. Sie lässt sich nicht irre machen durch die Erwägung, dass die von ihr geübte Erhaltung und Vollendung von Leben neben der gewaltigen, in jedem Augenblick durch Naturgewalten erfolgenden Vernichtung von Leben fast nicht in Betracht kommt. Wirken wollend, darf sie doch alle Probleme des Erfolges ihres Wirkens dahingestellt sein lassen. Bedeutungsvoll für die Welt ist die Tatsache an sich, dass in dem ethisch gewordenen Menschen ein von Ehrfurcht vor dem Leben und Hingebung an Leben erfüllter Wille zum Leben in der Welt auftritt. […]

Ethik ist ins Grenzenlose erweiterte Verantwortung gegen alles, was lebt.

In ihrer Allgemeinheit mutet die Bestimmung der Ethik als Verhalten in der Gesinnung der Ehrfurcht vor dem Leben als kalt an. Aber sie ist die einzig vollständige. Mitleid ist zu eng, um als Inbegriff des Ethischen zu gelten. Es bezeichnet ja nur die Teilnahme mit dem leidenden Willen zum Leben. Zur Ethik gehört aber das Miterleben aller Zustände und aller Aspirationen des Willens zum Leben, auch seiner Lust, seiner Sehnsucht, sich auszuleben, auch seines Dranges nach Vervollkommnung.

[…]

In der Tat schafft uns die Sorge um das Los aller Lebewesen, mit denen wir zu tun haben, noch viel zahlreichere und erregendere Konflikte, als wenn wir unsere Opferpflicht auf menschliche Menschen beschränken. *Gegenüber den Geschöpfen der Natur geraten wir unausgesetzt in Situationen, die uns zwingen, Leiden zu verursachen und dem Leben Schaden zu tun.* Der Bauer kann nicht alle Tiere leben lassen, die in seiner Herde zur Welt kommen; er kann nur die behalten, für die er Futter hat und deren Aufzucht ihm einen Ertrag verspricht. *In vielen Fällen geraten wir in die Zwangslage, Leben zu vernichten, um anderes Leben zu erhalten.* Wer einen hilflosen Vogel in Pflege nimmt, sieht sich genötigt, Insekten oder Fische zu töten, um ihn zu füttern. Indem er so handelt, verhält er sich nach freiem Ermessen. Mit welchem Recht opfert er eine Vielzahl lebender Wesen, um ein einziges zu retten? Und wenn er Tiere ausrottet, die er für schädlich hält, um andere zu schützen, steht er vor der gleichen Gewissensfrage.

Es ist also jedem von uns auferlegt, im Einzelfall zu entscheiden, ob wir vor der unausweichlichen Notwendigkeit stehen, Leiden zu verursachen, zu töten und uns damit abzufinden, dass wir, eben aus Notwendigkeit, schuldig werden. Die Sühne müssen wir darin suchen, dass wir keine Gelegenheit versäumen, lebendigen Wesen Hilfe zu leisten.

Wie viel weiter wären wir, wenn die Menschen über ihre Pflicht nachdenken wollten, den Kreaturen Gutes zu tun, und sich all des Bösen enthielten, das sie ihnen aus Unwissenheit zufügen. Der Kampf gegen die inhumanen Reaktionsweisen, die noch in unserer Epoche Geltung haben, ist unserer Kultur zur Pflicht gemacht, wenn sie ihre Selbstachtung gewahren will.

Albert Schweitzer mit Patienten vor seinem Krankenhaus in Lambarene

1. Steht Schweitzer in der Tradition Kants? Nennen Sie Gemeinsamkeiten und Unterschiede.
2. Wie würde Schweitzer den Kategorischen Imperativ formulieren?
3. Schweitzer spricht von „Einzelfallentscheidungen" (Z. 55) Würde Kant dem zustimmen? Begründen Sie Ihre Auffassung.
4. „Ethik ist ins Grenzenlose erweiterte Verantwortung gegen alles, was lebt." Bestimmen Sie Möglichkeiten und Grenzen dieses Verantwortungsbegriffs. Vergleichen Sie diese Form der Verantwortung mit dem Verantwortungsbegriff von Hans Jonas (s. S. 119 f.).

Harald Steffahn: Albert Schweitzer. Reinbek bei Hamburg (Rowohlt) 1996

## Kritik an der Gesinnungsethik

### Max Weber: Gesinnungsethik und Verantwortungsethik

*Max Weber erörtert in seinem Vortrag „Politik als Beruf", aus dem der nachfolgende Text stammt, die* ***Tauglichkeit der Gesinnungsethik für die Politik*** *und kommt zu dem Ergebnis, dass einen Politiker drei Qualitäten auszeichnen sollten: Leidenschaft, Verantwortungsgefühl, Augenmaß. Politiker, die nur nach ihrer Gesinnung handeln, bezeichnet er als „Windbeutel". Wenn es aber eine Situation gebe, dass ein politisch Handelnder „an irgendeinem Punkte sagt: ‚ich kann nicht anders, hier stehe ich'", dann sei dies „unermesslich erschütternd".*

**Max Weber** (1864–1920) ist der Begründer der Soziologie als Wissenschaft von der Gesellschaft. Er untersuchte in seinen Werken zu Politik und Wirtschaft u.a. auch die Zusammenhänge zwischen religiös geprägter Ethik und Wirtschaftsformen (s. S. 390).

Wir müssen uns klar machen, dass alles ethisch orientierte Handeln unter zwei voneinander grundverschiedenen, unaustragbar gegensätzlichen Maximen stehen kann: es kann „gesinnungsethisch" oder „verantwortungsethisch" orientiert sein. Nicht dass die Gesinnungsethik mit Verantwortungslosigkeit und Verantwortungsethik mit Gesinnungslosigkeit identisch wäre. Davon ist natürlich keine Rede. Aber es ist ein abgrundtiefer Gegensatz, ob man unter der gesinnungsethischen Maxime handelt – religiös geredet: „Der

Christ tut recht und stellt den Erfolg Gott anheim" –, oder unter der verantwortungsethischen: dass man für die (voraussehbaren) Folgen seines Handelns aufzukommen hat. Man mag einem überzeugten gesinnungsethischen Syndikalisten[1] noch so überzeugend darlegen, dass die Folgen seines Tuns die Steigerung der Chancen der Reaktion, gesteigerte Bedrückung seiner Klasse, Hemmung ihres Aufstiegs sein werden –, und es wird auf ihn gar keinen Eindruck machen. Wenn die Folgen seiner aus reiner Gesinnung fließenden Handlung üble sind, so gilt ihm nicht der Handelnde, sondern die Welt dafür veranwortlich, die Dummheit der anderen Menschen oder – der Wille des Gottes, der sie so schuf. Der Verantwortungsethiker dagegen rechnet mit eben jenen durchschnittlichen Defekten der Menschen – er hat [...] gar kein Recht, ihre Güte und Vollkommenheit vorauszusetzen, er fühlt sich nicht in der Lage, die Folgen eigenen Tuns, soweit er sie voraussehen konnte, auf andere abzuwälzen. Er wird sagen: diese Folgen werden meinem Tun zugerechnet. „Verantwortlich" fühlt sich der Gesinnungsethiker nur dafür, dass die Flamme der reinen Gesinnung, die Flamme z.B. des Protestes gegen die Ungerechtigkeit der sozialen Ordnung, nicht erlischt. Sie stets neu anzufachen, ist der Zweck seiner, vom möglichen Erfolg her beurteilt, ganz irrationalen Taten, die nur exemplarischen Wert haben können und sollen.

Aber auch damit ist das Problem noch nicht zu Ende. Keine Ethik der Welt kommt um die Tatsache herum, dass die Erreichung „guter" Zwecke in zahlreichen Fällen daran gebunden ist, dass man sittlich bedenkliche oder mindestens gefährliche Mittel und die Möglichkeit oder auch die Wahrscheinlichkeit übler Nebenerfolge mit in den Kauf nimmt, und keine Ethik der Welt kann ergeben: wann und in welchem Umfang der ethisch gute Zweck die ethisch gefährlichen Mittel und Nebenerfolge „heiligt". [...]

Hier, an diesem Problem der Heiligung der Mittel durch den Zweck, scheint nun auch die Gesinnungsethik überhaupt scheitern zu müssen. Und in der Tat hat sie logischerweise nur die Möglichkeit: *jedes* Handeln, welches sittlich gefährliche Mittel anwendet, zu *verwerfen*. [...] Der Gesinnungsethiker erträgt die ethische Irrationalität der Welt nicht. Er ist kosmisch-ethischer „Rationalist". Sie erinnern sich, jeder von Ihnen, der Dostojewski kennt, der Szene mit dem Großinquisitor[2], wo das Problem treffend auseinander gelegt ist. Es ist nicht möglich, Gesinnungsethik und Verantwortungsethik unter einen Hut zu bringen oder ethisch zu dekretieren, welcher Zweck *welches* Mittel heiligen solle, wenn man diesem Prinzip überhaupt irgendwelche Konzessionen macht.

❶ Welche Vorwürfe macht Weber dem Gesinnungsethiker?

❷ „Mit der Bergpredigt kann man keine Politik machen" – Helmut Schmidt, Altbundeskanzler. Warum kommt für Schmidt und Weber politisches Handeln aus nur gesinnungsethischen Motiven nicht infrage?

❸ Welches Menschenbild hat nach Weber der Gesinnungsethiker, welches der Verantwortungsethiker?

❹ Was würden Kant und Schweitzer auf Webers Wort von den „ganz irrationalen Taten" (Z. 29) entgegnen?

❺ Die amerikanische Regierung rechtfertigte den Abwurf der beiden Atombomben auf die japanischen Städte Hiroshima und Nagasaki 1945 mit dem Ziel, ein sofortiges Kriegsende herbeizuführen. Überlegen Sie, ob diese Maßnahme als „verantwortungsethisch" im Sinne Webers bezeichnet werden kann.

[1] Syndikalisten: Teil der Arbeiterbewegung am Ende des 19. Jh.
[2] In Dostojewskis Roman „Die Brüder Karamasow" (1879/80)

# 5. Einfühlen und mitempfinden: Ethik des Mitleids

## Krummes Holz – aufrechter Gang

Da gab es den Oskar Schindler, Kaufmann und Fabrikant – kein Philosoph. Er bewahrte mehr als tausend Menschen vor dem Ermordetwerden. Auch der Film von Steven Spielberg kann uns Schindlers Motive nicht vollständig verständlich machen. Waren sie vielleicht nicht rational? Kein Kritiker dieses Films versäumte es, mehr oder weniger verwundert, diesen Oskar Schindler als schillernde Figur zu charakterisieren: Hasardeur, Spieler, Abenteurer, Weiberheld. Und trotzdem ... So ein Filou – und dann das. Der Mensch war, um ein berühmtes Diktum[1] Immanuel Kants zu zitieren, aus krummem Holz geschnitzt. Und doch handelte er „richtig“, brachte sich selbst in Lebensgefahr, war, was seine wichtigsten Taten betrifft, ein „guter“ Mensch. Wie passt das alles zusammen?

Da gab es eine alte Frau – keine Philosophin. Über einen Volksschulabschluss war sie nicht hinausgekommen. Aber was besagt das schon? Sie sah – es war auch in der Nazizeit – gefangene Polen, die in einem Lager im Freien, von Stacheldraht umgeben, langsam verhungerten. Die alte Frau konnte, anders als Schindler, ihre Polen nicht retten. Aber sie ging immer wieder abends am Stacheldraht vorbei, und in einem günstigen Augenblick warf sie Brot über den Zaun. Auch sie hatte sich in Lebensgefahr begeben, mit Bewusstsein, ohne zu zögern, ohne ihre vorhandene Angst über die diesen Menschen zugewandten Impulse siegen zu lassen. Auch hier haben wir, nach vielen Jahren, eine philosophische Frage zu stellen: Woher wusste diese Frau, was „richtig“, was „gut“ war? Warum handelte sie so, obwohl das Risiko für sie und ihre Familie groß war? Ein Lehrbuch der Ethik hatte sie nie gesehen. Wahrscheinlich kannte sie nicht einmal das Wort. Und trotzdem. [...]

Krummes Holz, aber, wie Ernst Bloch einmal die Metapher Kants ergänzte, aufrechter Gang.

Klaus Podak, in: Süddeutsche Zeitung, 2.4.1994

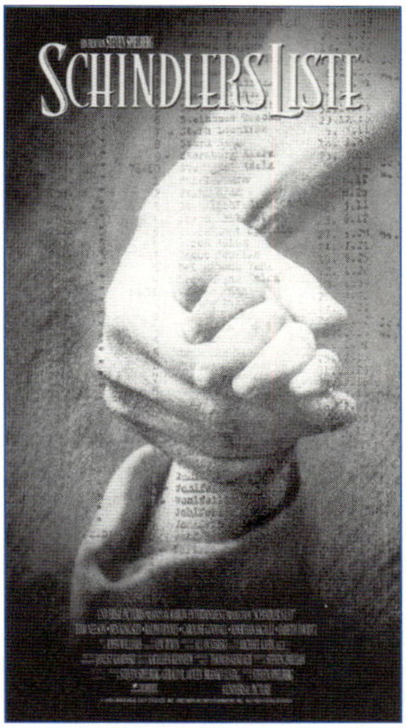


Erst der Film von Steven Spielberg aus dem Jahr 1993 machte auf **Oskar Schindler** aufmerksam, der jüdische KZ-Häftlinge für die Arbeit in seiner Fabrik anforderte und damit vor der Ermordung bewahrte.

**Ernst Bloch** (1885–1977), deutscher Philosoph, Hauptwerk: „Das Prinzip Hoffnung“

Versuchen Sie eine Beantwortung der Fragen in den Zeilen 48–52.

## Philosophische Begründung des Mitleids

### David Hume: Über das moralische Gefühl

Keine Rede ist in der Philosophie und auch im täglichen Leben üblicher als die Rede von dem Kampf zwischen Affekt und Vernunft. [...] Manche behaupten, Tugend sei nichts anderes als Übereinstimmung mit der Vernunft; es gebe ewig gültige Unterschiede des Seinsollenden und Nichtseinsollenden in den Dingen, die für jedes vernünftige Wesen, das über sie nachdenkt, dieselben sind; sie meinen, dass unveränderliche Normen, die bestimmen, was Recht und Unrecht ist, nicht nur für die menschlichen Geschöpfe, sondern selbst für die Gottheit verpflichtend sind. [...] Um diese Theo-

**David Hume** (1711–1776), englischer Philosoph, war der Meinung, dass es keine Erkenntnis außerhalb der **Erfahrung**

[1] Diktum (lat.): Ausspruch

gibt (Ausnahme: die Mathematik). Als großer Gegenspieler Kants lehnte er metaphysische Erkenntnisse als unbegründbar ab. Vielmehr sei es die **Gewohnheit,** aus der die Ursache-Wirkung-Beziehungen abgeleitet werden.
Auf seiner Suche nach der **Grundlage der Moral** untersuchte er hauptsächlich das Modell der Familie. In der Liebe der Eltern zu ihren Kindern sah er „das stärkste Band, dessen der Geist fähig ist". In dem im Familienverbund erfahrenen Wohlwollen und in der dort erlebten Kooperationsbereitschaft glaubte er den Kern der Moralität zu entdecken. Grundlegende moralische Fähigkeiten sind demnach **Empathie** (Einfühlungsvermögen) **und Mitgefühl bzw. Mitmenschlichkeit.** Werke u.a.: „Ein Traktat über die menschliche Natur" (1739), „Eine Untersuchung über die Prinzipien der Moral" (1751). (Zu Humes metaethischer Position s. S. 44).

❶ Welcher Zusammenhang besteht nach Hume zwischen der Sittlichkeit und den Neigungen bzw. Affekten?

❷ Warum kann die Sittlichkeit nicht aus der Vernunft hergeleitet werden? Welche Rolle weist Hume der Vernunft zu?

❸ Worin liegt die Leistung bzw. die Bedeutung des Gefühls?

rien zu beurteilen, brauchen wir also nur zu erwägen, ob es möglich ist, das sittlich Gute und das sittlich Böse allein durch die Vernunft zu unterscheiden oder ob noch ein anderes Vermögen hinzukommen muss, um eine solche Unterscheidung zu ermöglichen.
Hätte die Sittlichkeit nicht natürlicherweise einen Einfluss auf menschliche Affekte und Handlungen, so wäre es nutzlos, dass man so viel Mühe gibt, sie den Menschen einzuprägen. Nichts wäre vergeblicher als die Menge von Regeln und Vorschriften, die man bei den Moralisten im Überfluss findet. Man teilt die Philosophie gewöhnlich in eine spekulative und in eine praktische ein; und die Sittlichkeit wird stets der letzteren zugerechnet. Dem liegt die Voraussetzung zugrunde, dass sie unsere Affekte und Handlungen beeinflusst und über die ruhigen und gleichgültigen Urteile unseres Verstandes hinausgeht. Dies wird denn auch durch die allgemeine Erfahrung bestätigt. Denn diese lehrt uns, dass Menschen von Handlungen zurückgehalten werden, weil sie dieselben für unrecht halten, und durch das Gefühl der Verpflichtung zu anderen Handlungen angetrieben werden. Aus diesem Einfluss der Sittlichkeit auf unsere Handlungen und Neigungen folgt, dass die Sittlichkeit nicht aus der Vernunft hergeleitet werden kann, da ja die Vernunft allein niemals einen solchen Einfluss haben kann. Die Sittlichkeit erregt Affekte und erzeugt oder verhindert Handlungen. Die Vernunft allein aber ist hierzu ganz machtlos; die Regeln der Sittlichkeit sind folglich keine Ergebnisse unserer Vernunft. [...]
Aber auch wenn der Verstand, falls er vollkommen ausgebildet und entwickelt ist, dafür ausreicht, um uns über die schädliche oder nützliche Tendenz von Eigenschaften oder Handlungen aufzuklären, genügt er dennoch nicht, um irgendeine moralische Ablehnung oder Zustimmung hervorzurufen. Nützlichkeit ist nichts anderes als eine Tendenz auf einen bestimmten Zweck hin; und wäre uns der Zweck gänzlich gleichgültig, so würden wir dieselbe Gleichgültigkeit empfinden. Es ist erforderlich, dass sich hier ein *Gefühl* einstellt, damit den nützlichen gegenüber den schädlichen Tendenzen der Vorzug gegeben wird. Dieses Gefühl kann kein anderes sein als eine Sympathie[1] mit dem Glück der Menschheit und eine Empörung über ihr Elend, da dies die verschiedenen Ziele sind, auf deren Förderung Tugend und Laster hinarbeiten. Hier gibt uns also der Verstand Aufschluss über die verschiedenen Tendenzen der Handlungen, und die *Menschlichkeit* macht eine Unterscheidung zugunsten derjenigen, die nützlich und wohltätig sind.

Die Auseinandersetzungen der Philosophen über die Vernunft oder die Intuition als **Quelle und Begründung der Moral** veranlasste die Universität Drontheim im Jahr 1839 zu folgender Preisfrage: „Ist die Quelle und Grundlage der Moral zu suchen in einer unmittelbar im Bewusstsein (oder Gewissen) liegenden Idee der Moralität und der Analyse der übrigen, aus dieser entspringenden moralischen Grundbegriffe, oder aber in einem anderen Erkenntnisgrunde?"
Darauf antwortete der Philosoph Arthur Schopenhauer, indem er schrieb, dass es **drei Motive seien, die den Menschen antrieben: Egoismus, Bosheit, Mitleid.** Im Letzteren liege die Quelle und Grundlage der Moral. In seiner Begründung schreibt er u. a.:

[1] Sympathie (gr.): Mitgefühl

## Arthur Schopenhauer: Die Tugend der Menschenliebe

Die Gerechtigkeit ist also die erste und grundwesentliche Kardinaltugend. Als solche haben auch die Philosophen des Altertums sie anerkannt. [...] Hingegen haben sie die Menschenliebe, *caritas,* noch nicht als Tugend aufgestellt. [...] Praktisch und faktisch ist zwar zu jeder Zeit Menschenliebe da gewesen: aber theoretisch zur Sprache gebracht und förmlich als Tugend, und zwar als die größte von allen, aufgestellt, sogar auch auf die Feinde ausgedehnt, wurde sie zuerst vom Christentum, dessen allergrößtes Verdienst eben hierin besteht; wiewohl nur hinsichtlich auf Europa; da in Asien schon tausend Jahre früher die unbegrenzte Liebe des Nächsten eben sowohl Gegenstand der Lehre und Vorschrift, wie der Ausübung gewesen war. [...]

Mir liegt jetzt die philosophische Ableitung dieser Tugend aus meinem Princip ob.

Der zweite Grad, in welchem, mittelst des oben tatsächlich nachgewiesenen, wiewohl seinem Ursprung nach geheimnisvollen Vorgangs des Mitleids, das fremde Leiden an sich selbst und als solches unmittelbar mein Motiv wird, sondert sich von dem ersten deutlich ab, durch den positiven Charakter der daraus hervorgehenden Handlungen; indem alsdann das Mitleid nicht bloß mich abhält, den Andern zu verletzen, sondern sogar mich antreibt, ihm zu helfen. Je nachdem nun teils jene unmittelbare Teilnahme, lebhaft und tiefgefühlt, teils die fremde Not groß und dringend ist, werde ich durch jenes rein moralische Motiv bewogen werden, ein größeres oder geringeres Opfer dem Bedürfnis und der Not des Andern zu bringen, welches in der Anstrengung meiner leiblichen oder geistigen Kräfte für ihn, in meinem Eigentum, in meiner Gesundheit, Freiheit, sogar in meinem Leben bestehen kann. Hier also, in der unmittelbaren, auf keine Argumentation gestützten, noch deren bedürfenden Teilnahme, liegt der allein lautere Ursprung der Menschenliebe, der *caritas,* also derjenigen Tugend, deren Maxime ist, *omnes, quantum potes, iuva* (Hilf allen, so viel du kannst), und aus welcher alles das fließt, was die Ethik unter dem Namen Tugendpflichten, Liebespflichten, unvollkommene Pflichten vorschreibt. Diese ganz unmittelbare, ja, instinktartige Teilnahme am fremden Leiden, also das Mitleid, ist die alleinige Quelle solcher Handlungen, wenn sie moralischen Wert haben, d.h. von allen egoistischen Motiven rein sein, und eben deshalb in uns selbst diejenige innere Zufriedenheit erwecken sollen, welche man das gute, befriedigende, lobende Gewissen nennt; wie auch bei dem Zuschauer die eigentümliche Beistimmung, Hochachtung, Bewunderung und sogar demütigen Rückblick auf sich selbst hervorrufen sollen, welcher eine nicht abzuleugnende Tatsache ist. Hat hingegen eine wohltätige Handlung irgendein anderes Motiv; so kann sie nicht anders, als egoistisch sein, wenn sie nicht gar boshaft ist. [...]

Wie ist es aber nun möglich, dass ein Leiden, welches nicht meines ist, nicht mich trifft, doch eben so unmittelbar, wie sonst nur mein eigenes, Motiv für mich werden, mich zum Handeln bewegen soll? Wie gesagt, nur dadurch, dass ich es, obgleich mir nur als ein Äußeres, bloß vermittelst der äußern Anschauung oder Kunde gegeben, dennoch empfinde, es als meines fühle, und doch nicht in

**Arthur Schopenhauer** (1788–1860, Biografie s. S. 93) erweiterte die von Platon genannten Kardinaltugenden (s. S. 51) um die Tugend des Mitleids. Der nebenstehende Text stammt aus der „Preisschrift über die Grundlage der Moral" (1840).

❶ Welche Bedingungen stellt Schopenhauer an das Mitleid?

❷ Welcher Vorgang ist für Schopenhauer „mysteriös"?

❸ Vergleichen Sie Schopenhauers Moralbegründung mit der von Hume und erarbeiten Sie Gemeinsamkeiten und Unterschiede.

❹ Verfassen Sie ein Streitgespräch zwischen Schopenhauer und Hobbes (s. S. 63 ff.). Tragen Sie den Disput in verteilten Rollen vor Ihrem Kurs vor.

mir, sondern in einem Andern, und also […] zwischen leiden sehn und leiden kein Unterschied (ist).

Dies aber setzt voraus, dass ich mich mit dem Andern gewissermaßen identifiziert habe, und folglich die Schranke zwischen Ich und Nicht-Ich, für den Augenblick, aufgehoben sei: nur dann wird die Angelegenheit des Andern, sein Bedürfnis, seine Not, sein Leiden, unmittelbar zum meinigen: dann erblicke ich ihn nicht mehr, wie ihn doch die empirische Anschauung giebt, als ein mir Fremdes, mir Gleichgültiges, von mir gänzlich Verschiedenes; sondern in ihm leide ich mit, trotz dem, dass seine Haut meine Nerven nicht einschließt. Nur dadurch kann sein Wehe, seine Not, Motiv für mich werden: außerdem kann es durchaus nur meine eigene. Dieser Vorgang ist, ich wiederhole es, mysteriös, denn es ist etwas, wovon die Vernunft keine unmittelbare Rechenschaft geben kann, und dessen Gründe auf dem Wege der Erfahrung nicht auszumitteln sind. Und doch ist er alltäglich. Jeder hat ihn oft an sich selbst erlebt, sogar dem Hartherzigsten und Selbstsüchtigsten ist er nicht fremd geblieben.

Er tritt täglich ein, vor unseren Augen, im Einzelnen, im Kleinen, überall wo, auf unmittelbaren Antrieb, ohne viel Überlegung, ein Mensch dem anderen hilft und beispringt, ja, bisweilen selbst sein Leben für einen, den er zum ersten Mal sieht, in die augenscheinlichste Gefahr setzt, ohne mehr dabei zu denken, als eben dass er die große Not und Gefahr des Anderen sieht. Er tritt im Großen ein, wenn, nach langer Überlegung und schwerer Debatte, die hochherzige Britische Nation 20 Millionen Pfund Sterling hingibt, um den Negersklaven in ihren Kolonien die Freiheit zu erkaufen; unter dem Beifallsjubel einer ganzen Welt. Wer diese schöne Handlung im großen Stil, dem Mitleid als Triebfeder absprechen wollte, um sie dem Christentum zuzuschreiben, bedenke, dass im ganzen Neuen Testament kein Wort gegen die Sklaverei gesagt ist; so allgemein auch damals die Sache war; und dass vielmehr, noch 1840, in Nord-Amerika, bei Debatten über die Sklaverei, einer sich darauf berufen hat, dass Abraham und Jakob auch Sklaven gehalten haben.

Was nun in jedem einzelnen Fall die praktischen Ergebnisse jenes mysteriösen inneren Vorgangs sein werden, mag die Ethik in Kapiteln und Paragraphen über Tugendpflichten oder Liebespflichten oder unvollkommene Pflichten oder wie sonst auseinander setzen. Die Wurzel, die Grundlage von dem allem ist die hier dargelegte, aus welcher der Grundsatz entspringt: *omnes, quantum potes, iuva.*

BIO-GRAFIE

# Arthur Schopenhauer (1788–1860)

„Leben ist Leiden“ –
„Mitleid ist das Fundament der Moral“

„In meinem 17. Jahre, ohne alle gelehrte Schulbildung, wurde ich vom Jammer des Lebens so ergriffen, wie Buddha in seiner Jugend, als er Krankheit, Alter, Schmerz und Tod erblickte.“ Was bewog den jungen Schopenhauer zu diesem Tagebucheintrag? Zum einen hatte er in Toulon/Frankreich das unvorstellbare Elend von Galeeren-Sklaven und die Gleichgültigkeit der Bevölkerung dem Leid dieser Menschen gegenüber gesehen. Zum anderen entsetzte ihn das Verhalten seiner Mutter, die sich seiner Meinung nach nicht genug um den schwer kranken Vater kümmerte.

Er zog daraus den Schluss, dass der „Jammer des Lebens“ hervorgerufen wird von zwei Grundtrieben des Menschen: **Egoismus** und **Bosheit**.

Sein Nachdenken darüber kommt dabei zu Erkenntnissen, die für seine vom Geist der Aufklärung bestimmten Zeit kaum nachvollziehbar waren.

- Das menschliche Leben und Handeln ist nicht von der Vernunft, sondern von übermächtigen Bedürfnissen und von einem blinden, ziellosen und unbändigen **Willen** geleitet. Vor allem im Geschlechtstrieb wird dies deutlich.
- Die Quelle dieses unstillbaren Lebensdurstes entspringt „aus Bedürfnis, also aus Mangel, also aus Leiden“. Somit ist jede Lebensgeschichte eigentlich eine „Leidensgeschichte“, hervorgerufen durch letztlich unerfüllbare Wünsche.
- Tugendlehren wie die von Platon oder moralische Imperative wie der von Kant vermögen in ihrem Vertrauen auf die Vernunft nichts gegen den Willen auszurichten.
- Egoismus und Bosheit können nur vom intuitiven Gefühl des **Mitleids**, dem dritten Grundtrieb, gemildert werden. Die im Menschen angelegte Fähigkeit zum Mitleid führt nämlich vom Willen weg und ist somit das einzige Fundament der Moral.
- Wirkliche Überwindung des Leidens gelingt nur auf zweierlei Weise: einerseits durch das Schaffen und Genießen des reinen, zweckfreien **Kunstwerkes** und andererseits durch die „Verneinung des Willens zum Leben“. Während der Kunstgenuss aber nur von kurzer Dauer ist, stellt die **Absage an den Lebenswillen** den einzig möglichen Weg dar, dem Kreislauf des Leidens endgültig zu entkommen. Die Verneinung des Lebenswillens äußert sich im Erreichen einer inneren und äußeren Ruhe, die sich in der Bedürfnislosigkeit und Leidenschaftslosigkeit einstellt, ähnlich der Haltung eines buddhistischen Asketen.

Dieses Welt- und Menschenverständnis veröffentlichte Schopenhauer in seinem (bereits im Alter von 30 Jahren vollendeten) **Hauptwerk „Die Welt als Wille und Vorstellung“.** Seine Ideen stießen jedoch auf wenig öffentliches Interesse und auf Unverständnis.

Die Ablehnung seiner Philosophie empfand Schopenhauer als schwere Kränkung und bestärkte ihn noch mehr in seinem Pessimismus. Er zog verbittert nach Frankfurt/Main und verbrachte sein Leben fortan dort völlig zurückgezogen. Seinen Mitmenschen gegenüber begegnete der Junggeselle äußerst misstrauisch und abweisend, er hielt die „Gesellschaft von Zweibeinern“ schließlich gar für „entbehrlich“ und sah nur in seinem Hund, einem Pudel, „Intelligenz ohne menschliche Verstellung“. Erst durch seine weiteren Veröffentlichungen, darunter **„Die beiden Grundprobleme der Ethik“** (1841) und die **„Aphorismen zur Lebensweisheit“** (1851), die Erläuterungen zu seinem Hauptwerk darstellten, wurde die Öffentlichkeit auf seine Philosophie aufmerksam. Schopenhauer empfand diese späte Ehrung als Genugtuung: „Die Menschheit hat einiges von mir gelernt, was sie nie vergessen wird.“

## Alain Finkielkraut: Das Antlitz

*Im folgenden Text schließt sich der französische Schriftsteller Finkielkraut der Ansicht des Philosophen* ***Emmanuel Lévinas*** *an. Dieser hatte in einem seiner Werke über den Zusammenhang von „Antlitz und Ethik" nachgedacht und war zu dem Ergebnis gekommen, dass die Gefühle, die beim Sehen des Antlitzes eines anderen Menschen entstehen, eine ethische Dimension haben.*

Jene Wirklichkeit (gemeint ist das Antlitz), über die ich nichts vermag, ist vollkommen ungeschützte Haut. Nacktheit, die sich jedem Attribut versagt und die kein Kleidungsstück verhüllt. Der unzugänglichste Teil des Körpers und der verletzlichste. Überlegenheit und Armseligkeit. Weit über mir, entweicht mir das Antlitz, indem es sich seiner eigenen plastischen Beschaffenheit entledigt, und, schwächer als ich, hemmt es mich, wenn ich in seine schutzlosen Augen blicke. Getrennt von mir, übersteigt es meine Macht. Mittellos, wehrlos, exponiert es sich, sodass ich meiner Kälte oder meiner Heiterkeit mich schäme. Es widersteht mir und verlangt nach mir, ich bin nicht zuerst Betrachter, sondern sein Schuldner. Die Verantwortlichkeit für den Anderen geht der Kontemplation[1] voraus. Das erste Von-Angesicht-zu-Angesicht ist ethisch: die Ästhetik kommt danach.

Auf Gedeih und Verderb mir ausgeliefert, dargeboten, unendlich zerbrechlich, herzzerreißend wie ein zurückgehaltendes Weinen, ruft das Antlitz mich zu Hilfe, und es liegt etwas Gebieterisches in diesem Flehen: Seine Not erregt nicht mein Mitleid, sondern indem es mir gebietet, ihm zu Hilfe zu kommen, tut es mir Gewalt an. Die demütige Nacktheit des Antlitzes fordert, als ob sie ihm zustehe, meine liebevolle Fürsorge und [...] meine Barmherzigkeit. Denn meine Gesellschaft genügt dem Anderen nicht, wenn er sich mir durch das Antlitz offenbart: er verlangt, dass ich *für ihn* sei und

UNESCO-Plakat aus dem Jahr 1998

[1] Kontemplation (lat.): innere Sammlung, Versenkung, Betrachtung

Der aus Litauen stammende französische Philosoph **Emmanuel Lévinas,** geb. 1912, stellt in das Zentrum seines Denkens die **Bedeutung des Anderen**. Er sieht in der Begegnung mit dem Anderen, in der Wahrnehmung seiner Erhabenheit, Hilflosigkeit und Nacktheit ein Ereignis, das unmittelbar berührt. Dies kann so weit gehen, dass man sich den Anderen als Geisel, als Stellvertreter zur Verfügung stellt. Diese Unmittelbarkeit und Unbedingtheit der Zuwendung hat für Lévinas eine ethische Qualität. **Deshalb ist für ihn die Ethik die „prima philosophia", der wichtigste Zweig der Philosophie.**

❶ Welche Rolle weist der Verfasser dem menschlichen Antlitz zu? (Antlitz von ahd. antlitzi = das Entgegenblickende) Warum spricht er von „Antlitz" statt von „Gesicht"?

❷ Was meint der Autor mit dem Begriff „Gewalt" (Z. 18/19)?

❸ Überlegen Sie, ob Bild und Text des UNESCO-Plakats den Überlegungen Finkielkrauts entsprechen. Gestalten Sie eine Alternative.

nicht nur *mit ihm*. So bin nicht ich zunächst egoistisch oder selbstlos, sondern es ist das Antlitz in seiner Nacktheit, das mich das Interesse an mir selbst verlieren lässt. Das Gute kommt von außen, die Ethik stößt mir zu, und gegen meinen Willen „geht mein Sein zu einem anderen" (Lévinas).

## Theologische Begründung des Mitleids

In der **religiös begründeten Ethik** spielt das Mitleid oft eine zentrale Rolle. Im **Islam** z.B. gehört das Almosengeben zu den fünf unabdingbaren Pflichten des Gläubigen (s. S. 190); der **Buddhismus** stellt das Mitleid ins Zentrum seines Ethos (s. S. 196 f.). Das **Christentum** kennt viele berühmt gewordene Beispiele für ein Handeln aus Mitleid. So z.B. den **hl. Martin**, Bischof von Tours († 397), der einer Legende nach einem Bettler die Hälfte seines Mantels schenkte; die Landgräfin **Elisabeth von Thüringen** († 1231), die ein Hospital gründete und sich im Dienst der Armen- und Krankenpflege aufopferte; den polnischen Franziskanermönch **Maximilian Kolbe** († 1941), der im KZ Auschwitz freiwillig den Tod anstelle eines Mitgefangenen auf sich nahm; die Ordensschwester Agnes Bojaxhiu (**„Mutter Teresa"**, † 1997), die in den Elendsvierteln Kalkuttas Hungernde und Sterbende betreute und dafür 1979 den Friedensnobelpreis erhielt (s. S. 40). Die Nächstenliebe als göttliches Gebot stellt Jesus von Nazareth sowohl in der **Bergpredigt** (s. S. 185 f.) als auch im **Gleichnis vom barmherzigen Samariter** heraus.

Der heilige Martin teilt seinen Mantel mit einem Armen. Die von Albert Sous geschaffene Skulptur wurde 1997 anlässlich des 1600. Todestages des Martin von Tours in Mainz aufgestellt.

## Neues Testament: Gleichnis vom barmherzigen Samariter (Lukas 10, 25–37)

(25) Da stand ein Gesetzeslehrer auf, und um Jesus auf die Probe zu stellen, fragte er ihn: Meister, was muss ich tun, um das ewige Leben zu gewinnen? (26) Jesus sagte zu ihm: Was steht im Gesetz[1]? Was liest du dort? (27) Er antwortete: *Du sollst den Herrn, deinen Gott, lieben aus deinem ganzen Herzen und mit deiner ganzen Kraft und mit deinem ganzen Denken und: Deinen Nächsten sollst du lieben wie dich selbst.* (28) Jesus sagte zu ihm: Du hast richtig geantwortet. Handle danach, und du wirst leben. Der Gesetzeslehrer wollte seine Frage rechtfertigen und sagte zu Jesus: Und wer ist mein Nächster?

(30) Darauf antwortete ihm Jesus: Ein Mann ging von Jerusalem nach Jericho hinab und wurde von Räubern überfallen. Sie plünderten ihn aus und schlugen ihn nieder; dann gingen sie weg und ließen ihn halb tot liegen. (31) Zufällig kam ein Priester denselben Weg herab; er sah ihn und ging weiter. (32) Auch ein Levit kam zu der Stelle; er sah ihn und ging weiter. (33) Dann kam ein Mann aus Samarien, der auf der Reise war. Als er ihn sah, hatte er Mitleid, (34) ging zu ihm hin, goss Öl und Wein auf seine Wunden und verband sie. Dann hob er ihn auf sein Reittier, brachte ihn zu einer Herberge und sorgte für ihn. (35) Am andern Morgen holte er zwei Denare

[1] gemeint sind die 5 Bücher Moses, die „Tora" (s. S. 181 f.)

Nennen Sie Gründe, warum alle Hochreligionen dem Mitleid und der Nächstenliebe einen hohen Stellenwert zuerkennen. Welche Vorteile für eine Gesellschaft hat eine solche Forderung bzw. Haltung?

hervor, gab sie dem Wirt und sagte: Sorge für ihn, und wenn du mehr für ihn brauchst, werde ich es dir bezahlen, wenn ich wiederkomme.
(36) Was meinst du: Wer von diesen Dreien hat sich als der Nächste dessen erwiesen, der von den Räubern überfallen wurde? (37) Der Gesetzeslehrer antwortete: Der, der barmherzig an ihm gehandelt hat. Das sagte Jesus zu ihm: Dann geh und handle genauso!

## Handeln aus Mitleid

Die folgenden drei Texte zeigen unterschiedliche Umsetzungen der Mitleidsmoral. Der erste stammt aus dem Strafrecht, der zweite gibt einen Einblick in die Arbeit und das Selbstverständnis einer karitativen Organisation, der dritte Text schließlich ist ein Bericht über einen Strafprozess, der den Fall des „Tötens aus Mitleid" zum Gegenstand hat.

**Passanten schritten nicht ein – Kinder rufen vergeblich um Hilfe vor Sexualverbrechern**
Bremen/Goslar (dpa) – In Bremen und im niedersächsischen Goslar sind zwei Kinder in der Öffentlichkeit sexuell missbraucht worden, ohne dass jemand einschritt. Freunde der neun und zehn Jahre alten Opfer hatten Passanten vergeblich um Hilfe gebeten. Die Polizei ermittelt wegen unterlassener Hilfeleistung. Insgesamt fünf Personen sollen die Bitten um Hilfe ignoriert haben. Beide mutmaßlichen Täter wurden festgenommen.
Süddeutsche Zeitung, 13.5.1998

### Strafgesetzbuch: Unterlassene Hilfeleistung

*Der Paragraph 323c des Strafgesetzbuches lautet:*

„Wer bei Unglücksfällen oder gemeiner Gefahr oder Not nicht Hilfe leistet, obwohl dies erforderlich und ihm den Umständen nach zuzumuten, insbesondere ohne erhebliche eigene Gefahr und ohne Verletzung anderer wichtiger Pflichten möglich ist, wird mit Freiheitsstrafe bis zu einem Jahr oder mit Geldstrafe bestraft."

*Ein* ***juristischer Kommentar*** *zu dem Gesetz erläutert den § 323c an folgendem Fall:*

Der Trunkenbold T ist wegen Volltrunkenheit und rüpelhaften Benehmens – auch dem Gast G gegenüber – aus einer viel besuchten Waldgaststätte gewiesen worden. [...] Noch innerhalb des Waldes stürzt er ein Stück neben dem Wanderweg kopfüber in einen Wassergraben, der so schmal und so tief ist, dass T sich aus eigener Kraft nicht befreien kann, zumal sein rechter Arm gebrochen ist. Der Gast G kommt wenig später an der Unfallstelle vorbei, hört die kläglichen Hilferufe, eilt hinzu, überlässt den T jedoch seinem Schicksal, nachdem er ihn als den „rüpelhaften Trinker" wiedererkannt hat, dem – wie er meint – recht geschehe, wenn er noch eine Weile in seiner Lage verharren müsse. In der Tat wird T später im Zustand fast völliger Erschöpfung von hilfreichen Spaziergängern entdeckt und betreut, bis sein Abtransport erfolgt.
In diesem Fall kann G sich strafbar gemacht haben, als er den T seinem Schicksal überließ.
**Schutzzweck** des § 323c ist die **Wahrung** der in akuten Notfällen zur Schadensabwehr gebotenen **mitmenschlichen Solidarität**. Strafgrund ist die Verletzung der allgemeinen Hilfspflicht, die sich aus der sozialen Verantwortlichkeit des Einzelnen als Glied der Gemeinschaft ergibt. Die Tat ist ein **echtes Unterlassungsdelikt**. Bei *Unglücksfällen* und *gemeiner Gefahr* ist *jedermann* verpflichtet, die zur Vermeidung weiterer Schäden *erforderliche* und ihm *zumutbare Hilfe* zu leisten.

❶ Was verlangt das Strafrecht? Mit welcher Begründung?

❷ Welche Einschränkungen der Pflicht zur Hilfeleistung sieht das Gesetz vor? Was ist Ihrer Meinung nach zumutbar bzw. unzumutbar? Nennen Sie Beispiele.

❸ Wie würden Schopenhauer und Finkielkraut die Strafrechtsvorschrift und den Kommentar dazu formulieren?

## Eine Reportage des „Arbeiter-Samariter-Bundes“

Armut hat viele Facetten. Wer wegen haltloser Familienbedingungen, mangelhafter Ausbildung, persönlicher Überforderung, wegen Kündigung, Krankheit oder Depressionen den Anschluss verpasst hat, landet auf der Straße. Wie dramatisch sich hier der Struktur- und Wertewandel auswirkt, zeigt das Beispiel Obdachlosigkeit in Brandenburg, einer an der Havel gelegenen Kleinstadt unweit von Berlin. [...]

In sinnfälliger Nähe des lichterfüllten schmucken Einkaufszentrums greift die Armut um sich. Einige, die das Schicksal ganz vergessen hat, die bereits auf der untersten Stufe der Gesellschaft angekommen sind, lungern auf einem verödeten Kinderspielplatz herum. Es sind Obdachlose. Tagein, tagaus sitzen sie dort und bewegen sich nur von der Stelle, wenn es darum geht, neues Bier zu holen. Der Alkohol hilft, die Kälte und das eigene Elend zu ignorieren. Passanten sind mit ihrem Urteil schnell bei der Hand: „Das sind doch alles Drückeberger“, schimpft eine mit Tüten bepackte Frau im Vorübergehen. Und bevor sie in der Tür zu einem der Wohnblöcke verschwindet, meint sie: „Die sollen arbeiten gehen, anstatt uns auf der Tasche zu liegen.“ Das Pauschalurteil ist alt: Mit der Methode, das Elend vor der Haustür den Hilflosen selbst zuzuschreiben, und in der Überzeugung, dass es nur der eigenen Disziplin und Willenskraft bedarf, um in dieser Gesellschaft zu funktionieren, reden sich viele Menschen ein, dass sie nie in eine solche Situation kommen werden. [...] Die Obdachloseneinrichtung, die vom Arbeiter-Samariter-Bund (ASB) geleitet wird, beherbergt zur Zeit rund 70 Obdachlose. Rund die Hälfte davon sind die so genannten „Übernachter“, jene Härtefälle also, bei denen aufgrund ihrer Alkoholsucht eine Rückführung in „normale“ Lebensverhältnisse hoffnungslos erscheint. Sie müssen tagsüber das Haus verlassen. Bei den anderen Obdachlosen handelt es sich um Pärchen oder Familien, die hier, nachdem sie ihre Wohnung verloren haben, vom Sozialamt eine feste Bleibe zugewiesen bekommen haben und physisch und psychisch in der Lage sind, sich selbst zu versorgen. [...]

Mit Engagement bemühen sich die ASB-Mitarbeiter gemeinsam mit einer Mannschaft von Zivildienstleistenden, Küchenkräften sowie einer im Schichtdienst rund um die Uhr besetzten Türwache, den hier Untergebrachten jede ihnen mögliche Hilfe angedeihen zu lassen. [...] So deprimierend die Aussichten für die Erwachsenen nach ihrer sozialen Schussfahrt ins Nichts sind, so verheerend sind die der hier mit ihren Eltern lebenden Kinder. Im Obdachlosenheim des ASB sind es zwölf im Alter zwischen drei und fünfzehn. Was mögen sie hier lernen, wie sehen ihre Zukunftsperspektiven aus? Die Jugendamtsleiterin der Stadt Brandenburg macht sich, auf diese Problematik angesprochen, nichts vor: „Die Sozialgesetzgebung der Bundesrepublik sieht eine Reihe von Hilfen und Beratungsmöglichkeiten vor, die zur Selbsthilfe befähigen sollen.“ Das steht außer Frage. Aber nutzen die Betroffenen die Angebote auch oder ist vielmehr zu befürchten, dass vielen die Fähigkeit zur Analyse der eigenen Situation und somit der Antrieb zur Veränderung fehlt? „Das ist anzunehmen“, sagt die Leiterin und fügt hinzu: „In der Tat stellen wir fest, dass sich das Unglück vieler in die Sozialhilfe und Obdachlosigkeit gesackter Familien oft in der zweiten Ge-

Der **„Arbeiter-Samariter-Bund“** (ASB) wurde 1888 gegründet und hat seinen Ursprung in der Arbeiterbewegung. Triebfeder für seine Gründung war die Hilfeleistung für die arbeitende Bevölkerung, vor allem für Unfallopfer und Verletzte in Fabriken, in denen damals keine Hilfe zur Verfügung stand.

Der ASB hat heute fast eine Million Mitglieder und bietet als nichtstaatliche und nichtkirchliche Organisation Hilfeleistung für in Not geratene Menschen ohne Ansehen ihrer politischen, ethnischen, nationalen oder religiösen Zugehörigkeit an.

❶ Welchem Dilemma sieht sich der ASB bei seiner Hilfeleistung gegenüber?

❷ Stellen Sie fest, welche Hilfen es in Ihrem Heimat- oder Schulort für Obdachlose gibt und führen Sie darüber ein Gespräch mit den Verantwortlichen der Hilfsdienste.

„Die Ehrfurcht vor dem Leben gebietet uns, auch das sinnlose oder qualvolle Menschenleben nicht aufzuheben. Wenn ich ein Tier sehe, das leidet, darf ich ihm Erlöser sein, indem ich seinem Dasein ein Ende setze. Bei dem leidenden Menschen, auch wenn ich weiß, dass sein Dasein nur noch Leiden ist, darf ich es nicht. Ich soll es nicht einmal um eine Stunde verkürzen."
*Albert Schweitzer* (1875–1965)

neration fortpflanzt".Ein Mitarbeiter des ASB: „Das Schlimme ist, wir verwalten das Elend nur, können aber nicht richtig helfen. Es fehlt an Gebäuden, Möglichkeiten gezielter Hilfe zur Selbsthilfe und vor allem an Arbeitsplätzen. Manche der Obdachlosen wären nämlich relativ einfach wieder auf die Beine zu stellen."

## Mitleid oder kalter Mord? – Vater tötete behinderte Tochter

**Ist Robert Latimer ein liebevoller Vater oder ein kaltblütiger Mörder? Der Strafprozess gegen den Farmer, der seine zwölfjährige schwerstbehinderte Tochter tötete, hat in Kanada eine heftige Debatte über menschliches Leben, Schmerz und Leid ausgelöst.**

Der 44-jährige Mann hatte im Oktober 1993 seine Tochter Tracy in seinen Wagen gesetzt und Abgase des Wagens in das Innere des Fahrzeugs geleitet. Tracy starb an Kohlenmonoxidvergiftung.

Das Mädchen litt unter einer Zerebralparese, einer erheblichen Schädigung des Gehirn, und körperlichen Behinderungen. Als vor vier Jahren ein Arzt empfahl, am rechten Bein einen Teil des Oberschenkelknochens zu entfernen, um Schmerzen zu lindern, reifte bei Latimer der Entschluss, seine Tochter zu töten. Tracys Mutter schilderte im Strafprozess ihre Gefühle: „Jetzt beginnen sie, mein kleines Mädchen zu verstümmeln", sagte sie. Tracy, so bestätigten Mediziner vor Gericht, hätten weitere Operationen bevorgestanden. In dieser Situation habe er keinen anderen Weg gesehen, seiner Tochter Schmerzen zu ersparen, sagte der Vater. [...] Prozessbeobachter sagten, Latimer sei kein Opfer, das Mitleid verdiene, sondern ein Mörder. Er habe das Gesetz in seine Hände genommen. Andere bezeichneten ihn dagegen als „Gefangenen seines Gewissens". Er sei kein Krimineller. [...] Eine Mutter sagte, sie werde ihren behinderten Sohn bis zu seiner letzten Minute pflegen, aber sie glaube, dass Latimer in seiner Lage aus Mitleid gehandelt habe und kein Mörder sei.

Frankfurter Rundschau, 5.12.1997

❶ Verfassen Sie zu dem Fall Stellungnahmen aus der Sicht Schopenhauers (s. S. 91 f.), Nietzsches (s. S. 99 f.) und Schweitzers.

❷ Welche Plädoyers könnten die Vertreter der Anklage und der Verteidigung halten? Organisieren Sie ein Gerichtsverfahren mit abschließender Urteilsbegründung.

## Kritik an der Mitleidsethik

Darf man eine Ethik des Mitleids kritisieren oder gar ablehnen? Auf den ersten Blick würde man sicher als „kaltherzig" oder gar als „Unmensch" gelten.

Dennoch wurde der Mitleidsethik aus unterschiedlichen Gründen widersprochen. Bertolt Brecht und Friedrich Nietzsche z.B. formulieren zwei fundamentale, aber völlig unterschiedliche Einwände gegen eine Mitleidsethik.

## Bertolt Brecht: Die Nachtlager

Ich höre, daß in New York
An der Ecke der 26. Straße und des Broadway
Während der Wintermonate jeden Abend ein Mann steht
Und den Obdachlosen, die sich ansammeln
Durch Bitten an Vorübergehende ein Nachtlager verschafft.
Die Welt wird dadurch nicht anders
Die Beziehungen zwischen den Menschen bessern sich nicht
Das Zeitalter der Ausbeutung wird dadurch nicht verkürzt
Aber einige Männer haben ein Nachtlager
Der Wind wird von ihnen eine Nacht lang abgehalten
Der ihnen zugedachte Schnee fällt auf die Straße.
Leg das Buch nicht nieder, der du das liesest, Mensch.
Einige Menschen haben ein Nachtlager
Der Wind wird von ihnen eine Nacht lang abgehalten
Der ihnen zugedachte Schnee fällt auf die Straße
Aber die Welt wird dadurch nicht anders
Die Beziehungen zwischen Menschen bessern sich dadurch nicht
Das Zeitalter der Ausbeutung wird dadurch nicht verkürzt.

(Aus lizenzrechtlichen Gründen ist dieser Text nicht in reformierter Rechtschreibung gedruckt.)

❶ Formulieren Sie den Kern der Kritik Brechts an Mitleidshandlungen.

❷ Prüfen Sie, ob Brecht Handlungen aus Mitleid generell ablehnt.

❸ Worin besteht seiner Meinung nach der Zwiespalt?

❹ Überlegen Sie, ob die Arbeit des Arbeiter-Samariter-Bundes (s. S. 97 f.) einen Ausweg aus der von Brecht gezeigten Situation darstellt.

Gemeinsames Plakat verschiedener Hilfsorganisationen aus dem Jahr 1997

## Friedrich Nietzsche: Der Wille zum Leiden und die Mitleidigen

Ist es euch selbst zuträglich, vor allem mitleidige Menschen zu sein? Und es den Leidenden zuträglich, wenn ihr es seid? [...] Das, woran wir am tiefsten und persönlichsten leiden, ist fast allen anderen unverständlich und unzugänglich: darin sind wir dem

Der Philosoph **Friedrich Nietzsche** (1844–1900, Biografie S. 208) bezeichnete sich als „Gegner der schändlichen modernen Gefühlsverweichlichung". Er nahm 1870 als freiwilliger Krankenpfleger am deutsch-französischen Krieg teil und zog sich bei einem Verwundetentransport selbst schwere Erkrankungen zu. Die nebenstehenden Textauszüge stammen aus seinen Werken „Die fröhliche Wissenschaft" (1881) und „Zur Genealogie der Moral" (1887).

Nächsten verborgen, und wenn er mit aus einem Topfe isst. Überall aber, wo wir als Leidende *bemerkt* werden, wird unser Leiden flach ausgelegt; es gehört zum Wesen der mitleidigen Affektion, dass sie das fremde Leid des eigentlich Persönlichen *entkleidet:* – unsere „Wohltäter" sind mehr als unsere Feinde die Verkleinerer unseres Wertes und Willens. Bei den meisten Wohltaten, die Unglücklichen erwiesen werden, liegt etwas Empörendes in der intellektuellen Leichtfertigkeit, mit der da der Mitleidige das Schicksal spielt: er weiß nichts von der ganzen inneren Folge und Verflechtung, welche Unglück für mich oder für dich heißt. [...] Nein, davon weiß er nichts: die „Religion des Mitleidens" (oder „das Herz") gebietet, zu helfen, und man glaubt am besten geholfen zu haben, wenn man am schnellsten geholfen hat! Wenn ihr Anhänger dieser Religion dieselbe Gesinnung, die ihr gegen die Mitmenschen habt, auch wirklich gegen euch selber habt, wenn ihr euer eigenes Leiden nicht eine Stunde auf euch liegen lassen wollt und immerfort allem möglichen Unglücke von ferne her schon vorbeugt, wenn ihr Leid und Unlust überhaupt als böse, hassenswert, vernichtungswürdig, als Makel am Dasein empfindet: nun, dann habt ihr, außer eurer Religion des Mitleidens, auch noch eine andere Religion im Herzen, und diese ist vielleicht die Mutter von jener: – *die Religion der Behaglichkeit.*

*An anderer Stelle seiner Werke schreibt Nietzsche:*

Ob Hedonismus, ob Pessimismus, ob Utilitarismus, ob Eudämonismus: alle diese Denkweisen, welche nach *Lust* und *Leid,* das heißt nach Begleitzuständen und Nebensachen den Wert der Dinge messen, sind Vordergrunds-Denkweisen und Naivitäten, auf welche ein jeder, der sich *gestaltender* Kräfte und eines Künstler-Gewissens bewusst ist, nicht ohne Spott, auch nicht ohne Mitleid herabblicken wird. Mitleiden mit *euch!* das ist freilich nicht das Mitleiden, wie ihr es meint: das ist nicht Mitleiden mit der sozialen „Not", mit der „Gesellschaft" und ihren Kranken und Verunglückten, mit Lasterhaften und Zerbrochenen von Anbeginn, wie sie rings um uns zu Boden liegen; das ist noch weniger Mitleiden mit murrenden gedrückten aufrührerischen Sklaven-Schichten, welche nach Herrschaft – sie nennen's „Freiheit" – trachten. *Unser* Mitleiden ist ein höheres fernsichtiges Mitleiden: – wir sehen, wie *der Mensch* sich verkleinert, wie ihr ihn verkleinert! und es gibt Augenblicke, wo wir gerade *eurem* Mitleiden mit einer unbeschreiblichen Beängstigung zusehen, wo wir uns gegen dies Mitleiden wehren –, wo wir euren Ernst gefährlicher als irgendwelche Leichtfertigkeit finden. Ihr wollt womöglich – und es gibt kein tolleres „womöglich" – *das Leiden abschaffen;* und wir – es scheint gerade, wir wollen es noch höher und schlimmer haben, als je es war! Wohlbefinden, wie ihr es versteht – das ist ja kein Ziel, das scheint uns ein *Ende!* Ein Zustand, welcher den Menschen alsbald lächerlich und verächtlich macht, – der seinen Untergang *wünschen* macht! Die Zucht des Leidens, des *großen* Leidens – wisst ihr nicht, dass nur diese Zucht alle Erhöhungen des Menschen bisher geschaffen hat?

❶ Welche Einwände erhebt Nietzsche gegen das Mitleid?

❷ Erklären Sie Nietzsches Begriff von der „Religion der Behaglichkeit".

❸ Worin sieht er den Sinn des Leidens? Vergleichen Sie seine Auffassung mit der Äußerung Albert Schweitzers ( s. S. 98).

❹ Welche Position würden Nietzsche und Schweitzer gegenüber der Sterbehilfe (s. S. 375) einnehmen?

Adolf Holl: Mitleid. Plädoyer für ein unzeitgemäßes Gefühl. Reinbek bei Hamburg (Rowohlt) 1990

# 6. Miteinander reden: Ethik des Diskurses

Angesichts der erschütternden Ereignisse, die uns jeden Tag als Nachrichten im Fernsehen und in Zeitungen bedrücken, drängt sich uns immer wieder die Frage auf: Wäre nicht für die Menschen eine unveränderliche, traditionelle Moral, eine institutionalisierte Moral, wie der Kulturphilosoph Arnold Gehlen sie nennt, zu wünschen? Also überall anerkannte ethische Maßstäbe, die das menschliche Verhalten steuern wie Instinkte das Verhalten von Tieren und die das Gewissen des Menschen von der ständigen schwierigen Frage entlasten: Wie soll ich handeln?

Das scheint umso notwendiger, als im 20. Jahrhundert ein derartiger technologischer Standard mit weltweiter Vernetzung erreicht ist, dass das Fehlverhalten eines einzigen Politikers oder Wissenschaftlers die ganze Menschheit schädigen kann. Könnte dagegen nicht am besten eine automatisierte Moral schützen?

Nun widersprechen sich aber leider die ethischen Prinzipien der verschiedenen Kulturkreise, teilweise sogar krass. So konnte Khomeini, der einstige geistige und politische Führer des Iran, über den englischen Schriftsteller Salman Rushdie ein Todesurteil aussprechen, weil dieser den Propheten Mohammed angeblich beleidigt habe. Dabei stützte sich Khomeini auf den Koran, während sich der erbitterte Protest der westlichen Welt gegen dieses Todesurteil auf die Menschenrechte berief.

Und sogar schon *innerhalb* einer einzigen Kultur stoßen ethisch-moralische Traditionen heftig aufeinander und führen die Menschen in tragische Konflikte, wie viele Beispiele aus der Weltliteratur beweisen. So erzählt der isländische Schriftsteller Halldór Laxness eine Saga aus früher germanischer Zeit in seinem Roman „Islandglocke“: Eine junge Frau lässt ihren Geliebten zu sich in der Nacht, sie verabschieden sich morgens liebevoll, später schickt sie ihm Bewaffnete hinterher, um ihn töten zu lassen. Denn zwischen der Sippe des jungen Mannes und derjenigen der jungen Frau besteht noch eine unbeglichene Blutrache. Die personale Liebe und das überpersönliche moralische Gesetz der Familie prallen unversöhnlich aufeinander.

Angesichts dieser Verschiedenheit der traditionellen, den Kindern in ihrer Erziehung vermittelten moralischen Normen stellt sich die Frage:

Brauchen wir also – gemessen an den weltweiten Problemen – statt **starrer, kulturgebundener Normen** nicht eher eine **universelle Moral,** die in einer geistigen Auseinandersetzung, **in einem offenen Gespräch** geprüft, in Verhandlungen und Konferenzen für alle Teilnehmer bestätigt wird?

Cambridge, Maryland: Während einer Demonstration für die in der amerikanischen Verfassung garantierte Gleichberechtigung stoßen hier Bürgerrechtler und die Staatsgewalt aufeinander.
Was könnte die Frau zu dem Nationalgardisten sagen? Was könnte er antworten?
Überlegen Sie, wie hier ein sinnvolles Gespräch zustande kommen kann.

**Hoher Schaden an Telefonzellen**

ALTENKIRCHEN. Seit Januar 1997 sind die drei Telefonzellen auf dem Marktplatz mehrfach zerstört worden. Der Schaden, so Walter Wentzien (FWG) beträgt rund 20.000 Mark. Er regte in diesem Bereich eine Videoüberwachung an. Gerd Gansauer (CDU) ging sogar noch einen Schritt weiter: der normale Bürger habe auch keine Angst vor einer kompletten Überwachung der gesamten Fußgängerzone. In anderen Ländern gäbe es so etwas bereits.

Rheinzeitung, 25.5.98

## Interessenkonflikt und Lösungsversuch

### Aufruhr in einer kleinen Stadt*

Der Marktplatz von A. ist sozusagen die gute Stube der kleinen Kreisstadt in der Nähe des Rheins. Cafés und Geschäfte verschiedener Art ziehen Einheimische und Fremde an, der viereckige Markt bietet aber auch Winkel zum Verweilen, zum Gespräch, zum Ausruhen. An zwei Seiten säumen ihn alte Kastanien, von denen aus Stufen zur vertieften Mitte mit einem Brunnen führen, der in einer flachen Rinne Wasser über den Platz strömen lässt.

Seit Jahrzehnten galt dieser Marktplatz als Mittelpunkt für die Stadt, Stätte feierlicher Eröffnung von Festen, Aufmarschort des Schützenvereins und Treffpunkt für die Verabredungen von Liebespaaren. In jüngster Zeit allerdings ist es auf dem Markt ungemütlich geworden. Das Publikum hat sich verändert und es kommt zu Konflikten zwischen den verschiedenen Benutzergruppen.

Auf den Treppenstufen unter den Kastanien lagern sich vor allem im Sommer einige „Outsider" mit ihren Hunden, die schon am Vormittag kräftig ihrem Freund, dem „Alk", zusprechen, bis sie sich an den Baumstämmen erleichtern müssen. Kinder und Jugendliche spielen in den Nachmittagsstunden mit Fußbällen und Frisbee-Scheiben, von denen manchmal eine in den Sahnetorten älterer Café-Besucher landet. Skater flitzen über den Platz und versuchen sich an halsbrecherischen Übungen. In der Ecke mit den Telefonzellen sammelt sich in den Abendstunden eine Gruppe junger Aussiedler, die untereinander nur russisch sprechen und ostentativ auf das Pflaster spucken. Die Geschäftsinhaber fangen an, sich über Umsatzeinbußen zu beklagen, unter der Hand natürlich; Anwohner fühlen sich nachts von gröhlenden Betrunkenen gestört, ältere Bürger meiden den Platz mehr und mehr …

In dieser unterschwellig angespannten Atmosphäre wirkt die Aktion eines Lokalpolitikers wie ein Stich ins Wespennest. In einem Interview mit dem Lokalredakteur der Regionalzeitung schildert er die angestauten Probleme der Anwohner und Geschäftsleute, ruft die Bürger zur Gegenwehr auf und fordert, dass die Polizei schärfer durchgreifen müsse. Aufgrund dieses Interviews entbrennt nun ein wilder Leserbrief-Krieg auf den Lokalseiten der Zeitung. Anwohner schildern, wie sie von aggressiven Jugendlichen bedroht wurden, wenn sie in die umlagerten Telefonzellen wollten; Polizisten verteidigen sich damit, dass sie schließlich noch etwas anderes zu tun hätten, als den Marktplatz zu bewachen;

Am Marktplatz

einige Lokalpolitiker dringen auf die Einrichtung einer Bürgerwehr, während andere zur Besonnenheit und zum Gespräch der beteiligten Gruppen raten. Teilweise kommt es zu direkten Beleidigungen der Leserbriefschreiber untereinander, was zeigt, wie sehr die Situation die unmittelbar Betroffenen belastet. Hier stoßen offensichtlich verschiedene Lebenseinstellungen von Menschen zusammen, die ein Recht beanspruchen, sich auf dem Marktplatz aufzuhalten.

Welches Vorgehen schlagen Sie vor zur Lösung dieses Konflikts, hinter dem unterschiedliche Interessen und unterschiedliche moralische Maßstäbe verborgen sind?

❶ Stellen Sie die verschiedenen Interessen und moralischen Maßstäbe in diesem Konflikt fest.

❷ Halten Sie die Methode der Konfliktlösung und das Ergebnis (siehe Bild) für sinnvoll? Begründen Sie Ihre Meinung.

Die Aufregung kocht so stark hoch, dass sich schließlich die Stadtverwaltung und der Bürgermeister genötigt sehen zu reagieren. Es finden Bürgergespräche statt. Die Regionalzeitung veröffentlicht einen Bericht.

# Bürgergespräche: Marktplatz-Lösungen nicht per Knopfdruck

## Erste Gespräche zwischen Anliegern, Rat, Verwaltung und Polizei

*Randale, Alkoholismus, Sex-Angebote gegen Geld unter Kindern und Drogen – von all dem berichten Anwohner des Altenkirchener Marktplatzes und dort tätige Geschäftsleute. Ein solches Negativ-Image wollen sie nicht länger hinnehmen. Am Montagabend gab es im Rathaus eine erste Kontaktaufnahme zwischen Bürgermeister, Polizei, Stadtrat und Anwohnern des Marktplatzes.*

ALTENKIRCHEN. „Sie haben sich über manches sicher mit Recht geärgert, doch niemand kann die Situation auf Knopfdruck verändern", begrüßte Bürgermeister Heijo Höfer die zahlreichen Bürgerinnen und Bürger. Höfer, während der zweieinhalbstündigen Debatte immer um Sachlichkeit bemüht: „Wir wollen von Ihnen nicht nur ihre Kritik hören, sondern auch Lösungsvorschläge. Schließlich wollen wir ja alle eine Lösung, wir finden sie nur so schwer."
Doch zunächst einmal wollten etliche der Anwohner wohl einfach mal Dampf ablassen. Es wurde berichtet, wie Zwölfjährige sich hier die Kanne geben, dass ein Jugendlicher seine Schwester für Geld anbietet, dass sich Einwegspritzen in den Kellerschächten finden. Eindrücke von einer Situation, die so zwar nicht täglich in der Stadtmitte zu erleben ist, doch manchmal und besonders an schönen Tagen. Menschen, die dort wohnen, fühlen sich teils bedroht, teils zehren der ständige Krach von Skateboards und „bolzenden" Fußballspielern und fliegende Frisbeescheiben an ihren Nerven. Was Wunder, dass diese nach Jahren blank liegen, zumal auch oft die Nachtruhe keine mehr ist. Jeder vermag sich den Krach vorzustellen, wenn gegen Mitternacht mit leeren Dosen auf dem Platz gekickt wird. Eine Anwohnerin schüttet mittlerweile eimerweise Wasser auf die jungen Leute, wenn sie dabei sind, „in den Kellerschacht zu pinkeln". Wobei das noch zu den leichteren Vergehen zu gehören scheint, denn neben jeder Menge Müll finden die Bewohner morgens manch übel riechende Hinterlassenschaft anderer Art an ihren Hauseingängen.
Auf die Frage von Höfer, welche Jugendlichen sich denn auf dem Marktplatz treffen, stellte sich heraus, dass es eine kleine Gruppe auffälliger junger Leute gibt, die auch der Polizei keine Unbekannten mehr sind.
Eine andere Gruppe besteht aus spielenden Kindern, die Erwachsene mit ihrem Verhalten erkennbar provozieren wollen, indem sie beispielsweise mit Bällen auf Blumenkästen zielen.

Anke Becker, in: Rheinzeitung, 27.5.98

Auf diesem Schild sehen Sie das Ergebnis der Bürgergespräche.

## Der Diskurs als Methode des Gesprächs

Die ersten schriftlichen Beweise für ein methodisches, zielgerichtetes Gespräch, das die Maßstäbe unseres Handelns überprüft, liegen uns in Form der **Dialoge des Sokrates** vor. Allerdings hat er sie nicht selbst aufgezeichnet, sondern sein Schüler, der Philosoph Platon. Insofern können wir heute nicht genau wissen, was von Sokrates und was von Platon stammt.
Platon ging davon aus, dass das Wahre jeder Sache oder Handlung ihre dahinterliegende (also verborgene) allgemeine Idee ist. Der unvergängliche Teil im Menschen, die Seele, erblickte einst die übergeordnete Welt der Ideen, hat sie aber beim Eintritt in den jeweiligen menschlichen Körper vergessen. In der Innenschau kann sich die Seele, sprich der Mensch, an diese Ideen, sprich an die Wahrheit, wieder erinnern. Jede Erkenntnis ist als **Wiedererinnerung** (= gr. **anamnesis**) zu verstehen.
Die sokratischen Dialoge sind deshalb von einer Methode des Wieder-Entdeckens gesteuert: Der logos (= die Vernunft in Form sprechenden Denkens) überprüft das scheinbare Wissen, verunsichert den Gesprächspartner in seinen festgefügten Ansichten und hat damit den Boden bereitet für ein tieferes, bohrendes Nachdenken darüber, was nun eigentlich wahr ist, was gut oder böse ist.
Es besteht ein eindeutiges Machtgefälle zwischen dem Dialogführer, Sokrates, und dem verunsicherten Gesprächspartner, das im modernen Diskurs so nicht gestattet wäre.
Gleichwohl ist die sokratische Technik der **Maieutik (= „Hebammenkunst")** eine frühe Vorform des modernen Diskurses. Im Dialog mit Theaitetos hatte Sokrates sich auf seine Mutter, die Hebamme war, berufen und als Ziel des Gesprächs die „Entbindung" der Wahrheit bezeichnet. Dabei bedient er sich vor allem der Methode der **„Elenktik"** (= gr. elenchos: **„Gegenbeweis"**). Dadurch will er aber nicht etwa dem anderen sein überlegenes Wissen vorführen: „Ich selbst bin überhaupt nicht weise", sagt er zu Theaitetos. Er möchte seinem Gegenüber zu einer gesicherten Erkenntnis verhelfen. Hierin liegt unter anderem ein Anknüpfungspunkt für den modernen Diskurs, wie ihn Habermas (s. S. 108 f.) in der „idealen Sprechsituation" konstruiert.

## Sokrates im Gespräch mit Menon: Was ist die Tugend?

*Dieser Dialog kreist um das Thema der aretḗ, einen Zentralbegriff der griechischen Philosophen, der nur unzulänglich mit dem deutschen Wort „Tugend" wiedergegeben werden kann. Gemeint ist eine prinzipelle Lebenshaltung, die den Menschen befähigt, richtig und gut zu handeln. Menon schlägt vor, dass Tugend (also aretḗ) z.B. die Gerechtigkeit oder die Besonnenheit sei. Sokrates ist mit dieser Definition aber gar nicht zufrieden:*

Sagten wir nicht vorhin, die Gerechtigkeit, die Besonnenheit und dergleichen seien Teile der Tugend?
Ja.

Na, Menon, spielst du mit mir?

Wieso, Sokrates?

Ich habe dich gerade gebeten, mir die Tugend weder zu zerbrechen noch zu zerbröseln, und dir Beispiele gegeben, wie du definieren sollst. Du aber kümmerst dich nicht darum, sondern sagst mir, die Tugend läge darin, etwas Gutes durch Gerechtigkeit zu bewirken; das sei ein Teil der Tugend.

Das behaupte ich.

Also folgt aus deiner Erklärung, es sei Tugend, alles, was man tut, mit einem Teil der Tugend zu tun. Denn du sagst, die Gerechtigkeit sei ein Teil der Tugend, und Entsprechendes gelte für andere Teile. Ist es nicht so?

Ich erinnere dich an meine Bitte, die Tugend im Ganzen zu bestimmen. Aber du bist weit davon entfernt, anzugeben, was sie ist, sondern sagst, jede Handlung sei Tugend, wenn sie mit einem Teil der Tugend vollbracht wird, als hättest du schon erklärt, was die Tugend im Ganzen ist, und als würde ich sie schon erkennen, auch wenn du sie in lauter Teile zerstückelst. Also muss man, wie ich meine, noch einmal ganz von vorn mit dieser Frage anfangen, o Menon: Was ist die Tugend, wenn jede Handlung, in der ein Teil der Tugend steckt, Tugend sein soll? Denn das behauptet jemand, der sagt, jede mit Gerechtigkeit vollzogene Handlung sei Tugend. Oder meinst du nicht, man müsse noch einmal nach ihr fragen, sondern glaubst du, jemand begreife einen Teil der Tugend in dem, was dieser für sich ist, ohne sie selbst zu kennen?

Das glaube ich nicht.

Antworte also nochmals von Anfang an [...]: Was, sagst du, sei die Tugend?

O Sokrates, schon bevor ich mit dir zusammengekommen bin, habe ich bereits gehört, dass du nie anders als selbst verworren bist und andere in Verwirrung bringst. Auch jetzt kommt es mir so vor, als ob du mich bezauberst und mit künstlichen Mitteln gänzlich in den Bann schlägst, sodass ich in totale Ausweglosigkeit geraten bin. Und überhaupt scheinst du mir, wenn ich etwas scherzen darf, an Gestalt und im Ganzen jenem breiten Seefisch zu gleichen: dem Zitterrochen. Denn auch der lässt jeden, der ihm nahe kommt und ihn berührt, erstarren. Und jetzt hast du, wie ich spüre, auch mir so etwas angetan, dass ich erstarre. Tatsächlich, an Leib und Seele bin ich starr geworden und weiß dir nicht zu antworten, obwohl ich schon tausendmal vielerlei Reden über die Tugend gehalten habe, vor vielen Leuten, und zwar sehr gute, wie ich meine. Jetzt aber kann ich überhaupt nicht mehr sagen, was sie ist. Und ich glaube, es ist wohl ratsam, dass du nicht von hier wegfährst, auch nicht absegelst. Denn tätest du als Fremdling in einer anderen Stadt dergleichen wie hier, man würde dich wohl als Zauberer abführen.

Schlau bist du, o Menon, und hättest mich beinahe überlistet.

Wieso, Sokrates?

Ich weiß, warum du mich so dargestellt hast.

Weshalb? Was meinst du?

Damit auch ich ein Bild von dir entwerfen soll. Ich weiß das von allen Schönen: sie lieben es, abgebildet zu werden. Denn es ehrt sie; meiner Meinung nach sind nämlich auch die Bilder von Schönen schön. Ich aber werde kein Bild von dir entwerfen. Wenn nun dein Zitterrochen selbst erstarrt, sobald er andere in Erstarrung bringt,

**Aporie** (gr.): zusammengesetzt aus a = „nicht" und póros = „Weg, Brücke, Durchlass". Eine Aporie ist also eine scheinbare gedankliche Ausweglosigkeit, eine Sackgasse. Bewusst treibt Sokrates das Gespräch bis in die Aporie, um die gedankliche Sattheit aufzuheben und das Weiterbohren im Dialog anzuregen.

dann gleiche ich ihm; wenn aber nicht, dann nicht. Keineswegs bin ich selbst problemlos, wenn ich andere in Aporien stürze; vielmehr stecke auch ich völlig in Verwirrung und ziehe andere mit in den Strudel. So eben jetzt, wo es um die Tugend geht. Ich weiß nicht, was sie ist. Du hast es vielleicht früher gewusst, ehe du mich berührtest; nun aber bist du einem Unwissenden ganz ähnlich. Trotzdem will ich mit dir nachdenken und prüfen, was sie wohl ist.

Aber auf welche Weise willst du etwas suchen, Sokrates, wovon du überhaupt nicht weißt, was es ist? Als was für ein Etwas willst du es dir vornehmen und untersuchen, wenn du es gar nicht kennst? Und wenn du es noch so gut träfest, wie willst du erkennen, ob es das ist, was du nicht wusstest?

Ich verstehe, was du sagen willst, Menon! Siehst du, was für einen streiterfüllten Gedanken du herbringst? Dass es nämlich einem Menschen unmöglich ist, etwas zu suchen: weder was er kennt, noch was er nicht kennt. Was er schon kennt, braucht er nicht mehr zu suchen. Kennt er etwas nicht, so weiß er ja nicht einmal, was er suchen soll.

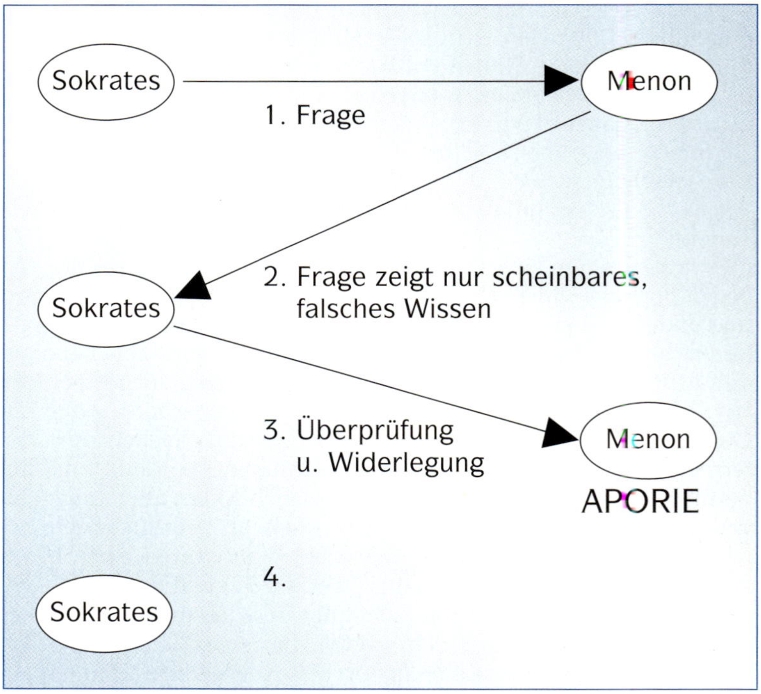


Führen Sie das Modell fort: Was sollte am Ende des Dialogs stehen? Die völlige Resignation und Verunsicherung?

BIOGRAFIE

## Sokrates (um 470–399 v. Chr.)

„Wie zahlreich sind doch die Dinge, deren ich nicht bedarf"

„Keiner ist weiser als Sokrates", hatte das Orakel von Delphi verkündet. Ein merkwürdiger Spruch, galt er doch einem Mann, dessen berühmteste Aussage lautete: „Ich weiß, dass ich nichts weiß."

Aufgewachsen in Athen als Sohn einer Hebamme und eines Bildhauers, erlernte Sokrates den Beruf eines Steinmetzes. Auf Dauer hielt es ihn aber nicht in seinem Atelier, sondern es trieb ihn, sehr zum Ärgernis seiner Ehefrau Xanthippe und seiner drei Kinder, hinaus auf die Straßen und Plätze, um mit den Menschen ins Gespräch zu kommen. Denn ihn bedrückte der Zustand des Staates und der Gesellschaft, die er von Werteverfall und geistiger Orientierungslosigkeit bedroht sah. Er fühlte sich berufen, den **Kampf gegen den ethischen Relativismus** aufzunehmen, der vor allem von den so genannten Weisheitslehrern, den Sophisten (s. S. 36 f.) vertreten wurde. Diese stellten den Wahrheitsanspruch der geltenden Moral infrage und bezeichneten diese als zeit- und herrschaftsgebunden. Sokrates' Bestreben war, die Argumentationsweise der Sophisten als rhetorisch geschickte Überredungskunst zu entlarven. Während diese den Dialog nur dazu benutzten, ihre Meinung durchzusetzen, hatte für ihn der Dialog nur dann eine ethische Qualität, wenn er die Gleichwertigkeit und Ernsthaftigkeit der Gesprächspartner anerkannte und ein Mittel zur Erkenntnis der Wahrheit und des Guten war. Dazu entwickelte er die so genannte **„Sokratische Methode"**, ein Dialogprinzip, das unvoreingenommen und mit Mitteln der Sprachkritik und der Logik die Begründbarkeit moralischer Urteile zum Gegenstand hat. Insofern lässt sich Sokrates als Vordenker der so genannten Diskursethik bezeichnen (s. S. 101 ff.).

Sokrates war der Überzeugung, **dass derjenige, der das Gute kennt, auch danach handelt.** Es gelte also, die Menschen von ihrer Unkenntnis zu befreien. Zwar kenne auch er nicht das Wesen der Dinge, weil die reine Wahrheit nur Gott vorbehalten sei, aber im Gegensatz zu denen, die nur glauben, etwas zu wissen, wisse er wenigstens, dass er nichts wisse. Statt im Scheinwissen zu verharren, bringe deswegen nur das fragende Suchen den Menschen weiter. Sein einfaches, asketisches Leben und seine Lehre, dass sich mit der Erkenntnisfähigkeit der Vernunft und mit der Methode des Diskurses das Gute ermitteln lasse, verschafften ihm zahlreiche Anhänger, vor allem im Kreis der Jugend. Der bedeutendste seiner Schüler war Platon (s. S. 135), der die Dialoge und Reden seines Lehrers, der selbst nichts Schriftliches hinterlassen hat, aufschrieb und ihn in seinen Spätschriften zum Sprachrohr seiner eigenen Philosophie machte.

Sein unablässiges Fragen wurde Sokrates zum Verhängnis. Er wurde angeklagt, die Jugend zu verführen, indem er sie lehrte, das Wissen kritisch zu hinterfragen und selbstständig zu denken. Zudem warf man ihm Gotteslästerung vor, weil er der Vernunft einen gottähnlichen Status zugestehe. Trotz seiner überzeugenden Verteidigungsrede verurteilte ihn das Athener Gericht zum Tode. Er nahm das Urteil an, machte von der ihm angebotenen Fluchtmöglichkeit keinen Gebrauch und starb im Kreis seiner Freunde (s. S. 290).

Die Gradlinigkeit seines Denkens und Lebens und seine unablässige Wahrheitssuche machen bis heute die Faszination dieses Philosophen aus. Goethe und Schiller schrieben in Anspielung an den oben zitierten Orakelspruch: „Dich erklärte der Pythia Mund für den weisen Griechen. / Wohl! Der Weiseste mag oft der Beschwerlichste sein."

## Die heutige Theorie der Diskurs-Ethik

Die gegenwärtigen Überlegungen zur Diskurs-Ethik berufen sich auf die lange abendländische Tradition der Begründung von moralischen Maßstäben und Entscheidungen, wie sie Sokrates vorführte: „Schon immer habe ich ja das an mir, dass ich nichts anderem in mir gehorche als dem logos …", sagte Sokrates zu Kriton. Im griechischen Verständnis steht logós zunächst für Sprache und dann für Denken. Dem logós zu folgen heißt also: sprechend denken, indem der Sprechende den „logischen" Zwängen seiner Sprachgemeinschaft folgen muss. Sokrates hat sich dazu immer einen realen Gesprächspartner gewählt. Das muss aber nicht so sein, denn auch das einsame Denken für sich allein ist ein leises, inneres Argumentieren, ein Als-ob-Dialog. Sich allein auf ein Gewissensgefühl zu berufen, genügt nicht, auch Gewissensentscheidungen müssen im Gespräch mit sich oder anderen begründet und verteidigt werden können.
Kant hat sich dann ca. 2200 Jahre später mit seinem Modell des kategorischen Imperativs (s. S. 81) an Sokrates' Prüfverfahren angeschlossen. Jeder soll vor seiner Vernunft, die wie eine Art innerer Gerichtshof wirkt, überprüfen, ob seine moralischen Entscheidungen für alle gültig sein könnten.
In unserer Zeit greifen vor allem die deutschen Philosophen Habermas und Apel diese Tradition wieder auf und entwickeln sie weiter. An die Stelle des einsamen Grüblers bei Kant setzen sie jedoch eine **Gemeinschaft von Sprechenden,** die ihre verschiedenen Perspektiven und Interessen in die Argumentation einbringen können. Allerdings müssen sie auch bereit sein, diese eigene Sicht auf das Thema von allen anderen prüfen zu lassen. Dann, nur dann, kann sich eine Entscheidung herausarbeiten, die alle anerkennen müssen (es sei denn, sie sind nicht willens und/oder nicht in der Lage, eine Argumentation nachzuvollziehen) und die deshalb auch alle bindet.
Habermas beschreibt nun rein theoretisch die Ziele und Bedingungen einer solchen idealen Sprechsituation.

**Jürgen Habermas** (* 1929) gilt als einer der meistgelesenen und meistdiskutierten Denker der sog. „Kritischen Theorie" (begründet und entwickelt von

## Jürgen Habermas: Die ideale Sprechsituation

Wie ist der Entwurf einer idealen Sprechsituation mithilfe der Sprechakte, die jeder kompetente Sprecher ausführen kann, möglich? Ideal nennen wir im Hinblick auf die Unterscheidung des wahren vom falschen Konsensus eine Sprechsituation, in der die Kommunikation nicht nur nicht durch äußere zufällige Einwirkungen, sondern auch nicht durch Zwänge behindert wird, die aus der Struktur der Kommunikation selbst sich ergeben. Die ideale Sprechsituation schließt systematische Verzerrung der Kommunikation aus. Nur dann herrscht ausschließlich der eigentümlich **zwanglose Zwang des besseren Arguments**, der die methodische Überprüfung von Behauptungen sachverständig zum Zuge kommen lässt und die **Entscheidung praktischer Fragen rational** motivieren kann. Ich möchte nur nachweisen, dass die Kommunikationsstruktur selber dann und nur dann keine Zwänge produziert, wenn für alle möglichen Beteiligten **eine symmetrische Verteilung der Chancen, Sprechakte auszuwählen und auszuüben**, gegeben ist. Dann besteht nämlich nicht nur prinzipielle Austauschbarkeit der Dialogrollen, sondern eine effektive **Gleichheit der Chancen bei der Wahrnehmung von Dialogrollen**, d.h. auch bei der Wahl und der Performanz der Sprechakte. Aus dieser allgemeinen Symmetrieannahme lassen sich spezielle Annahmen für jede der genannten **vier Klassen von Sprechakten** ableiten. Unter der Voraussetzung, dass alle Gesprächsteilnehmer die gleiche Chance haben: **KOMMUNIKATIVA** zu verwenden, d.h. Kommunikationen herbeizuführen sowie durch Rede und Gegenrede, Frage und Antwort fortzusetzen, kann durch eine chancengleiche Verwendung der **KONSTATIVA** (und des für Empfehlungen/Warnungen bedeutsamen Teils der *REGULATIVA*), d.h. durch eine Gleichverteilung der Chancen, Deutungen, Behauptungen, Erklärungen und Rechtfertigungen aufzustellen und deren Geltungsansprüche zu begründen oder zu widerlegen, die Grundlage dafür geschaffen werden, dass keine Vormeinung auf Dauer der Thematisierung und der Kritik entzogen bleibt.

Mit diesen beiden Annahmen sind die Sprechakte, die wir in Diskursen verwenden, ideal geregelt. Gleichwohl sind die Bedingungen für eine ideale Sprechsituation, die nicht nur uneingeschränkte, sondern auch herrschaftsfreie Diskussion allein aufgrund ihrer Situationsmerkmale, d.h. ihrer Struktur, sichert, noch nicht vollständig angegeben. Denn die bisherigen Bestimmungen sind noch keine Garantie dafür, dass die Gesprächsteilnehmer nicht bloß wähnen, einen Diskurs zu führen, während sie tatsächlich in einer Kommunikation unter Handlungszwang befangen sind. Wir müssen zusätzlich annehmen, dass die Sprecher weder sich noch andere über ihre Intentionen täuschen dürfen. [...]

In der idealen Sprechsituation sind weiterhin nur Sprecher zugelassen, die als Handelnde gleiche Chance haben, **REPRÄSENTATIVA** zu verwenden, (also) eine Gegenseitigkeit ungekränkter Selbstdarstellung.

Diese Symmetrie von Berechtigungen und Verpflichtungen kann wiederum nur durch die Gleichverteilung der Chancen, zu befehlen und sich zu widersetzen, zu erlauben und zu verbieten, Versprechen zu geben und abzunehmen, Rechenschaft abzulegen und zu verlangen, gewährleistet werden, d. h. durch chancengleiche Verwendung der **REGULATIVA.**

[...] Ich habe versucht, **die ideale Sprechsituation** nicht durch die Persönlichkeitsmerkmale idealer Sprecher, sondern durch strukturelle Merkmale einer Situation möglicher Rede, nämlich **durch die symmetrische Verteilung der Chancen, Dialogrollen wahrzunehmen und Sprechakte auszuführen,** zu charakterisieren.

Max Horkheimer und Th. W. Adorno). Er geht davon aus, dass Herrschaft über Menschen sich rechtfertigen muss und dass diese Rechtfertigungen (= Legitimationen der Macht) mit sprachlichen Begriffen arbeiten, die kritisch geprüft werden müssen.
In seinen Büchern untersucht er Möglichkeiten, wie sich die Bürger der komplizierten modernen Industriegesellschaft an der notwendigen staatlichen Macht beteiligen können mittels allgemein anerkannter, demokratisch legitimierter Verfahren.
Das Recht auf Einspruch und Mitsprache löst Habermas für sich selbst ein, indem er sich bei großen gesellschaftlichen und politischen Themen öffentlich mit viel beachteten Zeitungsartikeln zu Wort meldet, so zum Beispiel zur Gentechnik (s. S. 347 f.).

❶ Untersuchen Sie, ob sich Sokrates und Menon in einer „idealen Sprechsituation“ gemäß der Definition von Habermas befinden.

❷ Versuchen Sie einen Diskurs in Ihrem Kurs zu führen, in dem nur der „zwanglose Zwang des besseren Arguments“ gilt. Themen z. B.
- Die moralische Regel: Du darfst nicht abschreiben.
- Das Rauchen ist für alle, Lehrer und Lehrerinnen wie Schüler und Schülerinnen, in der Schule verboten.

## Erklärung der Sprechakte

*KOMMUNIKATIVA* = Sprechakte, die eine Redesituation einleiten, die Art der Rede kennzeichnen, zeigen, wie die Rede aufgefasst werden soll, als Entgegnung, Frage usw.; also:
sagen, sich äußern, sprechen, reden, fragen, antworten, erwidern, entgegnen, zustimmen, widersprechen, einwenden, zugeben, erwähnen, wiedergeben, zitieren.

*KONSTATIVA* = Sprechakte, die anzeigen, wie der Inhalt der Rede zu verwenden ist; sie erläutern den Wahrheitsanspruch der Rede; also:
beschreiben, berichten, mitteilen, erzählen, erläutern, bemerken, dartun, erklären, voraussagen, deuten, versichern, beteuern, bejahen, verneinen, bestreiten, bezweifeln.

*REPRÄSENTATIVA* = Sprechakte, die der Selbstdarstellung eines Sprechers dienen und den Sinn dieser Selbstdarstellung klären; Zum-Ausdruck-Bringen von Intentionen, Einstellungen, Emotionen des Sprechers, also:
wissen, denken, meinen, hoffen, fürchten, lieben, hassen, mögen, wünschen, wollen, entscheiden, offenbaren, enthüllen, preisgeben, gestehen, zum Ausdruck bringen;
negativ: verbergen, verhüllen, vorspiegeln, verschweigen, verleugnen = „Ich verschweige dir nicht…“

*REGULATIVA* = Sprechakte, die erläutern, wie die Sprecher/Hörer sich zu Regeln zu verhalten haben; die die Regeln angeben, nach denen die Redenden/Hörenden handeln wollen, sollen (oder die sie auch verletzen können); also:
befehlen, auffordern, bitten, verlangen, ermahnen, verbieten, erlauben, nahe legen, sich weigern, sich widersetzen, sich verpflichten, versprechen, vereinbaren, verantworten, bestätigen, bekräftigen, sich verbürgen, aufkündigen, entschuldigen, verzeihen, vorschlagen, ablehnen, empfehlen, annehmen, raten, warnen, ermuntern, einräumen, zugestehen.

## Ein Diskurs über den „Diskurs“

Odo Marquard, geb. 1928

**Marquard** meint mit „Philosophie“ das Nachdenken über Ethik. Unter „Institutionen“ versteht man z. B. Ehe, Familie, Schule …

### „Brauchen wir eine sich selbst überprüfende Ethik?“ – Eine Diskussion unter Philosophen

*In einer Rundfunksendung diskutierten die Philosophen Karl-Otto* ***Apel,*** *Dietrich* ***Böhler*** *und Odo* ***Marquard*** *über die Leistung der Diskurs-Ethik. Ihrem Gespräch ging eine Darstellung des Stufenschemas der Moralentwicklung nach dem amerikanischen Psychologen Lawrence* ***Kohlberg*** *voraus. Die Fähigkeit in einem unabhängigen Denkprozess eigene moralische Maßstäbe zu entwickeln gehört in Kohlbergs Schema zur letzten und höchsten Stufe der moralischen Entwicklung eines Menschen, der postkonventionellen Stufe (s. S. 33 f.). Den beiden Diskurs-Ethikern Apel und Böhler steht mit Marquard ein Philosoph gegenüber, der bekannt ist für seine unbestechliche Skepsis gegenüber allzu hochgespannten Idealforderungen. Er plädiert für ein Festhalten an traditionellen Konventionen und Normen im Alltag. Was werden Apel und Böhler entgegenhalten?*

MARQUARD: Für mich war es eben wichtig, von Ihnen zu hören: In dem Augenblick, wo die **Philosophie** kommt, treten die **Institutionen** nicht ab, sie bleiben. Und da wäre zunächst meine Frage: Warum sprechen Sie dann eigentlich von einer nachkonventionellen Moral? Das stimmt doch nicht.

APEL: In dem Moment, wo Menschen Institutionen nicht mehr als selbstverständlich hinnehmen, wo sie ihre Autorität nicht mehr so hinnehmen, wie etwa **Gehlen** es wünscht, wo man Institutionen in Frage stellt und sie durch Vernunftgründe zu legitimieren sucht, in diesem Moment hat man ein *neues Verhältnis* zu allen Institutionen. Das heißt nicht, dass man sie nicht mehr benötigt; aber in diesem Moment hat man dem Bewusstseinsstatus nach und auch in der Praxis ein *postkonventionelles* Verhältnis zu allen Institutionen und Konventionen.

Dietrich Böhler, geb. 1942

BÖHLER: In der Tat: die Philosophie macht nicht die Ethik, aber es gibt in der Geschichte eine Phase, in der die Philosophie neben der Religion steht: Konfutse und Laotse, die Propheten in Israel, dann Sokrates, die Sophisten, Platon – es gibt eben eine Phase in der Geschichte, in der man Konventionen und Autoritäten kritisch zu prüfen beginnt, in der man auch nach der Vernunft zu fragen und wirklich zu philosophieren beginnt. Ob das nun Philosophen sind, ob die sich Philosophen nennen, wie immer, gleichviel: man folgt nicht mehr bloß dem Ethos, d.h. den etablierten Verhaltensregeln, sondern man fragt nach der Rechtfertigbarkeit, nach den guten Gründen für Verhaltensregeln. Ethik ist also ein charakteristisches Krisenphänomen der Menschheitsgeschichte und ein unwiderrufliches typisch menschliches Reflexionsphänomen[1], das mit der Kritik, der Begründung und Rechtfertigung von Ethos zu tun hat. **Ethik ersetzt nicht Ethos, sondern prüft und begründet Ethos.** Wohl aber weist eine reflektierende Ethik ein bloßes Ethos, eine bloße *Institutionenmoral,* die blind dem folgt, was „man" eben tut oder erwartet, zurück.

MARQUARD: Würde man dieses Entwicklungsmodell nicht vielleicht besser formulieren können, wenn man es so sähe: Nicht die konventionelle Phase löst die **naturale** ab, nicht die nachkonventionelle Phase löst die konventionelle ab, sondern die Phasen [ergänze: der moralischen Entwicklung des menschlichen Individuums] bestehen nebeneinander?
Wenn man das so sieht, dann würden wir allerdings sagen müssen, **dass wir unvermeidlich immer zwei Moralen leben**, damit wir philosophisch, sozusagen dialogisch, Normen prüfen, rechtfertigen können. Das konventionelle Ethos muss zugleich, obwohl es in vielen Dingen versagt und in die Krise gerät, zu einem Minimum funktionieren und die andere Fähigkeit [ergänze: der Überprüfung von Normen] tragen, so, wie auch die naturalen Orientierungen noch zu einem Minimum tragen müssen. Daran würde mir liegen.

APEL: Einmal ist es so, dass sich zu keiner Zeit – weder des Sokrates noch in der Gegenwart – die Menschen allesamt auf der Stufe befinden, die gerade durch einen ethisch kreativen Geist, wie Sok-

[1] Reflexionsphänomen: eine Erscheinung menschlichen Denkens

**Gehlen** hält strenge Institutionen als Halt für die meisten Menschen für unverzichtbar, um den Einzelnen in seinen alltäglichen Entscheidungen zu entlasten.

Karl-Otto Apel, geb. 1923

❶ Böhler unterscheidet in seiner Antwort auf Marquard zwischen „Ethos" und „Ethik". In welchem dieser Bereiche moralischen Handelns bewegen Sie sich in diesem Augenblick, da Sie diesen Text lesen und über ihn nachdenken?

Die **naturale Phase** der moralischen Entwicklung ist die erste Stufe, auf der ein kleines Kind sich nur an Strafe und Belohnung orientiert (s. S. 33).

❷ Wieso muss ein Mensch, der seine moralische Überzeugung prüfen will, „zwei Moralen" leben?

rates oder wie Christus oder wie später Kant, zum ersten Mal betreten worden ist; sondern es ist klar, dass zu allen Zeiten auch noch die übrigen Stufen als höchste Stufen für viele Menschen und für ganze Kulturen angesehen werden müssen.
Zweitens würde ich auf die Frage von Herrn Marquard Folgendes antworten: Selbst da, wo tatsächlich in einer Kultur und bei gewissen Menschen die für uns heute sichtbare höchste Stufe erreicht werden kann, auch da ist keine Rede davon, dass diese Menschen etwa in allen Situationen nur aufgrund ihrer höchsten, ihrer philosophischen Urteilskraft reagieren, sondern selbstverständlich haben diese Menschen Emotionen, auch **instinktresiduale[2] Emotionen**, wie sie Konrad Lorenz beschrieben hat. Und selbstverständlich müssen diese Menschen im Alltag auch konventionell reagieren im Sinne der Institutionen ihrer sozialen Gruppe. Aber eines möchte ich doch an dieser Stelle unterstreichen: Letzten Endes hat sich doch mit dem Überschreiten des bloß Konventionellen nicht nur auf der Ebene der Philosophie, sondern auf der gesamten Ebene des sozialen Lebens einer Kultur einiges geändert. Man darf doch nicht außer Acht lassen, dass sich in dem Moment, in dem wir eine nachkonventionelle Moral haben, zum Beispiel ein Rechtssystem entwickeln kann, das sich irgendwie auf universale Prinzipien stützen muss, die für alle Menschen gelten. [...] Ich habe allerdings [...] angedeutet, dass es durchaus Rückfälle gibt; und ich möchte bei dieser Gelegenheit einmal daran erinnern, dass immerhin wir Deutschen, das Volk Immanuel Kants, vor kurzer Zeit eine exemplarische Regression bis auf die primitive Stufe eines rassistischen (Stammes-)Ethos durchgemacht haben. Das sind alles Dinge, die in diesem Rahmen vorkommen können.

MARQUARD: Das Diskursiv-Vernünftige, das Sie, Herr Apel, propagieren, stellt Rechtfertigungsfragen und setzt alles unter Rechtfertigungsdruck. Es muss doch möglich sein, in den Selbstverständlichkeiten des Tages ohne das schlechte Gewissen zu leben, sozusagen etwas nachzulassen in dem strengen Rechtfertigungsdruck.

APEL: Ich bin – wie schon mehrfach betont – mit Herrn Marquard und auch mit Gehlen der Meinung, dass wir Menschen in der Tat auf Institutionen und Konventionen im Alltag angewiesen sind und dass wir hier nicht immer die Aufgabe haben, alles in Frage zu stellen. Auf der anderen Seite möchte ich aber eines noch einmal betonen: [...] dass sich die Herausforderung an die praktische Vernunft, die im menschlichen Dasein liegt, ständig verschärft, ja sogar heute im Zeitalter der ökologischen Krise und eines möglichen Vernichtungskrieges dramatisiert hat. Im Hinblick auf diese Situation und auf **die zahllosen konventionellen Routinepraktiken der Menschen, die diese Situation herbeigeführt haben und sie noch täglich schwieriger machen**, meine ich allerdings, dass hier so etwas wie ein ethischer Rechtfertigungsdruck besteht. Darauf möchte ich insistieren.

BÖHLER: Als alltäglich Handelnde, auch als Redende, setzen wir zwar alle selbstverständliche Inhalte als gültig voraus. Und außerdem beanspruchen wir immer „Außenhalt", wie Gehlen sagt, das

3 Angenommen, Sie gehen nachts durch die Fußgängerzone einer Großstadt und stoßen auf einen Betrunkenen, der in einer dunklen Ecke in seinem Erbrochenen liegt. Er blutet aus einer Kopfwunde, die er sich beim Sturz zugezogen hat. Er stöhnt und lallt. Werden Sie ihm helfen? Welche Emotionen beeinflussen wohl Ihre Entscheidung, ob Sie ihm helfen oder nicht?

4 Welche moralischen Routinepraktiken, die gut mit einem Krieg vereinbar sind, könnte Apel gemeint haben?

[2] instinktresidual: Reste von Instinkten im Menschen

Geländer der Institutionen. Aber in dem Augenblick, wo wir uns miteinander ins Gespräch begeben, wie etwa Abgeordnete dies tun, setzen wir uns zugleich einem gewissen Rechtfertigungsdruck aus. Täten wir das nicht, dann blieben wir bei der bloßen Institutionenmoral Arnold Gehlens, die meint, der institutionalisierten Pflicht zu genügen, sei schon die Menschenwürde. Das aber meinte auch – pardon – Adolf Eichmann.

**Adolf Eichmann** war einer der Hauptverantwortlichen für den Massenmord an den Juden im Zweiten Weltkrieg (s. S. 84f.).

## „Du sollst nicht töten!" – „Warum?" Die „Letztbegründung" der Diskursethik

Das am stärksten emotional besetzte ethische Gebot lautet: **Du sollst nicht töten!** Die schärfsten Strafen treffen diejenigen, die dagegen verstoßen. Nichts interessiert und erschüttert uns Menschen so sehr wie Mord oder Totschlag an Menschen. Und dennoch ist das Töten von Menschen an der Tagesordnung. So scheint das „5. Gebot" besonders geeignet für den Versuch, eine allerletzte, unwiderlegliche, philosophische Begründung für ethisches Verhalten zu durchdenken – die so genannte „Letztbegründung" der Diskurs-Ethik.

## Die Argumentation der Letztbegründung*

Angesichts der bestürzenden Nachrichten über Unterdrückung, Ausbeutung und Vernichtung von Menschen in aller Welt, auch in Europa; angesichts des Zusammenbruchs moralischer Haltungen in den Kriegskatastrophen erhebt sich in vielen der Wunsch nach einer letzten Gewissheit (= *Evidenz*), nach einem völlig unstrittigen Prinzip der ethischen Handlung, das selbst die nicht bestreiten könnten, die es gerne wollten. Es scheint also offensichtlich notwendig zu sein, eine alle verpflichtende Grundnorm des Verhaltens zu suchen, trotz unterschiedlichster Kulturen.
Die Frage ist nur, wie eine solche zwingende Begründung formuliert werden kann. Genau daran arbeitet jene Richtung der Diskurs-Ethik, die nach einer letzten Begründung sucht.
Die Gegner dieser Denkrichtung, die sowohl die Notwendigkeit als auch die Möglichkeit der „Letztbegründung" bezweifeln, weisen darauf hin, dass für den normalen Bürger die alltäglichen moralischen Entscheidungen relativ unproblematisch sind: Aufgrund alter Gesetze, schon seinen Eltern vertrauten Verhaltensregeln, die sie an ihn weitergaben, entscheide er sich täglich. Die Befürworter dieses philosophischen Ansatzes anworten: Dieser Einwand mag stimmen für die kleine Welt von Familie und Nachbarschaft, ist aber schon für die Gesamtheit unserer Industriegesellschaft sehr fraglich und für das globale Netz der internationalen Beziehungen sicher falsch.
Darüber hinaus halten die Skeptiker den Diskursethikern, die ein solches letztbegründendes Prinzip aufzuspüren versuchen, entgegen, dass sie sich in einen „infiniten Regress" begeben würden, d.h. in eine nicht enden wollende Kette von Begründungen, die immer weiter nach dem letzten Grund forschen; diese permanenten Ableitungen, um auf den letzten Kern zu stoßen, seien aber praktisch nicht durchführbar.

Wie ist das Problem einer universellen Grundnorm philosophisch dennoch zu lösen?

Die Diskursethik versucht einen Weg zu weisen. Der Denkansatz der Diskursethiker setzt voraus, dass diejenigen, die sich ernsthaft auf die Suche nach letzten Gründen begeben, die Prinzipien der Rationalität und Logik der Sprache anerkennen ebenso wie ein jeder, der sich auf eine Begründung seines Verhaltens und seiner Entscheidungen einlässt. Das hat zur Folge, dass jeder, sobald er anfängt zu argumentieren, zu einer „Argumentationsgemeinschaft" gehört. Und zwar notwendigerweise.

„Wenn es eine Vielzahl von argumentations- und kommunikationsfähigen Subjekten gibt, dann muss derjenige, der argumentiert, immer schon notwendig mit Bezug auf alle argumentieren.

*‚Ich behaupte hiermit, dass sich x so und so verhält'*, kann nichts anderes bedeuten als: *‚Ich behaupte hiermit gegenüber jedermann, dass sich x so und so verhält und erkläre mich bereit, meine Behauptungen gegenüber jedermann zu verteidigen.'* Irgendwelche Einschränkungen hinsichtlich des Kreises derer, gegenüber denen der Geltungsanspruch erhoben wird, wären in Wahrheit Einschränkungen des Geltungsanspruchs selbst." (Funkkolleg Praktische Philosophie. StBB8. Weinheim und Basel: Beltz-Verlag 1981, S. 61)

In alltäglichen moralischen Konflikten erfahren wir allerdings selten diese logisch ableitbare Argumentationsgemeinschaft, sondern spüren unmittelbar, wie unser *Gewissen* zu uns spricht.

Das Gewissen ist ein wesentliches Merkmal der Persönlichkeit, die Basis jeder ethischen Entscheidung. Gewissensfreiheit ist das Recht jedes Menschen und wird für Abgeordnete im Bundestag geradezu verlangt bei allen Abstimmungen, die nicht nur Sachfragen betreffen. Besteht da nicht ein Widerspruch zwischen diesem Recht auf Gewissensfreiheit des Einzelnen und der Anerkennung einer Argumentationsgemeinschaft als letzter Prüfung, also der Tatsache, dass man sich im Sprechen immer auf andere bezieht, vor anderen verteidigt, andere zur Prüfungsinstanz macht? Der Philosoph Hegel denkt dazu wegweisend:

„Indem der gemeine Menschenverstand sich auf das Gefühl, sein inwendiges Orakel, beruft, ist er gegen den, der nicht übereinstimmt, fertig; er muss erklären, dass er dem weiter nichts zu sagen habe, der nicht dasselbe in sich finde und fühle; –

mit anderen Worten, er tritt die Wurzel der Humanität mit Füßen. Denn die Natur dieser ist, auf die Übereinkunft mit anderen zu dringen, und ihre Existenz ist nur in der zustande gebrachten Gemeinsamkeit der Bewusstseine. Das Widermenschliche besteht darin, im Gefühle stehen zu bleiben und nur durch dieses sich mitteilen zu können." (aus: Phänomenologie des Geistes)

Mit anderen Worten: zwar muss die moralische Urteilsfähigkeit, das Gefühl für Recht und Unrecht, jedem Menschen zugestanden werden, diese moralische Autonomie (= Gewissen) ist geradezu Bedingung für eine Argumentation über ethische Probleme.

Aber: Gewissen muss prüfbar sein, muss sich auch vor den anderen rechtfertigen! Denn sonst könnte jeder handeln, wie er wollte und sich dabei auf seine innere Stimme berufen. Ein Konsens über Maßstäbe des Handelns untereinander könnte nicht zustande kommen bzw. wäre rein zufällig, wenn gerade zwei oder mehr zusammentreffen, die ähnlich fühlen.

Außerdem: Auch eine ganz persönliche stille Gewissensprüfung verläuft in Form eines inneren Gesprächs mit den vorgestellten anderen. Ohne den Bezug auf andere Menschen, auf die Haltungen und Überzeugungen anderer gibt es gar keinen Gewissenskonflikt. Daraus ergibt sich: Sprechen ist ursprünglich auf ein Du gerichtet. Jede Rede setzt den anderen voraus. Mehr noch, jeder Argumentierende muss daran interessiert sein, die anderen, die Gemeinschaft der Argumentierenden zu bewahren, solange es ihm wichtig ist, zu sprechen, zu begründen, zu rechtfertigen, zu streiten, gehört zu werden.

In dieser diskursethischen Grundnorm moralischen Verhaltens (= Letztbegründung) findet sich das Prinzip der Gegenseitigkeit verändert wieder, das sich durch die abendländische Philosophie von Sokrates bis Kant zieht.

Die „Letztbegründung" der Diskursethik könnte enttäuschend sein für jemanden, der unter diesem Begriff ein überwältigendes, unmittelbar allen einleuchtendes und absolut verbindliches Prinzip erwartete. Berechtigterweise könnte man einwenden, dass kein Mörder das Messer sinken lassen wird, wenn man ihm diese Grundnorm aufsagt, kein Finger vom Abzug genommen wird, weil das verängstigte Gegenüber sich auf die „Letztbegründung" beruft. Aber mehr kann eine philosophische, streng logische Beweisführung eben nicht leisten als nachzuweisen, dass Argumentieren auch heißt, das Leben des anderen vorauszusetzen – will sie sich nicht selbst widersprechen!

Darin liegt die philosophische – nicht religiöse – Begründung jenes so überragenden ethischen Gebots: Du sollst nicht töten! Wer mit anderen reden will, darf die anderen nicht vernichten, zumindest für die Zeit des Redens nicht.

Sonst gilt nur noch:

**DER REST IST SCHWEIGEN.** So lautet der letzte Satz Hamlets in Shakespeares Tragödie, nachdem sich alle gegenseitig aus Irrtum, Misstrauen und Hass umgebracht haben.

Luciano De Crescenzo: Oi dialogoi – Von der Kunst, miteinander zu reden. Zürich (Diogenes) 1987

Thomas Gordon:
Die Familienkonferenz.
Die Lehrer-Schüler-Konferenz.
Die Manager-Konferenz.
Alle: München (Heyne)
Die Bücher entwickeln praktische Diskurs-Vorschläge für den Alltag.

Alexander S. Neill: Das Prinzip Summerhill. Reinbek bei Hamburg (Rowohlt)
Der Gründer und Leiter des berühmten englischen Internats erzählt auf amüsante Weise, wie Kinder ihr schulisches Leben selbst organisieren.

## Projekt

1. Stellen Sie fest, wo es in der Geschichte „Runde Tische" gegeben hat, an denen Interessengegensätze durchdiskutiert wurden.

   Beispiele:
   - Senat im antiken Rom
   - EU-Minister-Rat
   - Konferenz der alliierten Sieger in Potsdam 1945
   - „Runder Tisch" am Ende der DDR

2. Organisieren Sie ein Round-table-Gespräch mit interessierten Lehrern und Schülern zu einem echten Konflikt oder Problem an Ihrer Schule.

# 7. Verantwortung für die Zukunft übernehmen: Ethische Positionen der Gegenwart

Die moderne Technik und Wissenschaft ermöglichen heute vielen Menschen ein langes, abwechslungsreiches und bequemes Leben. Das Wissen über die Kräfte der Natur hat dazu geführt, dass die Menschen ihnen nicht länger nur hilflos ausgeliefert sind, sondern sie für ihre Zwecke nutzen können. Diese Entwicklung hat aber auch ihre Schattenseiten: Die Fülle an Wissen macht es dem Einzelnen heute unmöglich, dieses zu überblicken. Er muss sich auf die Kompetenz von Fachleuten verlassen und ist auf Techniken angewiesen, die er nicht mehr durchschauen kann. Zudem hat die Spaltung des Atomkerns es dem Menschen ermöglicht, alles Leben dieser Erde zu zerstören; die Manipulation des Zellkerns scheint eine Entwicklung des Menschen einzuleiten, die sein neuzeitliches Selbstbild als freies Individuum in den Grundfesten erschüttert. So stellt sich am Ende des 20. Jahrhunderts die Frage, ob der Mensch in der Lage ist, seine wissenschaftlichen Erkenntnisse positiv zu nutzen. Kriege an vielen Orten der Welt zeigen, dass der Mensch seine Fähigkeiten zur friedlichen Lösung von Konflikten nicht in gleichem Maße entwickelt hat wie sein wissenschaftliches und technisches Know How.

Die Autoren dieses Kapitels versuchen eine Ethik zu skizzieren, die angesichts dieser Situation „als Kompass dienen" (H. Jonas) kann. Obwohl ihre Ansätze sehr unterschiedlich sind, appellieren sie doch alle an Wissenschaftler, Techniker und Politiker, ihre Ergebnisse, Arbeitsweisen und Voraussetzungen kritisch zu hinterfragen und Verantwortung für die Zukunft der Menschheit zu übernehmen.

So fordert **Karl Popper** eine neue Berufsethik für alle Akademiker, insbesondere für Naturwissenschaftler, die auf der Einsicht in die Fehlerhaftigkeit menschlichen Denkens und Handelns basiert. **Hans Jonas** begründet, warum wir auch für das Wohl zukünftiger Generationen und der Natur sorgen müssen. **Heinz von Foerster** kritisiert die Rede von der Objektivität wissenschaftlicher Erkenntnisse als ein Zurückweisen von Verantwortung.

❶ Erstellen Sie eine Liste der wissenschaftlich-technischen Errungenschaften der letzten zweihundert Jahre, die Ihrer Meinung nach das Leben der Menschen am nachhaltigsten verändert haben. Bestimmen Sie, worin die Veränderungen bestanden bzw. bestehen und versuchen Sie eine Bewertung.

❷ Deuten Sie die Illustration von G. H. Magnus.

❸ Informieren Sie sich über das Lebenswerk der dargestellten Wissenschaftler. Welchen Anteil hatten sie jeweils an der Entwicklung der Atombombe? Diskutieren Sie, ob man sie als „Jünger" der Bombe bezeichnen kann.

G. H. Magnus: Die Bombe und ihre Jünger
In Anlehnung an das „Abendmahl" von Leonardo da Vinci zeigt die Illustration die Physiker, durch deren Forschungen das Atomzeitalter begann.

## Karl R. Popper: Grundlagen einer neuen Berufsethik

*Die Fülle an Wissen, das der Mensch im Laufe der letzten Jahrhunderte angesammelt hat, ist für den Einzelnen kaum noch zu überblicken. So haben sich im Laufe der Menschheitsgeschichte nicht nur die einzelnen Wissenschaften herausgebildet, der moderne Wissenschaftler ist heute vielfach ein Spezialist auf einem kleinen Gebiet seiner Disziplin. Den Universalgelehrten, der in allen Gebieten des Wissens zu Hause ist, kann es nicht mehr geben. Vor diesem Hintergrund scheint die Erkenntnis des Sokrates „Ich weiß, dass ich nichts weiß" heute aktueller denn je zu sein. Sie ist der Ausgangspunkt des folgenden Textes. Popper entwickelt in seiner Rede eine von dieser Einsicht inspirierte Ethik für Wissenschaftler und andere „intellektuelle Berufe".*

Die Prinzipien, die jeder rationalen Diskussion zugrunde liegen, das heißt jeder Diskussion im Dienste der Wahrheitssuche, sind recht eigentlich *ethische* Prinzipien. Ich möchte drei solche Prinzipien angeben.

1. Das Prinzip der Fehlbarkeit: Vielleicht habe ich Unrecht, und vielleicht hast du Recht. Aber wir können auch beide unrecht haben.

2. Das Prinzip der vernünftigen Diskussion: Wir wollen versuchen, möglichst unpersönlich unsere Gründe für und wider eine bestimmte, kritisierbare Theorie abzuwägen.

3. Das Prinzip der Annäherung an die Wahrheit: Durch eine Diskussion kommen wir fast immer der Wahrheit näher; und wir kommen zu einem besseren Verständnis; auch dann wenn wir nicht zu einer Einigung kommen.

Es ist bemerkenswert, dass alle drei Prinzipien erkenntnistheoretische und gleichzeitig ethische Prinzipien sind. Denn sie implizieren unter anderem Duldsamkeit, Toleranz: Wenn ich von dir lernen kann und im Interesse der Wahrheitssuche lernen will, dann muss ich dich nicht nur dulden, sondern als potentiell gleichberechtigt anerkennen; die potentielle Einheit und Gleichberechtigung aller Menschen sind eine Voraussetzung unserer Bereitschaft, rational zu diskutieren. Wichtig ist auch das Prinzip, dass wir von einer Diskussion viel lernen können; auch dann, wenn sie nicht zur Einigung führt. Denn die Diskussion kann uns lehren, einige der Schwächen unserer Position zu verstehen.

Es liegen also der Naturwissenschaft ethische Prinzipien zugrunde. Die Idee der Wahrheit als das grundlegende regulative Prinzip ist ein solches ethisches Prinzip. Die Wahrheitssuche und die Idee der Annäherung an die Wahrheit sind weitere ethische Prinzipien; ebenso auch die Idee der intellektuellen Redlichkeit und die der Fehlbarkeit, die uns zur selbstkritischen Haltung und Toleranz führt.

Sehr wichtig ist auch, dass wir im Gebiet der Ethik *lernen* können. Das möchte ich noch am Beispiel der Ethik für die Intellektuellen aufzeigen, insbesondere der Ethik für die intellektuellen Berufe: der Ethik für die Wissenschaftler, für die Mediziner, Juristen, Ingenieure, Architekten; für die öffentlichen Beamten und, sehr wichtig, für die Politiker.

Ich möchte Ihnen einige Sätze für eine *neue Berufsethik* unterbreiten, Sätze, die mit den Ideen der Toleranz und der intellektuellen Red-

**Karl Raimund Popper** (1902–1994) studierte in Wien Mathematik, Physik und Philosophie. 1937 emigrierte er nach Neuseeland, von 1947 bis 1969 lehrte er an der London School of Economics Philosophie. Poppers Erkenntnis- und Wissenschaftstheorie, der **kritische Rationalismus**, hat bis heute einen starken Einfluss auf die Sozial- und Wirtschaftswissenschaften.
Rationalität/Vernunft und Logik sind für Popper die Grundlage jeder wissenschaftlichen Forschung, allerdings lehnt er die Suche des klassischen Rationalismus in der Tradition Descartes (s. S. 142f.) nach einer letzten Gewissheit ab. Für Popper ist jedes Wissen nur vorläufig, alle Theorien sind Hypothesen, die man nicht mit letzter Gewissheit als wahr erweisen (verifizieren) kann. Sie können lediglich als fehlerhaft erwiesen (falsifiziert) und durch genauere ersetzt werden, die sich wiederum der Kritik stellen müssen. Keine Theorie kann den Anspruch erheben, absolut wahr zu sein.

lichkeit eng zusammenhängen. Zu diesem Zweck werde ich zuerst die alte Berufsethik charakterisieren und vielleicht auch ein klein wenig karikieren, um sie dann mit der neuen Berufsethik, die ich vorschlage, zu vergleichen.

Beiden, der alten und der neuen Berufsethik, liegen, zugegebenermaßen, die Ideen der Wahrheit, der Rationalität und der intellektuellen Vernünftigkeit zugrunde. Aber die alte Ethik war auf die Idee des persönlichen Wissens und des sicheren Wissens gegründet und damit auf die Idee der *Autorität;* während die neue Ethik auf die Idee des objektiven Wissens und des unsicheren Wissens gegründet ist. Dadurch ändert sich die unterliegende Denkweise grundlegend, und damit auch die *Rolle* der Ideen der Wahrheit, der Rationalität und der intellektuellen Redlichkeit und Verantwortlichkeit.

Das alte Ideal war, Wahrheit und Sicherheit zu *besitzen* und die Wahrheit, wenn möglich, durch einen logischen Beweis zu *sichern.* Diesem auch heute noch weitgehend akzeptierten Ideal entspricht das persönliche Ideal des Weisen – natürlich nicht im Sokratischen Sinn, sondern das Platonische Ideal des Wissenden, der eine Autorität ist; des Philosophen, der gleichzeitig ein königlicher Herrscher ist.

Der alte Imperativ für den Intellektuellen ist: Sei eine Autorität! Wisse alles auf deinem Gebiet! Wenn du einmal als Autorität anerkannt bist, dann wird deine Autorität von deinen Kollegen beschützt werden, und du musst natürlich die Autorität deiner Kollegen beschützen.

Die alte Ethik, die ich beschreibe, verbietet es, Fehler zu machen. Ein Fehler ist absolut unerlaubt. Daher dürfen Fehler nicht zugegeben werden. Ich brauche nicht zu betonen, dass diese alte professionelle Ethik intolerant ist. Und sie war auch immer schon intellektuell unredlich: Sie führt zum Vertuschen der Fehler, um der Autorität willen; insbesondere auch in der Medizin.

Ich schlage deshalb eine *neue* Berufsethik vor; vor allem, aber nicht nur, für Naturwissenschaftler. [...]

1. Unser objektives Vermutungswissen geht immer weiter über das hinaus, was ein Mensch meistern kann. *Es gibt daher keine Autoritäten.* Das gilt auch innerhalb von Spezialfächern.

2. *Es ist unmöglich alle Fehler zu vermeiden* oder auch nur alle an sich vermeidbaren Fehler. Fehler werden dauernd von allen Wissenschaftlern gemacht. Die alte Idee, dass man Fehler vermeiden kann und daher verpflichtet ist, sie zu vermeiden, muss revidiert werden: Sie selbst ist fehlerhaft.

3. *Natürlich bleibt es unsere Aufgabe, Fehler nach Möglichkeit zu vermeiden.* Aber gerade um sie zu vermeiden, müssen wir uns vor allem klar darüber werden, wie schwer es ist, sie zu vermeiden, und dass es niemandem völlig gelingt. [...]

4. Auch in den am besten bewährten unter unseren Theorien können Fehler verborgen sein; und es ist die spezifische Aufgabe des Wissenschaftlers, nach solchen Fehlern zu suchen. Die Feststellung, dass eine gut bewährte Theorie oder ein viel verwendetes praktisches Verfahren fehlerhaft ist, kann eine wichtige Entdeckung sein.

5. *Wir müssen deshalb unsere Einstellung zu unseren Fehlern ändern.* Es ist *hier,* wo unsere praktische ethische Reform beginnen muss. [...]

6. Das neue Grundgesetz ist, dass wir, um zu lernen, Fehler möglichst zu vermeiden, *gerade von unseren Fehlern lernen* müssen. Fehler zu vertuschen ist deshalb die größte intellektuelle Sünde.

❶ Popper legt für eine rationale Diskussion ethische Prinzipien zugrunde. Wie begründet er dies?

❷ Vergleichen Sie die Grundsätze der alten und der neuen Berufsethik. Was fordern sie jeweils von dem einzelnen Wissenschaftler oder Politiker?

7. Wir müssen daher dauernd nach unseren Fehlern Ausschau halten. Wenn wir sie finden, müssen wir sie uns einprägen; sie nach allen Seiten analysieren, um ihnen auf den Grund zu gehen.

8. Die selbstkritische Haltung und die Aufrichtigkeit werden damit zur Pflicht.

9. Da wir von unseren Fehlern lernen müssen, so müssen wir auch lernen, es anzunehmen, ja, *dankbar* anzunehmen, wenn andere uns auf unsere Fehler aufmerksam machen. Wenn wir andere auf ihre Fehler aufmerksam machen, so sollen wir uns immer daran erinnern, dass wir selbst ähnliche Fehler gemacht haben wie sie. [...]

10. Wir müssen uns klar werden, *dass wir andere Menschen zur Entdeckung und Korrektur von Fehlern brauchen (und sie uns)*; insbesondere auch Menschen, die mit anderen Ideen in einer anderen Atmosphäre aufgewachsen sind. Auch das führt zur Toleranz.

11. Wir müssen lernen, dass Selbstkritik die beste Kritik ist; dass aber die *Kritik durch andere eine Notwendigkeit* ist. [...]

12. Rationale Kritik muss immer spezifisch sein: Sie muss spezifische Gründe angeben, warum spezifische Aussagen, spezifische Hypothesen falsch zu sein scheinen oder spezifische Argumente ungültig. Sie muss von der Idee geleitet sein, der objektiven Wahrheit näher zu kommen. Sie muss in diesem Sinne unpersönlich sein.

Ich bitte Sie, meine Formulierungen als Vorschläge zu betrachten. Sie sollen zeigen, dass man, auch im ethischen Gebiet, diskutierbare und verbesserbare Vorschläge machen kann.

❸ Werden Poppers Grundsätze in der Schule vermittelt und praktiziert? Suchen Sie Beispiele.

❹ Sokrates: „Ich weiß, dass ich nichts weiß, und deshalb weiß ich mehr als die anderen.“ Popper: „Ich weiß, dass ich nichts weiß, und kaum das.“ Worin unterscheiden sich die beiden Aussagen?

❺ Welche Berufsethik ist heute Ihrer Meinung nach in Wissenschaft und Politik vorherrschend?

❻ „Aber der Mensch strebt nun mal nach absoluter Gewissheit und sicherer Erkenntnis. Eine Diskussion im Sinne Poppers führt doch zu keinem konkreten Ergebnis.“ Diskutieren Sie diesen Einwand.

## Hans Jonas: Das Prinzip Verantwortung

*In vielen Bereichen werden heute die „Nebenwirkungen“ der Technik als Bedrohung für Mensch und Natur immer offensichtlicher, und zwar nicht nur für die jetzt Lebenden. Betrachtet man beispielsweise die Bedrohung, die von radioaktivem Abfall, den die Atomtechnologie produziert, ausgeht, so hinterlassen wir zukünftigen Generationen eine schwere Last. Hans Jonas begründet im folgenden Text eine Ethik, die diesen vom modernen Menschen selbst geschaffenen Bedingungen Rechnung tragen soll.*

Der endgültig entfesselte **Prometheus**, dem die Wissenschaft nie gekannte Kräfte und die Wirtschaft den rastlosen Antrieb gibt, ruft nach einer Ethik, die durch freiwillige Zügel seine Macht davor zurückhält, dem Menschen zum Unheil zu werden. **Dass die Verheißung der modernen Technik in Drohung umgeschlagen ist, oder diese sich mit jener unlösbar verbunden hat**, bildet die **Ausgangsthese** des Buches. Sie geht über die Feststellung physischer Bedrohung hinaus. Die dem Menschenglück zugedachte Unterwerfung der Natur hat im Übermaß ihres Erfolges, der sich nun auch auf die Natur des Menschen selbst erstreckt, zur größten Herausforderung geführt, die je dem menschlichen Sein aus eigenem Tun erwachsen ist. Alles daran ist neuartig, dem Bisherigen unähnlich, der Art wie der Größenordnung nach: Was der Mensch heute tun kann und dann, in der unwiderstehlichen Ausübung dieses Könnens, weiterhin zu tun gezwungen ist, das hat nicht seinesgleichen in vergangener Erfahrung. Auf sie war alle bisherige Weisheit über rechtes Verhalten zugeschnitten. Keine überlieferte Ethik be-

**Hans Jonas** (1903–1993), deutscher Philosoph, emigrierte 1933 aus Deutschland. Er lebte und lehrte zunächst in Jerusalem, dann in Kanada und von 1955 bis 1966 in New York. Als Philosoph setzte er sich vor allem mit der Entwicklung der technischen Zivilisation auseinander. Zu Beginn des Atomzeitalters hielt er die Kernkraft für segensreich, später vertrat er die Meinung, dass die Menschen mit den neuen technischen Möglichkeiten nicht umgehen könnten. In seinem ethischen Hauptwerk „Das Prinzip Verantwortung“ fordert er zu einer grundsätzlichen Auseinandersetzung mit der modernen Technik auf.

lehrt uns daher über die Normen von „Gut“ und „Böse“, denen die ganz neuen Modalitäten der Macht und ihrer möglichen Schöpfungen zu unterstellen sind. Das Neuland kollektiver Praxis, das wir mit der Hochtechnologie betreten haben, ist für die ethische Theorie noch ein Niemandsland. [...]

Was kann als Kompass dienen? Die vorausgedachte Gefahr selber! In ihrem Wetterleuchten aus der Zukunft, im Vorschein ihres planetarischen Umfanges und ihres humanen Tiefganges, werden allererst die ethischen Prinzipien entdeckbar, aus denen sich die neuen Pflichten neuer Macht herleiten lassen. Dies nenne ich die „Heuristik[1] der Furcht“: Erst die vorausgesehene Verzerrung des Menschen verhilft uns zu dem davor zu bewahrenden Begriff des Menschen. Wir wissen erst, was auf dem Spiele steht, wenn wir wissen, dass es auf dem Spiele steht. Da es dabei nicht nur um das Menschenlos, sondern auch um das Menschenbild geht, nicht nur um physisches Überleben, sondern auch um Unversehrtheit des Wesens, so muss die Ethik, die beides zu hüten hat, über die der Klugheit hinaus eine solche der Ehrfurcht sein.

Der Titan **Prometheus** stahl dem Mythos zufolge den Göttern Kleidung, Waffen und Feuer und ermöglichte so den Menschen, sich selbst eine Kultur zu schaffen, die ihr Überleben sicherte. Zeus bestrafte ihn, indem er ihn an eine Felswand fesseln ließ. Seit dem 18. Jahrhundert steht Prometheus, nicht zuletzt durch Goethes gleichnamiges Gedicht, für den selbstbewussten, auf seine eigenen Fähigkeiten vertrauenden Menschen.

Peter Paul Rubens (1577-1640): Der gefesselte Prometheus

Entnehmen wir dem Vorangegangenen diejenigen Merkmale menschlichen Handelns, die für einen Vergleich mit dem heutigen Stand der Dinge bedeutsam sind.

1. Aller Umgang mit der außermenschlichen Welt, das heißt der ganze Bereich der *techne* (Kunstfertigkeit) war – mit Ausnahme der Medizin – ethisch neutral – im Hinblick auf das Objekt sowohl wie auf das Subjekt solchen Handelns: Im Hinblick auf das Objekt, weil

[1] Heuristik: Lehre von den Methoden zum Finden neuer Erkenntnisse

die Kunst die selbst erhaltende Natur der Dinge nur unerheblich in Mitleidenschaft zog und somit keine Frage dauernden Schadens an der Integrität[1] ihres Objektes, der natürlichen Ordnung im Ganzen, aufwarf; und im Hinblick auf das handelnde Subjekt, weil *techne* qua[2] Tätigkeit sich selbst als begrenzten Tribut an die Notwendigkeit verstand und nicht als selbst-rechtfertigenden Fortschritt zum Hauptziel der Menschheit, in dessen Verfolgung des Menschen höchste Anstrengung und Teilnahme engagiert sind. Der wirkliche Beruf des Menschen liegt anderswo. Kurz, Wirkung auf nichtmenschliche Objekte bildete keinen Bereich ethischer Bedeutsamkeit.

2. Ethische Bedeutung gehörte zum direkten Umgang von Mensch mit Mensch, einschließlich des Umgangs mit sich selbst; alle traditionelle Ethik ist *anthropozentrisch*[3].

3. Für das Handeln in dieser Sphäre wurde die Entität[4] „Mensch" und ihr fundamentaler Zustand als im Wesen konstant angesehen und nicht selber als Gegenstand umformender *techne* (Kunst).

4. Das Wohl oder Übel, worum das Handeln sich zu kümmern hatte, lag nahe bei der Handlung, entweder in der *Praxis* selbst oder in ihrer unmittelbaren Reichweite und war keine Sache entfernter Planung. Diese Nähe der Ziele galt für Zeit sowohl als Raum. Die wirksame Reichweite der Aktion war klein, die Zeitspanne für Voraussicht, Zielsetzung und Zurechenbarkeit kurz, die Kontrolle über Umstände begrenzt. Rechtes Verhalten hatte seine unmittelbaren Kriterien und seine fast unmittelbare Vollendung. Der lange Lauf der Folgen war dem Zufall, dem Schicksal oder der Vorsehung anheimgestellt. Ethik hatte es demgemäß mit dem Hier und Jetzt zu tun, mit Gelegenheiten, wie sie zwischen Menschen sich einstellen, mit den wiederkehrenden, typischen Situationen des privaten und öffentlichen Lebens. Der gute Mensch war ein solcher, der diesen Gelegenheiten mit Tugend und Weisheit begegnete, der die Fähigkeit dazu in sich selbst kultivierte und im Übrigen sich mit dem Unbekannten abfand. [...]

Ein Imperativ, der auf den neuen Typ menschlichen Handelns passt und an den neuen Typ von Handlungssubjekt gerichtet ist, würde etwa so lauten: „Handle so, dass die Wirkungen deiner Handlung verträglich sind mit der Permanenz echten menschlichen Lebens auf Erden"; oder negativ ausgedrückt: „Handle so, dass die Wirkungen deiner Handlung nicht zerstörerisch sind für die künftige Möglichkeit solchen Lebens"; oder einfach: „Gefährde nicht die Bedingungen für den indefiniten Fortbestand der Menschheit auf Erden"; oder, wieder positiv gewendet: „Schließe in deine gegenwärtige Wahl die zukünftige Integrität des Menschen als Mit-Gegenstand deines Wollens ein." [...]

Der neue Imperativ sagt eben, dass wir zwar unser eigenes Leben, aber nicht das der Menschheit wagen *dürfen;* und dass Achill zwar das Recht hatte, für sich selbst ein kurzes Leben ruhmreicher Taten vor einem langen Leben ruhmloser Sicherheit zu wählen (unter der stillschweigenden Voraussetzung nämlich, dass eine Nachwelt da

Kants **kategorischer Imperativ** lautet: „Handle so, dass die Maxime deines Willens jederzeit zugleich als Prinzip einer allgemeinen Gesetzgebung gelten kann." (s. S. 81)

[1] Integrität: Unversehrtheit
[2] qua (lat.): in der Eigenschaft als
[3] anthropozentrisch: den Menschen in den Mittelpunkt stellend
[4] Entität: Wesenheit

sein wird, die von seinen Taten zu erzählen weiß); dass wir aber nicht das Recht haben, das Nichtsein künftiger Generationen wegen des Seins der jetzigen zu wählen oder auch nur zu wagen. [...]
Die Zukunft der Menschheit ist die erste Pflicht menschlichen Kollektivverhaltens im Zeitalter der modo negativo[1] „allmächtig" gewordenen technischen Zivilisation. Hierin ist die Zukunft der Natur als *sine-qua-non*[2] offenkundig mitenthalten, ist aber auch unabhängig davon eine metaphysische Verantwortung an und für sich, nachdem der Mensch nicht nur sich selbst, sondern der ganzen Biosphäre gefährlich geworden ist. Selbst wenn sich beides trennen ließe – das heißt, auch wenn mit einer verödeten (und großenteils durch Kunst ersetzten) Lebensumwelt ein menschlich zu nennendes Leben für unsere Nachkommen möglich wäre –, hätte doch die im langen Schöpfertum der Natur hervorgebrachte und jetzt uns ausgelieferte Lebensfülle der Erde um ihrer selbst willen Anspruch auf unsere Hut. Da beides sich jedoch, ohne eine Karikatur des Menschenbildes, in der Tat nicht trennen lässt, da vielmehr im Entscheidenden, nämlich der Alternative „Erhaltung oder Zerstörung", das Interesse des Menschen mit dem des übrigen Lebens als seiner Weltheimat im sublimsten[3] Sinn zusammenfällt, so können wir die beiden Pflichten unter dem Leitbegriff der *Pflicht zum Menschen* als eine behandeln, ohne darum in anthropozentrische Verengung zu fallen. Die Verengung auf den Menschen allein und als von aller übrigen Natur verschieden kann nur Verengung, ja Entmenschung des Menschen selbst bedeuten, die Verkümmerung seines Wesens auch im Glücksfall biologischer Erhaltung – widerspricht also ihrem vorgeblichen, eben von der Würde seines Wesens beglaubigten Ziel. Im wahrhaft menschlichen Blickpunkt bleibt der Natur ihre Eigenwürde, die der Willkür unserer Macht entgegensteht. Als von ihr hervorgebracht schulden wir dem verwandten Ganzen ihrer Hervorbringungen eine Treue, wovon die zu unserem eigenen Sein nur die höchste Spitze ist. Dieser aber, recht verstanden, befasst alles andere unter sich.

❶ Inwiefern lässt sich der moderne Mensch als „entfesselter Prometheus" bezeichnen?

❷ Wie begründet Jonas seine These, dass die überlieferte Ethik nicht mehr in der Lage ist, die Probleme der modernen Welt zu lösen?

❸ Welche Forderungen stellt er im Einzelnen in seinem neuen ethischen Imperativ auf und wie begründet er sie?

❹ Zeigen Sie an Beispielen aus Medizin und Gentechnologie (s. S. 345 ff.), wie die „Unversehrtheit des Wesens" des Menschen durch den wissenschaftlichen Fortschritt gefährdet werden kann.

❺ Hans Jonas setzt bewusst seinen Entwurf utopischen Theorien entgegen. Diskutieren Sie, ob seine Forderungen heute durchsetzbar sind bzw. bereits durchgesetzt werden.

## Heinz von Foerster: Erkenntnis und Verantwortung

BERNHARD PÖRKSEN: Sie haben einmal [...] geschrieben: **„Objektivität ist die Wahnvorstellung, Beobachtungen könnten ohne Beobachter gemacht werden. Die Berufung auf Objektivität ist die Verweigerung der Verantwortung – daher auch ihre Beliebtheit."** Wie hängt die Ablehnung von Verantwortung mit dem Objektivitätspostulat zusammen?

HEINZ V. FOERSTER: Wer wissenschaftlich tätig ist, mathematische Theorien aufstellt, in Labors arbeitet, für den wird die Frage wichtig: Was ist eine Beobachtung? Wie kommt sie zustande? Wie lässt sich mit Sicherheit feststellen, dass dieses oder jenes der Fall ist und diese oder jene Sicht der Dinge universal gültig? Ausge-

**Heinz von Foerster,** geboren 1911 in Wien, Physiker und Philosoph, arbeitete im 2. Weltkrieg als Radarforscher, nach Ende des Krieges auch als Journa-

[1] modo negativo (lat.): in negativem Sinne
[2] sine qua non (lat.): nicht ohne diese, d.h. notwendige Bedingung
[3] sublim: erhaben, verfeinert

hend von Problemen der klassischen Empirie hat ein gewisser Hermann von Helmholtz im 19. Jahrhundert eine Strategie entwickelt, die – so seine Annahme – allgemeingültige Beobachtungen hervorbringen könnte. Helmholtz beschloss, den Beobachter auf dem so genannten *Locus observandi* zu platzieren: einem Platz völlig neutraler Beobachtung, der frei sein sollte von persönlichen Einflüssen, individuellem Geschmack und den besonderen Eigenschaften eines Menschen, der etwas untersucht und studiert.

PÖRKSEN: Die Charakterisierung des Locus observandi klingt so, als würde man eine *epistemologische*[1] Schweiz beschreiben, einen Ort vollständiger erkenntnistheoretischer Neutralität.

v. FOERSTER: Ausgezeichnet, eine epistomologische Schweiz sollte das sein, ganz genau. Es ist ja unerhört attraktiv, so zu denken und die eigenen Annahmen als objektiv auszugeben. Aber wenn man ein bisschen näher hinschaut und die Frage stellt, was mit dem Begriff der Objektivität gemeint ist, dann erfährt man, dass es zu den Merkmalen einer objektiven Beschreibung gehört, dass die individuellen Eigenschaften des Beobachters nicht in diese eingehen, sie beeinflussen und bestimmen sollen. Aber was heißt das? Soll man nicht seine eigenen Augen benutzen, soll man nicht hören, nicht riechen, nicht schmecken? Mir ist nie recht klar geworden, was die Anhänger des Objektivitätspostulats überhaupt beobachten wollen, wenn sie einem Menschen seine persönliche Sicht der Dinge untersagen. Was soll ein Beobachter wahrnehmen, der, folgt man der Definition von **Objektivität**, eigentlich blind, taub und stumm sein müsste und dem es verboten ist, seine Sprache zu verwenden? Was soll er uns mitteilen? Wie soll er kommunizieren? Es ist doch, so würde ich meinen, immer ein Beobachter, der beobachtet. Ohne ihn geht gar nichts.

PÖRKSEN: Aber was haben diese Ausführungen zum Begriff der Objektivität mit der Abschiebung von Verantwortung – einer praktischen Konsequenz – zu tun?

v. FOERSTER: Wenn ich sage, eine Aussage sei objektiv, dann liegt dieser Behauptung die Vorstellung zugrunde, man selbst habe nichts mit dieser Aussage zu tun. Man beschreibt ja nur, man fungiert als eine Art Kamera und als ein passiver Registrator. Politisch gesehen ist diese Ablösung des Beobachters vom Be obachteten ein beliebtes Gesellschaftsspiel; denn wie will man diesen objektiven Beobachter für irgendetwas verantwortlich machen? Er ist ja nur ein Berichterstatter, er ist nicht beteiligt an dem, was geschieht, er kann sich immer darauf zurückziehen, dass er nur *objektiv* darstellt, was der Fall ist.

PÖRKSEN: Aus meiner Sicht lässt sich das Verhältnis von Objektivität und verantwortlichem Handeln aber auch genau umgekehrt betrachten: Der Verweis auf die erkannte, die objektive Wahrheit bildet vielfach die Basis für verantwortliches Engagement. Weil etwas objektiv so ist, weil – beispielsweise – die Naturzerstörung *wirklich* voranschreitet, muss gehandelt werden. Und umgekehrt könnte man sagen, dass der Abschied von der Idee einer objektiv erkennbaren Realität sich auch als Rechtfertigung für Gleichgültigkeit interpretieren ließe. Nichts ist mehr *wirklich* wichtig. [...]

[1] epistemologisch: die Erkenntnis betreffend

list. 1949 ging er in die USA. Er entwickelte eine quantenmechanische Theorie des Gedächtnisses und gründete das Biologische Computer-Laboratorium (BCL), in dem Physiker, Mathematiker, Biologen, Mediziner, Techniker und Künstler gemeinsam an der Frage, was Erkennen ist und wie es funktioniert, arbeiteten. Von Foersters bahnbrechende Impulse im Bereich empirisch-experimenteller Kognitionsforschung werden erst seit einigen Jahren in ihrer Bedeutung erkannt und gewürdigt. Für von Foerster sind Lehren und Lernen lebendige Prozesse mit offenem Ende. Daher sucht er das Gespräch mit anderen und verweigert sich in seinen zahlreichen Schriften einer systematischen Darstellung seines Denkens, die Abgeschlossenheit und endgültige Wahrheit suggeriert.

Was bedeutet „Objektivität“?

René Magritte: La Condition humaine (So lebt der Mensch)

Können wir uns ein Bild von der Wirklichkeit machen, das diese so wiedergibt, wie sie ist? Ist das, was wir Wissen nennen, ein solches Abbild der Wirklichkeit? Heinz von Foerster gehört einer Denkrichtung an, die als **radikaler Konstruktivismus** bezeichnet wird. Dieser behauptet, dass wir eine von uns unabhängige Wirklichkeit gar nicht erkennen können. Vielmehr leben wir in einer Wirklichkeit, die wir selbst erfunden/konstruiert haben. „Ich sehe, was ich sehe.“

v. FOERSTER: Meine Auffassung ist: Sobald man diese Referenzen[1] nach außen macht und vom Übel der Welt spricht, so ist das Leid weg, nach draußen geschoben. Der Objektivist schiebt es weg. Derjenige, der eine nicht objektivistische Haltung einnimmt, ist in ganz anderer Weise involviert[2]. Er sagt: „Ich sehe es so, dass es alle diese Übel in der Welt gibt.“ Ein solcher Satz macht einen plötzlich zum Mitleidenden, es entsteht Beteiligung und gerade nicht, wie Sie befürchtet haben, Gleichgültigkeit. [...]
Das heißt: Man kann jetzt zwei unterschiedliche Positionen kontrastieren. Der Haltung des unbeteiligten Beschreibers steht die Haltung des Mitfühlenden und Beteiligten gegenüber, der sich selbst als Teil der Welt begreift und von der Prämisse ausgeht: Was immer ich tue, verändert die Welt! Er ist mit ihr und ihrem Schicksal verbunden, er ist verantwortlich für seine Handlungen. Die Welt kann aus dieser Perspektive nicht zu etwas Feindlichem werden: Sie erscheint als ein Organ, als ein Teil des eigenen Körpers, der sich nicht abtrennen lässt. Das All und das Selbst fallen zusammen. Aus dem viel beschworenen Angstbegriff *Kampf ums Dasein* wird ein harmonisches Zusammenspiel.

PÖRKSEN: Wie lässt sich diese Haltung der Verbundenheit, wie lässt sich Ethik überhaupt argumentativ begründen? [...]

v. FOERSTER: Ich behaupte, dass sich prinzipiell nicht entscheiden lässt, welche von diesen beiden Haltungen die richtigere oder die wahrere ist. Verbunden mit der Welt oder getrennt von der Welt – das ist aus meiner Sicht unentscheidbar. Und daher kommt es ausschließlich auf mich an, für welche dieser beiden Haltungen ich votiere.

PÖRKSEN: Was sind entscheidbare, was sind unentscheidbare Fragen?

[1] Referenz: Bezugnahme/Berufung auf
[2] involviert: mit enthalten, beteiligt

V. FOERSTER: Eine entscheidbare Frage wird immer innerhalb eines Rahmens entschieden, der die mögliche und jeweils richtige Antwort bereits vorgibt. Ihre Entscheidbarkeit wird durch gewisse Spielregeln und Formalismen, die man allerdings akzeptieren muss, gesichert. [...] So ist die Frage, ob die Zahl 2546 durch 2 teilbar ist, blitzschnell beantwortbar, da wir alle wissen, dass Zahlen, die eine gerade Endziffer enthalten, durch 2 teilbar sind.

PÖRKSEN: Was sind unentscheidbare Fragen?

V. FOERSTER: Das sind Fragen, die etwa von der Existenz höherer Wesenheiten, dem Sinn des Lebens, der Entstehung der Welt und dem Weiterleben nach dem Tod handeln. Sie besitzen eine Vielzahl möglicher Antworten. Wie ist, so könnte man fragen, das Universum entstanden? Wie lässt sich das entscheiden? Wenn man einen Physiker um Antwort bittet, so erfährt man: Das weiß doch jeder! Vor zehn oder zwanzig Milliarden Jahren gab es einen *Big Bang* – den Urknall – und aus dem ist unser heutiges Universum hervorgegangen. Noch heute hört man mit Hilfe von riesigen Mikrowellen-Antennen ein schwaches Rauschen, das als Nachhall des Urknalls zu deuten ist. Fragt man dagegen einen gläubigen Katholiken, so bekommt man einen präzisen Schöpfungsbericht zu hören, der jeden einzelnen Tag der Welterschaffung beschreibt. Wenn man einem indischen Hindu diese Frage vorlegt, so wird er sagen: Jedes Kind weiß, dass es einmal Schildkröten gab und auf diese Schildkröten stiegen andere Schildkröten und auf der obersten Schildkröte, da sitzen wir im Universum! So kann man nun von Mensch zu Mensch gehen, die Turkmenen, die Arapesch und die Eskimos fragen – und immer wird man von ihnen erfahren, wie und auf welche Weise das Universum entstand. Wie soll man feststellen, wer Recht hat? Diese Frage kann nicht entschieden werden, aber ihre Beantwortung ist eine Möglichkeit etwas über den Antwortenden zu erfahren. Kurzum: *Sage mir etwas über den Ursprung des Universums, und ich sage dir, wer du bist!* [...]

PÖRKSEN: Könnte man sagen, dass die unentscheidbare Frage so etwas wie ein *evokatorisches*[1] *Geheimnis* darstellt: Sie evoziert die Merkmale unseres Denkens, sie macht unsere weltanschauliche Gebundenheit sichtbar und klar.

V. FOERSTER: Ich würde nicht von einem Geheimnis sprechen, da ein Geheimnis nur dann ein Geheimnis ist, wenn es auch eine Antwort besitzt, die sich womöglich irgendwann offenbart. Man weiß etwas *noch nicht*. Aber die unentscheidbaren Fragen, von denen ich spreche, sind prinzipiell unlösbar; und daher würde ich keine neuen Ausdrücke erfinden, sondern diese sprachliche Form beibehalten, da die Rede von der Unentscheidbarkeit als eine Einladung zur Entscheidung zu verstehen ist. Man ist selbst aufgerufen, die Wahl zu treffen. Entscheidbare Fragen sind durch den gesetzten Rahmen in einem gewissen Sinne bereits entschieden; man kann lediglich gemäß der vorgegebenen Spielregel die Antwort finden. **Aber nur die Fragen, so lautet mein metaphysisches Postulat[2], die im Prinzip unentscheidbar sind, können *wir* entscheiden.**

[1] evokatorisch: das Hervortreten von Vorstellungen und Erlebnissen bewirkend
[2] Postulat: Forderung, nicht beweisbare Annahme

„Ich weiß, was ich weiß." Mit solchen tautologischen Aussagen verdeutlicht von Foerster die Gebundenheit der Erkenntnis an den Erkennenden. Der Mensch kann sein Wissen nur mit anderem Wissen vergleichen, niemals mit einer von ihm unabhängigen Wirklichkeit. Der radikale Konstruktivismus sieht den Wert unseres Wissens und unserer Theorien darin, dass sie uns helfen, eine gemeinsame Welt zu erschaffen, die dauerhaft und verlässlich ist. Wissen ist kein passives Abbilden, sondern schöpferisches Handeln.

Paul Watzlawick (Hg.): Die erfundene Wirklichkeit, Beiträge zum Konstruktivismus. München (Piper) 1985
H. v. Foerster/B. Pörksen: Wahrheit ist die Erfindung eines Lügners. Gespräche für Skeptiker. Heidelberg (Carl-Auer-Systeme Verlag) 1998

„Hat aber nicht letztlich doch der Physiker Recht?" Denken Sie über diesen Einwand nach.

Was sagt unsere Bezeichnung „Urknall" für die Entstehung der Welt über uns aus?

Was ist der Unterschied zwischen entscheidbaren und unentscheidbaren Fragen? Warum macht von Foerster diese Unterscheidung?

PÖRKSEN: In welchem Sinne verwenden Sie den Begriff der Metaphysik?

v. FOERSTER: Ich behaupte: Wir sind Metaphysiker – ob wir uns so nennen oder nicht –, immer dann, wenn wir Fragen entscheiden, die im Prinzip unentscheidbar sind. Und ich meine, dass wir dies im Fluss des Daseins permanent tun: Immer und immer wieder entscheiden wir unentscheidbare Fragen, die sich (aufgrund ihrer logischen Struktur, einer fehlenden Beobachtbarkeit usw.) nicht eindeutig klären lassen. Schon wenn jemand über die Vergangenheit spricht, votiert er für eine mögliche Version eines Geschehens: Er weiß ja nicht, wie es war; er weiß nur, an was er sich erinnert.

PÖRKSEN: Meinen Sie, dass wir, wenn wir über die Vergangenheit reden, immer nur über unsere Konstruktion sprechen?

v. FOERSTER: Ja; jede Geschichte und jedes Ereignis der Vergangenheit kann aus ganz unterschiedlichen Perspektiven beschrieben werden. Woher will man wissen, welche die richtige, welche die korrekte Version eines Geschehens ist? Die Vergangenheit ist nicht rekonstruierbar, sondern nur *von uns* mit Hilfe der Sprache beschreibbar. *Was war, ist weg.* Es ist irrsinnig komisch, wenn man die amerikanischen Lehr- und Geschichtsbücher für die Vorschule, die Mittel- und die Hochschule miteinander vergleicht: Jede Geschichte, die scheinbar von ein und demselben Ereignis handelt, ist eine andere. Allerdings sind sich die Menschen – in diesem Fall: die Autoren dieser Beiträge – nicht immer bewusst, dass sie eine Entscheidung darüber getroffen haben, was gewesen sein soll. Man muss sich jedoch klar machen, dass wir dauernd Entscheidungen dieser Art treffen. Ich würde sogar sagen, dass die Frage unentscheidbar ist, ob sich ein Experiment finden lässt, das eindeutig erweist, ob es sich um eine unentscheidbare Frage handelt. [...]

PÖRKSEN: Wie gelangen wir jetzt von diesem Exkurs wieder zu jener Haltung des Verbundenseins mit der Welt, über die wir sprachen?

v. FOERSTER: Ich kann es nur wiederholen. Meine Behauptung ist, dass sich die Frage, ob wir von der Welt getrennt oder mit ihr verbunden sind, prinzipiell nicht endgültig klären lässt. [...] Wir können uns nur für eine dieser beiden Haltungen entscheiden und für unsere Wahl die Verantwortung übernehmen.

PÖRKSEN: Auf diese Weise wird auch das Problem der Begründbarkeit Ihrer ethischen Position auf eine ganz elegante Weise gelöst: Man entscheidet sich für die Position des Verbundenseins mit der Welt; diese Entscheidung ist die Begründung, ist das Fundament. Das heißt: Die Begründung der Ethik ist in diesem Fall *selbst* eine ethische Entscheidung.

v. FOERSTER: Das ist die Idee, ganz genau. Und in dem Moment, in dem ich eine unentscheidbare Frage entschieden habe, kommt die Verantwortung ins Spiel. Man entschließt sich, die Dinge, die Welt und seine Mitmenschen auf eine besondere Weise zu betrachten und entsprechend zu handeln. Man wird verantwortlich für die Entscheidung, die man getroffen hat und die einem niemand abnehmen kann.

**Metaphysik:** philosophische Disziplin, die das hinter der sinnlich erfahrbaren, natürlichen Welt Liegende und somit die letzten Gründe des Seins behandelt.

❶ „Wie steht es aber zum Beispiel mit der Leugnung von Auschwitz durch Neonazis?" Was könnte von Foerster auf diesen Einwand entgegnen? (s. Z. 177ff.)

❷ Beschreiben Sie das Gemälde von René Magritte. Was sagt es über unsere „Wahrnehmung" der Wirklichkeit aus? Versuchen Sie einen Zusammenhang zwischen dem Bild und von Foersters These, dass Objektivität nicht möglich sei, herzustellen.

❸ Worin besteht nach von Foerster die „objektivistische Haltung"? Was kritisiert er im Einzelnen an dieser Haltung?

❹ Welche erkenntnistheoretische und ethische Position setzt er ihr entgegen? Wie begründet er sie?

❺ „Nur die Fragen, die im Prinzip unentscheidbar sind, können wir entscheiden." Was meint von Foerster mit dieser Aussage? Welche unentscheidbaren Fragen haben Sie schon entschieden?

❻ Diskutieren Sie die Frage, ob von Foersters Ablehnung des Begriffs der „Objektivität" nicht zu einem „ethischen Relativismus" nach dem Motto „Alles ist erlaubt" führen muss.

❼ Was versteht von Foerster unter Verantwortung? Vergleichen Sie seine Position mit der von Jonas.

❽ „Ist die Vorstellung, dass sich jeder Einzelne mit dem Schicksal der Welt verbindet, nicht eine enorme Überlastung?" (Pörksen) Diskutieren Sie ausgehend von dieser Frage über die Forderungen von Jonas und von Foerster.

# Was ist der Mensch? – Menschenbilder im Lauf der Geschichte

René Magritte (1889–1967): Die unerwartete Antwort (1933)

Worin besteht die „unerwartete Antwort“?

## Einführung

„Was tun Sie“, wurde Herr K. gefragt, „wenn Sie einen Menschen lieben?“ „Ich mache einen Entwurf von ihm“, sagte Herr K., „und sorge, dass er ihm ähnlich wird.“ „Wer? Der Entwurf?“ „Nein“, sagte Herr K., „der Mensch.“
So Bertolt Brecht in einer Geschichte von Herrn Keuner.
Aus den ältesten Dokumenten lässt sich ableiten, dass der Mensch schon immer bemüht war, ein Bild von sich zu machen. Ein Bild, das er allzugerne für real hielt. Eine gewisse Selbstverliebtheit ist darin zu erkennen, dass er sich immer gerne an der Seite oder als Gegenüber der Götter gesehen hat. Die Mythen legen ein beredtes Zeugnis davon ab. Der Mensch hielt sich sogar für einen Konkurrenten der Götter, der ihnen gefährlich wurde, weil er ihr Partner werden konnte und wollte.
Auch in der antiken und mittelalterlichen Philosophie wurde diese Position des Menschen behauptet: Zumindest seine als unsterblich angenommene Seele sollte aus göttlichen Bereichen stammen.
Dieses Menschenbild war immer zugleich auch Instrument der Herrschenden, denn die Nähe zu den Göttern galt nicht für alle Menschen in gleichem Maße.
In der Neuzeit aber musste der Mensch dann infolge der wissenschaftlichen Entdeckungen von Kopernikus, Darwin und Freud drei entscheidende Demütigungen hinnehmen: Die Erde und damit er selbst ist nicht der Mittelpunkt der Welt und keine Schaubühne vor den Augen Gottes; er ist keine exklusive Schöpfung Gottes, sondern ein Verwandter der Tiere; in seinem Inneren wirken eher Triebe als freie Willensentscheidungen.
Der Mensch hat einen langen Weg zurückgelegt und auch der heutige Blick in den Spiegel der Selbsterkenntnis muss unter dem Vorbehalt der Vorläufigkeit stehen, denn zu allen Zeiten hielten sich die jeweiligen Vertreter der Humanwissenschaften für Entdecker endgültiger Wahrheiten. Aber diese Erkenntnisse erlauben dem Menschen auch einen bescheideneren Zugang zu sich selbst. Andererseits lassen ihn die Demütigungen nicht ruhen, er versucht durch die Erforschung und Veränderung der Bausteine des Lebens (Gene) und der Natur (Atome) wieder eine gottähnliche Position zu gewinnen.
Die Frage an Herrn K., ob der Mensch oder das Bild angepasst wird, bleibt also aktuell.
In ethischer Hinsicht ist im Menschen die Erkenntnis gereift, dass er eine relative Freiheit hat, die ihn auch in die Verantwortung für sein Handeln zwingt. Er muss sich folglich der Frage nach der ethischen Beurteilung seines Handelns stellen.

**Duane Hanson**, hyperrealistischer Künstler, fertigt naturgetreue Skulpturen von Menschen. Da diese Kunstwerke zu ebener Erde aufgestellt werden, üben sie eine starke Wirkung auf den Betrachter aus.

# 1. Die Antwort der Götter: Menschenbilder in den Mythen

Mythen sind die zunächst erzählten, dann schriftlich festgehaltenen ältesten Zeugnisse dafür, dass der Mensch sich die Frage gestellt hat, woher er stammt und was der Sinn seines Daseins ist. Mythen erzählen von der Entstehung der Welt und des Menschen, von seinem Verhältnis zu den Göttern, von Schuld und Strafe, vom Leben nach dem Tod. In den Mythen wird offenbar, in welcher Rolle der Mensch sich auf der Welt glaubte. Diese alten Geschichten haben oft eine erstaunliche Aktualität, weil sie grundsätzliche Aussagen über den Menschen enthalten, die bis heute gültig und zutreffend sind. Im Folgenden werden vier Beispiele mythischen Erzählens vorgestellt.

## Germanischer Mythos: Der Weltenbaum

*Im germanischen Mythos befindet sich der Mensch in einer Art Schicksalsgemeinschaft mit den Göttern: Alle sind dem Schicksal unterworfen. Es besteht die Möglichkeit, dieses Schicksal schon vor seinem Eintreffen zu ergründen, entgehen kann man ihm jedoch nicht.*

Die Götter treffen sich zum täglichen Rat auch beim Weltenbaum, der Esche Yggdrasill. Er ist der größte und beste aller Bäume, breitet seine Äste über alle Welten aus und schützt Midgard. Seine Krone stützt den Himmel. Der Lebensbaum steht immergrün; verdorrt ein Zweig, sprießen am nächsten Tag neue Blätter. Drei starke Wurzeln greifen weit aus und halten Yggdrasill aufrecht. Die erste Wurzel reicht zu den Göttern und Menschen, die zweite zu den Riesen, die dritte nach Niflheim. Unter jeder Wurzel entspringt eine Quelle. [...]
Unter jener Wurzel der Weltenesche, die zu den Menschen reicht, liegt der Brunnen der Norne Urd. In einem prächtigen Saal wohnen hier drei Nornen, die Schicksalsfrauen. [...]
Die Nornen messen allen Wesen ihr Schicksal zu; das tut die Norne Urd für die Vergangenheit, die Norne Verdandi für die Gegenwart und die Norne Skuld für die Zukunft.
Es gibt auch andere Nornen, sie weben ebenfalls am künftigen Geschick. Einige Nornen stammen von den Asen ab, andere von den Lichtalfen oder von den Zwergen. Es heißt, Nornen aus gutem Geschlecht teilen Gutes zu, solche von böser Herkunft verhängen Unheil. Manchen Menschen werden Wohlleben und Macht beschert, andere bekommen weder Vorteil noch Ruhm: der Lebensfaden wird verschieden lang gesponnen. Jeder Mensch, wird erzählt, habe von Geburt an eine Norne, die begleite ihn sein Leben. Einigen Nornen wird Hilfe bei der Geburt zugeschrieben. Auch die Götter greifen in das Schicksal der Menschen ein; aber den Asen bliebe ihr eigenes verborgen.

**Midgard:** die Heimat der Menschen in der Mitte der Welt

**Niflheim:** eine eisige Welt im Norden

**Asen:** germanische Götter

❶ Wie kann das Schicksal für die Vergangenheit im Nachhinein zugemessen werden?

❷ Wie kann der Mensch angesichts dieser Einbindung in das Schicksal schuldig werden?

❸ Was bedeutet es, dass den Asen ihr eigenes Schicksal verborgen bleibt?

## Indianischer Mythos: Die Mutter Erde

Ein indianischer Prophet namens Smohalla vom Stamm Umatilla weigerte sich, die Erde zu bearbeiten. „Es ist eine Sünde", sagte er, „unser aller Mutter durch Ackerarbeit zu verwunden oder zu schneiden, zu reißen oder zu kratzen." Und er fügte hinzu: „Ich soll den Boden bearbeiten? Soll ich etwa ein Messer nehmen und es meiner Mutter in den Schoß stoßen? Sie würde mich nicht mehr darein aufnehmen, wenn ich tot bin. Ich soll umgraben und die Steine herauswerfen? Soll ich etwa ihr Fleisch aufschneiden und ihre Knochen freilegen? Dann kann ich nicht mehr in ihren Körper eingehen und wiedergeboren werden. Ich soll Gras und Heu schneiden und es verkaufen und mich daran bereichern wie die Weißen? Wie dürfte ich es wagen, meiner Mutter die Haare abzuschneiden!"

❶ Welche Position hat der Mensch nach der Vorstellung des Indianers Smohalla in der Welt?

❷ Vergleichen Sie die Einstellung unserer Zivilisation zur Umwelt mit der Vorstellung, die im indianischen Mythos begegnet.

## Griechischer Mythos: Der doppelgeschlechtliche Urmensch

*Nach der erfolgreichen Premiere einer Komödie wurde im Hause des Autors ein Gastmahl (Symposion) veranstaltet. Dabei wurden Reden zum Thema „Liebe" gehalten. Aristophanes, einer der Gäste, erzählte zu vorgerückter Stunde, als er schon einiges getrunken hatte, folgende Geschichte:*

Unsere ursprüngliche Natur war nicht die gleiche wie jetzt, sondern ganz anders. Denn erstlich gab es drei Geschlechter von Menschen, nicht wie jetzt nur zwei, männliches und weibliches, sondern es gab noch ein drittes dazu, welches das gemeinschaftliche war von diesen beiden. […]

Ferner war die ganze Gestalt eines jeden Menschen rund, sodass Rücken und Brust im Kreise herumgingen. Und vier Hände hatte jeder und Schenkel ebenso viel als Hände, und zwei Angesichter auf einem kreisrunden Halse einander genau ähnlich und einen gemeinschaftlichen Kopf für beide einander gegenüberstehende Angesichter, und vier Ohren, auch zweifache Schamteile und alles übrige, wie es sich hieraus ein jeder weiter ausmalen kann. Man ging aber nicht nur aufrecht wie jetzt, nach welcher Seite man wollte, sondern auch wenn jemand schnell wohin wollte, so machte er es, wie wenn man Purzelbäume schlägt und mit emporgestreckten Beinen sich im Kreise überschlägt. […]

Zeus also und die anderen Götter ratschlagten, was sie mit ihnen tun sollten, und wussten nicht was. Denn es war weder tunlich, sie zu töten und wie bei den Giganten das ganze Geschlecht mit dem Blitz zu vernichten, denn dann wären sie auch um die Verehrung und die Opfer vonseiten der Menschen gekommen, noch konnten sie sie weiter freveln lassen. Mit Mühe endlich hatte Zeus sich etwas ersonnen und sagte: Ich glaube nun ein Mittel zu haben, wie es noch weiter Menschen geben kann und sie doch aufhören müssen mit ihrer Ausgelassenheit, wenn sie nämlich schwächer geworden sind. Denn jetzt, sprach er, will ich sie, jeden von ihnen, in zwei Hälften zerschneiden, so werden sie schwächer sein. […]

**Symposien** hatten in der Antike eine große gesellschaftliche Bedeutung. Die Gäste, ausschließlich aus dem gehobenen Bürgertum, trafen sich zu einer Party in einem Privathaus. Dabei unterhielt man sich aber nicht auf der Stufe des „small talk", es wurde vielmehr ein Thema vorgegeben, zu dem Teilnehmer der Veranstaltung Reden hielten.

Mit diesen Worten zerschnitt er die Menschen in zwei Hälften, wie wenn man Früchte zerschneidet, um sie einzumachen. Sobald er aber einen zerschnitten hatte, befahl er dem Apollon, ihm das Gesicht und den halben Hals herumzudrehen nach der Schnittfläche hin, damit der Mensch seine Zerschnittenheit vor Augen habe und sittsamer würde, und das Übrige befahl er ihm zu heilen. Als so ihre natürliche Gestalt entzweigeschnitten war, sehnte sich jedes nach seiner anderen Hälfte, und so kamen sie zusammen, umfassten sich mit den Armen und umschlangen einander in dem Bestreben, zusammenzuwachsen. [...]

Da erbarmte sich Zeus und gab ihnen ein anderes Mittel an die Hand, indem er ihnen die Schamteile nach vorne verlegte, denn vorher trugen sie auch diese nach außen und zeugten nicht eines in dem anderen, sondern in die Erde wie Zikaden. Nun aber verlegte er sie ihnen nach vorne und bewirkte vermittels ihrer das Zeugen ineinander, in dem weiblichen durch das männliche, deshalb, damit in der Umarmung, wenn der Mann eine Frau träfe, sie zugleich zeugten und Nachkommenschaft entstände, wenn aber ein Mann den anderen, sie doch Befriedigung hätten durch ihr Zusammensein und erquickt sich zu ihren Geschäften wenden und was sonst zum Leben gehört, besorgen könnten ... Wenn aber einmal einer seine wahre eigne Hälfte antrifft, ein Knabenfreund oder jeder andere, dann werden sie wunderbar entzückt zu freundschaftlicher Einigung und Liebe wollen und wollen sozusagen auch nicht die kleinste Zeit voneinander lassen [...]

Hiervon ist nun dies die Ursache, dass unsere ursprüngliche Naturanlage diese war und wir ein Ganzes waren, und dies Verlangen eben und Trachten nach dem Ganzen heißt Liebe. Und vordem, wie gesagt, waren wir eins. Jetzt aber sind wir wegen unserer Ungebärdigkeit von dem Gott auseinander gelegt und verteilt worden.

❶ Skizzieren Sie das Aussehen dieser urtümlichen Kugelmenschen!

❷ Wie werden Homo- und Heterosexualität hier dargestellt?

❸ Wie entsteht Liebe unter den Menschen?

❹ Beschreiben Sie das Verhältnis zwischen Zeus und den Menschen.

Der „Uroboros" ist ein altes Symbol. Die Schlange ist durch die Vereinigung mit sich selbst vollkommen.

## Biblischer Mythos: Der Sündenfall

*Gott hatte dem ersten Menschen (Adam, bevor der zweite Mensch Eva aus seiner Seite erschaffen worden war) das Gebot gegeben: Von allen Bäumen des Gartens darfst du essen. Von dem Baum der Erkenntnis des Guten und Bösen aber darfst du nicht essen. Denn am Tage, da du davon issest, musst du sicher sterben.*

Die Schlange war listiger als alle Tiere des Feldes, die Jahwe Gott gemacht hatte. Sie sprach zu dem Weibe: „Hat Gott wirklich gesagt: ihr dürft nicht von allen Bäumen des Gartens essen?“ Das Weib antwortete der Schlange: „Von den Früchten der Bäume des Gartens dürfen wir essen. Nur von den Früchten des Baumes, der mitten im Garten steht, hat Gott gesagt: ihr sollt nicht davon essen und nicht daran rühren, damit ihr nicht sterbet.“ Darauf sprach die Schlange zu dem Weibe: „Keineswegs, ihr werdet nicht sterben. Vielmehr weiß Gott, dass an dem Tage, da ihr davon esset, euch die Augen aufgehen und ihr sein werdet wie Götter, die Gutes und Böses erkennen.“ Das Weib sah, dass der Baum gut zu essen wäre und lieblich anzusehen und begehrenswert, um Einsicht zu gewinnen. Und sie nahm von seiner Frucht und aß und gab davon auch ihrem Manne, der bei ihr war, und er aß. Nun gingen beiden die Augen auf, und sie erkannten, dass sie nackt waren. Deshalb flochten sie Feigenblätter zusammen und machten sich Schurze.

❶ Worin liegt für die Menschen der Reiz, Gutes und Böses zu unterscheiden?

❷ An welchem Punkt im Gespräch wird deutlich, dass Eva den Widerstand aufgibt?

❸ Welchen Moment des Geschehens hat Leger in seinem Bild festgehalten?

❹ Deuten Sie die Symbolik des Bildes, z. B. den Apfel als Tätowierung auf dem Arm Adams oder die Schlange am Stab, den Adam hält.

Fernand Léger (1881–1955): Adam und Eva

# 2. Der „ideale" Mensch: Menschenbilder in der antiken Philosophie

## Platon: Das Höhlengleichnis

*Platon verwendet ein Bild um eine philosophische Darstellung anschaulich zu machen. Anders als im Mythos, wo das Bild für sich selbst spricht, hat es hier die Funktion, eine abstrakte philosophische Abhandlung zu verdeutlichen.*
*Platon beschreibt in dieser Geschichte die Lage des Menschen in der realen Welt. Der Mensch erkennt die wahren Zusammenhänge nicht. Es gibt aber eine Möglichkeit zur Erkenntnis, die allerdings nicht leicht zu ergreifen ist:*

**Platon** (427–347 v. Chr.): griech. Philosoph (Biografie s. S. 135)

„Und jetzt will ich dir ein Gleichnis für uns Menschen sagen, wenn wir wahrhaft erzogen sind und wenn wir es nicht sind. Denke dir, es lebten Menschen in einer Art unterirdischer Höhle, und längs der ganzen Höhle zöge sich eine breite Öffnung hin, die zum Licht hinaufführt. In dieser Höhle wären sie von Kindheit an gewesen und hätten Fesseln an den Schenkeln und am Halse, sodass sie sich nicht von der Stelle rühren könnten und beständig geradeaus schauen müssten. Oben in der Ferne sei ein Feuer, und das gäbe ihnen von hinten her Licht. Zwischen dem Feuer aber und diesen Gefesselten führe oben ein Weg entlang. Denke dir, dieser Weg hätte an seiner Seite eine Mauer, ähnlich wie ein Gerüst, das die Gaukler vor sich, den Zuschauern gegenüber, zu errichten pflegen, um darauf ihre Kunststücke vorzuführen."
„Ja, ich denke es mir so."
„Weiter denke dir, es trügen Leute an dieser Mauer vorüber, aber so, dass es über sie hinwegragt, allerhand Geräte, auch Bildsäulen von Menschen und Tieren aus Stein und aus Holz und überhaupt Erzeugnisse menschlicher Arbeit. Einige dieser Leute werden sich dabei vermutlich unterhalten, andere werden nichts sagen."
„Welch seltsames Gleichnis! Welch seltsame Gefangene!"
„Sie gleichen uns! – Haben nun diese Gefangenen wohl von sich selber und voneinander etwas anderes gesehen als ihre Schatten, die das Feuer auf die Wand der Höhle wirft, der sie gegenüber sitzen?"
„Wie sollten sie! Sie können ja ihr Leben lang nicht den Kopf drehen."
„Ferner: Von den Gegenständen, die oben vorübergetragen werden? Doch ebenfalls nur ihre Schatten?"
„Zweifellos."
„Und wenn sie miteinander sprechen können, so werden sie in der Regel doch wohl von diesen Schatten reden, die da auf ihrer Wand vorübergehen." „Unbedingt." „Und wenn ihr Gefängnis auch ein Echo von der Wand zurückwirft, sobald ein vorübergehender spricht, so werden sie gewiss nichts anderes für den Sprecher halten als den vorüberkommenden Schatten." „Entschieden nicht."

„Überhaupt werden sie nichts anderes für wirklich halten als diese Schatten von Gegenständen menschlicher Arbeit.“

„Ja, ganz unbedingt.“ „Nun denke dir, wie es ihnen ergeht, wenn sie frei werden, die Fesseln abstreifen und von der Unwissenheit geheilt werden. Es kann doch nicht anders sein als so. Wenn einer losgemacht wird, sofort aufstehen muss, den Hals wenden, vorwärtsschreiten und hinauf nach dem Licht schauen muss – das alles verursacht ihm natürlich Schmerzen, und das Licht blendet ihn so, dass er die Gegenstände, deren Schatten er bis dahin sah, nicht erkennen kann –, was wird er dann wohl sagen, wenn man ihm erklärt: bis dahin habe er nur eitlen Tand gesehen; jetzt sei er der Wahrheit viel näher und sähe besser; denn die Gegenstände hätten höhere Wirklichkeit, denen er jetzt zugewendet sei! Und weiter, wenn man auf die einzelnen Gegenstände hinzeigt und ihn fragt, was sie bedeuten. Er würde doch keine einzige Antwort geben können und würde glauben, was er bis dahin gesehen, hätte mehr Wirklichkeit, als was man ihm jetzt zeigt.“ „Weit mehr.“ „Und zwingt man ihn, das Licht selber anzusehen, so schmerzen ihn doch die Augen. Er wird sich umkehren, wird zu den alten Schatten eilen, die er doch ansehen kann, und wird sie für heller halten als das, was man ihm zeigt.“ „Ja, das wird er tun.“ „Und zieht man ihn gar den rauen steilen Ausgang mit Gewalt hinauf und lässt nicht ab, bis man ihn hervor ins Sonnenlicht gezogen hat, so steht er doch Qualen aus, wehrt sich unwillig, und, ist er oben im Licht, so hat er die Augen voller Glanz und kann kein einziges von den Dingen sehen, die wir wirklich nennen.“ „Nein, wenn es plötzlich geschieht, nicht.“ „Er muss sich an das Licht gewöhnen, wenn er die Gegenstände oben sehen will. Zuerst wird er wohl am besten die Schatten erkennen, später die Spiegelungen von Menschen und anderen Gegenständen im Wasser, dann sie selber. Weiter wird er die Himmelskörper sehen und den Himmel selber, und zwar besser bei Nacht die Sterne und den Mond, als bei Tage die Sonne und ihre Strahlen.“ „Freilich.“ „Schließlich wird er in die Sonne selber sehen können, also nicht bloß ihre Spiegelbilder im Wasser und anderswo hier unten erblicken, sondern sie selber oben an ihrem Ort. Er wird ihr Wesen begreifen.“ „Unbedingt.“ „Und dann vermag er den Schluss zu ziehen, dass sie es ist, die Jahreszeiten und Jahre hervorbringt, die über die ganze sichtbare Welt waltet und von der in gewissem Sinne alles, was man sieht, ausgeht.“

❶ Wer kann die Gefesselten aus der Höhle befreien?

❷ Warum werden sie sich wehren?

❸ Konstruieren Sie die Höhle nach und interpretieren Sie den Akt der Befreiung in einem szenischen Spiel.

❹ Welche „Schatten auf der Wand“ gibt es in der heutigen Welt?

BIOGRAFIE

# Platon (427–347 v. Chr.)

„Das Schöne ist das Wahre“

Der griechische Philosoph Platon stammte aus einer vornehmen Athener Familie und kam durch Sokrates, dessen Schüler er acht Jahre lang war, zur Philosophie. Seine frühen Werke verfasste er in der Form von Dialogen, in deren Mittelpunkt Sokrates steht.

Nach der Darstellung Platons lebt der Mensch in einer Welt, die er als Realität wahrnimmt. **Die Gegenstände in ihr sind aber nur unvollkommene Abbildungen der vollkommenen Ideen**. Diese Ideen existieren für sich in einer jenseitigen Welt und haben untereinander Verbindung. Die ganze Welt ist eine Einheit. Der Mensch nimmt die Dinge der sichtbaren Welt mit seinen Sinnen wahr, unsichtbare Werte kann er durch seine Ratio begreifen, sie sind aber in der sichtbaren Welt nur verhüllt vorhanden. **Durch die Vernunft kann er die dahinter stehenden Ideen erfassen**. Dies geschieht durch Rückerinnerung, weil die Seele vor der Erzeugung des Menschen Einblick in das Reich der Ideen hatte.

Das Wissen um die Ideen selbst kann nicht gelehrt werden, es ist nicht mitteilbar. Es zeigt sich aber zum Beispiel in der Erkenntnis logischer Zusammenhänge und auch daran, dass der Mensch eine Vorstellung von Vollkommenheit hat, die er in seinem Leben nicht erworben haben kann.

Der Philosoph soll sich von der vergänglichen Welt ab- und den unvergänglichen Ideen zuwenden, er soll nach Vollkommenheit in den höchsten Werten suchen. Platon sieht die Seele als den eigentlichen Teil des Menschen, der im Körper wie in einem Gefängnis eingeschlossen ist. Der Tod befreit die unsterbliche Seele, die dann aufsteigend ins Reich der Ideen zurückkehrt. Bei dieser Rückkehr muss sie sich für ihr Leben auf der Erde verantworten.

**Platon verstand Philosophie als Ethik**. Es ist dem Menschen nämlich möglich, durch die Philosophie zur Erkenntnis des Guten zu gelangen.

Seine ethischen Vorstellungen hat Platon in dem Werk „Politeia“ (der Staat) auch staatsphilosophisch konkretisiert. Ihm schwebt ein **Idealstaat** vor, in dem die Philosophen Könige und die Könige Philosophen sind. In diesem monarchischen Staat gibt es allerdings auch untergeordnete Menschen, Arbeiter zum Beispiel, die eine dienende Funktion haben.

Wenn ein Staat dauerhaft sein soll, müssen die Menschen erzogen werden. Sie können durch die vier Kardinaltugenden Weisheit, Tapferkeit, Besonnenheit und Gerechtigkeit auf den Weg zum Guten gebracht werden.

Platon suchte nach dem Tod des Sokrates den Kontakt zu verschiedenen Philosophen, um seinen Horizont zu erweitern. Der Versuch, dem Tyrannen Dionysios von Syrakus seine staatsphilosophischen Ideen nahe zu bringen und so vielleicht einen Herrscher zum Philosophen zu machen, scheiterte. Wegen unbequemer Äußerungen wurde er von diesem sogar auf den Sklavenmarkt gebracht, aber von einem Athener Bürger freigekauft.

Er gründete danach in Athen die Akademie, einen Ort für das philosophische Gespräch und die philosophische Bildung junger Männer.

Platon starb 347 in Athen.

**Kalokagathia** (gr.): „Schönheit und Gutheit" als Inbegriff des vortrefflichen Menschen

## Der ideale Mensch in der Antike: Die „Kalokagathia"

Das Menschenbild der Antike wurde nicht nur in Texten beschrieben, sondern auch in der bildenden Kunst dargestellt. Vor allem die Ausführung von Skulpturen zeugt von hoher künstlerischer Fertigkeit.

Der „Apollo von Belvedere", römische Marmorkopie eines griechischen Originals aus Bronze. Diese Statue ist nach ihrem Aufstellungsort, dem Belvedere im Vatikanischen Museum, benannt.

Die „Venus von Esquilin" römische Kopie eines griechischen Originals, ist nach ihrem Fundort auf einem der Hügel Roms benannt. Venus wurde in Rom besonders als Beschützerin der Stadt und Urmutter der Römer verehrt.

❶ Götterbilder dieser Art geben das Schönheitsideal der Entstehungszeit wieder. Sammeln Sie Elemente dieses Ideals.

❷ Welche Parallelen gibt es zum modernen Ideal des 'forever young'?

❸ Welches sind die heutigen Körperideale für Frauen und Männer? Suchen Sie Beispiele in Lifestyle-Magazinen.

## Der ideale Mensch im Leid: Laokoon und seine Söhne

Laokoon und seine Söhne im Kampf mit den Schlangen (Vatikanische Museen, Rom)

Der troianische Priester **Laokoon** warnte seine Landsleute vergeblich vor dem hölzernen Pferd, das die Griechen nach zehn Jahren der Belagerung vor ihrem scheinbaren Rückzug vor den Toren Troias zurückgelassen hatten. Als dann seine beiden Söhne von Meeresschlangen getötet wurden, starb er bei dem Versuch, ihnen zu helfen. Die Troianer hielten das für ein Zeichen der Götter und zogen das Pferd, in dessen Bauch griechische Soldaten versteckt waren, in ihre Stadt. Damit war das Ende Troias besiegelt.
Johann Joachim Winckelmann (1717–1768), Archäologe und Präsident der Altertümer der Vatikanischen Museen, schreibt: „Laokoon leidet, [...] sein Elend geht uns bis an die Seele, aber wir wünschten, wie dieser große Mann, das Elend ertragen zu können."

❶ Welche Haltung Laokoons zeigt diese Darstellung?

❷ Beschreiben Sie den Gesichtsausdruck Laokoons.

❸ Vergleichen Sie das Ergebnis mit der Interpretation Winckelmanns.

## Der leidende Mensch in der Kunst des 20. Jahrhunderts: Ecce homo

Christoph Voll: Akt, Ecce homo (1924/25)

Der Ausspruch „**Ecce homo**" (lat. = „siehe den Menschen") stammt aus dem Evangelium. Pilatus hielt den ihm zur Verurteilung vorgeführten Jesus für unschuldig. Er ließ ihn geißeln und dann dem Volk in seinem erbärmlichen Zustand mit den Worten „Ecce homo" vorführen. Er hoffte vergeblich, so das Mitleid der Menge auslösen zu können.

Vergleichen Sie diese Darstellung eines leidenden Menschen mit der antiken Skulptur des Laokoon. Was sagen Gestik und Mimik über die jeweilige Einstellung zum Leid aus?

BIO-GRAFIE

# Die Philosophie der Stoiker

## „Secundum naturam vivere" – Gemäß der eigenen Natur leben

Stoa – das ist eine Säulenhalle. In ihr trafen sich um 300 v. Chr. im alten Athen Philosophen, die hier ihr Weltbild entwickelten, das schließlich den Namen des Ortes bekam, an dem sie sich trafen. Zenon und Kleanthes waren die Gründer dieser älteren Stoa. Neue Aktualität erhielt die Lehre in der mittleren Stoa im zweiten und ersten Jahrhundert v. Chr. durch Panaitios und Poseidonius.

Die Stoa sah die Welt als einen für die Menschen geordneten Kosmos an. Ihr Schöpfer ist ein Gott, der mit der allumfassenden Weltvernunft gleichzusetzen ist. Als feuriges Pneuma (Geist) beseelt sie die ganze Welt. Der Mensch ist in ein System eingebunden, in dem sein ganzes Schicksal vorherbestimmt ist. **Seine Freiheit besteht darin, das für ihn bestimmte Fatum (Schicksal) anzunehmen. Er muss dazu seine eigene Natur finden und nach ihr leben.** Dies führt zur Gelassenheit in der Lebensführung. Dadurch kann er Affekte wie Furcht, Schmerz, Lust oder Zorn meiden, denn diese führen ihn weg von seinem Fatum. Der Mensch ist als Gemeinschaftswesen dazu bestimmt, mit anderen vernünftigen Wesen zusammenzuleben. Grundlage des Zusammenlebens ist die Gerechtigkeit, die in jedem Menschen von Natur aus angelegt ist. Deshalb müssen auch die Gesetze dieser Gerechtigkeit entsprechen.

Der Mensch hat Verpflichtungen der Gemeinschaft gegenüber. Er soll als Politiker oder als Philosoph wirken und kann dafür mit einem Platz im Elysium rechnen. Zu den Pflichten gehört auch die Schließung einer Ehe und das Zeugen von Kindern.

Im Tode wird man aus dem Körper, dem Gefängnis der Seele, befreit. Man darf sich aber nicht selbst von seinem Körper lösen (abgesehen von fest umschriebenen Ausnahmen), da das Leben eine Bewährungszeit ist, aus der einen nur der Gott abberufen kann.

Nach dem Tod kann die Seele ins Elysium, den Bereich der Seligen in der Unterwelt, zurückkehren und so wieder Teil des Pneumas werden, oder sie wird wieder in einen Körper geschickt zu einer neuen Bewährung.

Gegen Ende der republikanischen Zeit wurde die Stoa in Rom bekannt. Da die alten mythischen Gottesvorstellungen ihre Attraktivität verloren hatten, **wurde diese Philosophie in Rom um die Zeitenwende zur Religion der Gebildeten.** Diese jüngere Stoa wurde von römischen Denkern wie Seneca, Epiktet und Marc Aurel fortgeführt. Mit Marc Aurel wurde eine Vorstellung, die schon Platon geäußert hatte, Wirklichkeit: Mit ihm kam ein stoischer Weiser auf dem römischen Kaiserthron (161–180 n. Chr.). Er war ein feinsinniger Mensch, musste aber fast ständig Kriege führen, da das Römische Reich durch Angriffe von außen bedroht war. Marc Aurel starb im Feldlager.

Die Vorstellung der Stoa, dass der Mensch im Jenseits Lohn und Strafe zu erwarten habe, hatte starken Einfluss auf die christliche Vorstellung von Hölle, Himmel und Fegefeuer.

Reiterdenkmal Mark Aurels auf dem Kapitol in Rom. Es ist das einzige aus der Antike erhaltene Reiterdenkmal. Seinen Erhalt verdankt es einer Verwechslung: Man hielt den abgebildeten Kaiser für Konstantin, der das Christentum im Römischen Reich zuließ.

# 3. Vom „Werkzeug Gottes“ zum selbstbestimmten Individuum: Der Mensch zwischen Mittelalter und Neuzeit

Der Mensch wurde im Mittelalter als Wesen in einer hierarchisch gegliederten Welt gesehen. Gott war der Herr der Welt und alles existierte unter seiner Herrschaft und Leitung. Thomas von Aquin hat einen wichtigen Schritt geleistet, der zu größerer Autonomie des Menschen führte. Er hielt zwar an der Existenz Gottes fest, nahm aber beim Menschen eine Verstandesleistung an, die ihn vom passiv Empfangenden zum aktiv Mitdenkenden und vor allem zum Denken Fähigen machte.

## Thomas von Aquin: Die Summe des Denkens im Mittelalter

Der tätige Verstand, von dem der Philosoph[1] spricht, ist etwas von der Seele. Um das einzusehen, ist Folgendes zu erwägen. Es muss über der Verstandesseele des Menschen ein höherer Verstand angenommen werden, von dem die Seele die Kraft zu denken erhält. Denn immer verlangt das, was an etwas teilhat, und was bewegbar und unvollkommen ist, dass etwas vor ihm da sei, das durch seine Wesenheit ist, und das unbeweglich und vollkommen ist. Die menschliche Seele wird aber nur durch Teilhabe an einer Verstandeskraft verstehend genannt. Zeichen dessen ist, dass sie nicht ganz verstehend ist, sondern nur mit einem Teil von ihr. Sie gelangt ferner durch ein mit einer gewissen Hinundherbewegung verbundenes Schlussverfahren zur Erkenntnis der Wahrheit. Desweiteren hat sie auch ein nur unvollkommenes Verstehen, einmal weil sie nicht alles versteht, sodann weil sie in dem, was sie versteht, von der Möglichkeit zur Wirklichkeit voranschreitet. Es muss also einen höheren Verstand geben, der der Seele zum Denken verhilft.

Nun haben aber einige behauptet, dieser der Substanz nach getrennte Verstand sei der tätige Verstand, der durch eine Art Durchleuchten der Fantasiebilder diese zu etwas in Wirklichkeit Verstehbarem mache. Allein zugegeben, dass es einen solchen getrennt bestehenden tätigen Verstand gibt, so muss nichtsdestoweniger in der menschlichen Seele selbst eine von jenem höheren Verstand mitgeteilte Kraft angesetzt werden, durch welche die menschliche Seele etwas zu einem in Wirklichkeit Verstehbaren macht. Es gibt ja auch bei den anderen vollkommenen Naturdingen, neben den allgemeinen Wirkursachen, den vollkommenen Einzeldingen mitgegebene Eigenkräfte, die von den allgemeinen Wirkursachen hergeleitet sind: nicht die Sonne allein nämlich erzeugt den Menschen, sondern es gibt im Menschen eine den Menschen erzeugende Kraft; ebenso auch in den anderen vollkommenen Seelenwesen. Nun gibt es aber unter den Dingen hienieden nichts Vollkommeneres als die

[1] Der Philosoph ist Aristoteles.

**Thomas von Aquin** (1225–1274) war der bedeutendste Philosoph und Theologe des Mittelalters. Thomas machte Aristoteles, der seit der Entstehung des Christentums in Europa nicht mehr gelesen wurde, zur antiken philosophischen Autorität des Mittelalters. Thomas glaubte durch die Zusammenführung von Theologie und antiker Philosophie die Weisheit und Wahrheit erreichen zu können. Durch ihn bekam die Philosophie einen höheren Stellenwert, da er sie auf die Ratio, die Vernunft zurückführte. Die Ratio – das mussten auch die Theologen zugeben – war von Gott gegeben und musste deshalb widerspruchsfrei zur göttlichen Offenbarung sein.

Wär' nicht das Auge sonnenhaft
Die Sonne könnt' es nie
erblicken;
Läg' nicht in uns des Gottes
eigne Kraft
Wie könnt' uns Göttliches
entzücken?

*Johann Wolfgang von Goethe*

❶ Wie wird nach Thomas die Seele verstehend? Wie kann sie erreichen, dass etwas in Wirklichkeit verstehbar wird?

❷ Wieso muss die Kraft zu dieser Leistung in der Seele liegen?

❸ Wie passen dazu die Vergleiche Platons und Aristoteles (Z. 36 f.)?

❹ Prüfen Sie, ob im Zitat von Goethe Ähnliches über den Zusammenhang von Mensch, Gott und Welt gesagt ist.

Menschenseele. Deswegen muss man sagen: es gibt in ihr eine vom höheren Verstand hergeleitete Kraft, durch die sie die Fantasiebilder durchleuchten kann. [...] Es muss demnach die Kraft, die Grund dieser Tätigkeit ist, etwas sein, das in der Seele ist. – Deswegen hat Aristoteles den tätigen Verstand mit dem Licht verglichen, das etwas in die Luft Aufgenommenes ist. Platon aber verglich [...] den getrennt bestehenden, auf unsere Seelen einwirkenden Verstand mit der Sonne.

Ausgehend von Italien entwickelte sich mit der Renaissance im 15. Jahrhundert eine geistige Bewegung, die sich als Wiedergeburt der Antike empfand und ein neues Selbstbewusstsein des Menschen als Ebenbild Gottes proklamierte. Diese Bewegung ist ein Kennzeichen des Überganges vom Mittelalter zur Neuzeit. Antike Autoren wie Platon und Cicero wurden wieder gelesen, auch in der Kunst trat der Mensch in den Mittelpunkt des Interesses. Der menschliche Körper, der seit der Antike nicht mehr Gegenstand der bildenden Kunst war, wurde wieder naturgetreu dargestellt. Hinzu kam der Ausdruck der psychischen Situation der abgebildeten Menschen.

## Michelangelo: Die Erschaffung Adams

**Michelangelo Buonarotti** (1457–1564): italienischer Bildhauer, Maler und Dichter der Hochrenaissance

1. Buch Mose (Genesis) 2,7: Dann bildete Jahwe Gott den Menschen aus Staub von dem Erdboden und blies in seine Nase einen Lebenshauch. So wurde der Mensch ein lebendes Wesen.

Wie hat Michelangelo den biblischen Text interpretiert? Beachten Sie besonders die Haltung Adams.

Im Mittelalter war das ptolemäische Weltbild in Europa verbreitet. **Ptolemäus** hatte die Erde zum Mittelpunkt der Welt erklärt, um den sich Sonne, Mond und die Planeten drehten. Dieses Weltbild passte gut zum Menschenbild, das den Menschen als Krone der Schöpfung im Mittelpunkt des göttlichen Interesses sah.
Der Astronom **Nikolaus Kopernikus** (1473–1543) entdeckte auf Grund der Planetenbewegungen, dass die Sonne im Mittelpunkt stehen müsse und dass die Planeten, also auch die Erde sich um sie drehten. Diese Entdeckung wurde nur in einem engen Kreis von Fachwissenschaftlern bekannt. Deshalb blieb auch die Sprengkraft der neuen Entdeckung zunächst verborgen. Erst **Galileo Galilei** verhalf dem neuen Weltbild zur Verbreitung.

## Bertolt Brecht: Leben des Galilei

GALILEI: Mauern und Schalen und Unbeweglichkeit! Durch zweitausend Jahre glaubte die Menschheit, daß die Sonne und alle Gestirne des Himmels sich um sie drehten. Der Papst, die Kardinäle, die Fürsten, die Gelehrten, Kapitäne, Kaufleute, Fischweiber und Schulkinder glaubten, unbeweglich in dieser kristallenen Kugel zu sitzen. Aber jetzt fahren wir heraus, Andrea, in großer Fahrt. Denn die alte Zeit ist herum, und es ist eine neue Zeit. Seit hundert Jahren ist es, als erwartete die Menschheit etwas. Die Städte sind eng, und so sind die Köpfe. Aberglauben und Pest. Aber jetzt heißt es: da es so ist, bleibt es nicht so. Denn alles bewegt sich, mein Freund.

MÖNCH: [Meine Leute] schöpfen die Kraft, ihre Körbe schweißtriefend den steinigen Pfad hinaufzuschleppen, Kinder zu gebären, ja zu essen, aus dem Gefühl der Stetigkeit und Notwendigkeit, das der Anblick des Bodens, der jedes Jahr von neuem grünenden Bäume, der kleinen Kirche und das Anhören der sonntäglichen Bibeltexte ihnen verleihen können. Es ist ihnen versichert worden, daß das Auge der Gottheit auf ihnen liegt, forschend, ja beinahe angstvoll; daß das ganze Welttheater um sie aufgebaut ist, damit sie, die Agierenden, in ihren großen oder kleinen Rollen sich bewähren können. Was würden meine Leute sagen, wenn sie von mir erführen, daß sie sich auf einem kleinen Steinklumpen befinden, der sich unaufhörlich drehend im leeren Raum um ein anderes Gestirn bewegt, einer unter sehr vielen, ein ziemlich unbedeutender! Wozu ist jetzt noch solche Geduld, solches Einverständnis in ihr Elend nötig oder gut? Wozu ist die Heilige Schrift noch gut, die alles erklärt und als notwendig begründet hat, den Schweiß, die Geduld, den Hunger, die Unterwerfung, und die jetzt voll von Irrtümern befunden wird? Nein, ich sehe ihre Blicke scheu werden, ich sehe sie die Löffel auf die Herdplatte senken, ich sehe, wie sie sich verraten und betrogen fühlen. Es liegt also kein Auge auf uns, sagen sie. Wir müssen nach uns selber sehen, ungelehrt, alt und verbraucht, wie wir sind? Niemand hat uns eine Rolle zugedacht außer dieser irdischen, jämmerlichen auf einem winzigen Gestirn, das ganz unselbständig ist, um das sich nichts dreht?

(Aus lizenzrechtlichen Gründen ist dieser Text nicht in reformierter Rechtschreibung gedruckt.)

**Gagarin**, ein russischer Kosmonaut, der 1961 als erster Mensch in einem Raumschiff die Erdatmosphäre verlassen hatte, sagte nach seiner Landung, Gott habe er im Weltall nicht gesehen.

**Galileo Galilei** (1564–1642), Mathematiker und Philosoph, wies mit dem neu erfundenen Fernrohr anhand der Phasen der Venus nach, dass die Planeten sich nicht um die Erde, sondern um die Sonne drehten. Dies war der Beweis für die Entdeckung des Kopernikus. Die päpstliche Behörde verurteilte Galilei wegen Irrlehre und zwang ihn zum Widerruf. Die Wahrheit der wissenschaftlichen Erkenntnis konnte aber nicht lange unterdrückt werden. Das Urteil der päpstlichen Behörde wurde erst 1992 aufgehoben.

**Bertolt Brecht** (1898–1956), Schriftsteller (s. S. 40), stellt in seinem Schauspiel „Leben des Galilei“ den Konflikt zwischen Galilei und der Kirche dar.

❶ Kennzeichnen Sie, wie in den Worten Galileis das neue Weltbild deutlich wird.

❷ Welche Gründe nennt der „Kleine Mönch“ zur Rechtfertigung des kirchlichen Urteils? Nehmen Sie Stellung dazu.

❸ Wo wird deutlich, dass der „Kleine Mönch“ schon die Zeichen der neuen Zeit erkennt?

❹ Warum wehrt er sich dagegen?

# 4. Die Wendung zum Subjekt: Menschenbilder in der neuzeitlichen Philosophie

**René Descartes** (1596–1650), französischer Mathematiker und Philosoph. Er wollte die Gewissheit der Geometrie (sie besaß für ihn die größte Evidenz) auf die Philosophie übertragen und schuf so den Denkansatz (Paradigma) der modernen Wissenschaft. Er stellte sich darunter eine von unzweifelhaften Erkenntnissen geleitete Methode vor, deren Ergebnisse durch Evidenz bewiesen werden mussten. Diese Gewissheit kann der Mensch nur in sich selbst finden. (Vgl. auch S. 334) Die starke Trennung, die Descartes zwischen Seele und Körper sieht, wirkt noch in der modernen Medizin. Anderer Meinung war Blaise Pascal (1623–1662), der französische Philosoph und Mathematiker. Er vollzog gegen den naturwissenschaftlichen Rationalismus die Wendung zum Glauben. Die Worte: „Nicht der Gott der Philosophen, sondern der Gott Abrahams, Isaaks und Jakobs“ fanden sich nach seinem Tode eingenäht in seiner Jacke.

## René Descartes: Die Beweisgründe für das Dasein Gottes und der menschlichen Seele als Grundlage der Metaphysik

Ich weiß nicht, ob ich euch von den ersten Betrachtungen (meditations, cogitationes), die ich hier gemacht habe, unterhalten soll, denn sie sind so metaphysisch und so wenig in der gewöhnlichen Art, dass sie wohl schwerlich nach jedermanns Geschmack sein werden. Doch, um prüfen zu lassen, ob die Grundlagen, die ich genommen habe, fest genug sind, bin ich gewissermaßen genötigt, davon zu reden. Seit langem hatte ich bemerkt, dass in Betreff der *Sitten* man bisweilen Ansichten, die man als sehr unsicher kennt, folgen müsse (wie schon oben gesagt worden), als ob sie ganz zweifellos waren. Aber weil ich damals bloß der Erforschung der Wahrheit leben wollte, so meinte ich gerade das Gegenteil tun zu müssen und alles, worin sich auch nur das kleinste Bedenken auffinden ließe, als vollkommen falsch verwerfen, um zu sehen, ob danach nichts ganz Unzweifelhaftes in meinem Fürwahrhalten übrig bleiben würde. So wollte ich, weil unsere *Sinne* uns bisweilen täuschen, annehmen, dass kein Ding so wäre, wie die Sinne es uns vorstellen lassen; und weil sich manche Leute in ihren *Urteilen* selbst bei den einfachsten Materien der Geometrie täuschen und Fehlschlüsse machen, so verwarf ich, weil ich meinte, dem Irrtum so gut wie jeder andere unterworfen zu sein, alle Gründe als falsch, die ich vorher zu meinen Beweisen genommen hatte; endlich, wie ich bedachte, dass alle Gedanken, die wir im Wachen haben, uns auch im *Schlaf* kommen können, ohne dass dann einer davon wahr sei, so machte ich nur absichtlich die erdichtete Vorstellung, dass alle Dinge, die jemals in meinen Geist gekommen, nicht wahrer seien als die Trugbilder meiner Träume. Alsbald aber machte ich die Beobachtung, dass, während ich so denken wollte, alles sei falsch, doch notwendig ich, der das dachte, irgendetwas sein müsse, und da ich bemerkte, dass diese Wahrheit *„ich denke, also bin ich“* (je pense, donc je suis; Ego cogito, ergo sum, sive existo) so fest und sicher wäre, dass auch die überspanntesten Annahmen der Skeptiker sie nicht zu erschüttern vermochten, so konnte ich sie meinem Dafürhalten nach als das erste Prinzip der Philosophie, die ich suchte, annehmen. Dann prüfte ich aufmerksam, was ich wäre, und sah, dass ich mir vorstellen könnte, ich hätte keinen Körper, es gäbe keine Welt und keinen Ort, wo ich mich befände, aber dass ich mir deshalb nicht vorstellen könnte, dass *ich* nicht wäre; im Gegenteil, selbst daraus, dass ich an der Wahrheit der anderen Dinge zu zweifeln dachte, folgte ja ganz einleuchtend (évidemment) und sicher, dass ich war; sobald ich dagegen aufgehört zu denken, mochte wohl alles andere, das ich mir jemals vorgestellt, wahr gewesen sein, *ich* aber hatte keinen Grund mehr, an mein Dasein zu glauben.

Ich erkannte daraus, dass ich eine Substanz sei, deren ganze Wesenheit (essence) oder Natur bloß im *Denken* bestehe und die zu ihrem Dasein weder eines Ortes bedürfe noch von einem materiellen Dinge abhänge, sodass dieses *Ich,* das heißt die *Seele,* wodurch ich bin, was ich bin, vom Körper völlig verschieden und selbst leichter zu erkennen ist als dieser und auch ohne Körper nicht aufhören werde, alles zu sein, was sie ist. Darauf erwog ich im Allgemeinen, was zur Wahrheit und Gewissheit eines Satzes (propositi-on; enuntiatio) gehört.

Denn weil ich soeben einen gefunden hatte, den ich als wahr und gewiss erkannt, so meinte ich, müsse ich auch wissen, worin jene Gewissheit bestehe. Nun hatte ich bemerkt, dass in dem Satze: *„ich denke, also bin ich"* nichts weiter liegt, was mich von seiner Wahrheit überzeugt, als dass ich ganz klar (très clairement; manifestissime) einsehe, dass, um zu denken, man *sein* müsse. Darum meinte ich, als allgemeine Regel den Satz annehmen zu können: *dass die Dinge, welche wir sehr klar und sehr deutlich* (fort clairement et fort distinctement; valde delucide et distincte) *begreifen, alle wahr sind:* aber dass allein darin einige Schwierigkeit liege, wohl zu bemerken, welches die Dinge sind, die wir deutlich begreifen.

Da ich nun weiter bedachte, dass ich zweifelte und also mein Wesen nicht ganz vollkommen wäre, denn ich sah klar, dass es vollkommener sei, zu erkennen als zu zweifeln, so verfiel ich auf die Untersuchung, woher mir der Gedanke an ein vollkommeneres Wesen als ich selbst gekommen, und ich sah ohne weiteres ein (je connus évidemment), dass er von einem Wesen herrühren müsse, das in der Tat vollkommener sei. Was jene Gedanken betrifft, die ich von einer Menge außer mir befindlicher Wesen hatte, wie vom Himmel, der Erde, dem Licht, der Wärme und tausend anderen Dingen, so war ich über deren Ursprung nicht so sehr in Verlegenheit; denn da ich in ihnen nichts bemerkte, was mir überlegen war, so konnte ich glauben, wenn sie wahr waren, dass sie einen Zubehör meiner Natur bildeten, sofern diese eine gewisse Vollkommenheit hätte, und wenn sie nicht wahr wären, sie für Ausgeburten des Nichts zu halten, das heißt, dass sie in mir wären wegen der Mangelhaftigkeit meines Wesens. Aber das konnte sich nicht ebenso verhalten mit der Idee eines vollkommnern Wesens als das meinige, denn offenbar war es unmöglich, diese Idee aus dem Nichts zu ziehen. Dass das vollkommenste Wesen Folge und Zubehör des weniger vollkommenen sein solle, ist kein geringerer Widerspruch, als dass aus nichts etwas hervorgehe. Darum konnte ich jene Idee auch nicht für ein Geschöpf meiner selbst halten. Und so blieb nur übrig, dass sie in mich gesetzt war durch ein in Wahrheit vollkommneres Wesen als ich, welches alle Vollkommenheiten, von denen ich eine Idee haben konnte, in sich enthielt, das heißt, um es mit einem Worte zu sagen, durch *Gott.*

❶ Fassen Sie den Gedankengang zusammen, den Descartes hier entfaltet.

❷ Bewerten Sie die Beweisführung.

❸ Arbeiten Sie heraus, welche Vorstellung Descartes vom Menschen hat.

❹ Vergleichen Sie sein Ergebnis „ich denke, also bin ich" mit dem Satz „ich fühle, also bin ich".

## Immanuel Kant: Der Mensch als freie, sittliche Persönlichkeit

**Immanuel Kant** (1724–1804) (Biografie S. 83) geht in seiner Sittenlehre von der Autonomie des Willens aus. Daraus resultiert Freiheit, die eine moralische Forderung an den Menschen darstellt. So wird die Pflicht zum Inbegriff des autonomen Menschen. Der Mensch darf bei sittlichem Handeln zwar Lust empfinden, sie darf aber nie Motiv des Handelns sein.

**Pflicht!** (du erhabener großer Name, der du nichts Beliebtes, was Einschmeichelung bei sich führt, in dir fassest, sondern Unterwerfung verlangst, doch auch nichts drohest, was natürliche Abneigung im Gemüt erregte und schreckte, um den Willen zu bewegen, sondern bloß ein Gesetz aufstellst, welches von selbst im Gemüte Eingang findet und doch sich selbst wider Willen Verehrung (wenngleich nicht immer Befolgung) erwirbt, vor dem alle Neigungen verstummen, (wenn sie gleich insgeheim ihm entgegenwirken)): welches ist der deiner würdige Ursprung, und wo findet man die Wurzel deiner edeln Abkunft, welche alle Verwandtschaft mit Neigungen stolz ausschlägt, und von welcher Wurzel abzustammen die unnachlässliche Bedingung desjenigen Werts ist, den sich Menschen allein selbst geben können?
Es kann nichts Minderes sein, als was den Menschen über sich selbst (als einen Teil der Sinnenwelt) erhebt, was ihn an eine Ordnung der Dinge knüpft, die nur der Verstand denken kann, und die zugleich die ganze Sinnenwelt […] unter sich hat. Es ist nichts anderes als die Persönlichkeit, d.i. die Freiheit und Unabhängigkeit von dem Mechanismus der ganzen Natur […]
Auf diesen Ursprung gründen sich nun manche Ausdrücke, welche den Wert der Gegenstände nach moralischen Ideen bezeichnen. Das moralische Gesetz ist heilig (unverletzlich). Der Mensch ist zwar unheilig genug, aber die Menschheit in seiner Person muss ihm heilig sein. In der ganzen Schöpfung kann alles, was man will, und worüber man etwas vermag, auch bloß als **Mittel** gebraucht werden; nur der Mensch, und mit ihm jedes vernünftige Geschöpf, ist **Zweck** an sich selbst. Er ist nämlich das Subjekt des moralischen Gesetzes, welches heilig ist, vermöge der Autonomie seiner Freiheit. […]
Diese Achtung erweckende Idee der Persönlichkeit, welche uns die Erhabenheit unserer Natur (ihrer Bestimmung nach) vor Augen stellt, indem sie uns zugleich den Mangel der Angemessenheit unseres Verhaltens in Ansehung derselben bemerken lässt und dadurch den Eigendünkel niederschlägt, ist selbst der gemeinsten Menschenvernunft natürlich und leicht bemerklich. Hat nicht jeder auch nur mittelmäßig ehrliche Mann bisweilen gefunden, dass er eine sonst unschädliche Lüge, dadurch er sich entweder selbst aus einem verdrießlichen Handel ziehen oder wohl gar einem geliebten und verdienstvollen Freunde Nutzen schaffen konnte, bloß darum unterließ, um sich insgeheim in seinen eigenen Augen nicht verachten zu dürfen? Hält nicht einen rechtschaffenen Mann im größten Unglücke des Lebens, das er vermeiden konnte, wenn er sich nur hätte über die Pflicht wegsetzen können, noch das Bewusstsein aufrecht, dass er die Menschheit in seiner Person doch in ihrer Würde erhalten und geehrt habe, dass er sich nicht vor sich selbst zu schämen und den inneren Anblick der Selbstprüfung zu scheuen Ursache habe?

❶ Wie beschreibt Kant die Forderungen und die Wirkung der Pflicht?

❷ Woraus ergibt sich die „Pflicht" zu ethischem Handeln?

❸ Wie kann der Mensch in „seiner Person die Würde der Menschheit erhalten"(Z. 44)?

❹ Versetzen Sie sich in die Lage eines solchen „mittelmäßig ehrlichen Mannes": Sie haben gerade einen Verkehrsunfall ihres Freundes beobachtet. Werden Sie den Polizisten sagen, dass seine Ampel rot zeigte?

## Georg Wilhelm Hegel: Die Entwicklung der Freiheit des Menschen

Von der Weltgeschichte kann nach dieser abstrakten Bestimmung gesagt werden, dass sie die Darstellung des Geistes sei, wie er zum Wissen dessen zu kommen sich erarbeitet, was er an sich ist. Die Orientalen wissen es nicht, dass der Geist oder der Mensch als solcher an sich frei ist. Weil sie es nicht wissen, sind sie es nicht. Sie wissen nur, dass Einer frei ist, aber eben darum ist solche Freiheit nur Willkür, Wildheit, Dumpfheit der Leidenschaften oder auch eine Milde, Zahmheit derselben, die selbst nur ein Naturzufall oder eine Willkür ist. Dieser Eine ist darum nur ein Despot, nicht ein freier Mann, ein Mensch. In den Griechen ist erst das Bewusstsein der Freiheit aufgegangen, und darum sind sie frei gewesen; aber sie, wie auch die Römer, wussten nur, dass Einige frei sind, nicht der Mensch als solcher. Dies wussten Plato und Aristoteles nicht; darum haben die Griechen nicht nur Sklaven gehabt und ist ihr Leben und der Bestand ihrer schönen Freiheit daran gebunden gewesen, sondern auch ihre Freiheit war selbst teils nur eine zufällige, unausgearbeitete, vergängliche und beschränkte Blume, teils zugleich eine harte Knechtschaft des Menschlichen, des Humanen. Erst die germanischen Nationen sind im Christentum zum Bewusstsein gekommen, dass der Mensch als Mensch frei ist, die Freiheit des Geistes seine eigenste Natur ausmacht. Dies Bewusstsein ist zuerst in der Religion, in der innersten Region des Geistes aufgegangen; aber dies Prinzip auch in das weltliche Wesen einzubinden, dies war eine weitere Aufgabe, welche zu lösen und auszuführen eine schwere, lange Arbeit der Bildung erfordert.

Mit der Annahme der christlichen Religion hat z.B. nicht unmittelbar die Sklaverei aufgehört, noch weniger ist damit sogleich in den Staaten die Freiheit herrschend, sind die Regierungen und Verfassungen auf eine vernünftige Weise organisiert auf das Prinzip der Freiheit gegründet worden. Diese Anwendung des Prinzips auf die Weltlichkeit, die Durchdringung, Durchbildung des weltlichen Zustandes durch dasselbe ist der lange Verlauf, welcher die Geschichte selbst ausmacht. [...]

Die Weltgeschichte ist der Fortschritt im Bewusstsein der Freiheit, – ein Fortschritt, den wir in seiner Notwendigkeit zu erkennen haben. Mit dem, was ich im Allgemeinen über den Unterschied des Wissens von der Freiheit gesagt habe [...] liegt die Einleitung, die wir in der Weltgeschichte machen und nach der wir sie abhandeln werden, vor.

**Georg Wilhelm Friedrich Hegel** (1770–1831), Philosoph des deutschen Idealismus, glaubte, dass sich der Weltgeist (Gott) durch und im Menschen entwickele und dass dieser Prozess sich in der Philosophiegeschichte zeige.

❶ Wie hat sich nach Hegel der Begriff der Freiheit im Verlaufe der Geistesgeschichte entwickelt?

❷ Bestimmen Sie den Zusammenhang von Freiheit und Verantwortung.

**Ludwig Feuerbach** (1804–1872) stand in der Tradition des Idealismus. Der Idealismus geht von der Entsprechung von Welt und Mensch zu Geist und Gott aus, die aufeinander zugeordnet sind (vgl. Platon, S. 135 und Hegel, S. 145). Feuerbach gehörte zu den Begründern des Linkshegelianismus. Die Linkshegelianer lehrten, dass das Reich der Ideen und damit auch Gott nur in den Köpfen der Menschen existierte. Feuerbach (s. S. 200 ff.) sah deshalb in Gott ein Wesen ohne eigene Existenz, das die Menschen als Projektion ihrer eigenen unerfüllten Wünsche erdacht haben.

**Heidentum** ist eigentlich ein abwertender christlicher Begriff. Feuerbach verwendet ihn hier historisch zur Bezeichnung der Zeit vor dem Christentum.

❶ Worin besteht die Leistung der „heidnischen" Philosophie und des ursprünglichen Christentums?

❷ In welcher Rolle sieht Feuerbach den Menschen?

❸ Welche ethischen Folgen ergeben sich aus dem Menschenbild Feuerbachs?

## Ludwig Feuerbach: Der Mensch muss dem Menschen das Wesentliche sein

Das Wesen des Heidentums war die Einheit von Religion und Politik, Geist und Natur, Gott und Mensch. Aber der Mensch im Heidentum war nicht der Mensch schlechtweg, sondern der nationell bestimmte Mensch: der Grieche, der Römer, der Ägypter, der Jude, folglich auch sein Gott ein nationell bestimmtes, besonderes, dem Wesen oder Gotte anderer Völker entgegengesetztes Wesen – ein Wesen also im Widerspruch mit dem Geiste, welcher das Wesen der Menschheit und als ihr Wesen die allgemeine Einheit aller Völker und Menschen ist.
Die Aufhebung dieses Widerspruchs im Heidentum war die heidnische *Philosophie;* denn sie riss den Menschen heraus aus seiner nationellen Abgeschlossenheit und Selbstgenügsamkeit, erhob ihn über die Borniertheit des Volksdünkels und Volksglaubens, versetzte ihn auf den kosmopolitischen Standpunkt. Sie war daher als die das beschränkte Volksbewusstsein zum allgemeinen Bewusstsein erweiternde Macht des denkenden Geistes, gleichsam das verhängnisvolle Fatum über den Göttern des Heidentums und der *geistige* Grund des Untergangs der heidnischen Volksbesonderheiten als weltbeherrschender göttlicher Mächte. Aber die Philosophie hob diesen Widerspruch nur im Denken, nur also auf abstrakte Weise auf.
Seine wirkliche Lösung fand dieser Widerspruch erst im Christentum; denn in ihm wurde der **„Logos"** [das Wort als Ausdruck der (göttlichen) Idee] **„Sarx"** [Fleisch], d. h. die allgemeine Vernunft, das alle Völker und Menschen umfassende, alle feindseligen Differenzen und Gegensätze zwischen den Menschen auflösende, allgemeine und reine, deshalb mit dem göttlichen Wesen identische Wesen der Menschheit Gegenstand unmittelbarer Gewissheit – Gegenstand der *Religion. Christus* ist nichts anderes als das Bewusstsein des Menschen von der Einheit seines Wesens mit dem göttlichen Wesen, ein Bewusstsein, welches, als die Zeit gekommen war, weltgeschichtliches Bewusstsein zu werden, sich als unmittelbare Tatsache aussprechen, in *eine* Person sich zusammenfassen, zunächst als ein Individuum des alten Widerspruchs der Volkspartikularitäten liegenden Welt als Schöpfer eines neuen Weltalters entgegensetzen musste.

Feuerbach kommt dann auf die historische Entwicklung des Christentums zu sprechen, in der seiner Meinung nach die ursprüngliche Leistung wieder zunichte gemacht wurde. Der frühere, vorchristliche Gegensatz von Welt und Geist wurde sogar noch verschärft, weil im Christentum nur noch im Übersinnlichen das Wesentliche gesehen wurde.

# 5. Der erforschte Mensch: Menschenbilder in der Naturwissenschaft

Nach der kopernikanischen Wende führte die Entdeckung **Charles Darwins**, dass der Mensch nicht durch einen Schöpfungsakt Gottes entstanden ist, sondern sich durch natürliche Entwicklung und Selektion (Evolution) aus vorhandenen Tierarten entwickelt hat, zu einer weiteren Desillusionierung des Bildes, das der Mensch von sich entworfen hatte. War der Mensch nur ein Tier? War er noch die „Krone der Schöpfung“? Die grundlegende Entdeckung Darwins wurde von der modernen Biologie weiter ausgearbeitet und verfeinert und hat großen Einfluss auf die philosophische Anthropologie des 20. Jahrhunderts. Die Erkenntnisse der Naturwissenschaft haben insgesamt dazu geführt, dass es kein geschlossenes und einheitliches Menschenbild mehr gibt, sondern dass Fragen des Menschseins von verschiedenen Seiten gesehen werden.

**Charles R. Darwin** (1809–1882) hat die Gesetze der Evolution erkannt und beschrieben. Er begründete damit die moderne Biologie.
Der Biologe **Ernst Haeckel** (1834–1919) stellte zur Bestätigung der Evolutionstheorie Darwins das „Biogenetische Grundgesetz“ auf, demzufolge jedes Individuum in seiner Embryonalentwicklung die Evolution seiner Art durchläuft.

## Wolfgang Wickler, Uta Seibt: Darwins Evolutionstheorie

1. Die natürliche Auslese erhöht die Zahl der Arten, da die Organismen durch Anpassung an verschiedene Lebensbedingungen in ihren Eigenschaften divergieren müssen.
2. Die natürliche Auslese führt automatisch zu einer Verbesserung der meisten Organismen in Bezug auf ihre Lebenseignung.
3. Die Evolution schreitet deshalb durch eine Folge von Improvisationen fort, die Baupläne der Organismen stecken voller historischer Reste und können also keinem idealen Entwurf entsprechen.
4. Die natürliche Auslese ist opportunistisch und fördert – modern ausgedrückt – diejenige genetische Ausrüstung, die den Fortpflanzungserfolg begünstigt. Der heutige Fortpflanzungserfolg fördert aber nicht notwendigerweise auch die Fähigkeit, an zukünftige Änderungen der Umgebung angepasst zu werden. Auslese stellt den Organismus fortwährend neu auf Bewährungsproben. Wie sich seine Theorie widerlegen ließe, hat Darwin im Buch über die Entstehung der Arten klar gesagt: „Wenn sich beweisen lässt, dass irgendein Teil aus der Gesamtstruktur einer beliebigen Art ausschließlich zum Nutzen einer anderen Art entwickelt wurde, dann wäre meine Theorie nichtig; denn dergleichen kann durch natürliche Selektion nicht entstehen.“ Gegner der Evolutionstheorie haben dann auch versucht, „fremddienliche Zweckmäßigkeiten“ zu beweisen, bevorzugt an Erscheinungen wie etwa den Pflanzengallen und anderen von Parasiten verursachten Gebilden die angeblich nur dem Parasiten nützen, nicht aber dem Organismus, der diese Bildungen hervorbringt.
   In der Praxis erweist sich die fremddienliche Zweckmäßigkeit als ebenso schwer beweisbar wie die Evolutionstheorie; jedoch

führen beide Ansätze zu einem immer besseren Verständnis der biologischen Zusammenhänge. Denn man muss in jedem Fall untersuchen, welche Konsequenzen eine körperliche Bildung oder ein Verhalten für den ausführenden wie für den betroffenen Organismus haben. Es gibt Reaktionen, die in der Mehrzahl der Fälle vorteilhaft für den Ausführenden sind, ihm aber unter Einwirkung eines Parasiten auch einmal Nachteile bringen können. (Unsere Leber baut Giftstoffe ab, die dem Körper gefährlich werden, sie baut aber auch Giftstoffe ab, mit denen wir versuchen, Parasiten zu bekämpfen, die sich in der Leber eingenistet haben – in diesem Fall schützt die Leber-Reaktion den Parasiten.)

Ist altruistisches Verhalten durch die hier genannte „fremddienliche Zweckmäßigkeit" (Z. 23) hinreichend zu erklären?

Die Theorie Darwins hatte ihre Schwäche darin, dass sie nur den Lebenswillen des Individuums und die Weitergabe seiner Gene als Triebfeder für die Entwicklung und Erhaltung der Arten ansah. Den Erfolg der Weitergabe der Erbanlagen konnte man an der Zahl der Nachkommen eines Lebewesens ablesen (individual fitness).
In der modernen Biologie hat sich demgegenüber die Ansicht durchgesetzt, dass der Erhalt und die Weitergabe des Genpools nicht nur vom individuellen Träger der Gene, sondern, wenn auch mit geringerer Wahrscheinlichkeit, von seinen Kindern, Geschwistern und ferneren Verwandten geleistet wird. Nach dieser Theorie kann es also für den Erhält eigener Gene vorteilhaft sein, Verwandte zu unterstützen. Bei der Beurteilung der erfolgreichen Weitergabe der Gene darf man also nicht nur den Fortpflanzungserfolg des Individuums, sondern den Erfolg aller verwandter Individuen (inclusive fitness) sehen.

**Genpool:** gesamte genetische Ausstattung eines Lebewesens. Je näher der Verwandtschaftsgrad, desto größer ist die Übereinstimmung der genetischen Ausstattung.

## Konrad Lorenz: Ist der Mensch gut oder böse?

**Konrad Lorenz** (1903–1989), Biologe, wurde bekannt durch seine Forschungen mit Graugänsen. Er begründete die Verhaltensforschung und suchte Parellelen zwischen menschlichem und tierischem Verhalten.

*Die Verhaltensforschung hat sich auch mit der Frage befasst, ob moralisches Verhalten durch Evolution entstanden ist. Wenn diese Vermutung zutrifft, dann können auch die Ergebnisse der Aggressionsforschung an Tieren nutzbringend auf den Menschen übertragen werden*

Mit anderen Worten, die natürlichen Neigungen des Menschen sind gar nicht so schlecht. Der Mensch ist gar nicht so böse von Jugend auf, er ist nur nicht ganz gut genug für die Anforderungen des modernen Gesellschaftslebens. Schon die Vergrößerung der zu einer Sozietät gehörenden Individuenzahl muss zwei Wirkungen entfalten, die das Gleichgewicht zwischen den wichtigsten Instinkten der gegenseitigem Anziehung und Abstoßung, das heißt zwischen dem persönlichen Band und der inner-artlichen Aggression stören. Erstens ist es den persönlichen Bindungen abträglich, wenn ihrer zu viele werden. Es ist alte Sprichwortweisheit, dass man nur wenige wirklich gute Freunde haben kann. Das große Angebot an „Bekannten", wie jede größere Gemeinschaft es zwangsläufig mit sich bringt, vermindert daher die Festigkeit der Einzelbindung. Zweitens bewirkt das enge Zusammmendrängen vieler Individuen auf kleinem Raum eine Ermüdung aller sozialen Reaktionen.
Jeder moderne Großstadtmensch, der mit sozialen Beziehungen und Verpflichtungen aller Art zwangsüberfüttert ist, kennt die beunruhigende Erscheinung, dass man sich über den Besuch eines

Freundes, selbst wenn man ihn wirklich liebt und ihn lange nicht gesehen hat, nicht mehr ganz so freuen kann, wie man erwarten sollte. Auch bemerkt man in sich eine deutliche Neigung zu knurriger Abwehr, wenn nach dem Abendessen noch das Telefon läutet. Vermehrte Bereitschaft zu aggressivem Verhalten ist eine kennzeichnende Folge des Zusammengepferchtseins (engl. crowding), wie die experimentierenden Soziologen schon seit langem wissen.

Zu diesen unerwünschten Folgen des Anwachsens unserer Sozietät gesellen sich noch diejenigen der Unmöglichkeit, aggressive Triebe im artgemäß „vorgesehenen" Ausmaße abzureagieren.

Frieden ist die erste Bürgerpflicht, und das feindliche Nachbardorf, das einst der intraspezifischen Aggression befriedigende Objekte bot, ist in ideale Ferne gerückt. Mit der höheren Entwicklung der Zivilisation werden alle Voraussetzungen für das richtige Funktionieren unserer natürlichen Neigungen zu sozialem Verhalten immer ungünstiger, während die Anforderungen, die an dieses gestellt werden, immer größer werden. Wir sollen unseren „Nächsten" so behandeln, als wäre er unser bester Freund, obwohl wir ihn vielleicht nie gesehen haben, ja, wir können mithilfe unserer Vernunft durchaus einsehen, dass wir verpflichtet sind, sogar unsere Feinde zu lieben, worauf wir auf Grund unserer natürlichen Neigungen nie verfallen wären. Alle Predigten der Askese[1], die davor warnen, den instinktmäßigen Antrieben die Zügel schießen zu lassen, die Lehre von der Erbsünde, die besagt, dass der Mensch böse von Jugend auf sei, sie alle haben den gleichen Wahrheitsgehalt: die Einsicht, dass der Mensch seinen ererbten Neigungen nicht blindlings folgen darf, sondern lernen muss, sie zu beherrschen und ihre Auswirkungen vorausschauend in verantwortlicher Selbstbefragung zu überprüfen.

❶ Wie beantwortet Lorenz die Frage, ob der Mensch gut oder böse ist?

❷ Welche Hintergründe moralischen Verhaltens werden hier genannt?

❸ Wie könnte man die Erkenntnisse von Konrad Lorenz zur Behandlung von Randalierern in Fußballstadien anwenden?

[1] Askese (gr.-lat.): streng enthaltsame und entsagende Lebensweise

# 6. Die Entdeckung des Unbewussten: Das Menschenbild in der Psychoanalyse

Die Ergebnisse der Psychoanalyse haben das Menschenbild in unserem Jahrhundert nachhaltig geprägt. Diese Wissenschaft geht von Hypothesen und Theorien aus, die zwar plausibel und einleuchtend sind, aber auch in der Fachwissenschaft nicht unumstritten und letztlich nicht bewiesen sind.

Sigmund Freud, der Begründer der Psychoanalyse, stellt sein Werk in eine Reihe mit den Entdeckungen von Kopernikus und Darwin. Die Forschungsergebnisse dieser Wissenschaftler waren zunächst desillusionierend, boten dann aber die Chance eines tieferen Welt- und Menschenverständnisses. Als Kopernikus entdeckte, dass die Erde nicht der Mittelpunkt des Universums war, wurde das biblisch geprägte Weltbild erschüttert: Wenn die Erde nicht die Mitte war, dann stand auch der Mensch nicht im Zentrum des Interesses und der Beobachtung Gottes.

Ebenso machte die Evolutionstheorie Darwins dem Menschen klar, dass er nicht durch ein gezieltes Eingreifen Gottes entstanden war,

**Amor und Psyche** sind zwei Gestalten aus einem Märchen von Apuleius (2. Jh. nach Christus). Die Königstochter Psyche war so schön, dass die Menschen sie statt der Göttin Venus verehrten. Die Göttin wollte sie durch ihren Sohn Amor bestrafen lassen, doch der verliebte sich in Psyche. Venus versuchte, die Verbindung der Liebenden zu vereiteln. Nach großen Schwierigkeiten und Prüfungen fanden die beiden aber zueinander.

Michael Prechtl (*1926): Amor und Psyche untersuchen Freud

sondern mit den Primaten verwandt ist und sich zu seinem heutigen Erscheinungsbild entwickelt hat. Sigmund Freud kam zu der Erkenntnis, dass der Mensch nicht nur aus freiem Willen heraus handelt, sondern durch sein Unterbewusstsein und seine Triebe zu einem großen Teil festgelegt ist. Zur Lebensbewältigung bedarf es daher nicht moralischer Imperative, sondern aufklärender Therapie, mit dem Ziel, die Antriebe seines Wollens und Handelns kennen und beherrschen zu lernen. Eine Vorstellung von inneren psychischen Vorgängen existierte schon seit der Antike in der Philosophie. Diese Vorstellung drückte sich in der Auffassung des Menschen als „Leib und Seele" oder „Körper und Geist" aus. Freud sorgte durch seine Begrifflichkeit und Durchformung des wissenschaftlichen Konzeptes für den Durchbruch und die allgemeine Akzeptanz der Erkenntnisse. Die Psychoanalyse übte nun ihrerseits starken Einfluss auf Philosophie und Kunst aus.

Niki de St. Phalle (*1930):
La mort (1985)

## Sigmund Freud: Trieblehre

*Freud entdeckte bei seinen Forschungen, dass die Psyche des Menschen sich bei seiner Entwicklung entfaltet. Am Anfang seines Lebens ist der Mensch ein biologisch orientiertes Wesen, geleitet von seinen Trieben und der Suche nach Lust und der Vermeidung von Unlust. Freud nennt diese Kräfte, die auch im weiteren Leben wirken, das Es.*

Die Macht des Es drückt die eigentliche Lebensabsicht des Einzelwesens aus. Sie besteht darin, seine mitgebrachten Bedürfnisse zu befriedigen. Eine Absicht, sich am Leben zu erhalten und sich durch die Angst vor Gefahren zu schützen, kann dem Es nicht zugeschrieben werden. Dies ist die Aufgabe des Ichs, das auch die günstigste und gefahrloseste Art der Befriedigung mit Rücksicht auf die Außenwelt herauszufinden hat. Das Über-Ich mag neue Bedürfnisse geltend machen, seine Hauptleistung bleibt aber die Einschränkung der Befriedigungen.
Die Kräfte, die wir hinter den Bedürfnisspannungen des Es annehmen, heißen wir *Triebe*. Wir haben uns entschlossen, nur zwei Grundtriebe anzunehmen, den *Eros* und den *Destruktionstrieb*. (Der Gegensatz von Selbsterhaltungs- und Arterhaltungstrieb sowie der andere von Ichliebe und Objektliebe fällt noch innerhalb des Eros.) Das Ziel des ersten ist, immer größere Einheiten herzustellen und so zu erhalten, also Bindung, das Ziel des anderen im Gegenteil, Zusammenhänge aufzulösen und so die Dinge zu zerstören. Beim Destruktionstrieb können wir daran denken, dass als sein letztes Ziel erscheint, das Lebende in den anorganischen Zustand zu überführen. Wir heißen ihn darum auch *Todestrieb*. Wenn wir annehmen, dass das Leben später als das Leblose gekommen und aus ihm entstanden ist, so fügt sich der Todestrieb der erwähnten Formel, dass ein Trieb die Rückkehr zu einem früheren Zustand anstrebt. In den biologischen Funktionen wirken die beiden Grundtriebe gegeneinander oder kombinieren sich miteinander. So ist der Akt des Essens

In Niki de Saint Phalles Skulptur [...] „La mort" sitzt die Frau fest im Sattel und hat das Pferd in ihrer Gewalt. [...]
Die dreiundvierzig Zentimeter hohe Polyesterplastik greift zurück auf weibliche Urbilder. [...]
Das Wasser (aus dem Umhang mit Wellenlinien unter einen Mondhimmel gesetzt) und die Erde verkörpern Elemente des fruchtbaren Hervorbringens ebenso wie des soghaften Verschlingens. [...]
Die Frau, die das Leben zu geben vermag (ihre ausladenden Formen werden durch das Badekostüm nur mühsam gebändigt), ist zugleich auch die, die es wieder nimmt. [...]
Die schaurige Hässlichkeit des Todes kommt in der Plastik von 1985 in poppiger Farbigkeit und harmloser Rundlichkeit daher – so verweist die Ambivalenz der Form auf die Zweischneidigkeit des Inhalts und auf die Aktualität von Archetypen.

Florian Illies, in: Frankfurter Allgemeine Zeitung, 12. 5.1993

eine Zerstörung des Objekts mit dem Endziel der Einverleibung, der Sexualakt eine Aggression mit der Absicht der innigsten Vereinigung.
Dieses Mit- und Gegeneinanderwirken der beiden Grundtriebe ergibt die ganze Buntheit der Lebenserscheinungen. Über den Bereich des Lebenden hinaus führt die Analogie unserer beiden Grundtriebe zu dem im Anorganischen herrschenden Gegensatzpaar von Anziehung und Abstoßung. Es kann keine Rede davon sein, den einen oder anderen der Grundtriebe auf eine der seelischen Provinzen einzuschränken. Sie müssen überall anzutreffen sein. Einen Anfangszustand stellen wir uns in der Art vor, dass die gesamte verfügbare Energie des Eros, die wir von nun ab *Libido* heißen werden, im noch undifferenzierten Ich-Es vorhanden ist und dazu dient, die gleichzeitig vorhandenen Destruktionsneigungen zu neutralisieren. (Für die Energie des Destruktionstriebes fehlt uns ein der Libido analoger Terminus.) Späterhin wird es uns verhältnismäßig leicht, die Schicksale der Libido zu verfolgen, beim Destruktionstrieb ist es schwerer. Es ist unverkennbar, dass die Libido somatische[1] Quellen hat, dass sie von verschiedenen Organen und Körperstellen her dem Ich zuströmt. Man sieht das am deutlichsten an jenem Anteil der Libido, der nach seinem Triebziel als Sexualerregung bezeichnet wird. Die hervorragendsten der Körperstellen, von denen diese Libido ausgeht, zeichnet man durch den Namen *erogene Zonen* aus, aber eigentlich ist der ganze Körper eine solche erogene Zone. Das Beste, was wir vom Eros, also von seinem Exponenten, der Libido, wissen, ist durch das Studium der Sexualfunktion gewonnen worden, die sich ja in der landläufigen Auffassung, wenn auch nicht in unserer Theorie, mit dem Eros deckt. Wir konnten uns ein Bild davon machen, wie das Sexualstreben, das dazu bestimmt ist, unser Leben entscheidend zu beeinflussen, sich allmählich entwickelt aus den aufeinander folgenden Beiträgen von mehreren Partialtrieben, die bestimmte erogene Zonen vertreten.

❶ Welche Symbole für Liebe und Tod finden sich bei der Skulptur von Niki de Saint Phalle?

❷ Suchen Sie Beispiele für den Destruktionstrieb.

❸ Lässt sich aus der Trieblehre schließen, dass der Mensch determiniert, also nicht frei ist? Welche Rolle spielt in diesem Zusammenhang die Vernunft? Vgl. den Zusammenhang mit dem Strafrecht (S. 292, Z. 72–94).

## Sigmund Freud: Kultur und Aggression

*Freud sieht auch die Moral des Menschen als Folge seiner Einbindung in Gegebenheiten der Triebaustattung und der Anforderungen der Gesellschaft, die er mit dem Begriff „Kultur" umschreibt. Er bezeichnet die konkurrierenden Interessen des Individuums und der Gesellschaft als „Kulturkampf".*

Warum zeigen unsere Verwandten, die Tiere, keinen solchen Kulturkampf? Oh, wir wissen es nicht. Sehr wahrscheinlich haben einige unter ihnen, die Bienen, Ameisen, Termiten, durch Jahrhunderttausende gerungen, bis sie jene staatlichen Institutionen, jene Verteilung der Funktionen, jene Einschränkung der Individuen gefunden haben, die wir heute bei ihnen bewundern. Kennzeichnend für unseren gegenwärtigen Zustand ist es, dass unsere Empfindungen uns sagen, in keinem dieser Tierstaaten und in keiner der dort dem Einzelwesen zugeteilten Rollen würden wir uns glücklich schätzen. Bei anderen Tierarten mag es zum zeitweiligen Ausgleich

[1] somatisch: körperlich

zwischen den Einflüssen der Umwelt und den in ihnen sich bekämpfenden Trieben, somit zu einem Stillstand der Entwicklung gekommen sein. Beim Urmenschen mag ein neuer Vorstoß der Libido ein neuerliches Sträuben des Destruktionstriebes angefacht haben. Es ist da sehr viel zu fragen, worauf es noch keine Antwort gibt.

Eine andere Frage liegt uns näher. Welcher Mittel bedient sich die Kultur, um die ihr entgegenstehende Aggression zu hemmen, unschädlich zu machen, vielleicht auszuschalten? Einige solcher Methoden haben wir bereits kennen gelernt, die anscheinend wichtigste aber noch nicht. Wir können sie an der Entwicklungsgeschichte des Einzelnen studieren. Was geht mit ihm vor, um seine Aggressionslust unschädlich zu machen? Etwas sehr Merkwürdiges, das wir nicht erraten hätten und das doch so nahe liegt. Die Aggression wird introjiziert, verinnerlicht, eigentlich aber dorthin zurückgeschickt, woher sie gekommen ist, also gegen das eigene Ich gewendet. Dort wird sie von einem Anteil des Ichs übernommen, das sich als Über-Ich dem Übrigen entgegenstellt und nun als „Gewissen“ gegen das Ich dieselbe strenge Aggressionsbereitschaft ausübt, die das Ich gerne an anderen, fremden Individuen befriedigt hätte. Die Spannung zwischen dem gestrengen Über-Ich und dem ihm unterworfenen Ich heißen wir Schuldbewusstsein; sie äußert sich als Strafbedürfnis. Die Kultur bewältigt also die gefährliche Aggressionslust des Individuums, indem sie es schwächt, entwaffnet und durch eine Instanz in seinem Inneren, wie durch eine Besatzung in der eroberten Stadt, überwachen lässt.

Über die Entstehung des Schuldgefühls denkt der Analytiker anders als sonst die Psychologen; auch ihm wird es nicht leicht, darüber Rechenschaft zu geben. Zunächst, wenn man fragt, wie kommt einer zu einem Schuldgefühl, erhält man eine Antwort, der man nicht widersprechen kann: man fühlt sich schuldig (Fromme sagen: sündig), wenn man etwas getan hat, was man als „böse“ erkennt. Dann merkt man, wie wenig diese Antwort gibt. Vielleicht nach einigem Schwanken wird man hinzusetzen, auch wer dies Böse nicht getan hat, sondern bloß die Absicht, es zu tun, bei sich erkennt, kann sich für schuldig halten, und dann wird man die Frage aufwerfen, warum hier die Absicht der Ausführung gleichgeachtet wird. Beide Fälle setzen aber voraus, dass man das Böse bereits als verwerflich, als von der Ausführung auszuschließen erkannt hat. Wie kommt man zu dieser Entscheidung? Ein ursprüngliches, sozusagen natürliches Unterscheidungsvermögen für Gut und Böse darf man ablehnen. Das Böse ist oft gar nicht das dem Ich Schädliche oder Gefährliche, im Gegenteil auch etwas, was ihm erwünscht ist, ihm Vergnügen bereitet.

Darin zeigt sich also fremder Einfluss; dieser bestimmt, was Gut und Böse heißen soll. Da eigene Empfindung den Menschen nicht auf denselben Weg geführt hatte, muss er ein Motiv haben, sich diesem fremden Einfluss zu unterwerfen. Es ist in seiner Hilflosigkeit und Abhängigkeit von anderen leicht zu entdecken, kann am besten als Angst vor dem Liebesverlust bezeichnet werden. Verliert er die Liebe des anderen, von dem er abhängig ist, so büßt er auch den Schutz vor mancherlei Gefahren ein, setzt sich vor allem der Gefahr aus, dass dieser Übermächtige ihm in der Form der Bestrafung seine Überlegenheit erweist.

❶ Analysieren Sie die Bilder, die Freud für die Beziehung zwischen Ich und Über-Ich verwendet.

❷ Stellen Sie das hier vorliegende Modell der Entstehung des Gewissens grafisch dar.

❸ Wie sind die Kategorien „gut“ und „böse“ nach der Darstellung Freuds entstanden?

## Die Ödipussage in der Interpretation Freuds*

Von **König Ödipus** erzählt die griechische Mythologie. Er wurde von seinem Vater, dem König von Theben, als Kind ausgesetzt, weil das Orakel prophezeit hatte, der Knabe werde den Vater töten und die Mutter heiraten. Ödipus wurde aus Mitleid gerettet und wuchs bei Pflegeeltern auf, die er selbst für seine leiblichen Eltern hielt. Als auch er das Orakel erhielt, er werde seinen Vater töten und seine Mutter heiraten, kehrte er nicht zu seinen vermeintlichen Eltern zurück. Er traf in der Fremde zufällig seinen leiblichen Vater und tötete ihn im Zweikampf. Weil er danach ein Ungeheuer in Theben besiegte, erhielt er zum Dank das Königreich seines Vaters und seine Mutter zur Frau. Als Ödipus die wahren Zusammenhänge erkannte, stach er sich selbst die Augen aus. Freud hielt antike Mythen für Darstellungen psychischer Vorgänge allgemein menschlicher Art.

Freud hat entdeckt, dass die Psyche des Menschen sich von Kindheit an entwickelt. Er sah in der Orientierung des Kindes auf Mutter und Vater als gleich- und gegengeschlechtliche Bezugspersonen einen Faktor, der den Menschen darüber hinaus ein Leben lang begleitet.

Freud nannte diesen Entwicklungsabschnitt nach der Sage von König Ödipus „Ödipuskomplex". Im Alter von etwa fünf Jahren hat ein Kind seine eigene sexuelle Rolle erkannt. Auf der Suche nach einem Partner verliebt es sich in den gegengeschlechtlichen Elternteil und sieht den gleichgeschlechtlichen Elternteil als Rivalen an, den es beiseite schieben möchte.

Es muss aber erkennen, dass der geliebte Elternteil schon vergeben ist. Im Kind reift nun der Wunsch, wenigstens einen Partner zu bekommen, der so ist wie der geliebte Elternteil. Dies wird nach Vorstellung des Kindes dann gelingen, wenn es möglichst so wird, wie der gleichgeschlechtliche Elternteil. Diese Vorstellung vom eigenen Charakter und vom Wesen des Wunschpartners bleibt bis ins Erwachsenenalter wirksam.

Eltern können dem Kind diese Entwicklung erleichtern, indem sie ihm einerseits klar machen, dass sie als Partner nicht in Frage kommen, andererseits aber die Vorbildrolle übernehmen.

Neuere Ansätze in der Psychologie gehen davon aus, dass nicht nur die Eltern, sondern auch die Geschwister in dieser Entwicklung als Vorbilder ihren Platz haben.

Die Entwicklung in der ödipalen Phase ist dem Kind völlig unbewusst. Sie hat einen starken gesellschaftlichen Effekt, da auf diese Weise auch Wertvorstellungen tradiert werden.

❶ Können Sie sich vorstellen, dass bei Ihrer Partnerwahl solche Faktoren eine Rolle spielen?

❷ Lesen Sie den Mythos von Ödipus. Wie ist die Sage durch die Interpretation Freuds abgeändert worden?

„Die meiste Angst habe ich, dass ich mal so alt wie meine Mutter werde."

BIOGRAFIE

## Sigmund Freud (1856–1939)

„Der Mensch ist nicht einmal Herr im eigenen Hause“

Freud untersuchte zunächst als Nervenarzt die Anatomie des menschlichen Gehirns. Er wandte sich dann den psychischen Krankheiten ohne organischen Befund **(Neurosen)** zu. Zuerst versuchte er durch **Hypnose** unbewusste Inhalte des Gedächtnisses, die zu einer seelischen Verletzung **(Trauma)** geführt hatten, durch Bewusstmachung der Entstehungsgeschichte und nachfolgender Abreaktion zu heilen. Freud stieß dabei auf innere Zusammenhänge psychischer Strukturen, die bis dahin unbekannt waren. Er nannte Erinnerungen, die jederzeit ohne innere Widerstände des Individuums aktualisiert werden konnten, **vorbewusst**. Erlebnisse, die im Moment vergessen waren, aber ohne Schwierigkeiten ins Gedächtnis gerufen werden konnten, bezeichnete er als **unterbewusst**, während er alle die Erinnerungen, die die Person verdrängt hatte und gegen deren Erwähnung sie sich wehrte, weil sie strafbewehrt oder tabuisiert waren, im **Unbewussten** ansiedelte.
Freud wandte sich vor allem diesem unbewussten Bereich zu. Er fand heraus, dass verdrängte Erlebnisse und unerfüllte Wünsche in veränderter Form als Neurose oder Psychose wieder auftauchen und den Menschen krank machen können.
Freud entwickelte die psychoanalytische Methode, bei der der Patient im Gespräch mit dem Therapeuten seinen Assoziationen freien Lauf lassen sollte. Dabei lag der Patient, vom Therapeuten abgewandt, in entspannter Ruhe auf der Couch.
Die Arbeit des Therapeuten bestand im intuitiven Erkennen von krank machenden Zusammenhängen. Ziel der Behandlung war es, dem Patienten unbewusste Zusammenhänge vor Augen zu führen und dadurch eine Heilung auszulösen.

Freud hielt den Sexualtrieb **(Eros)** für den wichtigsten menschlichen Trieb, dessen Versagung zur Störung der Psyche führt.
Diese hohe Einschätzung der Sexualität führte anfangs zur Ablehnung seiner Forschung in der Gesellschaft.
1909 konnte Freud auf einer Reise nach Amerika die neue Wissenschaft dort bekannt machen. Danach veröffentlichte er seine berühmtesten Fallgeschichten und psychoanalytische Interpretationen von Werken aus Kunst und Literatur. Dies führte zu einer starken Anerkennung der Psychoanalyse vor dem Ersten Weltkrieg.
Beeindruckt von diesem Krieg stellte er in der Psyche des Menschen den Todestrieb **(Thanatos)** als zweite Kraft und Gegenspieler des Eros fest.
Sigmund Freud ist nicht der Begründer der Psychologie. Seine Leistung liegt in der Ergänzung der vorher geleisteten Forschung. Von ihm stammt die Bezeichnung Psychoanalyse, er hat als erster die Bedeutung des Unbewussten erkannt.
Seine Bücher wurden 1933 von den Nationalsozialisten verbrannt, weil er Jude war und weil seine wissenschaftlichen Ergebnisse der Ideologie der Nationalsozialisten zuwider liefen; er selbst emigrierte 1938 nach London, wo er ein Jahr später an einem Krebsleiden starb.
Seine Tochter Anna – sie war Freuds jüngstes Kind und wurde von ihm „sein einziger Sohn“ genannt – blieb bis zu seinem Tod als Sekretärin und Krankenschwester bei ihm.
Sie führte sein Werk fort und widmete sich der Forschung auf dem Gebiet der Jugendpsychologie.

**Erich Fromm** (1900–1980), Psychoanalytiker und Sozialphilosoph, wendete sich, anders als Freud, stärker der Frage nach den Werten zu und sah eine enge Verbindung zwischen dem Verstehen der menschlichen Natur und den für das menschliche Leben gültigen Werten und Normen. Probleme der Ethik dürften bei der Erforschung der Persönlichkeit nicht ausgeschlossen werden: „Denn Werturteile, die wir fällen, bestimmen unsere Handlungen. Von ihrer Gültigkeit hängen Glück und seelische Gesundheit ab." Bedeutende Werke: „Psychoanalyse und Ethik" (1947), „Die Kunst des Liebens" (1956), „Haben oder Sein" (1976).

## Erich Fromm: Grenzen der Psychoanalyse Freuds

Zu den größten Entdeckungen Freuds gehört die der Bedeutung der frühen Kindheit. [...] Freud hat gezeigt, wie viel ein Kind schon weiß, wie feinfühlig es ist, wie Ereignisse, die einem Erwachsenen belanglos vorkommen mögen, von tiefem Einfluss auf die Entwicklung des Kindes und auf eine spätere Ausbildung von neurotischen Symptomen sind. Zum ersten Mal begann man, das Kind und was mit ihm geschah, ernst zu nehmen, und zwar so ernst, dass man glaubte, den Schlüssel zur gesamten weiteren Entwicklung in den Ereignissen der frühen Kindheit gefunden zu haben.

Ein großer Teil der klinischen Daten zeigt, wie richtig und klug Freuds Beobachtungen waren, doch meine ich, dass sie auch gewisse Grenzen seiner theoretischen Annahmen erkennen lassen. Einmal hat er die Bedeutung der konstitutionellen genetischen Faktoren bei der Charakterbildung der Kinder unterschätzt. Er tat das nicht in der Theorie. Dort stellte er fest, dass sowohl konstitutionelle Faktoren als auch Erlebnisse für die Entwicklung der Persönlichkeit verantwortlich sind. In praktischer Hinsicht jedoch vernachlässigten sowohl er wie auch die meisten Psychoanalytiker die genetische Veranlagung des Menschen, und der primitive Freudianismus macht allein die Familie und die Erfahrungen des Kindes in ihr für seine Entwicklung verantwortlich. Das geht so weit, dass Psychoanalytiker wie auch Eltern glauben, ein neurotisches oder böses oder unglückliches Kind müsse Eltern haben, welche diesen negativen Zustand erzeugt haben, während im Gegensatz dazu ein glückliches, gesundes Kind eine entsprechend glückliche und gesunde Umgebung gehabt habe. Tatsächlich nahmen die Eltern die ganze Schuld an einer ungesunden Entwicklung ihres Kindes auf sich, andererseits schrieben sie jedoch auch allen Verdienst an einem glücklichen Ausgang der Kindheit auf ihr Konto. Aber alles weist darauf hin, dass das nicht richtig ist. [...]

Freuds Annahme hat die Aufmerksamkeit von jenen Fällen abgelenkt, bei denen es zu radikalen Veränderungen durch radikal neue Erlebnisse kommt. [...]

In sehr drastischen Fällen einer Charakteränderung kann man von einer echten Bekehrung sprechen. Eine solche Bekehrung bedeutet, dass der Betreffende seine Wertbegriffe, seine Erwartungen und Einstellungen vollständig ändert, weil etwas völlig Neues in sein Leben getreten ist. Und trotzdem wären solche Bekehrungen nicht möglich, wenn der Betreffende nicht die Möglichkeit zu dem, was nun in seiner Bekehrung manifest wird, bereits in sich gehabt hätte. Ich möchte nun noch auf einen weiteren Faktor hinweisen, der die Sache noch mehr kompliziert und dem bisher noch wenig Beachtung geschenkt wurde. Die Beziehung zwischen Eltern und Kindern wird gewöhnlich als eine Einbahnstraße angesehen, wie wenn nur die Eltern eine Wirkung auf die Kinder ausübten. Es wird oft übersehen, dass dieser Einfluss keineswegs nur in einer Richtung verläuft. Es kommt vor, dass Eltern eine natürliche Abneigung gegen ein Kind, ja sogar gegen ein neugeborenes Baby haben, und das nicht nur aus dem oft diskutierten Grund, dass es sich um ein ungewolltes Kind handelt oder dass der betreffende Elternteil destruktiv, sadistisch oder dergleichen ist. Es kann auch daher kommen, dass das Kind und die Eltern einfach von Natur aus nicht zusammenpassen und dass ihre Beziehung sich in dieser Ansicht nicht von einer ähnlichen Beziehung zwischen Erwachsenen unterscheidet.

❶ Überprüfen Sie anhand der Texte von Freud die Behauptung Fromms, Freud habe die genetische Veranlagung unterschätzt.

❷ Wieso ist im Menschenbild Freuds kein Platz für eine „Bekehrung" (Z. 34) im Sinne Fromms?

## Alfred Adler: Zur Theorie des Traumes

*Freud hatte den Traum als „Königsweg zum Unbewussten" gesehen. Er sah im Traum die Befriedigung unerfüllter Wünsche. Ihm ging es dabei vor allem darum, Spuren der Neurosebildung zu finden und bewusst zu machen. Er deutete den Traum aus der Vergangenheit des Träumenden. Für Adler greift der Traum zwar auf Erinnerungen zurück, hat aber mehr Bedeutung für die Gegenwart des Träumenden.*

Wir haben in Bezug auf das Verhältnis des Traumes bisher Folgendes gehört: 1. Der Traum hat die Aufgabe, eine Stimmung zu erzeugen, die den Träumer entgegen seiner Logik in einer bestimmten Situation seines Lebens dorthin führen soll, wohin ihn sein Lebensstil eigentlich leitet. 2. Der Träumer bedient sich gewisser Mittel, die auch auf seinen Lebensstil zurückzuführen sind, indem er aus dem Traum auf Bilder, Erinnerungen zurückgreift, die ihm seine Aufgabe erleichtern, die ihm wünschenswert erscheinen zur Erleichterung seiner Aufgabe. 3. Der Träumer greift gerne zu Vergleichen und Gleichnissen, um jene Stimmung noch stärker wachsen zu lassen, die er zu seinem Ziele benötigt. In einem Punkte laufen unsere Betrachtungen zusammen. Der Träumer braucht diese Stimmung, um die Richtung gehen zu können, die er fürchtet zu verlieren, wenn er nach den Mitteln der Logik, des Verstandes greift. Deshalb darf er den Traum nicht verstehen, er berauscht sich sozusagen an seinem Traum, wo die Wirklichkeit ihn nicht beeinflusst, nicht auf Schritt und Tritt kontrolliert. Um zu dieser einheitlichen Beobachtung zu kommen, haben wir festgestellt, dass sich eine Leitung, eine Führung im Traume geltend macht, die eine Auslese trifft. Diese Auslese ist tendenziös, Geschehnisse, Vorgänge tauchen aus der Erinnerung des Träumers auf, wie bei Kindheitserinnerungen, die zu seinem Lebensstil passen. Durch seinen Lebensstil ist sein Interesse auch begründet, er wird für jene Dinge Interesse haben, die ihm für sein individuelles Streben nach Überlegenheit förderlich sind. Wir wollen auch an Träumen feststellen, zu welcher Lebensform ein Kind oder ein Erwachsener gehört. Es soll damit nicht gesagt werden, dass wir aus einem Traum alles herauszuhören glauben, aber es ist auch ein Weg, und dieser Weg ist dann sehr ergiebig, wenn wir schon von anderer Seite Aufschlüsse bekommen haben, um den einheitlichen Lebensstil feststellen zu können. Ein weiteres Mittel des Träumers, um einen Affekt herzustellen, sich eine Stimmung zu verschaffen, sich zu betrügen, liegt darin sich zu berauschen, dass der Träumer sein Problem verkürzt, dass er nicht den ganzen Umfang des Problems ins Auge fasst, sondern nur einen Punkt herausgreift, wie wenn dieser Punkt das ganze Problem wäre. […]
Es gibt auch andere Träume, die bei einem Individuum immer wiederkehren. Diese von Zeit zu Zeit wiederkehrenden Träume zeigen außerordentlich klar sein Charakterbild, wenn man den Traum richtig versteht. Aus ihnen können wir entnehmen, wie einer die gleiche Brücke sucht, um dadurch in den verschiedensten Situationen zu seinem Ziel der Überlegenheit zu gelan-

**Alfred Adler** (1870–1937) war Arzt und Psychologe. Adler gehörte ab 1902 zur Studiengruppe Freuds. Die Entwicklung der Individualpsychologie führte zum Streit und zur Trennung von Freud. Die Individualpsychologie geht davon aus, dass jeder Mensch nach Geltung strebt. Wenn sie nicht erreicht wird, stellen sich Minderwertigkeitsgefühle ein. Der Mensch versucht nun, diese Minderwertigkeitsgefühle zu kompensieren. Dazu stellt er einen Lebensplan auf. Später betrachtet er diesen Lebensplan als einzige Möglichkeit für angemessenes Verhalten.

René Magritte (1889–1967): Die verbotene Reproduktion (1937)

gen. Diese Träume werden immer die Stimmung hervorrufen, die dazugehört, sich seinem Lebensstil gemäß in derselben Richtung zu halten.
Es ist sehr interessant zu beobachten, dass manche Menschen viel, andere wieder wenig oder gar nicht träumen. Die Ursache davon scheint darin zu liegen, dass Menschen, die sich nicht gern berauschen, sich nicht gern belügen, betrügen wollen, Menschen, die ihren Stimmungen nicht unterworfen sind und die Stimmungen, ihre Gefühle nicht so hoch einschätzen, wenig oder gar nicht träumen. Es scheint auch, dass solche Menschen, die sich in einer Situation, in der sie sich gerade befinden, wohl fühlen, oder wenigstens nicht den Wunsch haben herauszukommen, gar keinen Impuls fühlen, eine Frage, in die sie verwickelt sind, zu lösen, auch nicht träumen. Menschen, die sich mehr von Gefühlen als von der Logik des Alltagslebens leiten lassen, träumen mehr.

❶ Wo kann man bei diesem Weg der Traumdeutung den individualpsychologischen Ansatz sehen?

❷ Beschreiben Sie die Rolle des Traumes für die psychische Gesundheit.

❸ Nehmen Sie Stellung zur Meinung Adlers, der Träumer berausche sich am Traume.

❹ Welche Urerlebnisse des Menschen versucht Magritte mit diesem Bild darzustellen?

## Edvard Munch: Der Tod und das Mädchen

**Edvard Munch** (1863–1944), norwegischer Maler. Er arbeitete in Paris und gehörte zu den Begründern des Expressionismus. Munch selbst schreibt über die Aufgabe des Malers: „Es sollen nicht mehr Interieurs mit lesenden Menschen und strickenden Frauen gemalt werden, sondern lebendige Menschen, die atmen und fühlen, die leiden und lieben."

**Sublimierung:** Umleitung eines Triebes zu Verhaltensweisen, die für die Gesellschaft nützlich sind. Man spricht zum Beispiel von Sublimierung, wenn Nächstenliebe unter Verzicht auf Erotik ausgeübt wird.

*Der Expressionismus ist eine Kunstrichtung im Europa des 20. Jahrhunderts. Kunst wurde hier in den Dienst des seelischen Ausdrucks gestellt. Das Kunstwerk sollte nicht mehr ästhetischen Genuss hervorrufen, sondern die innere Kraft des Künstlers darstellen.*

„An Bildern dieses Themas wird deutlich: Munchs Werk wird inhaltlich weitgehend vom Eros bestimmt, sowohl in verweisender Symbolik im Vorgang von Anziehung und Loslösung wie auch versteckt, in Verdrängung und Sublimierung. Wie bei Sigmund Freud ist Eros die Summe aller Lebenstriebe, die zu produktiver, ja kosmisch-zeugender Kraft werden; ihr tritt Thanatos, der Todestrieb, entgegen. Im Tiefsten aber wurzelt in dieser Psychologie die antike Vorstellung von der ursprünglich androgynen Einheit des Menschen. Nach Platon – im „Symposion" – ist Eros die (unstillbare) Sehnsucht des Menschen nach dieser Einheit."

aus: Walter Urbanek: Der Tanz des Lebens

❶ Beschreiben Sie die Umarmung des ungleichen Paares.

❷ Welche Funktion haben die Partner dieser Umarmung?

❸ Was bedeuten die am Rand dargestellten Embryonen und Spermien für diese Liebesbeziehung?

# 7. Der verunsicherte Mensch: Menschenbilder im 20. Jahrhundert

Die Philosophie der Neuzeit ist stark von den Erkenntnissen der Psychologie und der Biologie beeinflusst. Im Menschenbild wurde vor allem die doppelte Realität des Menschen, körperliches und geistiges Wesen zu sein, thematisiert.

## Hannah Arendt: Die Geburt des Selbst bei Kierkegaard

**Hannah Arendt** (1906–1975), dt. Philosophin (Biografie s. S. 317)

**Sören Kierkegaard** (1813–1855), dänischer Philosoph und Theologe

Mit Kierkegaard fängt die moderne Existenzphilosophie an. Es gibt nicht einen Existenzphilosophen, auf den sein Einfluss nicht nachweisbar wäre. Kierkegaard geht von der Verlorenheit des Individuums in der komplett erklärten Welt aus. Zu dieser erklärten Welt befindet sich der Einzelne in dauerndem Widerspruch, weil seine „Existenz“, nämlich die reine Faktizität seines Existierens in seiner ganzen Zufälligkeit (dass ich gerade *ich* bin und niemand anderes, und dass ich gerade *bin* und nicht nicht bin) weder von Vernunft vorhergesehen noch von ihr in etwas rein Denkbares aufgelöst werden kann.

Diese Existenz aber, die ich augenblicklich jeweils bin, und die ich mit Vernunft nicht begreifen kann, ist das Einzige, dessen ich wirklich im Sinne unfragbarer Evidenz gewiss sein kann. Also ist es die Aufgabe des Menschen, „subjektiv zu werden“, ein mit Bewusstsein existierendes Wesen, das die paradoxen Implikationen seines Lebens in der Welt dauernd realisiert. […]

Dieter Appelt: Image de la Vie et de la Mort (Bild vom Leben und vom Tod)

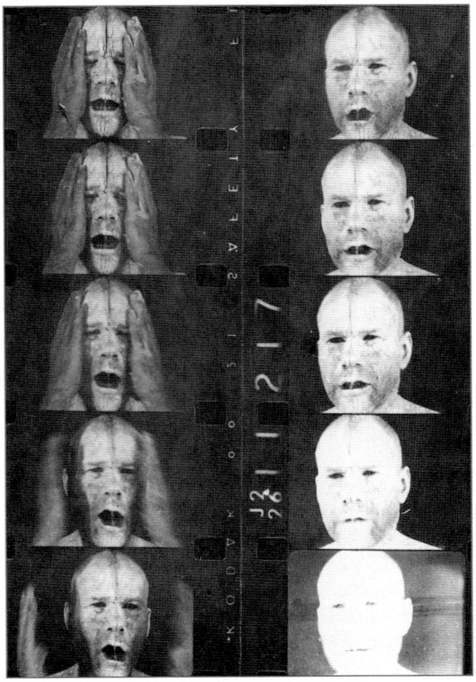

Das Allgemeine also, womit die Philosophie so lange im reinen Erkennen beschäftigt war, soll in ein reales Verhältnis zum Menschen gebracht werden. […]

Die Leidenschaft, subjektiv zu werden, entzündet sich bei Kierkegaard an der realisierten Angst vor dem Tode als dem Ereignis, bei dem ich garantiert allein bin, ein Einzelner, abgeschnitten von der durchschnittlichen Alltäglichkeit. Der Gedanke an den Tod wird zu einer „Handlung“, weil in ihm der Mensch sich selbst subjektiv macht, sich von der Welt und dem alltäglichen Leben mit Menschen herauslöst. Psychologisch liegt dieser inneren Reflexionstechnik einfach die Annahme zugrunde, dass mit dem Gedanken, dass ich einmal nicht mehr sein werde, auch mein Interesse an dem, was ist, erlöschen muss. Es ist durchaus bezeichnend für die moderne Philosophie, dass diese Annahme von so vielen unbesehen und gleichsam unschuldig akzeptiert wird. Auf dieser Voraussetzung beruht nicht nur moderne „Innerlichkeit“, sondern auch die ebenfalls mit Kierkegaard einsetzende fanatische Entschlossenheit, den Augenblick, der allein Existenz, nämlich Realität verbürgt, ernst zu nehmen.

❶ Wie kann sich an der Angst vor dem Tode die „Leidenschaft, subjektiv zu werden“ (Z. 20) entzünden?

❷ Referieren Sie über das Leben und das Werk Sören Kierkegaards.

❸ Beschreiben Sie, wie in der Bildfolge von Dieter Appelt die Angst zum Ausdruck kommt.

Dieser neue, vom Tode sich abstoßende Ernst gegenüber dem Leben implizierte keineswegs notwendigerweise ein Ja zum Leben oder zum Dasein des Menschen als solchem. […]
Kierkegaard und in seiner Nachfolge Heidegger haben stets den Tod als den eigentlichen „Einwand“ gegen das Sein des Menschen, als Beweis seiner „Nichtigkeit“ interpretiert – wobei möglicherweise Heideggers Analyse des Todes und der mit ihm verbundenen Charaktere des menschlichen Lebens die Kierkegaards an Eindringlichkeit und Schärfe noch übertrifft.

## Jean-Paul Sartre: Der Mensch ist verantwortlich

*Die Existenzphilosophie entfaltete in der Darstellung des französischen Philosophen Jean-Paul Sartre (Biografie s. S. 254) nach dem Zweiten Weltkrieg ihre große Wirkung in Westeuropa. Sartre verband die Lehre des Existentialismus mit der ethischen Forderung, im Bewusstsein der Verantwortung zu leben und zu handeln.*

Der Begriff „**Existenz**“ bezeichnet das Dasein des Menschen, sein physisches Sein als Mensch, während „**Essenz**“ das Sosein, des Wesen eines Menschen meint. Die klassische Philosophie ging davon aus, dass der Mensch als Idee oder als Plan eines Schöpfers schon vor seinem konkreten Leben definiert war. Demgegenüber lehrt die Existenzphilosophie, dass der Mensch zuerst existiert, dann aber selbst die Aufgabe und Verantwortung hat, seine „Essenz“ zu formen.

Aber wenn wirklich die Existenz der Essenz vorausgeht, so ist der Mensch verantwortlich für das, was er ist. Somit ist der erste Schritt des Existenzialismus, jeden Menschen in Besitz dessen, was er ist, zu bringen und auf ihm die gänzliche Verantwortung für seine Existenz ruhen zu lassen. Und wenn wir sagen, dass der Mensch für sich selber verantwortlich ist, so wollen wir nicht sagen, dass der Mensch gerade eben nur für seine Individualität verantwortlich ist, sondern dass er verantwortlich ist für alle Menschen. Es gibt zweierlei Sinn in dem Wort Subjektivismus, und unsere Gegner arbeiten auf unehrliche Weise mit dieser Tatsache. Subjektivismus bedeutet einerseits Wahl des individuellen Subjektes durch sich selber und anderseits Unmöglichkeit für den Menschen, die menschliche Subjektivität zu überschreiten. Dieser zweite Sinn ist der tiefere Sinn des Existenzialismus. Indem wir sagen, dass der Mensch sich wählt, verstehen wir darunter, dass jeder unter uns sich wählt, aber damit wollen wir ebenfalls sagen, dass, indem er sich wählt, er alle Menschen wählt. Tatsächlich gibt es nicht eine unserer Handlungen, die, indem sie den Menschen schafft, der wir sein wollen, nicht gleichzeitig ein Bild des Menschen schafft, so wie wir meinen, dass er sein soll. Wählen, dies oder jenes zu sein, heißt gleichzeitig, den Wert dessen, was wir wählen, bejahen, denn wir können nie das Schlechte wählen. Was wir wählen, ist immer das Gute, und nichts kann für uns gut sein, wenn es nicht gut für alle ist.

Vergleichen Sie diese Forderung Sartres mit dem „kategorischen Imperativ“ Kants (s. S. 81).

## Günther Altner: Die Zwitternatur des Menschen bei Plessner

**Helmuth Plessner** (1892–1985, „Die Stufen des Organischen und der Mensch“, 1928) gehört mit **Max Scheler** („Die Stellung des Menschen im Kosmos“, 1927) und **Arnold Gehlen** („Der Mensch. Seine Natur und seine Stellung in der Welt“, 1940) zu den einflussreichsten Anthropologen des 20. Jahr-

Die Widersprüchlichkeit des Menschen, der einerseits ohne Zweifel Zeichen der Umweltbindung an seinem Körper trägt und darin Primat unter Primaten ist und andererseits doch gerade eine analogielose Weltoffenheit besitzt und praktiziert, diese Widersprüchlichkeit wird erst von Plessner voll erkannt und als condito humana bewusst gemacht. […]

Die Weltoffenheit des Menschen ist eben nicht nur ein Sonderfall des allgemeinen Tier-Umweltverhältnisses, sondern beruht auf der besonderen Zwitternatur des Menschen, der auch Tier ist, aber nicht mehr nur in den vitalen Bezügen seiner Umwelt steht, sondern darüber hinaus auch Mensch und d. h. Person ist. Für Plessner ist der Mensch „ein die Tierheit hinter sich lassendes Tier" oder noch deutlicher: ein die Menschheit suchender Mensch. In dieser labilen Doppelheit des menschlichen Wesens sieht Plessner die Ursache für die Sonderstellung des Menschen und seiner Kultur. […]
Diese Distanziertheit des Menschen gegenüber seiner Natur und der Natur überhaupt umschreibt Plessner mit den Begriffen „vermittelte Unmittelbarkeit" und „Exzentrizität". […]
Plessners Anthropologie führt unmittelbar an das Geheimnis des menschlichen Wesens heran. Nimmt man die von Plessner gegebene Antwort auf die Frage nach dem Wesen des Menschen ernst, so muss man sie ihrerseits als großes Fragezeichen akzeptieren. Die Zwitternatur des Menschen erlaubt es nicht, die Frage nach seiner Bestimmung endgültig und einseitig zu beantworten. Plessner verweist damit alle vorschnellen Determinierungsversuche in ihre Schranken. Der Mensch ist nicht nur unter den Gesetzen seiner organischen Natur, aber auch nicht unter dem Vorzeichen eines absoluten an und für sich seienden Geistes zu verstehen. Das sind Abstraktionen eines viel tieferen und umfassenderen Prozesses, der erst dort ernst genommen ist, wo der Mensch als umweltgebundenes und weltoffenes Wesen zugleich akzeptiert ist, als „vernünftiges Tier", wie Kant sagen würde. Damit sind aber auch alle anderen anthropologischen Ansätze und Deutungsversuche, wie sie etwa im Vorausgehenden dargestellt wurden, in die Krise gezogen. Anthropologie kann, will sie dem Menschen gerecht werden, selbst nur so vonstatten gehen, dass sie sich in Anknüpfung und Neuaufbruch versteht. Darin nimmt sie teil an der Menschwerdung des Menschen in der weiten Spanne zwischen natürlicher Vergangenheit und welcher Zukunft auch immer. Das ist eine Offenheit, die nur schwer durchzuhalten ist und durch vorschnelle Rückkehrversuche und unzeitgemäße Zielsetzungen gefährdet ist. In Übereinstimmung mit und im Aufbruch von sich selbst ist der Mensch nie das allein, was er immer schon war, sondern gerade auch das, was er sein wird. Die conditio humana liegt in der Exzentrizität des Menschen, die ihn in dem, was war und ist, nicht ruhen lässt. Mit den drei Kategorien der „Weltoffenheit", der „Mangelhaftigkeit" und der „Zwitternatur" ist diese Grundbefindlichkeit des Menschen bei Scheler, Gehlen und Plessner nachdrücklich herausgearbeitet, wo immer sonst die Grenzen dieser Entwürfe liegen mögen.

hunderts. Charakteristisch ist ihre „Wendung zur Natur", d. h. die Verarbeitung von Erkenntnissen der Biologie und Ethnologie. Nach ihrer Auffassung lebt der Mensch in einer nur ihm eigentümlichen „Verschränkung von Weltoffenheit und Umweltgebundenheit" (s. auch S. 110–113).

**„conditio humana"** (lat.): die Bedingungen des menschlichen Lebens, z.B. seine Endlichkeit und seine Fähigkeit, schuldig zu werden

❶ Worin besteht die „Zwitternatur" des Menschen?

❷ Beschreiben Sie das „Geheimnis des menschlichen Wesens".

❸ Weisen Sie nach, dass Plessners Menschenbild von den Erkenntnissen der Naturwissenschaft geprägt ist.

## Christian Vogel: Der Sinn und der Nutzen der Erkenntnisse der Naturwissenschaft

Was nützen alle diese Erkenntnisse? Ich glaube, dass die bessere Kenntnis der Hintergründe unseres moralischen Verhaltens – egal, wie unedel uns auch die Befunde erscheinen mögen – unsere praktizierte Moralität verbessern kann, wenn sie auch die ethischen Ideale vom hohen Sockel holt. Ich glaube sogar, dass gerade die

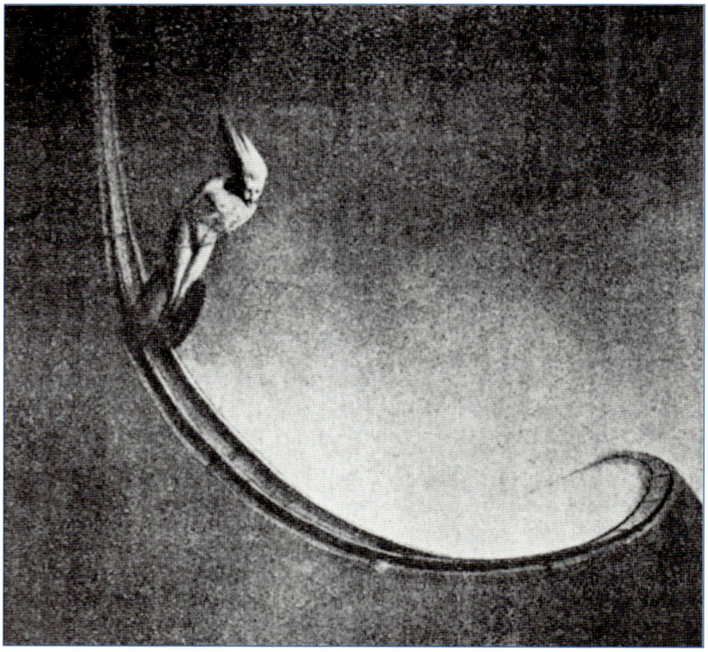

Alfred Kubin (1877–1959): Der Mensch (1902)

ethischen Ideale innerhalb von Sozietäten ironischerweise dazu führen, dass es immer wieder zu einem Aufflammen der ernsten Bedrohung unserer erwünschten egalitären Humanität[1] kommt: Nationalistischer Chauvinismus[2], der Stolz auf die eigene Gruppe, Gesellschaft, Volk, Nation, Religion oder den eigenen Lebensstil usw. führen zwangsläufig zur Ablehnung der anderen, der Außenstehenden, eine Tendenz, die bei steigenden Interessenkonflikten sehr schnell zur gewaltsamen Auseinandersetzung und zur Zerstörung führt, wie die Weltgeschichte eindeutig belegt. Da wir evolutiv[3] als genetische Egoisten programmiert sind, werden sich zwangsläufig innere Interessenkonflikte einstellen, sobald der äußere Druck nachlässt, am stärksten zwischen nicht-verwandten Artgenossen (Populationsgenossen), die um die gleichen Ressourcen konkurrieren. Es ist daher auch kein Wunder, dass wir so viele Tier- und Pflanzenfreunde unter uns haben, die ihre ganze Moral für den Schutz von Tieren und Pflanzen (nicht aber für alle ihre Mitmenschen) – kurz, für die Umwelt – einsetzen möchten. So lobenswert das auch sein mag, sie empfinden die anderen Tier- und Pflanzenarten nicht als ihre eigenen Konkurrenten um dieselben Ressourcen, es gibt also keine Interessenkonflikte; die gibt es dagegen mit den Mitmenschen des mehr oder weniger weiten Umfeldes. Zusammenfassend ist zu sagen: Einerseits muss davon ausgegangen werden, dass solche moralischen Prinzipien besonders nachhaltigen Erfolg haben und sich entsprechend verbreiten, die zugleich auch der biogenetischen Fitness[4] ihrer Anhänger dienen – und dazu gehören eben vorzugsweise auch die Prinzipien von *Verwandten-Bevorzugung* und *reziprokem Altruismus*[5]. Andererseits ist mit Nachdruck zu fordern, dass menschliche Sittlichkeit mit hohem ethischem Anspruch diskriminierende Prinzipien[6] und biologisch vorgezeichnete Grenzen überwindet und transzendiert.

---

[1] egalitäre Humanität: gleiche Menschenfreundlichkeit gegenüber allen Menschen
[2] nationalistischer Chauvinismus: Überzeugung, dass die Angehörigen der eigenen Nation wertvollere Menschen sind
[3] evolutiv: durch die Wirkung der Evolution
[4] biogenetische Fitness: Fortpflanzungserfolg der Träger einer bestimmten genetischen Ausstattung
[5] reziproker Altruismus: Begünstigung von Verwandten, die zumindest teilweise dieselben Gene in sich tragen
[6] diskriminierende Prinzipien: Voraussetzung, dass andere Individuen weniger wert sind

❶ Versuchen Sie zu ergründen, mit welcher Methode hier ethische Aussagen auf biologischer Grundlage gemacht werden.

❷ Diskutieren Sie die Chancen des hier skizzierten Ethos und vergleichen Sie es mit dem von Küng skizzierten Entwurf eines Weltethos (s. S. 169 f.).

❸ Wie kann sich Tierfreundschaft mit Menschenfeindlichkeit verbinden?

❹ Beschreiben Sie die Rolle des Menschen im Bild von A. Kubin.

# Religion als Quelle der Moral? – Religion und Ethik

Beschreiben Sie die Gestik und die Mimik des „Gläubigen".

Ernst Barlach:
Der Gläubige (1934)

# Einführung

Religionen bilden seit Jahrhunderten moralische Orientierungs- und Ordnungssysteme, deren Ethik das moralische Empfinden und Handeln vieler Menschen bestimmt. Die Hoch- oder Weltreligionen verkünden dabei eine universale, d.h. Zeit und nationale Grenzen überschreitende Botschaft und richten sich mit mehr oder weniger ausgeprägtem Wahrheitsanspruch an alle Menschen.

Religionen gründen ihre ethischen Überzeugungen auf Prämissen, die geglaubt werden müssen (wie z.B. die göttliche Herkunft der Zehn Gebote). Die Übernahme einer religiösen Weltdeutung erfolgt in erster Linie auf emotionaler Ebene und ist daher anders begründet als vernunftbezogene philosophische Konzeptionen. Dabei stellt sich die Frage, ob die Religionen, die ihre Anhänger stärker „in die Pflicht" nehmen, eher bzw. besser als philosophische Ethiken geeignet sind ein weltweites Ethos zu begründen, das den Herausforderungen der Zukunft gerecht wird. Die Religionen verbinden das moralisch richtige Leben mit der Aussicht nach dem Tode im Jenseits zur Vollendung zu kommen. Die Erfüllung der ethischen Forderungen ist in den drei Offenbarungsreligionen (Judentum, Christentum, Islam) dann entscheidend dafür, ob das Leben eines Menschen endgültig gelungen oder gescheitert ist. Es gibt nämlich für den Gläubigen ewigen Lohn oder aber ewige Strafe. (Im Buddhismus ist dieser Zusammenhang durch den Glauben an Seelenwanderung und Wiedergeburt weniger bedrohlich.)

Gemeinsam ist den Religionen die Überzeugung, dass eine absolut gesetzte Vernunft, verbunden mit der Freiheit der Subjektivität, sich letztlich selbst zerstört, wenn sie in keinen Kosmos eingebunden ist und nichts als heilig anerkennt.

Mit der Formulierung „im Bewusstsein seiner Verantwortung vor Gott und den Menschen" bekennt sich das Grundgesetz der Bundesrepublik zu diesem Teil möglicher menschlicher Erfahrung und zu einer der Wurzeln seiner Tradition. Die Glaubens- und Bekenntnisfreiheit garantieren demokratische Verfassungen ebenso wie die UN-Menschenrechtsdeklaration. Dies heißt aber nicht, dass das Verhältnis zwischen Staat und religiöser Institution immer konfliktfrei bleibt, wie in jüngster Vergangenheit das Beispiel des „Kruzifixurteils" gezeigt hat. Vor allem der Anspruch der Religionen, ewige Wahrheiten zu verkünden und deshalb die Gläubigen zu bestimmten Verhaltensweisen bewegen zu können, hat immer wieder Philosophen wie Feuerbach, Marx, Nietzsche oder Freud herausgefordert, mit Argumenten der Vernunft die Grundlage der Religionen und die Existenz eines Gottes in Frage zu stellen. Dies verband man immer mit der Überzeugung, die Moral direkt vom Menschen her und damit besser begründen zu können.

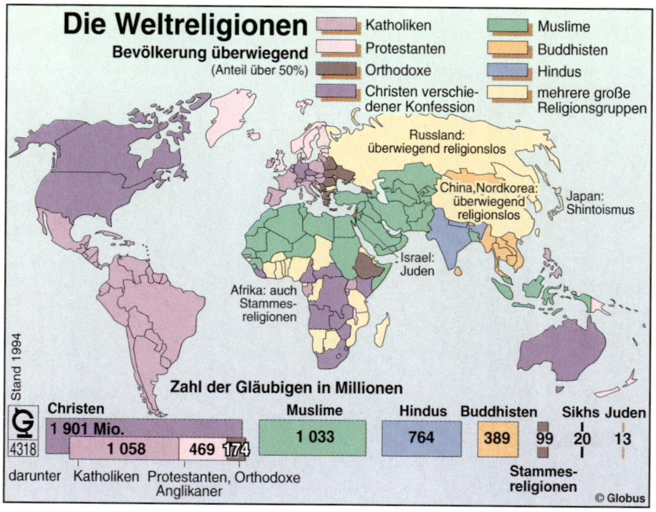

# 1. Wesen und Wirkung der Religionen

## Grundzüge der Religion

Priesterweihe.
In einigen christlichen Kirchen (kath., altkath., orthodoxe, anglikan. Kirche) hat sich die „apostolische Nachfolge" als prophetisches Element erhalten. Nach dieser Vorstellung kann man die Weitergabe der Weihegewalt von Amtsträger zu Amtsträger bis zu den Aposteln zurückführen.

(a) Ein Glaube an übernatürliche Wesen (Gott) und Kräfte, (b) die Unterscheidung heiliger und profaner Gegenstände, (c) rituelle Akte, die sich um heilige Gegenstände zentrieren, (d) die Annahme eines vom Göttlichen angeordneten und sanktionierten Moralkodex, (e) spezifische Gefühle, die in Gegenwart heiliger Gegenstände und ritueller Praxis entstehen und in Verbindung gesetzt werden zum Göttlichen, (f) Gebete und andere Formen der Kommunikation mit dem Göttlichen, (g) eine aus Erzählungen, Bildern und Begriffen zusammengesetzte Vorstellung von Natur und Geschichte im Ganzen, die den Platz des Individuums in der Welt und die Möglichkeit seines (irdischen oder jenseitigen) Heils oder Unheils, seiner Erlösung oder Verdammung vorzeichnet, (h) eine Art der Gemeinschaft, die durch Anerkennung und Praxis des eben Genannten konstruiert wird (Kirche, Religionsgemeinschaft). [...] Entsprechend dem Kriterium, wo das Göttliche primär gesucht und lokalisiert und welche Art des Verhaltens als adäquate menschliche Antwort angesehen wird, lassen sich typologisch sakramentale, prophetische und mystische Religion unterscheiden. (a) *Die sakramentale* Religion sucht das Göttliche

Die Kaaba in Mekka ist eines der wichtigsten Heiligtümer des Islam. An einer Seite des Heiligtums befindet sich der schwarze Stein, auf dem schon Abraham geopfert haben soll.

bzw. dessen Inkorporation oder Manifestation primär in heiligen Dingen; (b) die prophetische Religion in Ereignissen der Geschichte und in von Gott inspirierten Äußerungen großer begnadeter Persönlichkeiten (das Schlüsselwort ist hier nicht Sakrament, sondern Offenbarung); das Zentrum der (c) mystischen Religion bildet nicht ein gegenständlich Göttliches, auch nicht ein personales göttliches Du, das sich in Wort und Geschichte bekundet, sondern ein innerer Zustand, eine Erfahrung, die die Verschmelzung des Individuums mit dem Göttlichen zum Inhalt hat.

Ordnen Sie die Merkmale Ihnen bekannten Religionen zu.

## Arnold J. Toynbee: Die Bedeutung der Weltreligionen

**Arnold Toynbee** (1889–1975), brit. Historiker und Geschichtsphilosoph, forschte über die Kulturentwicklung der Menschheit. Hauptwerk: A Study of History (12 Bände, 1934–1961).

Nichtsdestoweniger ist der Durchbruch der Hochreligionen, wie schon gesagt, bislang die folgenschwerste und revolutionärste neue Richtung in der Religionsgeschichte und der Menschheitsgeschichte überhaupt. Die Hochreligionen haben den Menschen aus dem sozialen Gefängnis befreit, das er von seinen vormenschlichen Ahnen geerbt hatte.

Die Lebensweise, die seine vormenschlichen Ahnen dem primitiven Menschen hinterlassen haben, war monolithisch[1]. Sein religiöses Leben war ein wesentlicher Bestandteil seines ganzen sozialen Lebens. In diesem Stadium waren die religiöse und die weltliche Seite des Lebens nicht voneinander zu trennen oder gar zu unterscheiden. Alles was der Mensch tat, war gleichzeitig religiös und politisch und wirtschaftlich und künstlerisch. […]

Die monolithische Lebensstruktur gestattet einem menschlichen Wesen wenig oder keine Freiheit zu eigener Initiative oder Entscheidung auf irgendeinem Gebiet. In seiner Religion ist der Mensch gezwungen, den Zugang zu Wahrheit und Seligkeit ausschließlich durch Vermittlung seiner Gesellschaft zu suchen. Seine Gesellschaft stellt zwischen ihm und der letzten geistigen Realität hinter den Phänomenen des Universums, zu der sich jedes menschliche Wesen hintastet, um mit ihr in Verbindung zu kommen und mit ihr in Harmonie zu leben. Wenn er diese letzte Wirklichkeit überhaupt sieht, so sieht er sie in einem „dunklen Spiegel" (1. Kor. 13,12 )[2]. Das unablässige Suchen nach der letzten geistigen Wirklichkeit ist jedoch im Menschsein angelegt. Die Hochreligionen haben die Menschen in unmittelbaren persönlichen Kontakt mit der letzten geistigen Wirklichkeit gebracht, und indem sie das taten, haben sie sie geistig unabhängig von der Gesellschaft gemacht, in der sie sich eingebettet finden als Ergebnis des Zufalls, dass sie zu einer bestimmten Zeit und an einem bestimmten Ort geboren sind. Ein Mensch, der von einer Hochreligion erleuchtet und inspiriert ist, hat die geistige Kraft empfangen, sich seiner Gesellschaft als unabhängige sittliche Macht gegenüberzustellen. Er ist in die Lage versetzt worden, seine Gesellschaft von außen zu besehen und sie von einem geistig höheren Standpunkt aus zu beurteilen, als ihr ei-

[1] monolithisch: aus einem Stück bestehend
[2] 1. Brief des Paulus an die Korinther

gener es ist. Und diese geistige Befreiung hat ihm die moralische Verpflichtung auferlegt, seiner Gesellschaft kritisch zu begegnen und im äußersten Fall auf eigene Gefahr ihren Befehlen den Gehorsam zu verweigern, wenn er zu der Überzeugung kommt, dass diese dem höheren Standpunkt der Ethik, von dem er nun Kenntnis hat, zuwiderlaufen. Als sittlich freies Wesen ist er auch sittlich gehalten, Gott mehr zu gehorchen als seinen Mitmenschen, wenn er vor diese gewaltige Entscheidung gestellt wird. Wenn er sich seiner Gesellschaft widersetzt, muss er natürlich auf das Martyrium gefasst sein; aber wenn seine Gesellschaft ihn zum Märtyrer macht, wird sie ihre eigene Niederlage heraufbeschwören, und zwar durch die Prinzipien, für die der Märtyrer sein Leben hingegeben hat. Diese geistige Freiheit bis zum möglichen Preis des Martyriums ist, wie wir schon bemerkt haben, die Quelle der Freiheit in jeder anderen Sphäre, der politischen, der wirtschaftlichen, der ästhetischen. Die religiöse Sphäre ist die erste, in der Menschen ihre individuelle Freiheit gewonnen haben, und die Hochreligionen sind die ursprünglichen befreienden Wirkkräfte gewesen.

Diese befreiende religiöse Revolution ist nicht ein für alle Mal, nicht zu einer einzigen bestimmten Zeit oder an einem einzigen bestimmten Ort vollzogen worden, vielmehr zu verschiedenen Zeiten und an verschiedenen Orten getrennt und unabhängig im Lauf einer Periode von etwa 1200 Jahren, die mit dem Jahr 632 n. Chr. endet, dem Todesjahr des Propheten Muhammed, der der Stifter der bisher jüngsten Religion dieser Art ist. Zarathustra, Deuterojesaia, der Buddha – alle lebten im 6. Jahrhundert v. Chr.; und Deuterojesaia war in gewisser Weise ein Stifter wie die beiden anderen; denn Deuterojesaias Vision war es, die die angestammte Religion von Israel und Juda schließlich vollständig zum Monotheismus gemacht hat.

Die Jahrhunderte, die zwischen der Generation Zarathustras und der Muhammeds verflossen sind, sahen die sechs Hochreligionen entstehen, deren Geboten, wenigstens nominell, heute eine große Mehrheit der Menschheit Folge leistet. Diese sechs Hochreligionen sind der Zoroastrismus, das Judentum, der Buddhismus, der Hinduismus, das Christentum und der Islam. Jede Aufzählung ist natürlich in einem gewissen Maße willkürlich. Unsere Aufzählung der sechs wichtigen Hochreligionen wird durch einige Forscher auf dem Gebiet der Geisteswissenschaften zweifellos verlängert und durch andere verkürzt werden.

Die Hochreligionen haben damit, dass sie die Menschen aus ihrem unzeitlichen sozialen Gefängnis befreit haben, der Menschheit eine große Wohltat erwiesen; aber diese Wohltat musste wie die meisten Wohltaten mit einem Preis bezahlt werden, der dem Eigenwert der Wohltat entspricht. Das Aufleuchtenlassen von Wahrheiten und die Lebenshilfen, die jeder Stifter einer höheren Religion seinen Anhängern gegeben hat, waren und sind erstaunlich neu und wohltätig. Die Stifter der historischen Hochreligionen gehören in der Tat zu den bei weitem größten menschlichen Persönlichkeiten, die bislang aufgetreten sind; und heute, mehr als 300 Jahre nach dem Tod des Jüngsten von ihnen, üben alle diese Religionsstifter einen weit größeren Einfluss auf das Leben einer weit größeren Zahl von Menschen aus als irgendjemand, der vor ihnen gelebt hat – oder nach ihnen leben wird einschließlich natürlich der Menschen, die kurzlebig in unseren Zeitungsschlagzeilen erscheinen. Die Stifter der his-

**Zarathustra:** persischer monotheistischer Prophet (um 660 v. Chr.) mit hohem ethischem Anspruch

**Deuterojesaia:** Prophet des jüdischen Monotheismus, der unter dem Namen des Propheten Jesaia geschrieben hat.

**Zoroastrismus:** alte, von Zarathustra gegründete monotheistische Religion, in der die Dualität von Gut und Böse eine große Rolle spielte.

torischen Religionen haben so Großes bewirkt, dass ihnen von ihren Anhängern eine Leistung zugeschrieben worden ist, die die Kraft auch des allergrößten Mannes oder der allergrößten Frau übersteigt. Man glaubt, dass die Stifter die totale und endgültige Wahrheit und die totalen und endgültigen Mittel zu geistiger Rettung entdeckt oder durch Offenbarung empfangen haben.
[…]
Es ist wahr, dass einige der Hochreligionen neue eigene soziale Gefängnisse gebaut haben. Religion ist ebenso soziales wie persönliches Handeln; soziales Handeln erfordert auf jedem Gebiet einen institutionellen Apparat, und einige Zweige mancher Hochreligionen haben autoritäre kirchliche Organisationen aufgerichtet, die gedroht haben, zwischen das menschliche Einzelwesen und die letzte geistige Wirklichkeit zu treten, so wie die urzeitliche Gesellschaft dies getan hat. Dieses autoritäre Verhalten steht jedoch im Widerspruch zum wesentlichen Ziel und zum Daseinszweck der Hochreligionen.

Die gewollte Aufgabe der Hochreligionen ist es, menschliche Einzelwesen in direkten Kontakt mit der letzten geistigen Wirklichkeit zu bringen. Sie können diese ihre Aufgabe nicht zurückweisen, und menschliche Wesen können die geistige Freiheit nie vergessen oder aufgeben, die die Hochreligionen ihnen geschenkt haben, wenn sie sich ihrer einmal erfreut haben. Diese Erfahrung der Freiheit ist eine vollendete Tatsache, die nicht ungeschehen gemacht werden kann, und sie ist ein Stein des Anstoßes für autoritäres Verhalten, ob nun die Autorität von irgendeinem Zweig der christlichen Kirche oder von einer nachchristlichen Ideologie ausgeübt wird. Darüber hinaus bieten auch die autoritärsten Formen der Hochreligion ihren Anhängern eine kostbare Gabe, die die Ideologien ihren Anhängern vorenthalten. Alle Hochreligionen in all ihren Formen gewähren den Menschen Erleuchtung, Führung und Hilfe in den Prüfungen, die uns auf unserem ganzen Weg durch dieses vergängliche Leben bedrängen. Jeder Mensch macht Fehler, begeht Sünden, erleidet schmerzliche Verluste und schließlich den Tod. Er braucht dauernd geistige Hilfe; und diese wird ihm durch die Hochreligionen geboten, nicht jedoch von den Ideologien. In dem sozialen Gefängnis, in das die Menschen durch die Ideologien wieder eingesperrt werden, ist das Leben ebenso tyrannisch geregelt, wie es in der urzeitlichen menschlichen Gesellschaft war. Hier wie dort ist der Mensch erniedrigt zu einer menschlichen Ameise in einem menschlichen Ameisenhaufen. Das läuft der Menschennatur zuwider. Der Mensch ist kein soziales Insekt; er ist eine Person. Indem sie seine Persönlichkeit freisetzen, haben die Hochreligionen den Menschen schließlich und endlich in den Besitz seines menschlichen Geburtsrechtes gebracht. Der Mensch existiert nicht um der Gesellschaft willen. Sein Ziel ist Gemeinschaft und Harmonie mit der letzten geistigen Wirklichkeit, und die Gesellschaft ist um dieses persönlichen geistigen Suchens willen da. Die Hochreligionen haben den Menschen diese Wahrheit über sich selbst gelehrt. Es erscheint unwahrscheinlich, dass es den Ideologien gelingen wird, ihn dies vergessen zu machen.

**Ideologie** (gr.): Ideenlehre; weltanschauliche Konzeption, die ihre Idee absolut setzt.

❶ Vergleichen Sie die „Wohltaten“ (Z. 77) mit den neuen „sozialen Gefängnissen“ der Hochreligionen (Z. 99). Sammeln Sie historische Beispiele.

❷ Nehmen Sie Stellung zum Wahrheitsanspruch in den Religionen: Beziehen Sie die Karikatur in Ihre Überlegungen ein.

❸ Informieren Sie sich über die in der Karikatur verwendeten Symbole.

❹ Vergleichen Sie die Tendenz der Karikatur mit Lessings Ringparabel in „Nathan der Weise“.

## Hans Küng: Weltreligionen und Weltethos

*Theologen gehen davon aus, dass nur eine religiös begründete Ethik Aussicht auf Weltgeltung habe. Nur der religiöse Mensch könne nämlich eine ethische Verpflichtung übernehmen, die auch noch gelebt werde, wenn es persönliche Nachteile bringe. Andererseits entstehen durch die Rivalitäten und Absolutheitsansprüche von religiösen Gruppierungen zusätzliche Konflikte. Dazu entwirft der katholische Theologe Hans Küng eine Möglichkeit zur Versöhnung der großen Religionen, indem er das gemeinsame moralische Fundament herausfiltert. Durch die Besinnung auf gemeinsame ethische Ziele könnte dann, so Küng, ein Weltethos entstehen, das universale Geltung beanspruchen könnte und den globalen Herausforderungen der Zukunft gewachsen wäre.*

Gewiss, Religionen waren und sind immer in Versuchung, sich auf spezielle Traditionen, mysteriöse Dogmen und rituelle Vorschriften zu fixieren und sich abzukapseln. Und doch können sie, wo sie wollen, mit noch anderer Autorität und Überzeugungskraft als Politiker, Juristen und Philosophen grundlegende Maximen elementarer Menschlichkeit zur Geltung bringen. Denn alle großen Religionen fordern ja bestimmte „non-negotiable standards": ethische Grundnormen und handlungsleitende Maximen, die vor einem Unbedingten, einem Absoluten begründet werden und deshalb für Hunderte von Millionen Menschen auch unbedingt gelten sollen.
Konkret: Fünf große Gebote der Menschlichkeit, die zahllose Applikationen[1] auch in Wirtschaft und Politik haben, gelten in allen großen Weltreligionen: (1) nicht töten; (2) nicht lügen; (3) nicht stehlen; (4) nicht Unzucht treiben; (5) die Eltern achten und die Kinder lieben. Diese Gebote mögen für alle allgemein klingen. Aber wie viel müsste sich ändern und sollte sich auch ändern, wenn etwa nur das Gebot: „Du sollst nicht stehlen" wieder mehr ins allgemeine Bewusstsein träte und angewandt würde auf das (leider immer mehr auch in früher diesbezüglich intakten Staaten grassierende) Übel der Korruption? Solche unbedingt geltenden Normen wehren einem prinzipienlosen Libertinismus[2], der allein aus dem Augenblick lebt und sich ausschließlich nach der Situation richtet. Umgekehrt allerdings dürfen solche Normen auch nicht im Geist eines unfreien Legalismus[3] angewendet werden, der sich völlig unbekümmert um die konkrete Situation an den Buchstaben des Gesetzes halten will. In komplexen Fragen wie Empfängnisverhütung, Schwangerschaftsabbruch oder Sterbehilfe kann man Lösungen nicht einfach in der Bibel oder einem anderen heiligen Buch nachschlagen. […]
Gewiss, Religionen waren und sind immer in Versuchung, sich in einem unendlichen Gestrüpp von Geboten und Vorschriften, Kanones und Paragraphen zu verlieren. Und doch können sie, wo sie wollen, mit ganz anderer Autorität als jede Philosophie begründen, dass die Anwendung ihrer Normen nicht von Fall zu Fall, sondern

**Dogmen:** Lehrsätze, die religiöse Wahrheiten ausdrücken. Sie sind verbindliche Interpretationen von Glaubensinhalten.

[1] Applikation: das Sichanschließen
[2] Libertinismus: zügellose Lebensführung
[3] Legalismus: starres Festhalten an Gesetzen

kategorisch gilt. Religionen können Menschen eine oberste Gewissensnorm geben, jenen für die häufige Gesellschaft immens wichtigen kategorischen Imperativ, der in ganz anderer Tiefe und Grundsätzlichkeit verpflichtet.
Denn alle großen Religionen fordern ja so etwas wie eine **„goldene Regel"** – eine nicht nur hypothetische, bedingte, sondern eine kategorische, apodiktische, unbedingte Norm – durchaus praktikabel angesichts der höchst komplexen Situation, in der Einzelne oder auch Gruppen oft handeln müssen.
Diese „goldene Regel" ist schon bei Konfuzius bezeugt: „Was du selbst nicht wünschst, das tue auch nicht anderen Menschen an" (Konfuzius ca. 551 bis 489 v. Chr.); aber auch im Judentum: „Tue nicht anderen, was du nicht willst, das sie dir tun" (Rabbi Hillel 60 v. Chr. bis 10 n. Chr.), und schließlich auch im Christentum: „Alles, was ihr wollt, das euch die Menschen tun, das tut auch ihr ihnen ebenso." Kants kategorischer Imperativ könnte als eine Modernisierung, Rationalisierung und Säkularisierung dieser goldenen Regel verstanden werden: „Handle so, dass die Maxime deines Wil-

Repräsentanten verschiedener Religionen beim gemeinsamen Gebet in Assisi (Italien) 1986. Der erste Weltkongress der Religionen fand 1894 in Chicago statt.

lens jederzeit zugleich als Prinzip einer allgemeinen Gesetzgebung gelten könne", oder „Handle so, dass du die Menschheit, sowohl in deiner Person, als in der Person eines jeden anderen […] jederzeit zugleich als Zweck, niemals bloß als Mittel brauchst."

Gewiss, Religionen waren und sind immer in Versuchung, Menschen autoritär zu kommandieren, blinden Gehorsam zu fordern und die Gewissen zu vergewaltigen. Und doch können sie, wo sie wollen, überzeugende **sittliche Motivationen** bieten. Denn gegenüber so viel Frustration, Lethargie und Apathie besonders in der jungen Generation heute können sie aus uralter Tradition in zeitgemäßer Form überzeugende Motive des Handelns bieten: nicht nur wie die Philosophie ewige Ideen, abstrakte Prinzipien und allgemeine Normen, sondern auch die lebendige Verkörperung einer neuen Lebenseinstellung und eines neuen Lebensstils.

Konkret: Bis heute wirken diejenigen Lebensmodelle motivierend, die sich in Leben und Lehren der großen Leitfiguren der Weltreligionen darstellen: im Buddha, in Jesus Christus, in Konfutse oder Laotse, im Propheten Muhammad. Das Wissen um das Gute, seine Normen, Modelle, Zeichen werden dem Einzelnen nun einmal sozial vermittelt. Und da macht es einen alles entscheidenden Unterschied, ob man Menschen einen neuen Lebensstil abstrakt vordoziert oder ob man sie mit Verweis auf ein verpflichtendes konkretes Lebensmodell zu einem solchen Lebensstil einladen kann: zur Nachfolge Buddhas, Jesu Christi, Konfutses, Laotses oder des Propheten Muhammad.

Für ein gemeinsames Weltethos braucht es also nicht nur die große Koalition der Glaubenden und Nichtglaubenden, sondern es braucht auch und gerade das besondere Engagement der verschiedenen Religionen. […] Wer aber wäre heute besser geeignet als die **Weltreligionen**, Millionen von Menschen **für ein Weltethos zu mobilisieren**? Zu mobilisieren, indem sie ethische Ziele formulieren, moralische Leitideen präsentieren und die Menschen rational wie emotional motivieren, damit die ethischen Normen auch in der Praxis gelebt werden können?

Gewiss, Religionen waren immer in Versuchung, die ethischen Forderungen nur anderen zu predigen und nicht selbstkritisch zuerst auf sich selber anzuwenden. Doch können sie, wenn sie es nur wollen, auch heute noch – oder heute wieder neu – mit einzigartiger Überzeugungskraft gegen Leere und Sinnlosigkeit für Hunderte von Millionen Menschen in Lehre, Ethos und Ritus glaubwürdig einen Sinnhorizont auf dieser Erde selber aufscheinen lassen – und auch eine letzte Zielbestimmung.

Konkret: Alle Religionen beantworten die Frage nach dem Sinn des Ganzen, des Lebens, der Geschichte mit dem Blick auf eine schon hier und jetzt sich auswirkende allerletzte Wirklichkeit – ob diese nun mit dem klassischen Judentum als „Auferweckung", mit dem Christentum als „Ewiges Leben", mit dem Islam als „Paradies", mit dem Hinduismus als „Moksha", mit dem Buddhismus als „Nirwana" oder mit dem Taoismus als „Unsterblichkeit" umschrieben wird. Gerade angesichts vieler Frustrationen und vieler Erfahrungen des Leidens und Scheiterns können Religionen helfend und weiterführend ein Sinnangebot über den Tod hinaus und eine Sinngebung schon hier und jetzt vermitteln, und dies nicht zuletzt dort, wo moralisches Handeln erfolglos blieb.

❶ Wie beurteilen Sie die Chancen für das von Küng skizzierte Ethos, allgemein anerkannt zu werden?

❷ Diskutieren Sie die Äußerung Küngs, dass es ohne einen Frieden unter den Weltreligionen keinen Frieden unter den Völkern geben könne.

A. Koury: Das Ethos der Weltreligionen. Freiburg (Herder) 1993
Hans Küng: Projekt Weltethos. München (Piper) 1990

## Weltreligionen

| | Judentum | Christentum |
|---|---|---|
| **Herleitung des Namens** | Jude: Juda war der Stammvater einer der 12 Stämme Israels. Israel („Der mit Gott streitet“) war der Beiname Jakobs, des Vaters von Juda. | Jesus von Nazareth wurde Christus, „der Gesalbte Gottes“, genannt. |
| **Symbole und Zeichen** | Der Davidsstern. Die beiden Dreiecke symbolisieren die beiden Reiche, die David unter seiner Macht verbunden hat.  | Das Kreuz ist Zeichen für die Hinrichtung Jesu, aber auch für die Überwindung des Todes durch die Auferstehung.  |
| **Entstehung/ Gründer** | um 1250 v. Chr. Befreiung aus ägyptischer Sklaverei; 10 Gebote an Mose am Sinai | nach der Kreuzigung Jesu aus dem Glauben der Urgemeinde an seine Auferstehung entstanden |
| **Heilige Schrift** | Tora (Fünf Bücher Mose), die ersten Bücher der Bibel | Bibel des Alten und Neuen Testaments |
| **Erkenntnisquellen** | Talmud: „Studium“; Kabbala: „Überlieferung“, „Mystik“; Haggada: „Aussage“ | kirchliche Lehrtradition |
| **Gottesbild** | ein Gott (Jahwe) als Schöpfer, der sich seinem Volk geoffenbart und mit ihm einen Bund geschlossen hat | ein Gott in drei Personen (Trinität); Gott als Schöpfer, Christus als Erlöser, der Heilige Geist als Element der Gegenwart Gottes |
| **Erlösung/Jenseits** | Leben nach dem Gesetz des Mose, Lohn oder Strafe im Jenseits | Leben nach dem Wort und Beispiel Jesu, Lohn oder Strafe im Jenseits |

| Islam | Buddhismus | |
|---|---|---|
| Muslim ist der, der den Willen Allahs tut, er praktiziert den Islam, die Ergebung in den Willen Allahs. | Siddharta Gautama trug den Ehrentitel Buddha: „Der Erleuchtete". | **Herleitung des Namens** |
| Der Halbmond mit Stern ist das Zeichen des Islam.  | Rad, Kreis, Mandala als Zeichen der Selbstfindung  | **Symbole und Zeichen** |
| Muhammad, der Prophet Allahs, floh 622 von Mekka nach Medina, weil die Einwohner von Mekka ihn wegen seiner neuen Lehre vertrieben. | Siddharta lebte ca. 560–480 v. Chr. | **Entstehung/ Gründer** |
| Koran in Arabisch, der Sprache Allahs | Pali-Kanon | **Heilige Schrift** |
| Hadith: „Worte Muhammads"; Sunna: „Gewohnheiten Muhammads" | Milindapanja (Erörterung wichtiger Fragen der buddhistischen Dogmatik in Dialogform aus dem ersten Jh. v. Chr.) | **Erkenntnisquellen** |
| Ein Gott (Allah) offenbart sich und ist Schöpfer und Richter. | kein Gott im Sinne einer außerweltlichen persönlichen oder unpersönlichen Kraft | **Gottesbild** |
| Leben nach den Regeln des Korans, Lohn oder Strafe im Jenseits | Selbsterlösung durch den rechten Pfad, Ende der Wiedergeburt, Eingang ins Nirwana | **Erlösung/Jenseits** |

# 2. Religion und Staat im Spannungsfeld: Das „Kruzifixurteil“ des Bundesverfassungsgerichts (1995)

Das Bundesland Bayern schrieb in seiner Schulordnung die Anbringung eines Kreuzes in den Unterrichtsräumen von Volksschulen verbindlich vor. Die Klage eines Elternpaares gegen einen Pflichtunterricht ihres Kindes „unter dem Kreuz“ ging schließlich bis zum Bundesverfassungsgericht, das am 16.5.1995 den Rechtsstreit zugunsten der Kläger entschied.

**Grundgesetz, Artikel 4:**
(1) Die Freiheit des Glaubens, des Gewissens und die Freiheit des religiösen und weltanschaulichen Bekenntnisses sind unverletzlich.
(2) Die ungestörte Religionsausübung wird gewährleistet.
(3) Niemand darf gegen sein Gewissen zum Kriegsdienst mit der Waffe gezwungen werden. Das Nähere regelt ein Bundesgesetz.

## Urteil des Bundesverfassungsgerichts

Die Anbringung eines Kreuzes oder Kruzifixes in den Unterrichtsräumen einer staatlichen Pflichtschule, die keine Bekenntnisschule ist, verstößt gegen Art. 4 Abs. 1 GG. [...]
Die Entscheidung für oder gegen einen Glauben ist danach Sache des Einzelnen, nicht des Staates. Der Staat darf ihm einen Glauben oder eine Religion weder vorschreiben noch verbieten. Zur Glaubensfreiheit gehört aber nicht nur die Freiheit, einen Glauben zu haben, sondern auch die Freiheit, nach den eigenen Glaubensüberzeugungen zu leben und zu handeln. Insbesondere gewährleistet die Glaubensfreiheit die Teilnahme an kultischen Handlungen, die ein Glaube vorschreibt oder in denen er Ausdruck findet. Dem entspricht umgekehrt die Freiheit, kultischen Handlungen eines nicht geteilten Glaubens fernzubleiben.
Diese Freiheit bezieht sich ebenfalls auf Symbole, in denen ein Glaube oder eine Religion sich darstellt. Art. 4 Abs. 1 GG überlässt es dem Einzelnen zu entscheiden, welche religiösen Symbole er anerkennt und verehrt und welche er ablehnt.
Zwar hat er in einer Gesellschaft, die unterschiedlichen Glaubensüberzeugungen Raum gibt, kein Recht darauf, von fremden Glaubensbekundungen, kultischen Handlungen und religiösen Symbolen verschont zu bleiben.
Davon zu unterscheiden ist aber eine vom Staat geschaffene Lage, in der der Einzelne ohne Ausweichmöglichkeiten dem Einfluss eines bestimmten Glaubens, den Handlungen, in denen dieser sich manifestiert, in denen er sich darstellt, ausgesetzt ist. Insofern entfaltet Art. 4 Abs. 1 GG seine freiheitssichernde Wirkung gerade in Lebensbereichen, die nicht der gesellschaftlichen Selbstorganisation überlassen, sondern vom Staat in Vorsorge genommen worden sind. Dem trägt auch Art. 140 GG in Verbindung mit Art. 136 Abs. 4 WRV[1] dadurch Rechnung, dass er ausdrücklich verbietet, jemanden zur Teilnahme an religiösen Übungen zu zwingen.
Art. 4 Abs. 1 GG beschränkt sich allerdings nicht darauf, dem Staat eine Einmischung in die Glaubensüberzeugungen, -handlungen und

[1] In Artikel 140 übernimmt das GG Bestimmungen der Weimarer Verfassung (WRV), die die Trennung von Kirche und Staat beinhalten und das Verhältnis von Staat und Religion festlegen.

-darstellungen Einzelner oder religiöser Gemeinschaften zu verwehren. Er erlegt ihm vielmehr auch die Pflicht auf, ihnen einen Betätigungsraum zu sichern, in dem sich die Persönlichkeit auf weltanschaulich-religiösem Gebiet entfalten kann, und sie vor Angriffen oder Behinderungen von Anhängern anderer Glaubensrichtungen oder konkurrierender Religionsgruppen zu schützen. Art. 4 Abs. 1 GG verleiht dem Einzelnen und den religiösen Gemeinschaften aber grundsätzlich keinen Anspruch darauf, ihrer Glaubensüberzeugung mit staatlicher Unterstützung Ausdruck zu verleihen.
Aus der Glaubensfreiheit des Art. 4 Abs. 1 GG folgt im Gegenteil der Grundsatz staatlicher Neutralität gegenüber den unterschiedlichen Religionen und Bekenntnissen. Der Staat, in dem Anhänger unterschiedlicher oder gar gegensätzlicher religiöser und weltanschaulicher Überzeugungen zusammenleben, kann die friedliche Koexistenz nur gewährleisten, wenn er selber in Glaubensfragen Neutralität bewahrt. Er darf daher den religiösen Frieden in einer Gesellschaft nicht von sich aus gefährden. [...]
Zusammen mit der allgemeinen Schulpflicht führen Kreuze in Unterrichtsräumen dazu, dass die Schüler während des Unterrichtes von Staats wegen und ohne Ausweichmöglichkeit mit diesem Symbol konfrontiert sind und gezwungen werden, „unter dem Kreuz" zu lernen. Dadurch unterscheidet sich die Anbringung von Kreuzen in Klassenzimmern von der im Alltagsleben häufig auftretenden Konfrontation mit religiösen Symbolen der verschiedensten Glaubensrichtungen. Zum einen geht diese nicht vom Staat aus, sondern ist eine Folge der Verbreitung unterschiedlicher Glaubensüberzeugungen und Religionsgemeinschaften in der Gesellschaft. Zum anderen besitzt sie nicht denselben Grad von Unausweichlichkeit. Zwar hat es der Einzelne nicht in der Hand, ob er im Straßenbild, in öffentlichen Verkehrmitteln oder beim Betreten von Gebäuden religiösen Symbolen oder Manifestationen begegnet. Es handelt sich in der Regel jedoch um ein flüchtiges Zusammentreffen, und selbst bei längerer Konfrontation beruht diese nicht auf einem notfalls mit Sanktionen durchsetzbaren Zwang. [...]
Die Anbringung von Kreuzen in Klassenzimmern überschreitet die danach gezogene Grenze religiös-weltanschaulicher Ausrichtung der Schule. [...] Das Kreuz kann nicht seines spezifischen Bezugs auf die Glaubensinhalte des Christentums entkleidet und auf ein allgemeines Zeichen abendländischer Kulturtradition reduziert werden. Es symbolisiert den wesentlichen Kern der christlichen Glaubensüberzeugung, die zwar insbesondere die westliche Welt in vielfacher Weise geformt hat, aber keineswegs von allen Gesellschaftsmitgliedern geteilt, sondern von vielen in Ausübung ihres Grundrechts aus Art. 4 Abs. 1 GG abgelehnt wird. Seine Anbringung in der staatlichen Pflichtschule ist daher mit Art. 4 Abs.1 GG unvereinbar, soweit es sich nicht um eine christliche Bekenntnisschule handelt.

Das Urteil des Bundesverfassungsgerichts löste außerordentlich heftige Diskussionen aus. Zahlreiche Vertreter aus Kirche und Politik übten z.T. massive Kritik an den Verfassungsrichtern, die sich schließlich genötigt sahen, das Urteil zu erläutern und Rechtstreue anzumahnen.
Mit der Bedeutung des Urteils für das Verhältnis von Staat und Religion befasst sich der folgende Text.

❶ Welche Grundsätze über das Verhältnis Staat–Religion vertritt das Urteil?

❷ Aus welchen Gründen lehnt das Gericht die grundsätzliche Anbringung von Kreuzen in staatlichen Pflichtschulen ab?

❸ Diskutieren Sie über die Ansicht des Gerichts, dass das Kreuz nicht auf ein „allgemeines Zeichen abendländischer Kulturtradition" reduziert werden kann" (Z. 72).

**Zwingli, Calvin:** Reformatoren des 16. Jh., die Luthers Kritik an der Bilderverehrung radikalisierten und Bilder aus den Gotteshäusern entfernen ließen („Bildersturm“).

**Kirchenkampf:** Auseinandersetzung Bismarcks mit der (kath.) Kirche und der Zentrumspartei über das Verhältnis von Staat und Kirche („Kulturkampf“); seither (1887) sind staatliche Schulaufsicht und Zivilehe obligatorisch.

# Das Kreuz, die Kirche und der Staat

Das Urteil stammt von den Verfassungsrichtern Henschel, Grimm, Kühling, Seibert und Jaeger. Es stammt nicht von Zwingli und nicht von Calvin und es wird darin nicht zum Bildersturm aufgerufen. Das Urteil eröffnet keinen antikirchlichen Kreuzzug; seine Verfasser sind keine Priesterfresser, die den Bismark'schen Kirchenkampf um 120 Jahre verschlafen haben. Das Urteil ist kein Aufruf zur Gottlosigkeit, kein Bruch mit der abendländischen Geschichte, kein Triumph der Ungläubigen. Es ist schlicht die Fortsetzung der bisherigen liberalen Rechtsprechung des Bundesverfassungsgerichts zur Glaubensfreiheit, also keine Sensation. Es ist der Versuch, „in einem Staat, in dem Anhänger unterschiedlicher oder gar gegensätzlicher religiöser und weltanschaulicher Überzeugungen zusammenleben“, die „friedliche Koexistenz“ zu gewährleisten. Das geht nur dann, wenn der Staat in Glaubensfragen Neutralität bewahrt. Auf diese Pflicht des Staates stützt sich das Urteil.

Das Urteil ist nicht radikal. Genau genommen stellt es in Bayern eine Rechtssituation her, wie sie in vielen anderen Bundesländern seit langem gilt. Das Urteil „verbietet“ nämlich das Kreuz in den Schulen nicht. Es erklärt lediglich eine Vorschrift für verfassungswidrig, welche die Anbringung von Kreuzen in sämtlichen Klassenzimmern der bayerischen Volksschulen „zur Pflicht macht“. Ein Kreuz kann also weiterhin an die Wand gehängt werden, wenn Eltern und Schule einverstanden sind. Hamburg, Mecklenburg-Vorpommern und Brandenburg sind radikaler: Dort sind religiöse Symbole in Schulen völlig tabu.

Nicht so sehr das Karlsruher Urteil überrascht, sondern die Art und der Ton des Protestes dagegen: Die echte oder gespielte Fassungslosigkeit [...] zeigt, dass man bisher das geltende Verfassungsrecht nicht zur Kenntnis genommen hat. Der Protest tut nämlich so, als habe das höchste Gericht soeben handstreichartig das Staatskirchentum abgeschafft und den laizistischen Staat verordnet. Zur Erinnerung: Die Trennung von Staat und Kirche ist seit dem 11. August 1919 geltendes Verfassungsrecht in Deutschland. Daran ändert auch die Präambel des Grundgesetzes nichts: Die Verfassung beginnt in der Tat mit der Anrufung Gottes. Dieser Gott des Grundgesetzes trägt aber nicht das Gewand einer Religion; er ist vielmehr Chiffre für das Unveräußerliche, für all die Grundwerte, die auch einer Mehrheitsentscheidung entzogen sind – und deshalb ist der Vorschlag, Gott aus der Verfassung zu streichen, bei der so genannten Verfassungsreform[1] zu Recht abgelehnt worden. Die Anrufung Gottes in der Präambel hat jedenfalls keine Auswirkung auf Artikel 140 des Grundgesetzes, in dem die Kirchenvorschriften der Weimarer Reichsverfassung übernommen worden sind. Der zentrale Gedanke darin ist die weltanschaulich-religiöse Neutralität des Staates und ein grundsätzliches Verbot jeglicher institutioneller Verbindung von Kirche

**Grundgesetz, Art. 7:**
(1) Das gesamte Schulwesen steht unter der Aufsicht des Staates.
(2) Die Erziehungsberechtigten haben das Recht, über die Teilnahme des Kindes am Religionsunterricht zu bestimmen.
(3) Der Religionsunterricht ist in den öffentlichen Schulen mit Ausnahme der bekenntnisfreien Schulen ordentliches Lehrfach. Unbeschadet des staatlichen Aufsichtsrechts wird der Religionsunterricht in Übereinstimmung mit den Grundsätzen der Religionsgemeinschaft erteilt.

[1] 1994 als Folge der deutschen Einheit (1990) in Kraft getreten

und Staat. Wer sich unbefangen in Deutschland umsieht, der muss das Gegenteil glauben: Er beobachtet innige Beziehungen zwischen Kirche und Staat. Er stellt fest, dass der Staat die Kirchensteuer einzieht, dass der kirchliche Religionsunterricht ordentliches Lehrfach ist an den öffentlichen Schulen, dass es an den Universitäten Lehrstühle gibt (und zwar nicht nur für Theologie, sondern auch für Gesellschaftswissenschaften und Pädagogik), die nur mit Zustimmung des Diözesanbischofs besetzt werden dürfen. Er stellt fest, dass der Staat die großen Kirchen vielfältig alimentiert, dass der Staat evangelische Pfarrer bezahlt, die Anstalts- und Militärseelsorge finanziert usw. Angesichts dieser Realität muss es wiederum gar nicht erstaunen, wenn die Grundaussagen der Verfassung über Kirche und Staat bisher nicht verinnerlicht worden sind. Und die helle Aufregung über das Kruzifix-Urteil erklärt sich dann aus der Furcht, dass mit dem Urteil ein Stein ins Wasser geworfen ist, der Kreise ziehen könnte.

Heribert Prantl, in: Süddeutsche Zeitung, 12.8.1995

❶ Womit begründet der Verfasser seine Auffassung, dass das Karlsruher Urteil „nicht radikal" (Z. 35) sei?

❷ Worin bestehen trotz weltanschaulich-religiöser Neutralität des Staates „innige Beziehungen zwischen Kirche und Staat" (Z. 103)? Nehmen Sie dazu begründet Stellung.

❸ Die nebenstehende Karikatur erschien in einer katholischen Zeitschrift. Deuten und bewerten Sie ihre Aussage und Intention.

# 3. Ethos der Weltreligionen

## Das Gesetz befolgen: Ethos des Judentums

### Geschichte und Grundlagen des Judentums*

Das Judentum ist die älteste der drei Offenbarungsreligionen, die durch ihre Herkunft miteinander verwandt sind und daher den Glauben an einen Gott (Monotheismus) bekennen.
Das Judentum geht von einer langen Erfahrung der Menschen mit Gott aus. Sie haben sich oft in freier Entscheidung gegen Gott gewandt (Sündenfall im Paradies, Turmbau zu Babel, Sintflut). Aber Gott hat immer wieder seine Bereitschaft zur Güte erkennen lassen und Erlösung in Aussicht gestellt. Es gab deshalb auch Menschen, die sich diesem Gott anvertraut haben, wie Abraham, der dem Ruf Gottes folgte. Er verließ seine Heimat Haran (im Nordwesten von Mesopotamien), um in einem fremden („gelobten") Land Stammvater des von Gott auserwählten Volkes zu werden.
Dieses Vertrauen und der Dank für die später erfahrene Befreiung aus der Sklaverei in Ägypten wurden zu einem Wesensmerkmal jüdischen Glaubens, dem Bewusstsein, Gottes auserwähltes Volk zu sein. Diese Erwählung wird von den Juden nicht nur als Privileg, sondern auch als Verpflichtung gesehen (angesichts des Holocaust sogar als Erwählung zum Leiden). Grundlage dieser Verpflichtung sind die Zehn Gebote, die Mose dem Volk auf seinem Zug aus Ägypten (etwa 1200 v. Chr.) gab. Diese Gebote sind in der Tora (5 Bücher Mose) entfaltet. Sie werden weiter in Talmud und Mischna erläutert und dienen bis heute dem frommen Juden als Orientierung für die Lebensführung.
Durch diesen Stellenwert der Gesetze gab es von Anfang an eine starke Verbindung von Religion und staatlicher Organisation. Diese Beziehung hat ihren Höhepunkt in der Bildung des Königreiches durch David (ca. 1000 v. Chr.) erreicht. Immer blieb die Hoffnung auf einen Messias lebendig, dessen Kommen man sich durch die Einhaltung der Gebote versprach. Als dann das Königreich, das David errichtet hatte, zerbrach, wurde auch die politische Struktur Gegenstand der Messiashoffnung. Seit der Zerstörung Judäas durch die Römer (68 n. Chr.) lebten die Juden in der Diaspora (als Minderheit unter anderen Religionen). Sie behielten aber ihre religiöse Identität. Diese Haltung wurde oft Auslöser für Ausgrenzung und Verfolgung, weil sie einer Gettobildung und Aussonderung durch die jeweilige Gesellschaft Anlass bot und gipfelte in der Ermordung von über sechs Millionen europäischer Juden durch die Nationalsozialisten.
Die Gründung des Staates Israel 1948 war eine Reaktion der Juden auf erlebten und erlittenen Antisemitismus. Die Sehnsucht nach Beendigung der Diaspora und einem Leben in eigenem Staat mit sicheren Grenzen drückte sich vor allem in der Bewegung des Zionismus aus, die um die Jahrhundertwende zu einer Befreiungsbe-

**Zionismus:** Bewegung im Judentum, die die Etablierung eines jüdischen Staates Palästina als politisches Ziel verfolgte. Der Name leitet sich ab von Sion, dem biblischen Namen für Jerusalem.

wegung wurde. Sie ist jedoch nicht einheitlich, sondern von unterschiedlichen Positionen geleitet: Der politische Zionismus wollte die Überwindung der Zerstreuung durch den Aufbau einer gerechten Ordnung auf eigenem Boden, der religiös motivierte Zionismus glaubte mit der Rückkehr nach Palästina der Ankunft des Messias (Erlösers) den Weg zu bereiten und beanspruchte das Heilige Land mit dem Hinweis auf Gottes Verheißung an Abraham, eine dritte Richtung speiste sich aus dem Protest gegen den Antisemitismus und wollte gleichwohl Kult und Lebensform seiner bisherigen Umwelt bewahren, eine vierte Richtung schließlich fühlte sich den Ideen der Aufklärung und des Liberalismus verpflichtet und strebte, teilweise unter Abwendung vom religiösen Kultus, eine Erneuerung des jüdisch-kulturellen Erbes an. Diese vier Konzeptionen und das Ringen um den richtigen Weg bei der Verwirklichung des zionistischen Grundgedankens prägen auch heute noch, mitunter in harten Auseinandersetzungen, das politische, religiöse und gesellschaftliche Leben Israels.

**Die Menora vor der Knesset (Parlament) in Jerusalem**
Dieser siebenarmige Leuchter ist Symbol für die Hoffnung auf den Messias. Er gehört zu den kultischen Gegenständen des Tempels und ist seit 1948 offizielles Emblem des Staates Israel. Seine Aufstellung vor der Knesset drückt die für das Judentum selbstverständliche Verbindung von Staat und Religion aus.
Die Zahl Sieben gilt als heilige Zahl. Sie ergibt sich aus der Addition der Zahlen Drei (göttliche Vollkommenheit) und Vier (irdische Vollkommenheit). Diese Zahlensymbolik findet sich zum Beispiel auch in den sieben Sakramenten und den Wochentagen.

Marc Chagall (1887–1985): Mose empfängt die Gesetzestafeln (1950–1952)

## Die Zehn Gebote

*Die 10 Gebote (Dekalog) waren die erste Grundlage für den Bund Gottes mit Israel am Sinai. Nach der Flucht aus Ägypten bestieg Mose den Berg Sinai, um zu Gott zu beten. Dabei erhielt er in einer Offenbarung zehn Gebote, die er seinem Volk auf zwei Steintafeln überbrachte. Als Mose vom Berg herab kam, war das Volk wegen der langen Wartezeit schon von Jahwe abgefallen und hatte sich selbst ein goldenes Kalb als Götzen geschaffen. Mose stellte die Ordnung wieder her.*

Ich bin Jahwe, dein Gott, der dich aus Ägypten geführt hat, aus dem Sklavenhaus. Du sollst neben mir keine anderen Götter haben. Du sollst dir kein Gottesbildnis machen, das irgendetwas darstellt am Himmel droben, auf der Erde unten oder im Wasser unter der Erde. Du sollst dich nicht vor anderen Göttern niederwerfen und dich nicht verpflichten, ihnen zu dienen. Denn ich der Herr dein Gott, bin ein eifersüchtiger Gott: Bei denen, die mir feind sind, verfolge ich die Schuld der Väter an den Söhnen und an der dritten und vierten Generation; bei denen, die mich lieben und auf meine Gebote achten, erweise ich Tausenden meine Huld.
Du sollst den Namen des Herrn, deines Gottes, nicht missbrauchen; denn der Herr lässt nicht ungestraft, der seinen Namen missbraucht. Achte auf den Sabbat: halte ihn heilig, wie es dir der Herr, dein Gott, zur Pflicht gemacht hat. Sechs Tage darfst du schaffen und jede Arbeit tun. Der siebte Tag ist ein Ruhetag, dem Herrn, deinem Gott, geweiht. An ihm darfst du keine Arbeit tun: du, dein Sohn und deine Tochter, dein Sklave und deine Sklavin, dein Rind, dein Esel und dein ganzes Vieh und der Fremde, der in deinen Stadtbereichen Wohnrecht hat. Dein Sklave und deine Sklavin sollen sich ausruhen wie du. Denk daran: Als du in Ägypten Sklave warst, hat dich der Herr, dein Gott, mit starker Hand und hoch erhobenem Arm dort herausgeführt. Darum hat es dir der Herr, dein Gott, zur Pflicht gemacht, den Sabbat zu halten.
Ehre deinen Vater und deine Mutter wie es dir der Herr, dein Gott, zu Pflicht gemacht hat, damit du lange lebst und es dir gut geht in dem Land, das der Herr, dein Gott, dir gibt.
Du sollst nicht morden. Du sollst nicht die Ehe brechen, du sollst nicht stehlen, du sollst nichts Falsches gegen deinen Nächsten aussagen, du sollst nicht nach der Frau deines Nächsten verlangen, und du sollst nicht das Haus deines Nächsten begehren, nicht sein Feld, seinen Sklaven oder seine Sklavin, sein Rind oder seinen Esel, nichts was deinem Nächsten gehört.

(3. Buch Mose [Deuteronomium] 5,6–21)

❶ Für wie wichtig halten Sie die einzelnen Gebote heute?

❷ Erstellen Sie eine Rangfolge nach den Kriterien: wichtig, weniger wichtig, verzichtbar.

## Die Bedeutung des Gesetzes im Judentum*

Gesetze sind Schöpfung Gottes, nicht der Menschen. Der Mensch ist zwar verpflichtet, sie einzuhalten, aber sie sind auch gut für ihn, sie sind eine Weisung zum Gelingen des religiösen und weltlichen Lebens. Das Gesetz repräsentiert das Recht, das von Gott kommt. Wer den Schöpfer ehren will, muss auch sein Werk, also auch das Gesetz, achten. Wer das Gesetz achtet, lebt auch im Einklang mit der Natur.

Der Mensch hat seine Existenz und das Gesetz von Gott erhalten. Als Ebenbild Gottes ist er erschaffen worden, darin liegt seine Würde.

Der Mensch kann mithilfe des Gesetzes das Gute tun, er muss sich dazu vom Bösen abwenden. In dieser Entscheidung liegt seine Freiheit. Die Geschichte des Judentums war oft von großem Leid geprägt. Es gehört zur spezifisch jüdischen Einstellung, darin Züchtigungen Gottes zu sehen, um den Menschen auf den richtigen Weg zurückzubringen. Der Mensch muss die Kraft finden, das Leid zu überwinden.

Der gerechte und fromme Jude erfüllt seine Pflicht gegenüber den Menschen. Diese Pflicht besteht in Gerechtigkeit, die die Gleichheit der Mitmenschen anerkennt. Diese Bestimmung muss auch Nichtjuden gegenüber eingehalten werden.

Sozial Schwächere haben auch Anspruch auf die Güter der Schöpfung. Der Reichere steht in der Schuld seiner Mitmenschen.

Alle Menschen haben vor Gott gleiche Rechte. Von Rabbi Hillel ist der Versuch überliefert, die Tora in einem Satz auszudrücken: „Was dir verhasst ist, das tu auch deinem Nächsten nicht. Das ist die ganze Tora, alles andere ist ihre Auslegung. Geh hin und lerne!"

Bei Handeln nach dem Gesetz kann es sogar vorkommen, dass man zur Erfüllung höherer Gesetze unbedeutenderen zuwiderhandeln muss.

Die Geschichte von Juda und Tamar aus dem Alten Testament soll das erläutern:

Juda hatte drei Söhne. Der Älteste heiratete Tamar, eine sehr schöne Frau. Er starb, bevor er ein Kind gezeugt hatte. Für solche Fälle war die Leviratspflicht des jüngeren Bruders vorgesehen: Er musste die Witwe heiraten, das erste Kind dieser Ehe galt als Kind des verstorbenen Bruders und somit als Grundlage seines Weiterlebens nach dem Tode. Außerdem wurde der Witwe ein Leben in Armut erspart.

Onan, der jüngere Bruder, schlief zwar mit Tamar, verweigerte aber die Zeugung eines Kindes. „Er ließ den Samen auf die Erde fallen", wie die Bibel schreibt. Sein baldiger Tod wird von der Bibel als Strafe Gottes gedeutet. Anders Juda; er glaubte, dass auf Tamar ein Fluch liege und plante, ihr den jüngsten Sohn vorzuenthalten, der ja als nächster die Pflicht zum Levirat hatte.

Er schickte sie mit dem Hiweis auf das jugendliche Alter des Jungen zu ihren Eltern zurück, wenn die Zeit zur Heirat gekommen sei, werde er sie benachrichtigen. Bald schöpfte Tamar Verdacht. Als sie dann hörte, dass Juda zur Zeit der Schafschur an ihrer Heimatstadt vobeikäme, setzte sie sich als Hure verkleidet ans Stadttor. Juda ging tatsächlich zu ihr. Weil er den vereinbarten Preis nicht zahlen konnte, ließ er als Pfand seinen Ring und den Stab zurück.

Marc Chagall (1887–1985): Rabbiner mit Thorarolle (undatiert)

❶ Erläutern Sie die Auffassung von Freiheit und definieren Sie den Unterschied zu einer Freiheit der Bindungslosigkeit.

❷ Vergleichen Sie die hier genannte „Goldene Regel" mit anderen Formulierungen z. B. bei Konfuzius oder Jesus (s. S. 186).

❸ Informieren Sie sich in der Bibel (Altes Testament, Buch Deuteronomium) über die Leviratspflicht.

❹ Weshalb geht Tamar das Risiko ein, zum Tode verurteilt zu werden?

Als ein Diener später das Pfand einlösen sollte, war Tamar unerkannt verschwunden.
Sie war aber schwanger geworden. Ihre Verwandten benachrichtigten Juda, der voller Entrüstung auf ein Todesurteil drängte. Bei der Verhandlung präsentierte Tamar Judas Pfand. Erschüttert gab er zu, ihr die Leviratsehe verweigert zu haben und somit schuldig an dem Geschehen zu sein, Tamar war gerechtfertigt.
Die Zwillinge, die sie gebar, sind in der Ahnenreihe Jesu im Matthäusevangelium genannt.

## Rachel Monika Herweg: Die jüdische Mutter

*Das Judentum ist zugleich Religion und Volk, weil Juden in erster Linie Menschen sind, die von einer jüdischen Mutter geboren worden sind. Deshalb erstaunt es nicht, dass Frauen und Mütter im Judentum immer eine herausragende Rolle gespielt haben. In der Bibel ist die Erschaffung der Menschen mit den Worten beschrieben: „Er schuf den Menschen nach seinem Bilde, als Mann und Frau erschuf er sie". Durch diese Formulierung wird die Frau in den gleichen Rang wie der Mann gesetzt. Für die Frauen bedeutete das eine im Alltag, wenn auch nicht im öffentlichen Kult, recht hohe Wertschätzung.*

Die Rabbinen konstatieren eine enge, unauflösliche Beziehung zwischen Weiblichkeit und Natur (Gott); durch Gebären und Stillen verkörpern Frauen gleichsam die Naturgewalten (Leben und Tod) und sind, wie diese selbst, in einem Atem stark und schwach, höchst real und doch von Geheimnissen umwittert. Sie stehen für das Überleben der Gemeinschaft, tragen und bewahren deren kulturelle Werte und transferieren sie als erste und wichtigste Sozialisationsinstanz ihrer Kinder auf die folgende Generation. Obwohl das jüdische Ideal des Lernens nicht mit der Hausfrauen- und Mutterrolle verknüpft wurde, jüdische Frauen weniger Gebote zu erfüllen haben und eine formal geringere religiöse Verantwortung tragen, sind sie als „Priesterinnen des Hauses" für die moralische Entwicklung der Familie verantwortlich und setzen dort die geistigen Ergüsse ihrer Männer in die Praxis um. Die unterschiedlichen Wirkungskontexte von Mann (Lernwelt) und Frau (Familie) sollen sich nach rabbinischem Ideal, an dem sich die Realität stets gerieben hat, ergänzen und die Geschlechter innerlich gleichberechtigt einander gegenüberstehen.
Weil sich infolge einer fehlenden Eigenstaatlichkeit die Energien des Judentums auf die Tradierung innerer geistiger Werte konzentrieren mussten, erhoben jüdische Männer niemals physische Kraft und Tapferkeit zum kulturellen Ideal. Sie stellten ihre Männlichkeit weder auf dem Schlachtfeld, noch zu Hause als Unterdrücker ihrer Frauen unter Beweis, sondern entfalteten diese in Lehrhaus und Synagoge. Im Judentum fehlte der Männlichkeitswahn mit seiner scharfen Geschlechtertrennung (harter, potenziell gewalttätiger Mann vs. schwache, zerbrechliche Frau); Männer konnten nach diesem Muster auch feminine, Frauen maskuline Züge aufweisen. So entwickelten jüdische Frauen im Laufe der Geschichte und in Abhängigkeit von den jeweiligen äußeren Rahmenbedingungen viel-

fältige Fähigkeiten und Ausdrucksmöglichkeiten, die sie in die Lage versetzten, die wirtschaftliche (Mit-) Verantwortung für die Familie zu übernehmen und, mehr noch, ihre Geschicke zu lenken.
So steht denn die jüdische Mutter symbolisch für das Durchhaltevermögen einer religiösen Minorität und wurde innerhalb des Judentums als Wahrerin und Vermittlerin einer eigenen kulturellen Identität inmitten einer ihm feindlich gesonnenen Umwelt respektiert und idealisiert. Bis heute hat sich dieses Bild überall dort, wo jüdisch-religiöses Leben praktiziert wird, fortgesetzt und erhalten, wie unter vielen anderen Beispielen die folgende schriftliche Äußerung eines elfjährigen Schülers einer jüdischen Schule aus Dallas/Texas belegen mag: „The Jewish mother is probably the most important member of the Jewish family. My mother teaches me about my religion … The Jewish mother through history kept the Jewish family from failing apart, through thick and thin, through wars, death and hardship. Without them the Jewish religion would surely die."

Zeigen Sie am Beispiel der Geschichte von Judit und Holofernes (Buch Judit im Alten Testament) das Verhältnis der Geschlechter.

Robert Hess: Die Geschichte des Judentums. Ravensburg (Ravensburger) 1993

# Den Nächsten lieben: Ethos des Christentums

## Aus der Geschichte des Christentums*

Das Christentum ist aus der alttestamentarischen Glaubenstradition hervorgegangen. Das christliche Gottes- und Menschenbild basiert daher auf jüdischen Grundlagen. Die Menschen haben sich nach der Erschaffung in Freiheit gegen Gott aufgelehnt und sind für diese Ursünde mit der Vertreibung aus dem Paradies bestraft worden. Die Folgen dieser Ursünde wirken sich auf alle Menschen aus. Sie sind in Krankheit, Arbeit, Leid, Schmerz und Tod zu sehen. Der von Gott versprochene Erlöser ist nach christlicher Überzeugung in Jesus gekommen. Die Christen glauben, dass Jesus, der Messias, Gottes Sohn ist. Er hat durch seinen Tod am Kreuz für die Sünden der Welt gelitten und die Menschen erlöst. Wie die Juden symbolisch ihre Sünden auf einen Sündenbock übertrugen, den sie dann in die Wüste jagten, so hat Jesus freiwillig die Schuld der Menschen auf sich genommen und am Kreuz gesühnt. Da er selbst jedoch unschuldig war, wird er als Lamm Gottes bezeichnet.
Gleichzeitig hat Jesus sich in seinem Leben mit den Ärmsten und Unterprivilegierten solidarisch erklärt. Er hat ihr Leid und vor allem ihre Krankheiten geheilt. Konsequenterweise ist für ihn auch eine Verehrung Gottes nur möglich und glaubhaft, wenn sie mit Taten der Nächstenliebe verbunden ist. Genau genommen ist der Kult des Christentums in der praktizierten Nächstenliebe zu sehen. Letztlich sieht Jesus aber das Ziel und die Erfüllung des Menschen im Jenseits: „Mein Reich ist nicht von dieser Welt."
Das Christentum hat den Glauben an einen Gott angesichts der hellenistischen Welt des Römischen Reiches zu einer Dreifaltigkeitslehre entfaltet. Wenn auch weiterhin von einem Gott die Rede ist, so werden ihm drei Personen (Erscheinungsweisen) zugesprochen, in

denen er den Menschen begegnet. Als Vater ist er Schöpfer, als Sohn Erlöser, als Heiliger Geist wirkmächtige Kraft auf der Welt. Die Mission ist ein Grundgedanke des Christentums, da Jesus in seinen Abschiedsreden einen Missionsbefehl gab und dadurch das Christentum zu einer Religion mit weltweitem Anspruch machte.
Das Christentum breitete sich zunächst in der hellenistischen Welt des Mittelmeeres aus. Sein Erfolg ist zum Beispiel dadurch zu erklären, dass im Römischen Reich in der späten Kaiserzeit ein starkes Interesse an östlichen Mysterienreligionen bestand. Die christliche Mission übernahm oft vorhandene heidnische Mythen und deutete sie in christlichem Sinne um. Da zum Beispiel im Römischen Reich Sol invictus, der unbesiegte Sonnengott, verehrt wurde, nannte man Jesus den wahren Sonnengott, dessen Geburtstag dann auf den 25. Dezember, den Tag dieses Gottes, fiel. Auch die anderen christlichen Hochfeste sind in den zyklischen Ablauf der Natur eingebunden.
Die christliche Kirche konnte dann im Mittelalter eine starke Position halten, da für die Menschen das ganze Leben christlich bestimmt war.
Zu Beginn der Neuzeit löste die Reformation die strenge hierarchische Gliederung durch die Entstehung neuer kirchlicher Gemeinschaften auf. Diese Entwicklung wurde von der Aufklärung noch beschleunigt und führte zu einem Rückgang ihrer Macht im öffentlichen Leben. In der gegenwärtigen pluralistischen Gesellschaft stehen die Kirchen eher in der Rolle der moralischen Instanz.

Torso eines Kruzifixus. Unter solchen Abbildungen findet sich manchmal der Satz: Christus hat keine anderen Hände als deine.

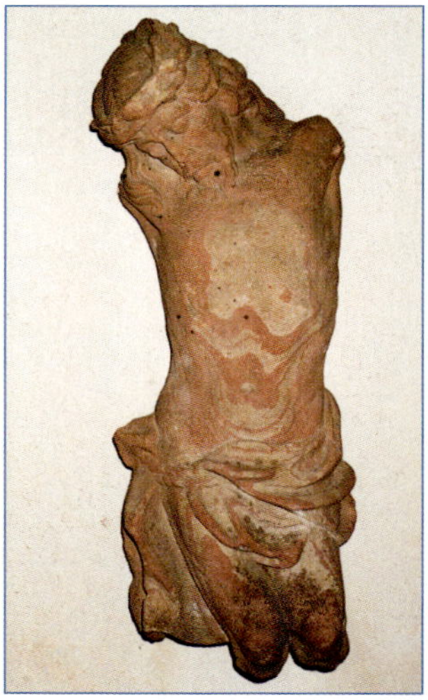

❶ Überlegen Sie, warum gerade die Darstellung eines gemarterten Menschen zum Symbol für eine Religion wurde.

❷ Untersuchen Sie die Abbildungen dieser Seite auf ihre Intention.

## Christusbilder

Christusstatue von Michelangelo in der Kirche Santa Maria sopra Minerva in Rom. Christus ist hier wie ein griechischer Held dargestellt.

Miquel Barceló: „Cristo della Vucciria", Christusdarstellung am Altar einer Kirche im Schlachterviertel von Palermo. Statt eines Kreuzes sieht man hinter Jesus den Schatten eines Tierkadavers.

## Die Bergpredigt

*Die Bergpredigt ist eine Darstellung des ethischen Verständnisses Jesu. Sie ist wahrscheinlich vom Evangelisten Matthäus aus verschiedenen Worten zusammengestellt worden. Jesus bezieht sich in der Formulierung: „Ihr habt gehört, dass zu den Alten gesagt worden ist …" auf die Tora, das Gesetz des Mose.*
*Jesus fasst seinen ethischen Anspruch in einem Gebot zusammen (Mt. 22,7ff.): „Du sollst den Herrn, deinen Gott lieben … und du sollst deinen Nächsten lieben wie dich selbst. An diesen beiden Geboten hängt das ganze Gesetz und die Propheten."*

Mt. 5,1 Als er aber die Volksscharen sah, stieg er auf den Berg, und als er sich gesetzt hatte, traten seine Jünger zu ihm.
2 Und er öffnete seinen Mund und lehrte sie:
3 „Selig die Armen im Geiste, denn ihrer ist das Himmelreich.
4 Selig die Trauernden, denn sie werden getröstet werden.
5 Selig die Sanftmütigen, denn sie werden das Land besitzen.
6 Selig, die hungern und dürsten nach der Gerechtigkeit, denn sie werden gesättigt werden.
7 Selig die Barmherzigen, denn sie werden Barmherzigkeit erlangen.
8 Selig, die reinen Herzens sind, denn sie werden Gott schauen.
9 Selig die Friedensstifter, denn sie werden Söhne Gottes heißen.
10 Selig, die verfolgt werden um der Gerechtigkeit willen, denn ihrer ist das Himmelreich.
11 Selig seid ihr, wenn sie euch schmähen und verfolgen und euch alles Böse lügnerisch nachsagen um meinetwillen.
12 Freut euch und frohlocket, denn euer Lohn ist groß im Himmel. Denn so haben sie auch die Propheten vor euch verfolgt.
[…]
17 Meinet nicht, ich sei gekommen, das Gesetz oder die Propheten aufzulösen. Ich bin nicht gekommen aufzulösen, sondern zu erfüllen.
18 Denn wahrlich, ich sage euch: bis Himmel und Erde vergehen, wird nicht ein Jota oder Häkchen vom Gesetze vergehen, bis alles geschehen ist.
19 Wer also eines dieser geringsten Gebote aufhebt und die Menschen so lehrt, wird der Geringste heißen im Himmelreich, wer sie aber tut und lehrt, wird groß heißen im Himmelreich.

Die neue Gerechtigkeit

20 Denn ich sage euch: Wenn eure Gerechtigkeit nicht weit vollkommener sein wird als die der Schriftgelehrten und Pharisäer, so werdet ihr nicht ins Himmelreich eingehen.
21 Ihr habt gehört, dass zu den Alten gesagt worden ist: Du sollst nicht töten. Wer aber tötet, der soll dem Gericht verfallen sein.
22 Ich aber sage euch: Jeder, der seinem Bruder zürnt, soll dem Gericht verfallen sein. Wer aber zu seinem Bruder sagt: Du Dummkopf!, soll dem Hohen Rat verfallen sein. Und wer sagt: Du Narr!, der soll der Feuerhölle verfallen sein.
[…]

❶ Welchen Anspruch erhebt Jesus mit der Formulierung: „Ich aber sage euch!"?

❷ Angehörige von Friedensgruppen lehnten Anfang der 80er-Jahre eine anstehende Nachrüstung der Nato auf deutschem Boden ab und beriefen sich dabei auf die Bergpredigt. Der damalige Bundeskanzler Helmut Schmidt sagte dazu: „Man kann mit der Bergpredigt keine Politik machen." Wie werden Sie darauf antworten?

❸ Nehmen Sie an, die Bergpredigt sei das Programm einer Bundesregierung. Welche Konsequenzen hätte das für die Wirtschafts- und Verteidigungspolitik?

❹ Diskutieren Sie, ob es möglich ist nach der Forderung der Bergpredigt zu leben.

❺ Vergleichen Sie die Bergpredigt mit Kants Gesinnungsethik (s. S. 80 ff.).

❻ Lesen Sie ergänzend zu Vers 7 das Gleichnis vom barmherzigen Samariter (s. S. 95) und beantworten Sie die dort gestellten Aufgaben.

27 Ihr habt gehört, dass gesagt wurde: ‚Du sollst nicht ehebrechen.'
28 Ich aber sage euch: Jeder, der eine Frau begehrlich anblickt, hat in seinem Herzen schon die Ehe mit ihr gebrochen.
29 Wenn dich daher dein rechtes Auge zur Sünde reizt, so reiß es aus und wirf es von dir. Es ist besser für dich, dass eines deiner Glieder verloren geht, als dass dein ganzer Leib in die Hölle geworfen wird.
30 Und wenn dich deine rechte Hand zur Sünde reizt, so hau sie ab und wirf sie von dir. Denn es ist besser für dich, dass eines deiner Glieder verloren geht, als dass dein ganzer Leib in die Hölle fährt.
38 Ihr habt gehört, dass gesagt ist: ‚Aug um Aug' und ‚Zahn um Zahn'. Ich aber sage euch: Widersteht dem Bösen nicht, sondern wer dich auf die rechte Wange schlägt, dem halte auch die andere hin, und dem, der dich vor Gericht bringen und deinen Rock nehmen will, dem lass auch den Mantel.
[…]
43 Ihr habt gehört, dass gesagt worden ist: Du sollst deinen Nächsten lieben und deinen Feind hassen.
44 Ich aber sage euch: Liebet eure Feinde und betet für die, die euch verfolgen.

Die goldene Regel

Mt. 7,12 Alles nun, was ihr wollt, dass euch die Leute tun, das sollt auch ihr ihnen tun; denn das ist das Gesetz und die Propheten."

## Johannesevangelium (8,4–11): Die Ehebrecherin

*Jesus wurde von den Schriftgelehrten aufgefordert, ein Urteil über eine Ehebrecherin zu fällen.*

„Meister, diese Frau ist auf frischer Tat beim Ehebruch ertappt worden. 5 Im Gesetz aber hat uns Mose geboten, eine solche zu steinigen. Was sagst du nun?" 6 Das sagten sie, um ihn zu versuchen, damit sie eine Anklage gegen ihn hatten. Jesus aber bückte sich nieder und schrieb mit dem Finger auf die Erde. 7 Als sie jedoch hartnäckig weiterfragten, richtete er sich auf und sprach zu ihnen: „Wer von euch ohne Sünde ist, werfe als Erster einen Stein auf sie." 8 Dann bückte er sich wieder nieder und schrieb auf die Erde. 9 Als sie aber das gehört hatten, gingen sie weg, einer nach dem andern, angefangen von den Ältesten. Und er blieb allein zurück und die Frau, die in der Mitte stand. 10 Da richtete sich Jesus auf und sprach zu ihr: „Frau, wo sind sie? Hat keiner dich verurteilt?" 11 Sie aber sprach: „Keiner, Herr!" Da sprach Jesus zu ihr: „Auch ich verurteile dich nicht. Geh und sündige von jetzt an nicht mehr."

In welchem Zusammenhang steht das Urteil Jesu mit seinem Wort in der Bergpredigt?

## Hans Küng: Die gesellschaftliche Relevanz des Christseins

**Hans Küng**, geb. 1928, ist Professor für ökumenische Theologie und Direktor des Instituts für ökumenische Forschung an der Universität Tübingen. Der nebenstehende Textauszug stammt aus seinem Buch „Christsein".

Von Jesus Christus her ist es bei allen berechtigten Unterscheidungen nicht möglich, Theorie und Praxis, Privat und Öffentlichkeit, Religiös und Politisch einfach zu trennen. Oder sollte es nicht wie für den Einzelnen so auch für die säkulare Gesellschaft, sollte es nicht für den gesamten Bereich der Öffentlichkeit und des Politischen, sollte es nicht für die Personen aller Positionen, Ämter und Ränge wie für die Strukturen und Institutionen eine ungeheure Bedeutung haben, was von Jesus Christus her zu sagen ist:

- über die Identifikation mit den Schwachen, Kranken, Armen, Unterprivilegierten, Unterdrückten und auch den moralischen Versagern?
- über das Vergeben ohne Ende, den gegenseitigen Dienst ohne Rangordnung, den Verzicht auf Gegenleistung?
- über die Aufhebung der Grenzen zwischen Genossen und Nichtgenossen, Fernsten und Nächsten, Guten und Bösen in einer Liebe, die auch den Gegner und Feind aus dem Wohlwollen nicht ausschließt?
- über die Normen, Gebote und Verbote, die um der Menschen und die nicht um der Normen, Gebote und Verbote willen da sind?
- über die Institutionen, Traditionen und Hierarchien, die um des Menschen willen zu relativieren sind?
- über den Willen Gottes als oberste Norm, der auf nichts anderes als das Wohl des Menschen zielt?
- über diesen Gott selbst, der sich mit den Nöten und Hoffnungen der Menschheit solidarisiert, der nicht fordert, sondern gibt, der nicht unterdrückt, sondern aufrichtet; der nicht nicht bestraft, sondern befreit; der statt Recht vorbehaltlos Gnade walten lässt?
- über diesen Tod schließlich und seine Verlassenheit und über die Hoffnung des neuen Lebens und die Vollendung in Gottes Reich?

Braucht es sehr viel Fantasie, um sich vorzustellen, dass es nicht nur im Herzen der Menschen, sondern auch in der Gesellschaft, ihren Strukturen und Institutionen anders aussähe, wenn diese Botschaft gelebt würde? Ja, dass es überall in der Gesellschaft dort wirklich anders *aussieht*, wo diese Botschaft gelebt *wird*? [...] Das stärkste Argument für das Christentum sind die Christen: die Christen, die christlich leben!

Andreas Wimmer, früher Computerexperte in München, arbeitet seit zehn Jahren in Mutter Teresas „Haus des Todes“ in Kalkutta.

❶ Welche Kennzeichen des Christseins nennt Küng?

❷ Welche „ungeheure Bedeutung“ (Z. 7) hat bzw. hätte die von Küng skizzierte Lebensweise für die Gesellschaft? Nennen Sie Beispiele.

## Den Willen Gottes tun: Ethos des Islam

### Aus Geschichte und Lehre des Islam*

Der Islam ist die jüngste der Weltreligionen – seine Gründung wird auf 622, das Jahr der Flucht Muhammads von Mekka nach Medina festgelegt – und ist nicht nur ein religiöses, sondern auch ein politisches Phänomen. In vielen islamischen Staaten besteht das Bestreben, das staatliche Recht an religiösen Vorschriften auszurichten. Die zunehmende Dynamik des Islam in religiöser und politischer Hinsicht ruft Faszination und Bewunderung, aber auch Schrecken und Ablehnung hervor. Und dies nicht nur in der islamischen Welt selbst, sondern vor allem auch in Europa, wo mittlerweile Millionen Muslime leben und oftmals Religion und Kultus bewahren wollen.

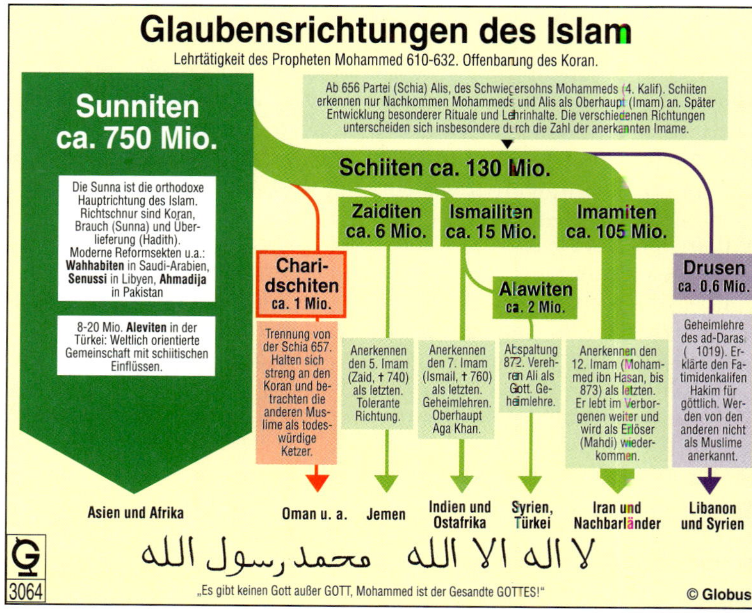


Der Islam ist eine Offenbarungsreligion, d.h. seine Entstehung und seine Lehre gründen auf dem Glauben an die Offenbarung Gottes. Wie Abraham, Mose und Jesus wurde auch Muhammad zum Sprachrohr Gottes und verkündete die ihm zuteil gewordene Lehre. Er lebte in Arabien in polytheistischer Umwelt. Die Offenbarung wurde ihm durch den Erzengel Gabriel zuteil. Muhammad traf zunächst auf Unglauben und musste aus Mekka fliehen. In Medina fand er Gehör. Diese Botschaft, als heiliger Text im Koran überliefert, macht den Islam zu einer „Religion des Buches“, jedoch mit dem Anspruch, die in der jüdischen Tora und im christlichen Evangelium begonnene, aber entstellte Offenbarung Gottes letztgültig und wahr wiederzugeben. Es sind aber nicht nur die Glaubensformeln, durch die der Muslime („der den Willen Gottes erfüllt“) seine Identität erfährt, sondern auch bestimmte und festgelegte Handlungen, die sich in den fünf Säulen konkretisieren und im Ritus die Gemeinschaft der Gläubigen bewirken. Diese Säulen beinhalten auch den ethischen Anspruch, der sich in einer kulturellen und politischen Vielfalt zeigt, die von der Idee eines „islamischen Gottesstaates“ (Iran, Afghanistan) bis zum Konzept der Trennung von Religion und Staat (Türkei) reicht und die eine differenzierte Aufmerksamkeit dem Islam gegenüber erfordert. Die Leitlinie für das rechte Handeln sehen die Muslime in der Lehre des Koran und im vorbildlichen Leben Muhammads.

## Koran: Sure 17

Der **Koran** enthält 114 Suren, die z. T. ihrer Länge nach geordnet sind. Der zuerst geoffenbarte Text ist die Sure 96. Die Rezitation des Koran erfolgt ausschließlich in arabischer Sprache.

22 Setz nicht (dem einen) Gott einen anderen Gott zur Seite, damit du (schließlich) nicht getadelt und verlassen da sitzt! 23 Und dein Herr hat bestimmt, dass ihr ihm allein dienen sollt. Und zu den Eltern (sollst du) gut sein. Wenn eines von ihnen (Vater oder Mutter) oder (alle) beide bei dir (im Haus) hochbetagt geworden (und mit

den Schwächen des Greisenalters behaftet) sind, dann sag nicht „Pfui!“ zu ihnen und fahr sie nicht an, sondern sprich ehrerbietig zu ihnen, 24 und senke für sie in Barmherzigkeit den Flügel der (Selbst)erniedrigung (d. h. benimm dich ihnen gegenüber aus Barmherzigkeit freundlich und gefügig) und sag: „Herr! Erbarm dich ihrer (ebenso mitleidig), wie sie mich aufgezogen haben, als ich klein (und hilflos) war!“ 25 Euer Herr weiß sehr wohl, was ihr in euch bergt. (Er erkennt) falls ihr rechtschaffen seid, (euren guten Willen an, auch wenn ihr seinen Geboten nicht durchweg nachzukommen vermögt). Den Bußfertigen ist er bereit zu vergeben. 26 Und gibt dem Verwandten, was ihm (von Rechts wegen) zusteht, ebenso dem Armen und dem, der unterwegs ist (oder: dem, der dem Weg (Gottes) gefolgt (und dadurch in Not gekommen) ist; (w. dem Sohn des Wegs)! Aber sei (dabei) nicht ausgesprochen verschwenderisch! 27 Diejenigen, die verschwenderisch sind, sind Brüder der Satane. Und der Satan ist seinem Herrn gegenüber undankbar. 28 Und falls du dich von ihnen abwendest (ohne ihnen etwas zu geben), indem du erwartest, dass dein Herr, wie du hoffst, sich (ihrer) erbarmen wird (oder: indem du auf Grund eigener Bedürftigkeit) erwartest, dass dein Herr, wie du hoffst, sich (deiner) erbarmen (und deine eigene Not beheben) wird), dann sprich (wenigstens) begütigend zu ihnen! 29 Mach nicht, dass deine Hand (gleichsam) an deinen Hals gefesselt ist (d. h. knausere nicht mit deinen Gaben)! Aber streck sie (auch) nicht vollständig aus (indem du hemmungslos Geschenke austeilst), damit du (schließlich) nicht getadelt und (aller Mittel) entblößt dasitzt! 30 Dein Herr teilt den Unterhalt (reichlich) zu (w. breitet den Unterhalt (mit offener Hand) aus), wem er will, und begrenzt (ihn auch wieder) (w. misst (ihn) ab). Er kennt und durchschaut seine Diener (d. h. die Menschen). 31 Und tötet nicht eure Kinder aus Furcht vor Verarmung! Wir bescheren ihnen und euch (den Lebensunterhalt). Sie zu töten ist eine schwere Verfehlung 32 Und lasst euch nicht auf Unzucht ein! Das ist etwas Abscheuliches – eine üble Handlungsweise! 33 Und tötet niemand, den (zu töten) Gott verboten hat, außer wenn ihr dazu berechtigt seid! Wenn einer zu Unrecht getötet wird, geben wir seinem nächsten Verwandten Vollmacht (zur Rache). Er soll (aber) dann im Töten nicht maßlos sein (und sich mit der bloßen Talio[1] begnügen). Ihm wird ja (beim Vollzug der Rache) geholfen. 34 Und tastet das Vermögen der Waise nicht an, es sei denn auf die (denkbar) beste Art! (Lasst ihr Vermögen unangetastet) bis sie volljährig geworden ist (und selber darüber verfügen darf)! Und erfüllt die Verpflichtung (die ihr eingeht)! Nach der Verpflichtung wird (dereinst) gefragt. 35 Und gebt, wenn ihr zumesst, volles Maß und wägt mit der richtigen Waage! So ist es am besten (für euch) und nimmt am ehesten einen guten Ausgang. 36 Und geh nicht einer Sache nach, von der du kein Wissen hast! Gehör, Gesicht und Verstand (w. Herz), – für all das wird (dereinst) Rechenschaft verlangt. 37 Und schreite nicht ausgelassen (und überheblich) auf der Erde einher! Du kannst (ja) weder ein Loch in die Erde machen noch die Berge an Höhe erreichen.

[1] Talio: Vergeltung durch Zufügung des gleichen Übels (s. S. 283)

Im Islam wird das **Bilderverbot**, das im Dekalog (s. S. 180) und im Koran aufgeschrieben ist, wörtlich genommen. Es wird auch auf den Menschen bezogen, da er ja als Abbild Gottes geschaffen ist. Daher hat sich als typisch islamische Kunst die Kalligrafie herausgebildet. Da man annimmt, dass Arabisch die Sprache Allahs ist, ergibt sich so eine religiöse Betrachtung von Sprache und Schrift.

Das Glaubensbekenntnis des Islam („Ich bezeuge: Es gibt keine Gottheit außer dem einzigen Gott, ich bezeuge: Muhammad ist der Gesandte Gottes") in kalligrafischer Darstellung.

❶ Vergleichen Sie die Aussagen der Sure 17 mit den 10 Geboten (s. S. 180), der Bergpredigt (s. S. 185) und den ethischen Forderungen des Buddhismus (s. S. 197).

❷ Ziehen Sie zu diesem Vergleich die Vorschläge Küngs (s. S. 169) zu einem religiös fundierten Weltethos heran.

## Adel Th. Khoury: Der Mensch und seine Verantwortung

*Im Koran gibt es, ähnlich wie in der Bibel, Stellen, die sich zu widersprechen scheinen. Die richtige Antwort erhält man, wenn man nicht einzelne Sätze aus dem Zusammenhang reißt, sondern die gesamte Schrift im Zusammenhang sieht.*

Da der Koran und die islamische Lehre mit Nachdruck die Allmacht Gottes betonen, erhebt sich die Frage nach der freien Entscheidung und der Verantwortlichkeit des Menschen.
Viele Verse des Korans und manche Aussprüche der Tradition betonen die Vorherbestimmung aller Werke des Menschen durch Gott. Gott sei die alleinige Ursache jedes Geschehens in der Welt und im Leben der Menschen: „Sprich: Uns wird nur das treffen, was Gott uns bestimmt hat“ (9,51, vgl. 25,57). Alles stehe in einem Buch, bevor es erschaffen werde (57,22). Auch der Glaube der einen und der Unglaube der anderen sei eine Bestimmung Gottes: „Gott führt irre, wen Er will, und wen Er will, den bringt Er auf einen geraden Weg“ (6,39; vgl. 16,93; 14,4; 35,8; 2,26.142 usw.). „Wen Gott irreführt, der hat niemanden, der ihn rechtleiten könnte“ (7,186; vgl. 18.17; 17,97; 39,23.37; 13,33). Der Koran stellt eindeutig fest: „Gott hat euch und das, was ihr tut, erschaffen“ (37,96).
Andere Verse unterstreichen dagegen die Entscheidungsmöglichkeit des Menschen und daher auch seine Verantwortung, für das, was er tut: „Wer nun will, möge glauben, und wer will, möge ungläubig sein“ (18,29). Die Ungläubigen werden für ihre Verstockung und ihren Frevel zur Rechenschaft gezogen und vom gerechten Richter verurteilt werden, und es geschieht ihnen kein Unrecht (vgl. 2,272; 40,17; 41,46).
So soll jeder Mensch sich befleißigen, die Gebote und Verbote Gottes zu beachten und sich für das Gute und gegen das Böse zu entscheiden.

**Die fünf Pflichten der Muslime:**

1. Das Glaubensbekenntnis, das mehrmals täglich gesprochen werden soll: „Es gibt keinen Gott außer Allah, Mohammed ist Gesandter Allahs.“

2. Das rituelle Gebet, das fünfmal am Tag an einem sauberen Ort (z.B. Teppich) nach rituellen Waschungen in Richtung Mekka gesprochen werden muss.

3. Die Almosenabgabe als Buße für eigene Sünden und Hilfe für die Bedürftigen.

4. Das Fasten im Monat Ramadan. In dieser Zeit ist nur zweimal am Tag, vor Sonnenaufgang und nach Sonnenuntergang, das Essen erlaubt.

5. Die Pilgerfahrt nach Mekka, die der Muslim einmal im Leben, wenn Gesundheit und finanzielle Situation es erlauben, machen soll.

Muslime beim Freitagsgebet auf einer belebten Straße in Amman, Jordanien

Die muslimischen Gelehrten der ersten Zeit waren von den massiven Äußerungen in Bezug auf die uneingeschränkte Allmacht Gottes und seine Vorherbestimmung so beeindruckt, dass manche von ihnen eine strenge Prädestinationslehre vertraten: Der Mensch habe keinen Anteil am Zustandekommen seiner Werke; Gott vollbringe in ihm alle Taten, die guten und die bösen; der Mensch sei ein willenloses Werkzeug bei der Entscheidung zum Handeln und bei der Ausführung der Tat. Seit dem 9. Jh. sprechen sich die muslimischen Theologen für die Willensfreiheit und die Verantwortung des Menschen aus, auch wenn ihre Bemühungen, die Freiheit des Menschen mit der Allmacht Gottes zu vereinbaren, unterschiedlich ausfallen. Was den Volksglauben betrifft, so wird auf dieser Ebene die Vorherbestimmung Gottes so stark betont, dass man versucht ist, hier von einem Fatalismus zu reden. Aber der islamische Glaube ist nicht fatalistisch: Das Leben des Menschen werde nicht von einem blinden Schicksal beherrscht, es werde von einem lebendigen Gott gelenkt, dessen Entscheidungen zwar souverän seien, der aber auch der weise und barmherzige Herr sei.

❶ Worin liegt der Unterschied zwischen Fatalismus und der hier dargestellten Ergebenheit in den Willen Allahs?

❷ Welches sind die Folgen fatalistischen Denkens?

## Adel Th. Khoury: Eherecht und Stellung der Frau

a) Religiöser Bereich: Im religiösen Bereich geht der Islam von einer Gleichheit und Gleichstellung von Mann und Frau aus. Die Pflicht, zu glauben und das Gute zu tun, betrifft alle Muslime, und die Belohnung, die Treue sowie die Bestrafung für den Ungehorsam ist bei Gott für die Frauen wie für die Männer bestimmt (Koran 40,40). Bei der Erfüllung der religiösen Pflichten (Glaubensbekenntnis, Pflichtgebet, Fasten, gesetzliche Abgabe, Wallfahrt nach Mekka) können jedoch der Frau Konzessionen gemacht werden, die mit ihrer biologischen Beschaffenheit oder mit ihrer sozialen Umwelt zusammenhängen. So werden die Frauen während ihrer Menstruation von der Erfüllung des Pflichtgebets befreit (wegen der Reinheitsvorschriften gelten menstruierende Frauen für die Dauer ihrer Regel als kultunfähig, wie im Judentum und in anderen Religionen); schwangere und stillende Frauen brauchen nicht zu fasten; die Frauen sind nur dann angehalten, die Wallfahrt zu leisten, wenn ihnen das nötige Geld und die nötige Begleitung bereitgestellt werden; die Frauen haben nicht die Pflicht, das Gemeinschaftsgebet in der Moschee zu verrichten (am Freitagmittag), sie dürfen es aber tun, wenn sie es wollen.
b) Rechtlicher Bereich: In vielen Punkten werden den Frauen nicht die gleichen Rechte wie den Männern zuerkannt. Sie haben zwar eine soziale Verantwortung zu tragen und sind Gegenstand von Belohnung und Bestrafung wie die Männer, aber ihre Verantwortung ist im sexuellen Bereich größer als beim Mann und die Bestrafung von Verfehlungen fällt oft härter aus. Dies erklärt sich aus der besonderen Betonung der Ehre und aus der Sorge um die Legitimität der Kinder und die daraus folgenden Rechte (wie Anteil am Erbe usw.). Bei Übertretungen in Glaubensfragen wird die Verantwortung der Frau von manchen Rechtsgelehrten als geringer als die des Mannes betrachtet, weil sie im Allgemeinen keine unmittelbare Gefährdung der Gemeinschaft nach sich ziehen.

„Ich bin überzeugte Muslimin und gleichzeitig eine selbstständige Frau, die gern berufstätig ist. In meinem Alltag halte ich mich konsequent an die Gebote des Koran, rauche nicht, trinke keinen Alkohol und esse natürlich auch kein Schweinefleisch. Wenn ich das Haus verlasse, trage ich ein Kopftuch. Ich trage es gern, weil ich finde, dass es mich kleidet und mir das Gefühl gibt meine Energien beisammenzuhalten, mehr in mir zu ruhen. Und es schützt mich natürlich auch vor blöden Männerblicken. Dass mir der Islam so viel Kraft und Ruhe gibt, liegt an seiner Ganzheitlichkeit. Da ist keine Trennung zwischen Heiligem und Alltäglichem, Religion und Politik, und von der Hygiene bis zum Beten und Fasten ist alles geregelt, alles einbezogen.
Wenn ich mich von meinen Gedanken und Wünschen nicht beherrschen lasse, sondern gesund und kontrolliert lebe, dann geht es Körper und Seele gut – für mich ist das wirkliche Freiheit."
*Eine deutsche Muslimin*

Frauen im Tschador geben bei der Wahl im Jahr 1993 in Sanaa (Jemen) ihre Wahlstimme ab.

Das traditionelle Ehe- und Familienrecht im Islam sieht eine Vorrangstellung des Mannes vor: Polygamie, Mischehe, Recht auf Entlassung der Frau, Vollmacht über die Ehefrau (4,34: Die Männer haben Vollmacht und Verantwortung gegenüber den Frauen, weil Gott die einen vor den anderen bevorzugt hat und weil sie von ihrem Vermögen [für die Frauen] ausgeben … Ermahnt diejenigen, von denen ihr Widerspenstigkeit befürchtet, und entfernt euch von ihnen in den Schlafgemächern und schlagt sie. Wenn sie euch gehorchen, dann wendet nichts Weiteres gegen sie an). Bislang ging die traditionelle islamische Gesellschaft von einer strengen Arbeitsteilung aus, wobei der öffentliche Bereich Domäne des Mannes und der innere Bereich der Familie Domäne der Frau ist. Das will besagen, dass öffentliche Ämter den Frauen nicht zugänglich waren.
Die Pflicht der Männer, für den Lebensunterhalt der Frauen und der Kinder sowie für die Sicherheit und das Gedeihen der Gemeinschaft zu sorgen, bedingt einige Bestimmungen, die nur scheinbar eine Benachteiligung der Frauen beinhalten. So gilt es, dass Töchter nur die Hälfte dessen erben, was ihren Brüdern zukommt (4,11: Einem männlichen Kind steht so viel wie der Anteil von zwei weiblichen zu). Die Söhne, nicht die Töchter, haben ja die Pflicht die übrige Familie zu versorgen. Auch ist das Blutgeld, das für eine ermordete Frau übergeben werden soll, traditionell geringer als der Betrag, der für einen Mann fällig wäre.

❶ Setzen Sie sich mit dieser Haltung und Ansicht auseinander.

❷ Ist für Sie eine solche Rollenzuweisung für Männer und Frauen nachvollziehbar?

## Gudrun Krämer: Anpassung oder Re-Islamisierung?

Seit dem ausgehenden 19. Jahrhundert wird in jeder Krise die eine Frage gestellt: „Warum", so die berühmt gewordene Formulierung des arabischen Nationalisten Shakib Arslan, „sind die Muslime zurückgeblieben?" Warum sind sie, die Erben eines Weltreichs, einer blühenden Zivilisation, nicht in der Lage, ihren Gegnern Paroli zu bieten. Franzosen, Briten und Italienern in der Vergangenheit, Amerikanern und Israelis in der Gegenwart? Ist es, so wird weiter gefragt, wegen des Islam oder gerade umgekehrt deshalb, weil sie sich von ihm abgewandt und entfremdet haben? Beide Thesen haben ihre Anhänger gefunden, bei beiden verbindet sich die Kritik an den eigenen Traditionen untrennbar mit der Kritik an den herrschenden gesellschaftlich-politischen Verhältnissen. Selbst in den Jahren der intensiven, ja demonstrativen „Re-Islamisierung" sind diejenigen nicht verstummt, die Einheit, Stärke und Entwicklung nur von einer Befreiung aus der, wie Kant gesagt hätte, selbst verschuldeten Unmündigkeit traditioneller, religiös legitimierter Denkweisen und Verhaltensmuster erwarten. Dass allein die Überwindung des Islam das Heil bringe, hatte für europäische Beobachter schon früh festgestanden.

Das Stichwort gab in den 1880er-Jahren der Soziologe Ernest Renan, als er in einer Vorlesung an der Pariser Sorbonne Islam und moderne Wissenschaft für unvereinbar erklärte. In den Fünfzigerjahren dieses Jahrhunderts formulierte der amerikanische Modernisierungsforscher Daniel Lerner das Dilemma der Muslime noch prägnanter: „Mekka oder Mechanisierung", so laute die Alternative. Seither ist die These, derzufolge der Islam die Muslime unfähig mache zu rationalem Denken und Tun, zu Fortschritt und Demokratie, in vielen Varianten wiederholt worden. Nicht eine Reform ihres religiösen Erbes könne die Muslime retten, sondern nur eine echte Reformation, die zu Aufklärung führe und letztlich in einer säkularistischen Staats- und Gesellschaftsordnung nach europäischem Vorbild münde. In der arabischen Welt selbst sind die Verfechter einer strikten Trennung von Religion und Politik in den letzten Jahrzehnten jedoch selten geworden und selbst erklärte Atheisten äußerst rar. Eine Säkularisierung von Staat und Gesellschaft, die nicht nur stillschweigend hingenommen, sondern offen bejaht, rechtlich verankert und institutionell festgeschrieben wird, gilt muslimischen Intellektuellen mittlerweile weithin als tabu.

In den Vordergrund geschoben haben sich diejenigen, die argumentieren, die Muslime verdankten ihre Schwäche nicht ihrem Beharren am Glauben, sondern gerade umgekehrt ihrer Abkehr von ihm, und zu alter Kraft und Stärke könnten sie nur durch eine Rückbesinnung auf den Islam finden. Allerdings nicht den real existierenden, von Aberglaube, Laxheit und Zersplitterung entstellten Islam, sondern den reifen, ursprünglichen Islam der Frühzeit, der Zeit des Propheten und der Prophetengenossen (as-salaf as-salih) – so wie sie ihn sich vorstellen. „Der Islam ist die Lösung" lautet dementsprechend die Losung, politischer islamischer Bewegungen in verschiedenen arabischen Ländern, mit ihr bestreiten sie intellektuelle Debatten, politische Auseinandersetzungen und Wahlkämpfe. Die moralische Läuterung des Einzelnen, gesellschaftliche Reform und kollektive Stärke kommen demnach nur aus dem Islam – aber einem seinerseits gereinigten Islam. Es geht ihnen also um eine zweifache Erneuerung: die der Gesellschaft aus dem Islam und die des Islam aus sich selbst.

❶ Erörtern Sie die verschiedenen islamischen Reaktionen auf die Konfrontation mit den europäischen (Kolonial-)Mächten.

❷ Diskutieren Sie mit muslimischen Mitschülerinnen und Mitschülern über deren Erfahrungen in der westlichen Welt.

❸ Verwaltungen und Gerichte in Europa beschäftigen sich zunehmend mit Streitfällen um Möglichkeiten und Grenzen der Religionsausübung (z.B. dem rituellen Schlachten von Tieren, Tragen von Kopftüchern am Arbeitsplatz). Informieren Sie sich über ein solches Konfliktfeld und nehmen Sie Stellung dazu.

Annemarie Schimmel: Der Islam. Eine Einführung. Stuttgart (Reclam) 1990

# Nach Vollkommenheit streben: Ethos des Buddhismus

## Aus Lehre und Geschichte des Buddhismus*

Der Buddhismus hat seine Wurzeln im Hinduismus. Beide Religionen unterscheiden sich von den Offenbarungsreligionen darin, dass ihre Entstehung und ihre Heilserwartung nicht in der Offenbarung und der Gnade Gottes gründen, sondern in einer „Selbstoffenbarung", die der Glaubende selbst leisten muss. Diese Erkenntnis geht zurück auf Siddharta Gautama, der später „Buddha", d.h. „Der Erleuchtete" genannt wurde. Siddharta lebte 563–483 v. Chr. im Norden Indiens. Er wuchs zunächst in der Abgeschlossenheit des väterlichen Palastes in Luxus und Geborgenheit auf und wurde dann auf einer ersten Ausfahrt in die Stadt mit dem Leid der Welt konfrontiert. Er erkannte die Leere und Sinnlosigkeit seines bisherigen Lebens. Siddharta verzichtete fortan auf irdische Bindungen und begab sich auf die Suche nach Erleuchtung. Ihm wurde schließlich klar, dass das ganze Leben Leiden ist, dass die Ursache des Leidens in Unwissenheit, Begierde und Neid liegt, dass das Leiden durch die Überwindung von Unwissenheit vernichtet werden kann, und dass diese Vernichtung durch den „edlen achtfachen Pfad" bewältigt werden kann.
Der Mensch hat nach dieser Auffassung keine bevorzugte Stellung in der Welt, sondern ist in die Entwicklung allen Seins eingebunden. Ziel dieser Entwicklung ist die Überwindung der Welt und die Verschmelzung mit dem Wesenskern des Universums. Das Selbst des Individuums wird dann Teil des Wesenskerns. Diese Existenzform wird „Nirwana", d.h. „Verwehen, Vergessen" genannt. Das

**Buddhistische Schulen:**
Der Urbuddhismus konkretisiert sich im 4. Jh. v. Chr. zum Thereveda, dessen Grundlage der Pali-Kanon bildet. In ihm ist der Weg zur Erleuchtung durch Abkehr von der Welt nur wenigen Auserwählten (Mönchen) möglich, daher ist er ein „Kleines Fahrzeug" (Hinanyana) zum Heil. Das „Große Fahrzeug" (Mahayana) wendet sich dagegen an breite Schichten, die mithilfe von Bodhisattvas zum Heil gelangen können. Anstelle der Weltentsagung tritt Mitleiden und Eintreten für das Wohl aller Lebewesen. Die Buddha-Verehrung nimmt göttliche Züge an. Das dritte „Fahrzeug" ist das Tantrayana, das Ritual, Magie und Okkultismus sowie weitere Gottheiten als Heilswege kennt.

Buddhistische Mönche mit Bettelschalen in Myanmar (Burma)

Leben auf der Erde ist eigentlich der Weg zum Nirwana. Wenn das Individuum dieses Ziel verfehlt, wird durch die Wiedergeburt in ein neues Leben eine neue Chance gewährt.
Letztlich muss der Mensch, um dieses Ziel zu erreichen, zum Kern seines Selbst finden. Dies erreicht er durch Meditation. Wenn die höchste Stufe der Erleuchtung erreicht ist, geht man am Ende des Lebens ins Nirwana ein. Man kann allerdings auch auf Abwege geraten, wenn man sein Herz an Vergängliches hängt. Dadurch verzögert man den Eintritt ins Nirwana. Nach der Lehre des Lamaismus gibt es auch Menschen – Mönche vor allem –, die den Weg ins Nirwana eigentlich schon geschafft haben, aber darauf verzichten und stattdessen durch Wiedergeburt in der Welt bleiben, um anderen den rechten Weg zu weisen. Der Dalai Lama gilt als wiedergeborener Bodhisattva.
Der Buddhismus konzentriert die hinduistische Vielfalt religiöser Inhalte auf einen Pfad des persönlichen Lebenswandels. Er überwindet dabei die Zugehörigkeit zu einer bestimmten sozialen Gruppe (Kaste) und wird dadurch zur Weltreligion.
Die Attraktivität dieses Weges auch in Europa zeigt sich nicht nur in der Existenz zahlreicher buddhistischer Zentren, sondern auch in dem vielfältigen Interesse an der Lehre und den Persönlichkeiten des Buddhismus.

## Der Buddha: Erste Rede in Benares an die fünf neu gewonnenen Jünger

Und der Erhabene wandte sich mit diesen Worten an die fünf Asketen: „Zwei gegensätzliche Verhaltensweisen gibt es, ihr Mönche, nach denen sich ein Asket, der der Welt entsagte, nicht richten soll. Welche zwei? Die eine, die bei den Begierden sich der Lust und Freude hingibt, die niedrige, von hässlicher Art, die dem gewöhnlichen Menschen angemessen, unedel, zu keinem Ziel führt, und jene, die sich der Selbstpeinigung weiht, die leidvolle, unedle, die keinen Zweck hat. Diese beiden Gegensätze vermeidend, führt der durch den Vollendeten offenbar gewordene mittlere Pfad, der Schau und Erkenntnis bewirkt, zur Ruhe, zum Wissen, zur Erleuchtung, zum Verlöschen.
Und welches, ihr Mönche, ist dieser durch den Erhabenen offenbar gewordene mittlere Pfad, der Schau und Erkenntnis bewirkt, zur Ruhe, zum Wissen, zur Erleuchtung, zum Nirwana führt?
Es ist dies der edle achtfache Pfad, der da heißt: rechte Anschauung, rechte Gesinnung, rechtes Wort, rechte Tat, rechtes Leben, rechtes Streben, rechtes Überdenken und rechtes Sichversenken.
Dies ist, ihr Mönche, der mittlere Weg, der durch den Vollendeten entdeckt wurde, der Schau und Erkenntnis bewirkt und zur Ruhe, zum Wissen, zur Erleuchtung, zum Verlöschen führt. Wahrlich, ihr Mönche, das ist die edle Wahrheit vom Leiden: Geburt ist leidvoll, Alter ist leidvoll, Krankheit ist leidvoll, der Tod ist leidvoll, mit Unlieben vereint, von Lieben getrennt sein ist leidvoll, nicht erlangen, was man begehrt, ist leidvoll, kurz die fünf Gruppen von Daseinsfaktoren, die das Hängen an der Welt verursachen, sind leidvoll.
Dies fürwahr, ihr Mönche, ist die edle Wahrheit vom Entstehen des Leidens: Es ist der Durst, welcher zur Wiedergeburt führt, der ver-

Der Buddha in der Geste, mit der er das Rad der Lehre andreht. Nach langer mündlicher Tradition wird die Lehre in Pali bzw. Sanskrit (indische Dialekte) aufgezeichnet und kanonisiert (Pali-Kanon; 1. Jh. v. Chr.). „Buddha" bedeutet „der Erwachte" oder „der Erleuchtete" und ist ein Ehrentitel. Er bezieht sich in erster Linie auf Siddhartha Gautama, den historischen Buddha, aber auch auf andere Erleuchtete.

**Siddhartha** lebte von 563 bis 483 v. Chr. im Norden Indiens. Aufgewachsen in der Abgeschlossenheit und dem Luxus des väterlichen Palastes, lernte er bei einer ersten Ausfahrt in die Stadt das Leid der Menschen kennen. Schlagartig erkannte er die Leere und Sinnlosigkeit seines bisherigen Lebens. Er verzichtete fortan auf irdische Bindungen, verließ das Elternhaus und begab sich auf die Suche nach Erleuchtung und Erlösung vom Leiden. Ihm wurde schließlich klar, dass das ganze Leben Leiden ist und dass dessen Ursachen in Unwissenheit, Begierde und Neid liegen. Die Überwindung des Leidens ist nur durch Beseitigung der Unwissenheit und durch den Lebenswandel des „achtfachen Pfades" zu erreichen.

eint mit Freude und Begehren sich hier und dort an diesem ergötzt, der Durst nach den Begierden, der Durst nach dem Werden, der Durst nach dem Entwerden.
Fürwahr, ihr Mönche, dies ist die edle Wahrheit von dem Vergehen des Leidens: jenes Vergehen durch das restlose Aufgeben der Leidenschaft; die Entsagung, das Verlassen, das Freiwerden, das sich Abwenden von dem Durst.
Dies wahrlich, ihr Mönche, ist die edle Wahrheit vom Wege, der zur Vernichtung des Leides führt. Es ist der edle achtteilige Pfad, der da heißt: rechte Anschauung, rechte Gesinnung, rechte Rede, rechte Tat, rechtes Leben, rechtes Streben, rechtes Überdenken und rechtes Sichversenken. [...]
Nachdem aber jene vier edlen Wahrheiten in voller Reinheit mir zu eigen waren, erkannte ich, als ein solcher, dem es offenbar war, dass ich in dieser Welt samt ihren Göttern, ihren Maras und Brahmas, mit ihren Asketen und Brahmanen, ihren Göttern und Menschen der höchsten und völligen Erleuchtung teilhaftig geworden war. Und es stieg mir die Erkenntnis und innere Schau auf: Unwandelbar ist für mich die Befreiung des Geistes. Dies ist die letzte Geburt, nicht gibt es nun ein Wiedersein."

❶ Informieren Sie sich über Leben und Wirken des historischen Buddha.

❷ Sammeln und interpretieren Sie die Begriffe, die für das Nirwana gebraucht werden.

❸ Was bedeutet es, wenn Buddha davon spricht, dass Leben Leiden ist?

## Peter Gerlitz: Die Bedeutung der Ethik

Der achtfache Pfad gliedert sich in drei Bereiche: Rechte Erkenntnis und Gesinnung bilden zusammen das Wissen, rechtes Reden, Tun und Leben bilden zusammen sila, die *Sittlichkeit*, die Ethik; rechte Anstrengung, Achtsamkeit und das Sichversenken bilden zusammen die meditative Sammlung (samadhi), die zur *Erleuchtung*, führt, oder schon die Erleuchtung ist.
Die *Ethik* steht also in der Mitte zwischen der rechten Erkenntnis, dem Wissen um die leidvolle Daseinsstruktur, und der meditativen Sammlung. Das ist nicht unbeabsichtigt vom Buddha; denn die Ethik braucht einerseits die rechte Erkenntnis, um den Willen zur guten Tat hervorbringen zu können, und sie braucht andererseits die meditative Sammlung, um die gute Tat durch die Erleuchtung abzuschließen. M. E. Spiro weist in diesem Zusammenhang darauf hin, dass es nur der Urbuddhismus ist, der nicht durch Werke, sondern „allein durch Wissen" und Meditation das Heil erreichen wollte. Zuweilen ging dieser „Absolutheitsanspruch" so weit, dass man jegliche Ansammlung von Karma, also auch die moralisch guten Taten verwarf, weil dadurch das Erlöschen und der Eintritt ins Nirwana unterbunden oder verzögert wurde. Dieser Anspruch ließ sich nicht durchhalten, weder bei den Mönchen und Nonnen noch bei den buddhistischen Laien. Und so kehrte man schon im Theravada-Buddhismus zu einer altbewährten Kultpraxis der guten Werke zurück: Nicht das Wissen und Erkennen der leidvollen Zusammenhänge, sondern das verdienstliche Tun war nun wieder Inhalt der religiösen Praxis.

Der Buddha in meditierender Haltung

Seitdem gilt das gute Karma wieder als Voraussetzung für eine glückliche Wiedergeburt. Dana, das wohltätige Geben, und sila mit den drei Stufen ethisch verantwortlichen Handelns sind daher die eigentlichen Mittel, die dem Jünger des Gautama, mag er Mönch oder Laie sein, Verdienste bringen. Die Laienjünger und -jüngerinnen, zumal im Mahayana-Buddhismus, empfinden überdies die ethische Stufe als höchstes Ziel. Denn die Erfüllung der sittlichen Weisungen dient nicht nur dem guten Karma, sondern auch der Abkürzung des Geburtenkreislaufs sammara. *Die buddhistische Ethik ist eine intentionale Ethik.* Die Heiligen, die Bodhisattvas, sind dem Geburtenkreislauf enthoben. Sie haben bereits den sila-Bereich verlassen und sind in den samadhi-Bereich eingetreten. Es gibt also Stufen des Heils: Für die vielen, die Masse der Gläubigen, gilt, dass man das Heilsziel durch gute Werke erreicht – einigen wenigen aber ist die Erleuchtung vorbehalten.
Die Ethik hat im Buddhismus eine zentrale Bedeutung. Sie ist keine „Nebensache". Das wird an den Texten erkennbar, in denen der Jünger – sei er Mönch oder Laie – im Zustand der samadhi die vier Tugenden metta (Sanskr.: maitri), die grenzenlose Liebe und allumfassende Güte, karuna, das Mitleid mit den Wesen, mudita, die Mitfreude über ihre Erlösung, und upekkha, den Gleichmut und die Ruhe, meditieren soll. Dann, aus dem Zustand der samadhi erwacht, soll er sie auf alle lebenden Wesen anwenden.

❶ Tugenden spielen auch im abendländischen Denken eine große Rolle (s. S. 51). Vergleichen Sie die buddhistischen mit den christlichen Tugenden und arbeiten Sie Unterschiede und Gemeinsamkeiten heraus.

❷ Stellen Sie einen eigenen Katalog von Tugenden zusammen.

## Hans-Jürgen Greschat: Achtfacher Pfad und allgemeine Regeln

Mit dem achtfachen Pfad verordnet der Buddha Sittlichkeit als rechte Rede, rechtes Tun und rechten Lebensunterhalt. Rechte Rede, das heißt die Wahrheit sagen und nicht zum eigenen oder zu eines anderen Vorteil lügen. Falsch redet auch, wer, um andere zu entzweien, dort wiedererzählt, was er hier gehört hat. Recht redet, wer Entzweite eint, wer keine rohen, unflätigen Worte spricht und leerem Geschwätz aus dem Wege geht. Rechtes Tun verbietet Töten, Stehlen, unzulässigen Geschlechtsverkehr. Rechter Lebenswandel verbietet, neben ohnehin verpönten Berufen wie denen des Schlächters, Henkers, Diebes, mit Waffen und Giften, mit Fleisch, Lebewesen und Alkohol zu handeln. Den Verkäufern sittlich einwandfreier Waren ist untersagt, Kunden zu beschwatzen und sie zu betrügen.
Der achtfache Pfad gilt für jedermann. Daneben hat es schon von Anfang an besondere Regeln für Mönche und Nonnen gegeben. Laien befolgen fünf fundamentale Regeln, die sie häufig rezitieren:
„Ich gelobe abzustehen vom Töten."
„Ich gelobe abzustehen vom Nehmen dessen, was nicht gegeben."
„Ich gelobe abzustehen von unrechtem Wandel in Sinnenlüsten."
„Ich gelobe abzustehen vom Lügen."
„Ich gelobe abzustehen vom Genuss berauschender Getränke."
Das erste Gelöbnis gilt als das wichtigste. „Ich werde nicht töten!" bezieht sich für den Buddhisten nicht nur auf Menschen. Gemeint sind alle Lebewesen, also auch die zu außermenschlichen Wieder-

geburtsbereichen Gehörenden, in erster Linie Tiere, vom kleinsten bis zum größten, von der Mücke bis zum Elefanten. […]
Die dritte Regel hat einen engeren und einen weiteren Sinn. Im engeren Sinn verbietet sie ungesetzlichen Verkehr mit Frauen: mit verheirateten Frauen, mit Mädchen unter der Obhut ihrer Eltern oder eines Vormunds, mit Angestellten und anderen Abhängigen, mit nahen Verwandten und mit Minderjährigen.
Im weiteren Sinn verbietet die dritte Regel Unkeuschheit ganz allgemein und gilt dann für Männer und Frauen gleichermaßen. Unter Menschen und Tieren steht der Geschlechtstrieb obenan. Es ist die Gier, die ihn treibt, und sie gilt den Buddhisten als Hauptwurzel der endlosen Wiedergeburten. […] Buddhisten wollen sachte seine Wurzeln lockern, bis sie absterben und verdorren.
Dazu hilft ihnen die Meditation. Dazu dient ihnen auch Bewusstheit. Deren Ziel ist es, sexuelle Vorstellungen und Gedanken im Moment ihres Aufsteigens als solche zu erkennen, um sie sogleich wieder loszulassen, sie unter keinen Umständen festzuhalten.

❶ Vergleichen Sie die hier dargestellten ethischen Vorschriften mit dem Dekalog (s. S. 180).

❷ Welche ethischen Richtlinien im Buddhismus passen zu Küngs Vorstellung eines Weltethos (s. S. 169 f.)?

Buddha-Verehrung in Myanmar (Burma)

## Hans Küng: Wiedergeburt? – Fragen an den Buddhismus

*Buddhisten und Christen sind sich einig in der Überzeugung, dass das Leid das Leben des Menschen wesentlich bestimmt und dass der Mensch daher der Erlösung bedarf. Nach christlicher Auffassung hat Gott eine prinzipiell gute Welt geschaffen, in die das Leid als Folge der Auflehnung der Menschen gegen Gott gekommen ist. Die Erlösung vom Leid kann daher nur von Gott selbst kommen. Das buddhistische Weltbild dagegen geht von dem Kreislauf aller Dinge in Leben, Tod und Wiedergeburt aus. Der leidvolle Zwang zur Wiedergeburt kann allerdings zur Verbesserung des Karmas genutzt werden und durch einen sittlichen Lebenswandel letztlich*

*überwunden werden. Der Mensch kann sich also gewissermaßen selbst erlösen.*
*Mit der buddhistischen Wiedergeburtslehre (Reinkarnation) setzt sich der christliche Theologe Hans Küng kritisch auseinander.*

Eine wahrhaft moralische Weltordnung setzt die Vorstellung eines Lebens nach dem Leben notwendig voraus. Denn wie soll es zu dem von so vielen Menschen mit Recht erwarteten sühnenden Ausgleich der Taten (man denke an die Mörder und ihre Opfer!) wie auch zur Entwicklung der notwendigen ethischen Vollkommenheit im Leben eines Menschen kommen, wenn ihm nicht die Gelegenheit zu einem weiteren Leben gegeben wird. Die Lehre von Karma und Wiedergeburt erlaubt es folglich dem Menschen, die Störung der Weltordnung durch seine eigenen Taten wieder rückgängig zu machen und endlich aus dem ewigen Kreislauf der Wiedergeburten („Samsara") hinauszutreten. [...]
Aber hier stehen Gegenfragen, die nicht überhört werden können:
1. Verkennt die Forderung nach einem sühnenden Ausgleich in einem geschichtlichen Leben nicht den Ernst der Geschichte, die nun einmal gerade in ihrer Einmaligkeit und Unwiederholbarkeit liegt, so dass alles, was einmal versäumt wurde, nie wiederkehren kann?
2. Gibt es nicht Störungen der Weltordnung, die durch keine menschliche Tat je wieder rückgängig gemacht werden können: Schuld, die nicht vergolten, sondern nur vergeben werden kann? Ja, gehört es nicht zur Menschlichkeit (besser vielleicht Christlichkeit) des Schuldgedankens, dass Schuld auch „vergeben und vergessen" werden kann, anstatt dass sie nach einem ehernen übermenschlichen Gesetz voll gesühnt werden muss? Also: anstelle des gnadenlosen Kausalitätsgesetzes des Karma nicht doch der gnädige Gott?
3. Kann gerade im Buddhismus die alte indische Lehre von der Seelenwanderung wirklich überzeugend mit der neuen buddhistischen Lehre von der Seelenlosigkeit des Menschen verbunden werden? Ist es nicht ein Widerspruch, wenn die buddhistische Nicht-Ich-Lehre ein kontinuierliches Subjekt leugnet, während die altindische Wiedergeburts- und Karmalehre ein solches Subjekt fordert? Wie soll es also eine Seelenwanderung ohne Seele geben, wie die Identität ohne ein Ich bewahrt werden können? Kann das Karma die persönliche Existenz ersetzen?

❶ Stellen Sie die teleologische (zielgerichtete) Geschichtsauffassung des Christentums der zyklischen des Buddhismus gegenüber.

❷ Erläutern Sie die Begriffe „Fremderlösung" und „Selbsterlösung". Welche Folgen hat dies für das menschliche Selbstverständnis und für sein Leben?

❸ Beantworten Sie die Fragen Küngs.

Edward Conze: Eine kurze Geschichte des Buddhismus. Frankfurt am Main (Suhrkamp) 1990

Projekt

## Biografische Religionskritik

Zeichnen Sie eine „Lebenslinie“ quer auf ein Blatt. Überlegen Sie, welche „Gottesbilder“ oder Ersatzvorstellungen Sie im Laufe Ihres bisherigen Lebens hatten. Tragen Sie diese dem Alter entsprechend ein. Notieren Sie für diese Vorstellungen und Ihr Verhältnis zur Religion wichtige Erlebnisse. Formulieren Sie im Anschluss Ihren Standpunkt zur Religion heute.

Tauschen Sie sich in Kleingruppen über Ihre Erfahrungen und Vorstellungen aus. Sprechen Sie über Gemeinsamkeiten und Unterschiede.

Die abschließende Auswertung im Plenum kann um folgende Fragen kreisen:

- Was ist im Gruppengespräch deutlich geworden? Welche Fragen ergeben sich?
- Gibt es für mich so etwas wie eine generelle Linie, eine Regel für meine Gottesvorstellung?
- Wie hat sich mein Verhältnis zur Religion im Laufe der Zeit verändert?
- Welche Gründe für diese Veränderungen sehe ich?
- Wer bzw. was hat meine Gottesvorstellung und Einstellung zur Religion beeinflusst?

# 4. Positionen der Religionskritik

Heute ist Religion in unserem Kulturkreis ein fragwürdiges Phänomen geworden. Das so genannte „Kruzifixurteil“ (s. S. 176 f.) weist in Richtung einer Gesellschaft, in der Religion zur Privatsache wird. Auch der staatlich garantierte konfessionelle Religionsunterricht oder die Kirchensteuer sollen nach Meinung vieler Kritiker abgeschafft werden. Andererseits ist die Bedeutung der Religionen für das Leben vieler Menschen ungebrochen. Gerade in einer Zeit, die häufig mit dem Schlagwort der Orientierungslosigkeit charakterisiert wird, stellen die Religionen Sinnangebote dar, die vielen Menschen Halt, Trost und Hoffnung versprechen und geben. Auch ist die abendländische Kultur entscheidend geprägt von der jüdischen und christlichen Religion. Wer sich mit der Entwicklung der Ethik in der Neuzeit beschäftigt, kommt um eine Auseinandersetzung mit Religion und Kirche nicht herum: Das Projekt der Aufklärung stellte nicht zuletzt den Versuch dar, eine Ethik ohne Gott zu begründen, ein problematisches Unternehmen, da einer solchen Ethik die letzte Verbindlichkeit zu fehlen scheint. Die in der Neuzeit mit Feuerbach einsetzende Religionskritik begreift die Kritik an der Religion zugleich als notwendiges Fundament einer neuen, am Menschen orientierten Moral und Gesellschaft. Dabei stimmen die Religionskritiker darin überein, dass die Heilsversprechen der Religion und der Glaube an einen Gott dem „Ausgang des Menschen aus seiner selbst verschuldeten Unmündigkeit“ – so beschreibt Kant das Ziel der Aufklärung – im Wege stehen. Die Auseinandersetzung mit der Religion ist aber kein auf Philosophen beschränktes Unternehmen. Jeder Einzelne sieht sich auch heute mit religiösen Überzeugungen und Symbolen konfrontiert. Die Trennung von Staat und Kirche ist in Deutschland keineswegs vollzogen, wie Heribert Prantl (s. S. 176f.) zeigt. Für viele Schülerinnen und Schüler ist die Entscheidung, sich vom Religionsunterricht abzumelden, oft Folge einer eigenen kritischen Betrachtung der Religion, für viele bedeutet diese Entscheidung eine Distanzierung von einer der Religion verpflichteten Erziehung und Lebensweise, vielleicht gar einen Akt der Befreiung von den Werten ihrer Eltern. Dabei scheint eine Ablehnung der Religion häufig eher eine Abkehr von der Kirche als Institution zu sein als eine Infragestellung der Existenz Gottes bzw. christlicher Werte. Dieses Kapitel möchte auch dazu einladen, das eigene Verhältnis zur Religion zu reflektieren.

Die klassischen religionskritischen Positionen der Neuzeit und Moderne versuchen die Religion von außen zu kritisieren und sind atheistisch in dem Sinne, dass sie Religion als für den Menschen und seine Entwicklung schädlich ablehnen und die Existenz eines vom Menschen unabhängigen Gottes verneinen.

## Ludwig Feuerbach: Gott als Projektion[1] des menschlichen Wesens

*In seiner Schrift „Das Wesen des Christentums“ (1841) wirft Feuerbach dem Christentum Jenseitsorientierung und Unmenschlichkeit vor. Er fordert eine Orientierung des Denkens und Handelns am Diesseits und dem*

[1] Projektion: Abbildung, Übertragung

*Menschen. Liebe zum Menschen, Freundschaft und Bildung sind für ihn zentrale Werte.*

Die **Religion**, wenigstens die christliche, **ist das Verhalten des Menschen zu sich selbst**, oder richtiger: zu seinem Wesen, aber das Verhalten zu seinem Wesen als zu einem anderen Wesen. Das göttliche Wesen ist nichts anderes als das menschliche Wesen, oder besser: das Wesen des Menschen, abgesondert von den Schranken des individuellen, d.h. wirklichen, leiblichen Menschen, vergegenständlicht, d.h. angeschaut und verehrt als ein anderes, von ihm unterschiedenes, eigenes Wesen – alle Bestimmungen des göttlichen Wesens sind darum Bestimmungen des menschlichen Wesens. In Beziehung auf die Prädikate, d.h. die Eigenschaften oder Bestimmungen Gottes, wird dies denn auch ohne Anstand zugegeben, aber keineswegs in Beziehung auf das Subjekt, d.h. das Grundwesen dieser Prädikate. Die Verneinung des Subjekts gilt für Irreligiösität, für Atheismus, nicht aber die Verneinung der Prädikate. Aber was keine Bestimmungen hat, das hat auch keine Wirkungen auf mich; was keine Wirkungen auch kein Dasein für mich. Alle Bestimmungen aufheben ist so viel als das Wesen selbst aufheben. Ein bestimmungsloses Wesen ist ein ungegenständliches, ein nichtiges Wesen. Wo daher der Mensch alle Bestimmungen von Gott entfernt, da ist ihm Gott nur noch ein negatives, d.h. nichtiges Wesen. [...]

Die Religion ist die **Entzweiung des Menschen mit sich selbst**: Er setzt sich Gott als ein ihm entgegengesetztes Wesen gegenüber. Gott ist nicht, was der Mensch ist – der Mensch nicht, was Gott ist. Gott ist das unendliche, der Mensch das endliche Wesen; Gott vollkommen, der Mensch unvollkommen; Gott ewig, der Mensch zeitlich; Gott allmächtig, der Mensch ohnmächtig; Gott heilig, der Mensch sündhaft. Gott und Mensch sind Extreme: Gott das schlechthin Positive, der Inbegriff aller Realitäten, der Mensch das schlechtweg Negative, der Inbegriff aller Nichtigkeiten. Aber der Mensch vergegenständlicht in der Religion sein eigenes geheimes Wesen. Es muss also nachgewiesen werden, dass dieser Gegensatz, dieser Zwiespalt von Gott und Mensch, womit die Religion anhebt, ein Zwiespalt des Menschen mit seinem eigenen Wesen ist. [...]

*Feuerbach legt nun dar, dass eine Entzweiung bzw. ein Zwiespalt nur zwischen Wesen stattfinden kann, die eigentlich zusammengehören. Wäre Gott ein völlig von mir geschiedenes Wesen, so hätte ich kein Interesse an ihm, wäre mir seine Vollkommenheit gleichgültig. Gott muss also ein Wesen sein, das im Menschen selbst liegt, zugleich aber im Gegensatz steht zu dessen Unvollkommenheit, die das einzelne Individuum im Leben permanent erfährt. Feuerbach bestimmt dieses Wesen als die Intelligenz, die Vernunft oder den Verstand. Gott ist somit nichts anderes als das „vergegenständlichte Wesen des Verstandes".*

Der Mensch kann keinen anderen Geist – denn der Begriff des Geistes ist lediglich der Begriff des Denkens, der Erkenntnis, des Verstandes, jeder andere Geist ein Gespenst der Fantasie –, keine andere Intelligenz glauben, ahnen, vorstellen, denken als die Intelligenz, die ihn erleuchtet, die sich in ihm bestätigt. Er kann nichts weiter als die Intelligenz absondern von den Schranken seiner In-

**Ludwig Feuerbach** (1804–1872) studierte nach dem Abbruch eines Theologiestudiums in Berlin Philosophie und besuchte die Vorlesungen des Philosophen Hegel. 1828 promovierte er in Erlangen und wurde Privatdozent für Philosophie. 1830 veröffentlichte er anonym die Schrift „Gedanken über Tod und Unsterblichkeit", in der er den Glauben an die persönliche Unsterblichkeit verwirft. Als zwei Jahre später bekannt wurde, dass er der Autor ist, musste er seine Universitätslaufbahn beenden. Er geriet in Isolation und verarmte. Erst die Heirat mit der Miteigentümerin einer Porzellanfabrik im Jahre 1837 gab ihm für eine gewisse Zeit die finanziellen Mittel, seine Meinung frei zu äußern. Obwohl er die gesellschaftliche Wirklichkeit seiner Zeit kritisierte, beteiligte er sich nicht an den politischen Aktionen gegen die Restauration. Stattdessen hielt er in Heidelberg außerhalb des Universitätsbetriebs die Vorlesungsreihe „Wesen der Religion", in der er seine Religionskritik entfaltete. Der Konkurs der Porzellanfabrik im Jahre 1861 stürzte ihn erneut ins Elend.

dividualität. Der „unendliche Geist" im Unterschied vom endlichen ist daher nichts anderes als die von den Schranken der Individualität und Leiblichkeit – denn Individualität und Leiblichkeit sind untrennbar – abgesonderte Intelligenz, die Intelligenz für sich selbst gesetzt oder gedacht. [...]

Wir haben bewiesen, dass der Inhalt und Gegenstand der Religion ein durchaus menschlicher ist, bewiesen, dass das Geheimnis der Theologie die Anthropologie, des göttlichen Wesens das menschliche Wesen ist. Aber die Religion hat nicht das Bewusstsein von der Menschlichkeit ihres Inhalts; sie setzt sich vielmehr dem Menschlichen entgegen, oder wenigstens sie gesteht nicht ein, dass ihr Inhalt ein menschlicher ist. Der notwendige Wendepunkt der Geschichte ist daher dieses offene Bekenntnis und Eingeständnis, dass das Bewusstsein Gottes nichts anderes ist als das Bewusstsein der Gattung, dass der Mensch sich nur über die Schranken seiner Individualität oder Persönlichkeit erheben kann und soll, aber nicht über die Gesetze, die Wesensbestimmungen seiner Gattung, dass der Mensch kein anderes Wesen als absolutes, als göttliches Wesen denken, ahnen, vorstellen, fühlen, glauben, wollen, lieben und verehren kann als das menschliche Wesen.

Unser Verhältnis zur Religion ist daher kein nur verneinendes, sondern ein kritisches; wir scheiden nur das Wahre vom Falschen obgleich allerdings die von der Falschheit ausgeschiedene Wahrheit immer eine neue, von der alten wesentlich unterschiedene Wahrheit ist. Die Religion ist **das erste Selbstbewusstsein des Menschen**. Heilig sind die Religionen, eben weil sie die Überlieferungen des ersten Bewusstseins sind. Aber was der Religion das Erste ist, Gott, das ist, wie bewiesen, an sich, der Wahrheit nach das Zweite, denn er ist nur das sich gegenständliche Wesen des Menschen, und was ihr das Zweite ist, der Mensch, das muss daher als das Erste gesetzt und ausgesprochen werden. Die Liebe zum Menschen darf keine abgeleitete sein; sie muss zur ursprünglichen werden. Dann allein wird die Liebe eine wahre, heilige, zuverlässige Macht. Ist das Wesen des Menschen das höchste Wesen des Menschen, so muss auch praktisch das höchste und erste Gesetz die Liebe des Menschen zum Menschen sein. Homo homini Deus est – dies ist der oberste praktische Grundsatz, dies der Wendepunkt der Weltgeschichte.

❶ Feuerbach bestimmt in diesem Text dreimal den Begriff Religion. Erklären Sie diese Bestimmungen und rekonstruieren Sie den Gedankengang.

❷ In welchem Verhältnis stehen für die Religion Gott und Mensch zueinander? Wie bestimmt Feuerbach dieses Verhältnis?

❸ „Homo homini Deus est" – „Der Mensch ist für den Menschen Gott." Dies ist die Umwandlung des Satzes von Thomas Hobbes (s. S. 63 f.) „Homo homini lupus", d.h. „Der Mensch ist für den Menschen ein Wolf". Feuerbach formuliert hier seinen ethischen Anspruch.
Welche (ethische) Bedeutung gibt er seiner Religionskritik? Welche (moralischen) Forderungen stellt er auf und wie begründet er sie?

## Karl Marx: Religion als Opium des Volkes

*Marx knüpft unmittelbar an Feuerbachs Religionskritik an, er sieht ihren entscheidenden Verdienst darin, dass sie das göttliche Wesen in das menschliche Wesen aufgelöst hat. Er kritisiert aber Feuerbachs abstrakten Begriff der menschlichen Gattung. Dieser berücksichtige nicht, dass das Individuum entscheidend von den gesellschaftlichen Verhältnissen bestimmt werde, in denen es lebe und unter denen es leide. So ist auch die Religion nach Marx ein Produkt dieser Verhältnisse. Daher müsse die Kritik der Religion in eine Kritik dieser Verhältnisse münden und schließlich in deren aktive Bekämpfung. So lautet die letzte seiner* ***11 Thesen über Feuerbach*** *(1845): „Die Philosophen haben die Welt nur verschieden interpretiert; es kommt darauf an, sie zu verändern."*

Für Deutschland ist die *Kritik der Religion* im Wesentlichen beendigt, und die Kritik der Religion ist die Voraussetzung aller Kritik. Die *profane*[1] Existenz des Irrtums ist kompromittiert, nachdem seine *himmlische Oratio pro aris et focis*[2] widerlegt ist. Der Mensch, der in der fantastischen Wirklichkeit des Himmels, wo er einen Übermenschen suchte, nur den *Widerschein* seiner selbst gefunden hat, wird nicht mehr geneigt sein, nur den Schein seiner selbst, nur den Unmenschen zu finden, wo er seine wahre Wirklichkeit sucht und suchen muss.

Das Fundament der irreligiösen Kritik ist: *Der Mensch macht die Religion,* die Religion macht nicht den Menschen. Und zwar ist die Religion das Selbstbewusstsein und das Selbstgefühl des Menschen, der sich selbst entweder noch nicht erworben oder schon wieder verloren hat. Aber *der Mensch,* das ist kein abstraktes, außer der Welt hockendes Wesen. Der Mensch, das ist die Welt des Menschen, Staat, Sozietät. Dieser Staat, diese Sozietät produzieren die Religion, *ein verkehrtes Weltbewusstsein,* weil sie eine *verkehrte Welt* sind. Die Religion ist die allgemeine Theorie dieser Welt, ihr enzyklopädisches Kompendium, ihre Logik in populärer Form, ihr spiritualistischer Point-d'honneur[3], ihr Enthusiasmus, ihre moralische Sanktion, ihre feierliche Ergänzung, ihr allgemeiner Trost- und Rechtfertigungsgrund. Sie ist die *fantastische Verwirklichung* des menschlichen Wesens, weil das *menschliche Wesen* keine wahre Wirklichkeit besitzt. Der Kampf gegen die Religion ist also mittelbar der Kampf gegen *jene Welt,* deren geistiges *Aroma* die Religion ist.

Das *religiöse* Element ist in einem *Ausdruck* des wirklichen Elendes und in einem die *Protestation* gegen das wirkliche Elend. Die Reli-

„Capital and Labour" (Kapital und Arbeit): Anonyme Karikatur der sozialen Verhältnisse in England aus dem Jahre 1843

[1] profan: weltlich
[2] Oratio pro aris et focis (lat.): Gebet an Altar und Herd
[3] Point-d'honneur (frz.): das auszeichnende Wesensmerkmal

**Karl Marx** (geb. 1818 in Trier, gest. 1883 in London) entwickelte eine einflussreiche Lehre („Marxismus"), die dem Idealismus (Ideen bestimmen das menschliche Leben) eine materialistische Weltauffassung entgegenstellte: Das Denken der Menschen fußt auf ihrer Arbeit, auf ihrer Produktion von materiellen Gütern und auf ihren Lebensbedingungen („Das Sein bestimmt das Bewusstsein").
Die Geschichte verstand Marx als Abfolge von Machtkämpfen zwischen der jeweilig herrschenden Klasse und der Klasse der Ausgebeuteten. Angesichts des ungeheuren Elends der Arbeiter zur Zeit der bedingungslos freien Marktwirtschaft in der Mitte des 19. Jhs. prophezeite Marx den baldigen Zusammenbruch des Kapitalismus, weil die Zahl der Besitzenden immer kleiner und die der Besitzlosen immer größer werde. Aufgrund seines politischen Engagements aufseiten der Verelendeten („paupers") musste er Deutschland verlassen und in Brüssel, Paris und London leben. Das „Kommunistische Manifest" (1848) rief die Arbeiter dazu auf, sich zu organisieren. Damit war Marx zum Vater der internationalen Arbeiterbewegung geworden. „Das Kapital", das er mit Unterstützung seines Freundes, dem Fabrikanten Friedrich Engels, in jahrzehntelanger Arbeit verfasste, gilt als das damals modernste Werk über die Gesetze des Marktes.
Die russische Revolution von 1917 stützte sich auf den Marxismus, der von Lenin und Stalin verändert bzw. verfälscht wurde. (s. auch S. 261f.)

gion ist der Seufzer der bedrängten Kreatur, das Gemüt einer herzlosen Welt, wie sie der Geist geistloser Zustände ist. Sie ist das *Opium* des Volkes. Die Aufhebung der Religion als des *illusorischen* Glücks des Volkes ist die Forderung seines *wirklichen* Glücks. Die Forderung, die Illusionen über seinen Zustand aufzugeben, ist die *Forderung, einen Zustand aufzugeben, der der Illusion bedarf.* Die Kritik der Religion ist also im *Keim* die *Kritik des Jammertales,* dessen *Heiligenschein* die Religion ist. Die Kritik hat die imaginären Blumen an der Kette zerpflückt, nicht damit der Mensch die fantasielose, trostlose Kette trage, sondern damit er die Kette abwerfe und die lebendige Blume breche. Die Kritik der Religion enttäuscht den Menschen, damit er denke, handle, seine Wirklichkeit gestalte wie ein enttäuschter, zu Verstand gekommener Mensch, damit er sich um sich selbst und damit um seine wirkliche Sonne bewege. Die Religion ist nur die illusorische Sonne, die sich um den Menschen bewegt, solange er sich nicht um sich selbst bewegt.
Es ist also die *Aufgabe der Geschichte,* nachdem das *Jenseits der Wahrheit* verschwunden ist, die *Wahrheit des Diesseits* zu etablieren. Es ist zunächst die *Aufgabe der Philosophie,* die im Dienste der Geschichte steht, nachdem die *Heiligengestalt* der menschlichen Selbstentfremdung entlarvt ist, die Selbstentfremdung in ihren *unheiligen Gestalten* zu entlarven. Die Kritik des Himmels verwandelt sich damit in die Kritik der Erde, die *Kritik der Religion* in die *Kritik des Rechts,* die *Kritik der Theologie* in die *Kritik der Politik.*

❶ Wie bewertet Marx Feuerbachs Religionskritik? In welchem Punkt geht er über ihn hinaus?

❷ Karl Marx bezieht sich sehr konkret auf die gesellschaftlichen Verhältnisse seiner Zeit. Informieren Sie sich über die Zustände, die er kritisiert. Betrachten Sie hierzu auch die Karikatur.

❸ Wie verhält sich nach Marx die Religion zur gesellschaftlichen Wirklichkeit? Welche Funktionen hat die Religion und was bewirkt sie bei den Menschen?

❹ Deuten Sie die im vorletzten Abschnitt verwendeten Metaphern.

❺ Was muss nach Marx auf die Kritik der Religion notwendig folgen? Wie begründet er diese Notwendigkeit?

## Friedrich Nietzsche: „Gott ist tot“

*Der Philosoph Friedrich Nietzsche (1844–1900, Biografie s. S. 208) gilt als radikalster Kritiker der christlichen Religion. Der folgende Text stammt aus seinem Werk „Die fröhliche Wissenschaft“ (1882). Das Werk ist keine systematische philosophische Abhandlung. Nietzsche schreibt in Aphorismen und verwendet Bilder, die der Leser entschlüsseln muss. Zielscheibe seiner Kritik ist nicht nur die Religion, er wirft auch den Wissenschaftlern und Atheisten seiner Zeit vor, die Folgen ihres Atheismus für den weiteren Verlauf der Menschheitsgeschichte nicht zu bedenken.*

### Der tolle Mensch

❶ Was ist hier mit „toll“ gemeint?

Habt ihr nicht von jenem tollen Menschen gehört, der am hellen Vormittag eine Laterne anzündete, auf den Markt lief und unaufhörlich schrie: „Ich suche Gott! Ich suche Gott!“– Da dort gerade viele von denen zusammenstanden, welche nicht an Gott glaubten, so erregte er ein großes Gelächter. Ist er denn verloren gegangen?, sagte der eine. Hat er sich verlaufen wie ein Kind?, sagte der andere. Oder hält er sich versteckt? Fürchtet er sich vor uns? Ist er zu Schiff gegangen, ausgewandert? – so schrien und lachten sie durcheinander. Der tolle Mensch sprang mitten unter sie und durchbohrte sie mit seinen Blicken. „Wohin ist Gott?“, rief er, „ich will es euch sagen! *Wir haben ihn getötet* – ihr und ich. Wir alle sind seine Mörder! Aber wie haben wir dies gemacht? Wie vermochten wir das Meer auszutrinken? Wer gab uns den Schwamm, um den ganzen Horizont wegzuwischen? Was taten wir, als wir diese Erde von ihrer Sonne losketteten? Wohin bewegt sie sich nun? Wohin bewegen

Nietzsche nennt hier die in der Psychologie als angeboren geltenden Urängste vor der Dunkelheit und dem Fallen.

wir uns? Fort von allen Sonnen? Stürzen wir nicht fortwährend? Und rückwärts, seitwärts, vorwärts, nach allen Seiten? Gibt es noch ein Oben und ein Unten? Irren wir nicht durch ein unendliches Nichts? Haucht uns nicht der leere Raum an? Ist es nicht kälter geworden? Kommt nicht immerfort die Nacht und mehr Nacht? Müssen nicht Laternen am Vormittage angezündet werden? Hören wir noch nichts von dem Lärm der Totengräber, welche Gott begraben? Riechen wir noch nichts von der göttlichen Verwesung? Auch Götter verwesen! Gott ist tot! Gott bleibt tot! Und wir haben ihn getötet! Wie trösten wir uns, die Mörder aller Mörder? Das Heiligste und Mächtigste, was die Welt bisher besaß, es ist unter unsern Messern verblutet – wer wischt dies Blut von uns ab? Mit welchem Wasser könnten wir uns reinigen? Welche Sühnefeiern, welche heiligen Spiele werden wir erfinden müssen? Ist nicht die Größe dieser Tat zu groß für uns? Müssen wir nicht selber zu Göttern werden, um nur ihrer würdig zu erscheinen? Es gab nie eine größere Tat – und wer nur immer nach uns geboren wird, gehört um dieser Tat willen in eine höhere Geschichte, als alle Geschichte bisher war!" – Hier schwieg der tolle Mensch und sah wieder seine Zuhörer an: Auch sie schwiegen und blickten befremdet auf ihn. Endlich warf er seine Laterne auf den Boden, dass sie in Stücke sprang und erlosch. „Ich komme zu früh", sagte er dann, „ich bin noch nicht an der Zeit. Dies ungeheure Ereignis ist noch unterwegs und wandert – es ist noch nicht bis zu den Ohren der Menschen gedrungen. Blitz und Donner brauchen Zeit, das Licht der Gestirne braucht Zeit, Taten brauchen Zeit, auch nachdem sie getan, um gesehen und gehört zu werden. Diese Tat ist ihnen immer noch ferner als die fernsten Gestirne – *und doch haben sie dieselbe getan!*" – Man erzählt noch, dass der tolle Mensch desselbigen Tages in verschiedene Kirchen eingedrungen sei und darin sein Requiem aeternam deo[1] angestimmt habe. Hinausgeführt und zur Ruhe gesetzt, habe er immer nur dies entgegnet: „Was sind denn diese Kirchen noch, wenn sie nicht die Grüfte und Grabmäler Gottes sind?"

❷ Warum lässt Nietzsche ausgerechnet einen „tollen Menschen" den Tod Gottes verkünden?

❸ Stellen Sie sich vor, Sie befänden sich auf dem Markt. Was würden Sie dem „tollen Menschen" antworten?

❹ Beschreiben Sie die Ausgangssituation: Was tut der „tolle Mensch"? Wen spricht er an? Wie reagieren die Angesprochenen?

❺ Der „tolle Mensch" spricht in Bildern. Versuchen Sie diese zu deuten. Wie beschreibt er im Einzelnen die Tötung Gottes, das Ergebnis und die Folgen der Tat? Was wirft er den Umstehenden vor? Wie deutet er selbst dieses „Ereignis"?

❻ Diskutieren Sie, ob die von Nietzsche genannten Folgen des Todes Gottes heute eingetreten sind. Welche „Trostformen" erfinden die Menschen in unserer Zeit?

## Sigmund Freud: Religion als Illusion

*Freud entfaltet seine Religionskritik auf der Grundlage seiner Erfahrungen als Arzt und Psychologe. In dem folgenden Text spricht er einen fiktiven, religiösen Gegner an, mit dem er im letzten Teil seiner Schrift „Die Zukunft einer Illusion" seine Thesen „diskutiert".*

Nehmen Sie doch meinen Versuch für das, was er ist. Ein Psychologe, der sich nicht darüber täuscht, wie schwer es ist, sich in dieser Welt zurechtzufinden, bemüht sich, die Entwicklung der Menschheit nach dem bisschen Einsicht zu beurteilen, das er sich durch das Studium der seelischen Vorgänge beim Einzelmenschen während dessen Entwicklung vom Kind zum Erwachsenen erworben hat. Dabei drängt sich ihm die Auffassung auf, dass die Religion einer

**Sigmund Freud** (1856–1939), Arzt und Psychoanalytiker (Biografie s. S. 155). Freud hat auf der Grundlage seiner Erfahrungen und der Ergebnisse seiner

[1] Requiem aeternam deo (lat.): (Gib) Gott die ewige Ruhe. Umdrehung eines Satzes aus dem christlichen Begräbnisgottesdienst („Herr, gib ihm die ewige Ruhe.")

Arbeit als Arzt und Psychologe mehrere kulturtheoretische Schriften verfasst, in denen er auch eine radikale Kritik an der (christlichen) Religion und dem Marxismus übt. Anstatt den Menschen zu einer realistischen Einschätzung ihrer Glücksmöglichkeiten hier und jetzt zu verhelfen, bedienen sie – nach Freud – die überzogenen Glücksansprüche der Menschen mit Heilsversprechen, die sie nie einlösen können. So hindern sie die Menschen daran, erwachsen zu werden. Daher bezeichnet Freud die Religion als „Kindheitsneurose der Menschheit". Zudem überforderten die moralischen Gebote der Religion – Freud analysiert in diesem Sinne das Gebot der Nächstenliebe – den Menschen. Dies führe letztlich zu einer psychischen Störung nicht nur des Individuums, sondern der ganzen Kultur. Das Ich sei nicht in der Lage zwischen diesen überzogenen Forderungen des Über-Ich und den dadurch unterdrückten Triebansprüchen des Es zu vermitteln. So seien diese Gebote, da sie niemand erfüllen könne, mit verantwortlich für das Gegenteil dessen, was sie fordern: Aggression und Massenwahn.

Kindheitsneurose vergleichbar sei, und er ist optimistisch genug anzunehmen, dass die Menschheit diese neurotische Phase überwinden wird, wie so viele Kinder ihre ähnliche Neurose auswachsen. Diese Einsichten aus der Individualpsychologie mögen ungenügend sein, die Übertragung auf das Menschengeschlecht nicht gerechtfertigt, der Optimismus unbegründet; ich gebe ihnen alle Unsicherheiten zu. Aber man kann sich oft nicht abhalten zu sagen, was man meint, und entschuldigt sich damit, dass man es nicht für mehr ausgibt, als es wert ist.

Und bei zwei Punkten muss ich noch verweilen. Erstens, die Schwäche meiner Position bedeutet keine Stärkung der Ihrigen. Ich meine, Sie verteidigen eine verlorene Sache. Wir mögen noch so oft betonen, der menschliche Intellekt sei kraftlos im Vergleich zum menschlichen Triebleben, und Recht damit haben. Aber es ist doch etwas Besonderes um diese Schwäche; die Stimme des Intellekts ist leise, aber sie ruht nicht, ehe sie sich Gehör verschafft hat. Am Ende, nach unzählig oft wiederholten Abweisungen, findet sie es doch. Dies ist einer der wenigen Punkte, in denen man für die Zukunft der Menschheit optimistisch sein darf, aber er bedeutet an sich nicht wenig. An ihn kann man noch andere Hoffnungen anknüpfen. Der Primat des Intellekts liegt gewiss in weiter, weiter, aber wahrscheinlich doch nicht in unendlicher Ferne. Und da er sich voraussichtlich dieselben Ziele setzen wird, deren Verwirklichung Sie von Ihrem Gott erwarten – in menschlicher Ermäßigung natürlich, so weit die äußere Realität, die Ananke[1] es gestattet –: die Menschenliebe und die Einschränkung des Leidens, dürfen wir uns sagen, dass unsere Gegnerschaft nur eine einstweilige ist, keine unversöhnliche. Wir erhoffen dasselbe, aber Sie sind ungeduldiger, anspruchsvoller und – warum soll ich es nicht sagen? – selbstsüchtiger als ich und die Meinigen. Sie wollen die Seligkeit gleich nach dem Tod beginnen lassen, verlangen von ihr das Unmögliche und wollen den Anspruch der Einzelpersonen nicht aufgeben. Unser Gott Logos[2] wird von diesen Wünschen verwirklichen, was die Natur außer uns gestattet, aber sehr allmählich, erst in unabsehbarer Zukunft und für neue Menschenkinder. Eine Entschädigung für uns, die wir schwer am Leben leiden, verspricht er nicht. Auf dem Weg zu diesem fernen Ziel müssen Ihre religiösen Lehren fallen gelassen werden, gleichgültig ob die ersten Versuche misslingen, gleichgültig, ob sich die ersten Ersatzbildungen als haltlos erweisen. Sie wissen warum; auf die Dauer kann der Vernunft und der Erfahrung nichts widerstehen, und der Widerspruch der Religion gegen beide ist allzu greifbar. Auch die geläuterten religiösen Ideen können sich diesem Schicksal nicht entziehen, solange sie noch etwas vom Trostgehalt der Religion retten wollen. Freilich wenn sie sich auf die Behauptung eines höheren geistigen Wesens einschränken, dessen Eigenschaften unbestimmbar, dessen Absichten unverkennbar sind, dann sind sie gegen den Einspruch der Wissenschaft gefeit, dann werden sie aber auch vom Interesse der Menschen verlassen.

Und zweitens: Beachten Sie die Verschiedenheit Ihres und meines Verhaltens gegen die Illusion. Sie müssen die religiöse Illusion mit

[1] Ananke (gr.): Zwang, Notwendigkeit
[2] Logos (gr.): Freud meint hier Vernunft und Rationalität

allen Ihren Kräften verteidigen; wenn sie entwertet wird – und sie ist wahrlich bedroht genug –, dann stürzt Ihre Welt zusammen, es bleibt Ihnen nichts übrig, als an allem zu verzweifeln, an der Kultur und an der Zukunft der Menschheit. Von dieser Leibeigenschaft bin ich, sind wir frei. Da wir bereit sind, auf ein gutes Stück unserer infantilen Wünsche zu verzichten, können wir es vertragen, wenn sich einige unserer Erwartungen als Illusionen herausstellen.

Die vom Druck der religiösen Lehren befreite Erziehung wird vielleicht nicht viel am psychologischen Wesen des Menschen ändern, unser Gott Logos ist nicht sehr allmächtig, kann nur einen kleinen Teil von dem erfüllen, was seine Vorgänger versprochen haben. Wenn wir es einsehen müssen, werden wir es in Ergebung hinnehmen. Das Interesse an Welt und Leben werden wir darum nicht verlieren, denn wir haben an einer Stelle einen sicheren Anhalt, der Ihnen fehlt. Wir glauben daran, dass es der wissenschaftlichen Arbeit möglich ist, etwas über die Realität der Welt zu erfahren, wodurch wir unsere Macht steigern und wonach wir unser Leben einrichten können. Wenn dieser Glaube eine Illusion ist, dann sind wir in derselben Lage wie Sie, aber die Wissenschaft hat uns durch zahlreiche und bedeutsame Erfolge den Beweis erbracht, dass sie keine Illusion ist. Sie hat viele offene und noch mehr verkappte Feinde unter denen, die ihr nicht verzeihen können, dass sie den religiösen Glauben entkräftet hat und ihn zu stürzen droht. Man wirft ihr vor, wie wenig sie uns gelehrt und wie unvergleichlich mehr sie im Dunkel gelassen hat. Aber dabei vergisst man, wie jung sie ist, wie beschwerlich ihre Anfänge waren und wie verschwindend klein der Zeitraum, seitdem der menschliche Intellekt für ihre Aufgaben erstarkt ist. Fehlen wir nicht alle darin, dass wir unseren Urteilen zu kurze Zeiträume zugrunde legen? Wir sollten uns an den Geologen ein Beispiel nehmen. Man beklagt sich über die Unsicherheit der Wissenschaft, dass sie heute als Gesetz verkündet, was die nächste Generation als Irrtum erkennt und durch ein neues Gesetz von ebenso kurzer Geltungsdauer ablöst. Aber das ist ungerecht und zum Teil unwahr. Die Wandlungen der wissenschaftlichen Meinungen sind Entwicklung, Fortschritt und nicht Umsturz. Ein Gesetz, das man zunächst für unbedingt gültig gehalten hat, erweist sich als Spezialfall einer umfassenderen Gesetzmäßigkeit oder wird eingeschränkt durch ein anderes Gesetz, das man erst später kennen lernt; eine rohe Annäherung an die Wahrheit wird ersetzt durch eine sorgfältiger angepasste, die ihrerseits wieder eine weitere Vervollkommnung erwartet. Auf verschiedenen Gebieten hat man eine Phase der Forschung noch nicht überwunden, in der man Annahmen versucht, die man bald als unzulänglich verwerfen muss; auf anderen gibt es aber bereits einen gesicherten und fast unveränderten Kern von Erkenntnis. [...]

Nein, unsere Wissenschaft ist keine Illusion. Eine Illusion aber wäre es zu glauben, dass wir anderswoher bekommen könnten, was sie uns nicht geben kann.

❶ Formulieren Sie zu jedem Abschnitt, was Freuds fiktiver religiöser Gesprächspartner einwenden oder anfragen könnte.

❷ Nennen Sie die Prämissen, auf denen Freuds Kritik basiert.

❸ Was wirft Freud der Religion vor und wie begründet er seine Kritik? Was ist das Ziel seiner Kritik?

❹ Diskutieren Sie Freuds These, dass die Wissenschaft keine Illusion sei.

❺ Was würden Toynbee (s. S. 166 f.) und Küng (s. S. 169 f.) den Religionskritikern entgegnen?

❻ Der Biologe Rupert Riedl vertritt folgende These: „Niemand, so behaupte ich, kann ohne metaphysische Prämissen denken, ohne Erwartungen einzuschließen, die jenseits der uns bekannten Dinge liegen.“ Überlegen Sie, ob dies für die religionskritischen Positionen gilt.

BIO-GRAFIE

# Friedrich Nietzsche (1844–1900)

„Philosophie ist das freiwillige Leben in Eis und Hochgebirge“

Nietzsches Leben und Werk sind eng miteinander verbunden. Nach dem frühen Tod seines Vaters, eines Pfarrers, wuchs Nietzsche in Naumburg auf. Er studierte klassische Philologie (Griechisch und Latein) und erhielt mit 24 Jahren eine Professur in Basel. Nietzsches eigentliches Interesse galt aber der Philosophie, die er durch die Bekanntschaft mit dem Denken Schopenhauers für sich entdeckt hatte. Schon bald distanzierte er sich von den von ihm bisher weitgehend bejahten Wertvorstellungen seiner Zeit: Seine Erlebnisse als Krankenpfleger im Deutsch-Französischen Krieg ließen ihn seinen Glauben an die Einheit von Kultur und Staat in der Nation aufgeben. Die Freiheit der Kunst setzt er einer Wissenschaft entgegen, die die Vielfalt des Lebens im Namen der Wahrheit unterdrücke. 1878 gab er die Professur auf, die er nicht mehr mit seinem Selbstverständnis als „unzeitgemäßer“, freier Denker vereinbaren konnte. Er hatte den Anspruch „gegen die Zeit und dadurch auf die Zeit und hoffentlich zugunsten einer kommenden Zeit zu wirken“. Sein Ausstieg aus der akademischen Welt war der Beginn seines eigentlichen philosophischen Schaffens, das von den meisten seiner Zeitgenossen kaum wahrgenommen oder verachtet wurde. Zwischen 1878 und 1888 schrieb er seine zentralen Werke und eine Fülle von Notizen und Briefen. Er vereinsamte zunehmend und unerträgliche Kopf- und Magenschmerzen sowie Sehstörungen ließen ihn ein unstetes Leben führen. Auf der Suche nach einem guten Klima reiste er in der Schweiz, in Italien und Südfrankreich umher. Außerhalb der bürgerlichen Gesellschaft lebend analysierte er die moralischen Grundlagen des Abendlandes von einem Standpunkt „jenseits von Gut und Böse“ aus. In seinen aphoristischen, bewusst fragmentarischen und mehrdeutigen Texten attackiert er den Glauben an die **eine** Wahrheit und zeigt die geschichtliche und soziale Bedingtheit moralischer Werte auf. Werte wie Nächstenliebe oder Gleichheit sind für ihn nicht absolut, sie richten sich gegen die wenigen selbstständig denkenden Menschen und beruhen auf dem Hass und der Angst der Masse, die nicht in der Lage ist, die nach Nietzsche prinzipielle Sinnlosigkeit des Lebens und Leidens anzuerkennen und zu bejahen. Er fordert die Verneinung der der abendländischen Kultur zugrunde liegenden Moral, da sie selbst **nichts** wert, **nihilistisch**, sei. Er sieht aber in der Verneinung und **Umwertung aller Werte** die Voraussetzung für eine neue Lebensbejahung: Jeder Mensch muss lernen, ohne die vorgegebenen Ideale und Werte auszukommen. Ziel der menschlichen Entwicklung ist für ihn der **Übermensch**, der sich seinen Lebenssinn selber schafft. Durch seinen **Willen zur Macht**, als Wille zum Leben, erstrebt er einen höheren Seinszustand. In **„Also sprach Zarathustra“** wählt Nietzsche dafür die Metapher des Kindes: „Unschuld ist das Kind und Vergessen, ein Neubeginnen, ein Spiel, ein aus sich rollendes Rad, eine erste Bewegung, ein heiliges Ja-Sagen. Ja, zum Spiele des Schaffens, meine Brüder, bedarf es eines heiligen Ja-Sagens: **seinen** Willen will nun der Geist, **seine** Welt gewinnt sich der Weltverlorene.“

Nietzsches gewaltiges Schaffen endete im Januar 1889 mit seinem seelischen und körperlichen Zusammenbruch. Man diagnostizierte eine „fortgeschrittene Paralyse“, die aller Wahrscheinlichkeit nach auf eine Syphilisinfektion zurückzuführen ist. Die letzten 11 Jahre seines Lebens verbrachte er in Weimar in „geistiger Umnachtung“. Er wurde von seiner Mutter und seiner jüngeren Schwester gepflegt, die später sein Werk in den Dienst des Nationalsozialismus stellte, indem sie Teile seiner zahlreichen nachgelassenen Schriften verfälschte. Heute gilt Nietzsche vielen als der radikalste und feinfühligste Analytiker seiner Zeit, der die geistige und kulturelle Entwicklung des 20. Jahrhunderts in ihren Grundzügen voraussah.

# Glück und Sinn

Nach sieben Jahren Arbeit will Hans nach Hause zu seiner Mutter. Der Meister belohnt ihn mit einem großen Klumpen Gold.

Hans tauscht das Gold gegen ein Pferd, weil sein Bündel ihn drückt.

Hans tauscht das Pferd gegen eine Kuh, weil Reiten gefährlich und Milch nahrhaft ist.

Hans tauscht die Kuh gegen ein Schwein, weil die Milch ausbleibt und ein saftiger Schweinebraten nicht zu verachten ist.

Hans tauscht das Schwein gegen eine Gans, weil er gern Gänsefettbrote isst.

Hans tauscht die Gans gegen zwei Schleifsteine, weil das Handwerk goldenen Boden hat.

Durch eine ungeschickte Bewegung fallen die mühsam mitgeschleppten Steine in einen Brunnen. „So glücklich wie ich", ruft Hans aus, „gibt es keinen Menschen unter der Sonne!" Mit leichtem Herzen und frei von aller Last springt er heim zu seiner Mutter.

„Da hast du noch mal Glück gehabt!“
„Mit der Auswanderung nach Kanada hat er sein Glück gemacht.“
„Kaufen Sie ein Glückslos!“
„Wenn ich deine Nähe spüre, bin ich glücklich.“
„… und lebte glücklich und zufrieden bis an ihr Lebensende.“
„Jeder ist seines Glückes Schmied.“

Versuchen Sie, Synonyme für „Glück“ in diesen und anderen gebräuchlichen Ausdrücken zu finden.

# Einführung

Wenn wir uns fragen, worin unser Glück bestehen könnte, sollten wir als Erstes den Begriff selbst klären. Denn die Sprache verwendet das Wort „Glück“ sehr unterschiedlich. Prüfen wir diesen Sprachgebrauch, lässt sich zweierlei festhalten:

- Die Vokabel „Glück“ bezeichnet grundsätzlich etwas Wertvolles, äußerst Kostbares: ein hohes, vielleicht das höchste Gut.
- Und seine Bedeutungsvielfalt kann man in zwei Hauptbereiche einteilen. Der eine Bereich umfasst das, was man glückliche **Fügung**, glücklicher **Zufall**, glücklicher **Augenblick** nennt.
  Der andere Bereich umgrenzt das **Gelingen** des Lebens; **Erreichen** selbst gesteckter **Lebensziele**; andauernd **sinnvolle Existenz**.

In diesem Kapitel soll die zweite Hauptbedeutung des Begriffes „Glück“ besonders beleuchtet werden, ohne die Verbindung mit der zeitlich begrenzten Glückserfahrung ganz auszublenden. Die Fragen, mit denen wir uns hier beschäftigen, lauten also:

- *Worin könnte mein Lebensglück bestehen?*
- *Wie kann ich dahin gelangen?*

Ein Kind – wenn es wirklich sein Kindsein leben darf –, bewegt sich in einer Sphäre der Zeitlosigkeit. Denn für ein Kind ist vieles neu und es gibt ebenso viel zu lernen, vor allem im Spiel. Spielend vergisst es die Zeit, die Tage erstrecken sich unabsehbar zwischen morgens und abends. Nur wenn das Kind den Verlust eines geliebten Menschen oder Tieres erfährt, ahnt es dunkel das eigene Verschwinden aus der Welt und es beginnt zu fragen. Diese Fragen nach dem Sinn des Lebens und nach dem Lebensglück begleiten den Menschen spätestens von dem Punkt an, an dem er sich seiner begrenzten Lebenszeit bewusst wird und die Unvermeidlichkeit des eigenen Todes in aller Schärfe erfährt. Ein tiefes Glück wiederum kann den Menschen erfüllen, wenn er blitzartig den Lebenssinn und -zusammenhang erschaut, das, „was die Welt im Innersten zusammenhält“ (Goethe: Fausts Monolog im I. Akt). Aber auch wenn im Rausch alle Fragen nach dem Sinn stillgestellt sind und nur noch der lustvolle Augenblick des Lebens gilt, kann ein starkes Glück empfunden werden. Gerade Jugendliche suchen in unserer verwissenschaftlichten und nüchternen Zeit des Öfteren solche glückhaften Rauscherfahrungen, manchmal bis zur Selbstzerstörung.
Dieses Kapitel beginnt zunächst mit der Vorstellung unterschiedlicher Lebens- und Glückserfahrungen; dann werden wichtige Denker befragt, welche Lösung sie für das Problem des Lebenssinns anzubieten haben; danach geht es um grundsätzliche Glücksentwürfe unserer heutigen Kultur; und schließlich wird denen das Wort gegeben, die gewichtige Einwände gegen die Glückssuche formulieren.

# 1. Glücklich leben?

## Margaret Mead: Ein Tag in Samoa

*Margaret Mead (1901–1978) war eine Ethnologin, die sich spezialisierte auf die Völker und Kulturen der Südsee. Als junge Wissenschaftlerin hielt sie sich in den Jahren 1925 bis 1933 vor allem in den drei Dörfern der samoanischen Insel Tau auf. Sie beobachtete das Heranwachsen und den Alltag von 67 Mädchen im Alter von acht bis zwanzig Jahren. In ihrem Buch „Kindheit und Jugend in Samoa", das sie berühmt machte, berichtete sie lebendig von einer Kultur, in der die Menschen mit geringem sozialen Druck scheinbar heiter in den Tag hinein leben.*

Sobald der Tag zwischen den sanften braunen Dächern dämmert und die schlanken Palmen sich vom farblosen, glitzernden Meer abheben, schlüpfen Liebende vom Stelldichein unter Palmen oder auf dem Strand im Schatten von Kanus nach Hause, damit das Licht jeden Schläfer am richtigen Ort findet. Hähne krähen schläfrig, und von den Brotfruchtbäumen ertönt eine schrille Vogelstimme. Das eindringliche Tosen der Riffsee scheint plötzlich gedämpft – nur noch Begleitmusik für die Geräusche des erwachenden Dorfes. Säuglinge schreien, aber nach ein paar kurzen Jammertönen reichen ihnen die schlaftrunkenen Mütter gleich die Brust. Kleine Kinder schlüpfen von ihrem Lager, laufen hinunter zum Strand und waschen sich die Gesichter im Meer. Knaben, die zeitig fischen wollen, suchen ihre Angelgeräte zusammen und wecken ihre Gefährten, die noch nicht aus dem Bett finden. Da und dort werden

Margaret Mead

❶ Stellen Sie aufgrund des Berichts von Margaret Mead einen Zusammenhang her zwischen menschlicher Gemeinschaft – Natur – Arbeit – Freude.

❷ Vergleichen Sie in einer Tabelle Ihren Tagesablauf als Schüler oder Schülerin mit dem eines gleichaltrigen Samoaners.

Aus einem Reisekatalog

Entwerfen Sie einen Werbetext zu diesem Bild, der die Sehnsüchte der Menschen, die eine Reise in die Südsee buchen wollen, anspricht.

❸ Wie leben diese deutschen Kinder im Vergleich zu denen auf Samoa?

❹ Welche Einstellung zum Leben könnten die Großstadtkinder entwickeln?

Feuer angezündet; der weiße Rauch ist in der bleichen Dämmerung kaum sichtbar. Nach und nach kommen sie alle in Bewegung; ungekämmt und in Laken gehüllt, reiben sie sich die Augen und stolpern zum Strand. […]

*Die jungen Männer machen sich auf, um in den Pflanzungen im Waldesinneren gemeinsam zu arbeiten. Die Familien bereiten das Mittagessen vor, wobei alle, auch die kleinen Kinder, mithelfen. Die Sonne steigt höher, der Sand brennt an den Füßen, die Menschen ziehen sich in die Hütten zur Ruhe zurück, manche Kinder schwimmen im Schatten hoher Felsen. Die Sonne beginnt zu sinken. Jetzt kommen die Fischer mit ihrem bunten Fang zurück, ebenso die Männer, die in den Waldpflanzungen gearbeitet haben.*

Sie nähern sich mit lautem Rufen und werden von den Zuhausegebliebenen mit fröhlicher Antwort in einer hell klingenden, steigenden Kadenz begrüßt. Sie versammeln sich im Gästehaus zu ihrem Kava-Abendtrunk. Das sanfte Händeklatschen und das hohe Intonieren des Redenden Häuptlings hallen durch das Dorf. Mädchen pflücken Blumen und flechten daraus Halsbänder. Kinder, vom Nachmittagsschlaf erfrischt und ohne besondere Pflichten, spielen im Kreis unter dem Halbschatten des Spätnachmittags. Endlich geht die Sonne wie eine große Flamme unter. Ihr Licht leuchtet vom Berg im Landinnern bis hin zum Horizont über dem Meer. Der letzte Schwimmer kommt vom Strand herauf, Kinder wandern nach Hause, dunkle kleine Gestalten, die sich gegen den hellen Himmel abzeichnen. In den Häusern brennen Lichter, und in jedem Haushalt versammelt man sich zum Abendessen. [...]
Scheint der Mond, so wandern junge Männer und Frauen in Gruppen zu zweien oder dreien durch das Dorf. Kinder spielen Fangen zwischen den Brotfruchtbäumen oder jagen Landkrabben. Manchmal geht das halbe Dorf mit Fackeln zum Fischen. Dann glitzert die geschwungene Lagune im flackernden Licht und hallt wider von

Vergleichen Sie die Bilder und den Text von Margaret Mead:

❶ Klären Sie Gemeinsamkeiten und Unterschiede.

❷ Überlegen Sie, ob die Menschen in dem früheren Samoa glücklicher lebten als heutige Menschen in unserer Lebenswelt.

dem Triumph- oder Enttäuschungsgeschrei, von Neckereien oder erstickten Ausrufen verletzter Sittsamkeit. Eine andere Gruppe junger Burschen tanzt vielleicht zur Unterhaltung der dabeistehenden Mädchen. Viele von denen, die schon zu Bett gegangen sind, kommen, von der lustigen Musik angezogen, wieder hervor und gesellen sich in Laken gehüllt zu den anderen. So versammelt sich eine weiß gekleidete, gespenstische Menge in einem Kreis um das hell erleuchtete Haus, ein Kreis, aus dem sich dann und wann einige junge Leute lösen und zwischen den Bäumen herumwandern. Manchmal senkt sich der Schlaf erst lang nach Mitternacht auf das Dorf herab; dann endlich hört man nur noch das sanfte Rollen der Riffsee und das Flüstern der Liebespaare.

„Mami! mir ist langweilig …"

aus: **Sempé St-Tropez**, Copyright © 1970, 1978 by Diogenes Verlag AG Zürich

Überlegen Sie, welche Aussage der Zeichner Sempé über das Leben machen wollte.

## Diogenes von Sinope: Anekdoten

*Diogenes (412–323 v. Chr.) war ein Außenseiter unter den Philosophen seiner Zeit. Am hellen Tag ging er mit einer Laterne umher, um „einen Menschen zu finden"! Er lebte zeitweise in einer Tonne und wurde wegen seiner Lebensweise von vielen bewundert, z.B. von Alexander dem Großen. Sein Namensvetter Diogenes Laertius schrieb 600 Jahre später einige Anekdoten über diesen Philosophen auf, der selbst kein schriftliches Werk hinterließ.*

Welche Art von Lebensglück verkörpert Diogenes in seiner Tonne?

(1) Diogenes besaß einen Mantel als Kleidung, um zu allen Jahreszeiten darin zu schlafen, eine Schüssel zum Essen und einen Becher zum Trinken. Als er eines Tages sah, wie ein Junge gekochte Linsen auf eine Brotscheibe häufte, warf er seine Schüssel als überflüssig weg; und als eben derselbe Junge aus der hohlen Hand trank, warf er auch noch den Becher fort.

(2) Als er sich auf einem öffentlichen Platz sonnte, trat Alexander der Große an ihn heran und sagte: „Fordere, was du wünschest", worauf er antwortete: „Geh mir aus der Sonne."

## Eine Schülerin erzählt: Ein Moment des Glücks

In diesen Sommerferien fuhr ich für zwei Wochen als Betreuerin bei einer integrativen Freizeit mit. Ich hatte noch nicht viel Erfahrung im Umgang mit Behinderten und war gespannt, wie ich mit dieser Aufgabe fertig werden würde.
Diese Freizeit war für mich ein ganz tolles Erlebnis. Es war zwar kein Urlaub im eigentlichen Sinne, aber ich denke, ich kann sagen, dass es Urlaub von mir selbst war. Zu Hause läuft ein Film, in dem man selbst die Hauptperson ist, und man ist ständig mit der Handlung dieses Films beschäftigt. Mir kam es so vor, als ob der Film für diese zwei Wochen total unterbrochen wurde. Man beschäftigt sich sehr wenig mit sich selbst, und das kann sehr wohltuend sein.
Ich glaube, dass es ein Fehler vieler Leute ist, zu denken, dass diese Arbeit ein großes Opfer ist, denn sie wissen nicht, welch großen Gewinn man dabei machen kann. Natürlich ist so etwas anstrengend. Man muss ständig konzentriert sein, an vieles denken und seine Augen immer überall haben. Doch für mich tritt dies alles in den Hintergrund, wenn ich daran denke, was ich dafür zurückbekommen habe. So etwas kann z. B. eine Umarmung oder ein anderer Vertrauensbeweis sein. Vielleicht auch nur ein Lachen.
Wir hatten einen Jungen namens Sven dabei. Er ist 18 Jahre alt und Autist. Alle anderen Behinderten kann man einigermaßen einschätzen, man kann sich vorstellen, wie weit sie denken können und was sie alles begreifen. Bei Sven ist das etwas anderes. Er scheint seine ganz eigene Welt zu haben, und es ist sehr schwer, an ihn heranzukommen oder ihn zum Reden zu bringen. Obwohl er es kann und ich sicher bin, dass er jedes Wort versteht. Sven ist sehr launisch und manchmal sehr aufgebracht. Einmal war ich mit ihm allein, und er war recht nervös. Ich wusste, dass er Musik mag, und habe ihm lange ein langsames Lied auf Englisch vorgesungen. Er wurde ruhiger und ließ sich zu Bett bringen.
Eine ganze Zeit später kam er plötzlich unvermittelt zu mir und hat mir, sehr gebrochen natürlich, dieses Lied vorgesungen. Das war ein Erlebnis, das mich sehr tief berührt hat. Ich war einfach sehr glücklich.

*Kerstin Schäfer, 18 J.*

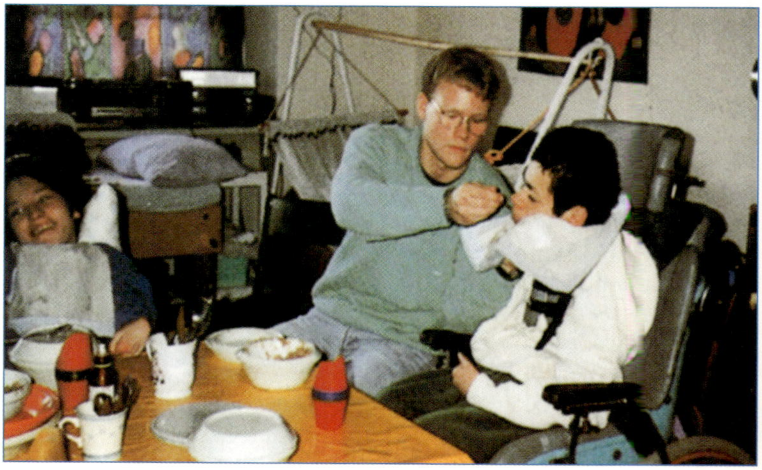

❶ Worauf beruht die Glückserfahrung der Schülerin Kerstin Schäfer?

❷ Vergleichen Sie die Materialien dieses Abschnitts und stellen Sie fest, was für eine Lebensauffassung jeweils sichtbar wird.

❸ Entwerfen Sie Ihren eigenen Lebenssinn und beschreiben Sie Ihre eigene Auffassung von Glück.

# 2. Antworten von Philosophen auf die Frage nach dem Glück

## GLÜCK ALS

Alle antiken Philosophen setzten als das höchste Ziel des Strebens die **„eudaimonía“** an, womit der Besitz des größten für den Menschen erreichbaren Gutes gemeint ist. Diese Eudämonie, in der deutschen Philosophie meist mit **„Glückseligkeit“** übersetzt, ist deshalb das höchste Lebensziel, weil es nicht weiter ableitbar ist: Warum will jemand glücklich werden? Um glücklich zu sein!

Das Problem war nur: *Wie* sollte man leben, um glücklich zu werden? *Wie* war die zunächst leere Glückseligkeit inhaltlich zu füllen? Darüber gingen die Meinungen der alten Denker auseinander. Aber eine Überzeugung war ihnen gemeinsam: Glück ist machbar!

Zunächst sollen die antiken Denker **Aristoteles, Epikur, Seneca** und **Boethius** zu Wort kommen. Den griechischen und römischen Philosophen ging es sehr um die Frage nach der richtigen, dem Menschen gemäßen Art zu leben. Dabei bevorzugten sie als Maßstab die **„Mitte“**, den Kompromiss zwischen den Extremen.

Der entscheidende Denker der Neuzeit, Kant, bricht mit dieser Sicht auf das alltägliche Leben und praktische Handeln. Für ihn ist Glück kein Thema, mit dem sich die Philosophie sinnvoll beschäftigen kann. Die ratio (= Vernunft) kann das Glück des Einzelnen nicht erfassen.

### THEORIA

Aristoteles

### HEDONÉ

Epikur

### ATARAXÍA

Seneca

### AUTARKÍA

Boethius

### PFLICHT STATT GLÜCK

Kant

## Aristoteles: Nikomachische Ethik

**Aristoteles** (384–322 v. Chr.), griechischer Philosoph (Biografie s. S. 57)

*Für seinen Sohn Nikomachos schrieb Aristoteles zehn Bücher über „Ethik“. Er dachte darin auch über die Eudämonie nach. Sein Denkansatz: Jedes Lebewesen kann nur glücklich werden, wenn es nach seinem inneren Gesetz handelt, nach seiner Bestimmung lebt. Was ist aber die höchste Bestimmung des Menschen, also das, was ihn zum Menschen macht? Die Antwort von Aristoteles ist typisch für das griechische Denken.*

Das vollkommen Gute scheint aber ein Endziel zu sein. Wenn es also nur ein einziges Endziel gibt, so wäre dies das Gesuchte, wenn aber mehrere, dann das vollkommenste unter diesen. Derart dürfte in erster Linie die Glückseligkeit sein. Denn diese suchen wir stets wegen ihrer selbst und niemals wegen eines anderen; Ehre dagegen und Lust und Vernunft und jede Tüchtigkeit suchen wir teils ihrer selbst wegen (denn auch wenn wir keinen weiteren Gewinn von ihnen hätten, würden wir jedes Einzelne von ihnen wohl erstreben), teils aber auch um der Glückseligkeit willen, da wir glauben, eben durch jene Dinge glückselig zu werden. Die Glückseligkeit aber wählt keiner um jener Dinge willen und überhaupt nicht wegen eines anderen.

So scheint also die Glückseligkeit das vollkommene und selbstgenügsame Gut zu sein und das Endziel des Handelns. [...]

Nicht ohne Grund scheint man das Gute und die Glückseligkeit an den Lebensformen abzulesen. Die Mehrzahl der Leute und die rohesten wählen die Lust. Darum schätzen sie auch das Leben des Genusses. Es gibt nämlich vor allem **drei hervorstechende Lebensformen**, die eben genannte, die politische und die betrachtende.

Die große Menge erweist sich als völlig sklavenartig, da sie das Leben des Viehs vorzieht. Sie kommen aber zu einer Rechtfertigung, da es vielen unter den Mächtigen ähnlich ergeht wie Sardanapal.

Die gebildeten und energischen Menschen wählen die Ehre. Denn dies kann man als das Ziel des politischen Lebens bezeichnen. Aber es scheint doch oberflächlicher zu sein als das, was wir suchen. Denn die Ehre liegt wohl eher in den Ehrenden als in dem Geehrten, vom Guten aber vermuten wir, dass es dem Menschen eigen ist und nicht leicht verloren gehen kann, ferner scheint man die Ehre zu suchen, um sich selbst zu überzeugen, dass man gut sei. Man wünscht ja geehrt zu werden durch die Verständigen und durch jene, die einen kennen, und dies wegen der eigenen Tüchtigkeit. So ist eigentlich für diese die Tüchtigkeit das höhere Ziel. Also könnte man vielleicht die Tüchtigkeit als das letzte Ziel der politischen Lebensform auffassen.

Die dritte Lebensform ist die betrachtende. Sie werden wir im Nachfolgenden untersuchen.

Denn zunächst ist diese Tätigkeit die beste. Der Geist nämlich ist das Beste in uns, und die Objekte des Geistes sind wieder die besten im ganzen Bereich der Erkenntnis. Sodann ist sie die anhaltendste. Anhaltend denken können wir leichter als irgendetwas anderes anhaltend tun.

Ferner glauben wir, dass der Glückseligkeit Lust beigemischt sein muss. Nun ist aber unter allen tugendgemäßen Tätigkeiten die der Weisheit zugewandte eingestandenermaßen die genussreichste. Und in der Tat bietet die Philosophie Genüsse von wunderbarer

**Sardanapal:** der letzte König von Assyrien (668–626 v. Chr.), dessen Genusssucht weithin bekannt war. Auf seinem Grab ließ er die Inschrift anbringen: „Nur das besitze ich jetzt, was ich gegessen und im Liebesrausch genossen habe. Das andere aber, viel Vortreffliches, bleibt liegen.“ Darüber spottete Aristoteles: „Auf das Grabmal eines Ochsen hätte man nichts anderes schreiben können.“

**Tüchtigkeit/Tugend** (gr. aretḗ): Das Ideal der Selbsterziehung in der Antike: durch freie Entscheidung eine Lebensleistung für sich und andere zu vollbringen, dadurch ein gutes Leben zu führen und das Lebensglück zu erreichen.

**Betrachtung** (gr. theoría): Damit ist die rein anschauende, nicht auf praktische Anwendung gerichtete Tätigkeit des Den-

Reinheit und Beständigkeit; natürlich ist aber die Tätigkeit und das Leben noch genussreicher, wenn man schon weiß, als wenn man erst sucht.
Auch was man Autarkie nennt, findet sich am meisten bei der Betrachtung. Was zum Leben erforderlich ist, dessen bedarf der Weise wie der Gerechte und die Übrigen. Sind sie aber mit dergleichen ausreichend versehen, so bedarf der Gerechte noch solcher, gegen die und mit denen er gerecht handeln kann, und dasselbe gilt von dem Mäßigen, dem Tapferen und jedem anderen; der Weise dagegen kann, auch wenn er für sich ist, betrachten, und je weiser er ist, desto mehr. Vielleicht kann er es besser, wenn er Mitarbeiter hat, aber immerhin ist er sich selbst am meisten genug.
Von der Betrachtung lässt sich behaupten, dass sie ihrer selbst wegen geliebt wird. Sie bietet uns außer dem Betrachten nichts; vom praktischen Handeln dagegen haben wir noch einen größeren oder kleineren Gewinn außer der Handlung.
Die Glückseligkeit scheint weiterhin in der Muße zu bestehen.
So sieht man klar, dass in dieser Tätigkeit, soweit es menschenmöglich ist, die Autarkie, die Muße, die Freiheit von Ermüdung und alles, was man sonst noch dem Glückseligen beilegt, sich finden wird. Somit wäre dies die vollendete Glückseligkeit des Menschen, wenn sie auch noch die volle Länge eines Lebens dauert. Denn nichts, was zur Glückseligkeit gehört, darf unvollkommen sein.
Der Glückselige wird als Mensch auch in guten äußeren Verhältnissen leben müssen. Denn die Natur genügt sich selbst zum Betrachten nicht; dazu bedarf es auch der leiblichen Gesundheit, der Nahrung und alles anderen, was zur Notdurft des Lebens gehört. Indessen darf man, wenn man ohne die äußeren Güter nicht glückselig sein kann, darum nicht meinen, dass dazu viele und große Güter erforderlich wären. Denn die Selbstgenügsamkeit und die Möglichkeit des Handelns liegt nicht am Überfluss; man kann auch, ohne über Land und Meer zu herrschen, edel handeln; auch mit mäßigen Mitteln lässt sich der Tugend gemäß handeln. Man kann das deutlich daran sehen, dass die Privatleute den Fürsten im rechten Handeln nicht nachstehen, sondern eher voraus zu sein scheinen. Es genügt also, wenn die nötigen Mittel vorhanden sind. Denn das Leben wird glückselig sein, wenn es in tugendgemäßer Tätigkeit verbracht wird.

kens gemeint, also die Philosophie. Während das Handeln dem „Gerechten" zukommt, steht die Betrachtung dem „Weisen" zu.

**Autarkie** (gr. autárkeia): Selbstgenügsamkeit, Aristoteles versteht darunter geistige Unabhängigkeit, vernunftgemäßes Leben.

❶ Wie begründet Aristoteles die Verknüpfung von „Tugend" (= gute Lebensleistung) und Glück?

❷ Setzen Sie den letzten Absatz in eine gedankliche Beziehung zu dem Satz aus Brechts Dreigroschenoper: „Erst kommt das Fressen, dann kommt die Moral!"

## Epikur: Brief an den Menoikeus

*Epikurs Leben war von der Freundschaft zu vielen Menschen geprägt. Im Garten seines Hauses hielt er seine philosophischen Zusammenkünfte ab, an denen auch Sklaven und Frauen teilnahmen, was für die damalige Zeit sehr ungewöhnlich war. Seine Ethik gründete sich auf das Vergnügen und die Lust des Menschen.*

**Epikur** (341–271 v. Chr.), griechischer Philosoph

Wer jung ist, soll nicht zögern zu philosophieren, und wer alt ist, soll nicht müde werden im Philosophieren. Denn für keinen ist es zu früh und für keinen zu spät, sich um die Gesundheit der Seele zu kümmern. Wer behauptet, es sei noch nicht Zeit zu philosophieren oder die Zeit sei schon vorübergegangen, der gleicht einem, der behauptet, die Zeit für die Glückseligkeit sei noch nicht oder nicht mehr da. Darum soll der Jüngling und der Greis philosophieren, der eine, damit er im Alter noch jung bleibe an Gütern durch die Freude am Vergangenen, der andere, damit er gleichzeitig jung und alt sei durch die Furchtlosigkeit vor dem Künftigen. Wir müssen uns also kümmern um das, was die Glückseligkeit schafft: wenn sie da ist, so besitzen wir alles, wenn sie aber nicht da ist, dann tun wir alles, um sie zu besitzen.

Um dessentwillen tun wir nämlich alles: damit wir weder Schmerz noch Verwirrung empfinden. Sobald einmal dies an uns geschieht, legt sich der ganze Sturm der Seele. Das Lebewesen braucht sich dann nicht mehr aufzumachen nach etwas, was ihm noch fehlte, und nach etwas anderem zu suchen, durch das das Wohlbefinden von Seele und Leib erfüllt würde. Dann nämlich bedürfen wir der Lust, wenn uns die Abwesenheit der Lust schmerzt. Wenn uns aber nichts schmerzt, dann bedürfen wir der Lust nicht mehr.

Darum nennen wir auch die Lust Anfang und Ende des seligen Lebens.

Denn sie haben wir als das erste und angeborene Gut erkannt, von ihr aus beginnen wir mit allem Wählen und Meiden, und auf sie greifen wir zurück, indem wir mit der Empfindung als Maßstab jedes Gut beurteilen. Und eben weil sie das erste und angeborene Gut ist, darum wählen wir auch nicht jede Lust, sondern es kommt vor, dass wir über viele Lustempfindungen hinweggehen, wenn sich für uns aus ihnen ein Übermaß an Lästigem ergibt. Wir ziehen auch viele Schmerzen Lustempfindungen vor, wenn uns auf das lange dauernde Ertragen der Schmerzen eine größere Lust nachfolgt. Jede Lust also, da sie eine uns angemessene Natur hat, ist ein Gut, aber nicht jede ist zu wählen; wie auch jeder Schmerz ein Übel ist, aber nicht jeder muss natürlicherweise immer zu fliehen sein. Durch wechselseitiges Abmessen und durch die Beachtung des Zuträglichen und Abträglichen vermag man dies alles zu beurteilen. Denn zu gewissen Zeiten gehen wir mit dem Gut um wie mit einem Übel und mit dem Übel wiederum wie mit einem Gute.

Wir halten auch die Selbstgenügsamkeit für ein großes Gut, nicht um uns in jedem Falle mit Wenigem zu begnügen, sondern damit wir, wenn wir das Viele nicht haben, mit dem Wenigen auskommen, in der echten Überzeugung, dass jene den Überfluss am süßesten genießen, die seiner am wenigsten bedürfen, und dass

**Lust:** gr. hedoné, womit auch Freude gemeint ist. Hedonismus bezeichnet heute eine Lebenshaltung, die sich auf die Lust als höchstes Ziel des Handelns richtet.

Fit for fun: Jugend heute (Love Parade 1996)

alles Naturgemäße leicht, das Sinnlose aber schwer zu beschaffen ist, und dass bescheidene Suppen ebenso viel Lust erzeugen wie ein üppiges Mahl, sowie einmal aller schmerzende Mangel beseitigt ist, und dass Wasser und Brot die höchste Lust zu verschaffen vermögen, wenn einer sie aus Bedürfnis zu sich nimmt. Sich also zu gewöhnen an einfaches und nicht kostspieliges Essen verschafft nicht nur volle Gesundheit, sondern macht den Menschen auch unbeschwert gegenüber den notwendigen Verrichtungen des Lebens, bringt uns in eine zufriedenere Verfassung, wenn wir in Abständen uns einmal an eine kostbare Tafel begeben, und erzeugt Furchtlosigkeit vor den Wechselfällen des Zufalls. Wenn wir also sagen, dass die Lust das Lebensziel sei, so meinen wir nicht die Lüste der Wüstlinge und das bloße Genießen, wie einige aus Unkenntnis und weil sie mit uns nicht übereinstimmen oder weil sie uns missverstehen, meinen, sondern wir verstehen darunter, weder Schmerz im Körper noch Beunruhigung in der Seele zu empfinden. Denn nicht Trinkgelage und ununterbrochenes Schwärmen und nicht Genuss von Knaben und Frauen und von Fischen und allem anderen, was ein reichbesetzter Tisch bietet, erzeugt das lustvolle Leben, sondern die nüchterne Überlegung, die die Ursachen für alles Wählen und Meiden erforscht und die leeren Meinungen austreibt, aus denen die schlimmste Verwirrung der Seele entsteht.

Für all dies ist der Anfang und das größte Gut die Einsicht. Darum ist auch die Einsicht noch kostbarer als die Philosophie. Aus ihr entspringen alle übrigen Tugenden, und sie lehrt, dass es nicht möglich ist, lustvoll zu leben ohne verständig, schön und gerecht zu leben, noch auch verständig, schön und gut, ohne lustvoll zu leben. Denn die Tugenden sind von Natur verbunden mit dem lustvollen Leben, und das lustvolle Leben ist von ihnen untrennbar.

Vergleichen Sie die Überlegungen von Epikur mit dem Bild, das tanzende Jugendliche während der Love Parade zeigt. Beobachter sprechen von einer „hedonistischen Jugendkultur" am Ende des 20. Jahrhunderts.
Meinen Sie, dass diese Art der Glücksuche sich auf Epikur berufen kann? Begründen Sie Ihre Antwort.

## Seneca: Vom glücklichen Leben

*Seneca bekannte sich zur Lehre der Stoa (s. S. 138), was ihn aber nicht daran hinderte, sehr reich zu werden und genussvoll zu leben. Eine Zeit lang wirkte er als Lehrer des späteren Kaisers und Tyrannen Nero. Später fiel er in Ungnade und Nero verurteilte ihn zum Tode. Um der Hinrichtung zuvorzukommen, tötete sich Seneca selbst im Verlauf eines Abschiedsfestes für seine Freunde.*

**Seneca** (4 v. Chr. – 65 n. Chr.), römischer Philosoph, Politiker und Geschäftsmann

Glücklich kann derjenige genannt werden, der, von der Vernunft geleitet, nichts mehr wünscht und nichts mehr fürchtet. [...]
Wer den Tod fürchtet, wird in seinem Leben nie etwas Rechtes leisten; wer aber bedenkt, dass der Tod ihm schon von Geburt an bestimmt war, der wird nach dieser Richtschnur leben und wird mit derselben Geistesstärke es dahin bringen, dass die Zukunft ihm nichts Unerwartetes bringt. Alles, was kommen kann, sieht er voraus, und damit schwächt er den Anprall aller Übel. Was denjenigen, die gefasst und vorbereitet sind, nichts Neues ist, das erscheint den Sicheren schwer, die immer nur auf Glück hoffen. Tod, Gefangenschaft, Einsturz, Brand, nichts von alledem kommt ganz plötzlich. Sollte ich mich wundern, wenn Gefahren, die mich immer umschwebten, einmal wirklich an mich herantreten? [...]

## Boethius: Trost der Philosophie

Während Boethius in seiner Zelle auf die Hinrichtung wartet, hat er die Vision einer interessanten Frau.
Es ist die Philosophie selbst, die mit ihm über den Sinn des Lebens, über Glück und Tod spricht und ihn zu trösten versucht, indem sie ihn an das Schicksal großer Denker erinnert, z. B. Sokrates und Seneca.

*Boethius wurde um 480 n. Chr. in Rom geboren und 524 n. Chr. in Pavia hingerichtet.*
*Sein Leben führte ihn zunächst auf den Gipfel der größten Anerkennung und der glänzendsten Erfolge und stürzte ihn dann ins Unglück. Obgleich Römer, wurde er von den Eroberern Norditaliens, den Goten unter ihrem Heerführer Theoderich, zum Kanzler ernannt. Zu Unrecht des Verrats bezichtigt, verurteilte ihn Theoderich zum Tod.*
*Im Kerker in Pavia schrieb er das Buch „Vom Trost der Philosophie" (De consolatione philosophiae), in dem er die Bilanz seines Lebens zog, über Glück und Unglück nachdachte und sich gelassen in sein Schicksal fügte. Vielen Menschen in verzweifelter Lage hat sein schmales kleines Buch bis heute tatsächlich den Trost geleistet, den es im Titel verspricht.*

Da hielt sie die Augen eine Zeit lang zum Boden gesenkt, und es war, als hätte sie sich in das geweihte Innere ihres Geistes zurückgezogen. Schließlich begann sie:
PHILOSOPHIE: Alles Mühen der Menschen, so verschiedenartig ihre Interessen sein mögen, bedient sich zwar verschiedener Wege, aber es gilt nur dem einzigen Ziel, dem echten Glück, der wahren Glückseligkeit. Von einem Gut kann man nur dann sprechen, wenn es, sobald es einem gehört, keinen Wunsch mehr offen lässt. Es ist dann eben das höchste aller Güter, und alle anderen Güter sind darin begriffen; mangelte es ihm an etwas, so wäre es nicht das höchste Gut, da es dann außerhalb noch etwas gäbe, was Ziel eines Wunsches sein könnte. Es ist also klar, dass das echte Glück ein vollkommener Zustand ist, der dann eintritt, wenn sämtliche „Güter" sich zusammenfinden.
Diesen Zustand, wie gesagt, suchen alle Menschen zu erreichen, und zwar auf verschiedenen Wegen. Dem Geiste der Menschen ist nämlich von Natur aus das Verlangen nach dem wahrhaft Guten zu eigen; nur durch den Irrtum lassen sie sich vom rechten Weg abbringen. Einige von ihnen, die da glauben, es sei der Gipfel des Glücks, an nichts Mangel zu haben, geben sich alle Mühe, im Reichtum zu schwimmen. Andere wieder kennen kein ehrwürdigeres Ideal, als Auszeichnungen zu hamstern, und sie buhlen auf diese Weise um Ansehen bei ihren Mitbürgern. Für manche besteht das höchste Gut in der höchsten Macht; sie wollen entweder selbst herrschen oder sie suchen die Nähe der Herrschenden. Wer aber in der Berühmtheit sein Ideal sieht, tut alles, um den Ruhm seines Namens mit den Künsten des Krieges oder des Friedens aller Welt bekannt zu machen. Die überwiegende Mehrzahl jedoch bemisst die Frucht des Guten nach Lust und Freude. Für sie ist es die höchste Wonne, im Vergnügen zu schwelgen. [...]
So hast du also eine greifbare Vorstellung von der menschlichen Glückseligkeit: Reichtum, Ehren, Macht, Ruhm, Lüste. Epikur hatte nur allein das Letztere im Auge und zog die Folgerung, das höchste Gut bestehe in der Lust, da alles andere nur dem Geist Annehmlichkeiten zu verschaffen scheine. [...]

**Übersetzung in moderne Sprache:**
Die Menschen wollen wohl letzten Endes einfach glücklich leben. Das höchste Glück wäre wohl eine Lebenssituation, in der man ‚wunschlos glücklich' ist, also wenn alle Wünsche erfüllt scheinen.

❶ Die Menschen wählen nun verschiedene Wege, um diesem Glückszustand nahe zu kommen. Setzen Sie diesen Versuch einer Übertragung in heutige Sprache fort.

Und was soll ich über die Lüste des Körpers noch sagen? Vor Angst erzittert man schon im Verlangen danach; einzig Reue bringt der Genuss. Welche Unzahl von Krankheiten, welch untragbare Schmerzen kommen immer wieder durch diese Lüste über die Menschen, gewissermaßen als die Früchte des Bösen! Mir ist nicht bekannt, was diese Triebe Angenehmes an sich haben sollen. Dass aber ihre Entfaltung Elend verursacht, das wird jeder bestätigen, der sich seiner eigenen Begierden erinnert. Wenn sie einen glücklich zu machen vermöchten, dann muss man wohl oder übel auch dem lieben Vieh die Glückseligkeit zuerkennen, dessen ganzes Trachten einzig auf die Befriedigung seiner körperlichen Bedürfnisse gerichtet ist. [...]

BOETHIUS: Wie ist es aber dann, wandte ich ein, wenn einer gleichzeitig doch alles zusammen erstrebt?

PHILOSOPHIE: Ein solcher begehrte dann wohl die Summe der Glückseligkeit. Wird er sie aber unter den Dingen finden können, von denen wir zeigten, dass sie ihre Versprechungen nicht halten können?

BOETHIUS: Durchaus nicht, sagte ich.

PHILOSOPHIE: Das will heißen, dass bei den Dingen die Glückseligkeit am wenigsten zu finden ist, von denen man annimmt, sie könnten einzeln das Begehrte vermitteln.

BOETHIUS: Ich muss es zugeben, es gibt keine größere Wahrheit als diese.

PHILOSOPHIE: Hier, sagte sie, hast du also Erscheinung und Ursachen des falschen Glücks. Nun wende dein geistiges Auge nach der entgegengesetzten Seite; denn dort wirst du gleich das wahre Glück sehen, genau, wie wir es versprochen haben.

BOETHIUS: Das muss ja schon ein Blinder sehen, sagte ich, und du hast es ja eben noch bewiesen, indem du die Ursache des falschen Glücks darzulegen versuchtest. Denn, wenn ich recht daran bin, dann ist dies die echte und absolute Glückseligkeit, die den Menschen in sich selbst Genügen finden lässt, die ihn mächtig, verehrungswürdig, strahlend und freudig macht.

❷ Hat die Gesprächspartnerin „Philosophie" hier Epikurs Auffassung korrekt wiedergegeben? (vgl. S. 217 ff.)

❸ Wie würde ein heutiger Mensch über die „Lüste des Körpers" sprechen?

## Immanuel Kant: Glückseligkeit und Vernunft

*Kant suchte nach den unwiderleglichen Bedingungen und Grundsätzen der Vernunft in allen Bereichen des menschlichen Lebens. Er unterschied zwischen der* ***theoretischen Vernunft*** *(= reinen Vernunft), die sich mit den Prinzipien der Erkenntnis der umgebenden Welt der Objekte befasst (Frage: Was kann ich wissen?) und der* ***praktischen Vernunft****, die herausfinden will, wie der Mensch leben soll (Frage: Was soll ich tun?). Das, was für jedermann und immer gültig ist, nennt Kant „Imperativ".*
*Er versuchte natürlich auch, das Problem von Sinn und Glück prinzipiell zu durchdenken und mit der unbestechlichen Vernunft einen Imperativ herauszuarbeiten.*

**Immanuel Kant** (1724–1804), deutscher Philosoph der Aufklärung (Biografie s. S. 83)

Allein es ist ein Unglück, dass der Begriff der Glückseligkeit ein so unbestimmter Begriff ist, dass, obgleich jeder Mensch zu dieser zu gelangen wünscht, er doch niemals bestimmt und mit sich selbst einstimmig sagen kann, was er eigentlich wünsche und wolle. Die Ursache davon ist: dass alle Elemente, die zum Begriff der Glückseligkeit gehören, insgesamt empirisch sind, d. i. aus der Erfahrung müssen entlehnt werden, dass, gleichwohl zur Idee der Glückseligkeit ein absolutes Ganzes, ein Maximum des Wohlbefindens, in meinem gegenwärtigen und jedem zukünftigen Zustande erforderlich ist. Nun ist's unmöglich, dass das einsehendste und zugleich allervermögendste, aber doch endliche Wesen sich einen bestimmten Begriff von dem mache, was er hier eigentlich wolle. Will er Reichtum, wie viel Sorge, Neid und Nachstellung könnte er sich dadurch nicht auf den Hals ziehen. Will er viel Erkenntnis und Einsicht, vielleicht könnte das ein nur um desto schärferes Auge werden, um die Übel, die sich für ihn jetzt noch verbergen und doch nicht vermieden werden können, ihm nur um desto schrecklicher zu zeigen, oder seinen Begierden, die ihm schon genug zu schaffen machen, noch mehr Bedürfnisse aufzubürden. Will er ein langes Leben, wer steht ihm dafür, dass es nicht ein langes Elend sein würde? Will er wenigstens Gesundheit, wie oft hat noch Ungemächlichkeit des Körpers von Ausschweifung abgehalten, darein unbeschränkte Gesundheit würde haben fallen lassen, u.s.w. Kurz, er ist nicht vermögend, nach irgendeinem Grundsatze, mit völliger Gewissheit zu bestimmen, was ihn wahrhaftig glücklich machen werde, darum, weil hiezu Allwissenheit erforderlich sein würde. Man kann also nicht nach bestimmten Prinzipien handeln, um glücklich zu sein, sondern nur nach empirischen Ratschlägen, z. B. der Diät, der Sparsamkeit, der Höflichkeit, der Zurückhaltung u.s.w., von welchen die Erfahrung lehrt, dass sie das Wohlbefinden im Durchschnitt am meisten befördern. Hieraus folgt, [...] dass die Aufgabe: sicher und allgemein zu bestimmen, welche Handlung die Glückseligkeit eines vernünftigen Wesens befördern werde, völlig unauflöslich, mithin kein Imperativ in Ansehung derselben möglich sei, der im strengen Verstande geböte, das zu tun, was glücklich macht, weil Glückseligkeit nicht ein Ideal der Vernunft, sondern der Einbildungskraft ist.

❶ Warum lehnt Kant es ab, einen Imperativ zum Thema „Glück“ zu formulieren?

❷ Vergleichen Sie Kant mit den antiken Philosophen. Deren Prinzipien hießen: Lebe maßvoll, in innerer Ruhe, betrachtend, beschaulich, unabhängig von anderen und du wirst glücklich sein. Was hält Kant von solchen Aussagen?

# 3. Glücksentwürfe der Gegenwart

Das Feld individueller Sinnsetzungen und Lebensentwürfe ist in unserem Jahrhundert sehr weiträumig abgesteckt. Da die einst unbezweifelten, traditionellen Vorgaben sich aufgelöst haben, sind viele Menschen desorientiert. Lebenssinn ist zu einer Ware geworden, eine Marktlücke hat sich aufgetan. Therapien, fernöstliche Religionen, kommerzialisierte Sekten, Überlebenstraining, Gesundheitsprogramme, Lebensversicherungen usw. drängen sich auf – alle mit Glücksgarantie.
Dieses Recht auf „Streben nach Glück" hat schon die erste Urkunde der modernen Demokratie 1776 in Nordamerika formuliert.

## Amerikanische Unabhängigkeitserklärung 1776

Folgende Wahrheiten halten wir für selbstverständlich: dass alle Menschen gleich geschaffen sind; dass sie von ihrem Schöpfer mit gewissen unveräußerlichen Rechten ausgestattet sind; dass dazu Leben, Freiheit und das Streben nach Glück gehören; dass zur Sicherung dieser Rechte Regierungen unter den Menschen eingesetzt werden, die ihre rechtmäßige Macht aus der Zustimmung der Regierten herleiten; dass, wann immer irgendeine Regierungsform sich als diesen Zielen abträglich erweist, es Recht des Volkes ist, sie zu ändern oder abzuschaffen und eine neue Regierung einzusetzen und diese auf solchen Grundsätzen aufzubauen und ihre Gewalten in der Form zu organisieren, wie es ihm zur Gewährleistung seiner Sicherheit und seines Glückes geboten zu sein scheint.

Die europäischen Verfassungen übernahmen dieses Menschenrecht nicht, im Gegensatz zur japanischen.
Japanische Verfassung von 1947, Art. 13: „Jeder Bürger wird als Person geachtet. Sein Recht auf Leben, Freiheit und Streben nach Glück soll, soweit es das allgemeine Wohl nicht gefährdet, oberster Grundsatz in der Gesetzgebung und in allen anderen Staatsangelegenheiten sein."

## Der oberste Gerichtshof von Indiana

*Auf den Glücksanspruch der Amerikanischen Unabhängigkeitserklärung berief sich 1855 ein amerikanisches Gericht, als es über das Verbot des Alkoholkonsums zu urteilen hatte.*

Wir sind der Meinung, dass dieser Grundsatz im vorliegenden Fall Anwendung finden muss, dass das Recht auf Freiheit und das Streben nach Glück, das von der Verfassung garantiert ist, auch für jeden Einzelnen das Recht begründet, zu entscheiden, was er essen und trinken will, kurz gesagt, seine Getränke auszusuchen, sofern er sie herstellen oder in seiner Umgebung erhalten kann, und dass die Gesetzgebung ihm dieses Recht nicht nehmen darf. Wenn die Verfassung den Menschen noch nicht einmal dieses Recht sichern kann, dann schützt sie überhaupt nichts, das einigen Wert hat. Wenn die Menschen in ihren Trinkgewohnheiten der Gesetzgebung unterworfen sind, dann kann man sie auch einer Kontrolle ihrer Kleidung unterwerfen und derjenigen Stunden, in denen sie schlafen dürfen oder wach sein müssen. Und wenn die Menschen es nicht schaffen, ihre eigenen Getränke auszusuchen, dann sind sie genauso unfähig, irgendetwas anderes in ihrem Leben zu entscheiden, und sollten in den Zustand der Unmündigkeit gesetzt werden und gestellt unter die Vormundschaft staatlicher Beamter für die Luxuskontrolle. Elogen[1] auf die menschliche Würde sollten dann unterbleiben und die Lehre von der Selbstverwaltung als irreführender rhetorischer Schnörkel erklärt werden. Wenn die Regierung alles verbieten kann, wie es ihr gefällt, dann kann sie auch verbieten, kaltes Wasser zu trinken. Kann sie das? Wenn nicht, warum nicht?

[...] Es ist also klar, wenn man dem erleuchteten Psalmisten (Ps. 104) glauben darf, dass der Mensch geschaffen wurde, zu lachen so gut wie zu weinen, und dass diese anregenden Getränke vom Allmächtigen ausdrücklich dafür ausersehen sind, um seine Heiterkeit und sein Vergnügen in Gesellschaft zu befördern. Und für diesen Zweck hat die Welt sie immer benutzt. Sie haben immer, in der Sprache einer anderen Stelle der Heiligen Schrift, starke Getränke demjenigen gegeben, der erschöpft war, und Wein an die mit schwerem Herzen.

❶ Kann mit dieser Begründung auch die Freigabe von Heroin angestrebt werden? Diskutieren Sie!

❷ Vergleichen Sie die Begründung des Gerichts mit der Bewertung und dem Zweck von Alkohol in der Alkoholwerbung.

## Friedrich Fürstenberg: Der Glücksgütermarkt

**Friedrich Fürstenberg**, deutscher Soziologe

Betrachten wir zunächst das Angebot des Marktes für Glücksgüter. Hier kommt der von Enzensberger richtig als Bewusstseinsindustrie bezeichneten Herstellung audiovisueller Anreize für Glücksempfindungen mit Hilfe der Massenmedien eine zentrale Bedeutung zu. Sie leitet sich von der Möglichkeit des Individuums her, schon bei der Aufnahme geeigneter Vorstellungsinhalte Glücksempfindungen zu haben. Deshalb zeigt das Angebot vielfältig strukturierter Wunschwelten und entsprechender Symbole eine ständig wachsende Tendenz. In einer Inhaltsanalyse der Illustrierten „Quick", „Revue" und „Stern" („Illustrierte und Gesellschaft") wies Horst Holzer nach, dass über ein Drittel aller Quick- und Revue-Beiträge Wunschweltcharakter haben und selbst bei „Stern" noch 25 Prozent des redaktionellen Angebots unter diese Kategorien fallen. Im Wesentlichen handelt es sich um einprägsame Schilderungen der verschiedensten Formen des Lebensgenusses, die hinreichend Stoff für Tagträume bieten. Je nach der Fähigkeit des Lesers, sich mit den Rollen der Hauptakteure zu identifizieren, fällt sein Lustgewinn und damit sein Glücksempfinden aus. In ähnlicher Weise wirken die Unterhaltungsfilme und Unterhaltungssendungen des Fernsehens, aber auch die Trivialliteratur, vom 50-Pfennig-Roman bis zum dickleibigen Bestseller. Der Kunde der Bewusstseinsindustrie, der Wunschweltfabrikanten, kauft gleichsam imaginäres Glück, das, je nach seiner Fähigkeit zum intensiven Tagträumen, zum inneren Erlebnis aktiviert wird.

Die Reichweite der Vorstellungsinhalte ist hierbei außerordentlich breit. In der Regel handelt es sich um die übermäßige, luxuriöse Erfüllung von Grundbedürfnissen. Auf rein physiologischer Ebene sind es der verfeinerte Nahrungsgenuss, die extravagante Kleidung oder die luxuriöse Wohnungsausstattung. Ebenso einprägsam stellt sich die Übererfüllung des Sicherheitsbedürfnisses durch

[1] Elogen (gr.): Lobreden

Vermittlung von Wunschbildern risikoloser und dennoch genussfreudiger Lebensweise bis ins hohe Alter dar. An die sozialen Bedürfnisse knüpfen die Wunschbilder an, die sich auf die Begegnung mit interessanten Menschen, auf fröhliche Geselligkeit und auf harmonisches, möglichst spannungsfreies Zusammenleben im Intimbereich beziehen. Im Einklang mit der großen Bedeutung des Konkurrenzprinzips in unserer Gesellschaft richten sich viele derart vermittelte imaginäre Glücksempfindungen auf Prestige und Geltung. Immer wieder wird durch die Massenmedien das Gefühl vermittelt, bei einzigartigen Ereignissen in bevorzugter Position dabei sein zu können. Schließlich fehlt auch für den anspruchsvollen Wunschweltkonsumenten nicht die Möglichkeit, sich mit einer Vielzahl von Rollen identifizieren zu können, die als Surrogat[1] des verhinderten Selbstausdrucks zu bezeichnen sind, etwa der Rolle des Helden, des Abenteurers, der großen Dame, der Kokotte[2] usw. Das außerordentlich große Angebot an imaginärem Glück lässt keine Zweifel darüber, dass die als Tagtraum erlebte Realisierung von Glückserwartungen in unserer Gesellschaft eine wesentliche Funktion erfüllt.

Suchen Sie Bilder aus der „gelben Presse", die Glücksträume versprechen oder auslösen sollen.

## Erich Fromm: Haben oder Sein

**Erich Fromm** (1900–1980), amerikanischer Psychoanalytiker deutscher Herkunft, der zwar aus der Schule Freuds kommt, aber die Bedeutung der Gesellschaft für die Entwicklung des Menschen höher ansetzt (s. S. 156).

Die Existenzweise des Habens leitet sich vom Privateigentum ab. In dieser Existenzweise zählt einzig und allein die Aneignung und das uneingeschränkte Recht das Erworbene zu behalten. Die Habenorientierung schließt andere aus und verlangt mir keine weiteren Anstrengungen ab, um meinen Besitz zu behalten bzw. produktiven Gebrauch davon zu machen. Es ist die Haltung, die im Buddhismus als Gier, in der jüdischen und der christlichen Religion als Habsucht bezeichnet wird. Sie verwandelt alle und alles in tote, meiner Macht unterworfene Objekte. Der Satz „Ich habe etwas" drückt die Beziehung zwischen dem Subjekt *ich* (oder er, du, wir, sie) und dem Objekt O aus. Er impliziert, dass sowohl Subjekt als auch Objekt dauerhaft sind. Aber sind sie es wirklich? Ich werde sterben; ich kann meine gesellschaftliche Stellung verlieren, die garantiert, dass ich etwas habe. Auch das Objekt ist nicht von Dauer: Es kann zerstört werden oder verloren gehen oder seinen Wert verlieren. Die Aussage, etwas auf Dauer zu besitzen, beruht auf der Illusion einer unvergänglichen, unzerstörbaren Substanz. Wenn ich alles zu haben scheine, habe ich in Wirklichkeit nichts, denn mein Haben, Besitzen,

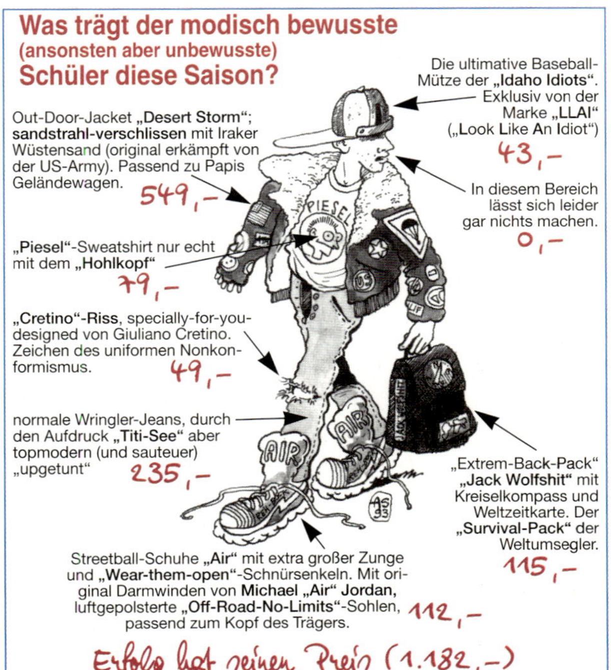


Karikatur eines Trend-Jugendlichen

---

[1] Surrogat (lat.): Ersatz, Ersatzstoff
[2] Kokotte (frz.): Edelprostituierte, leichtsinnige Frau

Beherrschen eines Objektes ist nur ein vorübergehender Moment im Lebensprozess.
In letzter Konsequenz drückt die Aussage: „Ich (Subjekt) habe O (Objekt)" eine Definition meines Ichs durch meinen Besitz des Objektes aus. Das Subjekt bin nicht *ich selbst,* sondern *ich* bin, was *ich habe.* Mein Eigentum begründet mich und meine Identität. Der Gedanke, der der Aussage „Ich bin ich" zugrunde liegt, ist *ich bin ich, weil ich X habe;* X sind dabei alle natürlichen Objekte und Personen, zu denen ich kraft meiner Macht sie zu beherrschen und mir dauerhaft anzueignen in Beziehung stehe.
In der Existenzweise des Habens gibt es keine lebendige Beziehung zwischen mir und dem, was ich habe. Es und ich sind Dinge geworden und ich habe *es,* weil ich die Möglichkeit habe es mir anzueignen.
Aber es besteht auch die umgekehrte Beziehung: *Es hat mich,* da mein Identitätsgefühl bzw. meine psychische Gesundheit davon abhängt, es und so viele Dinge wie möglich zu haben. Die Existenzweise des Habens wird nicht durch einen lebendigen, produktiven Prozess zwischen Subjekt und Objekt hergestellt. Sie macht Subjekt und Objekt zu Dingen. Die Beziehung ist tot, nicht lebendig.

❶ Welche Persönlichkeit, welchen Lebenssinn hat sich der Jugendliche der Karikatur mit den einzelnen Waren erworben?

❷ Stellen Sie eine Beziehung her zwischen den Überlegungen Fromms und der Karikatur.

❸ Kann man sich mit einem ‚Image' Liebe und Glück erwerben?

## Jerome D. Salinger: Glück als Flucht

**Jerome D. Salinger** (*1919), amerikanischer Erzähler, der mit dem Roman „Der Fänger im Roggen" weltberühmt wurde, sich aber nach wenigen weiteren Erzählungen ganz zurückzog auf eine Farm und nichts mehr veröffentlichte.

*In dem Roman „Der Fänger im Roggen" erzählt J. D. Salinger von dem 16 Jahre alten Holden, der durch New York irrt, nachdem er von der Schule geflogen ist. Holden lehnt die Welt der Erwachsenen ab, ihre alltägliche Monotonie, die Heuchelei des gesellschaftlichen Umgangs, die Jagd nach Geld und Karriere. Im Gespräch mit Sally, einer hübschen Bekannten, die ganz zufrieden ist mit ihrem Leben, beschreibt er seine Vision.*

Plötzlich kam mir eine Idee.
„Hör", sagte ich, „ich habe eine Idee. Hättest du nicht Lust, von hier wegzukommen? Ich habe schon einen Plan. Ich kenne einen in Greenwich Village, der uns ein paar Wochen sein Auto leihen würde. Er war früher in der gleichen Schule wie ich und ist mir noch zehn Dollar schuldig. Wir könnten morgen früh nach Massachusetts und Vermont und so weiter fahren. Dort ist es fantastisch schön, wirklich." Ich wurde immer aufgeregter, je länger ich daran dachte, und schließlich griff ich über den Tisch und nahm ihre verdammte Hand. Ein solcher gottverfluchter Idiot war ich. „Wirklich im Ernst", sagte ich. „Ich habe ungefähr hundertachtzig Dollar auf der Bank. Die kann ich holen, sobald die Bank am Morgen offen ist, und dann könnte ich mir das Auto leihen. Im Ernst. Wir bleiben einfach auf den Campingplätzen und so, bis uns das Geld ausgeht. Wenn wir dann keins mehr haben, kann ich irgendwo eine Arbeit finden und wir könnten irgendwo an einem Fluss und so weiter leben, und später könnten wir heiraten oder so. Im Winter würde ich für uns Holz fällen. Großer Gott, wir hätten es fabelhaft schön! Was meinst du? Komm, sag etwas! Was meinst du? Willst du das mit mir tun? Bitte!"
„Man kann doch so etwas nicht einfach *tun*", sagte Sally. Sie schien tief gekränkt zu sein.

Setzen Sie das Gespräch zwischen Sally und Holden fort.

## Ekstase als Glück*

Viele Menschen leiden heute unter dem, was die Anthropologin Felicitas Goodman als Ekstaseverlust bezeichnet. Ekstase (gr. ekstasis: aus sich gestellt sein) bedeutet Außersichsein, Verzückung, äußerst gesteigerter Rausch. In der griechischen Antike verstand man darunter, dass ein Gott Besitz ergriff vom Körper, der Mensch dadurch in höchste Begeisterung geriet, während eine Vereinigung der Seele mit dem Gott geschah. Die heutige Wissenschaft hat ganz nüchtern erforscht, dass bei körperlichen und seelischen Extremsituationen körpereigene Substanzen, die so genannten Endorphine, hergestellt werden. Diese „hausgemachten" Stoffe können Angst und Schmerz filtern und ein Wohlgefühl erzeugen, das sich bis zu Freude und Ekstase steigern kann.
Aus diesem Grund suchen heutzutage immer mehr Menschen Abenteuer in so genannten Extremsportarten wie Rafting (= Floßfahren in Wildwasser), Paragliding (= am Fallschirm fliegen), Freeclimbing, Bungeespringen oder Canyoning (= eine Schlucht im Wasser herunterrutschen).

Ekstase beim Techno-Rave, Rausch in Extremsportarten = Flucht vor der Realität, Lebensersatz oder sinnvolle Glückserzeugung? Sammeln Sie Argumente für eine Diskussion.

# 4. Einsprüche gegen das Glück

Die intensive Jagd nach dem schnellen Glück provozierte auch einige Denker dazu, Einspruch zu erheben. Sie besinnen sich auf die Geschichte der Menschheit, die sich im einzelnen Individuum wiederholt: auf den ewigen Kampf gegen Gefahren, Widerstände aller Art, gegen Hunger, Not, Krankheiten, die übermächtige Natur, gegen Unterdrückung der Menschen durch ihresgleichen. Sie stellen die Frage: Ist nicht genau in diesem Kampf der Sinn des menschlichen Lebens und damit auch sein Glück zu suchen.
In seinem großen Essay „Der Mythos von Sisyphos“ eröffnet Albert Camus eine überraschende Sicht auf das Problem des Glücks.

**Albert Camus** (1913–1960), französischer Philosoph (s. S. 256)

**Sisyphos** ist in der griechischen Mythologie der Klügste der sterblichen Menschen, der selbst die Götter überlistete. Zur Strafe wurde er von Zeus in die Unterwelt verbannt, wo er einen schweren Marmorblock auf die Spitze eines Berges wälzen musste. Der Block rollte aber immer wieder zurück an den Fuss des Berges und Sisyphos musste seine Arbeit von neuem aufnehmen.

## Albert Camus: Glück in einer sinnlosen Welt

Kurz und gut: *Sisyphos* ist der Held des **Absurden**[1]. Dank seiner Leidenschaften und dank seiner Qual. Seine Verachtung der Götter, sein Hass gegen den Tod und seine Liebe zum Leben haben ihm die unsagbare Marter aufgewogen, bei der sein ganzes Sein sich abmüht und nichts zustande bringt. Damit werden die Leidenschaften dieser Erde bezahlt. Über **Sisyphos** in der Unterwelt wird uns nichts weiter berichtet. Mythen sind dazu da, von der Fantasie belebt zu werden. So sehen wir nur, wie ein angespannter Körper sich anstrengt, den gewaltigen Stein fortzubewegen, ihn hinaufzuwälzen und mit ihm wieder und wieder einen Abhang zu erklimmen; wir sehen das verzerrte Gesicht, die Wange, die sich an den Stein schmiegt, sehen, wie eine Schulter sich gegen den erdbedeckten Koloss legt, wie ein Fuß ihn stemmt und der Arm die Bewegung aufnimmt, wir erleben die ganz menschliche Selbstsicherheit zweier erdbeschmutzter Hände. Schließlich ist nach dieser langen Anstrengung (gemessen an einem Raum, der keinen Himmel, und an einer Zeit, die keine Tiefe kennt) das Ziel erreicht. Und nun sieht *Sisyphos*, wie der Stein im Nu in jene Tiefe rollt, aus der er ihn wieder auf den Gipfel wälzen muss. Er geht in die Ebene hinunter.
Auf diesem Rückweg, während dieser Pause, interessiert mich Sisyphos. Ein Gesicht, das sich so nahe am Stein abmüht, ist selber bereits Stein! Ich sehe, wie dieser Mann schwerfälligen, aber gleichmäßigen Schrittes zu der Qual hinuntergeht, deren Ende er nicht kennt. Diese Stunde, die gleichsam ein Aufatmen ist und ebenso zuverlässig wiederkehrt wie sein Unheil, ist die Stunde des Bewusstseins. In diesen Augenblicken, in denen er den Gipfel verlässt und allmählich in die Höhlen der Götter entschwindet, ist er seinem Schicksal überlegen. Er ist stärker als sein Fels.
Dieser Mythos ist tragisch, weil sein Held bewusst ist. Worin bestünde tatsächlich seine Strafe, wenn ihm bei je-

Das absurde Schicksal

[1] absurd (gr.): sinnlos, sinnwidrig

dem Schritt die Hoffnung auf Erfolg neue Kraft gäbe? Heutzutage arbeitet der Werktätige sein Leben lang unter gleichen Bedingungen, und sein Schicksal ist genauso absurd. Tragisch ist es aber nur in den wenigen Augenblicken, in denen der Arbeiter bewusst wird. *Sisyphos*, der ohnmächtige und rebellische Prolet der Götter, kennt das ganze Ausmaß seiner unseligen Lage: über sie denkt er während des Abstiegs nach. Das Wissen, das seine eigentliche Qual bewirken sollte, vollendet gleichzeitig seinen Sieg. Es gibt kein Schicksal, das durch Verachtung nicht überwunden werden kann. Darin besteht die ganze verschwiegene Freude des *Sisyphos*.

Sein Schicksal gehört ihm. Sein Fels ist seine Sache. Ebenso lässt der absurde Mensch, wenn er seine Qual bedenkt, alle Götzenbilder schweigen. Im Universum, das plötzlich wieder seinem Schweigen anheimgegeben ist, werden die tausend kleinen, höchst verwunderten Stimmen der Erde laut. Unbewusste, heimliche Rufe, Aufforderungen aller Gesichter bilden die unerlässliche Kehrseite und den Preis des Sieges.

Ohne Schatten gibt es kein Licht; man muss auch die Nacht kennen lernen. Der absurde Mensch sagt Ja, und seine Mühsal hat kein Ende mehr. Wenn es ein persönliches Geschick gibt, dann gibt es kein übergeordnetes Schicksal oder zumindest nur eines, das er unheilvoll und verächtlich findet. Darüber hinaus weiß er sich als Herr seiner Zeit. Gerade in diesem Augenblick, in dem der Mensch sich wieder seinem Leben zuwendet (ein *Sisyphos*, der zu seinem Stein zurückkehrt), bei dieser leichten Drehung betrachtet er die Reihe unzusammenhängender Taten, die sein Schicksal werden, seine ureigene Schöpfung, die in seiner Erinnerung geeint ist und durch den Tod alsbald besiegelt wird. Überzeugt von dem rein menschlichen Ursprung alles Menschlichen, ist er also immer unterwegs – ein Blinder, der sehen möchte und weiß, dass die Nacht kein Ende hat. Der Stein rollt wieder.

Ich verlasse *Sisyphos* am Fuße des Berges! Seine Last findet man immer wieder. Nur lehrt *Sisyphos* uns die größere Treue, die die Götter leugnet und die Steine wälzt. Auch er findet, dass alles gut ist. Dieses Universum, das nun keinen Herrn mehr kennt, kommt ihm weder unfruchtbar noch wertlos vor. Jedes Gran dieses Steins, jeder Splitter dieses durchnächtigten Berges bedeutet allein für ihn eine ganze Welt. Der Kampf gegen Gipfel vermag ein Menschenherz auszufüllen. Wir müssen uns *Sisyphos* als einen glücklichen Menschen vorstellen.

**tragisch:** zur Tragödie gehörend, erschütternd, ergreifend, unverschuldete Katastrophen herbeiführend
**Tragödie:** Schauspiel von dem schuldlosen Schuldigwerden eines Menschen und seinem Untergang. Der tragische Mensch erkennt, dass er unabwendbar schuldig wird.

Die Stunde des Bewusstseins

❶ Worin liegt nach Camus der Sinn der menschlichen Existenz?

❷ Was ist für Sisyphos/den Menschen Glück?

## Aldous Huxley: Das Recht auf Unglück

*Aldous Huxley beschrieb 1932 in dem utopischen Roman „Schöne neue Welt" einen Weltstaat, in dem alles vollständig unter Kontrolle ist. Die Menschen werden in Labors erzeugt, in Kästen von A bis E eingeordnet und genau auf ihr zukünftiges Leben programmiert. Angst vor dem Alter und dem Tod, Krankheit und Kummer gibt es nicht mehr. Regelmäßig wird das vom Staat ausgegebene Rauschgift Soma konsumiert. In diese „Schöne Welt" dringt Michael vor, ein „Wilder", der in einem der letzten*

*Reservate aufwuchs, mit echter Mutter und richtigem Lernen aus Büchern. Er wird zu einer Sensation. Dem höchsten Machthaber, dem Weltaufsichtsrat (= WAR), Mustafa Mannesmann, schleudert der „Wilde" seine Kritik an dem Paradies der „Schönen neuen Welt" entgegen.*

WAR: „Mein lieber junger Freund, die Zivilisation hat nicht den geringsten Bedarf an Edelmut oder Heldentum. Derlei Dinge sind Merkmale politischer Untüchtigkeit. In einer wohl geordneten Gesellschaft wie der unsern findet niemand Gelegenheit zu Edelmut und Heldentum. Solche Gelegenheiten ergeben sich nur in ganz ungefestigten Verhältnissen. Wo es Kriege gibt, Zwiespalt der Pflichten, Versuchungen, denen man widerstehn, und Liebe, die man erkämpfen oder verteidigen muss, – dort, ja, dort haben Heldentum und Edelmut einen gewissen Sinn. Heute gibt es keine Kriege mehr. Übergroße Liebe zwischen zwei Menschen verhindern wir mit möglichster Sorgfalt. Gewissenskonflikte gibt es auch nicht: man wird so genormt, dass man nichts andres tun kann, als was man tun soll. Und was man tun soll, ist, im Ganzen genommen, so angenehm und gewährt den natürlichen Trieben so viel Spielraum, dass es auch keine Versuchungen mehr gibt. Sollte sich durch einen unglücklichen Zufall wirklich einmal etwas Unangenehmes ereignen, dann gibt es Soma, um sich von der Wirklichkeit zu beurlauben. Immer ist Soma zur Hand, Zorn zu besänftigen, einen mit seinen Feinden zu versöhnen, Geduld und Langmut zu verleihen. Früher konnte man das alles nur durch große Willensanstrengung und nach jahrelanger harter Charaktererziehung erreichen. Heute schluckt man zwei, drei Halbgrammtabletten, und damit gut! Jeder kann heutzutage tugendhaft sein. Man kann mindestens sein halbes Ethos in einem Fläschchen bei sich tragen. Christentum ohne Tränen – das ist Soma."

**Othello**: Held der gleichnamigen Tragödie von William Shakespeare

WILDER: „Tränen sind unerlässlich. Erinnern Sie sich nicht an Othellos Worte? ‚Wenn jedem Sturm so heitre Stille folgt, dann blast, Orkane, bis den Tod ihr weckt!' Ein alter Indianer erzählte uns bisweilen die Geschichte des Mädchens von Mátsaki. Wer von den Jünglingen sie freien wollte, musste einen Vormittag lang ihren Garten umgraben. Die Arbeit schien leicht. Aber es gab dort Fliegen und Moskitos, zauberkräftige. Die meisten Jünglinge hielten die Bisse und Stiche nicht aus. Nur der eine, der standhaft blieb, bekam das Mädchen."

WAR: „Sehr nett! Aber in zivilisierten Ländern kann man ein Mädchen haben, ohne ihren Garten umzugraben. Überdies haben wir vor Jahrhunderten alle Fliegen und Moskitos ausgerottet."

**„Ob's edler …"**: Zeile aus dem Monolog Hamlets „Sein oder Nichtsein, das ist hier die Frage" (Shakespeare: Hamlet III,1)

WILDER: „Ausgerottet, das sieht euch ähnlich. Alles Unangenehme ausrotten, statt es ertragen zu lernen! **‚Ob's edler im Gemüt, die Pfeil' und Schleudern des wütenden Geschicks erdulden oder, sich waffnend gegen eine See von Plagen, durch Widerstand sie enden.'** … Ihr tut weder das eine noch das andre. Weder erdulden noch widerstehn. Ihr schafft nur die Pfeile und Schleudern ab. Ihr macht euch das zu leicht. […]
Wissen Sie, was euch Not tut? Etwas *mit* Tränen. Zur Abwechslung. Bei euch kostet nichts genug.

**„Und gebt …"**: Hamlet IV,4

**‚Und gebt eu'r sterblich und verletzbar Teil dem Glück, dem Tode, den Gefahren preis für eine Nussschal.'** Ist da nicht etwas

Wahres dran? Von Gott gar nicht zu reden, obwohl Gott natürlich ein Grund wäre. Lässt sich nicht manches zugunsten eines Lebens der Gefahr sagen?"

WAR: „Sehr viel sogar! Männer ebenso wie Mädels müssen von Zeit zu Zeit ihre Adrenaldrüsen stimulieren lassen. Es ist eine der Voraussetzungen vollkommener Gesundheit. Darum haben wir den TLE-Behandlungszwang eingeführt. ‚Tolle-Leidenschaft-Ersatz', regelmäßig jeden Monat. Der ganze Organismus wird mit Adrenin durchflutet. Es ist ein hundertprozentiges physiologisches Äquivalent für Angst und Wut. Erzielt genau die gleichen tonischen Wirkungen, wie Desdemona zu erwürgen oder von Othello erwürgt zu werden, ohne die Unannehmlichkeiten."

WILDER: „Aber ich liebe die Unannehmlichkeiten."

WAR: „Wir nicht! Uns sind die Bequemlichkeiten lieber."

WILDER: „Ich brauche keine Bequemlichkeiten. Ich will Gott, ich will Poesie, ich will wirkliche Gefahren und Freiheit und Tugend. Ich will Sünde."

WAR: „Kurzum, Sie fordern das Recht auf Unglück."

WILDER: „Gut denn, ich fordere das Recht auf Unglück."

WAR: „Ganz zu schweigen von dem Recht auf Alter, Hässlichkeit und Impotenz, dem Recht auf Syphilis und Krebs, dem Recht auf Hunger und Läuse, dem Recht auf ständige Furcht vor dem Morgen, dem Recht auf unsägliche Schmerzen jeder Art?"

Langes Schweigen.

WILDER: „Alle diese Rechte fordere ich!"

WAR: „Wohl bekomm's!"

(Die Passage wurde leicht verändert, um den Dialog zu verdeutlichen.)

❶ Vergleichen Sie in einer Tabelle die „Schöne neue Welt" mit der unsrigen: Wo überschneiden sich die Lebensverhältnisse?

❷ Führen Sie ein Streitgespräch über die Haltung des WAR und des „Wilden" und treffen Sie eine Entscheidung.

## Sigmund Freud: Das Unbehagen in der Kultur

**Sigmund Freud** (1856–1939), österreichischer Arzt und Begründer der Psychoanalyse, (Biografie s. S. 155)

VORREDE

Die Frage nach dem Zweck des menschlichen Lebens ist unzählige Male gestellt worden; sie hat noch nie eine befriedigende Antwort gefunden, lässt eine solche vielleicht überhaupt nicht zu. Manche Fragesteller haben hinzugefügt: Wenn sich ergeben sollte, dass das Leben keinen Zweck hat, dann würde es jeden Wert für sie verlieren. Aber diese Drohung ändert nichts. Es scheint vielmehr, dass man ein Recht dazu hat, die Frage abzulehnen. […]

Wir wenden uns darum der anspruchsloseren Frage zu, was die Menschen selbst durch ihr Verhalten als Zweck und Absicht ihres Lebens erkennen lassen, was sie vom Leben fordern, in ihm erreichen wollen. Die Antwort darauf ist kaum zu verfehlen: sie streben nach dem Glück, sie wollen glücklich werden und so bleiben. Dies Streben hat zwei Seiten, ein positives und ein negatives Ziel, es will einerseits die Abwesenheit von Schmerz und Unlust, anderseits das Erleben starker Lustgefühle. Im engeren Wortsinne wird „Glück" nur auf das Letztere bezogen. Entsprechend dieser Zweiteilung der Ziele entfaltet sich die Tätigkeit der Menschen nach zwei Richtungen, je nachdem sie das eine oder das andere dieser Ziele – vorwiegend oder selbst ausschließlich – zu verwirklichen sucht.

Es ist, wie man merkt, einfach das Programm des Lustprinzips, das den Lebenszweck setzt. Dies Prinzip beherrscht die Leistung des seelischen Apparates vom Anfang an; an seiner Zweckdienlichkeit kann kein Zweifel sein, und doch ist sein Programm im Hader mit der ganzen Welt, mit dem Makrokosmos ebensowohl wie mit dem Mikrokosmos. Es ist überhaupt nicht durchführbar, alle Einrichtungen des Alls widerstreben ihm; man möchte sagen: **die Absicht, dass der Mensch „glücklich" sei, ist im Plan der „Schöpfung" nicht enthalten**. Was man im strengsten Sinne Glück heißt, entspringt der eher plötzlichen Befriedigung hoch aufgestauter Bedürfnisse und ist seiner Natur nach nur als episodisches Phänomen möglich. Jede Fortdauer einer vom Lustprinzip ersehnten Situation ergibt nur **ein Gefühl von lauem Behagen**; wir sind so eingerichtet, dass wir nur den Kontrast intensiv genießen können, den Zustand nur sehr wenig. Somit sind unsere Glücksmöglichkeiten schon durch unsere Konstitution beschränkt.
Weit weniger Schwierigkeiten hat es, Unglück zu erfahren. Von drei Seiten droht das Leiden, vom eigenen Körper her, der, zu Verfall und Auflösung bestimmt, sogar Schmerz und Angst als Warnungssignale nicht entbehren kann, von der Außenwelt, die mit übermächtigen, unerbittlichen, zerstörenden Kräften gegen uns wüten kann, und endlich aus den Beziehungen zu anderen Menschen. Das Leiden, das aus dieser Quelle stammt, empfinden wir vielleicht schmerzlicher als jedes andere; wir sind geneigt, es als eine gewissermaßen überflüssige Zutat anzusehen, obwohl es nicht weniger schicksalsmäßig unabwendbar sein dürfte als das Leiden anderer Herkunft.

❶ Von welchem Antrieb wird – nach Freud – die menschliche Psyche gesteuert und damit ihr Lebenszweck gesetzt? Überzeugt Sie diese Behauptung der Psychoanalyse?

❷ Nennen Sie die drei Seiten, von denen her dem Menschen Unglück und Leid drohen.

❸ Warum bezeichnet Sigmund Freud die menschliche Existenz als „unbehaglich"?

## Projekt

1. **Interviews mit alten Menschen** in Altenheimen oder in der Verwandtschaft:
   - Was empfanden/empfinden sie als Glück in ihrem Leben?
   - Worin bestand/besteht für sie der Sinn des Lebens?

   Die mündlichen Texte transskribieren und mit Fotos der Interviewpartner veröffentlichen als Heft oder auf Stellwänden.

2. **Referate zu Sozialutopien** (kurze Information aus: Kindler: Lexikon der Weltliteratur)
   - Platon: Der Philosophenstaat
   - Campanella: Der Sonnenstaat
   - Bacon: Neu-Atlantis
   - Schnabel: Insel Felsenburg
   - Skinner : Walden two

   Wie wird in den Utopien das Lebensglück organisiert? Schaubilder und Strukturskizzen entwerfen.

Vom Glück. Erkundigungen eingeholt von G. Honnefelder. Frankfurt (Insel) 1986
Was ist Glück? Ein Symposion. München (dtv) 1976
Günter Hentrich: Ermutigung zum Glück. Sieben klassische Modelle glücklich zu leben von Buddha bis Hegel. Freiburg i.B. (Herder) 1979

# Freiheit und Determination

Demonstranten der amerikanischen Bürgerrechtsbewegung, New York um 1960

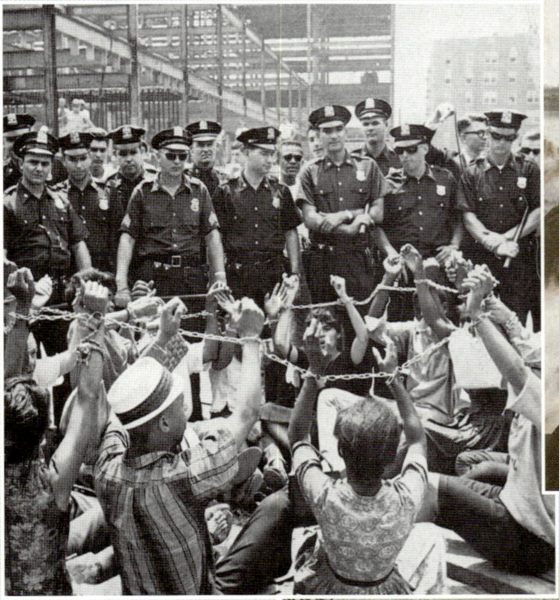

C. D. Friedrich: Wanderer über dem Nebelmeer

Barrikadenkämpfe in Berlin (1848)

Welche Art von „Freiheit" wird in den Bildern auf dieser Seite sichtbar?

# Einführung

VOLTAIRE

Freiheit ist Macht

**heteronom** von gr. hetero = fremd und nomos = Gesetz; dagegen **autonom** zusammengesetzt aus gr. auto = selbst und nomos = Gesetz

Was würde sich in Ihrem Lebensgefühl verändern, wenn Sie wüssten, dass alle Menschen um Sie herum nicht selbstständig denken, sondern von einer höheren Macht wie Automaten gelenkt werden?

ROUSSEAU

Gefühl der Freiheit

Ohne Bindungen und Verpflichtungen kann menschliches Zusammenleben nicht funktionieren und ohne Zusammenleben kann kein Mensch überleben. Und doch ist das Verlangen nach Freiheit sehr groß. Jeder möchte frei sein oder sich zumindest frei fühlen. Der Ruf nach Freiheit bewegt ganze Völker und erschüttert scheinbar festgefügte Herrschaft von Menschen über Menschen. Das hat uns die Geschichte schon oft bewiesen. Was aber bedeutet dieses so häufig gebrauchte und missbrauchte Wort?
Freiheit ist einer der zentralen Begriffe der Philosophie und der Politik in der Neuzeit. Ursprünglich diente dieses Wort (z.B. im germanischen oder römischen Recht) nur der Unterscheidung des vollwertigen Bürgers vom Sklaven. Seit in der sog. „Aufklärung" des 18. Jahrhunderts die Menschenrechte des Individuums formuliert wurden, besteht eine unauflösliche Verbindung zwischen der Individualität und der Freiheit. Denn für das unwiederholbare menschliche Einzelwesen (= Individuum) muss es mehr geben als ein reines Funktionieren nach vorgegebenen Normen, wie ein Sozialautomat. Freiheit meint von nun an, dass der Mensch nicht von außen gezwungen wird, etwas zu tun; dass er nicht von anderen Menschen, von sozialen und politischen Mächten fremdbestimmt (= **heteronom**) wird in seinem Handeln.
Was aber unterscheidet den Menschen von allen anderen Wesen?
Die abendländische kulturelle Tradition seit der Antike sagt uns: die Fähigkeit zum reflexiven Denken. Das Denken ist frei und macht uns frei. „Wir können nie vorher bestimmen, welchen Gedanken wir in der nächsten Minute haben werden", behauptet **Voltaire**. Unsere Gedanken sind nicht von jemand anderem außerhalb unseres Selbst gelenkt. Wir können konzentriert, sprunghaft, weitschweifend denken, wie es uns gefällt: Das ist die Quelle der Inspiration, des Schöpferischen im Menschen.
Im positiven Sinne bedeutet Freiheit also die **Autonomie**, die Selbstbestimmung des Menschen: Er selbst bestimmt sein Tun, er hat die Freiheit zu denken, was er will und demgemäß zu handeln (Willens-, Entscheidungs- und Handlungsfreiheit). Der freie Mensch ist souverän. Von dieser Souveränität gibt er nur etwas ab an von ihm gewählte Repräsentanten in Form eines „Gesellschaftsvertrages" **(Rousseau)**, um seine eigene Freiheit und die der anderen zu sichern.
Soweit die politische Theorie der Moderne, die sich in den Verfassungen der Demokratien seit der Erklärung der Menschenrechte 1776 in den USA und 1789 in Frankreich niederschlägt.
Steht aber nicht die alltägliche Lebenserfahrung diesem Modell der Freiheit entgegen? Wir leben in einem Netz sich überschneidender Lebenslinien. Weite Bereiche und Entscheidungen unseres Lebens liegen doch offensichtlich nicht in unserer Hand, scheinen vorherbestimmt von genetischen, biografischen, sozialen, geographischen und historischen Zufälligkeiten. Der Soziologe und Philosoph Max Weber spricht in Bezug auf die moderne Industriegesellschaft von dem „stählernen Gehäuse der Hörigkeit", womit er die immer dichteren Abhängigkeiten der Menschen untereinander bezeichnen will.
Gibt es den freien Raum des Denkens, die freie Entscheidung, die freie Tat in der Realität des Alltags wirklich?

# 1. Freiheit als Problem

## Stig Dagerman: Ein Kind töten

Der schwedische Schriftsteller **Stig Dagerman** (1923–1954, Freitod) war schon mit zweiundzwanzig Jahren nach seinem ersten Roman anerkannt und berühmt in seinem Land. Er schrieb auch eine bewegende Reportage über das Elend im Nachkriegs-Deutschland („Deutscher Herbst“, 1947).

Es ist ein leichter Tag, und die Sonne steht schräg über der Ebene. Bald läuten die Glocken, denn es ist Sonntag. Zwischen ein paar Roggenäckern haben zwei junge Menschen einen Pfad gefunden, den sie noch nie gegangen sind, und in den drei Dörfern der Ebene glänzen die Fensterscheiben. Männer rasieren sich vor ihren Spiegeln auf den Küchentischen, Frauen schneiden trällernd den Kuchen zum Kaffee, und die Kinder sitzen am Boden und knöpfen sich ihr Leibchen zu. Es ist der glückliche Morgen eines schlimmen Tages, denn an diesem Tage wird im dritten Dorf ein Kind von einem glücklichen Manne getötet werden. Noch sitzt das Kind am Boden und knöpft sich sein Leibchen, und der Mann, der sich rasiert, sagt, heute wollten sie eine Ruderfahrt auf dem Fluss machen, und die Frau trällert und legt den frisch geschnittenen Kuchen auf eine blaue Schüssel.

Kein Schatten fährt über die Küche dahin, und dennoch steht der Mann, der das Kind töten wird, an einer roten Tankpumpe im ersten Dorf. Es ist ein glücklicher Mann, der da in seine Kamera blickt, und im Sucher sieht er ein kleines blaues Auto und neben dem Auto ein junges Mädchen, das lacht. Während das Mädchen lacht und der Mann das schöne Bild knipst, schraubt der Tankwart den Deckel des Benzintanks fest und sagt: „Sie werden einen schönen Tag bekommen.“ Das Mädchen setzt sich ins Auto, und der Mann, der das Kind töten wird, zieht seine Brieftasche hervor und sagt, sie wollten bis ans Meer fahren, und am Meer wollten sie sich ein Boot leihen und weit, weit hinausrudern. Durch die hinuntergedrehten Fensterscheiben hört das Mädchen auf dem Vordersitz, was er sagt, sie schließt die Augen, und mit geschlossenen Augen sieht sie das Meer und den Mann neben sich im Boot. Er ist kein schlechter Mann, er ist froh und glücklich, und bevor er ins Auto steigt, bleibt er einen Augenblick vor dem Kühler stehen, der in der Sonne blitzt, und hat seinen Genuss an dem Glanz und dem Duft von Benzin und vom Faulbaum. Kein Schatten fällt über das Auto, und die blanke Stoßstange hat keine Beulen und ist auch nicht rot von Blut.

Aber zur gleichen Zeit, als der Mann im Auto im ersten Dorf auf den Anlasserknopf drückt, öffnet die Frau in der Küche im dritten Dorf ihren Schrank und kann keinen Zucker finden. Das Kind, das sein Leibchen zugeknöpft und seine Schuhe zugeschnürt hat, kniet auf der Küchenbank und sieht den Fluss, der sich zwischen den Erlen schlängelt, und den schwarzen Kahn, der aufs Gras heraufgezogen worden ist. Der Mann, der sein Kind verlieren wird, ist fertig rasiert und klappt gerade den Spiegel zusammen. Auf dem Tisch sind die Kaffeetassen, der Kuchen, die Sahne und die Fliegen. Nur der Zucker fehlt, und die Mutter sagt zu ihrem Kind, es solle zu Larssons laufen und ein paar Stückchen leihen. Und während das Kind die Tür öffnet, ruft der Mann hinter ihm her, es solle sich eilen, das Boot warte am Strand, und sie wollten so weit fortrudern wie noch nie zuvor. Während das Kind durch den Garten läuft, denkt es die ganze Zeit an den Fluss und an die Fische, die darin

Dieses Mahnmal haben Bürger in Potsdam errichtet.

❶ Ist das Wort „geopfert" auf diesem Gedenkstein berechtigt? Begründen Sie Ihre Entscheidung.

plätschern, und niemand flüstert ihm zu, dass es nur noch acht Minuten zu leben hat und dass der Kahn den ganzen Tag an seinem Platz liegen bleiben wird und noch viele andere Tage.

Es ist nicht weit bis zu Larssons, nur schräg über die Landstraße, und während das Kind über die Straße läuft, fährt das kleine Auto in das zweite Dorf ein. Es ist ein kleines Dorf mit roten Häusern und gerade erst aufgewachten Menschen, die mit erhobenen Kaffeetassen in ihren Küchen sitzen und das Auto auf der anderen Seite der Hecken vorbeirasen sehen in einer hohen Wolke von Staub. Es fährt sehr schnell, und der Mann im Auto sieht die Pappeln und die frisch geteerten Telegrafenstangen wie graue Schatten vorbeihuschen. Sommer weht über die Windscheibe, sie rasen aus dem Dorf hinaus, sie gleiten fest und sicher mitten auf der Landstraße dahin, und sie sind allein auf der Straße – noch allein. Es ist herrlich, ganz allein auf einer weichen, breiten Landstraße zu fahren, und draußen auf der Ebene geht es noch feiner. Der Mann ist glücklich und stark, und mit dem rechten Ellbogen spürt er den Körper des Weibes. Er ist kein schlechter Mann. Er eilt zum Meer. Er will keiner Wespe etwas zuleide tun, und doch wird er gleich ein Kind töten. Während sie auf das dritte Dorf zurasen, schließt das Mädchen wieder die Augen und sagt sich zum Spaß, dass sie sie nicht eher wieder öffnen will, bis sie das Meer sehen kann. Und im Takt mit den weichen Schwenkungen des Autos träumt sie von dem blanken Meeresspiegel.

Denn so unbarmherzig ist das Leben konstruiert: Eine Minute, bevor ein glücklicher Mann ein Kind tötet, ist er noch glücklich, und eine Minute, bevor eine Frau vor Entsetzen aufschreit, kann sie noch mit geschlossenen Augen vom Meer träumen, und während der letzten Minute im Leben eines Kindes können die Eltern dieses Kindes in einer Küche sitzen und auf den Zucker warten und von den weißen Zähnen ihres Kindes sprechen und von einer Bootsfahrt, und das Kind selbst kann eine Pforte schließen und sich anschicken, mit ein paar Stückchen Zucker in einem weißen Papier in seiner rechten Hand eine Landstraße zu überqueren, und es kann diese ganze letzte Minute lang nichts anderes vor Augen sehen als einen langen, blanken Fluss mit großen Fischen darin und einen breiten Kahn mit stillen Rudern.

Nachher ist alles zu spät. Nachher steht ein blaues Auto quer auf der Landstraße, und eine schreiende Frau nimmt die Hand von ihrem Mund, und die Hand blutet. Nachher öffnet ein Mann eine Autotür und versucht auf seinen Beinen zu stehen, obwohl er ein Loch des Entsetzens in sich trägt. Nachher liegen ein paar weiße Zuckerstückchen sinnlos zwischen Blut und Kies, und ein Kind liegt bewegungslos auf dem Bauch, das Gesicht dicht an die Landstraße gepresst. Nachher kommen zwei blasse Menschen, die ihren Kaffee noch nicht getrunken haben, durch eine Pforte gelaufen und sehen

ein Bild auf der Landstraße, das sie nie wieder vergessen werden. Denn es ist nicht wahr, dass die Zeit alle Wunden heilt. Die Zeit heilt nicht die Wunden eines getöteten Kindes, und sie heilt sehr schlecht den Schmerz einer Mutter, die vergessen hat, Zucker zu kaufen, und ihr Kind über die Straße schickt, um welchen zu leihen, und ebenso schlecht heilt sie die Gewissensangst eines ehedem glücklichen Menschen, der es getötet hat. Denn wer ein Kind getötet hat, fährt nicht ans Meer. Wer ein Kind getötet hat, fährt langsam und stillschweigend heim, und neben ihm sitzt eine stumme Frau mit verbundener Hand, und in all den Dörfern, durch die sie fahren, ist nicht ein einziger froher Mensch zu sehen. Alle Schatten sind sehr dunkel, und wenn sie sich trennen, geschieht es immer noch stillschweigend, und der Mann, der das Kind getötet hat, weiß, dass dies Stillschweigen sein Feind ist und dass er Jahre seines Lebens braucht, um es zu besiegen, um es mit dem ständig wiederholten Schrei zu besiegen, es sei nicht seine Schuld gewesen. Aber er weiß, dass das Lüge ist, und in den Träumen seiner Nächte wird er sich stattdessen wünschen, eine einzige Minute seines Lebens zurückzubekommen, um diese einzige Minute anders zu gestalten.
Aber so unbarmherzig ist das Leben denen gegenüber, die ein Kind getötet haben, dass nachher alles zu spät ist.

❷ Wo wird in dieser Erzählung Fremdbestimmung der beteiligten Menschen deutlich, wo Freiheit?

❸ Warum empfinden die Eltern und der Fahrer eigentlich Schuld?

❹ Erklären Sie aufgrund dieses Geschehensablaufs die Begriffe Schicksal und Tragik.

## Voltaire: Was heißt es, frei zu sein?

A. Da vorn steht eine Batterie Kanonen, die vor unseren Augen feuern; haben Sie die Freiheit, das zu hören oder nicht zu hören?

B. Ohne Zweifel kann ich nicht umhin, es zu hören.

A. Möchten Sie, dass diese Kanone Ihren Kopf fortträgt und den Ihrer Frau und Ihrer Töchter, die mit Ihnen spazieren gehen?

B. Welchen Vorschlag machen Sie mir da? Ich kann es nicht wollen, solange ich bei Troste bin; das ist für mich unmöglich.

A. Gut; Sie hören notwendigerweise diese Kanone, und Sie wollen notwendigerweise nicht mit Ihrer Familie beim Spazierengehen an einem Kanonenschuss sterben; Sie haben weder die Macht, es nicht zu hören, noch die Macht, hier bleiben zu wollen.

B. Das ist klar.

A. Sie haben infolgedessen etwa dreißig Schritte zurückgelegt, um sich vor der Kanone in Deckung zu bringen; Sie haben die Macht gehabt, diese paar Schritte mit mir zu gehen?

B. Das ist ebenfalls sehr klar.

A. Und wenn Sie gelähmt gewesen wären, dann hätten Sie es nicht vermeiden können, vor dieser Batterie ohne Deckung zu sein; Sie hätten nicht die Macht gehabt, zu sein, wo Sie jetzt sind: Sie hätten notwendigerweise einen Kanonenschuss gehört und bekommen, und Sie wären notwendigerweise gestorben?

B. Nichts ist wahrer.

A. Worin besteht also Ihre Freiheit, es wäre denn in der Macht, die Ihr Individuum ausgeübt hat, um das zu tun, was Ihr Wille mit absoluter Notwendigkeit verlangte?

B. Sie verwirren mich; die Freiheit ist demnach nichts anderes als die Macht, zu tun, was ich will?

A. Denken Sie darüber nach und sehen Sie zu, ob Freiheit anders verstanden werden kann.

**Voltaire** (1694–1778) war der berühmteste der französischen Philosophen in der Epoche der Aufklärung. Sein vielfältiges Werk umfasst Essays, Briefwechsel, Romane und Geschichtsschreibung.
Mit Ironie und Witz bekämpfte er vor allem die religiösen und politischen Glaubenssätze seiner Zeit. Deswegen befand er sich in einem Dauerkonflikt mit dem absolutistischen Staat Frankreichs und der Kirche.

**Sophist** ist abgeleitet von gr. sophistos = Weisheitslehrer, der als Wanderlehrer gut bezahlt die attische Oberschicht in Wissenschaft und Redekunst ausbildete (s. S. 36 ff.). Später, v. a. aufgrund der Angriffe von Sokrates, wurde darunter der spitzfindige Wortverdreher, der trickreiche Debattierer verstanden. Entsprechend sind **Sophismen** dann geschickte Scheinbeweise in einer Debatte.

B. In diesem Fall ist mein Jagdhund genauso frei wie ich; er hat notwendigerweise den Willen zu laufen, wenn er einen Hasen sieht, und die Macht zu laufen, wenn er nicht krank an den Beinen ist. Ich habe also nichts vor meinem Hund voraus – Sie bringen mich auf den Stand der Tiere hinab!

A. Das sind die armseligen Sophismen der armseligen Sophisten, die Ihre Lehrer waren. Sie sind also ziemlich krank daran, dass Sie so frei sein sollen wie Ihr Hund! Aber ähneln Sie nicht Ihrem Hund in tausend Dingen? Haben Sie nicht den Hunger, den Durst, das Wachen, den Schlaf und Ihre fünf Sinne mit ihm gemein? Möchten Sie anders als durch die Nase riechen? Weswegen wollen Sie anders frei sein als er?

B. Aber ich habe eine Seele, die oft vernünftig denkt, und mein Hund denkt schwerlich vernünftig. Er verfügt fast nur über einfache Ideen, ich aber habe tausend metaphysische Ideen.

A. Nun ja, Sie sind tausendmal freier als er, Sie haben tausendmal mehr Macht zu denken als er; aber Sie sind nicht anders frei als er.

B. Was? Ich bin nicht frei, zu wollen, was ich will?

A. Was verstehen Sie darunter?

B. Ich verstehe darunter, was alle Welt darunter versteht. Sagt man nicht alle Tage: „Der Wille ist frei“?

A. Ein Sprichwort ist kein Argument; erklären Sie sich genauer.

B. Ich verstehe darunter, dass ich frei bin zu wollen, wie es mir immer beliebt.

A. Mit Verlaub, das gibt keinen Sinn; sehen Sie nicht, dass es lächerlich wäre zu sagen: „Ich will wollen“? Sie wollen notwendigerweise infolge der Ideen, die Ihnen gegenwärtig wurden. Wollen Sie sich verheiraten, ja oder nein?

B. Aber wenn ich Ihnen sagte, dass ich weder das eine noch das andere will?

A. Dann antworteten Sie wie jener, der gesagt hat: „Die einen glauben, dass Kardinal Mazarin gestorben ist, die anderen glauben, dass er lebt, ich aber glaube weder das eine noch das andere.“

B. Nun gut, ich will mich verheiraten.

A. Aha, das nenne ich eine rechte Antwort! Warum wollen Sie sich verheiraten?

B. Weil ich verliebt bin in ein junges Mädchen, schön, lieblich, wohlerzogen, es singt sehr gut, seine Eltern sind sehr anständige Leute, und ich schmeichle mir, dass ich von ihm geliebt und bei seiner Familie recht sehr willkommen bin.

A. Das ist ein Grund. Sie sehen, dass Sie nicht ohne Grund wollen können. Ich erkläre Ihnen, dass Sie frei sind, sich zu verheiraten; das heißt, dass Sie die Macht besitzen, den Ehevertrag zu unterzeichnen.

B. Wieso? Ich kann nicht wollen ohne Grund? Aber was wird dann mit jenem anderen Sprichwort: „Sit pro ratione voluntas“: mein Wille ist mein Grund, ich will, weil ich will?

A. Das ist absurd, mein lieber Freund: es gäbe dann in Ihnen eine Wirkung ohne Ursache.

[...]

B. Aber noch einmal: ich bin also nicht frei?

A. Ihr Wille ist nicht frei, aber Ihre Handlungen sind es. Sie sind frei, etwas zu tun, wenn Sie die Macht haben, es zu tun.

Übertragen Sie diese Definition von A. auf Ihr Leben, z. B. auf die Situation, in der Sie jetzt als lesender Schüler sind: Begründen Sie, ob Sie frei sind oder nicht.

BIO-GRAFIE

## Jean-Jacques Rousseau (1712–1778)

„Der Mensch ist von Natur aus gut, gesellschaftliche Einrichtungen machen ihn schlecht"

Rousseaus Leben gleicht einer einzigen Odyssee. Als junger Mann übte er zwischen Italien, Schweiz und Paris fast alle Berufe aus, die einem jungen Mann aus bürgerlichem Haus damals offen standen: Handwerker, Priesterzögling, Musiklehrer, Kammerdiener, Sekretär, Erzieher, Dramenverfasser und Opernkomponist. Für diese wirre Zeit schreibt er sich selbst allerlei Laster zu: Diebereien, erotische Eskapaden mit einfachen Mädchen, einen Hang zum Masochismus und Exhibitionismus. Schließlich lernt er ein Stubenmädchen in einem Hotel kennen. Die fünf Kinder, die er mit ihr zeugt, lässt er ins Findelhaus bringen, weil sie zu teuer und zu laut sind. Zunehmend von Krankheit, Melancholie, Hypochondrie und nach der wachsenden Kritik an seinen Schriften auch von Verfolgungswahn geplagt, flieht Rousseau zu David Hume nach England, dem er ebenfalls bald misstraut. Mit 66 Jahren stirbt Rousseau vereinsamt in Ermonville.

Rousseaus Philosophie kreist im Wesentlichen um zwei Fragen:

- Was ist das **natürliche, ursprüngliche Wesen des Menschen?**
- Lässt sich dieses mit der jetzigen **Gesellschaft** und dem Staate vereinbaren?

In seinen frühen Schriften entwickelte er folgende Grundgedanken:

1. *Der Naturzustand*

- **Der Mensch ist von Natur aus gut.**
- Der Mensch lebte ursprünglich in einem **freien Naturzustand** in einer natürlichen Ordnung, die die Freiheit und Gleichheit aller ermöglichte. Er konnte sich völlig auf sein **Gefühl** verlassen.

2. *Die gegenwärtige Gesellschaft*

- Die Reflexion (als Gegenpol des Gefühls) ist die Ursache aller sozialen Übel.
- Die Entwicklung der Kultur (Sprache, Wissenschaft, Kunst) und die Gesellschaftsformen legen dem ursprünglich freien Menschen Ketten an und lösen die Gleichheit auf. Aus Selbstliebe wird Selbstsucht, z.B. durch die Einführung der Arbeitsteilung und des Privateigentums. Vernunft und Wissenschaft schwächen das natürliche Gefühl für die Sitten. Luxus und Manieren verweichlichen die Menschen. Mit dieser Kritik stellte Rousseau die Grundideen der Aufklärung grundsätzlich infrage.

3. *Die Lösung*

Auf der Grundlage dieser Erkenntnisse verfasste Rousseau seine zwei wichtigsten Schriften zur Erziehung und zur Staatsphilosophie:

- „Emile oder über die Erziehung"
  In vollkommenem Gegensatz zu damaligen Erziehungsvorstellungen fordert Rousseau in diesem Mischprodukt aus Roman und pädagogischer Abhandlung über die Entwicklung des Knaben Emile eine Erziehung, die die ursprünglich guten Anlagen eines Kindes fördert und die schädlichen Einflüsse der Gesellschaft fern hält. Das Kind soll **ohne Zwang und moralisierende Vorschriften** erzogen werden, da die **Entwicklung der Freiheit** die Grundlage des Gutseins ist.
- „Der Gesellschaftsvertrag" („Contrat social")
  In einem Staat, der notwendig Schranken auferlegen muss, ist dennoch Freiheit möglich, wenn dieser selbst in der Freiheit wurzelt. Das garantiert das Prinzip der „Volkssouveränität". Der Einzelne muss sich dem Gemeinwohl unterordnen. So tauscht er die individuelle, natürliche Freiheit gegen einen freien Staat, in dem alle rechtlich gleichgestellt sind. Das ist nach Rousseau die „wahre" Freiheit. Diese Forderungen wurden später von führenden Männern der Französischen Revolution übernommen.

**Jean-Jacques Rousseau** (1712–1778), französischer Philosoph (Biografie s. S. 239)

## Jean-Jacques Rousseau: Gefühl der Freiheit und Gewissen

Es ist also wahr, dass der Mensch König der Erde ist, die er bewohnt. Denn er zähmt nicht nur alle Tiere, er verfügt nicht nur durch seine Geschicklichkeit über die Elemente, sondern er allein auf der Erde versteht es, sie zu nutzen. Er macht sich durch Beobachtung selbst die Sterne zu eigen, obwohl er sich ihnen nicht nähern kann. **Man zeige mir ein Tier auf der Erde, das mit dem Feuer umgehen und die Sonne bewundern kann.** Wie! Ich kann die Wesen und ihre Beziehungen beobachten und erkennen? Ich kann empfinden, was Ordnung, Schönheit und Tugend ist? Ich kann das Weltall betrachten, mich zur Hand erheben, die es regiert; **ich kann das Gute lieben und tun – und ich vergleiche mich mit den Tieren!** Verworfene Seele, deine traurige Philosophie macht dich ihnen ähnlich; oder vielmehr, du willst dich umsonst erniedrigen. Dein Geist zeugt gegen deine Prinzipien, dein wohltätiges Herz straft deine Lehren Lügen. Der Missbrauch deiner Fähigkeiten selbst beweist dir zum Trotz ihre Vortrefflichkeit. […]

❶ Auf welche Passage im vorherigen Dialog Voltaires könnten Sie diese Kritik Rousseaus beziehen?

Kein materielles Wesen ist durch sich selbst tätig; ich aber bin es. Man kann es mir bestreiten, ich fühle es, und dieses Gefühl, das zu mir spricht, ist stärker als die Vernunft, die es bestreitet. Ich habe einen Körper, auf den die anderen ebenso einwirken wie er auf sie. Diese Wechselwirkung ist nicht zu bezweifeln; aber mein Wille ist unabhängig von meinen Sinnen. Ob ich zustimme oder widerstehe, unterliege oder siege, ich fühle ganz deutlich in mir, ob ich getan habe, was ich tun wollte, oder ob ich meinen Leidenschaften nur nachgebe. Immer habe ich die Macht zu wollen, nicht immer die Kraft auszuführen. Wenn ich mich versuchen lasse, handle ich auf Antrieb von außen. Wenn ich mir diese Schwäche vorwerfe, höre ich nur auf meinen Willen. Ich bin Sklave durch meine Laster, aber frei durch mein Gewissen. Das Gefühl meiner Freiheit erlischt in mir nur, wenn ich verlottere und wenn ich die innere Stimme hindere, sich gegen das Gesetz des Körpers zu erheben. […]

❷ Was würde Rousseau der Figur A in Voltaires Dialog auf deren letzten Satz antworten?

❸ Rousseau hat im letzten Absatz eine Theodizee formuliert. Theodizee heißt: Rechtfertigung, dass in der Schöpfung Gottes das Böse vorhanden ist, obgleich Gott selbst gut ist (gr. theos = Gott; dike = Recht).
Wie begründet Rousseau seine Theodizee?

Wenn der Mensch aktiv und frei ist, so handelt er aus freiem Antrieb. Alles, was er aus freiem Entschluss macht, gehört nicht in das geordnete System der Vorsehung und kann ihr nicht zur Last gelegt werden. Sie will das Böse nicht, das der Mensch tut, indem er die Freiheit missbraucht, die sie ihm gegeben hat. Aber sie hindert ihn nicht daran, es zu tun, entweder weil es in ihren Augen nichts ist, was ein so schwaches Wesen verübt, oder weil sie es nicht verhindern kann, ohne seine Freiheit zu beeinträchtigen und ein größeres Übel zu bewirken, indem sie seine Natur herabwürdigt. Sie hat ihn frei gemacht, damit er aus freier Wahl das Gute tue und nicht das Böse.

## Arthur Schopenhauer: Freiheit ist nicht Wille, sondern Charakter

**Arthur Schopenhauer** (1788–1860), deutscher Philosoph (Biografie s. S. 93)

Um die Entstehung dieses für unser Thema so wichtigen Irrtums speziell und aufs Deutlichste zu erläutern und dadurch die im vorigen Abschnitt angestellte Untersuchung des Selbstbewusstseins zu ergänzen, wollen wir uns einen Menschen denken, der, etwa auf der Gasse stehend, zu sich sagte: „Es ist 6 Uhr abends, die Tagesarbeit ist beendigt. Ich kann jetzt einen Spaziergang machen; oder ich kann in den Klub gehn; ich kann auch auf den Turm steigen, die Sonne untergehn zu sehn; ich kann auch ins Theater gehn; ich kann auch diesen, oder aber jenen Freund besuchen; ja, ich kann auch zum Tor hinauslaufen, in die weite Welt, und nie wiederkommen. Das alles steht allein bei mir, ich habe völlige Freiheit dazu; tue jedoch davon jetzt nichts, sondern gehe ebenso freiwillig nach Hause, zu meiner Frau."

Das ist gerade so, als wenn das Wasser spräche: „Ich kann hohe Wellen schlagen (ja! nämlich im Meer und Sturm), ich kann reißend hinabeilen (ja! nämlich im Bette des Stroms), ich kann schäumend und sprudelnd hinunterstürzen (ja! nämlich im Wasserfall), ich kann frei als Strahl in die Luft steigen (ja! nämlich im Springbrunnen), ich kann endlich gar verkochen und verschwinden (ja! bei 80° Wärme); tue jedoch von dem Allen jetzt nichts, sondern bleibe freiwillig, ruhig und klar im spiegelnden Teiche."

Wie das Wasser jenes Alles nur dann kann, wenn die bestimmenden Ursachen zum Einen oder zum Andern eintreten; ebenso kann jener Mensch, was er zu können wähnt, nicht anders, als unter derselben Bedingung. Bis die Ursachen eintreten, ist es ihm unmöglich: dann aber MUSS er es, so gut wie das Wasser, sobald es in die entsprechenden Umstände versetzt ist. Sein Irrtum und überhaupt die Täuschung, welche aus dem falsch ausgelegten Selbstbewusstsein hier entsteht, dass er jenes Alles jetzt gleich könne, beruht, genau betrachtet, darauf, dass seiner Fantasie nur EIN Bild zur Zeit gegenwärtig sein kann und für den Augenblick alles andere ausschließt. […]

Bei einem solchen sukzessiven[1] Vorstellen verschiedener einander ausschließender Motive, unter steter Begleitung des inneren „ich kann tun, was ich will", dreht sich gleichsam der Wille, wie eine Wetterfahne auf wohl geschmierter Angel und bei unstetem Winde, sofort nach jedem Motiv hin, welches die Einbildungskraft ihm vorhält, sukzessiv nach allen als möglich vorliegenden Motiven, und bei jedem denkt der Mensch, er könne es WOLLEN und also die Fahne auf diesem Punkte fixieren; welches bloße Täuschung ist. Denn sein „ich kann dies wollen" ist in Wahrheit hypothetisch[2] und führt den Beisatz mit sich „wenn ich nicht lieber jenes andere wollte": der hebt aber jenes Wollenkönnen auf. […]

Ich kann tun, was ich will: ich kann, WENN ICH WILL, alles, was ich habe den Armen geben und dadurch selbst einer werden, – wenn ich WILL! – Aber ich vermag nicht, es zu WOLLEN; weil die entgegenstehenden Motive viel zu viel Gewalt über mich haben, als dass ich es könnte. **Hingegen wenn ich einen andern Charakter hätte**, und zwar in dem Maße, dass ich ein Heiliger wäre, dann würde ich es wollen können; dann aber würde ich auch nicht umhin können, es zu wollen, würde es also tun **müssen.**

Antworten Sie aus der Perspektive Schopenhauers auf folgende, oft zu hörende Begründung für eine ethische Gewissensentscheidung: „Hierin lasse ich mir von niemandem etwas vorschreiben, das entscheide ich völlig frei, so wie ich es will!"

[1] sukzessiv (lat.): hintereinander folgend, nach und nach
[2] hypothetisch (gr.): nur angenommen

## 2. Der determinierte Mensch

Es ist Montagmorgen. In Millionen deutscher Haushalte klingelt der Wecker. Die Menschen stehen auf, um sich an die Arbeit zu machen. Eine lange Woche liegt vor ihnen in Fabriken, Büros, Kliniken, Studios, Universitäten, Schulen und in der Familie. Millionen Frauen, Männer und Kinder bewegen sich schlaftrunken an diesem Montagmorgen zu ihrem Arbeitsplatz mit dem PKW, mit Bussen und Bahnen, mit dem Fahrrad und zu Fuß. Der Verkehr läuft, die Maschinen laufen, die Menschen funktionieren tagaus, tagein, obgleich sie manchmal alles hinwerfen möchten, auch wenn sie ihre Arbeit lieben.

Alle diese Menschen sind unverwechselbare, unwiederholbare Individuen. Sie haben alle verschiedene Charaktere, Begabungen und Fertigkeiten. Sie sind autonom, weil sie Menschen sind. Und doch fügen sie sich in einen oft monotonen Ablauf des Lebens, lassen sich von anderen regulieren und produzieren jeden Tag aufs Neue.

Warum ist das so? Warum bricht das höchst komplizierte System unserer Gesellschaft nicht in sich zusammen, indem an genau diesem Montag viele Bürger einfach weiterschlafen?

Weil in jeder Großgruppe von Menschen, selbst in noch heute existierenden Naturvölkern wie z.B. den Aboriginals in Australien, ungeschriebene und geschriebene Gesetze und Konventionen das Leben regeln. Diese Normen sind für den Schutz der Gesellschaft und des Einzellebens notwendig, deshalb unterwerfen sich die Menschen den Regeln selbst dann, wenn sie das Funktionieren des Systems durchschauen oder sogar darunter leiden. Sie verhalten sich dann wie in einem Schauspiel, sie spielen ihre Rollen und geben ihren Mitspielern die Stichworte. Der Regisseur ist die Gemeinschaft, die alles überwacht.

### Rolle und Rollengefüge*

Jeder Mensch spiele eine oder mehrere Rollen, behauptet die Soziologie.

Damit wird ausgesagt, dass jede Gemeinschaft für ihre Mitglieder Regeln bereithält, nach denen sich jeder wie ein Schauspieler zu verhalten hat, wenn er nicht unangenehm auffallen will, d.h. wenn er nicht „aus der Rolle fallen“ will. Wenn jemand eine gesellschaftliche Aufgabe übernimmt oder wenn sie ihm aufgezwungen wird, werden ihm Erwartungen entgegengebracht, wie er sich zu verhalten habe. Eine „Rolle“ ist also ein Komplex von erwarteten Verhaltensweisen. Diese sozialen Rollen dienen dem reibungslosen Funktionieren des Zusammenlebens, sie bilden ein Rollengefüge. Die Menschen müssen verschiedene Rollen spielen je nach den verschiedenen Aufgaben, die auf sie warten. Sie übernehmen eine Rolle im Beruf, eine Vater- oder Mutterrolle, eine Rolle als Freund oder Geschäftspartner usw. Dabei widersprechen sich oft die Verhaltensweisen, die gefordert werden. Ein Schüler z.B. soll sich gegenüber den Lehrern fleißig, diszipliniert, höflich, respektvoll, nicht vorlaut erweisen. Gegenüber seinen Mitschülern aber – will er bei ihnen „eine Rolle spielen“ – muss er lässig und immer gut gelaunt sein, dagegen distanziert oder sogar herausfordernd gegenüber

Lehrern und anderen Erwachsenen. Zwischen den verschiedenen Rollen kommt es oft zu Konflikten. Gerade in der Pubertät probieren Jugendliche die unterschiedlichsten Rollen um herauszufinden, wer sie sind, was sie eigentlich im Leben wollen: Sie suchen ihre Identität.
Der Mensch ist diesen sozialen Anforderungen nicht bedingungslos unterworfen. Obwohl die meisten Menschen dazu neigen, sich an das anzupassen, was die Gesellschaft von ihnen fordert, besteht doch immer die Möglichkeit, die Berechtigung der Rollen-Zwänge infrage zu stellen. Freiheit besteht dann darin, sich von der Rolle zu distanzieren, statt sich ihr zu unterwerfen und so kann jeder, der Rollendistanz erwirbt, dann prüfen, ob er den erwarteten Verhaltensnormen völlig entsprechen will, ob er sie gänzlich ablehnt oder ob er sie für sich und die anderen verändern möchte.

## Günter Wallraff: Am Fließband

Der Schriftsteller **Günter Wallraff** (* 1942) entwickelte eine in Deutschland neue Form der dokumentarischen Literatur. Er arbeitete unter fremden Namen monatelang in den Betrieben, über die er berichtete: in Fabriken, Nervenheilanstalten, Versicherungen, in der BILD-Zeitungsredaktion und in McDonalds-Küchen. Seine Reportagen gelten deshalb als besonders realitätsgerecht und wahrhaftig.

„Das Band frisst Menschen und spuckt Autos aus", hatte mir ein Werkstudent gesagt, der selbst lange Zeit am Band gearbeitet hatte. Wie das gemeint war, sollte ich bald erfahren. Alle anderthalb Minuten rollt ein fertiger Wagen vom Band. Ich bin am letzten Bandabschnitt eingesetzt. Muss kleinere Lackfehler ausbessern, die es an jedem Wagen noch gibt. „Da ist weiter nichts dabei", denke ich anfangs, als ich sehe, wie langsam das Band vorwärts kriecht.
Eine Frau arbeitet mich ein. Sie ist schon vier Jahre am Band und verrichtet ihre Arbeit „wie im Schlaf", wie sie selbst sagt. Ihre Gesichtszüge sind verhärtet.
Linke Wagentür öffnen. Scharniersäule nachstreichen. Das abgeschliffene Scharnier neu streichen. Griff für die Kühlerhaube herausziehen. (Er klemmt oft.) Kühlerhaube aufklappen. Wagennummer mit Lack auslegen. Rechte Wagentür wie bei der linken. Kofferraum öffnen und nach eventuellen Lackfehlern suchen. Zusätzlich noch auf sonstige Lackfehler achten, die bei sorgfältiger Prüfung immer zu finden sind. Mit zwei Pinseln arbeiten. Der große für die Scharniersäule, die von der Wagentür halb verdeckt ist und an die man schlecht herankommt; der kleine für feinste Lackfehler zum Auslegen, was besonders viel Zeit in Anspruch nimmt. Außerdem immer wieder zu den Lacktöpfen zurücklaufen, Pinsel säubern und Farbtöpfe wechseln, weil die Wagen auf dem Band in kunterbunter Reihe erscheinen. Zusätzlich auf den Laufzetteln der Wagen meine Kontrollnummer vermerken.
Punkt 15.10 Uhr ruckt das Band an. Nach drei Stunden bin ich selbst nur noch Band. Ich spüre die fließende Bewegung des Bandes wie einen Sog in mir.
Wenn das Band einmal einen Augenblick stillsteht, ist das eine Erlösung. Aber umso heftiger, so scheint es, setzt es sich danach wieder in Gang. Wie um die verlorene Zeit aufzuholen.
Die Bandarbeit ist wie das Schwimmen gegen einen starken Strom. Man kann ein Stück dagegen anschwimmen. Das ist erforderlich,

Charlie Chaplin in dem Film „Modern times", in dem er die Monotonie der Arbeit und die Herrschaft der Maschine veranschaulicht (1936).

wenn man einmal zur Toilette muss oder im gegenüberliegenden Automaten einen Becher Cola oder heißen Kaffee ziehen will. Drei, vier Wagen kann man vorarbeiten. Dann wird man unweigerlich wieder abgetrieben.

J., vom Band nebenan, 49 Jahre alt, erinnert sich an frühere Zeiten: „Da ging es noch gemütlicher am Band zu. Wo früher an einem Band drei Fertigmacher standen, arbeiten heute an zwei Bändern vier. Hin und wieder kommt der Refa-Mann mit der Stoppuhr und beobachtet uns heimlich. Aber den kenne ich schon. Dann weiß ich: Bald wird wieder jemand eingespart oder es kommt Arbeit dazu." Aber J. beklagt sich nicht. „Man gewöhnt sich daran. Hauptsache, ich bin noch gesund. Und jede Woche ein paar Flaschen Bier."

Jeden Tag nach Schichtende, 23.40 Uhr, setzt er noch ein paar Überstunden dran und kehrt mit zwei andern unseren Hallenabschnitt aus. Ich bin nach acht Stunden erledigt. Die Frühschicht soll besser sein, hat man mir gesagt. „Man gewöhnt sich mit der Zeit an alles."

Die vor mir am Band arbeiten und die hinter mir, kenne ich nicht. Ich weiß auch nicht, was sie tun. Manchmal begegnen wir uns am Band im gleichen Wagen. Sie sind mit der Montage an ihrem Abschnitt nicht fertig geworden und in mein Revier abgetrieben – oder umgekehrt. Dann sind wir uns gegenseitig im Weg.

Da schlägt mir einer eine Wagentür ins Kreuz, oder ich beschütte einen mit Lack. Sich entschuldigen ist hier nicht drin. Jeder wird so von seinen Handgriffen in Anspruch genommen, dass er den andern übersieht.

Das Zermürbende am Band ist das ewig Eintönige, das Nichthaltmachenkönnen, das Ausgeliefertsein. Die Zeit vergeht quälend langsam, weil sie nicht ausgefüllt ist. Sie erscheint leer, weil nichts geschieht, was mit dem wirklichen Leben zu tun hat.

Ungefähr alle zehn Minuten einen Blick auf die Hallenuhr. Wenn wenigstens jede Stunde das Band für einige Minuten stillstünde, man hätte etwas, worauf man hinarbeiten könnte. Die Zeit von 6.40 Uhr bis zur Mittagspause 12.00 Uhr und von 12.30 Uhr bis Schichtende 15.10 ist zu lang.

Man hat mir von einem Arbeiter erzählt, der sich auf seine Art gegen das Band zu wehren wusste. Er soll am vorderen Bandabschnitt eingesetzt gewesen sein. Um eine einzige Zigarette rauchen zu können, beging er Sabotage am Band. Statt seinen Pressluftbohrer an die vorgesehene immer gleiche Stelle der Karosserie zu halten, bohrte er kurz ins Band hinein, und alles stand augenblicklich still: Tausende Mark Ausfall für das Werk, für ihn drei bis fünf Minuten Pause, die er sich nahm, weil das Werk sie ihm nicht gab. Drei- oder viermal hatte er's innerhalb von zwei Wochen getan, dann kam's heraus, und er flog.

**Refa-Mann:** Rationalisierungsfachmann, der mit Stoppuhr und Kamera Arbeitsabläufe kontrolliert, um die Leistung von Arbeitsvorgängen zu steigern. Zielfrage: Wie kann ein Arbeiter in kürzerer Zeit mehr leisten? Das Wort ist ein Kürzel aus Reichsausschuss für Arbeitszeitermittlung.

❶ Beschreiben Sie die Beziehung des Arbeiters zur Maschine, zu den anderen Arbeitern, zu dem Produkt.

❷ Wo und wie wird in dieser Reportage Freiheit sichtbar?

❸ Vergleichen Sie diesen Erfahrungsbericht mit Ihren eigenen Ferienjobs und mit der Arbeit in der Schule.

## Nicolas Born: Die Welt der Maschine

Der Lyriker und Erzähler **Nicolas Born** (1937–1979) behandelt in seinen Gedichten und Romanen die Entfremdung der Menschen von sich selbst und voneinander. Sein Essay über die von außen nach innen vorge-

Wir leben in einer Zeit größter Werkzeuge. Die nationalen und multinationalen Industriekonzerne sind zu gigantischen Werkzeugmonopolen geworden und damit auch zu einem, oft entscheidenden, politischen Werkzeug. Sie selbst haben, institutionell, eine normative Überfunktion aus sich selbst heraus entwickelt, die uns prägt und unterwirft. Die gewählten Regierungen und Parlamente bestätigen oft nur per Gesetz, was die *Megamaschine* zu ihrer eigenen Expansion an „Sachzwängen" produziert hat. Zwar bestimmen nach wie vor die Eigentümer der Werkzeuge den möglichst profitablen Kurs, aber auch sie, befangen und gefangen in ihrem Begriff von *Sachdienlichkeit* und Fortschritt, haben nicht mehr die volle Entscheidungsfreiheit über die Art und Weise der Produktion, geschweige denn über deren Folgen. Die Kapazität der Werkzeuge und Produktionsstätten *zwingt* sie zu immer größeren und schnelleren Programmen. Der (innere) Systemzwang des Zuwachses herrscht. Niemand ist mehr in der Lage zu bestimmen, ob eine Technologie den Menschen zum Vor- oder Nachteil gereichen wird; niemand beherrscht die Megamaschine, vielmehr beherrscht sie alle. Der industrielle Riesenwuchs hat aus sich selbst heraus Verhaltensmuster für die menschliche Gesellschaft gebildet. Dem Einzelnen hat sie sein Werkzeug entwunden und ihn abhängig gemacht von ihrem Monopol. Die handwerklichen Fähigkeiten, die einmal aus ihrer Notwendigkeit auch Lebenssinn hervorbrachten, sind vergessen, verkümmert und abgedrängt in den Untergrund der *Heimwerker,* den Hobbykeller, wo industriell vorgefertigte Materialien mit pseudoindividuellem Schliff versehen werden: eine reflexhafte Beschäftigung, ein bloßes Simulieren von Selbstverwirklichung.

Gleichzeitig wird immer deutlicher, dass der emanzipierende Effekt der industriellen Entwicklung verbraucht ist. Man kann ihn vereinfachend auf Kühlschrank, Waschmaschine und Fernseher reduzieren, Gegenstände, die allerdings die Hausfrau aus ihrem Berufsbild erlöst haben, wenn auch ihr Lohn größtenteils wieder einfließt in solche arbeitserleichternden Geräte und in die Anschaffung von immer neuem pervertiertem Heimzeug.

Mit jedem Massenprodukt wird auch ein neues Massenbedürfnis produziert. Es ist kein Euphemismus, diesen rasch eskalierenden Dauerzustand von Bedürfnis und Befriedigung, in dem das eine das andere in mechanischer Folge hervorbringt, als Sucht zu bezeichnen. Und eine Gesellschaft von Kranken und Süchtigen kann schon ein angedrohter Stromausfall oder der Entzug des abendlichen Fernsehprogramms in bedrohliche Krampfzustände versetzen. Jedes Opfer, außer dem Verzicht, erscheint dann gering, wenn nur die Dosis, die für ein ungestörtes Siechtum notwendig ist, wieder pünktlich eintrifft.

Mit der Betonierung des Landes zugunsten florierender Bau- und Autoindustrien ist kulturelle Bewegungsfreiheit verloren gegangen. Mit der Vernichtung des Handwerks sind nicht nur Handwerkzeuge und die zu ihrer Benutzung in vielen Generationen erlernten und erfühlten Fertigkeiten verschwunden, sondern auch ein ganzer Zweig sprachlicher Ausdrucksfähigkeit.

Die eingepasste Funktion fast jedes Einzelnen in der Industriemaschine zwingt ihn zu immer rationellerem Verhalten. Er hat vieles zu vergessen; viele Möglichkeiten seines Körpers und Geistes sind auch als Möglichkeiten abgestorben. Die Maschine erzwingt ein verstümmeltes Sprechen. Die Entspannungszeiten, Pausen zur Wiederherstellung der vollen, auf den Lauf der Maschine gerichteten Konzentration sind betriebspsychologisch und sozialmedizinisch errechnete Normen. Das Charakteristische an dem Kollegen

drungene Automatisierung der Industriegesellschaften zeigt eine allumfassende Unterdrückung, die über die des Arbeiters hinausgeht.

Vergleichen Sie Freiheit und Fremdbestimmung des Fließbandarbeiters mit den in diesem Essay geschilderten Lebensumständen in unserer Gesellschaft. Empfinden Sie Ihr Leben so, wie es Born hier schildert?

nebenan ist seine Automarke oder sein Urlaubsziel. Seine Lust- oder Unlustgefühle haben auf den Lauf der Maschine keinen Einfluss, und er hat auch kaum Gelegenheit, andere auf seinen Zustand aufmerksam zu machen. Er hat gelernt, dass ihm bestimmte Vorstellungen, Gedanken und Tagträume teuer zu stehen kommen, also hat er sie abgeschafft. Er hat seine Wahrnehmung und seine Lebensäußerung auf das Notwendige reduziert, und das Maß dafür bestimmen Tempo und Arbeitsweise der Maschine.

## Robert Walser: Basta

Der Schweizer Schriftsteller **Robert Walser** (1878–1956) war ein merkwürdiger, versponnener, sehr eigenwilliger Autor, der seine Geschichten und Gedichte in linierte Schulhefte oder auf kleine Zettel („Mikrogramme") schrieb. Er führte ein unstetes Leben mit wechselnden Berufen, einmal war er sogar Diener. Zunächst fast unbekannt, wurde er am Ende seines Lebens berühmt und wird heute mit Franz Kafka verglichen.

*Der Schweizer Schriftsteller Robert Walser führt in seiner nur scheinbar lustigen Satire eine häufige Form von Fremdbestimmung vor, die zunächst nicht als solche erscheint.*

Ich kam dann und dann zur Welt, wurde dort und dort erzogen, ging ordentlich zur Schule, bin das und das und heiße so und so und denke nicht viel. Geschlechtswegen bin ich ein Mann, staatswegen bin ich ein guter Bürger und rangeshalber gehöre ich zur besseren Gesellschaft. Ich bin ein säuberliches, stilles, nettes Mitglied der menschlichen Gesellschaft, ein so genannter guter Bürger, trinke gern mein Glas Bier in aller Vernunft und denke nicht viel. Auf der Hand liegt, dass mir Ideen fern liegen. Scharfes Denken liegt mir gänzlich fern; Ideen liegen mir vollständig fern, und deshalb bin ich ein guter Bürger, denn ein guter Bürger denkt nicht viel. Ein guter Bürger isst sein Essen, und damit basta! […]
Dafür bin ich ja ein guter Bürger, damit ich Ruhe habe, damit ich den Kopf nicht anzustrengen brauche, damit mir Ideen völlig fern liegen und damit ich mich vor zu vielem Denken ängstlich fürchten darf. Vor scharfem Denken habe ich Angst. Wenn ich scharf denke, wird es mir ganz blau und grün vor den Augen. Ich trinke lieber ein gutes Glas Bier und überlasse jedwedes scharfes Denken leitenden Staatslenkern. Staatsmänner können meinetwegen so scharf denken wie sie wollen und so lang, bis ihnen die Köpfe brechen. Mir wird immer ganz blau und grün vor den Augen, wenn ich den Kopf anstrenge, und das ist nicht gut, und deshalb strenge ich den Kopf so wenig wie möglich an und bleibe hübsch kopflos und gedankenlos. Wenn nur leitende Staatsmänner denken, bis es ihnen grün und blau vor den Augen wird und bis ihnen der Kopf zerspringt, so ist alles in Ordnung, und unsereins kann ruhig sein Glas hier in aller Vernunft trinken, mit Vorliebe gut essen und nachts sanft schlafen und schnarchen, in der Annahme, dass Schnarchen und Schlafen besser sei als Kopfzerbrechen und besser als Dichten und Denken. Wer den Kopf anstrengt, macht sich nur verhasst, und wer Absichten und Meinungen bekundet, gilt als ungemütlicher Mensch, aber ein guter Bürger soll kein ungemütlicher, sondern ein gemütlicher Mensch sein. Ich überlasse in aller Seelenruhe scharfes und kopfzerbrechendes Denken leitenden Staatsmännern, denn unsereins ist ja doch nur ein solides und unbedeutendes Mitglied der menschlichen Gesellschaft und ein so genannter guter Bürger oder Spießbürger, der gern sein Glas Bier in aller Vernunft trinkt und gern sein möglichst gutes fettes Essen isst und damit basta!

Ich heiße so und so, kam dann und dann zur Welt, wurde dort und dort ordentlich und pflichtgemäß in die Schule gejagt, lese gelegentlich die und die Zeitung, bin von Beruf das und das, zähle so und so viele Jahre und verzichte darauf, viel und angestrengt zu denken, weil ich Kopfanstrengungen und Kopfzerbrechen mit Vergnügen leitenden und lenkenden Köpfen überlasse, die sich verantwortlich fühlen. Unsereins fühlt weder hinten noch vorn Verantwortung und denkt nicht viel, sondern überlässt dieses sehr eigenartige Vergnügen Köpfen, die die Verantwortung tragen. Ich ging da und da zur Schule, wo ich genötigt wurde, den Kopf anzustrengen, den ich seither nie mehr wieder einigermaßen angestrengt und in Anspruch genommen habe. Geboren bin ich dann und dann, trage den und den Namen, habe keine Verantwortung und bin keineswegs einzig in meiner Art.

George Grosz: Deutsche Männer (1922)

❶ Beschreiben Sie den Typus Mensch, den Grosz charakterisieren wollte, und vergleichen Sie ihn mit dem Typus, den R. Walser sechs Jahre zuvor darstellen wollte.

❷ Die Satire „Basta" wurde um 1916 geschrieben. Entwerfen Sie einen „Basta"-Text für die heutige Zeit.

❸ Definieren Sie anhand der Satire den Typ des „Spießers".

# 3. Der sich befreiende Mensch

Die Verfassung unseres Staates beruht auf der Annahme der amerikanischen Unabhängigkeitserklärung, dass der Mensch von Geburt an frei und mit gleichen Rechten versehen ist.
Aber zunächst wird jeder in Gegebenheiten hineingeboren, die sein künftiges Leben stark vorherbestimmen: Die Kombination seiner Gene bestimmen Charakter und Begabungen; seine Familie versetzt ihn in eine bestimmte soziale Umgebung, z.B. die Oberschicht mit ihrer Sprache, ihren Umgangsformen, ihrem Reichtum und ihren Beziehungen; das wiederum prädestiniert das Neugeborene später zu einer bestimmten beruflichen Laufbahn; ob seine Eltern fürsorglich sind, liebevoll oder brutal, reguliert später sein Triebschicksal als Erwachsener – vielleicht wird er ein Sadist, ein liebevoller Familienvater oder ein beziehungsunfähiger, einsamer Mensch. So könnte noch in vielen anderen Bereichen die Festlegung eines Neugeborenen bewiesen werden.
Kann es also angesichts dieser scheinbar übermächtigen Einschränkung der menschlichen Existenz von Geburt an wirklich echte Freiheit geben oder ist sie bloß eine Fiktion, eine Hoffnung, eine Theorie?
Die folgenden Lösungen dieser Frage führen einige Möglichkeiten menschlicher Freiheit vor Augen:
**Martin Luther** denkt über die Freiheit eines Gläubigen nach; **Jean Paul Sartre** behauptet, dass jeder Mensch sich ständig frei wählen muss; **Henry David Thoreau** zeigt am eigenen Beispiel die Möglichkeit zum Widerstand auf; **Albert Camus** legt die Freiheit in die Momente der Revolte; **Friedrich Nietzsche** schließlich ist der Auffassung, die Freiheit erwerbe sich nur der, der um sie kämpfe.

**Martin Luther** (1483–1546), deutscher Reformator. Nach jahrelangem Ringen um den rechten Weg der Erlösung von Schuld erkannte er für sich persönlich, dass nicht ein gottgefälliges Leben die Erlösung erzwingt, sondern dass sie durch die Gnade Gottes geschenkt wird. Das begründete seinen Kampf gegen eine übermächtige, aber erstarrte päpstliche Kirche, die sich als alleinigen Zugang zu Gott verstand.

## Martin Luther: Von der Freiheit eines Christenmenschen

*Mit dem folgenden Text hat Martin Luther eine Tradition der Freiheit in Deutschland begründet, die in der politischen und geistigen Geschichte der Deutschen sehr wirksam werden sollte, aber auch immer umstritten war: der Rückzug in ein inneres Reich der Freiheit. Religiös und politisch Verfolgte beriefen sich darauf in den Kerkern, in die sie von den Mächtigen geworfen wurden. Ist diese Freiheit real oder ist sie nur theoretisch behauptet?*

Zum Ersten: Dass wir gründlich mögen erkennen, was ein Christenmensch sei und wie es getan sei um die Freiheit, die ihm Christus erworben und gegeben hat, davon St. Paulus viel schreibt, will ich setzen diese zwei Beschlüsse:
Ein Christenmensch ist ein freier Herr über alle Dinge und niemand untertan.
Ein Christenmensch ist ein dienstbarer Knecht aller Dinge und jedermann untertan.
Diese zwei Beschlüsse sind klar: St. Paulus, 1. Kor. 9: „Ich bin frei in allen Dingen und habe mich eines jedermanns Knecht gemacht“; item Römer 13: „Ihr sollt niemand in etwas verpflichtet sein, außer dass ihr euch untereinander liebet.“

Liebe aber, die ist dienstbar und untertan dem, was sie lieb hat; also auch von Christo, Galat. 4: „Gott hat seinen Sohn ausgesandt, von einem Weibe geboren, und dem Gesetz untertan gemacht." Zum andern: Diese zwei sich widersprechenden Reden der Freiheit und Dienstbarkeit zu vernehmen, sollen wir gedenken, dass ein jeglicher Christenmensch ist zweierlei Natur, geistlicher und leiblicher. Nach der Seele ist er ein geistlicher, neuer, innerlicher Mensch genannt, nach dem Fleisch und Blut wird er ein leiblicher, alter und äußerlicher Mensch genannt. Und um dieses Unterschiedes willen werden von ihm gesagt in der Schrift Worte, die da stracks widereinander sind, wie ich jetzt gesagt von der Freiheit und Dienstbarkeit. Zum Dritten: So wir uns vornehmen den inwendigen, geistlichen Menschen, zu sehen, was dazu gehöre, dass er ein frommer, freier Christenmensch sei und heiße, so ist's offenbar, dass kein äußerliches Ding kann ihn frei noch fromm machen, wie es mag immer genannt werden, denn seine Frömmigkeit und Freiheit, wiederum seine Bösheit und Gefängnis sind nicht leiblich noch äußerlich. Was hilft's der Seele, dass der Leib ungefangen, frisch und gesund ist, isset, trinkt, lebt, wie er will? Wiederum, was schadet das der Seele, dass der Leib gefangen, krank und matt ist, hungert, dürstet und leidet, wie er nicht gern wollte? Dieser Dinge reichet keines bis an die Seele, sie zu befreien und gefangen, fromm oder böse zu machen.

❶ Worauf gründet Martin Luther die Freiheit eines gläubigen Menschen?

❷ Vergleichen Sie seine Auffassung von Freiheit mit der von Karl Marx (s. S. 261 ff.).

## Jean-Paul Sartre: Freiheit als Wahl: „Tote ohne Begräbnis"

**Jean-Paul Sartre** (1905–1980) frz. Philosoph des Existenzialismus (Biografie s. S. 254)

*Frankreich 1944, kurz vor Kriegsende; Fünf Widerstandskämpfer der Resistance wurden bei einer gescheiterten Aktion gefangen genommen. Sie werden von französischen Milizionären (Geheimpolizisten), die mit der Nazi-Besatzung zusammenarbeiten, gefoltert, um sie zu zwingen, das Versteck ihres Anführers preiszugeben. Nacheinander werden sie zum Verhör geholt, die anderen müssen die Schreie der Gequälten mitanhören. Der Gefangene Sorbier hat große Angst vor körperlichen Schmerzen, er fürchtet, die Folter nicht aushalten zu können und zu reden.*

*Die Rollen:*
*Clochet, Landrieu, Pellerin = die französischen Folterer, die mit den Deutschen zusammenarbeiten.*
*Sorbier, Henri, Canoris = die französischen Widerstandskämpfer, die gefoltert werden.*

II. Akt, 7.–9. Szene

CLOCHET: Den Blonden muss man runterbringen. Der ist reif.
LANDRIEU: Den Blonden?
CLOCHET: Sorbier. Das ist ein Feigling.
LANDRIEU: Ein Feigling? Hol ihn!
*Clochet ab.*

Achte Szene

*Pellerin, Landrieu.*
PELLERIN: Das sind alles Feiglinge. Nur sind einige stur.

LANDRIEU: Pellerin! Was würdest du tun, wenn man dir die Fingernägel ausreißt?

PELLERIN: Die Engländer reißen keine Fingernägel aus

LANDRIEU: Aber die Maquisards?

PELLERIN: Man wird uns schon nicht die Fingernägel ausreißen.

LANDRIEU: Warum nicht?

PELLERIN: Man wird uns nicht die Fingernägel ausreißen!

*Clochet kommt zurück, hinter ihm Sorbier.*

CLOCHET: Lasst mich ihn verhören.

Neunte Szene

*Dieselben, Clochet, dann Sorbier, begleitet von Milizionären.*

CLOCHET: Nehmt die Handschellen ab! Bindet ihm die Arme an den Stuhl. *Er geht auf Sorbier zu.* Na, da bist du ja wieder. Da bist du wieder auf diesem Stuhl. Und wir sind auch da. Weißt du, warum wir dich runtergeholt haben?

SORBIER: Nein.

CLOCHET: Weil du ein Feigling bist, und weil du auspacken wirst. Du bist kein Feigling?

SORBIER: Doch.

CLOCHET: Siehst du. Ich habe es an deinen Augen abgelesen. Zeig sie mal her, diese aufgerissenen Augen ...

SORBIER: Du wirst auch solche Augen haben, wenn du aufgehängt wirst.

CLOCHET: Gib nicht so an, das passt nicht zu dir.

SORBIER: Genau solche; wir sind Brüder. Ich ziehe dich an, was? Mich folterst du gar nicht, sondern dich.

CLOCHET *brüsk*: Du bist Jude?

SORBIER *erstaunt:* Ich? Nein.

CLOCHET: Ich schwöre dir, dass du Jude bist. *Er gibt den Milizionären ein Zeichen, sie schlagen ihn.* Du bist nicht Jude?

SORBIER: Doch. Ich bin Jude.

CLOCHET: Gut. Also, hör zu: zuerst die Fingernägel. Das wird dir Zeit zum Nachdenken geben. Wir haben es nicht eilig, wir haben noch die ganze Nacht! Wirst du reden?

SORBIER: Abschaum.

CLOCHET: Was sagst du?

SORBIER: Ich sage: Abschaum. Du und ich, wir sind Abschaum.

CLOCHET *zu den Milizionären:* Nehmt die Zange und fangt an!

SORBIER: Lasst mich! Lasst mich! Ich werde reden. Ich werde euch sagen, was ihr wollt.

CLOCHET *zu den Milizionären:* Zieht ihm trotzdem etwas am Nagel, damit er sieht, dass es ernst ist.

*Sorbier stöhnt.*

Gut, wo ist dein Anführer?

SORBIER: Bindet mich los, ich kann nicht mehr auf diesem Stuhl sitzen. Ich kann nicht mehr! Ich kann nicht mehr!

*Landrieu gibt ein Zeichen. Die Milizionäre binden ihn los. Er steht schwankend auf und geht auf den Tisch zu.*

Eine Zigarette.

LANDRIEU: Danach.

SORBIER: Was wollt ihr wissen? Wo der Anführer ist? Ich weiß es. Die anderen wissen es nicht, aber ich weiß es. Ich war sein Vertrauter. Er ist ... *Zeigt abrupt auf einen Punkt hinter ihnen* ... da!

*Alle drehen sich um.*
*Er stürzt zum Fenster und springt aufs Gesims.*
Ich habe gewonnen! Kommt nicht näher oder ich springe. Ich habe gewonnen! Ich habe gewonnen!

CLOCHET: Spiel nicht den Idioten. Wenn du redest, lassen wir dich laufen.

SORBIER: Denkst du! *Schreiend:* He, ihr da oben! Henri, Canoris, ich habe nicht geredet.

*Die Milizionäre stürzen sich auf ihn. Er springt ins Leere.* Guten Abend.

❶ Erklären Sie die zunächst rätselhaften Sätze des Widerstandskämpfers Sorbier: „Ich sage: Abschaum, du und ich, wir sind Abschaum."

❷ Was will Sorbier mit dem Ausruf sagen: „Ich habe gewonnen!"?

## Die Freiheit der Wahl – Grundgedanken der existenzialistischen Philosophie von Jean-Paul Sartre*

Die Überzeugung von den Grundbedingungen der menschlichen Existenz, die hinter diesem Drama stehen, werden in folgenden Sätzen aus seinem Werk „Das Sein und das Nichts" aufs Äußerste zugespitzt.

*„Wenn ich in einen Krieg einberufen werde, ist dieser Krieg mein Krieg, weil ich jederzeit mich ihm hätte entziehen können, durch Selbstmord oder Fahnenflucht: diese äußersten Möglichkeiten sind diejenigen, die uns immer gegenwärtig sein müssen, wenn es darum geht, eine Situation ins Auge zu fassen. Da ich mich ihm nicht entzogen habe, habe ich ihn g e w ä h l t; das kann aus Energiemangel oder aus Feigheit gegenüber der öffentlichen Meinung geschehen, weil ich nämlich gewisse Werte höher schätze als eben den einer Weigerung, in den Krieg zu ziehen (die Hochschätzung seitens meiner Angehörigen, die Ehre meiner Familie usw.) Wie dem auch sei, es handelt sich um eine Wahl. Diese Wahl wird in der Folge ununterbrochen bis zum Ende des Krieges wiederholt. [...] Wenn ich einmal den Krieg dem Tode oder der Unehre vorgezogen habe, verläuft alles so, als trüge ich die volle Verantwortung für diesen Krieg. Ohne Zweifel haben Andere ihn erklärt, und man könnte vielleicht versucht sein, mich als bloßen Mitschuldigen zu betrachten. Aber dieser Begriff der Mitschuld hat nur einen juristischen Sinn, hier hält er nicht stand; denn es hätte v o n m i r abgehangen, dass dieser Krieg für mich und durch mich nicht existierte,* ***und ich habe entschieden, dass er existiert."***

❶ Warum kann J.-P. Sartre behaupten: Jeder Soldat stimmt dem Krieg zu, es ist sein Krieg?

Wie sind diese Behauptungen zu verstehen, wie zu rechtfertigen?
Der Mensch ist wie alle und alles andere zunächst Sein, das mit sich selbst völlig eins und ausgefüllt ist: **Sein-an-sich** (Existenz an sich). Dieses Sein ist sinnlos und zufällig, keinem Plan oder keiner höheren Bestimmung unterworfen, auch keiner Rangordnung verpflichtet. Die Existenz des Menschen ist nicht von vornherein wertvoller oder sinnvoller als die eines Felsen oder Wurmes. Die Erfahrung, reines Dasein an sich zu sein, wie alles um ihn herum, löst im Menschen einen hilflosen **Ekel** aus, so der Titel von Sartres erstem Roman („La nausée").
Die Besonderheit des Menschen aber besteht gegenüber allem anderen Sein darin, dass er auch noch Bewusstsein ist. Der Mensch ist das Wesen, das sich seiner eigenen Existenz bewusst ist, er ist also auch **Für-sich**. Der Mensch kann darüber hinaus die Existenz alles

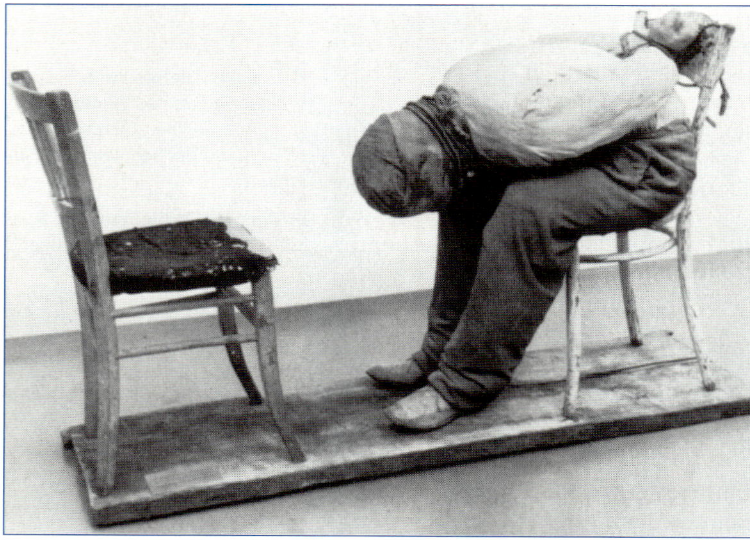

Siegfried Neuenhausen: Denkmal für Joao Borges de Souza (1972). De Souza war ein brasilianischer Student, der zu Tode gefoltert wurde. Der Künstler will an seinem Beispiel exemplarisch die Situation des gefolterten Menschen zeigen.

und aller anderen in seinem Bewusstsein spiegeln, zum Gegenstand seines Erkennens machen. Zusammengefasst: der Mensch kann sich vom reinen Sein losreißen und sich ihm erkennend gegenüberstellen durch sein Bewusstsein. Dieses Bewusstsein, das Für-sich-Sein, definiert Sartre im Bezug auf das reine Sein als das **Nichts**, als die Lücke, den Abstand zum Sein, der es dem Menschen ermöglicht, sich vom reinen Vegetieren zu trennen und zu erkennen, was ist, was sein könnte; was geschehen ist, was geschehen könnte; was er ist, was er sein könnte. Dieses Nichts, dieser **Riss im Dasein** macht den Menschen frei. In der äußersten Form kann dieses Sich-los-Reißen sogar Freitod bedeuten.

Diese menschliche **Freiheit,** die sich aus dem **Nichts** in ihm ergibt, bedeutet zugleich den Zwang, sich zu entwerfen, sich zu entscheiden, eine Wahl zu treffen. **Der Mensch ist zur Freiheit verdammt.** Da er nicht reines An-sich-Sein ist, sondern durch sein Bewusstsein in seine Vergangenheit und Zukunft sehen kann (Zeitbewusstsein), wird jeder Lebensakt, jede Handlung zu einer **Entscheidung**. Selbst wenn er nur noch schweigen und im Nichtstun erstarren würde, wäre das die Entscheidung, eben gerade zu schweigen. Das wiederum hat zur Folge, dass der Mensch für sich und sein Leben verantwortlich ist, ausschließlich und allein.

Sartre verneint damit nicht etwa die Realität der gegebenen Bedingungen. Natürlich erfährt sich jeder Mensch, in die Welt geworfen ohne seine Entscheidung, zunächst in bestimmten begrenzten Konditionen.

*„Weit entfernt, dass wir unsere Situation willkürlich ändern können, scheint es sogar, dass wir nicht einmal uns selbst ändern können. Ich bin weder ‚frei' dem Schicksal meiner Klasse, meines Volkes, meiner Familie zu entgehen, noch auch mir Einfluss oder ein Vermögen zu schaffen, noch meine unbedeutendsten Neigungen oder meine Gewohnheiten zu besiegen. Ich komme als Arbeiter zur Welt, als Franzose, mit Erbsyphilis oder Tuberkulose. Die Geschichte eines beliebigen Lebens ist die Geschichte eines Scheiterns. [...] Viel mehr als er ‚sich zu machen' scheint, wird der Mensch scheinbar ‚gemacht' vom Klima und der Erde, von der Rasse und der Klasse, der Sprache, der Geschichte des Kollektivs, dem er angehört, von der Erbmasse, den individuellen Umständen seiner Kindheit, den angenommenen Gewohnheiten, den großen und kleinen Ereignissen seines Lebens."*

Er wird also geboren in einer Villa oder einer Wellblechhütte. Und doch – so der frühe Sartre – kann er sich nicht des Zwanges entledigen, seine Realität, die sog. **Faktizität** wahrzunehmen und sie zu

❷ Welche Freiheit hat dieser Gefolterte nach Auffassung des Existenzialismus noch? Diskutieren Sie.

bejahen oder zu verneinen, sie anzunehmen oder sie zu bekämpfen. Die so verstandene Freiheit des Menschen heißt also nicht Beliebigkeit oder Willkür, sondern Selbstbestimmung durch Wahl. Und zu dieser Wahl gehören die vorgegebenen Lebensbedingungen, die sich dem Menschen entgegenstellen. Denn wie könnte sich Freiheit erfahren ohne diesen Widerstand? Es steht natürlich nicht im Belieben des Menschen, durch einen Plan, einen freien Entwurf die faktische Realität aufzuheben, also etwa aus einem steinigen, trockenen Wüstenboden ein feuchtes Regenwald-Biotop zu zaubern, nur weil er beschlossen hat, dort Orchideen zu züchten. Allerdings könnte er dort ein Gewächshaus bauen und lange Wasserleitungen für seine Orchideenzucht legen lassen, wobei der Wüstenboden immer noch der gleiche wäre.
Die Faktizität, das Gegebene muss in den Entwurf aufgenommen werden. Das Zusammenwirken von Gegebenheit und freiem Entwurf/Plan erzeugt eine **Situation** oder anders gesagt, nur in Situationen erfahren wir unsere Freiheit, nämlich dann, wenn uns die Fakten entgegenstehen. Entgegenstehen können sie uns nur, wenn wir einen Plan fassen, in dem diese Fakten, diese Bedingungen, als zu überwindende Gegenspieler auftauchen.
Anders als in den alltäglichen kleinen Entscheidungssituationen wird das Zusammenspiel von **Faktizität** und **Transzendenz** (= Übersteigen des Gegebenen durch einen Entwurf), aus dem sich Freiheit ergibt, besonders deutlich in den auf die Spitze getriebenen **Grenzsituationen.** So nennt der Philosoph Karl Jaspers die Herausforderungen wie Tod, Krankheit, Verlust usw.
Eine solche Grenzsituation bestand nach Sartres Auffassung im besetzten Frankreich. Jedes **Nein** in einem Verhör wurde mit dem Tod oder der Folter bedroht.

*„Gerade die Grausamkeit des Feindes trieb uns an die* ***äußersten Grenzen*** *unseres Menschseins …"; Und die* ***Wahl****, die jeder für sich traf, war echt, weil sie angesichts des Todes fiel, weil sie sich stets in der ‚Form': ‚Lieber den Tod als …' hätte ausdrücken lassen."*

So drückte es Sartre in seiner Radioansprache „Republik des Schweigens" an die Franzosen im Jahre 1944 aus.

❸ Überlegen Sie: Ist, gemäß der Philosophie Sartres, die Freiheit eines westlichen Millionärs ebenso groß wie die eines indischen Bettlers?

❹ Verbinden Sie in wenigen erläuternden Sätzen folgende Begriffe des Existenzialismus: Transzendenz – Faktizität – Riss im Dasein – Wahl – Freiheit – Bewusstsein.

❺ Angenommen, Sie würden die Grundaussagen des Existenzialismus über Freiheit und Bedingtheit des Lebens akzeptieren: Was bedeutet das für Ihr persönliches Leben?
Spielen Sie diese Frage an Entscheidungen Ihres alltäglichen Lebens durch, z. B.: Ist es Freiheit oder Zwang, jeden Tag in der Schule zu sitzen?

BIO-GRAFIE

# Jean-Paul Sartre (1905 – 1980)

„Der Mensch ist zur Freiheit verdammt“

Fünfzigtausend Menschen aus allen Schichten der Bevölkerung folgten dem Sarg Sartres am 19. April 1980 auf dem Weg zum Friedhof Montparnasse. Das zeigt eindrucksvoll die große Bedeutung, die dieser Philosoph und Schriftsteller für seine Zeit hatte, weit mehr als alle anderen Intellektuellen des zwanzigsten Jahrhunderts.

Am 21. Juni 1905 wurde er in Paris geboren. Er wuchs bei seinem Großvater auf, einem Gelehrten mit großer Bibliothek, in die das Kind früh eingeführt wurde. Nach dem Abitur studierte Sartre an der berühmten Pariser „Ecole normale superieure“ und legte die beste Abschlussprüfung seines Jahrgangs ab. Die zweitbeste Prüfung machte Simone de Beauvoir, seine spätere Lebensgefährtin. Von 1931 bis 1944 arbeitete Sartre an verschiedenen Gymnasien als Lehrer für Philosophie. Nach Militärdienst und deutscher Kriegsgefangenschaft (1940) veröffentlichte er sein erstes unvollendetes Hauptwerk **„Das Sein und das Nichts“** (1943). Darin entwickelte er die Philosophie des Existenzialismus: Der Mensch ist durch sein Bewusstsein „zur Freiheit verdammt“ (Siehe auch die ausführliche Darstellung im Kap. Freiheit und Determination).

Diese radikale Freiheit des allein auf sich gestellten Menschen, die in der Möglichkeit des Freitodes gipfelt, korrigierte Sartre später unter dem Eindruck des Zweiten Weltkrieges und verschiedener Freiheitsbewegungen. Er engagierte sich nun heftig in der Politik, gründete eine einflussreiche politisch-philosophische Zeitschrift („Les temps modernes“) und wandte sich gedanklich dem Marxismus zu, den er mit dem Existenzialismus in seinem zweiten philosophischen Hauptwerk **„Kritik der dialektischen Vernunft“** (1960) zu verschmelzen suchte.

Aus Protest gegen den Einmarsch der Sowjetunion in Ungarn (1956) trennte er sich von der Kommunistischen Partei Frankreichs.

Die besondere Stellung Sartres unter den Philosophen des Jahrhunderts fußt auch auf seiner Begabung, philosophische Probleme in literarisch gelungenen Romanen, Theaterstücken und Essays zu verarbeiten. Sein erster Roman **„Der Ekel“** (1938) handelt von dem existenzialistischen Ekel vor dem sinnlosen Dasein. In den erfolgreichen Theaterstücken „Bei geschlossenen Türen“ (1945) „Tote ohne Begräbnis“ (1946) und „Die schmutzigen Hände“ (1948) zeigte er, wie sich Menschen in extremen Grenzsituationen entscheiden müssen.

Ebenso wie seine provokanten gedanklichen Thesen wirkte das private Leben des Philosophen auf die Menschen seiner Zeit. Die offene Beziehung und geistige Partnerschaft mit der Schriftstellerin Simone de Beauvoir, die zu einer der wichtigsten Leitfiguren des Feminismus wurde, diente vielen als Vorbild für ein neues Verhältnis zwischen Mann und Frau. Die studentische Jugend Europas war um 1950 so stark von Sartres Gedankenwelt fasziniert, dass sie eine „existenzialistische Mode“ entwickelte (schwarze Kleidung, Jazzmusik, Kellerkneipen). 1964 wies Sartre den Nobelpreis und damit 250.000 Schwedische Kronen zurück: ‚Ich habe offizielle Auszeichnungen immer abgelehnt.“

Bis zu seinem Tode schrieb er, vor allem nachts, über die verschiedensten Themen. Als er blind wurde, diktierte er. Das Geheimnis seines unablässigen Schreibens, seiner ungeheuren Arbeitswut hatte er schon zuvor in der Autobiografie **„Die Wörter“** (1964) enthüllt: Als Kind fing er an zu schreiben, um sich die Achtung und die Liebe der Menschen zu erringen.

## Henry David Thoreau: Über die Pflicht des Ungehorsams gegenüber dem Staat

*In diesem Essay, den er zuerst 1846 in seiner Heimatstadt Concord (Mass.) öffentlich vortrug, wendet sich Thoreau gegen die Vernichtung der Indianer, die Sklaverei und den amerikanisch-mexikanischen Krieg (1846–1848), in dem die USA Mexiko die späteren Bundesstaaten Texas, New Mexiko, Utah, Nevada, California und Arizona entrissen.*
*Gandhi studierte diesen Essay und wurde von ihm beeinflusst, als er die Formen des passiven Widerstandes gegen die britischen Kolonialherren in Indien entwickelte.*

Unter einer Regierung, die irgendjemanden unrechtmäßig einsperrt, ist das Gefängnis der angemessene Platz für einen gerechten Menschen. […]
Der entflohene Sklave, der mexikanische Kriegsgefangene auf Parole und der Indianer mit seinen Anklagen gegen das Unrecht, das man seiner Rasse zufügt: nur hier sollen sie ihn finden, im Gefängnis; auf diesem abgeschiedenen, aber freien und ehrbaren Boden, wo der Staat jene hinbringt, die nicht *mit* ihm, sondern *gegen* ihn sind: es ist das einzige Haus in einem Sklavenstaat, das ein freier Mann in Ehren bewohnen kann. Vielleicht glauben manche, dass sie dort ihren Einfluss verlieren, dass ihre Stimme das Ohr des Staates nicht mehr erreicht, sie glauben, dass ihre Feindschaft innerhalb dieser Mauern unwirksam wäre – aber sie wissen nicht, um wie viel die Wahrheit stärker ist als der Irrtum und wie viel ausdrucksvoller und wirksamer sie die Ungerechtigkeit bekämpfen können, wenn sie sie nur ein bisschen an sich selbst erfahren haben. Lege in deine Stimme das ganze Gewicht, wirf nicht nur einen Papierzettel, sondern deinen ganzen Einfluss in die Waagschale. Eine Minderheit ist machtlos, wenn sie sich der Mehrheit anpasst; sie ist dann noch nicht einmal eine Minderheit; unwiderstehlich aber ist sie, wenn sie ihr ganzes Gewicht einsetzt. Vor der Wahl, ob er alle anständigen Menschen im Gefängnis halten oder Krieg und Sklaverei aufgeben soll, wird der Staat mit seiner Antwort nicht zögern. Wenn tausend Menschen dieses Jahr keine Steuern bezahlen würden, so wäre das keine brutale und blutige Maßnahme – das wäre es nur, wenn sie sie zahlten und damit dem Staat erlaubten, Brutalitäten zu begehen und Blut zu vergießen. Das Erstere ist, was wir unter einer friedlichen Revolution verstehen – soweit sie möglich ist. Wenn nun aber – wie es geschehen ist – der Steuereinnehmer oder irgendein anderer Beamter mich fragt: „Was soll ich aber jetzt tun?“, so ist meine Antwort: „Wenn du wirklich etwas tun willst, dann gib dein Amt auf.“ Wenn einmal der Untertan den Gehorsam verweigert und der Beamte sein Amt niedergelegt hat, dann hat die Revolution ihr Ziel erreicht. […]
Ich habe sechs Jahre keine Wahlsteuer bezahlt. Einmal wurde ich deshalb für eine Nacht ins Gefängnis gesteckt. Wie ich da stand und mir die massiven Steinmauern betrachtete, die zwei oder drei Fuß dick waren, die Türe aus Holz und Eisen – einen Fuß dick – und das Eisengitter, welche das Licht siebte, kam mir die ganze Dummheit dieser Institution zum Bewusstsein, die mich so behandelte, als wäre ich nicht mehr als Fleisch, Blut und Knochen, was man einschließen kann. […]

**Henry David Thoreau** (1817–1862). Der amerikanische Schriftsteller war ein radikaler Individualist, der sich den Normen seiner Umwelt nicht fügte. In seinem Buch „Walden“ schilderte er, wie er von 1845 bis 1847 in einer selbst gebauten Hütte an einem Waldsee lebte, einfach und zurückgezogen, im Einklang mit sich und der Natur. Seine Schriften, v.a. der hier abgedruckte Essay, beeinflussten Gandhi und dessen Lehre vom „passiven Widerstand“.

Thoreaus Waldhütte
Nach einer Zeichnung seiner Schwester Sophia, als Vignette auf der Titelseite der Erstausgabe von 1845.

❶ Erörtern Sie, ob Sie dem ersten Satz des Essays zustimmen können.

❷ Überlegen Sie die Frage: Ist die in unserem Staat weit verbreitete Steuerhinterziehung Ausdruck des stillen Protests gegen die Ausgaben des Staates oder einfach nur Bereicherung?

❸ Was verbindet Thoreau mit Luther, was unterscheidet ihn?

Mit dem inneren Wesen, sei es intellektuell oder moralisch, kann der Staat sich also niemals auseinander setzen, sondern nur mit dem Körper, mit den Sinnen. Er verfügt weder über größere Vernunft noch Ehrlichkeit, sondern nur über größere physische Gewalt. Ich bin nicht für den Zwang geboren. Ich werde nach meiner Art atmen. Wir wollen doch sehen, wer stärker ist. Was für eine Macht hat eine Masse? Nur die können mich zwingen, die ein höheres Gesetz befolgen als ich. Sie zwingen mich dann, so wie sie zu werden. Ich habe noch nie gehört, dass ein *Mensch* von einer Menschenmasse *gezwungen* worden wäre, so oder so zu leben. Was wäre das auch für ein Leben!

**Albert Camus** (1913–1960), französischer Schriftsteller (s. S. 228)

## Albert Camus: Der Mensch in der Revolte

*Die menschliche Fähigkeit zu denken, zu träumen und Pläne zu machen, kann von bedrückenden Umständen befreien. Jedoch ändert dieses Denken zunächst nichts an den Tatsachen selbst, – auch wenn es oft ein erster Schritt ist zu einem Handeln, das direkt in die Wirklichkeit eingreift. Ein Handeln, das sich gegen eine unerträgliche Umwelt auflehnt, kann als Revolte bezeichnet werden.*

Was ist ein Mensch in der Revolte? Ein Mensch, der Nein sagt. Aber wenn er ablehnt, verzichtet er doch nicht, er ist auch ein Mensch, der Ja sagt aus erster Regung heraus. Ein Sklave, der sein Leben lang Befehle erhielt, findet plötzlich einen neuen unerträglich. Was ist der Inhalt dieses „Nein"? Es bedeutet zum Beispiel: „das dauert schon zu lange", „bis hierher und nicht weiter", „sie gehen zu weit" und auch „es gibt eine Grenze, die sie nicht überschreiten werden". Im Ganzen erhärtet dieses „Nein" das Bestehen einer Grenze. Dieselbe Vorstellung einer Grenze findet man in dem Gefühl des Revoltierenden, dass der andere „übertreibe", dass er sein Recht über eine Grenze erstrecke, jenseits welcher ein anderes Recht ihm entgegentritt und es beschränkt. So ruht die Bewegung der Revolte zu gleicher Zeit auf der kategorischen Zurückweisung eines unerträglich empfundenen Eindringens wie auf der dunklen Gewissheit eines guten Rechts, oder genauer auf dem Eindruck des Revoltierenden, „ein Recht zu haben auf ...". Die Revolte kommt nicht zustande ohne das Gefühl, irgendwo und auf irgendeine Art selbst Recht zu haben. Insofern sagt der Sklave im Aufstand zugleich Ja und Nein. Er bestätigt gleichzeitig mit der Grenze alles, was er jenseits von ihr vermutet und schützen will. Er demonstriert hartnäckig, dass es in ihm etwas gibt, das „die Mühe lohnt", das beachtet zu werden verlangt. In gewisser Weise stellt er der Ordnung, die ihn bedrückt, eine Art Recht entgegen, nicht bedrückt zu werden über das hinaus, was er zulassen kann. Gleichzeitig mit dem Widerwillen gegen den Eindringling enthält jede Revolte eine völlige und unmittelbare Zustimmung des Menschen zu einem Teil seiner selbst. Er lässt also unausgesprochen ein Werturteil einfließen, und so wenig unverpflichtend, dass er mitten in der Gefahr an ihm festhält. Bisher schwieg er zum mindesten, jener Verzweiflung hingegeben, in welcher eine Lebensbedingung, selbst wenn man sie für ungerecht hält, hingenommen wird. Schweigen heißt glauben machen, dass man über nichts urteilt und nichts begehrt, und in gewissen Fällen heißt es in der Tat nichts wünschen. Die Verzweiflung beurteilt und begehrt wie das Absurde alles im Allgemeinen und nichts im Besonderen. Das Schweigen drückt sie gut aus. Doch vom Augenblick an, wo sie spricht, sei es auch verneinend, begehrt und beurteilt sie. Wer revoltiert, im etymologischen Wortsinn, macht kehrt. Er schritt unter der Peitsche des Herrn. Nun bietet er ihm die Stirn. Er stellt das Vorzuziehende dem Nichtvorzuziehenden gegenüber. Nicht jeder Wert löst die Revolte aus, doch jede revoltierende Bewegung ruft stillschweigend einen Wert an. Handelt es sich zum mindesten um einen Wert?

„Wir sind das Volk!“ Demonstration in Leipzig 1989

Eine Bewusstwerdung, sei sie noch so unbestimmt, wächst aus der Bewegung der Revolte: die plötzlich durchbrechende Erkenntnis, dass im Menschen etwas ist, womit der Mensch sich identifizieren kann, sei es nur eine Zeit lang. Diese Identifizierung wurde bis jetzt nicht wirklich gefühlt. Alle Erpressungen vor der Aufstandsbewegung hat der Sklave geduldet. Oft hatte er, ohne zu reagieren, empörendere Befehle erhalten als denjenigen, der seine Weigerung auslöste. Er nahm sie mit Geduld auf, sträubte sich vielleicht im Innern gegen sie, aber, da er schwieg, mehr um sein unmittelbares Interesse bekümmert als seines Rechtes schon bewusst. Mit dem Verlust der Geduld, mit der Ungeduld, beginnt im Gegenteil eine Bewegung, die sich auf alles erstrecken kann, was vorher hingenommen wurde. Dieser Aufschwung ist fast immer rückwirkend. Im Augenblick, da er den demütigenden Befehl seines Oberen zurückweist, weist der Sklave auch sein Sklavendasein zurück. Die Bewegung der Revolte trägt ihn über den Punkt seiner einfachen Weigerung hinaus. Er überschreitet sogar die Grenze, die er seinem Gegner gezogen, indem er jetzt als Ebenbürtiger behandelt zu werden verlangt. Was zuerst ein unbeugsamer Widerstand des Menschen war, wird nun der ganze Mensch, der sich mit ihm identifiziert und sich darin erfüllt. Diesen Teil seiner selbst, dem er Respekt verschaffen wollte, stellt er nun über den Rest und verkündet laut, ihn allem, selbst dem Leben, vorzuziehen. Er wird für ihn das höchste Gut. Verharrte er zuvor in einem Kompromiss, so wirft sich der Sklave mit einem Schlag jetzt („da es ja so ist“) an das Alles oder Nichts. […]

Äußerstenfalls nimmt er den letzten Verfall hin: den Tod, wenn man ihm jene ausschließliche Anerkennung rauben sollte, die er nun zum Beispiel seine Freiheit nennt. Lieber aufrecht sterben als auf den Knien leben.

❶ Stellen Sie fest, was für den Revoltierenden das „höchste Gut“ wird!

❷ Was bedeutet in Sartres Drama das „Schweigen“ (s. S. 249), was bedeutet es hier in Camus' Essay?

❸ Kennen Sie das Gefühl „Bis hierher und nicht weiter“ aus eigener Erfahrung im Alltag von Familie und Schule?

❹ Betrachten Sie das Bild auf dieser Seite: Was treibt die Menschen an, gegen die Herrschaft der SED in der DDR 1989 zu demonstrieren?
Suchen Sie Verbindungen mit Camus' Thesen zur Revolte.

## Friedrich Nietzsche: Freiheit als Kampf um die Freiheit

**Friedrich Nietzsche** (1844–1900), deutscher Philosoph (Biografie s. S. 208)

Mit **Liberalismus** und liberalen Institutionen meint Nietzsche den Parlamentarismus, Parteienorganisation, Wahlrecht für jedermann usw.

*Mein Begriff von Freiheit.* Der Wert einer Sache liegt mitunter nicht in dem, was man mit ihr erreicht, sondern in dem, was man *für* sie bezahlt, was sie uns *kostet.* Ich gebe ein Beispiel. **Die liberalen Institutionen** hören alsbald *auf,* liberal zu sein, sobald sie erreicht sind: es gibt später keine ärgeren und gründlicheren Schädiger der Freiheit als liberale Institutionen. Man weiß ja, was sie zuwege bringen: sie unterminieren den Willen zur Macht, sie sind die zur Moral erhobene Nivellierung von Berg und Tal, sie machen klein, feige und genüsslich – mit ihnen triumphiert jedes Mal das Herdentier. Liberalismus: auf deutsch *Herden-Vertierung* ... Dieselben Institutionen bringen, so lange sie noch erkämpft werden, ganz andre Wirkungen hervor; sie fördern dann in der Tat die Freiheit auf eine mächtige Weise. Genauer zugesehn, ist es der Krieg, der diese Wirkungen hervorbringt, der Krieg *um* liberale Institutionen, der als Krieg die *illiberalen* Instinkte dauern lässt. Und der Krieg erzieht zur Freiheit.

Denn was ist Freiheit? Dass man den Willen zur Selbstverantwortlichkeit hat. Dass man die Distanz, die uns abtrennt, festhält. Dass man gegen Mühsal, Härte, Entbehrung, selbst gegen das Leben gleichgültiger wird. Dass man bereit ist, seiner Sache Menschen zu opfern, sich selber nicht abgerechnet. Freiheit bedeutet, dass die männlichen, die kriegs- und siegsfrohen Instinkte die Herrschaft haben über andre Instinkte, zum Beispiel über die des „Glücks“. Der *frei gewordene* Mensch, um wie viel mehr der frei gewordne *Geist,* tritt mit Füßen auf die verächtliche Art von Wohlbefinden, von dem Krämer, Christen, Kühe, Weiber, Engländer und andre Demokraten träumen. **Der freie Mensch ist Krieger.**

❶ Soll das heißen: Der Mensch, der nicht Soldat ist, kann nicht frei sein? Begründen Sie Ihre Meinung.

– Wonach misst sich die Freiheit, bei Einzelnen wie bei Völkern? Nach dem Widerstand, der überwunden werden muss, nach der Mühe, die es kostet, *oben* zu bleiben. **Den höchsten Typus freier Menschen hätte man dort zu suchen, wo beständig der höchste Widerstand überwunden wird**: fünf Schritte weit von der Tyrannei, dicht an der Schwelle der Gefahr der Knechtschaft. Dies ist psychologisch wahr, wenn man hier unter den „Tyrannen“ unerbittliche und furchtbare Instinkte begreift, die das Maximum von Autorität und Zucht gegen sich herausfordern – schönster Typus Julius Cäsar –; dies ist auch politisch wahr, man mache nur seinen Gang durch die Geschichte. Die Völker, die etwas wert waren, wert *wurden,* wurden dies nie unter liberalen Institutionen: die große *Gefahr* machte etwas aus ihnen, das Ehrfurcht verdient, die Gefahr, die uns unsre Hilfsmittel, unsre Tugenden, unsre Wehr und Waffen, unsern *Geist* erst kennen lehrt – die uns *zwingt,* stark zu sein ... *Erster* Grundsatz: man muss es nötig haben, stark zu sein: sonst wird man's nie. – Jene großen Treibhäuser für starke, für die stärkste Art Mensch, die es bisher gegeben hat, die aristokratischen Gemeinwesen in der Art von Rom und Venedig verstanden Freiheit genau in dem Sinne, **wie ich das Wort Freiheit verstehe: als etwas, das man hat und *nicht* hat, das man *will,* das man erobert ...**

❷ Arbeiten Sie die Freiheitsauffassung Nietzsches heraus und übertragen Sie diese auf unsere heutige Welt.

❸ Verträgt sich Nietzsches Auffassung mit unserem Grundgesetz (z. B. Menschenrechte)?

❹ Obgleich Nietzsche gegen jede Art von Rassismus und Nationalismus war, hat der Nationalsozialismus ihn zu ihrem geistigen Wegbereiter ernannt. Zeigen Sie auf, inwiefern Nietzsches Freiheitsgedanke auch von Hitler missbraucht werden konnte.

# 4. Utopien: Ideale einer freien Gesellschaft

Offensichtlich empfindet jeder Einzelne sich als grundsätzlich frei trotz aller möglichen und tatsächlichen Einschränkungen. Jeder hat die Vorstellung, prinzipiell könne er auch anders entscheiden oder leben als so, wie er es gerade tut. Nur ist es eben sehr schwer, wirklich frei und selbstbestimmt zu leben. Allzu vieles steht dem entgegen.

Hieronymus Bosch: Der Garten der Lüste (um 1505)

Wie aber wäre es, wenn die Gemeinschaft der Menschen selbst frei sein könnte? Wenn die gesellschaftlichen Rahmenbedingungen die Autonomie der Einzelnen bekräftigen und unterstützen würden, statt sie zu unterdrücken?
Über solche ideale Konstruktionen einer Gesellschaft, die völlig gerecht, harmonisch, friedlich ist und in der zu leben für den Menschen eine Lust ist, haben im Lauf der Zeit viele nachgedacht. Heute nennen wir diese theoretischen Entwürfe **Utopien** nach dem Titel der Schrift von **Thomas Morus:** „Utopia“, was im Griechischen so viel wie „Nirgendwo-Land“ heißt. In diesem Roman beschrieb Morus auch die Bedingungen, unter denen die Menschen frei leben könnten.

❶ Wenn Menschen eine für sie ersehnte Welt benennen wollen, benutzen sie den Begriff „Paradies“. Untersuchen Sie, ob das Paradies eine Welt der Freiheit ist.

❷ Betrachten Sie das Bild Boschs: Was könnte hier das Paradiesische sein?

Auch **Karl Marx** war in seinen frühen Schriften angetrieben von der Suche nach einer irdischen Idealgemeinschaft, in der der Mensch allseitig sich in Freiheit entfalten könnte. Er versuchte zu beweisen, dass der Mensch unter dem Druck einer kapitalistischen Ökonomie, in der er ausschließlich für den Profit der Kapitalisten arbeitet, nicht frei, sondern nur entfremdet von sich selbst leben kann.
**Rosa Luxemburg** setzte diese Utopie in ein politisches Programm um.
Dieses utopische Element ist wiederum auch in der **Verfassung unserer Demokratie** zu entdecken. Das Grundgesetz unseres Staates z.B. entwirft ein Panorama menschlicher Freiheitsrechte, die in der Realität der wirtschaftlichen und politischen Zwänge nicht umgesetzt werden können oder sollen. Ein juristischer Kommentar von **Richard Schmid** zu unserem Grundgesetz beschäftigt sich mit diesem Widerspruch zwischen dem Ideal der Verfassung und der Realität.

**Thomas Morus** wurde 1478 in London geboren und in der gleichen Stadt 1535 hingerichtet. Er war als Kanzler zurückgetreten, als Heinrich VIII. sich vom Papst lossagte und zum Oberhaupt der englischen Kirche ernannte, nur um sich von Königin Katharina scheiden zu lassen und Anne Boleyn heiraten zu können. Die Standhaftigkeit und geistige Unabhängigkeit Morus' nahm ihm der König übel, er klagte ihn wegen Hochverrats an und ließ ihn töten.

## Thomas Morus: Lob eines utopischen Staats und Kritik der bestehenden Staaten

*Im ersten Buch schildert Morus die Missstände im England seiner Zeit, wo die Reichen immer reicher werden in unersättlicher Habgier und die immer zahlreicheren Armen schließlich in eine verzweifelte Kriminalität getrieben werden. Im zweiten Buch berichtet der Reisende Raphael Hythlodaeus von einer fernen Insel, auf der ein Vernunftsstaat gegründet wurde. Während in England die Bereicherung Grundlage des Staates ist, herrscht auf der Insel eine Gütergemeinschaft. Deshalb müssen die Einwohner auch nur 6 Stunden am Tag arbeiten. Ansonsten widmen sie sich den Künsten und Wissenschaften, essen gemeinsam und regeln alle Konflikte mithilfe der Vernunft. Auch bei der Hochzeitswerbung z.B. herrscht das Gesetz der Aufklärung: Die künftigen Ehepartner dürfen sich unter Aufsicht gegenseitig nackt begutachten.*
*Thomas Morus hatte starke Zweifel, ob es je eine Gesellschaft geben wird, deren Maßstäbe ausschließlich Vernunft und Gerechtigkeit sind.*

Ich habe euch so wahrheitsgetreu wie möglich die Verfassung dieses Staatswesens beschrieben, das nach meiner festen Überzeugung nicht nur das Beste, sondern auch das Einzige ist, das mit Recht den Namen eines ‚Gemeinwesens' für sich beanspruchen kann. Denn wo man sonst von Gemeinwohl spricht, haben es alle nur auf den eigenen Nutzen abgesehen; hier, wo es nichts Eigenes gibt, berücksichtigt man ernstlich die Belange der Allgemeinheit. Hier wie da handelt man mit gutem Grund. Denn wie wenige gibt es anderswo, die nicht wissen, dass sie, falls sie nicht für sich selbst sorgen, trotz noch so großer Blüte des Staates Hungers sterben müssten? Und deshalb drängt jeden die Not, mehr sich selbst als das Volk, das heißt: die anderen, zu berücksichtigen. Hier dagegen, wo allen alles gehört, ist jeder sicher, dass keinem etwas für seine persönlichen Bedürfnisse fehlt, sofern nur dafür gesorgt wird, dass die öffentlichen Speicher gefüllt sind. Es gibt nämlich keine missgünstige Güterverteilung, es gibt weder Arme noch Bettler dort, und obwohl keiner etwas besitzt, sind doch alle reich. Denn welch größeren Reichtum kann es geben, als wenn man, jeder Sorge ledig, frohen und ruhigen Herzens leben kann, ohne um sein tägliches Brot zu bangen, ohne von der jammernden Ehefrau um Geld geplagt zu werden. […]

Wenn ich daher alle diese Staaten, die heute irgendwo in Blüte stehen, prüfend an meinem Geiste vorbeiziehen lasse, so finde ich – so wahr mir Gott helfe! – nichts anderes als eine Art von Verschwörung der Reichen, die im Namen und unter dem Rechtstitel des Staates für ihren eigenen Vorteil sorgen. Alle möglichen Schliche und Kniffe ersinnen und erdenken sie, um zunächst einmal das, was sie durch üble Machenschaften zusammengerafft haben, ohne Furcht vor Verlust zusammenzuhalten, dann aber alle Mühe und Arbeit der Armen so billig wie möglich zu erkaufen und ausnützen zu können. Sobald die Reichen erst einmal im Namen der Allgemeinheit, das heißt also auch der Armen, den Beschluss gefasst haben, diese Methoden anzuwenden, so erhalten sie auch schon Gesetzeskraft. Aber selbst wenn diese üblen Elemente in ihrer unersättlichen Gier alles das untereinander aufgeteilt haben, was für alle ausgereicht hätte: wie weit sind sie trotzdem entfernt von dem glücklichen Zustand der Utopier! **Welche Last von Beschwerlichkeiten ist doch diesem Gemeinwesen abgenommen, welche Saat von Verbrechen mit Stumpf und Stiel ausgerottet, seit dort mit dem Gebrauch des Geldes zugleich jede Gier danach aus der Welt geschafft ist!** Denn wer weiß denn nicht, dass Betrug, Diebstahl, Raub, Streit, Aufruhr, Zank, Empörung, Mord, Verrat und Giftmischerei, durch die üblichen Strafen mehr nur geahndet als verhütet, mit der Abschaffung des Geldes zugleich abstürben und zudem Furcht, Kummer, Sorge, Mühsal und Schlaflosigkeit im selben Augenblick wie das Geld vergehen würden? **Ja, die Armut selbst, die allein des Geldes zu bedürfen scheint, schwände sofort dahin, wenn man überall das Geld völlig abschaffte.**

Vergleichen Sie unsere moderne Gesellschaft an der Konstruktion von „Utopia" und stellen Sie fest:
– wo Sie lieber leben wollen;
– wo die Freiheit besser verwirklicht werden kann.

## Karl Marx und Friedrich Engels: Deutsche Ideologie

**Karl Marx** (1818–1883), deutscher Philosoph und revolutionärer Politiker (s. S. 202 ff.)

*Kaum eine andere philosophische Theorie der Moderne fand solche bedingungslose Anhänger und Gegner wie die von Karl Marx. Das hat seine Ursache sicher auch darin, dass Marx die Philosophie unmittelbar mit der politischen Praxis verbunden hat. Es komme nicht darauf an, die Welt zu verstehen, sondern sie zu ändern, war seine Maxime. In der „Deutschen Ideologie" (1845/46) begründete er seine Auffassung der Menschheitsgeschichte mit dem Ursprung aller menschlichen Existenz; der Arbeit. Gegen diesen Zwang entwarf er knapp die utopische Möglichkeit freien Lebens in einer kommunistischen Gesellschaft.*

Wir müssen […] damit anfangen, dass wir die erste Voraussetzung aller menschlichen Existenz, also auch aller Geschichte konstatieren, nämlich die Voraussetzung, dass die Menschen imstande sein müssen zu leben, um „Geschichte machen" zu können. **Zum Leben aber gehört vor allem Essen und Trinken, Wohnung, Kleidung und noch einiges andere. Die erste geschichtliche Tat ist also die Erzeugung der Mittel zur Befriedigung dieser Bedürfnisse, die Produktion des materiellen Lebens selbst,** und zwar ist dies eine geschichtliche Tat, eine Grundbedingung aller Geschichte, die noch

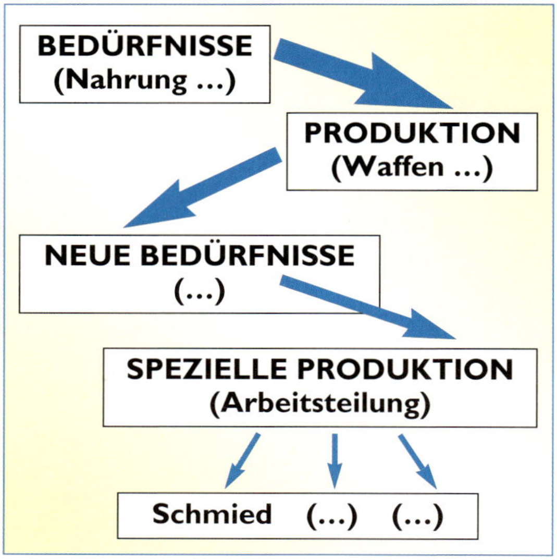


❶ Vervollständigen Sie diese Zeichnung des Gedankengangs von Marx.
Arbeiten Sie heraus, wann sich die geistige und die körperliche Arbeit trennen und was das für unsere heutige Zeit bedeutet.

heute, wie vor Jahrtausenden, täglich und stündlich erfüllt werden muss, um die Menschen nur am Leben zu erhalten. […]
Das Zweite ist, dass das befriedigte erste Bedürfnis selbst, die Aktion der Befriedigung und das schon erworbene Instrument der Befriedigung zu neuen Bedürfnissen führt – **und diese Erzeugung neuer Bedürfnisse ist die Folge der ersten geschichtlichen Tat.** […]
Das dritte Verhältnis, was hier gleich von vornherein in die geschichtliche Entwicklung eintritt, ist das, **dass die Menschen, die ihr eigenes Leben täglich neu machen, anfangen, andre Menschen zu machen, sich fortzupflanzen** – das Verhältnis zwischen Mann und Weib, Eltern und Kindern, die Familie.
[…] Es zeigt sich also schon von vornherein ein materialistischer Zusammenhang der Menschen untereinander, der durch die Bedürfnisse und die Weise der Produktion bedingt und so alt ist wie die Menschen selbst – ein Zusammenhang, der stets neue Formen annimmt und also eine „Geschichte" darbietet, auch ohne dass irgendein politischer oder religiöser Konsens existiert, der die Menschen noch extra zusammenhalte.
Jetzt erst […] finden wir, **dass der Mensch auch „Bewusstsein" hat.** Aber auch dies nicht von vornherein, als „reines" Bewusstsein. **Das Bewusstsein ist also von vornherein schon ein gesellschaftliches Produkt** und bleibt es, solange überhaupt Menschen existieren. Das Bewusstsein ist natürlich zuerst bloß Bewusstsein über die *nächste* sinnliche Umgebung und Bewusstsein des bornierten[1] Zusammenhanges mit anderen Personen und Dingen außer dem sich bewusst werdenden Individuum; es ist zu gleicher Zeit Bewusstsein der Natur, die den Menschen anfangs als eine durchaus fremde, allmächtige und unangreifbare Macht gegenübertritt, zu der sich die Menschen rein tierisch verhalten, von der sie sich imponieren lassen wie das Vieh; und also ein rein tierisches Bewusstsein der Natur (Naturreligion). […]
Dieser Anfang ist so tierisch wie das gesellschaftliche Leben dieser Stufe selbst, er ist bloßes Herdenbewusstsein, und der Mensch unterscheidet sich hier vom Hammel nur dadurch, dass sein Bewusstsein ihm die Stelle des Instinkts vertritt, oder dass sein Instinkt ein bewusster ist. Dieses Hammel- oder Stammbewusstsein erhält seine weitere Entwicklung und Ausbildung durch die gesteigerte Produktivität, die Vermehrung der Bedürfnisse und die beiden zugrunde liegende Vermehrung der Bevölkerung. Damit entwickelt sich die Teilung der Arbeit, die ursprünglich nichts war als die Teilung der Arbeit im Geschlechtsakt, dann Teilung der Arbeit, die sich vermöge der natürlichen Anlage (z.B. Körperkraft), Bedürfnisse, Zufälle, etc. etc. von selbst oder „naturwüchsig" macht. Die Teilung der Arbeit wird erst wirklich Teilung von dem Augenblicke an, wo eine Teilung der materiellen und geistigen Arbeit eintritt. Von diesem augenblick an *kann* sich das Bewusstsein wirklich ein-

[1] borniert (frz. borné = beschränkt): dumpf, ungebildet, eingeschränkt

bilden, etwas anderes als das Bewusstsein der bestehenden Praxis zu sein, *wirklich* etwas vorzustellen, ohne etwas Wirkliches vorzustellen – von diesem Augenblicke an ist das Bewusstsein imstande, sich von der Welt zu emanzipieren und zur Bildung der „reinen" Theorie, Theologie, Philosophie, Moral etc. überzugehen.
Mit der Teilung der Arbeit, in welcher alle diese Widersprüche gegeben sind und welche ihrerseits wieder auf der naturwüchsigen Teilung der Arbeit in der Familie und Trennung der Gesellschaft in einzelne, einander entgegengesetzte Familien beruht, ist zu gleicher Zeit auch die Verteilung, und zwar die *ungleiche,* sowohl quantitative wie qualitative Verteilung der Arbeit und ihrer Produkte gegeben, also das Eigentum, das in der Familie, wo die Frau und die Kinder die Sklaven des Mannes sind, schon seinen Keim, seine erste Form hat. Die freilich noch sehr rohe, latente Sklaverei in der Familie ist das erste Eigentum, das übrigens hier schon vollkommen der Definition der modernen Ökonomen entspricht, nach der es die Verfügung über fremde Arbeitskraft ist. Übrigens sind Teilung der Arbeit und Privateigentum identische Ausdrücke – in dem einen wird in Beziehung auf die Tätigkeit dasselbe ausgesagt, was in dem andern in Bezug auf das Produkt der Tätigkeit ausgesagt wird.
Sowie nämlich die Arbeit verteilt zu werden anfängt, hat jeder einen bestimmten ausschließlichen Kreis der Tätigkeit, der ihm aufgedrängt wird, aus dem er nicht heraus kann; er ist Jäger, Fischer oder Hirt oder kritischer Kritiker und muss es bleiben, wenn er nicht die Mittel zum Leben verlieren will – während in der kommunistischen Gesellschaft, **wo jeder nicht einen ausschließlichen Kreis der Tätigkeit hat, sondern sich in jedem beliebigen Zweig ausbilden kann, die Gesellschaft die allgemeine Produktion regelt und mir eben dadurch möglich macht, heute dies, morgen jenes zu tun, morgens zu jagen, nachmittags zu fischen, abends Viehzucht zu treiben, nach dem Essen zu kritisieren, wie ich gerade Lust habe, ohne je Jäger, Fischer, Hirt oder Kritiker zu werden.** Dieses Sichfestsetzen der sozialen Tätigkeit, diese Konsolidation[1] unsres eignen Produkts zu einer sachlichen Gewalt über uns, die unsrer Kontrolle entwächst, unsre Erwartungen durchkreuzt, unsre Berechnungen zunichte macht, ist eines der Hauptmomente in der bisherigen geschichtlichen Entwicklung.

❷ Wie kann nach der „Deutschen Ideologie" Freiheit entstehen?
Halten Sie diesen Freiheits-Entwurf in unserer Industriegesellschaft für realisierbar? Wenn ja, unter welchen Bedingungen? (Diskussion)

❸ Bertolt Brecht formulierte in der „Dreigroschenoper" den berühmten Satz: „Erst kommt das Fressen, dann kommt die Moral."
Weisen Sie nach aufgrund der „Deutschen Ideologie", dass dies eine marxistische Aussage ist.

## Rosa Luxemburg: Aus dem Programm des Spartakusbundes

*Im Programm der Marxistin Rosa Luxemburg wird siebzig Jahre nach der „Deutschen Ideologie" deutlich, welche Anforderungen an den Einzelnen eine sozialistische Gesellschaft stellen muss, um die von Marx geforderte Freiheit zu verwirklichen.*

Die Verwirklichung der sozialistischen Gesellschaftsordnung ist die gewaltigste Aufgabe, die je einer Klasse und einer Revolution der Weltgeschichte zugefallen ist. Diese Aufgabe erfordert einen vollständigen Umbau des Staates und eine vollständige Umwälzung in den wirtschaftlichen und sozialen Grundlagen der Gesellschaft.

**Rosa Luxemburg** (1871–1919). Die gebürtige Polin war ein prominentes Mitglied der SPD im Deutschen Kaiserreich und galt als der „genialste

[1] Konsolidation (lat.): Verfestigung, Verselbstständigung

Kopf, der bisher unter den wissenschaftlichen Erben von Marx hervorgetreten ist“ (F. Mehring). Ihr bewegtes Leben zeigte, wie sie Theorie und Praxis in Einklang zu bringen versuchte. Einerseits verfasste sie als hoch gebildete Theoretikerin programmatische Schriften über die gesellschaftlichen und ökonomischen Zusammenhänge ihrer Zeit, andererseits ging sie für ihre Überzeugungen auch mehrmals ins Gefängnis. 1917 gründete sie den Spartakusbund, aus dem später die KPD hervorging. Während des von ihr nicht gewollten so genannten „Spartakus-Aufstandes“ (1919) wurde sie auf grausame Weise von Freikorps-Soldaten (Privatarmee von kaisertreuen Offizieren nach dem Zusammenbruch des Kaiserreichs) erschlagen.

❶ Was fordert R. Luxemburg von den Arbeitern um freier existieren zu können?

❷ Ein oft gehörter Einwand gegen den Marxismus lautet: Die sozialistische Gesellschaft könne nur mit idealen Menschen funktionieren. Stimmen Sie diesem Einwand zu?

Dieser Umbau und diese Umwälzung können nicht durch irgendeine Behörde, Kommission oder ein Parlament dekretiert, sie können nur von der Volksmasse selbst in Angriff genommen und durchgeführt werden.
In allen bisherigen Revolutionen war es eine kleine Minderheit des Volkes, die den revolutionären Kampf leistete, die ihm Ziel und Richtung gab und die Masse nur als Werkzeug benutzte, um ihre eigenen Interessen, die Interessen der Minderheit, zum Siege zu führen. Die sozialistische Revolution ist die erste, die im Interesse der großen Mehrheit und durch die große Mehrheit der Arbeitenden allein zum Siege gelangen kann.
Die Masse des Proletariats ist berufen, nicht bloß der Revolution in klarer Erkenntnis Ziele und Richtung zu stecken. Sie muss auch selbst, durch eigene Aktivität, Schritt um Schritt den Sozialismus ins Leben einführen.
Das Wesen der sozialistischen Gesellschaft besteht darin, dass die große arbeitende Masse aufhört, eine regierte Masse zu sein, vielmehr das ganze politische und wirtschaftliche Leben selbst lebt und in bewusster freier Selbstbestimmung lenkt. […]
Die Proletariermassen müssen lernen, aus toten Maschinen, die der Kapitalist an den Produktionsprozess stellt, zu denkenden, freien, selbsttätigen Lenkern dieses Prozesses zu werden. Sie müssen das Verantwortlichkeitsgefühl wirkender Glieder der Allgemeinheit erwerben, die Alleinbesitzerin allen gesellschaftlichen Reichtums ist. Sie müssen Fleiß ohne Unternehmerpeitsche, höchste Leistung ohne kapitalistische Antreiber, Disziplin ohne Joch und Ordnung ohne Herrschaft entfalten. Höchster Idealismus im Interesse der Allgemeinheit, straffste Selbstdisziplin, wahrer Bürgersinn der Massen sind für die sozialistische Gesellschaft die Grundlage, wie Stumpfsinn, Egoismus und Korruption die moralische Grundlage der kapitalistischen Gesellschaft sind.

## Richard Schmid: Menschenwürde und tatsächliche Freiheit

**Richard Schmid**, Richter (Landgerichtsdirektor) und juristischer Theoretiker

George Mason: „Alle Menschen sind von Natur aus frei und unabhängig und besitzen gewisse angeborene Rechte …“ (Virginia Bill of Rights, 1776)

*Art. 1 [Schutz der Menschenwürde]*
*(1) Die Würde des Menschen ist unantastbar. Sie zu achten und zu schützen ist Verpflichtung aller staatlichen Gewalt.*

Tatsächlich und rechtlich wird jedoch **die Frage der Menschenwürde und der Menschenrechte** dann besonders **dringend,** wo jene angeblichen Wesenszüge des Menschen (gemeint ist: seine Freiheit) unsichtbar geworden sind und nur noch die elende Kreatur Mensch sichtbar ist, die im Netz der Notwendigkeit und der Not zappelt. **Es wäre nüchterner und realistischer gewesen, nicht von der unantastbaren Menschenwürde zu reden;** denn gerade weil sie so sehr antastbar ist und täglich tausendfach angetastet wird, ist es nötig, dagegen rechtlichen Schutz zu gewähren. […]
Obwohl die Literatur über die Menschenwürde deren ethische Seite ausführlich würdigt, ist die nach Kant schlimmste Form der Verletzung, nämlich den Menschen **„bloß als Mittel zu gebrauchen“** (Kritik der praktischen Vernunft I, 1III), noch wenig erörtert. Die

hochgradige Technisierung und Organisierung unserer Gesellschaft weist massenhaft Sachverhalte auf, bei denen der Mensch als Person, als Wesen mit eigenen Strebungen, Eigenschaften und Fähigkeiten verschwindet und nur noch als statistischer Posten oder als mechanischer Hebel für bestimmte Zwecke in Erscheinung tritt. Das ist zum Beispiel der Fall bei der Fabrikarbeit an gewissen Maschinen. Auch übermäßiger Lärm gehört dazu. Es gibt Beispiele aus der Rechtspraxis. […]

**Übrigens haben zweifellos auch Kinder Menschenwürde.** Deren Verletzung im Kindesalter mag sogar besonders schwere Schäden verursachen. […]

Die Beobachtung der Rechtsprechung im Allgemeinen und der Verfassungsrechtsprechung im Besonderen zeigt, dass es an Möglichkeiten der *rechtlichen* Durchsetzung von Grundrechten in der Bundesrepublik Deutschland im Allgemeinen nicht mangelt. […]

Dabei ist aber folgender große Vorbehalt geboten: **Diese Verwirklichung durch den Richter setzt den Kläger voraus; und Kläger zu sein setzt seinerseits Mut, Mittel, Beharrlichkeit und vieles andere voraus.** Es ist sicher, dass die im Rechtsweg verfolgten Verletzungen von Grundrechten nicht nur statistisch, sondern vor allem ihrer menschlichen Bedeutung nach geringer sind im Verhältnis zu den nicht an die rechtliche Oberfläche dringenden Verletzungen. Eine große Dunkelziffer versteht sich hier von selbst; sie ist aber weniger schädlich, wenn man sich ihrer entsprechend bewusst ist. Bewusst werden sollte man sich vor allem dessen, dass, **je schwerer die Verletzung, je stärker Menschenwürde und Entfaltungsfreiheit beschädigt oder unterdrückt sind, umso geringer die Möglichkeit der Durchsetzung im Rechtsweg. Schon der Versuch der Durchsetzung ist ein Akt bewiesener Menschenwürde und freier Entfaltung.** Man steht also vor der Paradoxie, dass die Durchsetzung der Grundrechte gerade dort unmöglich ist, wo sie menschlich am nötigsten wäre. Als Beispiel nenne ich gewisse **durch die moderne Technisierung und Automatisierung massenhaft entstandene Arbeitsverhältnisse,** die sowohl körperlich wie psychisch nicht nur Menschenwürde und Entfaltungsfreiheit unterdrücken, sondern durch ihr Übermaß sogar das Bewusstsein dieser Unterdrückung in den Betroffenen abstumpfen. Auch innerhalb gewisser rechtlicher oder faktischer Gewaltverhältnisse zum Beispiel in Anstalten, wird häufig die *tatsächliche* Unmöglichkeit der Durchsetzung eines Grundrechts stärker sein als die *rechtliche* Möglichkeit. Neben solche Sachverhalte gestellt, können die recht hoch gegriffenen Formulierungen des Grundgesetzes zuweilen hohl und irreal wirken. Um so wichtiger ist es, sich der Verpflichtung zur Durchsetzung der Menschenrechte in aller Breite und Tiefe bewusst zu sein.

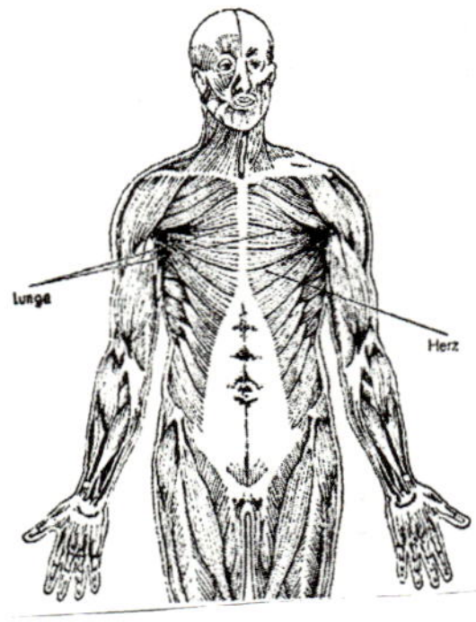


## Der Arbeiter.

Der Arbeiter ist eine Modifikation des Menschen. Seine besondere Konstitution (Muskelkraft) befähigt ihn, unmittelbar an Produktionsprozessen teilzunehmen.
Allerdings ist auch er – wie jeder andere Mensch – sehr stark von äußeren Einflüssen abhängig, insbesonders lässt seine Leistungsfähigkeit stark nach, wenn:

a) die Lufttemperatur über 25° C steigt oder unter 12° C sinkt,
b) die Luftbewegung weniger als 0,2 m/sec. beträgt,
c) die Luftbewegung mehr als 1 m/sec. beträgt,
d) die Luftfeuchtigkeit mehr oder weniger als durchschnittlich 50% beträgt,
e) der Sauerstoffgehalt der Luft unter 23% fällt.

❶ Mit dieser Anzeige warb 1971 eine große Belüftungsfirma für ihre Produkte.
Welche Auffassung des Menschen steht nach Ihrer Meinung hinter dieser Reklame?
Vergleichen Sie mit unserem Grundgesetz.

❷ Arbeiten Sie heraus, wodurch der Jurist Richard Schmid die Freiheit und Menschenwürde im Geltungsbereich unseres Grundgesetzes gefährdet sieht.

❸ Die Juristen unterscheiden die Verfassungsidealität (= wie es sein soll) von der Verfassungsrealität (= wie es tatsächlich ist). Suchen Sie Beispiele für solche Fälle, in denen die Freiheitsrechte und die Menschenwürde nach Ihrer Ansicht nicht durchzusetzen sind:
– in der Arbeitswelt (Fabrik, Büro …);
– in Institutionen wie Schule, Bundeswehr, Krankenhaus;
– im Eltern-Kind-Verhältnis …

# 5. Spielräume der Freiheit

In einer befriedeten, zivilisierten, demokratischen Gesellschaft wie der unsrigen erscheint es selten nötig, Freiheit im dramatischen Sich-Befreien, im kämpferischen Widerstand zu erobern oder zu bewahren. Andererseits werden die Menschen der Industriestaaten von Tausenden von Gesetzen, Vorschriften, Verbindlichkeiten eingegrenzt und müssen funktionieren, um nicht sozial ausgegrenzt zu werden. Welche Möglichkeiten bleiben also noch im Alltag, Freiheit tatsächlich zu erfahren? Im Konsum? Die Werbung verspricht dem Verbraucher mit dem Kauf bestimmter Waren ungeahnte Erlebnisse von Freiheit, z.B. mit einem Rasierwasser. Im Urlaub und in der Freizeit? Für immer mehr Menschen scheint Freiheit gleichbedeutend mit Freizeit zu sein. Im politischen Engagement? In der Liebe, im Vertrauen zu Freunden? Im Spiel?

## Johan Huizinga: Homo ludens (Der spielende Mensch)

**Johan Huizinga** (1872–1945), niederländischer Kulturhistoriker, Professor für niederländische Geschichte. Bedeutende und auch in Deutschland viel gelesene Werke: „Herbst des Mittelalters“, 1919; „Erasmus“, 1924; „Homo ludens“, 1938. 1942 wurde der Siebzigjährige für mehrere Monate von den Nationalsozialisten in ein Konzentrationslager verschleppt und durfte danach bis zu seinem Tode nicht mehr an seinen Wohnort zurückkehren.

Alles Spiel ist zunächst und vor allem ein *freies Handeln*. Befohlenes Spiel ist kein Spiel mehr. Höchstens kann es aufgetragenes Wiedergeben eines Spiels sein. Schon durch diesen Charakter der Freiheit sondert sich das Spiel auf dem Lauf eines Naturprozesses heraus. Es fügt sich ihm an und legt sich wie ein schönes Kleid über ihn hin. Freiheit muss hier natürlich in dem weiteren Sinne verstanden werden, in dem das Problem vom Determinismus unberührt bleibt. Damit hat man also ein erstes Hauptkennzeichen des Spiels: es ist frei, es ist Freiheit. Unmittelbar damit hängt ein zweites Kennzeichen zusammen.

*Spiel ist nicht das „gewöhnliche“ oder das „eigentliche“ Leben*. Es ist vielmehr das Heraustreten aus ihm in eine zeitweilige Sphäre von Aktivität mit einer eigenen Tendenz. Schon das kleine Kind weiß genau, dass es „bloß so tut“, dass alles „bloß zum Spaß“ ist. Wie tief dies Bewusstsein in der Kinderseele haftet, wird m. E. besonders schlagend durch den Fall illustriert, den mir seinerzeit der Vater eines Kindes mitgeteilt hat: Er trifft sein vierjähriges Söhnchen an, wie es auf dem vordersten einer Reihe von Stühlen sitzt und „Eisenbahn“ spielt. Er hätschelt das Kind, dies aber sagt: „Vater, du darfst die Lokomotive nicht küssen, sonst denken die Wagen, es wäre nicht echt.“ In diesem „Bloß“ des Spiels liegt ein Minderwertigkeitsbewusstsein, ein Gefühl von „Spaß“ gegenüber dem „Ernstgemeinten“, das primär zu sein scheint. Wir haben schon darauf aufmerksam gemacht, dass das Bewusstsein, bloß zu spielen, gar nicht ausschließt, dass dies „bloße Spielen“ mit dem größten Ernst vor sich gehen kann, ja mit einer Hingabe, die in Begeisterung übergeht und die Bezeichnung „bloß“ zeitweilig vollkommen aufhebt. Jedes Spiel kann jederzeit den Spielenden ganz in Beschlag nehmen. Der Gegensatz Spiel – Ernst bleibt stets schwebend. Alle Forscher legen den Nachdruck auf den uninteressierten Charakter des Spiels. Dieses Etwas, das nicht das „gewöhnliche Leben“ ist, *steht außerhalb des Prozesses der unmittelbaren Befriedigung von Notwendigkeiten und Begierden, ja es unterbricht diesen Prozess.* Es schiebt sich

Kinder spielen Indianer: Kriegstanz

zwischen ihn als eine zeitweilige Handlung ein. Diese läuft in sich selbst ab und wird um der Befriedigung willen verrichtet, die in der Verrichtung selbst liegt. So wenigstens stellt sich uns das Spiel an sich und in erster Instanz betrachtet dar: als ein Intermezzo[1] im täglichen Leben, als Betätigung in der Erholungszeit und zur Erholung. Aber bereits in seiner Eigenschaft als eine regelmäßig wiederkehrende Abwechslung wird es Begleitung, Ergänzung, ja Teil des Lebens im Allgemeinen. Es schmückt das Leben, es ergänzt es und ist insofern unentbehrlich, unentbehrlich für die Einzelperson als biologische Funktion und unentbehrlich für die Gemeinschaft wegen des Sinnes, der in ihm enthalten ist, wegen seiner Bedeutung, wegen seines Ausdruckswertes und wegen der geistigen und sozialen Verbindungen, die es schafft: kurzum als Kulturfunktion. Es befriedigt Ideale des Ausdrucks und des Zusammenlebens. Es hat seinen Platz in einer Sphäre, die über der des rein biologischen Prozesses des Sichnäherns, Sichpaarens und Sichschützens liegt.

Die Ausnahme- und Sonderstellung des Spiels wird in bezeichnender Weise darin offenbar, dass es sich so gern mit einem Geheimnis umgibt. Schon kleine Kinder erhöhen den Reiz ihres Spiels dadurch, dass sie eine kleine Heimlichkeit daraus machen. Das ist etwas für uns, nicht für die anderen. Was die anderen da draußen tun, geht uns eine Zeit lang nichts an. *In der Sphäre eines Spiels haben die Gesetze und Gebräuche des gewöhnlichen Lebens keine Geltung.* Wir „sind" und wir „machen" es „anders". Diese zeitweilige Aufhebung der „gewöhnlichen Welt" ist bereits im Kinderleben völlig ausgebildet, ebenso deutlich sieht man sie aber bei den großen, im Kult verankerten Spielen der Naturvölker. Während des großen Einweihungsfestes, bei dem die Jünglinge in die Männergemeinschaft aufgenommen werden, sind nicht nur sie selber von dem gewöhnlichen Gesetz und den gewöhnlichen Regeln entbunden; im ganzen Stamm ruhen die Fehden. Alle Vergeltungstaten sind vorläufig ausgesetzt. Die zeitweilige Aufhebung des gewohnten Gesellschaftslebens einer großen heiligen Spielzeit zuliebe lässt sich auch in fortgeschrittenen Kulturen noch in zahlreichen Spuren finden. Hierzu gehört alles, was mit Saturnalien[2] und Karnevalssitten verwandt ist. Auch bei uns kannte eine Vergangenheit mit raueren privaten Sitten, ausgeprägteren Standesprivilegien und gemütlicherer Polizei noch die saturnalische Freiheit der jungen Leute des Stammes unter dem Namen „Studentenstreiche". An englischen

[1] Intermezzo (ital.): Zwischenspiel

[2] Saturnalien: Zu Ehren des Gottes Saturn bedienten in Rom am 17. Dezember die Herren die Sklaven auf Staatskosten – „verkehrte Welt" wie im heutigen Karneval

Universitäten lebt sie formalisiert weiter im „Ragging“, das im Lexikon als *„an extensive display of noisy disorderly conduct, carried out in defiance of authority and discipline“* beschrieben wird.
Das Anderssein und das Geheime des Spiels findet sichtbarsten Ausdruck in der Vermummung. In dieser wird „das Außergewöhnliche“ des Spiels vollkommen. Der Verkleidete oder Maskierte „spielt“ ein anderes Wesen. Er „ist“ ein anderes Wesen. Kinderschreck, ausgelassene Lustigkeit, heiliger Ritus und mystische Fantasie gehen in allem, was Maske und Verkleidung heißt, unauflösbar durcheinander.
*Der Form nach betrachtet, kann man das Spiel also zusammenfassend eine* ***freie Handlung*** *nennen, die als „nicht so gemeint“ und außerhalb des gewöhnlichen Lebens stehend empfunden wird und trotzdem den Spieler völlig in Beschlag nehmen kann, an die kein materielles Interesse geknüpft ist und mit der kein Nutzen erworben wird, die sich innerhalb einer eigens bestimmten Zeit und eines eigens bestimmten Raums vollzieht, die nach bestimmten Regeln ordnungsgemäß verläuft und Gemeinschaftsverbände ins Leben ruft, die ihrerseits sich gern mit einem Geheimnis umgeben oder durch Verkleidung als anders von der gewöhnlichen Welt abheben.*

❶ Beschreiben Sie verschiedene Spiele von Jugendlichen in Sport, Schule, Freundescliquen und klären Sie, ob die abschließende Definition Huizingas stimmt.

❷ In vielen Gymnasien ist der große Abitur-Schülerstreich zur Gewohnheit geworden.
- Was ist sein Sinn?
- Welches sind seine Spielregeln?
- Wann werden nach Ihrer Meinung die Grenzen des Spiels überschritten, die Spielregeln verletzt?

❸ Untersuchen Sie die Gemeinsamkeiten und Unterschiede, die das Kinderspiel mit der Kunst verbindet bzw. von ihr trennt. (siehe Kapitel: Fantasie an die Macht).

**Max Horkheimer**
(1895–1973), deutscher Philosoph und Soziologe, der als Jude 1933 in die USA emigrieren musste. Dort Begründer des einflussreichen „Institute of Social Research“. Ab 1949 wieder in Deutschland als Professor in Frankfurt, wo er mit Theodor W. Adorno die Theorie der sog. „Frankfurter Schule“ ausarbeitete. Diese Denkrichtung untersuchte kritisch die Gesellschaftsstrukturen des Spätkapitalismus und übte großen Einfluss auf die Studentenbewegung von 1968 aus.

## Max Horkheimer: Um die Freiheit

Das politische Gebiet, auf dem über Freiheit nicht zuletzt entschieden wird, ist von dem inneren Widerspruch zwischen materieller und geistiger Freiheit durchherrscht. Die Ära der Vollbeschäftigung und Konjunktur, in der die Menschen mehr als zu anderen Perioden an der Einrichtung ihres Gemeinschaftslebens selbsttätigen Anteil nehmen könnten, erweist sich zugleich als eine Periode politischer Lethargie. Mit der Beseitigung des wirtschaftlichen Drucks, der das politische Interesse unmittelbar rege hielt, könnte das Verlangen sich ausbreiten, an der Verbesserung und geistigen Durchdringung der Institutionen teilzunehmen, die großen Mittel jeder Art, an menschlicher Substanz, Finanzen und Gütern, die der Gemeinschaft zufließen, zum Guten anzuwenden. Bei einzelnen Menschen bewirkt die neue, auf der materiellen beruhende größere Freiheit das größere Bedürfnis, ihr gerecht zu werden. Hier in Deutschland wahrlich nicht bei wenigen. Die Regel ist vielmehr das Gegenteil. Nicht als ob man keine Nachrichten läse oder hörte, und zur Kenntnis nähme, welcher afrikanische Minister mit welchem asiatischen Staatsmann eine Unterredung hatte, über die dann beide sich befriedigt geäußert haben. Nicht als ob Geschäftsleute sich nicht auf dem Laufenden hielten, damit in den Anlagen jeder Art nichts vernachlässigt wird. Aber der Gedanke an den Stand des Gemeinwesens, seine Möglichkeiten, seine Pflichten nach innen und außen, seine Rolle und sein Schicksal in der Zukunft ist gleichsam mit einem negativen Vorzeichen versehen, Politik im eigentlichen Sinn erweckt ein Missbehagen. Es kann auf vieles sich berufen, zum Beispiel, dass man ja doch nichts machen kann: Die Maschinerie ist zu kompliziert, die Parteien und die Sachverständigen sind dafür da, und am Ende kann es schließlich ja nur schlechter werden, die Konjunktur zurückgehen, das Tempo der Inflation sich

steigern, die äußere Bedrohung ins akute Stadium übergehen; am liebsten gar nicht davon sprechen, nur Gehörtes wiederholen, oder irgendetwas reden und dabei an anderes denken. Die Gründe sind zugleich richtig und scheinhaft: richtig, weil die Argumente ungefähr zutreffen, scheinhaft, weil den wirklichen Grund die Ohnmacht bildet, jenen Zwang der Verhältnisse zu überwinden, die Situation zu erfassen, die Anstrengung zum unabhängigen Urteil aufzubringen, im Rahmen des Möglichen, sei es noch so bescheiden, darauf einzuwirken, dass das Bessere geschehe und das Unheil vermieden werde.
Die politische Apparatur ohne die vitale[1] Partizipation[2], ohne das spontane, ernsthafte, lebendige Interesse der Bürger, die ihm die Impulse geben sollen, muss, selbst beim besten Willen der Politiker, ein abstraktes isoliertes Element im Ganzen bleiben. Die Anstrengung ernsthafter Kommentatoren, die Reden von Politikern, die Wahlen sind nicht genug, um die Wechselwirkung zwischen Parlament und Regierung einerseits und den Bürgern andererseits herzustellen, durch die politische Freiheit, Demokratie erst im wahren Wortsinn wirklich wird. Das Unbehagen an der Politik, das daran hindert, die Verantwortung zu spüren, von der politischen Freiheit ernsthaften Gebrauch zu machen, ist unter allen Argumenten, die es für sich anzuführen hat, selber das schwerste Argument.

❶ Max Horkheimer zählt oft gehörte Gründe auf, sich nicht politisch zu engagieren. Erweitern Sie seine Liste um die Gründe, die heutzutage unter dem Schlagwort „Politikverdrossenheit" genannt werden.

❷ Nehmen Sie Stellung: Sind Sie mehr von den Gründen für die sog. „Politikverdrossenheit" überzeugt oder von der Aufforderung Horkheimers, persönliche Freiheit durch politische Mitarbeit zu sichern?

## Friedrich Cramer: Chaos und Ordnung

**Friedrich Cramer,** Prof. rer. nat., (* 1923), Direktor im Max-Planck-Institut für Experimentelle Medizin in Göttingen, Mitglied führender in- und ausländischer Akademien, zahlreiche wissenschaftliche Veröffentlichungen.

Aufgrund des fundamental-komplexen Charakters allen menschlichen Denkens und Handelns, aufgrund des rückgekoppelten Charakters aller Systeme, mit denen wir zu tun haben und die wir selbst sind, aufgrund des unbestimmten und unbestimmbaren Überganges von Ordnung und Chaos […], aufgrund des Netzwerkcharakters unseres Zentralnervensystems und des Lebens im Allgemeinen, bleibt immer ein unbestimmbarer Rest in unserem Handeln und in unserem Denken und Tun. Dieser unbestimmbare Rest ist jedoch nicht unsere Freiheit. Dann würde Freiheit einfach auf statistischen Schwankungen beruhen. Es wäre die Freiheit eines Wasserflohs.
Die menschliche Freiheit ist in der Kultursphäre entstanden, der Mensch hat sich befreit, wie Friedrich von Hayek sagt: „Freiheit wurde möglich durch die schrittweise Entwicklung der Disziplin der Zivilisation, die auch zugleich die Disziplin der Freiheit ist. Sie schützt den Menschen durch unpersönliche abstrakte Regeln vor willkürlicher Gewalt Dritter und ermöglicht dem Einzelnen, sich einen Bereich zu schaffen, in dem kein anderer sich einmischen darf und innerhalb dessen er sein Wissen für seine eigenen Zwecke verwenden kann."
**Durch Freiheit wird Komplexität enorm erhöht. Sie kann bei schrankenlosem Individualismus zu einer totalen Zerstörung der Gesellschaft führen und damit der Freiheit durch das eigene**

[1] vital (lat.): lebendig
[2] Partizipation (lat.): Teilnahme

**Überschlagen den Boden entziehen. Denn ohne eine Gesellschaft, in die der Mensch eingebettet ist und durch die er kontrolliert wird, ist er nicht frei. Er ist vielmehr ein armes, gehetztes Naturwesen, das ohne den Vorteil der Arbeitsteilung und ohne Schutz durch andere von den physischen Notwendigkeiten zerstört wird.** Der enorme Zuwachs an Komplexität durch Freiheit, der andererseits der menschlichen Gesellschaft nützlich ist – eine sich frei entfaltende Gesellschaft ist effektiver als eine reglementierte –, diese Komplexität muss dennoch irgendwie reduziert werden. In menschlichen Gesellschaften geschieht das durch bestimmte Konventionen, die auf gegenseitigem Vertrauen beruhen.

Ohne ein Mindestmaß an Vertrauen ist ein Leben in Freiheit nicht zu meistern. Man würde schon morgens beim Aufwachen aus Angst davor, was am Tage alles passieren könnte, sich die Bettdecke wieder über den Kopf ziehen. Ohne Vertrauen gäbe es keinen Handel; man vertraut darauf, dass die Zahlung erfolgt. Ohne Vertrauen gäbe es keine Verträge. Man vertraut darauf, dass sie eingehalten werden. Ohne Vertrauen gäbe es keinen Autoverkehr; man vertraut darauf, dass die Verkehrsregeln eingehalten werden. Natürlich wird das Vertrauen gelegentlich enttäuscht. Es gibt Krankheiten, Betrüger, Unfälle. Aber dennoch kann eine freiheitliche Gesellschaft ohne Vertrauen nicht funktionieren.

Vertrauen ist ein Prinzip menschlichen Zusammenlebens, Vertrauen ist nicht möglich ohne Liebe. Liebe ist also ein notwendiges Prinzip in unserer Menschenwelt. Ich will damit ganz und gar nicht sagen, dass Liebe nur eine entwicklungsbiologische und nützliche Errungenschaft der Evolution sei: Liebe ist eine Kraft, die in unserer Welt wirkt. Ohne diese Kraft könnte die Menschenwelt nicht existieren.

❶ Vergleichen Sie diese Passage mit der Auseinandersetzung zwischen normierter Ethik und der Diskursethik (s. S. 108) und versuchen Sie den Standpunkt Cramers in dieser Debatte einzuschätzen.

❷ Machen Sie ein Planspiel: Entwerfen Sie die Organisation einer Gemeinde, in der die menschlichen Beziehungen (Familie, Freundschaft, Beruf) nur von Misstrauen und Konkurrenz gesteuert werden, in der es keine Liebe und kein Vertrauen gibt. Stellen Sie fest, ob diese Gemeinde funktioniert.

Walter Schulz: Vernunft und Freiheit. Stuttgart (Reclam) 1981. Sammlung von Aufsätzen und Vorträgen wie „Freiheit und Unfreiheit", „Philosophische Aspekte der Angst" und „Zum Problem des Todes."

## Projekt

Untersuchen Sie in den populären Pop- und Rocksongs der Sechziger- bis Neunzigerjahre den Aspekt „Freiheit und Bindung bzw. Unterdrückung". Stellen Sie Ähnlichkeiten und Unterschiede bei dieser Thematik fest und versuchen Sie diese Ergebnisse historisch, ökonomisch und soziologisch zu erklären.

Nur ein Beispiel: Der Song „The Wall" von Pink Floyd, in dem am Schluss eine Mauer zerfällt.

# Recht und Gerechtigkeit

Forderung nach weltweiter sozialer Gerechtigkeit:
Plakate zweier karitativer Organisationen, 1998

Erinnerung an die Menschenrechtsdeklaration der Französischen Revolution
Denkmal in Gignac/Südfrankreich

Forderung nach rechtlicher Gleichstellung homosexueller Lebensgemeinschaften beim „Christopher's Street Day" 1998 in Berlin

# Einführung

Die Frage nach dem, was Recht und Unrecht, was Gerechtigkeit und Ungerechtigkeit ist, stößt in hohem Maße auf öffentliches und privates Interesse. Davon zeugt die große öffentliche Anteilnahme an Prozessen ebenso wie die vielfältige Darstellung von Rechtsfragen in den Medien (z. B. „Ratgeber Recht", „Wie würden Sie entscheiden?", „Liebling Kreuzberg") oder der große Erfolg von Spielfilmen über die Problematik der Urteilsfindung (z. B. „Die zwölf Geschworenen" 1957, „Ein kurzer Film über das Töten" 1987, „Dead man walking" 1995).

Die über Rechtsfragen oftmals kontrovers geführten Debatten offenbaren dabei das Vorhandensein unterschiedlicher Gerechtigkeitsauffassungen. Weder öffentliches noch privates Handeln kann von allen als richtig empfunden werden. Daher muss das Recht einen Rahmen vorgeben, aber auch Veränderungen zulassen, weil sich – ebenso wie moralische Vorstellungen – auch das Rechtsdenken und das Gerechtigkeitsempfinden wandeln. In Deutschland z. B. erkämpften Frauen das Wahlrecht (1919), wurde die Todesstrafe abgeschafft (Grundgesetzartikel 102, 1949), sind homosexuelle Handlungen unter Erwachsenen kein Straftatbestand mehr (Wegfall des § 175 StGB, 1994), wurde der Schutz der „sexuellen Selbstbestimmung" durch das Strafgesetzbuch erweitert (z. B. Kindesmissbrauch und Vergewaltigung in der Ehe als Straftatbestände), sind Eigentumsdelikte strafrechtlich nicht mehr strenger bewertet als Körperverletzungsdelikte (1998), muss das Steuerrecht kinderreiche Familien stärker entlasten (1999) usw.

Ebenso wie moralische Normen beanspruchen Rechtsnormen eine umfassende Verbindlichkeit und verlangen prinzipiell Gehorsam. Im Gegensatz zur Moral aber verschafft sich das Recht diese Achtung und Befolgung durch seine staatliche Erzwingbarkeit und Durchsetzbarkeit. Doch auch nicht alle rechtlich gebotenen Handlungen sind erzwingbar, so z. B. die den Verfassungsorganen vom Grundgesetz auferlegte Pflicht, zum *Wohl aller* zu handeln. Das Recht ermöglicht und begrenzt individuelle Freiheit und darf über gewisse Grenzen hinaus keine moralische Vorschriften machen: „Jeder kann sich für das moralisch Gute entscheiden, ohne durch das Recht dazu gezwungen zu sein" (Uwe Wesel).

Eine Rechtsordnung, der die Bürger nur äußerlich bzw. wegen ihrer Erzwingbarkeit Folge leisten, ohne von ihrer **Gerechtigkeit**, ihrer **Billigkeit** (= Bewertungsmaßstab nach den besonderen Umständen des Einzelfalls) und ihrer **Zweckmäßigkeit** überzeugt zu sein, ist schwach. Aufgabe einer jeden Gesellschaft und eines „Rechtsstaates" muss es daher sein, Rechtsnormen zu schaffen, denen auch aus innerer Überzeugung und bereitwillig zugestimmt wird. Dies gelingt umso mehr, wenn sich das Recht an der gesellschaftlichen Wirklichkeit orientiert und an den Bedürfnissen der sozialen Gemeinschaft ausgerichtet ist.

**Recht und Moral** (Sittlichkeit) decken sich nicht immer; die Moral wendet sich an die Gesinnung des Menschen, während das Recht sein äußeres Verhalten regelt. Moralisches Verhalten ist – ebenso wie Beachtung der Sitte (das sind die in der Gemeinschaft geltenden Anstandsregeln und Gebräuche) – nur erzwingbar, so weit es auch von Rechtsvorschriften gefordert ist.

aus: Otfried Höffe: Lexikon der Ethik. München (Beck) 5/1997

„Das Recht kann das sittlich-geistige Bewusstsein des Bürgers stärken, nicht aber es schaffen."
*Richard von Weizsäcker*, Bundespräsident 1984–1994

# 1. Wesen und Funktion des Rechts

## Uwe Wesel: Definition, Geschichte und Funktionen des Rechts

Was ist Recht? [...] Als zuerst darüber nachgedacht wurde, in den großen rechtsphilosophischen Entwürfen der griechischen Antike, da ging es noch um Wichtiges. Was ist Gerechtigkeit?, fragten **Platon** und **Aristoteles**. Und ihre Antwort? **Gleichheit**. Seit der Begründung einer Rechtsphilosophie der bürgerlichen Gesellschaft durch **Immanuel Kant**, in seiner „Metaphysik der Sitten" von 1797, sind wir mehr mit Formalitäten beschäftigt. Seitdem gibt es Definitionen von Recht. Selten sind sie so meisterhaft wie seine: **„Das Recht ist also der Inbegriff der Bedingungen, unter denen die Willkür des einen mit der Willkür des anderen nach einem allgemeinen Gesetze der Freiheit zusammen vereinigt werden kann."** Wollten wir uns nach dieser Formel entscheiden, dann würde schon zweifelhaft, ob man die Ordnung bei Sammlern und Jägern oder in segmentären Gesellschaften als Recht bezeichnen kann. Gibt es dort ein allgemeines Gesetz der Freiheit? Das die moralische Selbstverwirklichung des Einzelnen ermöglicht? Kant würde es dort nicht finden. Wohl aber Gleichheit. Also auch Gerechtigkeit. [...]

**Recht verändert seinen Charakter im Lauf der Zeit.** Am Beginn der Entwicklung bildet es eine kaum zu trennende Einheit mit Religion, Moral und Sitte. In der Antike hat es sich von der Religion weitgehend getrennt, weil die Herrschaft ihren Charakter veränderte, mit der es inzwischen verbunden war. Nicht mehr der König mit seiner religiösen Legitimation war Träger von Recht, sondern Wahlversammlungen und Senate. **Die Einheit mit Moral und Sitte war aber sehr viel größer als heute.** [...] Keiner der antiken Rechtsphilosophen beschäftigte sich mit der Frage einer Definition von Recht. Es ging immer um die Gerechtigkeit. Erst seit **Kant** gibt es eine große Zahl von Versuchen, das Recht unabhängig davon zu definieren, „abstrakt". Recht und Gerechtigkeit und, was letztlich das gleiche ist, **Recht und Moral werden begrifflich klar getrennt**, was natürlich auch Trennungsprozessen entspricht, die in der allgemeinen Entwicklung der bürgerlichen Gesellschaft stattfanden oder deutlicher: in Zusammenhang stand mit der sozialen Ungerechtigkeit ihres Rechts. Mit diesem Prozess der Ausdifferenzierung verändert sich das Recht. Mit der Entstehung von Herrschaft und Staat erhält es eine andere Funktion. In vorstaatlichen Gesellschaften entwickelt es sich in einem selbstregulierenden Prozess. Recht wird nun immer mehr von oben her bestimmt, vom Herrscher, vom Fürsten, vom König. Dabei ist er selbstverständlich nicht völlig frei. Es ist auch notwendig, dass das Recht von unten in der Gesellschaft angenommen wird. Es darf nicht auf unüberwindlichen Widerstand stoßen. Aber im Wesentlichen wird es nun ein Steuerungsinstrument, das von oben her eingesetzt wird. [...]

Die Geschichte des Rechts ist auch die seiner ständigen Ausbreitung. Schon in der Antike. Heute bezeichnet man diese Erscheinung als **Verrechtlichung.** Darüber wird von rechts und links ge-

**Uwe Wesel** (*1933) ist Professor für Rechtsgeschichte und Zivilrecht an der Freien Universität Berlin. Der Textauszug stammt aus seinem Werk „Geschichte des Rechts", München (Beck) 1997.

Justitia auf dem 1543 erbauten Gerechtigkeitsbrunnen in Frankfurt am Main mit den Attributen Waage (Gleichgewicht, Gerechtigkeit) und Schwert (Durchsetzungsmacht).

klagt. Von rechts macht man sich Sorgen über die Gesetzesflut, die die individuelle Freiheit wieder einschränkt. Von links wurde die Diskussion Anfang der Siebzigerjahre begonnen, weil die Verrechtlichung der Politik die Spielräume für Veränderung immer enger werden ließ. Wie auch immer. Dahinter steht jedenfalls die ständige Ausweitung staatlicher Herrschaft, verbunden mit Bemühungen, sie auf dem Rechtswege weiter einzuschränken. Auf der einen Seite ist es ein **Herrschaftsinstrument**, das besonders deutlich wird im politischen Strafrecht. Auf der anderen Seite dient es der **Einschränkung staatlicher Macht**. Iustitia fundamentum regnorum. Recht ist die Grundlage von Herrschaft. Auch sie ist an das Recht gebunden, darf es nicht übertreten. Das war der Schlachtruf der Liberalen für die Durchsetzung des Rechtsstaates im 19. Jahrhundert. […]

Nimmt man das **Recht von heute**, so kann man sagen, es habe im Wesentlichen **vier Funktionen**. Eine Definition wird hier bewusst vermieden. Sie wäre genauso fruchtlos, wie wenn man Wahrheit oder Kunst, Wissenschaft oder Religion definieren wollte. Die vier sind:

**1. Ordnungsfunktion**
**2. Gerechtigkeitsfunktion**
**3. Herrschaftsfunktion**
**4. Herrschaftskontrollfunktion**

Zum einen ist Recht ein Ordnungselement. Übliches Beispiel dafür ist der Straßenverkehr. Wie man ihn im Einzelnen regelt, das ist letztlich gleichgültig. Es muss nur eine bestimmte Ordnung geben. […] Zweitens: Recht dient der Durchsetzung von Gerechtigkeit. Das ist seine moralische und soziale Funktion, die es immer noch nicht voll erfüllen kann. Ein Defizit, das verursacht wird durch die Verbindung mit der dritten, der Herrschaftsfunktion. Recht hat nämlich außerdem die Funktion, Herrschaft aufrechtzuerhalten. […] Herrschaft ist oft eine Art Selbstzweck. Sonst gäbe es nicht so viele, die sie gern hätten. Zweitens dient sie immer auch anderen Interessen. In einer bürgerlichen liberalen Demokratie sind es die der Erhaltung des Privateigentums an den Produktionsmitteln. Damit ist eine Fülle von Problemen verbunden, Probleme für die soziale Gerechtigkeit, Sittlichkeit, Umweltschutz und Frieden, die bis heute nicht gelöst wurden. Die zum Teil negativen Wirkungen der Herrschaftsfunktion werden dadurch gemildert, dass das Recht inzwischen auch ein Mechanismus zur Kontrolle von Herrschaft geworden ist. Bei uns ist das im Wesentlichen die Funktion der Verwaltungs- und Verfassungsgerichtsbarkeit. **Der Gedanke des Rechtsstaates**. Auch staatliche Herrschaft ist an das Recht gebunden, muss sich kontrollieren lassen. Wobei allerdings der Staat selbst die Rahmenbedingungen dafür gesetzt hat.

❶ Unterscheiden Sie zwischen rechtlichen und moralischen Normen. Warum werden seit Kant Recht und Moral begrifflich getrennt?

❷ Erklären Sie den Begriff „Verrechtlichung“ (z. B. im Fall der Anfechtung einer Zeugnisnote). Erklären Sie in diesem Zusammenhang auch die „Herrschaftsfunktion“ des Rechts.

❸ Was würde geschehen, wenn es das Recht nicht gäbe? Erläutern Sie in diesem Zusammenhang den Begriff „Rechtsstaat“.

❹ Nennen Sie Beispiele für die Kontrolle der Macht durch das Recht. Ziehen Sie auch das auf S. 174 f. abgedruckte Urteil des Bundesverfassungsgerichtes heran.

Reinhold Zippelius: Das Wesen des Rechts. Eine Einführung in die Rechtsphilosophie. München (Beck) [5]1997

# 2. Naturrecht und positives Recht

## Heinrich von Kleist: Michael Kohlhaas

*Der Pferdehändler Michael Kohlhaas hatte einem Junker widerrechtlich seine Pferde überlassen müssen. Seine Versuche, auf dem Rechtsweg wieder in den Besitz der Tiere zu kommen, scheitern an der Unzulänglichkeit des Justizapparates. Kohlhaas zieht daraufhin mit einigen Getreuen auf der Suche nach dem Junker mordend und brandschatzend durch das Land. Es kommt schließlich zu einer Begegnung mit Martin Luther, der in dem Konflikt zu vermitteln versucht.*

„Heilloser und entsetzlicher Mann!", rief Luther, durch diese Worte verwirrt zugleich und beruhigt: „Wer gab dir das Recht, den Junker von Tronka, in Verfolg eigenmächtiger Rechtsschlüsse, zu überfallen, und, da du ihn auf seiner Burg nicht fandst, mit Feuer und Schwert die ganze Gemeinschaft heimzusuchen, die ihn beschirmt?" Kohlhaas erwiderte: „Hochwürdiger Herr, niemand, fortan! Eine Nachricht, die ich aus Dresden erhielt, hat mich getäuscht, mich verführt! Der Krieg, den ich mit der Gemeinheit der Menschen führe, ist eine Missetat, sobald ich aus ihr nicht, wie Ihr mir die Versicherung gegeben habt, verstoßen war!" – „Verstoßen!", rief Luther, indem er ihn ansah. „Welch eine Raserei der Gedanken ergriff dich? Wer hätte dich aus der Gemeinschaft des Staates, in dem du lebtest, verstoßen? Ja, wo ist, so lange Staaten bestehen, ein Fall, dass jemand, wer es auch sei, daraus verstoßen worden wäre?" – „Verstoßen", antwortete Kohlhaas, indem er die Hand zusammendrückte, „nenne ich den, dem der Schutz der Gesetze versagt ist! Denn dieses Schutzes, zum Gedeihen meines friedlichen Gewerbes, bedarf ich; ja, er ist es, dessenhalb ich mich mit dem Kreis dessen, was ich erworben, in die Gemeinschaft flüchte; und wer mir ihn versagt, der stößt mich zu den Wilden der Einöde hinaus, er gibt mir, wollt Ihr das leugnen, die Keule, die mich selbst schützt, in die Hand." – „Wer hat dir den Schutz der Gesetze versagt?", rief Luther. „Schrieb ich dir nicht, dass die Klage, die du eingereicht, dem Landesherrn, dem du sie eingereicht, fremd ist? Wenn Staatsdiener hinter seinem Rücken Prozesse unterschlagen oder sonst seines geheiligten Namens, in seiner Unwissenheit, spotten: wer anders als Gott darf ihn wegen der Wahl solcher Diener zur Rechenschaft ziehen, und bist du, gottverdammter und entsetzlicher Mensch, befugt, ihn deshalb zu richten?" – „Wohlan", versetzte Kohlhaas, „wenn mich der Landesherr nicht verstößt, so kehre ich auch wieder in die Gemeinschaft, die er beschirmt, zurück. Verschafft mir, ich wiederhol es, freies Geleit nach Dresden: so lasse ich den Haufen, den ich im Schloss zu Lützen versammelt, auseinander gehen und bringe die Klage, mit der ich abgewiesen worden bin, noch einmal bei dem Tribunal des Landes vor." Luther, mit einem verdrießlichen Gesicht, warf die Papiere, die auf seinem Tisch lagen, übereinander und schwieg.

Der Schriftsteller **Heinrich von Kleist** (1777–1811) gestaltet in seiner Novelle „Michael Kohlhaas" einen Rechtsfall aus dem 16. Jh. Kleist beschreibt den Protagonisten Kohlhaas als „einen der rechtschaffensten zugleich und entsetzlichsten Menschen seiner Zeit", dessen „Rechtsgefühl ihn zum Räuber und Mörder machte."

❶ Welche Rechtsauffassung vertritt Kohlhaas, welche dagegen Luther? Wie begründen sie diese?

❷ Wie könnte bzw. sollte Ihrer Meinung nach der Konflikt enden? Vergleichen Sie Ihre Ansicht mit dem Ausgang der Kleist'schen Novelle.

❸ Begründen Sie das Verbot der Selbstjustiz.

## Der Naturrechtsgedanke*

Der vorhergehende Text zeigt, dass Kohlhaas (irrtümlich) glaubt, ihm sei der Schutz des vom Staat gesetzten Rechts, dem so genannten **positiven Recht**, versagt worden. Die (falsche) Rechtsauskunft der Staatsbediensteten lehnt er als „gesetzliches Unrecht" ab. Sein Rechtsgefühl sagt ihm, dass es kein staatliches Recht geben könne, das ihm sein ordnungsgemäß erworbenes Eigentum wegnehmen dürfe, ohne für gleichwertigen Ersatz zu sorgen. In seiner eigenmächtigen Handlungsweise beruft er sich dabei auf ein Recht, das über dem gesetzlichen Recht steht und das jeder Mensch besitzt, das **Naturrecht**.

Der Gedanke eines Naturrechtes ist der Versuch, ein **allgemein gültiges und unwandelbares Recht** zu begründen, das über dem geschriebenen und gesetzten, positiven Recht steht und diesem als Maßstab und Orientierung dienen kann und soll.

In der **Antike** war es die Philosophie der Stoa (s. S. 138), die in der Welt einen vernünftig geordneten Kosmos und die bestehende Weltordnung als Richtmaß für das Rechtsdenken sah. Recht war die Vernunft, die der natürlichen Ordnung innewohnt. Das rechtlich Gesollte war also im Bestehenden, im Seienden, zu erkennen und daraus abzuleiten. So z.B. begründete der „Corpus Juris Justinanis", die römische Rechtsordnung, die Ehe als einzig rechtmäßige Verbindung von Mann und Frau damit, dass nur sie mit der in der Natur vorgegebenen Ordnung des Geschlechterverhältnisses übereinstimme.

Die **mittelalterliche Theologie**, vor allem Thomas von Aquin, bestätigte diesen Gedanken, fügte ihm als Letztbegründung jedoch noch hinzu, dass sich in der vorgegebenen Ordnung der Welt der Schöpferwille Gottes offenbare.

In der **Neuzeit** glaubte man die Begründung eines natürlichen Rechts „im Wesen und der Natur des Menschen und der Dinge selbst" zu erkennen. Hugo Grotius, der „Vater des Naturrechts", suchte das oberste Prinzip des Rechts im Trieb des Menschen „zu einer friedlichen und einsichtig geordneten Gemeinschaft mit seinesgleichen". Die dazu führenden Prinzipien, z.B. fremdes Gut zu respektieren, seien anthropologische Grundgegebenheiten der menschlichen Natur und mithilfe der Vernunft zu erkennen.

Diese traditionellen Naturrechtslehren erfuhren allerdings einen wesentlichen Einwand, als man nachwies, dass man aus dem, was ist, nicht zwingend ableiten kann, was sein oder geschehen soll. Ist z.B. die Einehe die rechtlich-normativ allein gültige Form der Verbindung von Mann und Frau? In menschlichen Gemeinschaften gibt es aber neben der Monogamie auch polygame Formen. Was ist also „naturgegeben"? Das bloße Vorhandensein kann also nichts darüber aussagen, ob es rechtmäßig ist oder nicht (s. „naturalistischer Fehlschluss", S. 44 f.)

Dieser Erkenntnis folgend, hat die **neuere Rechtsphilosophie** die traditionelle Naturrechtslehre durch die Konzeption des **„Naturrechts mit wechselndem Inhalt"** ersetzt. Es besagt, dass es bei aller Skepsis und Schwierigkeit nicht nur möglich, sondern auch notwendig ist, das positive Recht an übergeordneten Maßstäben zu messen.

Der niederländische Jurist **Hugo Grotius** (1583–1659) gilt als Begründer des modernen Naturrechts und Mitinitiator des neuzeitlichen Völkerrechts. Er löste den Naturrechtsgedanken von der theologischen Begründung und führt dazu u.a. aus: „Das Naturrecht ist so unveränderlich, dass selbst Gott es nicht verändern kann. Denn obgleich die Macht Gottes unermesslich ist, so kann man doch manches ausführen, worauf sie sich nicht erstreckt. [...] So wenig also Gott es bewirken kann, dass zweimal zwei nicht vier ist, ebenso wenig kann er bewirken, dass das nach seiner inneren Natur Schlechte nicht schlecht sei."

❶ Worin liegen die Stärken und Schwächen des Naturrechtsgedankens?

❷ Zeigen Sie die Schwierigkeit naturrechtlicher Begründungen am Beispiel des Verbots der Polygamie und der Diskussion über die Anerkennung gleichgeschlechtlicher Partnerschaften als Ehe (s. S. 271).

## Gustav Radbruch: Gesetzliches Unrecht und übergesetzliches Recht

Recht ist Wille zur Gerechtigkeit. Gerechtigkeit aber heißt: ohne Ansehen der Person richten, an gleichem Maße alle messen.

Wenn die Ermordung politischer Gegner geehrt, der Mord an Andersgesinnten geboten, die gleiche Tat gegen die eigenen Gesinnungsgenossen aber mit den grausamsten, entehrendsten Strafen geahndet wird, so ist das weder Gerechtigkeit noch Recht.

Wenn Gesetze den Willen zur Gerechtigkeit bewusst verleugnen, zum Beispiel Menschenrechte Menschen nach Willkür gewähren und versagen, dann fehlt diesen Gesetzen die Geltung, dann schuldet das Volk ihnen keinen Gehorsam, dann müssen auch die Juristen den Mut finden, ihnen den Rechtscharakter abzusprechen.

Gewiss, neben der Gerechtigkeit ist auch der Gemeinnutz ein Ziel des Rechts. Gewiss, auch das Gesetz als solches, sogar das schlechte Gesetz, hat noch immer einen Wert – den Wert, das Recht Zweifeln gegenüber sicherzustellen. Gewiss, menschliche Unvollkommenheit lässt im Gesetze nicht immer alle drei Werte des Rechts: Gemeinnutz, Rechtssicherheit und Gerechtigkeit, sich harmonisch vereinigen, und es bleibt dann nur übrig abzuwägen, ob dem schlechten, dem schädlichen oder ungerechten Gesetze um der Rechtssicherheit willen dennoch Geltung zuzusprechen, oder um seiner Ungerechtigkeit oder Gemeinschädlichkeit willen die Geltung zu versagen sei. Das aber muss sich dem Bewusstsein des Volkes und der Juristen tief einprägen: Es *kann* Gesetze mit einem solchen Maße von Ungerechtigkeit und Gemeinschädlichkeit geben, dass ihnen die Geltung, ja der Rechtscharakter abgesprochen werden muss.

Es gibt also Rechtsgrundsätze, die stärker sind als jede rechtliche Satzung, sodass ein Gesetz, das ihnen widerspricht, der Geltung bar ist. Man nennt diese Grundsätze das Naturrecht oder das Vernunftrecht. Gewiss sind sie im Einzelnen von manchem Zweifel umgeben, aber die Arbeit der Jahrhunderte hat doch einen festen Bestand herausgearbeitet und in den so genannten Erklärungen der Menschen- und Bürgerrechte mit so weit reichender Übereinstimmung gesammelt, dass in Hinsicht auf manche von ihnen nur noch gewollte Skepsis den Zweifel aufrechterhalten kann. […]

Der Positivismus hat in der Tat mit seiner Überzeugung „Gesetz ist Gesetz" den deutschen Juristenstand wehrlos gemacht gegen Gesetze willkürlichen und verbrecherischen Inhalts. Dabei ist der Positivismus gar nicht in der Lage, aus eigener Kraft die Geltung der Gesetze zu begründen. Er glaubt, die Geltung eines Gesetzes schon damit erwiesen zu haben, dass es die Macht besessen hat, sich durchzusetzen. Aber auf Macht lässt sich vielleicht ein Müssen, aber niemals ein Sollen und Gelten gründen. Dieses lässt sich vielmehr nur gründen auf einen Wert, der dem Gesetz innewohnt. Freilich: *Einen* Wert führt schon jedes positive Recht ohne Rücksicht auf seinen Inhalt mit sich: Es ist immer noch besser als kein Gesetz, weil es zum mindesten Rechtssicherheit schafft. Aber Rechtssicherheit ist nicht der einzige und nicht der entscheidende Wert, den das Recht zu verwirklichen hat. Neben die Rechtssicherheit treten vielmehr zwei andere Werte: Zweckmäßigkeit und Gerechtigkeit. In der Rangordnung dieser Werte haben wir die Zweckmäßigkeit des

**Gustav Radbruch** (1878–1949), Jurist und Politiker. Als Justizminister in der Weimarer Republik erwirkte er die Zulassung von Frauen zum Richteramt und entwarf ein neues Strafgesetzbuch, in dem Todesstrafe und Zuchthausstrafe nicht mehr vorgesehen waren. 1933 wurde er von den Nationalsozialisten amtsenthoben.
In dem nebenstehenden Text aus dem Jahr 1946 prägte er die berühmt gewordene Formel (Z. 71–78), die für das Grundgesetz als Wertordnung mitbestimmend wurde.

**Aus der NS-Publikation „Eugenik, Erblehre, Erbpflege" 1933:**

„Es gibt kein gleiches Recht für alle. Jeder hat so viel Recht, wie er für das Volk wert ist. Das muss stärker betont werden als bisher. Und der Staat hat das Recht, ja die Pflicht, den Unterschied zu machen zwischen hochwertig und minderwertig, wobei die Wertigkeit immer wieder auf das Volksganze bezogen werden muss. […] Der Nationalsozialismus bekennt sich zu dem Grundsatz, dass die Fremdrasse und ihre innere Vermischung mit dem deutschen Erbgut das Wesen unseres Volkes ebenso zerstört, wie das Auftreten von gesundheitlichen Erbschäden. Er will deshalb nicht nur Eugenik betreiben, sondern Rassenpflege."

Rechts für das Gemeinwohl an die letzte Stelle zu setzen. Keineswegs ist das Recht alles das, „was dem Volke nützt", sondern dem Volke nützt letzten Endes nur, was Recht ist, was Rechtssicherheit schafft und Gerechtigkeit erstrebt. Die Rechtssicherheit, die jedem positiven Gesetz schon wegen seiner Positivität eignet, nimmt eine merkwürdige Mittelstellung, zwischen Zweckmäßigkeit und Gerechtigkeit ein: sie ist einerseits vom Gemeinwohl gefordert, andererseits aber auch von der Gerechtigkeit. Dass das Recht sicher sei, dass es nicht heute und hier so, morgen und dort anders ausgelegt und angewandt werde, ist zugleich eine Forderung der Gerechtigkeit. Wo ein Widerstreit zwischen Rechtssicherheit und Gerechtigkeit, zwischen einem inhaltlich anfechtbarem, aber positiven Gesetz und zwischen einem gerechten, aber nicht in Gesetzesform gegossenen Recht entsteht, liegt in Wahrheit ein Konflikt der Gerechtigkeit mit sich selbst, ein Konflikt zwischen scheinbarer und wirklicher Gerechtigkeit vor.

Diesen Konflikt bringt großartig das Evangelium zum Ausdruck, indem es einerseits befiehlt: „Seid untertan der Obrigkeit, die Gewalt über euch hat", und doch andererseits gebietet „Gott mehr zu gehorchen als den Menschen". **Der Konflikt zwischen der Gerechtigkeit und der Rechtssicherheit dürfte dahin zu lösen sein, dass das positive, durch Satzung und Macht gesicherte Recht auch dann den Vorrang hat, wenn es inhaltlich ungerecht und unzweckmäßig sei, es sei denn, dass der Widerspruch des positiven Gesetzes zur Gerechtigkeit ein so unerträgliches Maß erreicht, dass das Gesetz als unrichtiges Recht der Gerechtigkeit zu weichen hat.** Es ist unmöglich, eine schärfere Linie zu ziehen zwischen den Fällen des gesetzlichen Unrechts und den trotz unrichtigen Inhalts dennoch geltenden Gesetzen, eine andere Grenzziehung aber kann mit aller Schärfe gezogen werden: Wo Gerechtigkeit nicht einmal erstrebt wird, wo die Gleichheit, die den Kern der Gerechtigkeit ausmacht, bei der Setzung positiven Rechts bewusst verleugnet wurde, da ist das Gesetz nicht etwa nur „unrichtiges Recht", vielmehr entbehrt es überhaupt der Rechtsnatur. Denn man kann Recht, auch positives Recht, gar nicht anders definieren denn als eine Ordnung und Satzung, die ihrem Sinn nach bestimmt ist, der Gerechtigkeit zu dienen. An diesem Maßstab gemessen sind ganze Partien nationalsozialistischen Rechts niemals zur Würde geltenden Rechts gelangt. [...]

Infolgedessen entbehren die betreffenden Normen insoweit überhaupt der Rechtsnatur, sind nicht etwa unrichtiges Recht, sondern überhaupt kein Recht. Das gilt insbesondere von den Bestimmungen, durch welche die nationalsozialistische Partei entgegen dem Teilcharakter jeder Partei die Totalität des Staates für sich beanspruchte. Der Rechtscharakter fehlt weiter allen jenen Gesetzen, die Menschen als Untermenschen behandelten und ihnen die Menschenrechte versagten. Ohne Rechtscharakter sind auch alle jene Strafdrohungen, die ohne Rücksicht auf die unterschiedliche Schwere der Verbrechen, nur geleitet von momentanen Abschreckungsbedürfnissen, Straftaten verschiedenster Schwere mit der gleichen Strafe, häufig mit der Todesstrafe, bedrohten. Alles das sind nur Beispiele gesetzlichen Unrechts.

❶ Welche Ziele verfolgt nach Meinung des Autors das Recht? Welchen Stellenwert hat dabei die Rechtssicherheit?

❷ Wann entbehrt das Recht seines Rechtscharakters?

❸ Worin liegen Leistung und Grenzen des Rechtspositivismus?

❹ Welche Rolle weist der Autor dem Naturrecht zu?

❺ Diskutieren Sie über die Ansicht, dass „das, was gestern Recht war, heute nicht Unrecht" sein könne.

❻ Aus welchen Gründen wurden die NS-Urteile aufgehoben? (s. S. 279)

❼ Referieren Sie über den Nürnberger Kriegsverbrecherprozess 1946 und die ihm zugrunde liegende Rechtsauffassung.

## NS-Urteile werden pauschal aufgehoben

### Zwischen 200000 und 500000 Urteile betroffen

BONN (dpa) – Mehr als 50 Jahre nach dem Ende des Naziregimes sollen alle Unrechtsurteile zwischen 1933 und 1945 pauschal aufgehoben werden. Nach jahrelangem Tauziehen hat sich gestern der Rechtsausschuss des Bundestages einmütig auf eine gemeinsame Linie verständigt. Das Gesetz, das nach Schätzungen zwischen 200000 und 500000 Urteile betrifft, soll an diesem Donnerstag im Bundestag verabschiedet werden und voraussichtlich am 1. Juli in Kraft treten.
Nach der Vereinbarung der Fraktionen sollen alle Urteile, die aus politischen, militärischen, rassischen, religiösen oder weltanschaulichen Gründen ergangen sind, ohne Einzelfallprüfung für nichtig erklärt werden. Darunter fallen auch die Urteile gegen Deserteure und Homosexuelle.
Gegen ihre Aufnahme gab es, insbesondere in der CSU Widerstand. Union, FDP und SPD verständigen sich nun darauf, dass die Aufhebung der Urteile gegen beide Gruppen nicht im Gesetz selbst, sondern in der Begründung aufgenommen wird.
Durch das Gesetz ebenfalls rehabilitiert werden die Opfer von Zwangssterilisationen. Von den 350000 Betroffenen leben heute noch etwa 50000.

Allgemeine Zeitung Mainz, 28.5.1998

Gedenktafel für die von den Nazis verfolgten und ermordeten Homosexuellen am Nollendorfplatz in Berlin

## Urteilsbegründung im ersten Prozess über die Todesschüsse an der Berliner Mauer

*Als Folge des Zweiten Weltkrieges teilten die Siegermächte Deutschland und Berlin in vier Sektoren auf. Daraus entstanden 1949 die beiden deutschen Staaten. In Berlin wurde zwischen den Westsektoren und dem Ostsektor 1961 von östlicher Seite eine Mauer errichtet, um die Flucht nach Westberlin zu verhindern und das Ausreiseverbot aus der DDR in den Westen durchzusetzen. Für die Grenzsoldaten an der innerdeutschen Grenze galt der Schießbefehl. 807 Menschen wurden im Zusammenhang mit Fluchtversuchen getötet, davon 244 an der Berliner Mauer. Nach der deutschen Wiedervereinigung 1990 wurden Grenzsoldaten und Verantwortliche für den Schießbefehl angeklagt und verurteilt.*
*Die 1992 im ersten Prozess um die Todesschüsse vorgelegte Urteilsbegründung des Berliner Landgerichts wurde vom Bundesgerichtshof bestätigt.*

1. Die Schusswaffenregelung im Grenzgesetz der ehemaligen DDR war nichtig, weil sie nicht dem rechtsstaatlich gebotenen **Verhältnismäßigkeitsgrundsatz** entsprach.
2. Die Durchsetzung des Ausreiseverbots mittels Schusswaffengebrauchs **verletzt den Kernbereich des Rechts auf Leben und körperliche Unversehrtheit**, in den nach allgemeiner Rechtsüberzeugung kein Gesetz und keine andere obrigkeitliche Maßnahme eingreifen darf.

**Bewährungsstrafe für DDR-Mauerschützen**

Berlin (dpa/Reuters) – Ein ehemaliger DDR-Grenzsoldat ist am Mittwoch vor dem Berliner Landgericht wegen Totschlags zu einer Strafe von 21 Monaten auf Bewährung verurteilt worden. Er hatte am 18. August 1964 eine fliehende Frau mit einem Schuss in den Rücken getötet. Die 37-Jährige war bereits wieder in Richtung DDR-Gebiet zurückgelaufen, als sie von der Kugel getroffen wurde. Der Staatsanwalt sprach von einem gezielten Schuss. Trotzdem sei, wie in den meisten der bisher 60 Mauerschützenverfahren, von einem minderschweren Fall auszugehen.

Süddeutsche Zeitung, 12.6.1998

3. Ein unvermeidbarer Verbotsirrtum[1] bei den Grenzsoldaten scheidet regelmäßig aus, da die tödlichen Schüsse an der Grenze in eklatantem **Widerspruch zu den allgemein anerkannten Grundsätzen von Recht und Gerechtigkeit** standen, sodass dies trotz Indoktrination bei entsprechender **Gewissensanspannung** auch für die Soldaten erkennbar gewesen wäre.

❶ Wenden Sie die Überlegungen Radbruchs auf diese Rechtsprechung an.

❷ Die Grenzsoldaten beriefen sich auf Befehlsnotstand und Verbotsirrtum. Welche Rechtsauffassung vertreten sie? Welche Rechtsauffassung vertreten dagegen die Richter?

❸ Welche Denk- und Handlungsweise glauben die Richter von jedermann verlangen zu können?

❹ Überlegen Sie, ob im Falle einer Amnestiegewährung auch die Mauerschützen davon betroffen sein sollten.

Noch Fragen?

## Recht und Macht*

Unter seinen verschiedenen Funktionen hat das Recht auch die „Herrschaftsfunktion" und die „Herrschaftskontrollfunktion". Damit wird deutlich, dass das Recht Macht kontrolliert und begrenzt, selbst aber auch Macht ausübt. Die Macht, will sie nicht reine Willkür sein, bedarf ebenso des Rechts wie das Recht der Macht bedarf, um Gültigkeit und Anerkennung zu behaupten. Beispiele für Konflikte zwischen den Gewalten gibt es indes viele. Es ist nämlich eine „ewige Erfahrung, dass jeder Mächtige das Bestreben hat, seine Macht auszudehnen, bis er an Grenzen stößt." (Max Weber). So äußerte Bismarck als preußischer Ministerpräsident 1863 in dem Verfassungskonflikt bezüglich der von ihm vorgesehenen Heeresreform: „Konflikte, da das Staatsleben nicht stillzustehen vermag, werden zu Machtfragen. Wer die Macht in seinen Händen hält, geht dann in seinem Sinne vor". Die damalige Opposition warf Bismarck daraufhin vor, er wolle den ehernen preußischen Grundsatz verletzen, dass das Recht *vor* der Macht zu stehen habe („justitia fundamentum regnorum"), was Bismarck schließlich zum Einlenken bewog. In diesem Fall hat das Recht seine Funktion der Herrschaftskontrolle wahrgenommen und die Macht in ihre Schranken verwiesen.

„Es ist der Gipfel der Torheit, ein Gesetz schon deswegen für gut zu befinden, bloß weil es gilt." *Cicero*

„Hütet Euch, die Ihr Euch meine Richter nennt, denn Ihr ladet Euch eine schwere Last auf, und Ihr mutet mir zu viel zu." *Jeanne d'Arc*

„Man hat Gewalt, so hat man Recht".
*Mephisto* in Goethes „Faust"

„Im Recht besiegt ein Schwacher selbst den Mächtigen." *Sophokles*

[1] Verbotsirrtum: (irrige) Annahme, dass eine Handlungsweise nicht verboten ist

Was die „Herrschaftsfunktion" des Rechts betrifft, so hat es im Lauf der Geschichte aber auch genügend Fälle von „ungesetzlichem Recht" (s. S. 278) gegeben. Hier hat das Recht seine Funktion des „Willens zur Gerechtigkeit" nicht mehr wahrgenommen und damit seine Aufgabe, die Freiheit und Gleichheit aller Menschen zu garantieren, zu erhalten und zur Entfaltung kommen zu lassen, nicht erfüllt. Berühmte Prozesse wie die gegen Sokrates (399 v. Chr.), Jeanne d'Arc (1431), Galileo Galilei (1633) und Alfred Dreyfus (1894) oder auch die Urteile des so genannten „Volksgerichtshofes" im „Dritten Reich" dokumentieren, dass sich das Recht in den Dienst politischer Interessen stellte und elementare Rechte wie die der Denk- und Redefreiheit untergrub.

Aufgrund dieser Erfahrungen sind Gewaltenteilung und Gewaltenkontrolle elementare Bestandteile demokratischer Verfassungen. Im Grundgesetz heißt es dazu: „Die nachfolgenden Grundrechte binden Gesetzgebung, vollziehende Gewalt und Rechtsprechung als unmittelbar geltendes Recht" (Art. 1, Abs. 3). Und: „Die Gesetzgebung ist an die verfassungsmäßige Ordnung, die vollziehende Gewalt und die Rechtsprechung sind an Gesetz und Recht gebunden" (Art. 20, Abs. 2).

Referieren Sie über einen der genannten Prozesse und zeigen Sie daran die Problematik des Verhältnisses von Recht und Macht.

Alexander Demandt: Macht und Recht. Große Prozesse in der Geschichte. München (Beck) 1996

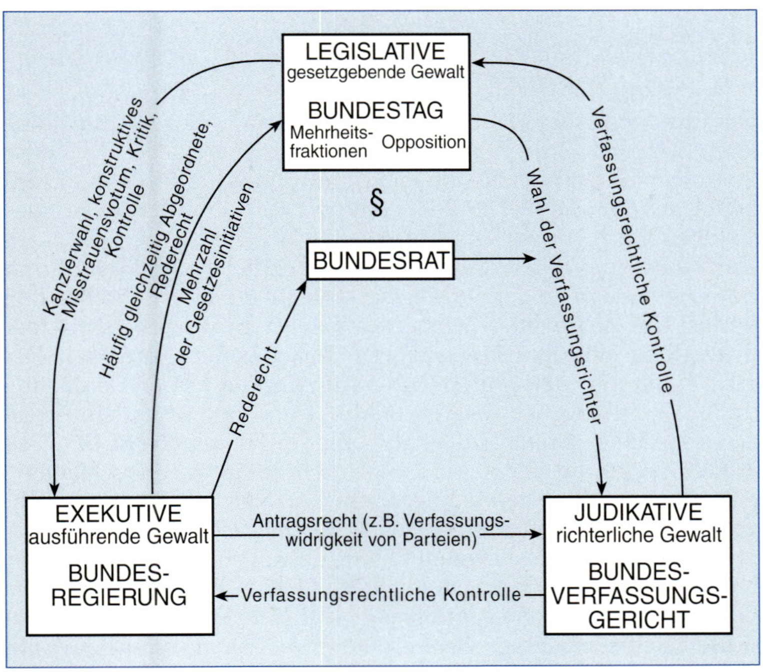

# 3. Recht und Gerechtigkeit

„Im Jahre 2???"
Karikatur zum Internationalen Frauentag 1994

„Recht ist Wille zur Gerechtigkeit. Gerechtigkeit aber heißt: ohne Ansehen der Person richten, an gleichem Maße alle messen." So hat der Rechtsphilosoph Gustav Radbruch seine Überlegungen über das Verhältnis von Recht und Gerechtigkeit eingeleitet (s. S. 277 f.). Er greift damit auf eine Gerechtigkeitskonzeption zurück, die bereits **Aristoteles** (384–322 v.Chr.) entwickelt hatte: **Gerechtigkeit als Gleichheit.** Aristoteles unterschied dabei zwischen **austeilender** und **ausgleichender** Gerechtigkeit. Bei der austeilenden Gerechtigkeit, die jeden an den allgemeinen Gütern teilhaben lassen und Vor- und Nachteile, Rechte und Pflichten, gerecht verteilen will, gelten drei Maßstäbe: Jedem das Gleiche, d.h. das ihm Angemessene, jedem nach seiner Leistung und Leistungsfähigkeit, jedem nach seinen Bedürfnissen. Die ausgleichende Gerechtigkeit strebt demgegenüber einen gerechten Güteraustausch an, verlangt die Gleichwertigkeit von Leistung und Gegenleistung und fordert die Wiedergutmachung von Schäden.
Andere Gerechtigkeitskonzeptionen sind die der **Gerechtigkeit als Gegenseitigkeit** und der **Gerechtigkeit als Fairness.**

Der Schriftsteller **Friedrich Dürrenmatt** (1921–1990) hat neben Dramen (z.B. „Die Physiker") auch Erzählungen geschrieben, die sich mit juristischen Fragen befassen (z.B. „Der Richter und sein Henker", und „Justiz").

## Friedrich Dürrenmatt: Über die Gerechtigkeit

*In einer 1969 gehaltenen Rede vor Juristen erzählte Dürrenmatt eine Geschichte aus „Tausendundeiner Nacht" nach:*

Der Prophet Mohammed sitzt in einer einsamen Gegend auf einem Hügel. Am Fuße des Hügels befindet sich eine Quelle. Ein Reiter kommt. Während der Reiter sein Pferd tränkt, fällt ihm ein Geldbeutel aus dem Sattel. Der Reiter entfernt sich, ohne den Verlust des Geldbeutels zu bemerken. Ein zweiter Reiter kommt, findet den Geldbeutel und reitet damit davon. Ein dritter Reiter kommt und tränkt sein Pferd an der Quelle. Der erste Reiter hat inzwischen den Verlust des Geldbeutels bemerkt und kehrt zurück. Er glaubt, der dritte Reiter habe ihm das Geld gestohlen, es kommt zum Streit. Der erste Reiter tötet den dritten Reiter, stutzt, wie er keinen Geldbeutel findet, und macht sich aus dem Staube. Der Prophet auf dem Hügel ist verzweifelt: „Allah", ruft er aus, „die Welt ist ungerecht. Ein Dieb kommt ungestraft davon, und ein Unschuldiger wird erschlagen!" Allah, sonst schweigend, antwortet: „Du Narr! Was verstehst du von meiner Gerechtigkeit! Der erste Reiter hatte das Geld, das er verlor, dem Vater des zweiten Reiters gestohlen. Der zweite Reiter nahm zu sich, was ihm schon gehörte. Der dritte Reiter hatte die Frau des ersten Reiters vergewaltigt. Der erste Reiter, indem er den dritten Reiter erschlug, rächte seine Frau." Dann schweigt Allah wieder. Der Prophet, nachdem er die Stimme Allahs vernommen hatte, lobt dessen Gerechtigkeit.

❶ Diskutieren Sie, von oben abgebildeter Karikatur ausgehend, das Für und Wider einer Quotenregelung bei der Einstellung von Stellenbewerberinnen und -bewerbern. Argumentieren Sie mit den aristotelischen Gerechtigkeitsprinzipien.
Berücksichtigen Sie dabei auch den Artikel 3 des Grundgesetzes.

❷ Warum hat Dürrenmatt den Juristen diese Geschichte erzählt? Welche Fragen im Hinblick auf Recht und Gerechtigkeit wirft diese Geschichte auf?

**Reinhold Zippelius** ist Professor für Staatsrecht und Rechtsphilosophie an der Universität Erlangen-Nürnberg.

## Reinhold Zippelius: Das Prinzip der Gegenseitigkeit

Es ist ein alter Gedanke der Gerechtigkeit, dass jedem „Gleiches für Gleiches" zugemessen werde. Die Römer bezeichneten die Billigkeit geradezu als „aequitas", als Gleichheit, und gaben ihr die Waage zum Sinnbild, jene Waage, die dann zum Attribut der Justitia wurde. Im Vertragsrecht findet sich der Gedanke des Gleichmaßes schon früh im Prinzip des „gerechten Preises". Dass beim Güteraustausch Gleiches für Gleiches zu gewähren sei, war ein zentraler Gedanke in der Gerechtigkeitslehre des Aristoteles. Das römische Recht kannte das Prinzip des „iustum pretium"[1]: Dieses fand eine rechtliche Ausprägung in dem von Diokletian eingeführten Anfechtungsgrund des laesio enormis[2].

Vor allem aber diente im frühen Recht das Prinzip des Gleichmaßes dazu, die angemessene Rache durch eine angemessene Vergeltung, des Gleichen mit dem Gleichen (die „Talion") abzulösen. Damit konnte dem verheerenden Gang der unbegrenzten Blutrache ein Maß gegeben und eine Grenze gesetzt werden. Nirgends sonst wird die befriedigende Wirkung der Gerechtigkeit so greifbar wie hier. Der Gedanke der Talion ist alt. So wird der Grundsatz des legendären minoischen Königs Rhadamanthys überliefert: „Leidest du, was du getan, so ist dir richtiges Recht geworden." Das Prinzip der Talion findet sich auch schon im steinernen „Codex" des Babylonierkönigs Hammurabi (um 1700 v. Chr.), der seinerseits an ältere Rechtssammlungen anschloss. Jahrhunderte später wurde das mosaische „Leben um Leben, Auge um Auge, Zahn um Zahn" niedergeschrieben (u. a. 2. Moses 21. 23 ff.). In seiner gröbsten Form, in der er freilich nicht praktiziert wurde, müsste der Grundsatz besagen, dem Täter solle ein gleicher Schaden zugefügt werden, wie er ihn selber verursacht hat.

Auf diese allzu einfache Formel kann aber die Gerechtigkeit nicht gebracht werden. Eine so einseitig am Erfolg orientierte Vergeltung widerspräche dem Rechtsgefühl, das eine Differenzierung der Strafe nach der Schuld verlangt. Zudem erfasst die im präzisen Sinn verstandene Talion einen Teil des strafwürdigen Verhaltens überhaupt nicht in adäquater Weise: Was sollte die Talion für Meineid, Bigamie oder Inzest sein? Zum Teil trägt sie dem Sühnebedürfnis nur unvollkommen Rechnung: Sollte dem Dieb nur so viel genommen werden, wie er selber gestohlen hat?

Eine andere Fassung des Gegenseitigkeitsprinzips ist die *goldene Regel*, dass ich mich anderen gegenüber in gleicher Weise verhalten soll, wie ich wünsche, dass sie sich mir gegenüber verhalten sollen. In negativer Fassung bestimmt sie: „Was du nicht willst, dass man dir tu', das füg' auch keinem andern zu." In positiver Fassung finden wir sie in dem Satz: „Alles nun, was ihr wollt, dass euch die Leute tun sollen, das tuet ihnen auch." Und um den umfassenden Charakter dieses Prinzips hervorzuheben, ist hinzugefügt: „Das ist das Gesetz und die Propheten" (Matth. 7, 12). Indessen liefert auch die goldene Regel keine unanfechtbaren Verhaltensrichtlinien: Der eine hört gern Trompeten, der andere nicht. Soll daher der Erste auch selbst Trompete blasen dürfen, der Zweite aber nicht? Die Ethik kann schon deshalb nicht auf die subjektiven Wünsche abstellen, weil diese ganz verschieden sind. Maßstab für das Verhalten kann nicht die Behandlung sein, die man tatsächlich für sich wünscht, sondern nur eine Behandlung, die man wünschen soll.

Aber damit taucht sofort die ethische Frage in ihrer ganzen Ungelöstheit wieder auf: Welches wäre der Inhalt dieser Sollensnormen?

Auf einer über 2 m hohen Stele ließ der babylonische König Hammurabi um 1700 v. Chr. ein großes „Reformgesetz" einmeißeln. Er selbst ließ sich stehend vor dem Sonnen- und Rechtsgott abbilden.

Beschreiben Sie Vor- und Nachteile der „Talion" und der „Goldenen Regel" anhand von Beispielen.

[1] iustum pretium: gerechter Preis
[2] laesio enormis: maßloser, persönlicher Angriff

## John Rawls: Gerechtigkeit als Fairness

**John Rawls** (*1921), amerikanischer Philosoph, entwickelt in seinem Buch „A Theory of Justice" in Anlehnung an die Prinzipienethik Kants und in kritischer Auseinandersetzung mit Intuitionismus, Utilitarismus und Hedonismus eine „Fairness-Ethik". Er verbindet eine prinzipienethische Grundlegung der Moral (Freiheit und Autonomie, Orientierung an Gerechtigkeit) mit dem utilitaristischen Prinzip einer maximalen allgemeinen Interessenbefriedigung. Er stellt dabei zwei **Gerechtigkeitsprinzipien** auf, die als Resultate einer rationalen Wahl und Entscheidung ein **vertragstheoretisches Modell normativer Ethik** begründen, wobei die Begriffe „Urzustand" und „Schleier des Nichtwissens" eine tragende Rolle spielen.

Die Gerechtigkeit eines Gesellschaftsmodells hängt wesentlich davon ab, wie die Grundrechte und -pflichten und die wirtschaftlichen Möglichkeiten und sozialen Verhältnisse in den verschiedenen Bereichen der Gesellschaft bestimmt werden.
Wir wollen uns also vorstellen, dass diejenigen, die sich zu gesellschaftlicher Zusammenarbeit vereinigen wollen, in einem gemeinsamen Akt die Grundsätze wählen, nach denen Grundrechte und -pflichten und die Verteilung der gesellschaftlichen Güter bestimmt werden. Die Menschen sollen im Voraus entscheiden, wie sie ihre Ansprüche gegeneinander regeln wollen und wie die Gründungsurkunde ihrer Gesellschaft aussehen soll. Ganz wie jeder Mensch durch vernünftige Überlegung entscheiden muss, was für ihn das Gute ist, d. h. das System der Ziele, die zu verfolgen für ihn vernünftig ist, so muss eine Gruppe von Menschen ein für allemal entscheiden, was ihnen als gerecht und ungerecht gelten soll. Die Entscheidung, die vernünftige Menschen in dieser theoretischen Situation der Freiheit und Gleichheit treffen würden, bestimmt die Grundsätze der Gerechtigkeit. (Wir nehmen für den Augenblick an, dass dieses Entscheidungsproblem eine Lösung hat.) In der Theorie der Gerechtigkeit als Fairness spielt die ursprüngliche Situation der Gleichheit dieselbe Rolle wie der Naturzustand in der herkömmlichen Theorie des Gesellschaftsvertrags. Dieser Urzustand wird natürlich nicht als ein wirklicher geschichtlicher Zustand vorgestellt, noch weniger als primitives Stadium der Kultur. Er wird als rein theoretische Situation aufgefasst, die so beschaffen ist, dass sie zu einer bestimmten Gerechtigkeit führt.
Zu den wesentlichen Eigenschaften dieser Situation gehört, dass niemand seine Stellung in der Gesellschaft kennt, seine Klasse oder seinen Status, ebenso wenig sein Los bei der Verteilung natürlicher Gaben wie Intelligenz oder Körperkraft. Ich nehme sogar an, dass die Beteiligten ihre Vorstellung vom Guten und ihre besonderen psychologischen Neigungen nicht kennen. Die Grundsätze der Gerechtigkeit werden hinter einem Schleier des Nichtwissens festgelegt. Dies gewährleistet, dass dabei niemand durch die Zufälligkeiten der Natur oder der gesellschaftlichen Umstände bevorzugt oder benachteiligt wird. Da sich alle in der gleichen Lage befinden und niemand Grundsätze ausdenken kann, die ihn aufgrund seiner besonderen Verhältnisse bevorzugen, sind die Grundsätze der Gerechtigkeit das Ergebnis einer fairen Übereinkunft oder Verhandlung. Denn in Anbetracht der Symmetrie aller zwischenmenschlichen Beziehungen ist dieser Urzustand fair gegenüber den moralischen Subjekten, d. h. den vernünftigen Wesen mit eigenen Zielen und – das nehme ich an – der Fähigkeit zu einem Gerechtigkeitsgefühl. Den Urzustand könnte man den angemessenen Ausgangszustand nennen, und damit sind die in ihm getroffenen Grundvereinbarungen fair. Das rechtfertigt die Bezeichnung „Gerechtigkeit als Fairness": Sie drückt den Gedanken aus, dass die Grundsätze der Gerechtigkeit in einer fairen Ausgangssituation festgelegt werden. Sie will nicht besagen, die Begriffe der Gerechtigkeit und der Fairness seien ein und dasselbe, ebenso wenig wie der Ausdruck „Dichtung als Metapher" sagen will, Dichtung und Metapher seien dasselbe.

Ich behaupte, dass die Menschen im Urzustand zwei Grundsätze wählen würden: einmal die Gleichheit der Grundrechte und -pflichten; zum anderen den Grundsatz, dass soziale und wirtschaftliche Ungleichheiten, etwa verschiedener Reichtum oder verschiedene Macht, nur dann gerecht sind, wenn sich aus ihnen Vorteile für jedermann ergeben, insbesondere für die schwächsten Mitglieder der Gesellschaft. Nach diesen Grundsätzen kann man Institutionen nicht damit rechtfertigen, dass den Unbilden einiger ein größerer Gesamtnutzen gegenüberstehe. Es ist vielleicht zweckmäßig, aber nicht gerecht, dass einige weniger haben, damit es anderen besser geht. Es ist aber nichts Ungerechtes an den größeren Vorteilen weniger, falls es dadurch auch den nicht so Begünstigten besser geht. Die intuitive Vorstellung ist die, dass jedermanns Wohlergehen von der Zusammenarbeit abhängt, ohne die niemand ein befriedigendes Leben hätte, und dass daher die Verteilung der Güter jeden, auch den weniger Begünstigten, geneigt machen sollte, bereitwillig mitzuarbeiten. Die beiden soeben erwähnten Grundsätze dürften eine faire Grundlage dafür sein, dass die Begabteren oder sozial besser Gestellten – was beiden nicht als Verdienst angesehen werden kann – auf die bereitwillige Mitarbeit anderer rechnen können, sofern eine funktionierende Regelung eine notwendigere Bedingung für das Wohlergehen aller ist. Sobald man sich für eine Gerechtigkeitsvorstellung entschieden hat, die die Zufälligkeiten der natürlichen Begabung und der gesellschaftlichen Verhältnisse nicht zu politischen und wirtschaftlichen Vorteilen führen lässt, gelangt man zu diesen Grundsätzen. Sie lassen jene Seiten der sozialen Welt aus dem Spiel, die als moralisch willkürlich erscheinen.

❶ Welche Ausgangssituation für sein Gerechtigkeitskonzept beschreibt Rawls? Welche Funktion hat der „Schleier des Nichtwissens“? Inwiefern spricht Rawls von der Gerechtigkeit als „Fairness“?

❷ Sollen Begabte in unserer Gesellschaft besonders gefördert werden? Wie würde Rawls diese Frage beantworten?

## Walter Kerber: Soziale Gerechtigkeit

Der Jesuit **Walter Kerber** (*1926) ist Professor für Ethik und Sozialwissenschaften an der Hochschule für Philosophie in München.

Beide Formen der *„sozialen Gerechtigkeit“*[1] tragen der Natur des Menschen als eines *Gemeinschaftswesens* Rechnung. Aufgrund der wesensmäßig gleichen Würde aller Menschen und ihrer sozialen Verbundenheit verlangt die soziale Gerechtigkeit eine gewisse Gleichheit der Lebensbedingungen aller – jedenfalls insofern diese von gesellschaftlich-institutionellen Regelungen abhängen.
Negativ fordert die *„Chancengerechtigkeit“* zunächst den *Abbau* von rechtlichen und sozialen *Diskriminierungen*, von nicht sachlich begründeten Zugangsbeschränkungen zu gesellschaftlichen Positionen. In diesem Sinne verbietet Art. 2 der „Allgemeinen Erklärungen der Menschenrechte der Vereinten Nationen“ jede Diskriminierung nach Rasse, Hautfarbe, Geschlecht, Sprache, Religion, politischer oder sonstiger Überzeugung, nationaler oder sozialer Herkunft, nach Eigentum, Geburt oder sonstigen Umständen. Trotz aller Abgrenzungsschwierigkeiten, was als „Diskriminierung“ oder was als sachlich begründete Unterscheidung im Einzelnen anzusehen ist, verdient diese Forderung doch uneingeschränkte Unterstützung und Verwirklichung.

---

[1] gemeint sind „Chancengerechtigkeit“ und „Bedürfnisgerechtigkeit“

Eine reale Chancengerechtigkeit ist aber durch die rein formale Aufhebung rechtlicher Schranken noch nicht gewährleistet. Zusätzliche Hilfen sind erforderlich, damit bestimmte Bevölkerungsgruppen die ihnen rechtlich eröffneten Möglichkeiten auch tatsächlich wahrnehmen können. Solche zusätzlichen Hilfen, besonders wenn sie mit finanziellen Aufwendungen verbunden sind, müssen aber immer in der einen oder anderen Weise von der Gesellschaft aufgebracht werden. Jede gesellschaftliche Veränderung zugunsten Benachteiligter greift in den gegebenen Besitzstand ein, bedeutet eine Umverteilung gesellschaftlicher Positionen.

In einer Gesellschaft wirtschaftlichen Wachstums bleibt dies insofern oftmals unbemerkt, als die Umverteilung über den Zuwachs erfolgt und die absoluten Besitzstände erhalten bleiben können, die höheren Gesellschaftsschichten also nur relativ schlechter gestellt werden. Die Chancengerechtigkeit wird dann weniger auf Kosten der Besitzstandsgerechtigkeit als vielmehr der Leistungsgerechtigkeit verwirklicht. Diese Einebnung des Zuwachses kann aber den allgemeinen Leistungswillen beeinträchtigen, weil der Anreiz zurückgeht, sich um ein höheres, aber auch mit höheren sozialen Lasten verbundenes Einkommen zu bemühen. Damit sinkt aber die Effizienz des gesellschaftlichen Gesamtsystems, und es bleibt insgesamt für alle weniger zu verteilen. Zwischen wirtschaftlicher Effizienz und sozialer Gleichheit besteht, wenigstens partiell ein Spannungsverhältnis. So steht die Gesellschaftspolitik oftmals vor der Alternative, ob sie den „Kuchen“ wirtschaftlichen Wohlstandes allgemein wachsen lassen oder „gerechter“, d.h. gleichmäßiger, verteilen will.

Berlin, am Verlauf der ehemaligen Mauer, 1991

Außerdem entstehen bei jeder sozialen Umverteilung *„Sickerverluste“* durch den dazu erforderlichen öffentlichen Verwaltungsapparat. Berechtigte und gut gemeinte Hilfen zugunsten einzelner benachteiligter Gruppen können auch von anderen in Anspruch genommen werden, für die sie eigentlich nicht gedacht waren. Weitere Gruppen unter ähnlichen Umständen erheben dann im Namen der Gerechtigkeit Anspruch auf Gleichbehandlung, und schließlich wird das gesamte System sozialen Chancenausgleichs völlig undurchschaubar.

Ähnliche Schwierigkeiten treten noch verstärkt bei dem Versuch auf, „soziale Gerechtigkeit“ im Sinne von *„Bedürfnisgerechtigkeit“* zu verwirklichen. Aus der gleichen Menschenwürde und der Sozialnatur des Menschen lässt sich jedoch die Forderung ableiten, dass in einer Gesellschaft die *dringlichsten Bedürfnisse* an erster Stelle befriedigt werden sollten. Demzufolge sind die knappen Güter so zu verteilen, dass jedem wenigstens das Existenzminimum sichergestellt wird. In Notsituationen, etwa in Kriegszeiten, erfolgt deshalb die Verteilung der Nahrungsmittel nach dem Bedürfnisprinzip (Lebensmittelkarten mit Sonderzuteilungen für „Schwerarbeiter"). Der Gedanke positiver *„sozialer Grundrechte"*, d.h. eines Anspruchs auf die Erfüllung gewisser Grundbedürfnisse, findet in jüngster Zeit immer stärkeren Anklang, gerade in Hinblick auf bestimmte Situationen in Entwicklungsländern. Als solche „natürlichen Menschenrechte" werden unter anderem aufgeführt:

- Recht auf Arbeit,
- Anspruch auf eine Lebenshaltung, die Gesundheit und Wohlbefinden des Einzelnen und seiner Familie gewährleistet, einschließlich Nahrung, Kleidung, Wohnung, ärztlicher Betreuung und der notwendigen Leistungen der sozialen Fürsorge,
- Recht auf Bildung, auf Urlaub usw.

So wünschenswert und einleuchtend diese Forderungen sind, so genügt es doch nicht, jedem Menschen bestimmte Ansprüche als positive soziale Menschenrechte zuzuerkennen, wenn nicht zugleich Wege angegeben werden, wie diese Ansprüche erfüllt werden können. Wie lassen sich – gerade in den Entwicklungsländern – die zur Überwindung der Not erforderlichen Güter überhaupt produzieren?

Aber auch in den Industrieländern stößt der Versuch, jedem in gleicher Weise den Anspruch auf bestimmte Güter unter Rücksicht der Bedürfnisgerechtigkeit zu erfüllen, auf erhebliche Schwierigkeiten bei der Durchführung, sobald die Ansprüche über das absolute Existenzminimum angehoben werden. Es ist beispielsweise nicht leicht, die missbräuchliche Inanspruchnahme eines Systems sozialer Sicherheit zu verhindern (etwa in der Arbeitslosenversicherung, oder bei der Lohnfortzahlung im Krankheitsfall). Ein auf dem Bedürfnisprinzip aufgebautes Verteilungssystem enthält wenig Anreize, mit den Mitteln sparsam umzugehen, welche die Solidargemeinschaft zur Verfügung stellt. Es kann darum sehr kostspielig bis verschwenderisch und/oder sehr bürokratisch werden (beispielsweise im Gesundheitswesen). Viel hängt davon ab, wie viel Solidaritätsbewusstsein und soziale Verantwortung von den Gliedern einer Gesellschaft erwartet werden kann.

„Soziale Gerechtigkeit" kann nicht „Jedem das Gleiche" bedeuten, also nicht völlige Gleichheit der Lebenssituationen, der Ergebnisse des gesellschaftlichen Verteilungsprozesses. Eine solche Ergebnisgleichheit würde den Menschen in ihrer Verschiedenheit nicht gerecht, würde außerdem insofern wieder gegen die Gerechtigkeit verstoßen, als alle Anstrengungen der Einzelnen, eine für die Gesellschaft wertvolle Leistung zu erbringen, von dieser ohne Anerkennung bliebe und damit auch der Anreiz dazu wegfiele.

„Soziale Gerechtigkeit" kann also bestenfalls Gleichheit der *Ausgangschancen* fordern, der Startbedingungen, unter denen der Einzelne die Möglichkeit erhält, durch eigene Leistung im Leben voranzukommen und jene gesellschaftliche Stellung zu erreichen, die er sich wünscht und die seinen Fähigkeiten entspricht. Aber auch eine solche volle Chancen*gleichheit* ist nicht zu verwirklichen angesichts der großen Verschiedenheit der Ausgangslagen, Fähigkeiten und Begabungen, der Unschärfe der Bewertungskriterien, der Schwierigkeiten bei der praktischen Durchführung einer Umverteilung.

„Das Gesamtwohl wird eben nicht von vorneherein gleichgesetzt mit den Interessen oder Wünschen einer bestimmten Klasse; annähernd gleiche Förderung des Wohls aller Bürger und annähernd gleichmäßige Verteilung der Lasten wird grundsätzlich angestrebt. Es besteht das Ideal der ‚sozialen Demokratie in den Formen des Rechtsstaats'."
Das Bundesverfassungsgericht in einem Urteil aus dem Jahre 1956

❶ Bestimmen Sie die Merkmale der Chancengerechtigkeit und der Bedürfnisgerechtigkeit. Worin liegen die Schwierigkeiten bei der Verwirklichung dieser Ziele?

❷ Warum kann „soziale Gerechtigkeit" nicht „Jedem das Gleiche" bedeuten?

❸ Was bedeutet es für Staat und Gesellschaft am „Ideal der sozialen Demokratie in den Formen des Rechtsstaats" (Bundesverfassungsgericht) festzuhalten? Zeigen Sie dies am Schul- und Gesundheitswesen oder an anderen Bereichen.

# 4. Rechtsgehorsam und Widerstand

Gemäß der Formel Radbruchs (s. S. 278) ist der Konflikt zwischen Gerechtigkeit und der Rechtssicherheit in der Regel zugunsten der Rechtssicherheit und damit der Rechtstreue zu lösen. Außer den von Radbruch genannten Fällen von „unrichtigem Recht" gibt es jedoch auch Situationen, in denen sich ebenfalls die Frage nach der Pflicht zum Rechtsgehorsam stellt.
Welcher Art sind diese Fälle und wie sind diese ethisch und juristisch zu bewerten?

## Dietmar von der Pfordten: Ziviler Ungehorsam und Widerstand

1. **Ziviler Ungehorsam** ist eine gesetzwidrige Handlung wie die Nichtbefolgung von Gesetzen. Zusätzlich ist er aber öffentlich, gewaltlos, gewissensbestimmt, politisch motiviert und wird als Mittel zur Änderung der Gesetze oder der Regierungspolitik eingesetzt. Bei zivilem Ungehorsam muss, anders als bei der einfachen Nichtbefolgung, nicht das gleiche Gesetz gebrochen werden, gegen das protestiert werden soll. Der zivile Ungehorsam trägt den Charakter eines politischen Appells. Deshalb muss er öffentlich sein. Gewalt muss vermieden werden, weil das Ziel nicht die unmittelbare Herbeiführung des angestrebten Zustands, sondern die Änderung der politischen bzw. rechtlichen Regelungen ist.
Die grundsätzliche Gesetzestreue drückt sich in der Bereitschaft aus, die gesetzlichen – v.a. strafrechtlichen – Folgen der Handlung auf sich zu nehmen. **Ziviler Ungehorsam unterscheidet sich also wesentlich von militanten Aktionen oder organisertem gewaltsamen Widerstand.** Berühmte Beispiele für zivilen Ungehorsam sind der Widerstand **Gandhis** gegen die britische Kolonialmacht in Indien und derjenige Martin Luther **Kings** gegen die Rassendiskriminierung in den USA. [...]
Gerechtfertigt ist der zivile Ungehorsam unter folgenden Voraussetzungen: Es muss sich um schwere Verletzungen grundlegender Gerechtigkeitsprinzipien im fraglichen Staat handeln, insbesondere also um gravierende Verletzungen der Menschenrechte. Der zivile Ungehorsam muss letzter Ausweg sein, d.h. alle politischen und rechtlichen Möglichkeiten, die angegriffene Regelung zu Fall zu bringen, müssen ausgeschöpft worden sein. Zu beachten ist weiterhin, dass die destabilisierende Wirkung des zivilen Ungehorsams naturgemäß größer ist als die einfache Nichtbefolgung einer rechtlichen Regelung. Auch hier gelten die Überlegungen, die eine ethische Rechtsbefolgungspflicht rechtfertigen. Der Einzelne oder eine einzelne Gruppe darf sich im Rahmen des zivilen Ungehorsams keine Sondervorteile verschaffen. Der zivile Ungehorsam ist also nur gerechtfertigt, wenn die Folgen der in Rede stehenden Regelungen so gravierend ungerecht sind, dass eine Abwägung zur Hintanstellung der ethischen Rechtsbefolgungspflicht führt.

Der Inder **Mahatma Gandhi** (1869–1948, s. S. 325) und der US-Amerikaner **Martin Luther King** (1929–1968, s. S. 327) wurden von fanatischen Gegnern ihrer gewaltlosen und erfolgreichen Politik ermordet.

Schließlich ist beim zivilen Ungehorsam zu beachten, dass eine Schädigung dritter Unbeteiligter nicht gerechtfertigt ist.
Wendet man diese Kriterien auf aktuelle Fälle des zivilen Ungehorsams an, so ergibt sich:
Die Blockade von Straßen durch Lastwagenfahrer oder Landwirte mit dem Ziel, für den eigenen Berufsstand günstigere finanzielle Regelungen zu erwirken, können nicht als gerechtfertigt angesehen werden. Handelt es sich nicht um eine Existenzgefährdung, so stehen keine grundlegenden Gerechtigkeitsgrundsätze in Rede.
Die Blockadeaktionen gegen Raketenstandorte als Protest gegen den Nachrüstungsbeschluss im Gefolge des sog. Nato-Doppelbeschlusses sind dagegen weniger einfach zu bewerten. Sofern die Blockadeaktionen nur kurzzeitig und symbolisch stattfanden und eine politische Änderung der Entscheidung angestrebt wurde, erfüllen sie die Voraussetzungen des zivilen Ungehorsams. Ob die Stationierung von Waffen zur Verteidigung grundlegende Gerechtigkeitsprinzipien verletzt, ist zumindest nicht von vornherein unzweifelhaft. Aber auch wer dies bejaht und damit den zivilen Ungehorsam für ethisch gerechtfertigt hält, muss die anschließenden Verurteilungen akzeptieren, sofern sie dem geltenden Recht entsprechen (was zweifelhaft und umstritten ist, da die Verwerflichkeitsklausel des Nötigungsparagraphen § 240 StGB ihrerseits auf eine ethische Bewertung verweist).

Polizei überwacht eine Demonstration gegen Atommüll-Transporte, 1997

2. **Widerstand** richtet sich im Gegensatz zum zivilen Ungehorsam nicht darauf, im Rahmen der gegenwärtig bestehenden politischen und rechtlichen Entscheidungsstrukturen möglichst gewaltfrei eine politische Änderung herbeizuführen, sondern **bezweckt die unmittelbare, unter Umständen auch gewaltsame bzw. revolutionäre Durchsetzung der geforderten Veränderungen.** Er muss nicht öffentlich sein, sondern kann auch konspirativ ablaufen. Die Bereitschaft zur Hinnahme einer Bestrafung wegen der Nichtbefolgung der rechtlichen Anordnungen ist, anders als beim zivilen Ungehorsam, nicht notwendig. Regelmäßig richtet sich der Widerstand auf die partielle oder totale Veränderung des politischen und gesellschaftlichen Systems.
Da die demokratische Willensbildung und die Mehrheitsentscheidung missachtet werden, ist der gewaltsame Widerstand im Rechtsstaat oder im überwiegend gerechten Staat kaum zu rechtfertigen. Anders ist die Situation im Unrechtsstaat. Hier ist Widerstand ethisch gerechtfertigt. Aber auch dort gilt die Verhältnismäßigkeit

Der Schreiner **Georg Elser** (1903–1945) verübte 1939, wenige Wochen nach Beginn des deutschen Überfalls auf Polen, mittels einer Zeitbombe ein Attentat auf Adolf Hitler. (Er hatte den Anschlag bereits 1938 ausführen wollen: „Ich wollte den Krieg verhindern.") Hitler entging dem Anschlag im Münchener „Bürgerbräukeller", weil er wegen schlechten Wetters vorzeitig abgereist war. Elser wurde auf der Flucht in die Schweiz festgenommen, inhaftiert und wenige Tage vor Kriegsende im KZ Dachau erschossen. 1998 wurde ihm zu Ehren in seinem Heimatort Königsbronn (Baden-Württemberg) eine Gedenkstätte errichtet.

von Mittel und Zweck. D.h. je tyrannischer der Unrechtsstaat auftritt, desto massiver darf der Widerstand werden. Die Maxime der Respektierung von Leib, Leben und Sachgütern unbeteiligter Dritter gilt allerdings auch hier. Bombenterror gegen die Zivilbevölkerung ist also nicht zu rechtfertigen. Infrage kommen allenfalls Aktionen gegen staatliche Organe. Aber auch dann dürfen im Regelfall Leben und körperliche Unversehrtheit nicht verletzt werden.

3. Die letzte und ultimative Eskalationsstufe eines gewalttätigen Widerstands stellt der so genannte **Tyrannenmord** dar. Er ist nur unter der Voraussetzung der Notwehrregeln zu rechtfertigen, d.h. wenn der Diktator und/oder die herrschende Clique fortgesetzt und vorsätzlich Morde an Bürgern oder Regimegegnern verüben. Ein Attentat gegen Hitler war also aus Notwehrgesichtspunkten von dem Zeitpunkt an gerechtfertigt, ab dem systematisch die Tötung von Personen angeordnet bzw. zugelassen wurde.

4. In **Artikel 20 IV Grundgesetz** wird jedem Bürger ein rechtliches, u. U. auch gewaltsames **Widerstandsrecht** gegenüber demjenigen zugestanden, der es unternimmt, die freiheitlich-demokratische Grundordnung, also die Kernelemente der Verfassung, zu beseitigen, sofern keine andere Abhilfe möglich ist.

## Platon: Der Tod des Sokrates

*Der griechische Philosoph Sokrates war angeklagt worden, nicht an die Staatsgötter zu glauben und deshalb die Jugend zu verführen. In einem legalen Verfahren, aber mit unzureichenden Argumenten, wurde er zum Tode durch den Schierlingsbecher verurteilt. Wegen des ungerechten Urteils bestürmten ihn seine Freunde, vor allem Kriton, sich dem Tod durch Flucht zu entziehen (s. S. 79). Sokrates aber erklärte, er habe immer die Gesetze respektiert und ihren Schutz genossen und er wolle sie deswegen jetzt nicht brechen. Selbst ein ungerechtes Urteil verdiene Beachtung, andernfalls würden die Gesetze insgesamt ihre Kraft verlieren. Wenn die Gesetze schlecht seien, müsse man versuchen, sie zu ändern. Gelinge das nicht, müsse man ihnen gehorchen.*

*Sokrates:* Betrachte, ob für uns noch gilt oder nicht, dass man nämlich nicht das Leben am höchsten achten muss, sondern das gute Leben. Und dass das Gute mit dem gerechten und sittlichen Leben eins ist. Auf dieser Grundlage müssen wir erwägen, ob es gerecht ist, dass ich versuche von hier gegen den Willen der Athener fortzugehen. Und wenn es sich als gerecht zeigt, wollen wir es versuchen, wenn nicht, unterlassen. Sagten wir nicht, auf „keine Weise soll man Unrecht tun?" *Kriton:* „Nein, freilich." *Sokrates:* „Also auch nicht der, dem Unrecht geschehen ist, darf wieder Unrecht tun?" *Kriton:* „Es scheint so." *Sokrates:* „Darf man misshandeln?" *Kriton:* „Wohl nicht, Sokrates." *Sokrates:* „Aber wieder misshandeln, nachdem man schlecht behandelt worden ist, ist das gerecht?" *Kriton:* „Auf keine Weise." *Sokrates:* „Ich frage, ob jemand, wenn er ein Versprechen gegeben hat, es auch halten müsse." *Kriton:* „Halten muss er es."

❶ Unterscheiden Sie die verschiedenen Widerstandsformen in rechtlicher und moralischer Hinsicht anhand von Beispielen. Ziehen Sie zur Beurteilung von Sitzblockaden auch das Urteil des Bundesverfassungsgerichts heran (s. S. 324).

❷ Referieren Sie über Formen des Widerstands im „Dritten Reich" (z. B. Geschwister Scholl, Graf Stauffenberg, Dietrich Bonhoeffer).

❷ Prüfen Sie die Argumente des Sokrates und überlegen Sie, ob eine Flucht rechtlich und/oder moralisch vertretbar gewesen wäre.

# 5. Recht, Schuld und Strafe

## Reinhold Zippelius: Straftheorien

1. Nach einer verbreiteten Ansicht liegt die wesentliche Rechtfertigung der Strafe darin, künftige Angriffe auf schutzwürdige Güter zu unterbinden. Strafen seien also auf diese Schutzzwecke bezogen und stünden zu ihnen in einer Relation. Die hierauf gegründete Rechtfertigung der Strafe bezeichnet man daher als **„relative"**. Kurz, es wird bestraft, damit künftige Delikte unterbleiben.
Strafen können in zweifacher Weise künftige Delikte verhüten und dadurch der Systemstabilisierung und dem Rechtsgüterschutz dienen: durch **Generalprävention** und durch **Spezialprävention.**
Die **generalpräventive Wirkung** liegt darin, dass die Bestrafung eines Delinquenten als Motivation zu allgemeinem Rechtsgehorsam, insbesondere als allgemeine Warnung und Abschreckung vor Straftaten wirkt. Diese Warnung wendet sich an alle, die es angeht: und letztlich gehen Strafen uns alle an, weil wir alle latente Delinquenten sind. Die generelle Abschreckungswirkung der Strafen ist umso höher, je rascher und zuverlässiger die Strafe den Delikten zu folgen pflegt. Sie wird aber anscheinend auch durch die Strenge der Strafen gestärkt, umgekehrt ausgedrückt: Es besteht vermutlich ein Zusammenhang auch zwischen der Aufweichung des Strafrechts und der zunehmenden Kriminalität; zum mindesten bei „kalkulierten" Verbrechen liegt es nahe, dass eine erwartete strengere Strafe als ein Faktor erhöhten Risikos in Betracht gezogen wird.
Die **spezialpräventive Wirkung** der Strafe liegt in der Vorsorge, dass gerade dieser Täter nicht erneut straffällig wird. Unter diesem Aspekt erscheint die Strafe als ein Instrument, den Täter selbst von künftigen Straftaten abzuschrecken, ihn zu erziehen und, wenn er hierdurch nicht „sozialisiert" werden kann, als Instrument, die Gesellschaft vor diesem Täter zu sichern. Solche spezialpräventiven Zwecke verfolgt das moderne Strafrecht vielfach auf Kosten des Vergeltungsgedankens. Ein Beispiel dafür bietet die Strafaussetzung zur Bewährung. Durch sie will man vor allem erstmalige Gelegenheitstäter vor dem ungünstigen Milieu der Strafvollzugsanstalten bewahren und ihnen zugleich (durch die drohende Nachholung der Strafe) einen verstärkten Anreiz zu künftigem straffreien Verhalten geben. Auch der Strafvollzug selbst soll ein Versuch sein, den Täter zu erziehen, um ihn dahin zu bringen, in sozialer Verantwortung ein Leben ohne Straftaten zu führen; dem dienen z.B. Arbeitseinsatz und Maßnahmen der beruflichen Ausbildung. Kann aber der Täter nicht sozialisiert werden, tritt die andere Funktion der Spezialprävention in den Vordergrund, die Gesellschaft vor diesem Kriminellen zu sichern.

2. Nach der **„absoluten"** Straftheorie bildet die Vergeltung allein schon einen zureichenden Grund der Strafe. Hier denkt man sich also (anders als in den „relativen" Straftheorien) die Funktion der Strafe losgelöst von pragmatischen Aufgaben: Der Grund der Strafe wird lediglich in der Vergangenheit gesucht.
Daher ist nach dieser Theorie eine Strafe auch dann zu verhängen, wenn sie keinerlei sozialen Nutzen mehr stiftet. Am eindrucks-

**Der Bundesgerichtshof zur Todesstrafe** (1996, AZ: 5 StR 747/94):

„Allerdings begegnet die Todesstrafe aus heutiger Sicht nach Auffassung des Senats unüberwindlichen Bedenken. Aus humanitären Gründen kann keinem Staat das Recht zustehen, durch diese Sanktion über das Leben seiner Bürger zu verfügen. Vielmehr erfordert es das Primat des absoluten Lebensschutzes, dass eine Rechtsgemeinschaft gerade durch den Verzicht auf die Todesstrafe die Unverletzlichkeit des menschlichen Lebens als obersten Wert bekräftigt. Darüber hinaus erscheint es unbedingt geboten, der Gefahr des Missbrauchs der Todesstrafe durch Annahme ihrer ausnahmslos gegebenen Unzulässigkeit von vornherein zu wehren. Fehlurteile sind niemals auszuschließen. Die staatliche Organisation einer Vollstreckung der Todesstrafe ist schließlich, gemessen am Ideal der Menschenwürde, ein schlechterdings unzumutbares und unerträgliches Unterfangen."

vollsten hat das Kant formuliert: „Selbst wenn sich die bürgerliche Gesellschaft mit aller Glieder Einstimmung auflösete (z.B. das eine Insel bewohnende Volk beschlösse, auseinander zu gehen und sich in alle Welt zu zerstreuen), müsste der letzte im Gefängnis befindliche Mörder vorher hingerichtet werden, damit jedermann das widerfahre, was seine Taten wert sind, und die Blutschuld nicht auf dem Volke hafte, das auf diese Bestrafung nicht gedrungen hat: weil es als Teilnehmer an der öffentlichen Verletzung der Gerechtigkeit betrachtet werden kann." Hier erscheint also die Strafe als reine Gerechtigkeitsaufgabe ohne Rücksicht auf ihre Nützlichkeit, als eine Art Ausgleich („Vergeltung") für die Störung der öffentlichen Ordnung, der dadurch stattfinden soll, dass dem Übeltäter seinerseits ein gleichwertiges Übel zugefügt wird. Durch Wiedervergeltung, die „dem Begriffe nach Verletzung der Verletzung ist", solle das Verbrechen aufgehoben werden.
Aber so rasch man zustimmen wird, dass die Staatsgewalt Strafe zum Schutz der Bürger einsetze, so sehr wird man zögern, sie auch zum Vollstrecker einer „absoluten Gerechtigkeit" zu ernennen. Welche menschliche Einrichtung dürfte solches Moralrichtertum für sich beanspruchen? Sind wir nicht alle Sünder? Wer darf den ersten Stein werfen (Joh. 8,7)? Steckt nicht auch in der Amtstracht mancher Spitzbube? Hat nicht der welterfahrene Seneca Recht „nemo prudens punit, quia peccatum est, sed ne peccetur." (De ira, I, 19)?[1]

3. Nach beiden hier erwogenen Straftheorien setzt Strafe **Schuld** voraus. Schuld wiederum setzt voraus, dass man überhaupt anders handeln konnte als man gehandelt hat. Darum ist ein Schuld- und Sühnestrafrecht nur möglich unter der Voraussetzung, dass es Entscheidungsfreiheit gibt. Gäbe es keinen Spielraum, sich zwischen verschiedenen Möglichkeiten und Motiven zu entscheiden, wäre also das menschliche Verhalten kausalgesetzlich oder durch Motivation lückenlos und streng determiniert[2], bliebe für einen Schuldvorwurf ebenso wenig Raum wie für persönliche Reue und Vergeltung. Jemanden für sein Handeln zu bestrafen, wäre dann ebenso ungereimt, wie wenn man ihn für eine Erbkrankheit bestrafen wollte. Für eine deterministische Theorie, die der Strafe keine Vergeltungsfunktion zuschreiben kann, wäre „Strafrecht" also nur als Präventionsrecht möglich. Androhung und Vollzug von „Strafe" könnte dann etwa die Funktion haben, künftiges Handeln zu motivieren (Theorie des psychischen Zwanges). Eine solche deterministische Theorie verstünde die Voraussetzungen der Zurechnungsfähigkeit (die Erreichung eines bestimmten Lebensalters, das Fehlen von Geisteskrankheiten usw.) als bloße Bedingungen „normaler" Motivierbarkeit. Den Maßstab der „Normalität" gäbe hierbei die überwiegende Zahl erwachsener Menschen ab. Kurz, ohne Entscheidungsfreiheit und Schuld wäre ein solches „Strafrecht" allemal ein bloßes Maßnahmerecht.

4. Schon die bisherigen Überlegungen haben zu dem Ergebnis geführt: Der Schutzzweck allein ist kein zureichender Grund für eine Strafe. Nur eine Strafe, die **nicht bloß Präventivmaßnahme, son-**

[1] „Kein Kluger bestraft, weil gesündigt worden ist, sondern damit nicht mehr gesündigt wird."
[2] Determination: Festlegung (s. das Kapitel „Freiheit und Determination")

Je nach der Schwere der Straftat unterscheidet man zwischen **Vergehen** (Freiheitsstrafe von mindestens 1 Monat oder Geldstrafe) und **Verbrechen** (Mindeststrafmaß: 1 Jahr Freiheitsstrafe).
Bei der Verurteilung zu einer Freiheitsstrafe von nicht mehr als 1 Jahr setzt das Gericht die Strafe dann zur **Bewährung** (Bewährungszeitraum: 2 bis 5 Jahre) aus, wenn zu erwarten ist, dass der Verurteilte künftig keine Straftat mehr begehen wird.

**Aus dem Strafgesetzbuch (StGB):**

§ 1 Keine Strafe ohne Gesetz. Eine Tat kann nur bestraft werden, wenn die Strafbarkeit bestimmt war, bevor die Tat begangen wurde.
§ 46a Täter-Opfer-Ausgleich, Schadenswiedergutmachung.
Hat der Täter
1. in dem Bemühen, einen Ausgleich mit dem Verletzten zu erreichen (Täter-Opfer-Ausgleich), seine Tat ganz oder zum überwiegenden Teil wieder gutgemacht oder deren Wiedergutmachung ernsthaft angestrebt oder
2. in einem Fall, in welchem die Schadenswiedergutmachung von ihm erhebliche persönliche Leistungen oder persönlichen Verzicht erfordert hat, das Opfer ganz oder zum überwiegenden Teil entschädigt,
so kann das Gericht die Strafe nach § 49 Abs. 1 mildern oder, wenn keine höhere Strafe als Freiheitsstrafe bis zu einem Jahr oder Geldstrafe bis zu dreihundertsechzig Tagessätzen verwirkt ist, von Strafe absehen.

Lesen Sie zum „Täter-Opfer-Ausgleich" den Text auf S. 321 f. und beantworten Sie die dort gestellten Aufgaben.

**dern zugleich Vergeltung** ist, achtet den Täter als Person, die einer Selbstbestimmung fähig ist. Strafe als reine Präventivmaßnahme macht aus dem Täter im Fall der Generalprävention ein bloßes Mittel zum Zweck, im Fall der Spezialprävention ein bloßes Behandlungsobjekt.

Andererseits ergeben sich auch Bedenken dagegen, in der Vergeltung allein schon einen zureichenden Grund der Strafe zu sehen; Strafe scheint nur dann gerechtfertigt zu sein, wenn sie zugleich eingesetzt wird, um künftige Rechtsverletzungen zu verhindern. Und doch zögert man, diesen Gedanken konsequent zu Ende zu führen: Schuldet der Staat nicht z.B. den Hinterbliebenen eines Ermordeten, denen er die Privatrache aus der Hand genommen hat (und vielleicht nicht nur ihnen) Genugtuung, auch dann noch, wenn diese nicht zu präventiven Zwecken erforderlich ist? Sollte etwa der nationalsozialistische Schreibtischtäter, der im Vollzug staatlicher Weisung Tausende von Juden in ein Vernichtungslager schickte, straflos ausgehen? Die Notwendigkeit einer Spezialprävention bestand in solchen Fällen dann nicht, wenn der Täter später als wohl angepasster Bürger nicht deliktsanfälliger war als jeder andere. Über eine generalpräventive Funktion der Strafe könnte man vielleicht diskutieren. Selbst wenn man sie aber in den genannten Fällen verneinte, hätte man nicht leichthin auf eine Strafe – und das hieße dann eben doch: auf eine Vergeltung um ihrer selbst willen – verzichtet.

❶ Welche Einwände gegen ein reines Vergeltungsstrafrecht führt der Autor an? Welche Aspekte der Strafe hält er für geboten?

❷ Welche Rolle bei der Urteilsfindung und der Strafe spielt die Schuld des Angeklagten? Welches Menschenbild liegt diesbezüglich dem Strafrecht zugrunde?

❸ Begründen Sie den Rechtsgrundsatz „Im Zweifel für den Angeklagten".

❹ Begründen Sie die grundsätzliche Öffentlichkeit von Strafverfahren. Welche Ausnahmen gibt es? Aus welchen Gründen?

A. Paul Weber (1893–1980): Im Namen des Volkes

# Allein erziehende Mutter tötete ihre elfjährige Tochter

## Wegen Totschlags zu zwölf Jahren Haft verurteilt

BREMEN. Eine 41-jährige Frau, Besitzerin eines kleinen Reisebüros in einem Bremer Arbeiterstadtteil, war mit ihrer Geschäftsidee gescheitert. 150.000 Mark Schulden hatten sich angehäuft, die Frau sah für sich keinen anderen Ausweg als Selbstmord. Die allein erziehende Frau wollte ihre elfjährige Tochter mit in den Tod nehmen. Sie tötete ihr Kind, indem sie das schlafende Mädchen drosselte, es mit 10 Messerstichen verletzte und mit einem Koffergurt am Treppengeländer erhängte. Den Selbstmord schaffte sie später nicht mehr, sie rief die Polizei. Frau B. wurde vom Bremer Landgericht wegen Totschlags zu zwölf Jahren Haft verurteilt. Staatsanwalt und der Anwalt des Nebenklägers – der Ex-Ehemann und Vater des Kindes – hatten auf lebenslange Freiheitsstrafe wegen heimtückischen Mordes plädiert. Die Verteidigerin hatte eine Haftstrafe von sieben Jahren für angemessen gehalten.

„Diese Tat hat auch uns betroffen gemacht“, wandte sich die Vorsitzende Strafrichterin bei der Urteilsverkündung an die Angeklagte, „wir sind jedoch gehalten, von Ihrer Willensrichtung auszugehen.“ Als ein Mensch ohne Selbstwertgefühl hatte sich Frau B., die unmittelbar nach der Tat ein umfangreiches Geständnis abgelegt hatte, unter Tränen vor Gericht offenbart. „Ich hatte das Gefühl, noch nie etwas auf die Beine gestellt zu haben“, so hatte sie ihren bisherigen Lebenslauf zusammengefasst: Architekturstudium, Studium der Wirtschaftswissenschaften, zwei Examen. Die Heirat, Geburt der Tochter und die Scheidung folgten. Hinzu kamen die Schwierigkeiten bei der Stellensuche, die abgebrochene Promotion, der Misserfolg mit dem Reisebüro, kein neuer Kredit von der Bank; die anspruchsvollen Eltern, der dominante Vater und die Angst davor, als Versagerin zu gelten. Die Angst vor dem „totalen sozialen Abseits“, wie sie es formulierte. „Ich habe versucht, meiner Tochter und mir eine berufliche Existenz aufzubauen, ich habe verloren.“ In einem Abschiedsbrief schrieb Frau B., sie wolle ihr Kind vor einem Leben in Armut und dem Stigma, Tochter einer Selbstmörderin zu sein, bewahren. Der Gedanke, die Elfjährige zum Vater zu geben, kam ihr nicht, obwohl sie im Nachhinein überzeugt davon war, dass ihr Ex-Mann gut für das Kind gesorgt hätte. Die beiden psychologischen Gutachter beschrieben Frau B.s Beziehung zu ihrem Kind als symbiotisch und bescheinigten der Mutter eine schwere narzisstische Persönlichkeitsstörung. Frau B. habe völlig verkannt, dass ihre Tochter bereits ein selbstständiges Kind war. Eine Schuldminderung schlossen die Gutachter daher nicht aus. Dem folgte das Gericht nicht. Die Tatsache, dass sie die Tat geplant und dem Kind eine lange Leidenszeit zugemutet hatte, müsse Frau B. zur Last gelegt werden. Hinzu komme, dass sie drei Leben zerstört habe, das ihrer Tochter, das ihres Mannes und ihr eigenes. Bei dem Entschluss, Frau B.s Tat als Totschlag zu werten, hielt sich das Bremer Schwurgericht an eine Entscheidung des Bundesverfassungsgerichts, in der für den Straftatbestand des heimtückischen Mordes eine feindliche Gesinnung vorausgesetzt wird. „Diese vermochten wir nicht zu erkennen“, so die Richterin. „Frau B. saß der verblendeten Einstellung auf, zum Besten ihrer Tochter zu handeln“.

Silvia Pfahl, in: Süddeutsche Zeitung, 5.10.1998

❶ Wie begründet das Gericht sein Urteil? Warum wurden die strafmildernden Aspekte der Gutachten nicht berücksichtigt? In welchen Punkten folgte das Gericht der Rechtsprechung des Bundesverfassungsgerichts?

❷ Welche Aspekte der Straftheorien finden Sie in dem Urteil wieder?

❸ Welche Strafe halten Sie bezüglich dieses Falles für angemessen? Begründen Sie Ihr Urteil.

# 6. Die Menschenrechte

## Die Entwicklung des Menschenrechtsgedankens*

Der Gedanke, dass es unveräußerliche Rechte gebe, findet sich bereits in der antiken Philosophie, vor allem im Naturrechtsdenken der Stoa (s. S. 138). Er beschränkte sich jedoch noch auf einen kleinen Kreis Auserwählter und galt keineswegs für alle Menschen. Die Schriften des Judentums und Christentums betonen, dass *alle* Menschen Ebenbilder Gottes seien und damit vor Gott gleich seien, wenngleich die religiösen Institutionen diese Lehre in ihren eigenen Rechtsstatuten nicht immer umsetz(t)en, indem sie z.B. Frauen den Zugang zu Ämtern erschwer(t)en oder gar unmöglich mach(t)en.

In der englischen „Magna Charta Libertatum" (1215) wurden bestimmte Freiheitsverbriefungen festgeschrieben, die in der „Habeas Corpus-Akte" (1679) und in der „Bill of Rights" (1689) erweitert wurden. Diese Dokumente formulierten allerdings nur bestimmte Rechte und es ging in ihnen um die Sicherung einer „staatsfreien" Sphäre zur Abwehr absolutistischer Machtansprüche.

Erst die Philosophie der Aufklärung, die lehrte, dass es *eine* Natur und *eine* Vernunft gebe, die allen Menschen gemeinsam sei, gab den entscheidenden Anstoß für die universale Menschenrechtsidee.

In staatsrechtlicher Hinsicht beginnt die Geschichte der Menschenrechte mit der „Virginia Bill of Rights", der amerikanischen Unabhängigkeitserklärung von 1776. Sie spricht davon, dass „alle Menschen gleich geschaffen" seien und „von ihrem Schöpfer mit gewissen unveräußerlichen Rechten ausgestattet" worden seien (s. S. 223). Diese Erklärung ist das erste verfassungsrechtliche Dokument, das die Idee der Menschenrechte mit dem Prinzip der Demokratie und der Gewaltenteilung verbindet. Ihr folgt bald darauf die „Französische Erklärung der Rechte des Menschen und des Bürgers" (1789), die die Menschen als „frei und gleich an Würde und Rechten" sah.

Aufgrund der Erfahrung mit totalitären Ideologien, Faschismus und Weltkrieg kam es 1948 zur Gründung der „Vereinten Nationen", die in der „Allgemeinen Erklärung der Menschenrechte" ihr programmatisches Verständnis der Menschenrechte formulierte. Diese Erklärung vereinigt in Art. 1 den Vernunftglauben der Aufklärung („mit Vernunft und Gewissen begabt") mit den Zielen der Französischen Revolution („frei und gleich an Würden und Rechten", „im Geist der Brüderlichkeit begegnen").

Die UN-Menschenrechtsdeklaration wurde ergänzt durch die „Konvention zum Schutz der Menschenrechte und Grundfreiheiten" des Europarates (1950) und des „Weltpaktes über bürgerliche und politische Rechte und über wirtschaftliche, soziale und kulturelle Rechte" der UN (1976).

Plakat der Deutschen Welthungerhilfe, 1998 (Adresse s. S. 417)

❶ Auf welchen gedanklichen Grundlagen fußen die Menschenrechte?

❷ Lesen Sie den Textauszug aus der Amerikanischen Unabhängigkeitserklärung (s. S. 223) und stellen Sie fest, welche Rechte dort als „unveräußerlich" genannt sind.

❸ Überlegen Sie, warum es erst nach dem Zweiten Weltkrieg zu einer weitgehenden internationalen Akzeptanz der Menschenrechte kam. Welche Hindernisse sehen Sie, ihr überall Geltung zu verschaffen?

❹ Warum tritt für die „Deutsche Welthungerhilfe" der „Respekt vor anderen Kulturen und Traditionen" hinter die Achtung der Menschenrechte zurück? Fordern Sie die in der Anzeige angegebenen Materialien an.

Die **„Allgemeine Erklärung der Menschenrechte“** ist als Resolution verabschiedet worden und daher kein völkerrechtlich verbindlicher Vertrag. Sie soll aber als Grundlage für völkerrechtlich verbindliche Verträge dienen.
1994 richtete die UN ein „Hochkommissariat“ für Menschenrechte ein, um der Forderung nach Einhaltung der Menschenrechte mehr Nachdruck zu verleihen. Diesem Ziel dient auch die Einrichtung des UN-Kriegsverbrecher-Tribunals in Den Haag (1993) und der 1998 vorbereiteten Schaffung eines Internationalen Strafgerichtshofes auf der Grundlage eines Weltstrafrechts. Dieser Gerichtshof soll tätig werden, wenn nationale Gerichte nicht fähig oder willens sind, Verbrechen zu ahnden, die unter das Weltstrafrecht fallen (z.B. Verbrechen gegen die Menschlichkeit, Völkermord).
Für Europa zuständig ist der „Europäische Gerichtshof für Menschenrechte“ in Straßburg. Er fällte 1997 106 Urteile, in 57 Fällen stellte er Verstöße gegen die Europäische Menschenrechtskonvention fest.

## Allgemeine Erklärung der Menschenrechte vom 10. Dezember 1948

**Artikel 1** (Freiheit, Gleichheit, Brüderlichkeit)

Alle Menschen sind frei und gleich an Würde und Rechten geboren. Sie sind mit Vernunft und Gewissen begabt und sollen einander im Geist der Brüderlichkeit begegnen.

**Artikel 2** (Verbot der Diskriminierung)

1. Jeder Mensch hat Anspruch auf die in dieser Erklärung verkündeten Rechte und Freiheiten, ohne irgendeine Unterscheidung, wie etwa nach Rasse, Farbe, Geschlecht, Sprache, Religion, politischer und sonstiger Überzeugung, nationaler oder sozialer Herkunft, nach Eigentum, Geburt oder sonstigen Umständen.
2. Weiter darf keine Unterscheidung gemacht werden aufgrund der politischen, rechtlichen oder internationalen Stellung des Landes oder Gebietes, dem eine Person angehört, ohne Rücksicht darauf, ob es unabhängig ist, unter Treuhandschaft steht, keine Selbstregierung besitzt oder irgendeiner anderen Beschränkung seiner Souveränität unterworfen ist.

**Artikel 3** (Recht auf Leben und Freiheit)

Jeder Mensch hat das Recht auf Leben, Freiheit und Sicherheit seiner Person.
[...]

**Artikel 7** (Gleichheit vor dem Gesetz)

Alle Menschen sind vor dem Gesetz gleich und haben ohne Unterschied Anspruch auf gleichen Schutz durch das Gesetz.
[...]

**Artikel 14** (Asylrecht)

1. Jeder Mensch hat das Recht, in anderen Ländern vor Verfolgungen Asyl zu suchen und zu genießen.
2. Dieses Recht kann jedoch im Falle seiner Verfolgung wegen nichtpolitischer Verbrechen oder wegen Handlungen, die gegen die Ziele und Grundsätze der Vereinten Nationen verstoßen, nicht in Anspruch genommen werden.

**Artikel 18** (Gewissens- und Religionsfreiheit)

Jeder Mensch hat Anspruch auf Gedanken-, Gewissens- und Religionsfreiheit; dieses Recht umfasst die Freiheit, seine Religion oder seine Überzeugung zu wechseln, sowie die Freiheit, seine Religion oder seine Überzeugung allein oder in Gemeinschaft mit anderen, in der Öffentlichkeit oder privat, durch Lehre, Ausübung, Gottesdienst und Vollziehung von Riten zu bekunden.

**Artikel 19** (Meinungs- und Informationsfreiheit)

Jeder Mensch hat das Recht auf freie Meinungsäußerung; dieses Recht umfasst die Freiheit, Meinungen unangefochten anzuhängen und Informationen und Ideen mit allen Verständigungsmitteln ohne Rücksicht auf Grenzen zu suchen, zu empfangen und zu verbreiten.

## Karl-Heinz Seifert / Dieter Hörnig: Der Begriff der „Menschenwürde" im Grundgesetz

*Zentraler Ausgangspunkt für die UN-Menschenrechtsdeklaration und das Grundgesetz der Bundesrepublik Deutschland ist die „Menschenwürde".*

In der Wertordnung des GG ist die Menschenwürde der oberste Wert. Damit entscheidet sich das GG zugleich gegen die Vorstellung vom unbedingten Primat des Staates. Die Würde des Menschen ist nicht verwirkbar, über sie kann nicht verfügt werden. Sie verlangt, dass der Mensch als selbstverantwortliche Persönlichkeit mit Eigenwert anerkannt wird.

Wo menschliches Leben existiert, kommt ihm Menschenwürde zu. Schutzobjekt des Abs. 1 ist jeder Mensch, unabhängig von Alter und Einsichtsfähigkeit. Rechtsträger ist der Ausländer ebenso wie das minderjährige Kind, der Geisteskranke oder der Verbrecher. Auch das werdende Leben (der nasciturus) genießt diesen Schutz, der selbst über den Tod hinaus wirkt und die Würde des Verstorbenen mit umfasst. Geschützt ist die Würde des konkreten Menschen, nicht der Menschheit schlechthin.

Der Begriff der Menschenwürde i.S. des Abs. 1 ist ein unbestimmter Rechtsbegriff, dessen Inhalt nicht absolut, sondern immer nur in Ansehung des konkreten Falles bestimmt werden kann. In ihn fließen zwar die geistesgeschichtlichen Traditionen mit ein, er ist jedoch wandlungsfähig und zeitbedingt. Im Kern geht der Begriff davon aus, dass der Mensch als geistig-sittliches Wesen darauf angelegt ist, in Freiheit und Selbstbewusstsein sich selbst zu bestimmen und auf die Umwelt einzuwirken. Die Menschenwürde wird aber auch bestimmt vom Menschenbild des GG, das den Menschen nicht als selbstherrliches Individuum, sondern als in der Gemeinschaft stehende und ihr vielfältig verpflichtende Persönlichkeit begreift. Der Inhalt des Begriffes Menschenwürde lässt sich am ehesten vom Verletzungsvorgang her bestimmen: Der Mensch darf keiner Behandlung ausgesetzt werden, die ihn zum bloßen Objekt degradiert und seine Subjektqualität prinzipiell infrage stellt oder Ausdruck der Verachtung seines Wertes ist, der dem Menschen kraft seines Personseins zukommt.

Typische Fälle der Verletzung der Menschenwürde sind Folter, Sklaverei, Ausrottung ethnischer, nationaler, rassischer oder religiöser Gruppen, Verschleppung, unmenschliche oder erniedrigende Strafen und Behandlungsweisen, vollständige Entrechtung, Vernichtung so genannten unwerten Lebens und Menschenversuche. [...] Die Unzulässigkeit der Herabwürdigung des Menschen zum bloßen Objekt staatlichen Handelns verbietet, den Menschen zwangsweise in seiner gesamten Persönlichkeit zu registrieren und zu katalogisieren. [...] Als Sanktion für schwerste Tötungsdelikte verstößt die lebenslange Freiheitsstrafe zwar nicht gegen die Menschenwürde, ihr Vollzug muss aber sicherstellen, dass der Verurteilte eine konkrete und grundsätzlich auch realisierbare Chance hat, zu einem späteren Zeitpunkt die Freiheit wieder zu erlangen. [...]

**Grundgesetz, Artikel 1, Abs. 1:**

„Die Würde des Menschen ist unantastbar. Sie zu achten ist Verpflichtung aller staatlichen Gewalt."

❶ Welche anthropologischen Aussagen liegen dem Begriff der „Menschenwürde" zugrunde? Welche konkreten Auswirkungen hat ein die Menschenwürde respektierendes (staatliches) Handeln?

❷ Vergleichen Sie die Bestimmung des Begriffes „Menschenwürde" mit der Definition Immanuel Kants (s. S. 144) und Richard Schmids (s. S. 264 f.)

Dem Jahresbericht des **UN-Flüchtlingskommissariats** zufolge gab es 1997 weltweit rund 50 Millionen Flüchtlinge. UN-Generalsekretär Kofi Annan stellte in diesem Zusammenhang fest, dass immer weniger Schutzsuchende jedoch einen sicheren Zufluchtsort fänden und sagte, dass das Problem von Flucht und Vertreibung „eine der größten humanitären Herausforderungen für die Vereinten Nationen" darstelle.

**„Asyl in der Kirche" erhält Bonhoeffer-Preis**

Berlin (epd/kna). Die ökumenische Arbeitsgemeinschaft „Asyl in der Kirche" hat in Berlin den erstmals verliehenen Dietrich-Bonhoeffer-Preis erhalten. Im Konflikt mit staatlichen Autoritäten hätten die Initiativen vielen von Abschiebung bedrohten Menschen Schutz gewährt, heißt es in der Begründung der Jury, zu der Bundestagsvizepräsidentin Antje Vollmer und der ev. Bischof Wolfgang Huber gehören. Der frühere EU-Administrator für Bosnien, Hans Koschnik, sagte in seiner Laudatio, in mehr als 70% der bislang etwa 2000 Fälle von Kirchenasyl habe der Staat zugeben müssen, sich mit seiner Entscheidung geirrt zu haben. […] Der Namensgeber des Preises ist der Theologe und NS-Widerstandskämpfer Dietrich Bonhoeffer.

Frankfurter Rundschau, 6.4.98

❶ Geben Sie eine philosophische und eine theologische Begründung des Asylrechts.

❷ Informieren Sie sich über einen aktuellen Fall der Asylgewährung bzw. -verweigerung und nehmen Sie dazu begründet Stellung.

## Simone Wolken: Asyl – das rettende Menschenrecht

*Das Recht auf Asyl ist Bestandteil der UN-Menschenrechtsdeklaration (Artikel 14) und hat in Deutschland Verfassungsrang (Artikel 16 a des Grundgesetzes).*
*Bis 1992 lautete der Asylrechtsartikel des Grundgesetzes: „Politisch Verfolgte genießen Asylrecht." Aufgrund hoher Asylbewerberzahlen wurde das Grundgesetz nach heftigen und kontroversen Debatten dahingehend geändert, dass Asylbewerber, die aus einem EU-Mitgliedsland oder aus einem „sicheren Drittstaat" einreisen, abgewiesen werden. Daraufhin ging die Zahl der Asylbewerber stark zurück. 1997 wurde über 170.801 Asylanträge entschieden; 8.443 von ihnen wurden anerkannt (4,9 %).*

Das griechische Wort „asylos", das „Zufluchtsstätte" bedeutet, ist der sprachliche Ursprung unserer heutigen Bezeichnung „Asyl". Sie bezeichnet jedoch heute nicht mehr wie im Griechischen den Ort, an dem ein Verfolgter Schutz findet, sondern den Schutz, den der Flüchtling genießt. Diese Änderung in der Bedeutung des Wortes erklärt sich durch die unterschiedlichen Formen der Schutzgewährung, die das Asyl vom Altertum bis heute ausmachten. Im Altertum hatte der Flüchtende Schutz gefunden, wenn er eine Kultstätte, einen Tempel oder ein Heiligtum betrat oder es berührte. Der Schutz wurde also ausgelöst durch die Verbindung des Schutzsuchenden mit dem heiligen Ort oder dem heiligen Gegenstand. Das Erreichen dieses Orts machte ihn für seine Verfolger unantastbar.
Mit dem Entstehen der antiken griechischen Stadtstaaten entwickelte sich neben dem religiösen Asyl der Tempel und Altäre ein staatliches Asylrecht. Es beschränkte sich auf Flüchtlinge aus anderen Staaten und hier allein auf politisch Verfolgte. Durch diese Entwicklung löste sich die Asylgewährung von ihren religiösen und kultischen Ursprüngen und wurde zu einem Recht des asylgewährenden Staates und damit zu einer politischen Entscheidung. Der politische Flüchtling war also nicht mehr automatisch geschützt, sobald er einen bestimmten Ort erreicht hatte. Vielmehr lag die Entscheidung über die Schutzgewährung bei dem Staat, an den sich der Flüchtling wandte. [...]
Diese Entwicklung (die in den antiken griechischen Stadtstaaten und im antiken Rom begann) wurde im Mittelalter unterbrochen. Zwischen dem 5. und 15. Jahrhundert gewann das religiöse Asyl in Kirchen und Klöstern wieder erheblich an Bedeutung, weil es keine zwischenstaatliche Rechtsordnung mehr gab.
Die zentrale Stellung der Unabhängigkeit und Hoheitsgewalt des einzelnen Staates drängte das Kirchenasyl in der Neuzeit immer weiter zugunsten des staatlichen Rechts zur Asylgewährung und -versagung zurück.

## Marion Gräfin Dönhoff: Vom Recht auf Würde

*Ist die UN-Menschenrechtsdeklaration mit ihrem vom Christentum und von der Aufklärung geprägten Menschenbild auf andere Kulturen und Wertvorstellungen übertragbar?*
*Mit der Kritik an einem „westlichen Werteimperialismus", der seine Auffassung von Recht und Moral für universalisierbar hält, setzt sich der folgende Text auseinander.*

Es war eine große Befriedigung und Genugtuung, als nach dem Terror der Nazidiktatur die Vereinten Nationen 1948 die Erklärung der Menschenrechte verkündeten. Gewiss, es gab Bürgerrechte, beispielsweise Wahl- und Niederlassungsrecht, aber Menschenrechte, die von einem sittlichen Menschenbild ausgehen und die Würde und Unversehrtheit des Menschen in den Mittelpunkt stellten, die gab es nicht. Die Menschenrechte garantieren das Leben und die körperliche Unversehrtheit, die Freiheit der Person, des Glaubens und des Gewissens. Von einer wirklichen Garantie kann keine Rede sein, denn die Erfüllung hängt von der Bereitschaft des jeweils Regierenden und von dem guten Willen der Bürger ab.
Es gibt dabei viele Schwierigkeiten: Die Auffassung von dem, worum es sich bei den Menschenrechten handelt, hat mit Kultur und Tradition, Sitte und Religion zu tun. Die Auffassung der westlichen Welt geht vom Individuum aus, während in großen Teilen der Dritten Welt, in Afrika und Asien, die Solidarität des Familien- und Stammesverbundes das Wichtigste ist. In diesen Ländern bekommt man als Westler immer wieder den Vorwurf zu hören: „Eure Menschenrechte dienen ja nur eurem Hegemoniestreben. Früher, im Kolonialzeitalter, da habt ihr uns beherrscht, weil ihr die Stärkeren wart und wir die Schwachen. Heute versucht ihr es, indem ihr eure spezifische Auffassung der Menschenrechte der ganzen Welt zu oktroyieren[1] versucht". Derlei Eurozentrismus sei unstatthaft, so meinen sie.
Übrigens mit einem gewissen Recht. Natürlich sind manche unserer Maßstäbe, die den bürgerlichen Alltag betreffen, jener Welt diametral entgegengesetzt: beispielsweise ist Polygamie[2] bei uns strafbar, in einzelnen Ländern der Dritten Welt aber nicht zur zulässig, sondern sogar erwünscht. Prügelstrafe ist in Teilen der Welt keineswegs anstößig, sondern üblich. [...] Zwar haben die Menschenrechte inzwischen völkerrechtliche Verbindlichkeit erlangt, zum Beispiel mit der Europäischen Menschenrechtskonvention und der Einrichtung des Europäischen Gerichtshofes für Menschenrechte; aber erzwingen lassen sie sich nicht, wie wir durch die Bürgerkriege in Ruanda oder auch in Bosnien erfahren haben. Manchmal könnte man auch spotten über den Aufwand an moralischem Wortgeklingel, mit dem etwa die Amerikaner die Forderung nach Einhaltung der Menschenrechte begleiten; dabei sind sie es, die nicht selten mit double standards arbeiten: Dort, wo ihre Interessen auf dem Spiel stehen, wo strategische Gesichtspunkte eine Rolle spielen, wie im Irak, werden die Menschenrechte überaus ernst ge-

[1] oktroyieren: aufzwingen
[2] Polygamie (gr.): Mehrehe

**Marion Gräfin Dönhoff** ist Mitherausgeberin der Wochenzeitung „Die Zeit".

**Menschenrechte...**
**...müssen durchgesetzt werden!**
Der 49jährige Ed Garcia auf den Philippinen, die 43jährige Hanne Hecht-Winkler in Deutschland, die 24jährige Cyndy Pappaterra in den USA sind sich in ihrem Leben nie begegnet. Sie haben ein gemeinsames Ziel: die Menschenrechte durchzusetzen.
Auch in Deutschland brauchen wir aktive Mitglieder, die sich für die Wahrung der Menschenrechte einsetzen. Schreiben Sie uns. Wir informieren Sie, was Sie aktiv für den Schutz der Menschenrechte tun können. (Bitte 4 Mark Rückporto in Briefmarken beifügen.)
ai amnesty international
Für die Menschenrechte
amnesty international, 53108 Bonn
Spendenkonto 80 90 100
BKD Duisburg (BLZ 350 601 90)
Kennziffer______
Stichwort: "Wer mitmacht.."
**Wer mitmacht, hilft gegen Ohnmacht.**

Anzeige der Menschenrechtsorganisation „amnesty international" (Adresse s. S. 417)

❶ Welche Einwände und Vorbehalte gegen die universale Geltung der Menschenrechte führt die Autorin an?

❷ Worin liegen die Unterschiede zwischen „westlichen“ und „asiatischen“ Werten? Ziehen Sie dazu auch den Text über die konfuzianische Ethik heran (s. S. 31 f.).

❸ Warum hält die Autorin universal gültige Wertmaßstäbe für notwendig? Diskutieren Sie über das Fazit des Textes.

❹ Welche Argumente lassen sich für ein weltweites Verbot der Todesstrafe anführen?

nommen. Dort, wo dies nicht der Fall ist, wo es, wie in Saudi-Arabien, um die Sicherung der Ölzufuhr geht, schaut Washington gern weg. Und dass die Todesstrafe in Amerika noch immer praktiziert wird, ist auch nicht gerade im Sinne der Menschenrechte. […] Oberflächlich gesehen, könnte man meinen, da es auch nach Verkündigung und Akzeptanz der Menschenrechte noch immer Folter, Terror und Brutalität gibt, seien die vielen Diskussionen und Krisen, die dieses Thema heraufbeschwört, ganz überflüssig. Dies ist ein Irrtum. Es muss Maßstäbe geben, an denen die Regierenden ihre Unzulänglichkeit messen können, auch wenn nur ein schlechtes Gewissen dabei herauskommt. Es muss Geländer geben, an denen die Bürger in dieser chaotischen Welt sich entlanghangeln können; auch wenn die Menschenrechte nur ein Appell bleiben, es ist wichtig, sie ernst zu nehmen.

## Norbert Brieskorn: Die Notwendigkeit von Menschenrechtsbewegungen

**Norbert Brieskorn** ist Professor für Rechts- und Sozialphilosophie an der Universität München.

*Die Menschenrechtsorganistion „amnesty international“ stellte in ihrem Jahresbericht 1997 fest, dass in 117 Ländern Inhaftierte gefoltert oder misshandelt wurden und dass in 55 Ländern so genannte staatliche Morde durch Militär oder Polizei stattfanden.*

Der Menschenrechtsschutz kann und darf den Staaten nicht allein überlassen werden. Solange staatliche Institutionen sich der „Staatsräson“ unterwerfen, rückt das Anliegen des Menschenrechtsschutzes auf den zweiten, wenn nicht sogar auf einen niedrigeren Platz. Die von Menschen geschaffene Institution darf aber nicht dem Menschen vorgeordnet werden. Die Vertreter der Staaten sind außerdem aus einem Gleichgewichtsbewusstsein heraus geneigt, Menschenrechtsverletzungen bei sich gegen die eines anderen Staates gegeneinander aufzurechnen. Das Eintreten für die Menschenrechte ist nun unvertretbar, nicht an den Staat delegierbar und darf sich sogar wegen selbst begangener Menschenrechtsverletzungen nicht vom Protest gegen solche Verletzungen abbringen lassen. Zum Protest berechtigt das Mensch-Sein, nicht die Schuldlosigkeit. Die Menschenrechtsbewegungen dokumentieren als Bewegungen die Unvertretbarkeit und Unteilbarkeit der Menschenrechte. Die Bewegungen bedürfen ihrerseits eines „Resonanzbodens“ in weiteren Kreisen der Bevölkerung. Ebenso wenig wie an den Staat darf der Menschenrechtsschutz auch nicht an solche Gruppen abdelegiert werden. Gelingt es nicht, immer weitere Kreise der Bevölkerung, der eigenen wie der, welche den Schutz benötigt, für das Anliegen des Menschenrechtsschutzes zu gewinnen, kann eine Menschenrechtsbewegung in der Isolierung die Orientierung verlieren oder dem Staat als Feigenblatt dienen.

❶ Aus welchen Gründen hält der Autor Menschenrechtsbewegungen für notwendig? Ergänzen Sie seine Auffassung mit aktuellen Beispielen.

❷ Welche Bedingung stellt er für eine sinnvolle Arbeit von Menschenrechtsbewegungen?

❸ Referieren Sie über Gründung, Zielsetzung und Aktionen von „amnesty international“ und von anderen Menschenrechtsbewegungen.

# Gewalt und Friedfertigkeit

Bürgerkriegsopfer
im Kosovo (1999)

Niederschlagung des Volksaufstandes
am 17.6.1953 in der DDR
durch sowjetische Truppen

Demonstration der
Solidarność in Polen
(1981)

# Einführung

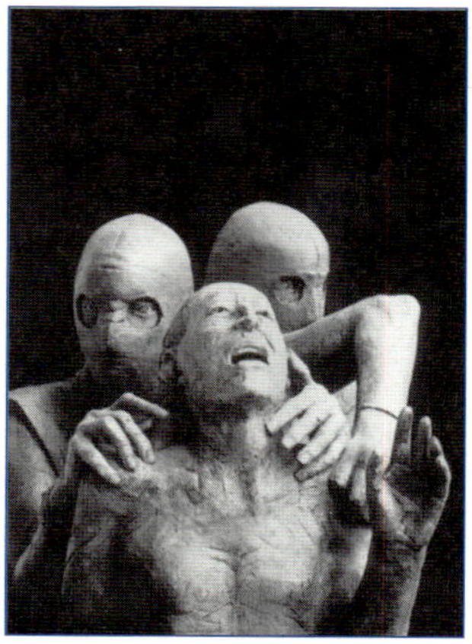

Ludmilia Seefried-Matějková: Homo homini lupus (1992/93)

Gewalt begleitet die Menschheitsgeschichte von Anfang an. Schöpfungsmythen wie das Gilgamesch-Epos oder das Buch Genesis im Alten Testament erzählen davon, dass Gewalttaten am Beginn menschlicher Lebensgemeinschaften standen.
Kein Jahrhundert ohne Kriege und Unterdrückung. Das 20. Jahrhundert macht darin keine Ausnahme. Im Gegenteil: Nicht nur wegen der beiden Weltkriege wird es von vielen Zeitgenossen als das gewalttätigste der bisherigen Menschheitsgeschichte beschrieben. Gewalt- und Ausbeutungsformen richten sich dabei nicht nur gegen Menschen, sondern auch gegen die Natur. Neben der Ausrottung ganzer Tierarten gibt es massive Schädigungen von Boden, Gewässern, Pflanzen und Bäumen.
Rechtfertigungen der Gewalt gegen Menschen finden sich zuhauf, seien sie politischer, religiöser, ideologischer oder anthropologischer Natur.
Von Gewalt und Gewalttätern scheint eine merkwürdige Faszination auszugehen. Gewaltdarstellungen in Film und Fernsehen und auf Computerspielen erfreuen sich regen Interesses, und über das Leben von Schwerstkriminellen wird in Büchern, Zeitschriften oder Filmen ausführlich berichtet. Vom Leid der Opfer ist dagegen seltener die Rede.
Es gibt viele Versuche, der Gewalt Herr zu werden. Dabei wird oftmals – auch im Namen von Menschenrechten – ebenfalls Gewalt angedroht oder angewendet. Eine schier endlose Gewaltspirale, wie es scheint.
Haben demnach die jahrhundertealten humanistischen Ideale der Antike und der Aufklärung, aber auch das Ethos und die Gebote der Religionen letztlich nichts gegen die Gewalt auszurichten vermocht?
In neuerer Zeit versuchen Verhaltensforscher, Psychologen und Soziologen die Ursachen für die Gewalt und die Gewaltformen zu erforschen. Gewalt kann sich personal (direkt) oder strukturell (indirekt) äußern. Letzteres ist der Fall, wenn sie sich in Systemen manifestiert, die sozial ungerecht sind und grundlegende menschliche Bedürfnisse behindern.
Mittlerweile gibt es Programme zur Gewaltprävention, haben Strafgesetze neben der Abschreckung vor allem das Ziel der Resozialisation, finden gewaltlose Strategien und Aktionen national und international Anerkennung und Würdigung.
Auch staatliche Macht und Gewalt wird eingedämmt. Grundlage der Demokratien ist die Teilung der Gewalten. Sie reservieren das Gewaltmonopol allein für staatliche Organe und lassen diese wiederum durch Recht und Gesetz kontrollieren („Gewaltenkontrolle"). Die Tendenz zur Monopolisierung und Kontrolle der Gewalt setzt sich auch überstaatlich fort: UN-Gremien entscheiden über Sanktionen (wirtschaftlicher oder militärischer Art) gegen einen (staatlichen) Aggressor und richten internationale Tribunale gegen Straftäter ein. Auf völkerrechtliche und moralische Bedenken stieß deshalb der 1999 von der NATO (ohne UN-Beschluss) geführte Luftkrieg gegen Jugoslawien, der als „gerechter Krieg" zum Schutz der Kosovo-Albaner vor Ermordung und Vertreibung dargestellt wurde.
Kann man sagen, dass um die Jahrtausendwende die Sensibilität gegenüber der Gewalt und die Entschiedenheit ihrer Achtung und Bekämpfung gewachsen sind? Ist die Aussicht auf eine gewaltlose Lösung von Konflikten größer geworden? Oder ist die Erwartung einer zunehmenden Gewaltfreiheit eine letztlich naive Hoffnung?

# 1. Wie entsteht Gewalt?

## John Steinbeck: Früchte des Zorns

„Eh' ich's vergesse", sagte der Fahrer, „du machst lieber bald, dass du rauskommst. Nach dem Essen fahre ich durch deinen Hof."
„Du hast heute früh schon meine Pumpe zugeschüttet."
„Ich weiß. Ich musste ja 'ne grade Linie machen. Aber nach dem Essen fahre ich durch deinen Hof. Geht nicht anders, ich muss mich an die Linien halten. Und – schön, du kennst Joe Davis, meinen Alten, drum will ich dir was sagen. Ich habe den Befehl, wo eine Familie noch nicht ausgezogen ist – wenn's da einen kleinen Unfall gibt – du weißt schon, wenn ich zu dicht rankomme und das Haus 'n bisschen einbeule –, also, dann kriege ich vielleicht zwei Dollars extra. Und mein Jüngstes hat noch keine Schuhe."
„Ich hab's mit meinen Händen gebaut. Habe alte Nägel grade geschlagen für die Verschalung. Die Sparren habe ich selbst mit Draht festgemacht. Es ist mein Haus. Ich habe es gebaut. Wenn du es rammst, bin ich mit dem Gewehr am Fenster. Wenn du auch nur nahe kommst, knalle ich dich nieder wie einen Hund."
„Ich bin's ja nicht. Ich kann nichts dafür. Ich verliere meine Arbeit, wenn ich's nicht mache. Und sieh mal – angenommen, du bringst mich um. Dann werden sie dich einfach hängen, aber noch lange eh' du hängst, sitzt schon ein anderer auf dem Traktor und rammt dein Haus. Du bringst nicht den Richtigen um."
„Ja, ja", sagte der Pächter, „Wer hat dir den Befehl gegeben? Dann werde ich mich an den halten. Er ist der, der umgebracht werden muss."
„Du hast Unrecht. Er hat auch nur seinen Befehl von der Bank. Die Bank hat ihm gesagt: ‚Schmeiß die Leute raus; oder du fliegst.'"
„Ja, aber es gibt doch einen Präsidenten von der Bank. Es gibt doch Direktoren. Da fülle ich eben mein Gewehrmagazin und gehe in die Bank."
Der Fahrer sagte: „Jemand hat mir erzählt, die Bank hat Befehl aus dem Osten gekriegt. Und der Befehl war: ‚Sorgt dafür, dass das Land was abwirft, oder wir machen euch die Bude zu.'"
„Aber wo hört denn das auf? Wen könnten wir denn erschießen? Ich habe keine Lust zu verhungern, eh' ich den Mann umgebracht habe, der mich aushungert."
„Ich weiß es nicht. Vielleicht ist da überhaupt niemand zu erschießen. Vielleicht ist das Ganze überhaupt nicht von Menschen gemacht. Vielleicht ist wirklich, wie du sagst, die Besitzung selbst dran schuld. Jedenfalls habe ich dir gesagt, was für Befehle ich habe."
„Ich muss mir's überlegen", sagte der Pächter. „Wir alle müssen uns überlegen. Es gibt doch eine Möglichkeit, da ein Ende zu machen. Es ist nicht wie Blitz und Erdbeben. Es ist einfach eine böse Sache, die Menschen gemacht haben, und – bei Gott – das ist was, was wir ändern können."

**John Steinbeck** (1902–1968), amerikanischer Schriftsteller, schildert in dem Roman „Früchte des Zorns" (1939), wie Wirtschaftskrise und neue Agrartechniken unzähligen Farmpächtern und Landarbeitern in den USA die Existenzgrundlage entziehen.
Der Roman regte Musiker wie Bruce Springsteen zu bewegenden Liedern über das Schicksal der auf der Suche nach Arbeit umherziehenden Menschen an (z.B. „The Ghost of Tom Joad"). Das Buch wurde 1940 von John Ford verfilmt; Henry Fonda spielte die (Haupt-)Rolle des Tom Joad.

❶ Welche Formen der Gewalt stehen sich gegenüber?

❷ Was wird aus der Aggression des Farmers angesichts der Unsichtbarkeit seines Gegners? Welche Möglichkeiten sehen Sie, „da ein Ende zu machen" (Z. 42)?

❸ Zeigen Sie die im Text angesprochene Problematik an Beispielen der Gegenwart und überlegen Sie, wie man die Konflikte lösen könnte.

## Irenäus Eibl-Eibesfeldt: Aggressionstheorien

**Irenäus Eibl-Eibesfeldt** (*1928), Zoologe und Humanethologe, langjähriger Mitarbeiter des Verhaltensforschers Konrad Lorenz (s. S. 148 f.), untersucht Erscheinungsformen und Zusammenhänge inner- und zwischenartlicher Kommunikation bei Mensch und Tier. Veröffentlichungen u.a.: „Liebe und Hass. Zur Naturgeschichte elementarer Verhaltensweisen" (1970), „In der Falle des Kurzzeitdenkens" (1998).

Wie bei den Tieren, so hat auch das aggressive Verhalten des Menschen sehr unterschiedliche Aufgaben. Dabei sind Aggressionen zwischen Gruppenmitgliedern in der Regel auf vielfältige Weise so geregelt, dass ernsthafte Beschädigungen eines Gruppenmitgliedes oder gar Mord vermieden werden. Im Gegensatz dazu zielen *Gruppenaggressionen* des Menschen vielfach auf die Zerstörung des Gegners ab. Unter Gruppenagressionen verstehen wir Aggressionen zwischen verschiedenen menschlichen Gruppen, wir werden sie daher gesondert betrachten.

Jede Form innerartlicher Aggression hat Dominanz des Aggressors zum Ziel. Wie bei anderen höheren Wirbeltieren auch geht es um die Sicherung begrenzter Ressourcen, um Rivalität um den Sexualpartner, um Rangpositionen und um die Verteidigung der Familie und Nachkommenschaft. Grundsätzlich wird beim Menschen Aggression instrumental meist dann eingesetzt, wenn in sich einer zielgerichteten Handlung andere als Widersacher oder Konkurrenten entgegenstellen. Wir „verbeißen" uns ferner in Aufgaben und „greifen ein Problem an", was auf die aggressive Motivation zur Überwindung von Hindernissen allgemeiner Art hinweist.

Aggressives Verhalten wird im Allgemeinen negativ bewertet, und das hat unnötigerweise die Auseinandersetzung um die Genese und Ursachen dieses Verhaltens belastet. Der Hinweis der Biologen, dass stammesgeschichtliches Erbe als „Angeborenes" das Verhalten *mit* beeinflusst, und dass ferner auch angeborene motivierende Systeme die aggressive Handlungsbereitschaft *beeinflussen*, wurde vielfach als Versuch interpretiert, Aggressionen zu entschuldigen und als unvermeidlich hinzustellen, und das, obgleich viele Biologen sich ausdrücklich gegen eine solche Interpretation aussprachen. […]

Aus diesem Grunde werden lernpsychologische Modelle dem Modell der Biologen entgegengestellt. Damit konstruiert man allerdings einen künstlichen Gegensatz, denn ich kenne keinen Biologen, der die Ansicht vertritt, aggressives Verhalten wäre gänzlich angeboren und durch Lernen nicht beeinflussbar und damit ein unabwendbares Schicksal. Im Gegenteil! Biologische Verhaltensforscher haben wiederholt und ausdrücklich und schon seit vielen Jahren darauf hingewiesen, dass das biologische Modell als Interaktionsmodell die Befunde der lernpsychologischen Richtungen durchaus akzeptiert und nur deren Ausschließlichkeitsanspruch zurückweist. Die verschiedenen Aggressionstheorien werden nun kurz vorgestellt.

1. Die *lernpsychologischen Modelle* gehen davon aus, dass aggressive Verhaltensweisen gelernt werden. Bereits in früher Kindheit führen aggressive Forderungen zum Erfolg. Dadurch wird dieses Verhalten dann bekräftigt. So lernen Kinder, aggressive Verhaltensmuster instrumental einzusetzen, um bestimmte Ziele zu erreichen.

Kinder lernen ferner am sozialen Vorbild. Das hat man unter anderem experimentell untersucht, indem man Kinder zusehen ließ, wie Erwachsene eine Gummipuppe misshandeln, während eine andere Kindergruppe keinerlei aggressive Handlungen vorgeführt bekam. Die Kinder, die aggressive Modelle sahen, spielten später in experimentell herbeigeführten, frustrierenden Situationen aggressiver mit ihren Puppen als jene ohne solche Erfahrungen. Im normalen Alltag identifiziert sich das Kind mit dem Vorbild der Eltern, sei es nun kriegerisch oder friedlich, vorausgesetzt, dass eine *gute Elternbindung* besteht.

2. Nach dem *Frustrations-Aggressions-Modell* wird aggressives Verhalten durch frühkindliche Entbehrungserlebnisse wachgerufen. Jede Behinderung zielstrebigen Verhaltens (Frustration) ruft Aggressionen wach, die das Hindernis überwinden helfen. Das aggressive Verhalten steht in diesem Fall im Dienste anderer Motivationen. Einen eigenen Aggressions*trieb* nimmt diese Theorie nicht an. Nach DOLLARD ist das Verhalten reaktiv. Es entwickelt sich allerdings zwangsläufig, da das Muster, auf Frustrationen mit Aggressionen zu reagieren, angeboren ist und Frustrationen nie ganz ausbleiben. Allerdings kann man sie in der Entwicklung auf ein Mindestmaß beschränken – und damit, so meint man, würde man friedfertige Menschen heranziehen.

Dass Frustrationen unmittelbar zu Aggressionen führen können, hat man experimentell nachgewiesen. Ob jedoch frühkindliche Entbehrungserlebnisse mit Verzögerung im späteren Alter zu gesteigerter Aggressivität führen, bleibt umstritten. Man machte alles mögliche für aggressive Einstellungen verantwortlich: das Trauma der Geburt, das Abstillen, die Reinlichkeitserziehung oder die angebliche Unterdrückung der kindlichen Sexualität. Es handelt sich dabei um unbewiesene Annahmen, und dementsprechend sind die sich darauf begründenden Erziehungsvorschläge spekulativ.

3. Sigmund FREUD nahm an, dass dem aggressiven Verhalten ein *destruktiver Antrieb* zugrunde liegt, ein mystischer Todestrieb, der den Menschen zu aggressivem Handeln treibe.

4. Dieses Konzept ist heute durch die *biologische Trieb-Theorie* der Aggressionen abgelöst. Beobachtungen an Tieren belegen Fluktuationen in der aggressiven Handlungsbereitschaft, die nicht auf entsprechende Änderungen in der Außenwelt zurückgeführt werden können. Bei einigen Wirbeltieren bewirken die *endogenen*, motivierenden Mechanismen *Aggressionsappetenz*[1]. *Androgene*[2] erhöhen die aggressive Reaktionsbereitschaft. Phänomene aggressiven Erregungsstatus und seiner Abreaktion wurden wiederholt experimentell untersucht. Es gibt außerdem neuronale Strukturen, die der Aggression zugrunde liegen. Bei Fällen von *Schläfenlappen-Epilepsie* hat man oft spontane Wutanfälle beobachtet, die die Patienten nicht beherrschen konnten.

5. Das *ethologische Interaktionsmodell* geht davon aus, dass sich aggressives Verhalten im Dienste verschiedener eignungsfördernder Funktionen entwickelte und dementsprechend durch von Art zu Art wechselnde, stammesgeschichtliche Anpassungen in definierbaren Bereichen vorprogrammiert ist.

– So gibt es spezifische auslösende Reizsituationen, beispielsweise Rivalensignale für agonales[3] Verhalten (Flucht, Angriff, Unterwerfung).

---

[1] Appetenz: Bedürfnis, Trieb
[2] Androgene: männliche Geschlechtshormone
[3] agonal: kämpferisch

– Auch gibt es die Kampfbereitschaft hemmend oder fördernd beeinflussende *inkretorische*[1] und *neuronale*[2] *Organsysteme*. Diese inneren, die Kampfbereitschaft aufbauenden Faktoren bezeichnet man als die *Triebkomponente des agonalen Systems*.
– Ferner gibt es die Aggressionsbereitschaft fördernde tonisierende Reizsituationen (anhaltende Frustrationen würden in diese Kategorie fallen).
– Schließlich gibt es angeborene Lerndispositionen. Das für uns Menschen so ausgeprägte Denken und Handeln in Kategorien von Wir-Gruppe-fremde-Gruppe und die im Zusammenhang damit entwickelte leichte Indoktrinierbarkeit mit Gruppenwerten basiert auf der Lerndisposition.

Alle unser Verhalten als „Vorprogrammierungen" mitbestimmenden stammesgeschichtlichen Anpassungen entwickelten sich in jener langen Zeit, in der unsere Vorfahren als altsteinzeitliche Jäger und Sammler in Kleinverbänden und mit einer primitiven Technologie lebten. Wir haben uns biologisch in den letzten zehntausend Jahren nicht entscheidend verändert. Wohl aber schufen wir uns kulturell mit der technischen Zivilisation, der städtischen Umwelt und der anonymen Großgesellschaft einen Lebensraum, auf den unsere angeborenen Wahrnehmungs-, Aktions-, und Reaktionsweisen nicht immer passen. Wir müssen uns darüber im Klaren sein, dass moderne Menschen mit steinzeitlicher Emotionalität als Präsidenten Supermächte leiten und über die technischen Massenvernichtungsmittel der modernen Kriegführung bestimmen. Uns mangelt es nicht an der Fähigkeit, die Natur zu beherrschen, wohl aber daran, uns selbst zu zügeln. Ein Grund ist mangelndes Wissen um uns selbst. Man gewinnt oft den Eindruck, als hätte der Mensch eine gewisse Berührungsscheu vor sich selbst, als würde er mehr dazu neigen, Hoffnung und Halt im Glauben an Ideologien zu suchen als in einer kritischen Selbsterforschung.

❶ Erklären Sie die angegebenen Theorien anhand von Beispielen.

❷ Welche der Theorien überzeugt Sie am meisten?

❸ Überlegen Sie, wie die jeweilige Aggression aufgefangen, gesteuert oder abgebaut werden kann.

❹ Vergleichen Sie die im Text genannten Theorien mit denen von Hobbes (s. S. 63 ff.) und Rousseau (s. S. 239 f.).

## Stanley Milgram: Ein Experiment über Autorität und Gehorsamsbereitschaft

**Stanley Milgram** (*1933), amerikanischer Sozialpsychologe, erregte 1974 weltweite Aufmerksamkeit, als er in einem Experiment den Zusammenhang zwischen Gehorsamsbereitschaft und Autorität untersuchte.

An den verschiedenen von MILGRAM durchgeführten Experimenten nahmen über 1000 Personen teil, die durch Zeitungsinserat angeworben worden waren. Im Labor wurden sie informiert, dass die Untersuchung mit den Auswirkungen von Strafe auf Lern- und Gedächtnisleistungen befasst sei.

Angeblich durch Losentscheidung dazu bestimmt, hatten die Versuchsteilnehmer die Rolle des „Lehrers" zu übernehmen. Sie mussten einen anderen Versuchsteilnehmer in der Rolle des „Schülers" (tatsächlich einen Mitarbeiter des Versuchsleiters) bei jedem Fehler, den dieser bei einer Lernaufgabe machte, mittels elektrischer Schläge zunehmender Stärke (von 15 bis 450 Volt in 15-Volt-Schritten ansteigend) bestrafen. Hierzu stand ein so genannter Schockgenerator mit 15 Kippschaltern zur Verfügung.

[1] inkretorisch: die innere Sekretion (bes. Hormone) betreffend
[2] neuronal: durch Nerven gesteuert

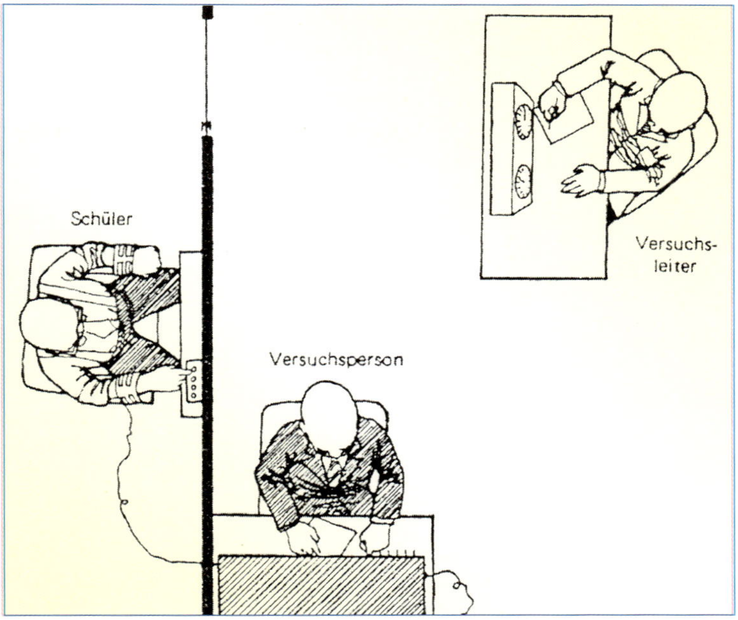


Milgrams Gehorsamstest: Die Versuchsperson beauftragt einen fingierten Schüler mit einer Lernaufgabe und versetzt ihm bei fehlerhafter Lösung (simulierte) Elektroschocks.

Die durch die Kippschalter angeblich auslösbaren elektrischen Schläge waren sowohl mit der Voltzahl als auch durch zusätzliche Schildchen gekennzeichnet (z. B. „kräftiger Schock"; „Gefahr: bedrohlicher Schock"). Der Versuchsleiter betonte den Teilnehmern gegenüber, dass die elektrischen Schläge, obwohl sie extrem schmerzhaft sein könnten, keine bleibenden Schäden hinterlassen würden. Zur Demonstration erhielt der „Lehrer" vor Versuchsbeginn einen Schlag von 45 Volt, um sich eine bessere Vorstellung von der Schmerzhaftigkeit machen zu können. Die Fehler, die der „Schüler" im Laufe der Lernaufgabe machte, waren vorher festgelegt. Die dem „Schüler" vom „Lehrer" vermittelten Schläge erfolgten natürlich nicht tatsächlich, sondern waren fingiert. Wenn ein Versuchsteilnehmer im Laufe des Versuchs zögerte, mit der Bestrafung fortzufahren, forderte ihn der Versuchsleiter mit standardisierten Sätzen (z. B. „Bitte, fahren Sie fort" oder „Es ist absolut wichtig, dass Sie weitermachen") dazu auf.
Milgrams hauptsächliches Interesse galt der Frage, bis zu welcher Schlagstärke die Versuchsteilnehmer den Anordnungen des Versuchsleiters gehorchen, bevor sie den Versuch abbrechen. Im Standardexperiment befanden sich „Lehrer" und „Schüler" in verschiedenen Räumen, doch konnte der „Lehrer" die (vorprogrammierten) Schmerzreaktionen des „Schülers" hören: Ab 75 Volt äußerte dieser, Schmerzen zu verspüren; bei 150 Volt bat er erstmals eindringlich, aus dem Experiment entlassen zu werden; ab 270 Volt schrie er bei jedem Schlag qualvoll; ab 330 Volt war keinerlei Reaktion mehr zu hören. In diesem Experiment gehorchten 25 von 40 Versuchsteilnehmern, also 62,5 % (!), den Anordnungen des Versuchsleiters bis zum Ende und vergaben die maximale Schlagstärke von 450 Volt. Die von allen 40 Teilnehmern im Durchschnitt vergebene maximale Schlagstärke betrug 367,5 Volt.
Viele Versuchsteilnehmer ließen deutliche Anzeichen extremer innerer Spannung erkennen, wie Zittern, Schwitzen, Stottern und nervöses Lachen; und äußerten auch mündliche Proteste – was darauf hinweist, dass sie sich der Problematik ihres Handelns durchaus bewusst waren. Jedoch widersetzte sich vor der Schlagstärke 300 keiner den Anordnungen des Versuchsleiters und brach den Versuch ab. Wir sehen also, dass Menschen in einem erschreckend hohen Maß bereit sind, sich gegenüber Anordnungen einer Autoritätsperson, wie sie der Versuchsleiter sicherlich darstellte, selbst dann gehorsam zu erweisen, wenn ihre Handlungen einem Mitmenschen schaden und ihm Schmerzen zufügen.

In einer Vielzahl weiterer Experimente haben MILGRAM und andere Autoren durch Variationen der Standardversuchsanordnung einige wichtige situative Bedingungen herausgefunden, von denen das Ausmaß der Gehorsamsbereitschaft beeinflusst wird.
Beispielsweise zeigte sich, dass zunehmende *Nähe zum Opfer* und, damit einhergehend, zunehmende Konfrontation mit dessen Leiden die Gehorsamsbereitschaft deutlich senkt. Allerdings erwiesen sich selbst dann, wenn sich der „Lehrer" in Berührungskontakt mit dem „Schüler" befand, noch 30 % der Versuchsteilnehmer als völlig gehorsam (mittlere maximal vergebene Schlagstärke: 268 Volt).
Die Gehorsamsbereitschaft nimmt auch mit steigender *Distanz zur Autorität* ab. Wenn der Versuchsleiter den Raum verließ und weitere Anordnungen telefonisch gab, sank die Gehorsamsrate auf etwa 20 % (mittlere Schlagstärke: 272 Volt).
Die *Anwesenheit anderer Personen* (Helfer des Versuchsleiters), die gemeinsam mit dem „echten" Versuchsteilnehmer die Rolle des „Lehrers" ausübten und sich im Verlauf des Versuches weiterzumachen weigerten (die erste Person bei 150 Volt, die zweite bei 210 Volt), verringerte die Gehorsamsrate auf 10 % (mittlere maximal vergebene Schlagstärke: 247 Volt).
Wurden die Kippschalter am Schockgenerator *von einer anderen Person* (einem Helfer des Versuchsleiters) *betätigt* und hatten die „echten" Versuchsteilnehmer nur Hilfsdienste als „Lehrer" zu erledigen, blieben 92,5 % von ihnen bis zum Ende gehorsam (mittlere maximale Schlagstärke: 430 Volt).
Schließlich sei noch jener Fall erwähnt, wo die Versuchsteilnehmer als „Lehrer" die vergebene *Schlagstärke selbst wählen* konnten. Hier vergab nur 1 einzige Person die maximale Schlagstärke von 450 Volt, 3 Personen beschränkten sich auf die niedrigste Stufe von 15 Volt, und die mittlere maximal vergebene Schlagstärke betrug 82,5 Volt.
Die erwähnten Zusatzuntersuchungen sind für eine angemessene Interpretation der Originalbefunde von MILGRAM von großer Bedeutung. So zeigt das letztgenannte Ergebnis beispielsweise, dass es falsch wäre, das beobachtete Verhalten auf eine ausgeprägte *Aggressionstendenz* der Versuchsteilnehmer zurückzuführen. Wäre dies der Fall, so hätten sie die gleichen Schlagstärken zur Bestrafung einsetzen müssen, wenn sie die Schlagstärken selbst wählen konnten. Übrigens haben auch andere Bemühungen, die beobachtete Gehorsamsbereitschaft mit personspezifischen Merkmalen und Eigenschaften zu erklären, bisher nur wenig Erfolg gebracht. (Dennoch ist natürlich nicht zu übersehen, dass Unterschiede zwischen verschiedenen Personen bestehen: manche bleiben bis zum Ende des Versuchs gehorsam, und andere leisten dem Versuchsleiter früher oder später Widerstand.)
Insgesamt gesehen erscheint es für eine angemessene Interpretation der Untersuchung und der erzielten Befunde zutreffender, davon auszugehen, dass die Situation bei den Versuchsteilnehmern einen *Konflikt zwischen verschiedenen Werten* ausgelöst hat: einerseits jenem, dass einer von einer Autorität geäußerten Anordnung Folge zu leisten ist, und andererseits jenem, anderen Menschen keinen Schaden zuzufügen oder sie nicht zu verletzen. Je nachdem, welchen dieser beiden Werte die situativen Bedingungen (z. B. die Nähe zur Autorität oder zum Opfer) in den Vordergrund rücken,

❶ Fassen Sie Milgrams Ergebnisse in einer (tabellarischen) Übersicht zusammen.

wird dieser Konflikt unterschiedlich gelöst, und die Gehorsamsbereitschaft verändert sich. Soziale Unterstützung durch Personen, die sich den Anordnungen der Autorität widersetzen, scheint es dem Individuum zu erleichtern, auch selbst Widerstand zu leisten. (Dies kann übrigens im Anschluss an den vorigen Abschnitt dieser Studieneinheit als weiteres Beispiel für die verhaltensunsicherheitsreduzierende Funktion konformen Verhaltens dienen.)
Die insgesamt hohe Gehorsamsbereitschaft, die auch bei Nachfolgeuntersuchungen in verschiedenen anderen Ländern festgestellt wurde, mag für manchen die Frage aufwerfen, ob die Hierarchie unserer gesellschaftlichen Werte angemessen ist. Auch lässt sich fragen, ob die für das Funktionieren sozialer Systeme in einem bestimmten Maß sicherlich erforderliche Erziehung zum Gehorsam gegenüber Autoritäten nicht etwas differenzierter erfolgen und von einer verstärkten Erziehung zur Übernahme von Eigenverantwortung begleitet werden sollte.

❷ In welcher Konfliktsituation befanden sich die Versuchsteilnehmer? Warum wurde der Konflikt von den Teilnehmern unterschiedlich gelöst?

❸ Beantworten Sie die Frage in der Zeile 131 und entwerfen Sie eine eigene Wertehierarchie. Ziehen Sie die Seite 21 heran.

❹ Für welche erzieherischen Inhalte plädiert Milgram? Wie lassen sich diese verwirklichen?

❺ Ordnen Sie diese in das Stufenschema von Kohlberg ein (s. S. 33 f.).

## Albert Einstein: Warum Krieg?

*Im Jahr 1932 schrieb Einstein einen Brief an Sigmund Freud, in dem er seine Erklärung für die Ursachen von Gewalt und Krieg darlegte und ihn um eine Stellungnahme bat. In seinem Brief führte Einstein u.a Folgendes aus:*

Lieber Herr Freud!
[…] Wir sind zur Zeit weit davon entfernt, eine überstaatliche Organisation zu besitzen, die ihrem Gericht unbestreitbare Autorität zu verleihen und der Exekution seiner Erkenntnisse absoluten Gehorsam zu erzwingen im Stande wäre.
So drängt sich mir die erste Feststellung auf. Der Weg zur internationalen Sicherheit führt über den bedingungslosen Verzicht der Staaten auf einen Teil ihrer Souveränität, und es dürfte unbezweifelbar sein, dass es einen anderen Weg zu dieser Sicherheit nicht gibt.
Ein Blick auf die Erfolglosigkeit der zweifellos ernst gemeinten Bemühungen der letzten Jahrzehnte, dieses Ziel zu erreichen, lässt jeden deutlich fühlen, dass mächtige psychologische Kräfte am Werke sind, die diese Bemühungen paralysieren[1]. Einige dieser Kräfte liegen offen zutage. Das Machtbedürfnis der jeweils herrschenden Schicht eines Staates widersetzt sich einer Einschränkung der Hoheitsrechte desselben. Dieses Machtbedürfnis wird häufig genährt aus einem materiell-ökonomischen sich äußernden Machtstreben einer anderen Schicht. Ich denke hier vornehmlich an die innerhalb jedes Volkes vorhandene kleine, aber entschlossene, sozialen Erwägungen und Hemmungen unzugängliche Gruppe jener Menschen, denen Krieg, Waffenherstellung und -handel nichts als eine Gelegenheit sind, persönliche Vorteile zu ziehen, den persönlichen Machtbereich zu erweitern.
Diese einfache Feststellung bedeutet aber nur einen ersten Schritt in der Erkenntnis der Zusammenhänge. Es erhebt sich sofort die Frage: Wie ist es möglich, dass die soeben genannte Minderheit die

**Albert Einstein** (1879–1955) revolutionierte die Grundlagen der Physik und erhielt für seine Anwendung der Quantentheorie 1921 den Nobelpreis für Physik. Wegen seines Engagements als Pazifist und Sozialist sah er sich in den 20er- und 30er-Jahren zunehmend antisemitischen Angriffen ausgesetzt und emigrierte 1932 in die USA. Dort warnte er vor dem möglichen Bau einer deutschen Atombombe und initiierte damit die Entwicklung des amerikanischen Atombombenprogramms. Nach dem Abwurf der beiden Atombomben auf japanische Städte 1945 warnte Einstein (zusammen mit dem Mathematiker und Philosophen Bertrand Russell, s. S. 45 u. 68) eindringlich vor jeglicher weiteren militärischen Nutzung der Kernfor-

[1] paralysieren: lähmen, unwirksam machen

schung: „Wir müssen für die Sache des Friedens die gleichen Opfer bringen, die wir widerstandslos für die Sache des Krieges gebracht haben."

Masse des Volkes ihren Gelüsten dienstbar machen kann, die durch einen Krieg nur zu leiden und zu verlieren hat? (Wenn ich von der Masse des Volkes spreche, so schließe ich aus ihr diejenigen nicht aus, die als Soldaten aller Grade den Krieg zum Beruf gemacht haben, in der Überzeugung, dass sie der Verteidigung der höchsten Güter ihres Volkes dienen und dass manchmal die beste Verteidigung der Angriff ist.) Hier scheint die nächstliegende Antwort zu sein: Die Minderheit der jeweils Herrschenden hat vor allem die Schule, die Presse und meistens auch die religiösen Organisationen in ihrer Hand. Durch diese Mittel beherrscht und leitet sie die Gefühle der großen Masse und macht diese zu ihrem willenlosen Werkzeuge.

Aber auch diese Antwort erschöpft nicht den ganzen Zusammenhang, denn es erhebt sich die Frage: Wie ist es möglich, dass sich die Masse durch die genannten Mittel bis zur Raserei und Selbstaufopferung entflammen lässt? Die Antwort kann nur sein: Im Menschen lebt ein Bedürfnis zu hassen und zu vernichten. Diese Anlage ist in gewöhnlichen Zeiten latent[1] vorhanden und tritt dann nur beim Abnormalen zutage; sie kann aber verhältnismäßig leicht geweckt und zur Massenpsychose gesteigert werden. Hier scheint das tiefste Problem des ganzen verhängnisvollen Wirkungskomplexes zu stecken. Hier ist die Stelle, die nur der große Kenner der menschlichen Triebe beleuchten kann.

Dies führt auf eine letzte Frage: Gibt es eine Möglichkeit, die psychische Entwicklung der Menschen so zu leiten, dass sie den Psychosen des Hassens und des Vernichtens gegenüber widerstandsfähiger werden? Ich denke dabei keineswegs nur an die so genannten Ungebildeten. Nach meinen Lebenserfahrungen ist es vielmehr die so genannte „Intelligenz", welche den verhängnisvollen Massensuggestionen am leichtesten unterliegt, weil sie nicht unmittel-

Alfred Kubin (1877–1959): Der Krieg

[1] latent: verborgen

❶ Von welchen erfolglosen, aber „ernst gemeinten Bemühungen" (Z. 11/12) spricht Einstein?

❷ Welche vier Feststellungen bzw. Fragen nennt Einstein? Welche Lösungen schlägt er vor?

❸ Überlegen Sie, ob sich mit der Gründung der UN und ihrer Organisationen Einsteins Forderungen und Erwartungen erfüllt haben.

❹ Antworten Sie Einstein aus der Sicht Sigmund Freuds. Ziehen Sie dazu die Seiten 152/153 heran.

bar aus dem Erleben zu schöpfen pflegt, sondern auf dem Wege über das bedruckte Papier am bequemsten und vollständigsten zu erfassen ist.
Zum Schluss noch eins: Ich habe bisher nur vom Krieg zwischen Staaten, also von so genannten internationalen Konflikten gesprochen. Ich bin mir dessen bewusst, dass die menschliche Aggressivität sich auch in anderen Formen und unter anderen Bedingungen betätigt (z.B. Bürgerkrieg, früher aus religiösen, heute aus sozialen Ursachen heraus, Verfolgung von nationalen Minderheiten). Ich habe aber bewusst die repräsentativste und unheilvollste, weil zügelloseste Form des Konfliktes unter menschlichen Gemeinschaften hervorgehoben, weil sich an ihr vielleicht am ehesten demonstrieren lässt, wie sich kriegerische Konflikte vermeiden ließen. […]
Freundlichst grüßt Sie Ihr A. Einstein.

5 Entspricht die Zeichnung von Alfred Kubin den Ausführungen Einsteins? Begründen Sie Ihre Meinung.

Albert Einstein / Sigmund Freud: Warum Krieg? Zürich (Diogenes) 1972
Peter Krasemann (Hg.): Der Krieg – ein Kulturphänomen? Berlin (Aufbau-Verlag) 1992

Einstein spricht davon, dass der Krieg die „unheilvollste, weil zügelloseste Form des Konfliktes unter menschlichen Gemeinschaften" sei. Rechtfertigungen des Krieges gibt es indes viele: sie reichen von der Erklärung des Verteidigungfalles bis hin zur Propagierung des „Heiligen Krieges" (wie z.B. im Islam) oder der Auflistung von Kriterien für den „gerechten Krieg" (z.B. in der christlichen Ethik). Die meisten laufen darauf hinaus, für den Krieg eine moralische Begründung zu finden und damit eine breite Zustimmung für den Krieg, wenn auch als „äußerstes Mittel", zu finden. Der amerikanische Musiker Bob Dylan beschrieb in seinem Lied „With God on our side", wie zahlreiche Nationen die Religion für Kriegszwecke instrumentalisierten: Politische Führer beteten zu Beginn eines Krieges um „Gottes Beistand", Soldaten trugen Koppelschlösser mit der Aufschrift „Gott mit uns" oder starben für „Gott und Vaterland".
Nach dem Zweiten Weltkrieg haben die kriegerischen Auseinandersetzungen zwar nicht abgenommen, unterscheiden sich aber stark von früheren Kriegen. Mit dieser und der zukünftigen Entwicklung befasst sich die folgende Rezension zweier Bücher, in denen Ursachen und Verlauf der „Kriege der Zukunft" prognostiziert werden.

„Etwas geht mir durch den Kopf/Und kommt immer wieder zurück/Wenn Gott auf unserer Seite ist, verhindert er den nächsten Krieg."
*Bob Dylan* in: „With God on our side" (1963)

# Die Kriege der Zukunft

## Über zwei Untersuchungen zum Thema „Krieg"

Heute ist der Krieg auch nicht mehr das, was er einmal war. Jedenfalls, folgt man den weit gespannten Überlegungen des israelischen Militärhistorikers Martin van Creveld („Die Zukunft des Krieges", 1991, dt. 1998), ist er nicht mehr das, was er in den 300 Jahren zwischen dem Ende des Dreißigjährigen Krieges und dem Ende des Zweiten Weltkrieges war: eine Angelegenheit, die im Wesentlichen zwischen souveränen Staaten ausgetragen wurde und auf die die klassische trinitarische Formel von Clausewitz übertragbar war, wonach Staat, Armee und Volk deutlich voneinander geschieden sind. Staaten, so kann man diese Formel grob skizzieren, verfolgen bestimmte politische Zwecke; die Armee ist das geeignete Instrument, diese Zwecke gegebenenfalls kriegerisch durchzusetzen; das Volk hat mit dieser Veranstaltung nichts zu tun. Dies, so van Creveld, sei bis heute das Axiom[1] allen militärischen Denkens geblieben.

[1] Axiom: als absolut richtig erkannter Grundsatz

**Carl von Clausewitz** (1780–1831), preußischer General und Militärtheoretiker, verfasste mit seinem Buch „Vom Kriege" eine für Politiker und Militärs außerordentlich einflussreiche Kriegslehre. Er prägte den berühmt-berüchtigt gewordenen Satz, dass der Krieg „die Fortsetzung der Politik mit anderen Mitteln" sei.

**Kriterien des „gerechten Krieges“:**

1. Ein gerechter Kriegsgrund muss gegeben sein, an erster Stelle ein gewaltsamer Angriff der Gegenseite.
2. Der Krieg muss das äußerste Mittel zur Wiederherstellung des Friedens sein.
3. Der Krieg muss von einer dazu legitimierten politischen Autorität erklärt und geführt werden.
4. Die Kriegsführung muss am Ziel des Friedens orientiert sein.
5. Es muss eine vernünftige Aussicht auf eine erfolgreiche Beendigung der Kriegshandlung gegeben sein.
6. Die Verhältnismäßigkeit der Mittel muss gewahrt bleiben.
7. Es muss zwischen Kombattanten und Nicht-Kombattanten unterschieden und damit die Zivilbevölkerung weitestgehend geschützt werden.

❶ Wenden Sie die o.g. „Kriterien des gerechten Krieges“ auf Ihnen bekannte Kriege an.

❷ Worin unterscheiden sich nach Meinung der Autoren frühere Kriege von zukünftigen?

❸ Welche Gründe für künftige kriegerische Auseinandersetzungen werden genannt? Welche davon scheinen Ihnen einleuchtend, welche nicht?

❹ Wie könnte man ihrer Meinung nach die beschriebenen Kriegsgründe beseitigen?

**„Zum ewigen Frieden“:** Schrift von Immanuel Kant (1795), in der er eine unbedingte sittliche Friedenspflicht forderte (s. S. 318 f.).

C. Rajewsky / D. Riesenberger: Wider den Krieg. Große Pazifisten von Immanuel Kant bis Heinrich Böll. München (Verlag Beck) 1987

Nicht erst die aktuellen bewaffneten Konflikte im Kosovo oder im Sudan zeigen indes, dass Kriege heute primär nicht mehr zwischen Staaten geführt werden, sondern zwischen innerstaatlichen Gruppen, die oft im Namen irgendeiner Ideologie um Macht, Einfluss und knappe Ressourcen (Boden, Wasser) kämpfen – in Form von Bürgerkriegen, Aufständen, Massakern, Genoziden[1] und nicht selten ohne Beteiligung regulärer Armeen. Schon der Vietnam-Krieg war für van Creveld kein „klassischer“ Clausewitz'scher Krieg mehr, und die Amerikaner verloren ihn zwangsläufig, weil ihr Gegner das bis dahin gültige strategische Denken und die Regeln des Krieges einfach unterlief. […]

Die Kriege der Gegenwart, noch mehr die der Zukunft, hören, darin ist sich Hartmut Dießenbacher („Kriege der Zukunft“, 1998), ein Spezialist für Kriegsursachenforschung, mit dem israelischen Autor einig, auf einen Namen: „low-intensity-wars“. Solche Kriege, in denen Freischärler, Banden, Rebellen und gemeine Kriminelle kämpfen und der Unterschied zwischen Kombattanten[2] und Zivilisten grundsätzlich verwischt ist, sind historisch keineswegs neu; in Europa waren „low-intensity-wars“ bis zum Dreißigjährigen Krieg vorherrschend. […] In seiner Studie fragt Dießenbacher nach den Hintergründen. Den Ausgangspunkt bildet ein dreifacher empirischer Befund: Nach 1945 haben Kriege und Völkermorde zugenommen; die meisten Kriege und Genozide finden da statt, wo der Staat generell schwach ist und sein Gewaltmonopol nicht wirksam durchzusetzen vermag; und sie greifen dort am ehesten, wo es eine Überbevölkerungsstruktur gibt.

Während Dießenbacher eine demographische, ökonomische und soziologische Erklärung für die künftige Zunahme von „low-intensity-wars“, von Bürgerkrieg, Terror und Genozid bemüht, geht van Creveld, was die Zukunft des Krieges betrifft, einen großen Schritt weiter, indem er die anthropologische Unvermeidlichkeit von Kriegen ins Feld führt. Der von Männern angezettelte und geführte Krieg, ist das Unterscheidungsmerkmal, das die Männer definitiv von Frauen trennt. Creveld insistiert darauf, dass Männer den Krieg – wie auch Wissenschaft, Technik, Kunst – deshalb wählen, weil sie auf diesem Feld etwas leisten können, was ihnen auf anderen Feldern durch die Frauen verwehrt ist. Der Krieg ist der attraktivste Distinktionsgewinn[3] der Männer, und dies umso mehr, als der Krieg, wie van Creveld betont, „das Spiel mit dem höchsten Einsatz überhaupt“ ist – mit dem eigenen Leben. Männer zögen nicht zuerst in den Krieg, um andere zu töten, sondern weil sie das Risiko, den „Thrill“ suchen, getötet zu werden: „So abscheulich die Tatsache sein mag, der wahre Grund, weshalb wir Kriege führen, ist der, dass Männer gern kämpfen und dass Frauen Männer gefallen, die bereit sind, für ihre Sache zu kämpfen.“ […] Wohlmeinende Pazifismen[4], die von der Abschaffung des Krieges und vom „ewigen Frieden“ (Immanuel Kant) träumen, helfen, so van Creveld, wenig weiter – die Sache sei ernster, als wir allzu gern zu glauben bereit sind. […] Auch Dießenbachers Überbevölkerungsszenario weist in keine erfreuliche Zukunft. Beide Autoren würden es wohl mit Sigmund Freud halten: „Si vis vitam, para mortem. Wenn du das Leben aushalten willst, richte dich auf den Tod ein.“

Hans-Martin Lohmann, in: Frankfurter Rundschau, 2[illegible].11.1998

[1] Genozid: Völkermord
[2] Kombattanten: Kriegsteilnehmer, Soldaten
[3] Distinktion: Auszeichnung
[4] Pazifismus: Haltung, die den Krieg grundsätzlich ablehnt

# 2. Macht ausüben und Gewalt eindämmen: Aufgaben von Politik und Gesellschaft

Über Ursprung und Ziel des Staates und die Aufgaben der Politik gibt es verschiedene Theorien. In den folgenden Texten untersucht **Dolf Sternberger** die Hauptwurzeln des Politischen, **Hannah Arendt** verdeutlicht die Unterschiede zwischen Macht und Gewalt und **Immanuel Kant** zeigt Wege, um Kriege zu verhindern und zu einem „ewigen Frieden“ zu kommen.

## Dolf Sternberger: Von den drei Wurzeln der Politik

Politik erwächst nach Begriff und Erscheinung aus drei getrennten Wurzeln: der **aristotelischen** oder anthropologischen, der **machiavellistischen** oder dämonologischen, der **augustinischen** – auch leninischen – oder eschatologischen[1].

Aus der ersten resultiert die Lehre vom Staat und der Staatsverfassung und von der der Politik als derjenigen gemeinschaftlichen Tätigkeit, die auf „Glückseligkeit“ in der organisierten menschlichen Gesellschaft gerichtet ist.

Aus der zweiten resultiert die Lehre von den Kunstmitteln der Herrschaft, ihrer Gewinnung und Erhaltung, einschließlich der Mittel der Gewalt und des Krieges.

Aus der dritten Wurzel erwachsen die Lehren der großen Veränderung und ihrer Vorbereitung. […]

Wir nennen die erste Wurzel die aristotelische deswegen, weil kein Autor der Antike oder der Moderne das Politische mit solcher Genauigkeit und solcher Entschiedenheit als den Bezirk der gemeinsamen Lebensordnung bestimmt hat wie eben Aristoteles. […] Niccolò Machiavelli aber hat in seinem Buch über den „Fürsten“ („Il Principe“) die moderne Theorie des Politischen exemplarisch ausgesprochen – ohne übrigens das Wort „politisch“ zu gebrauchen –, nämlich als Technik des subjektiven Machtstrebens im Streit mit allen Arten von Widerständen, als Lehre von den kriegerischen und diplomatischen, kühnen und listigen, grausamen und milden Mitteln zu dem einen Zweck der Herrschaft. […] Ihnen beiden haben wir ein nicht minder wirkungsmächtiges Werk der abendländischen Geistesgeschichte gegenüber und an die Seite gestellt, nämlich den „Gottesstaat“ des Kirchenvaters Augustin. […] Bei Augustin zuerst war die Theorie von den zwei Klassen, den Kindern des Lichts und den Kindern der Finsternis, den Nachfolgern Abels und den Nachfolgern Kains. Ausdrücklich sprach er von den „zwei menschlichen Genossenschaften (oder: Staaten), von denen eine vorherbestimmt ist, in Ewigkeit mit Gott zu herrschen, während die andere mit dem Teufel die ewige Strafe auf sich zu nehmen hat“. Auch diese eschatologischen Motive sind in den heute verbreiteten Begriff der Politik eingegangen. Sie geistern überall dort nach, wo

[1] Eschatologie: Lehre vom Endschicksal des Menschen und der Welt

**Dolf Sternberger** (1907–1989): Politikwissenschaftler und Publizist

**Aristoteles**, gr. Philosoph (384–322 v. Chr., s. S. 57), hob in seiner mehrere Bücher umfassenden Staatslehre („Politika“) die Bedeutung des Staates für das Gemeinwohl hervor und plädierte für eine an der Polis orientierte Gewaltentrennung zwischen Volksversammlung, Exekutive und Richtern. Sein Werk beeinflusste die Gründungsväter der USA und das staatsrechtliche Denken im 19. Jh.

**Aurelius Augustinus** (354–430), Kirchenlehrer, entwarf in seinem Werk „De civitate Dei“ („Über den Gottesstaat“) ein geschichtsphilosophisches Modell, in dem die Unterschiede und die Auseinandersetzung zwischen dem Weltstaat (civitas terrena) und dem heilsgeschichtlichen Ziel des Gottesstaates dargestellt sind.

**Niccolò Machiavelli** (1469–1527) beschreibt in seinem Werk „Il principe“ („Der Fürst“) Techniken und Strategien zum Erwerb, Ausbau und Erhalt der Macht. Der Staat ist nicht mehr im christlichen Sinne in seiner Dienstfunktion zur Förderung des Gemeinwohls verstanden, sondern als ein besonderer Bereich menschlichen Handelns, in dem die traditionellen Tugenden eines Herrschers (z.B. Großzügigkeit und Milde) keinen Platz mehr haben.

Politik als Erwartung und Betreibung der großen Veränderung, Entlarvung des Staates, Denunziation der „Herrschenden“ als böse, Warnung vor Beteiligung, Zwei-Klassen-Theorie in säkularer Gestalt – der Ausbeuter und der Ausgebeuteten –, als Überwindung des zeitlichen „Systems“ und Anbruch eines „Reiches der Freiheit“ aufgefasst und praktiziert wird. Wobei die Unterschiede zwischen christlicher und leninistischer Endzeithoffnung und Verwirklichung auf der Hand liegen. […]
Ein Versuch der Versöhnung, freilich ohne große Hoffnung, kann mit Hilfe der Hypothese gemacht werden, das Merkmal des Politischen sei der Friede. Es zeigt sich dann, dass den Begriffen, Traditionen und Bereichen, die da allesamt unter dem Namen die Politik figurieren, auch dreierlei Arten von Frieden zugehören: der Friede durch Regelung des Streits, der der aristotelischen Politik entspricht, der Friede durch Unterdrückung des Streits, der die machiavellistische Politik kennzeichnet, und der Friede durch Erlösung vom Streit, wie er als leitende Vision aller eschatologischen Politik innewohnt, der christlichen wie der säkularen. […]

*Zum Streit zwischen den drei Konzepten schreibt Sternberger:*

So hören wir die machiavellistische Kritik sagen: Alles ist Interesse, Kampf um Macht, Vereinbarung ist nur ein Waffenstillstand. Der Staat ist aus Eroberung […] entstanden, nicht aus dem Bedürfnis des Zusammenschlusses. […]
Und die eschatologische Kritik stimmt ein. Wie wir es von Augustin gehört haben: Kain wurde der Staatengründer, am Anfang steht der Brudermörder. Oder von Karl Marx und Friedrich Engels: „Die moderne Staatsgewalt ist nur ein Ausschuss, der die gemeinsamen Geschäfte der ganzen Bourgeoise-Klasse verwaltet.“ Der Friede wird erst kommen […], nämlich der absoluten Friede oder die Aufhebung der gesellschaftlichen Widersprüche, was dasselbe ist.
Was hat der Aristoteliker, was hat die „anthropologische“ Politik darauf zu erwidern? Gegen den fröhlichen Machiavellisten wie gegen den ingrimmigen Eschatologiker führt er das historische Argument ins Feld: wie auch immer es bei der faktischen Entstehung der Staaten zugegangen sein mag – auch der auf lauter Fluch errichtete Staat wird gezwungen, mit der Zeit eine Art von Recht und Gesittung zu entwickeln! […] Vielleicht lässt sich dieses historische Argument in einem Satz zusammenfassen: Der einzige geschichtlich erkennbar gesicherte Friedensbereich ist gerade derjenige des Staates – ob wir an die griechische Polis, an das mittelalterliche Regnum mit seinem Landfrieden denken oder den modernen Verfassungsstaat mit seiner geregelten Gesetzgebung, seiner unabhängigen Gerichtsbarkeit, seinem Wettstreit der Parteien, seinem kanalisierten Interessenkompromiss, seiner immer weiter greifenden gesellschaftlichen Beteiligung an den Entscheidungsprozessen – und freilich auch mit seiner Zwangsgewalt.

❶ Fassen Sie die Grundgedanken und Gegensätze der drei Theorien zusammen. Welche Rolle spielen in ihnen Macht und Gewalt? Wie soll jeweils der gesellschaftliche und zwischenstaatliche Friede erreicht werden?

❷ Ordnen sie die Theorien von Thomas Hobbes (S. 63 ff.), Jean-Jacques Rousseau (S. 239 f.) und Karl Marx (S. 241 ff.) den Grundtypen politischen Denkens zu.

## Hannah Arendt: Macht und Gewalt

Zu den entscheidenden Unterschieden zwischen Macht und Gewalt gehört, dass Macht immer von Zahlen abhängt, während die Gewalt bis zu einem gewissen Grade von Zahlen unabhängig ist, weil sie sich auf Werkzeuge verlässt. Eine Demokratie, die im Unterschied zu einer Republik nicht an Gesetze gebunden zu sein braucht, also eine einfache Mehrheitsherrschaft, die nur auf Macht basiert, kann Minderheiten auf eine furchtbare Weise unterdrücken und abweichende Meinungen ohne alle Gewaltsamkeiten sehr wirkungsvoll abwürgen. Ungeteilte und unkontrollierte Macht kann eine Meinungsuniformität erzeugen, die kaum weniger „zwingend" ist als gewalttätige Unterdrückung. Aber das heißt nicht, dass Gewalt und Macht dasselbe sind.

Der Extremfall der Macht ist gegeben in der Konstellation: Alle gegen Einen, der Extremfall der Gewalt in der Konstellation: Einer gegen Alle. Und das Letzte ist ohne Werkzeuge, d.h. ohne Gewalt*mittel* niemals möglich. […]

Macht entspricht der menschlichen Fähigkeit, nicht nur zu handeln oder etwas zu tun, sondern sich mit anderen zusammenzuschließen und im Einvernehmen mit ihnen zu handeln. Über Macht verfügt niemals ein Einzelner; sie ist im Besitz einer Gruppe und bleibt nur solange existent, als die Gruppe zusammenhält. Wenn wir von jemand sagen, er „habe die Macht", heißt das in Wirklichkeit, dass er von einer bestimmten Anzahl von Menschen ermächtigt ist, in ihrem Namen zu handeln. In dem Augenblick, in dem die Gruppe, die den Machthaber ermächtigte und ihm ihre Macht verlieh (*potestas in populo* – ohne ein Volk oder eine Gruppe gibt es keine Macht), auseinander geht, vergeht auch „seine Macht". […]

Es hat nie einen Staat gegeben, der sich ausschließlich auf Gewaltmittel hätte stützen können. Selbst die totale Herrschaft, deren wesentliche Herrschaftsmittel Konzentrationslager, Polizeiterror und Folter sind, bedarf einer Machtbasis, die in diesem Fall von der Geheimpolizei und einem Netz von Spitzeln gestellt wird. […] Und selbst im Kriegsfall, wo doch nun wirklich die nackte Gewalt das letzte Wort zu haben scheint, kann es geschehen, dass eine enorme Überlegenheit an Machtmitteln wirkungslos bleibt, wenn sie einem zwar schlecht gerüsteten, aber gut or-

**Hannah Arendt** (1906–1975, Biografie S. 317), Politikwissenschaftlerin, verfasste eine Studie über den Totalitarismus („Elemente und Ursprünge totalitärer Herrschaft", 1951). Den Essay „Macht und Gewalt" schrieb sie 1970 unter dem Eindruck des Vietnam-Krieges und weltweiter Studentenunruhen.

Rudolf Schlichter: Blinde Macht (1937)

ganisierten und deshalb viel mächtigeren Gegner gegenüberstehen – wie wir es in Vietnam sehen. […]

Begrifflich gesprochen heißt dies: Macht gehört in der Tat zum Wesen aller staatliche Gemeinwesen, ja aller irgendwie organisierten Gruppen, Gewalt jedoch nicht. Gewalt ist ihrer Natur nach instrumental; wie alle Mittel und Werkzeuge bedarf sie immer eines Zwecks, der sie dirigiert und ihren Gebrauch rechtfertigt. Und das, was eines anderen bedarf, um gerechtfertigt zu werden, ist funktioneller, aber nicht essentieller Art. […] Macht bedarf keiner Rechtfertigung, da sie allen menschlichen Gemeinschaften schon inhärent ist. Hingegen bedarf sie der Legitimität. Macht entsteht, wenn immer Menschen sich zusammentun und gemeinsam handeln, ihre Legitimität beruht nicht auf den Zielen und Zwecken, die eine Gruppe sich jeweils setzt; sie stammt aus dem Machtursprung, der mit der Gründung der Gruppe zusammenfällt. […] Gewalt kann gerechtfertigt, aber sie kann niemals legitim sein. Ihre Rechtfertigung wird um so einleuchtender sein, je näher das zu erreichende Ziel liegt. Niemandem kommt es in den Sinn, die Berechtigung von Gewalttätigkeit im Falle der Selbstverteidigung in Frage zu stellen, weil die Gefahr nicht evident, sondern unmittelbar gegenwärtig ist, mithin zwischen dem Zweck und den Mitteln, die er rechtfertigen muss, so gut wie keine Zeitspanne liegt. […] Bei einem Aufeinanderprall von Gewalt und Macht ist der Ausgang niemals zweifelhaft. Wäre Gandhis außerordentlich mächtige und erfolgreiche Strategie des gewaltlosen Widerstandes auf einen anderen Gegner gestoßen, dann wäre das Ergebnis nicht Entkolonisierung, sondern „administrativer Massenmord“ und schließliche Unterwerfung gewesen. Dabei darf man nicht übersehen, dass die imperialistischen Mächte – England in Indien, Frankreich in Algerien – gute Gründe hatten, auf einen solchen Sieg zu verzichten. Nackte Gewalt tritt auf, wo Macht verloren ist. Die russische Lösung des tschechischen Problems zeigte deutlich einen entscheidenden Machtverlust des russischen Regimes an, genau so wie der Machtverlust des europäischen Imperialismus sich in der Alternative zwischen Massenmord und Dekolonisierung manifestierte. Man kann Macht durch Gewalt ersetzen, und dies kann zum Sieg führen, aber der Preis solcher Siege ist sehr hoch; denn hier zahlen nicht nur die Besiegten, der Sieger zahlt mit dem Verlust der eigenen Macht. […]

Politisch gesprochen genügt es nicht zu sagen, dass Macht und Gewalt nicht dasselbe sind. Macht und Gewalt sind Gegensätze: wo die eine absolut herrscht, ist die andere nicht vorhanden. Gewalt tritt auf den Plan, wo Macht in Gefahr ist; überlässt man sie den ihr selbst innewohnenden Gesetzen, so ist das Endziel, ihr Ziel und Ende, das Verschwinden von Macht. So kann man auch nicht eigentlich sagen, das Gegenteil von Gewalt sei eben Gewaltlosigkeit. Von „gewaltloser“ Macht zu sprechen, ist ein Pleonasmus[1], Gewalt kann Macht vernichten, sie ist gänzlich außerstande, Macht zu erzeugen.

[1] Pleonasmus: Überfluss, Übermaß

Der **Vietnam-Krieg** (1964–1973) endete mit dem Abzug der US-Truppen, ohne dass die Kriegsziele erreicht wurden.

Der von **Mahatma Gandhi** angeführte Widerstand führte 1948 zum Ende der britischen Kolonialherrschaft in Indien (s. S. 325).

1968 besetzen Truppen des Warschauer Paktes unter Führung der Sowjetunion die **Tschechoslowakei** und beendeten die dortigen Reformbestrebungen („Prager Frühling“, s. Bild S. 301).

❶ Nennen Sie die Unterschiede und Kennzeichen von Macht und Gewalt.

❷ Wieso ist die Gewalt „außerstande, Macht zu erzeugen“ (Z. 100)?

❸ Zeigen Sie den Sinn des staatlichen Gewaltmonopols und die Funktionsweise der „Gewaltenteilung“ an Beispielen.

BIO-GRAFIE

# Hannah Arendt (1906–1975)

„Freisein heißt weder Herrschen noch Beherrschtwerden"

Hannah Arendt verfügte über die „große Tugend, sich selbst nicht zu bemitleiden und sich nie zu beklagen", schrieb Bertolt Brecht über sie. Dabei hätte sie durchaus Grund dazu gehabt: Als sie sieben Jahre alt war, starb ihr Vater, 1933 floh sie nach kurzer Gestapo-Haft über die Tschechoslowakei nach Frankreich, 1937 wurde ihr die deutsche Staatsbürgerschaft aberkannt, 1940 wurde sie in einem Konzentrationslager in Südfrankreich inhaftiert, 1941 gelang ihr die endgültige Flucht in die USA. Woher kamen ihr Selbstbehauptungswille und ihre Charakterstärke? Zu einem wesentlichen Teil durch die Erziehung der Mutter, die, wie Hannah Arendt einmal schrieb, „vor allem eine Erziehung ohne Vorurteile und mit allen Möglichkeiten" betrieb und die „immer auf dem Standpunkt stand: Man darf sich nicht ducken! Man muss sich wehren!" Gerade wegen ihrer jüdischen Herkunft gab ihr diese Erziehung Mut und Selbstbewusstsein in der Konfrontation mit dem Antisemitismus und bestimmte schon früh ihren Weg als politische Denkerin.

Wegen ihres großen Interesses für Philosophie begann sie an den Universitäten Marburg und Freiburg das Studium von Philosophie, Theologie und Griechisch. Dort lernte sie berühmte Philosophen kennen: u.a. Martin Heidegger, Hans Jonas und Karl Jaspers. Diese schätzten ihren außerordentlichen Intellekt und ihre innere Unabhängigkeit und entnahmen ihrer Scharfsinnigkeit wichtige Anstöße für ihre eigenen Werke. An einer Universitätslaufbahn war Hannah Arendt jedoch nicht interessiert. Sie vertiefte sich stattdessen in die Erforschung der Chancen und Schwierigkeiten jüdischer Existenz. So schrieb sie z.B. eine Biografie über Rahel Varnhagen, einer bedeutenden Dichterin der Romantik.

In der amerikanischen Emigration arbeitete sie mit unterschiedlicher politischer Zielsetzung für verschiedene jüdische Organisationen. Kurz vor Kriegsende begann sie mit der Arbeit an ihrem Werk **„Elemente und Ursprünge totalitärer Herrschaft"**, das 1951 erschien und das sie schlagartig bekannt machte. Darin bescheinigte sie der traditionellen Ethik, sie sei „unfähig, mit Verbrechen fertig zu werden, die die Zehn Gebote nicht vorhergesehen haben". Um solchen Verbrechen auf den Grund zu gehen, nahm sie 1961 in Israel an dem Prozess gegen Adolf Eichmann, der den Holocaust organisiert hatte, teil. Ihre Beobachtungen und Gespräche mit Eichmann fasste sie in dem Buch **„Eichmann in Jerusalem. Ein Versuch über die Banalität des Bösen"** (1963) zusammen (s. S. 84 f.). Als Professorin an verschiedenen amerikanischen Universitäten arbeitete sie weiterhin an Studien über politische Herrschaft. Auf dem Hintergrund des Ost-West-Konflikts, den niedergeschlagenen Aufständen im Ostblock, des Vietnam-Krieges und internationaler Studentenunruhen entstanden ihre Werke **„Vita activa oder vom tätigen Leben"** (1967) und **„Macht und Gewalt"** (1970, s. S. 315 f.). Darin drückte sie die Überzeugung aus, dass Macht letzlich nicht durch Gewalt ersetzt werden kann, und dass Macht ihre Legitimität allein aus einer intakten, d.h. freien Öffentlichkeit mit politisch mündigen und handlungsbereiten Bürgern herleitet: „Freisein aber heißt weder Herrschen noch Beherrschtwerden." Dabei setzte sie auf das „grundsätzliche Vertrauen auf das Menschliche im Menschen. Anders geht es nicht."

## Immanuel Kant: Völkerrecht und Völkerbund

**Immanuel Kant** (1724–1804, Biografie S. 83) übertrug seine prinzipien- bzw. gesinnungsethische Moralbegründung auch auf politische Verhältnisse. Er hatte dabei die Verfassung der französischen Republik vor Augen und forderte eine unbedingte, von der Vernunft und der Moral begründete Friedenspflicht.

*„Aus so krummem Holz, wie der Mensch geschnitzt ist, kann nichts Gerades gezimmert werden." Gerade diese Aussage zeigt, dass Kant kein Träumer oder Illusionist bezüglich der menschlichen Friedensfähigkeit war. Trotzdem entwarf er in der 1795 entstandenen Schrift* ***„Zum ewigen Frieden"*** *ein Modell, das Gewalt und Krieg zwischen den Staaten weitgehend eindämmen bzw. verhindern könnte. Er plädierte darin einerseits für die* ***Republik*** *als Verfassungsform eines Staates und andererseits für die Bildung eines* ***Völkerrechts,*** *nach dem im Rahmen eines* ***Völkerbundes*** *eine internationale Behörde die Rolle des Schiedsrichters in zwischenstaatlichen Konflikten übernimmt und verbindliche Urteile fällt. In der Gründung des „Völkerbundes" (1920) und, als dessen Nachfolgeorganisation die „Vereinten Nationen" (1945), wurden einige der Ideen Kants verwirklicht.*

Da die Art, wie Staaten ihr Recht verfolgen, nie, wie bei einem äußeren Gerichtshofe, der Prozess, sondern nur der Krieg sein kann, durch diesen aber und seinen günstigen Ausschlag, den *Sieg,* das Recht nicht entschieden wird, und durch den *Friedensvertrag,* zwar wohl dem diesmaligen Kriege, aber nicht dem Kriegszustande (immer zu einem neuen Vorwand zu finden) ein Ende gemacht wird (den man auch nicht geradezu für ungerecht erklären kann, weil in diesem Zustande jeder in seiner eigenen Sache Richter ist), gleichwohl aber von Staaten nach dem Völkerrecht nicht eben das gelten kann, was von Menschen im gesetzlosen Zustande nach dem Naturrecht gilt, „aus diesem Zustande herausgehen zu sollen" (weil sie als Staaten innerlich schon eine rechte Verfassung haben und also dem Zwange anderer, sie nach ihren Rechtsbegriffen unter eine erweitere gesetzliche Verfassung zu bringen, entwachsen sind), indessen dass doch die Vernunft vom Throne der höchsten moralisch gesetzgebenden Gewalt herab den Krieg als Rechtsgang schlechterdings verdammt, den Friedenszustand dagegen zur unmittelbaren Pflicht macht, welcher doch, ohne einen Vertrag der Völker unter sich, nicht gestiftet oder gesichert werden kann: – so muss es einen Bund von besonderer Art geben, den man den *Friedensbund (foedus pacificum)* nennen kann, der vom Friedensvertrag *(pactum pacis)* darin unterschieden sein würde, dass dieser bloß einen Krieg, jener aber alle Kriege auf immer zu endigen suchte. Dieser Bund geht auf keinen Erwerb irgendeiner Macht des Staats, sondern lediglich auf Erhaltung und Sicherung der Freiheit eines Staates für sich selbst und zugleich anderer verbündeter Staaten, ohne dass diese doch sich selbst (wie Menschen im Naturzustande) öffentlichen Gesetzen und einem Zwange unter denselben unterwerfen dürfen. – Die Ausführbarkeit (objektive Realität) dieser Idee der Föderalität, die sich allmählich über alle Staaten erstrecken soll und so zum ewigen Frieden hinführt, lässt sich darstellen. Denn wenn das Glück es so fügt: dass ein mächtiges und aufgeklärtes Volk sich zu einer Republik (die ihrer Natur nach zum ewigen Frieden geneigt sein muss) bilden kann, so gibt diese einen Mittelpunkt der föderativen Vereinigung für andere Staaten ab, um sich an sie anzuschließen und so den Freiheitszustand der Staaten gemäß der Idee des Völkerrechts zu sichern und sich durch mehrere Verbindungen dieser Art nach und nach immer weiter auszubreiten. […] Für Staaten im Verhältnisse

**Völkerrecht:** die Gesamtheit der durch einen Vertrag oder durch Völkergewohnheitsrecht begründeten Rechtssätze.

**Friede** ist durch die Gültigkeit des Rechts gekennzeichnet, als Zustand nach Beendigung eines Krieges durch Vertrag (negativer Friede) oder als Zustand rechtlich geregelter und an humanen Leitprinzipien orientierter Lösung politischer, sozialer und rechtlicher Konflikte (positiver Friede), nicht aber als konfliktfreier Zustand.
(aus: Otfried Höffe: Lexikon der Ethik. München (Beck) [5]1997)

❶ Warum tendiert nach Kant „eine Republik ihrer Natur nach zum ewigen Frieden" (Z. 33)?

❷ Was verlangt Kant von den einzelnen Staaten? Vergleichen Sie seine Ausführungen zu diesem Aspekt mit denen Albert Einsteins (s. S. 309 f.).

untereinander kann es nach der Vernunft keine andere Art geben, aus dem gesetzlosen Zustande, der lauter Krieg enthält, herauszukommen, als dass sie, ebenso wie einzelne Menschen, ihre wilde (gesetzlose) Freiheit aufgeben, sich zu öffentlichen Zwangsgesetzen zu bequemen und so einen (freilich immer wachsenden) *Völkerstaat (civitas gentium)*, der zuletzt alle Völker der Erde befassen würde, bilden. Da sie dieses aber nach ihrer Idee vom Völkerrecht durchaus nicht wollen, was *in thesi* richtig ist, *in hypothesi* verwerfen, so kann an die Stelle der positiven Idee einer *Weltrepublik* (wenn nicht alles verloren werden soll) nur das *negative* Surrogat[1] eines den Krieg abwehrenden, bestehenden und immer ausbreitenden Bundes den Strom der rechtsscheuenden, feindseligen Neigung aufhalten, doch mit beständiger Gefahr ihres Ausbruchs.

Die Bemühungen der Vereinten Nationen um Friedenserhalt und Konfliktlösungen finden auf verschiedenen Ebenen statt. Die so genannten „Friedensmissionen der Vereinten Nationen“, die seit 1948 stattfinden, haben die Aufgabe kriegerische Konflikte zu verhindern. Darüber hinaus richtete der Sicherheitsrat der Vereinten Nationen 1993 in Den Haag ein internationales Strafgericht ein, das Kriegsverbrechen im ehemaligen Jugoslawien untersucht und Kriegsverbrecher aburteilt. 1998 schließlich bereitete ein UNO-Komitee die Einrichtung eines Internationalen Strafgerichtshofs vor, das gemäß einem „Weltstrafrecht“ die Bereiche Völkermord, schwere Kriegsverbrechen und Verbrechen gegen die Menschlichkeit untersuchen und Recht sprechen soll.

[1] Surrogat: Ersatz

❸ Was versteht Kant unter einer „Weltrepublik“? Wie beurteilen Sie die Chancen einer solchen Einrichtung?

❹ Welche Rolle spielen für Kant Vernunft und Aufklärung?

❺ Prüfen Sie, ob in der Friedensdefinition von Höffe Ideen von Kant zu finden sind.

❻ Überlegen Sie, ob „Völkerbund“ und „Vereinte Nationen“ den Intentionen Kants entprachen bzw. entsprechen. Informieren Sie sich, woran der „Völkerbund“, der sich 1946 auflöste, gescheitert ist.

Stellen Sie anhand eines aktuellen Konfliktes die Tätigkeit der Vereinten Nationen dar und zeigen Sie die politische und rechtliche Problematik auf.

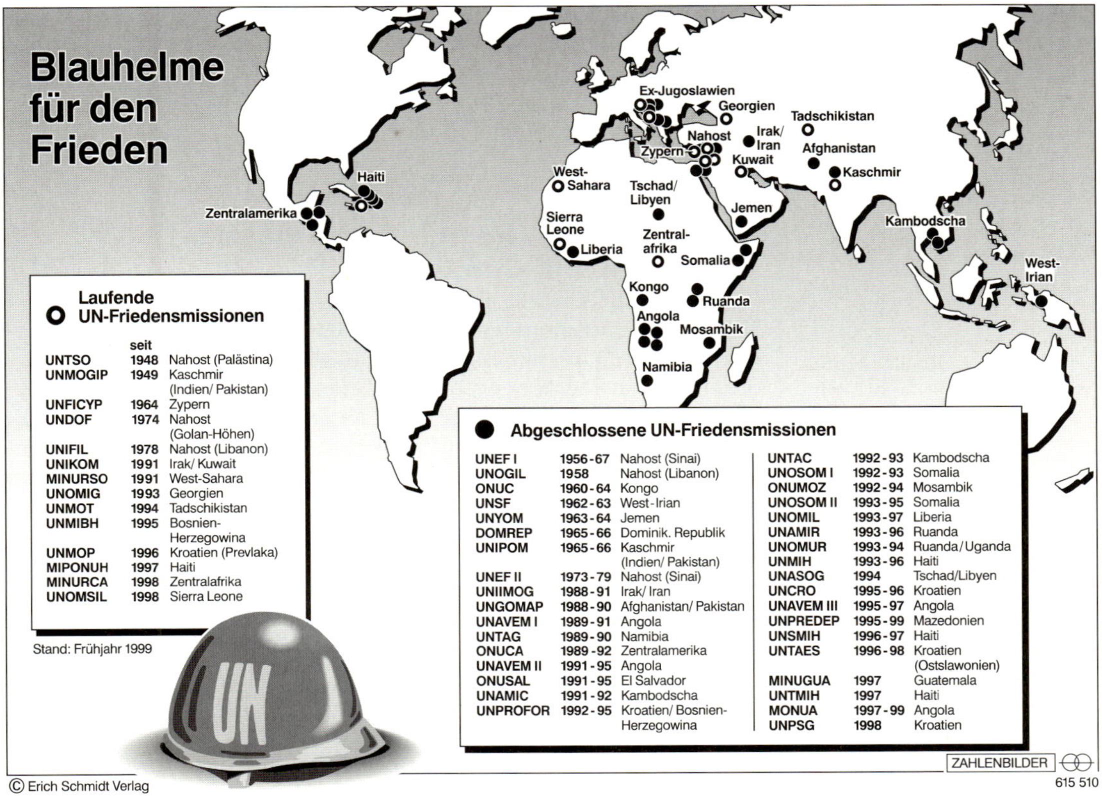


**Laufende UN-Friedensmissionen**

| | seit | |
|---|---|---|
| UNTSO | 1948 | Nahost (Palästina) |
| UNMOGIP | 1949 | Kaschmir (Indien/ Pakistan) |
| UNFICYP | 1964 | Zypern |
| UNDOF | 1974 | Nahost (Golan-Höhen) |
| UNIFIL | 1978 | Nahost (Libanon) |
| UNIKOM | 1991 | Irak/ Kuwait |
| MINURSO | 1991 | West-Sahara |
| UNOMIG | 1993 | Georgien |
| UNMOT | 1994 | Tadschikistan |
| UNMIBH | 1995 | Bosnien-Herzegowina |
| UNMOP | 1996 | Kroatien (Prevlaka) |
| MIPONUH | 1997 | Haiti |
| MINURCA | 1998 | Zentralafrika |
| UNOMSIL | 1998 | Sierra Leone |

Stand: Frühjahr 1999

**Abgeschlossene UN-Friedensmissionen**

| | | | | | |
|---|---|---|---|---|---|
| UNEF I | 1956-67 | Nahost (Sinai) | UNTAC | 1992-93 | Kambodscha |
| UNOGIL | 1958 | Nahost (Libanon) | UNOSOM I | 1992-93 | Somalia |
| ONUC | 1960-64 | Kongo | ONUMOZ | 1992-94 | Mosambik |
| UNSF | 1962-63 | West-Irian | UNOSOM II | 1993-95 | Somalia |
| UNYOM | 1963-64 | Jemen | UNOMIL | 1993-97 | Liberia |
| DOMREP | 1965-66 | Dominik. Republik | UNAMIR | 1993-96 | Ruanda |
| UNIPOM | 1965-66 | Kaschmir (Indien/ Pakistan) | UNOMUR | 1993-94 | Ruanda/Uganda |
| UNEF II | 1973-79 | Nahost (Sinai) | UNMIH | 1993-96 | Haiti |
| UNIIMOG | 1988-91 | Irak/ Iran | UNASOG | 1994 | Tschad/Libyen |
| UNGOMAP | 1988-90 | Afghanistan/ Pakistan | UNCRO | 1995-96 | Kroatien |
| UNAVEM I | 1989-91 | Angola | UNAVEM III | 1995-97 | Angola |
| UNTAG | 1989-90 | Namibia | UNPREDEP | 1995-99 | Mazedonien |
| ONUCA | 1989-92 | Zentralamerika | UNSMIH | 1996-97 | Haiti |
| UNAVEM II | 1991-95 | Angola | UNTAES | 1996-98 | Kroatien (Ostslawonien) |
| ONUSAL | 1991-95 | El Salvador | MINUGUA | 1997 | Guatemala |
| UNAMIC | 1991-92 | Kambodscha | UNTMIH | 1997 | Haiti |
| UNPROFOR | 1992-95 | Kroatien/ Bosnien-Herzegowina | MONUA | 1997-99 | Angola |
| | | | UNPSG | 1998 | Kroatien |

## Bertolt Brecht: Maßnahmen gegen die Gewalt

Als Herr Keuner, der Denkende, sich in einem Saale vor vielen gegen die Gewalt aussprach, merkte er, wie die Leute vor ihm zurückwichen und weggingen. Er blickte sich um und sah hinter sich stehen – die Gewalt.
„Was sagtest du?“ fragte ihn die Gewalt.
„Ich sprach mich für die Gewalt aus“, antwortete Herr Keuner.
Als Herr Keuner weggegangen war, fragten ihn seine Schüler nach seinem Rückgrat. Herr Keuner antwortete: „Ich habe kein Rückgrat zum Zerschlagen. Gerade ich muß länger leben als die Gewalt.“
Und Herr Keuner erzählte folgende Geschichte:
In die Wohnung, des Herrn Egge, der gelernt hatte, nein zu sagen, kam eines Tages in der Zeit der Illegalität ein Agent, der zeigte einen Schein vor, welcher ausgestellt war im Namen derer, die die Stadt beherrschten, und auf dem stand, daß ihm gehören soll jede Wohnung, in die er seinen Fuß setzte, ebenso sollte ihm auch jedes Essen gehören, das er verlange; ebenso sollte ihm auch jeder Mann dienen, den er sähe.
Der Agent setzte sich in einen Stuhl, verlangte Essen, wusch sich, legte sich nieder und fragte mit dem Gesicht zur Wand vor dem Einschlafen: „Wirst du mir dienen?“ Herr Egge deckte ihn mit einer Decke zu, vertrieb die Fliegen, bewachte seinen Schlaf und wie an diesem Tage gehorchte er ihm sieben Jahre lang. Aber was immer er für ihn tat, eines zu tun hütete er sich wohl, das war, ein Wort zu sagen. Als nun die sieben Jahre herum waren und der Agent dick geworden war vom vielen Essen, Schlafen und Befehlen, starb der Agent. Da wickelte ihn Herr Egge in die verdorbene Decke, schleifte ihn aus dem Haus, wusch das Lager, tünchte die Wände, atmete auf und antwortete: „Nein.“

(Aus lizenzrechtlichen Gründen ist dieser Text nicht in reformierter Rechtschreibung gedruckt.)

❶ Was halten Sie von dieser Form des Umgangs mit der Gewalt? Hat Herr Egge nicht eigentlich „Ja“ gesagt?

❷ Zeigen Sie anhand historischer Beispiele (z.B. das Münchener Abkommen 1938) und aktueller Konflikte aus der Politik die Vor- und Nachteile der Beschwichtigung („Appeasement“).

## Götz Eisenberg, Reimer Gronemeyer: Zivilisation und Gewalt

Der Ausweg aus dem Kreislauf der Gewalt liegt nicht in einer dauernden Verschärfung des Aggressionstabus, sondern in der Wiedereingliederung der verpönten Triebregungen in das übrige affektive und emotionale Geschehen. Es geht darum, andere, befriedigendere Beziehungsformen zwischen Zivilisation und Leidenschaften zu finden, einen kleinen Grenzverkehr mit der Nachtseite der Zivilisation einzurichten. Allein im sozialen Austausch miteinander kann sich das bislang unter einer dünnen Decke von Verdrängung und Schuldgefühl roh belassene Antriebsleben vermenschlichen. Bruno Bettelheim hat darauf hingewiesen, dass der erste Schritt auf dem Weg zu neuen Umgangsformen mit Aggression und Gewalt darin bestehen muss, sie überhaupt anzuerkennen. „Es wird uns jedoch nie gelingen, unsere Neigung zur Gewalt zu beherrschen, solange wir von der Annahme ausgehen, weil es Gewalt nicht geben sollte, könnten wir einfach so tun, als gebe es sie wirklich nicht.“ Nur wenn wir mit ihr rechnen und untersuchen,

**Bruno Bettelheim** (1903–1990), Kinder- und Sozialpsychologe, untersuchte die Verletzlichkeit des Menschen bei Angst, Bedrohung und Gewalt. Bedeutende Werke: „Kinder brauchen Märchen“ (1975), „Erziehung zum Überleben. Zur Psychologie der Extremsituation“ (1979).

„wie sie in den verschiedenen Phasen der menschlichen Entwicklung eine Chance von der Geburt an aussieht", sagt Mitscherlich, haben wir eine Chance, sie schrittweise humanisieren zu können. [...] Wir haben oben bereits darauf hingewiesen, dass man lebensgeschichtlich damit beginnen könnte, Kindern die Äußerung ihrer Wut zu gestatten und ihnen so eine Eingliederung der Aggression in die Vielfalt ihrer Lebensäußerungen zu ermöglichen. Dies gilt für die Lebensgeschichte Einzelner wie auch für ganze Kulturen: „Gewalttätigkeit der Natur und das Böse im Menschen sind Gegebenheiten, mit denen man rechnen muss. Es wäre ein Missverständnis, das Plädoyer für das ‚Andere der Vernunft' impliziere, dass das Andere das Schöne oder das Glück sei. Worauf es ankommt, ist, dass die Gewalttätigkeit der Natur und das Böse im Menschen nicht mit einer disziplinierenden Strategie weggedrängt werden, sodass sie sich dann unter Umständen katastrophal entäußern. Es kommt auf Möglichkeiten der Grenzüberschreitung an, was man vielleicht mit Bataille ‚Exzesse' nennen kann, die aber nicht selber chaotisch sind und für die man Formen entwickeln muss. Der Prozess der europäischen Zivilisation, der im Wesentlichen eine Geschichte des Fortschritts der Rationalität gewesen ist, auch der Rationalität der Umgangsformen, ist zugleich eine Zerstörung von rituellen Formen des Umgangs mit dem Körper oder mit Gefühlen gewesen. [...] Es geht darum, Natur, Leib und die Gefühle nicht durch denkerische Strategien und pädagogische Disziplinierungen wegzudrängen, sondern sie wieder in eine Kultur des Umgang mit diesem Anderen einzutragen. Das ist eine Frage der Lebensform." Das ist nicht so zu verstehen, als ginge es darum, das Naturhaft-Aggressive im Menschen in Ritualen zu verwalten und irgendwelche synthetische Ventilsitten in die herrschende Kultur einzubauen, die es erlauben, Dampf abzulassen. Aggressionen müssen in Sozialisation und gesellschaftliche Kommunikation von Anfang an mit eingehen, sonst kann man sie kaum noch kultivieren. Und sie müssen sich auch gegen ihre Verursacher kehren dürfen, um jenen Spaltungsmechanismus außer Kraft zu setzen, der nach der Existenz eines Sündenbocks verlangt, auf den sie sich verschieben lassen.
Es geht um nichts weniger als die Erfindung einer anderen Kultur, um die Realisierung der eben bereits erwähnten Utopie eines nichtfaschistischen Bürgers, der seine Triebnatur aus vernünftiger Einsicht bändigt und zivilisiert und deshalb nicht genötigt ist, das, was er bei sich selbst niederhält, blind und bewusstlos aus sich herauszusetzen und dort zu verfolgen.

**Alexander Mitscherlich** (1908–1982), Psychoanalytiker, untersuchte in seinem Werk „Die Unfähigkeit zu trauern. Grundlagen des kollektiven Verhaltens" (1967), wie Verdrängung und Vergessen eine tief greifende Aufarbeitung des Dritten Reiches verhinderten. Weitere bedeutende Veröffentlichungen: „Die Unwirtlichkeit unserer Städte" (1965), „Die Idee des Friedens und die menschliche Aggressivität" (1969).

**George Bataille** (1897–1962), frz. Schriftsteller, beschrieb in seinen Werken den Konflikt zwischen Sittlichkeit und leidenschaftlicher Triebhaftigkeit.

❶ Worin liegt nach Meinung der Autoren der „Ausweg aus dem Kreislauf der Gewalt"? Welche Strategien schlagen sie vor?

❷ Nehmen Sie zu diesen Vorschlägen begründet Stellung.

## Anne-Bärbel Köhle: Opfer trifft Täter. Das Konzept des Täter-Opfer-Ausgleichs

Das Konzept des Täter-Opfer-Ausgleichs entwickelten Kriminologen, Sozialpädagogen, Richter und Staatsanwälte Mitte der Achtzigerjahre vor allem für das Jugendstrafrecht. Der Staatsanwalt muss den Fall lediglich an ein TOA-Büro überweisen. Dort sprechen die Betreuer zunächst, getrennt mit dem Opfer und dem Täter. Sind beide einverstanden, kommt es zu einem Ausgleichsgespräch, das

Der **„Täter-Opfer-Ausgleich"** ist seit 1994 im Strafgesetzbuch (§ 46a) aufgenommen (Text s. S. 292) und erfährt zunehmende Anwendung. Er wird in der Mehrzahl der Fälle beim Delikt „Körperverletzung" angewendet, aber auch in Fällen von Beleidigung, Nötigung, Bedrohung und Sachbeschädigung.

ein Mittler moderiert. Gemeinsam suchen Täter und Opfer einen Weg, wie Schadenersatz geleistet werden soll. Die TOA-Büros haben meist Opferfonds eingerichtet, die sich aus Spenden, Bußgeldern und Zuweisungen der Jugendgerichte finanzieren. Aus einem solchen Fonds kann der Täter ein zinsloses Darlehen aufnehmen – um damit Wiedergutmachung für sein Opfer zu leisten. Oder er arbeitet seine Schulden, die er beim Opferfonds hat, in einer gemeinnützigen Einrichtung ab. Seine Leistung wird mit einem fiktiven Stundenlohn von zehn Mark verrechnet.

Das Konzept hat Erfolg: „Wird der Fall vor Gericht verhandelt, hat das Opfer materiell gar nichts davon", erklärt Sonja Brönner vom Verein „Brücke" in München, „bei uns kriegt es gleich Geld auf den Tisch."

Die „Brücke" bietet einen Täter-Opfer-Ausgleich für straffällig gewordene Jugendliche an. „Außerdem spart sich das Opfer ein Zivilverfahren." Das müsste es nach einer rechtskräftigen Verurteilung anstrengen, um eine Wiedergutmachung zu erlangen. Weil die Gerichte nicht bemüht werden, sperren auch Täter sich selten gegen den TOA: „Nach einem Ausgleich", erklärt Sonja Brönner, „wird das Verfahren eingestellt."

Zwischen 70 und 85 Prozent der Gespräche zwischen Täter und Opfer enden versöhnlich, heißt es in einem Bericht des Bundesjustizministeriums. Sie können sogar dazu führen, dass selbst bei schweren Körperverletzungen Täter und Opfer wieder miteinander reden, gemeinsam den Konflikt aufarbeiten.

In der Bundesrepublik finden sich in fast jeder Stadt freie, teilweise auch städtische und staatliche Träger, die einen Täter-Opfer-Ausgleich anbieten. 1992 gab es 250 solcher Anlaufstellen. Seit gut anderthalb Jahren koordiniert eine Zentrale in Bonn die Arbeit der TOA-Büros. Dabei geht es nicht um Bagatellfälle, sondern um mittelschwere bis schwere Delikte: Sachbeschädigung, Körperverletzung, räuberische Erpressung. Beim Ausgleich steht Zuhören im Mittelpunkt, es gilt, die Beweggründe des anderen zu verstehen.

❶ Worin liegen die Vorteile des „Täter-Opfer-Ausgleichs"? Wo findet dieses Verfahren Ihrer Meinung nach seine Grenzen?

❷ Informieren Sie sich über die Arbeit einer TOA-Selle in Ihrer Nähe.

# Jugendforscher sehen Panikmache

## Fachleute werfen Politikern Dramatisierung von Gewalt vor

*Von Jörg Schindler*

FRANKFURT A. M., 18. August. Professoren für Jugendstrafrecht und Kriminologen aus ganz Deutschland haben Politiker vor einer „Panik-Gesetzgebung" gewarnt. Das Jugendstrafrecht zu verschärfen wäre ein Ausdruck „repressiver Hilflosigkeit", schreiben die 52 Experten in einer Resolution, die nach Einschätzung von Heribert Ostendorf „einmalig in der deutschen Strafrechtsgeschichte" ist.

Ostendorf, Leiter der Forschungsstelle für Jugendstrafrecht und Kriminalprävention an der Universität Kiel, äußerte im Gespräch mit der FR „große Sorge" darüber, dass derzeit fast überall „aus dem hohlen Bauch" nach härteren Sanktionen gegen junge Menschen gerufen werde."

Im Wahlkampf überbieten sich die Parteien fast schon mit repressiven Forderungen", schimpft der ehemalige Generalstaatsanwalt. Mit ihrer Resolution gehe es den Fachleuten – die laut Ostendorf „die eindeutige Mehrheit dieser Wissenschaftsdisziplin" verkörpern – um eine Versachlichung der Diskussion. Die Erklärung, die unter anderem die Unterschriften von Christian Pfeiffer (Hannover), Horst Schüler-Springorum (München), Claus Roxin (München), Alexander Böhm (Mainz) und Wilhelm Heitmeyer (Bielefeld) trägt, sei als „Papier für die neue Bundesregierung" zu verstehen.

Nach Ansicht der Professoren steht der tatsächliche Anstieg von Jugendkriminalität „weit hinter seiner aktuellen Dramatisierung zurück". Nach wie vor gerate nur ein „sehr kleiner Teil" aller Minderjährigen und Heranwachsenden in den Verdacht, eine Straftat begangen zu haben. Und nach wie vor sei Jugendkriminalität in den meisten Fällen ein vorübergehendes Problem. Für das Auftauchen einer „neuen Jugendgewalt", so die 52 Experten, fehle bislang jeder Beweis.

Die stets wiederholten Forderungen – härtere Strafen, Herabsetzung des Strafmündigkeitsalters und Anwendung des Erwachsenenstrafrechts schon bei 18- bis 21-Jährigen – stoßen bei den Professoren daher auf einhellige Ablehnung: „Härte als Antwort nutzt im Zweifel nichts." Auch dem Beispiel USA, wo das Stichwort „Null Toleranz" für Furore sorgte, begegnen die Fachleute mit Skepsis: Es bleibe abzuwarten, „ob nicht vor allem mit einer Praxis der radikalen Inhaftierung die Probleme nur zeitlich verlagert, wenn nicht gar gesteigert werden".

Die Professoren plädieren eindringlich dafür, das geltende Jugendstrafrecht – dessen Mittel ausreichten – nicht anzutasten. Stattdessen gelte es, gegen Panikmache die tatsächliche Dimension" des Problems zu verdeutlichen. „Wenn die Gesellschaft am Verbrechen leidet", so Ostendorf, „muss sie auf den Fachmann hören und darf sich nicht auf Kurpfuscher verlassen."

Frankfurter Rundschau, 19.8.1998

**„Null-Toleranz":** ein in Teilen der USA praktiziertes Verfahren, das auch Ordnungswidrigkeiten wie Graffitibemalung, Schwarzfahren oder öffentliches Urinieren durch die Justizbehörden strafrechtlich ahndet.

❶ Gegen welche Maßnahmen zur Bekämpfung der Jugendkriminalität wenden sich die Forscher? Mit welchen Argumenten?

❷ Nehmen Sie anhand von Beispielen Stellung zu den Forderungen beider Seiten.

❸ Welche Art von Strafen halten Sie für angemessen? Berücksichtigen Sie dabei die verschiedenen Straftheorien (s. S. 291 ff.).

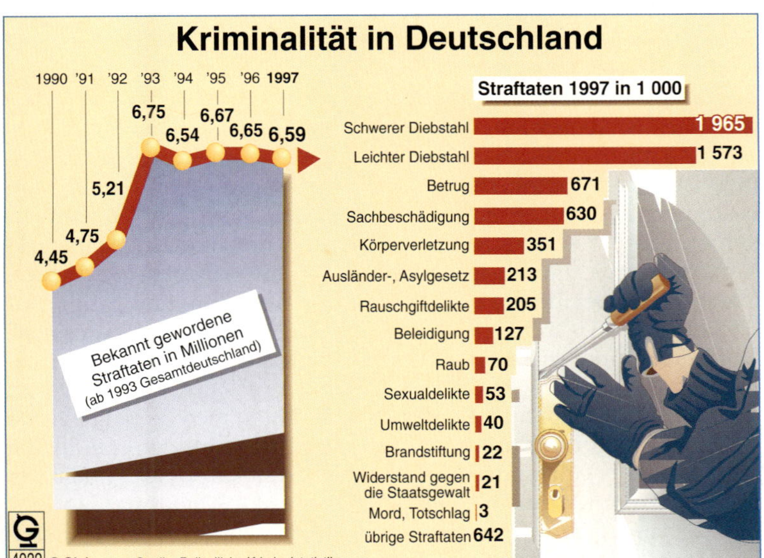


Nach Angaben des Statistischen Bundesamtes betrug die Zahl der Strafgefangenen 1997 etwa 50 000 Personen, 43% davon waren Männer im Alter bis 30 Jahre. Ein Viertel der Inhaftierten war wegen Diebstahl und Unterschlagung verurteilt.

# 3. Gewaltfrei handeln

## Ulrike C. Wasmuth: Gewaltfreie Aktion

Das Bundesverfassungsgericht hat 1995 entschieden, dass Sitzblockaden nicht als Nötigungen im Sinne des § 240 StGB gelten.

Die Diskussion über gewaltfreie Aktionen (sowie über gewaltfreien Widerstand und zivilen Ungehorsam) wird besonders seit den letzten Jahren – im Zusammenhang mit dem Entstehen der Ökologie- und Friedensbewegungen sowie deren Aktionsformen – erneut und kontrovers geführt. Die einen vertreten die Ansicht, dass jede Aktion dem Prinzip der Gewaltfreiheit genügt, die weder Personen noch Sachen verletzt oder tötet bzw. zerstört und die im Sinne einer moralisch gerechtfertigten Maxime durchgeführt wird. Zweck ist der Protest gegen Strukturen, die die Anwendung direkter und/oder struktureller Gewalt beinhalten. Dagegen behaupten die anderen, dass bereits eine „gewaltfreie Aktion“, die z. B. in Form von Blockaden oder „Sit-ins“ durchgeführt wird, ein Ausdruck von Gewalt ist, da hierbei Menschen zu Handlungen genötigt werden („Nötigung“ im Sinne des § 240 StGB), die nicht auf eigenen Entscheidungen basierten.
Bei der Begriffsbestimmung von Gewalt bzw. Gewaltfreiheit ergibt sich zunächst ein sprachliches Problem: Auf der einen Seite impliziert „Gewalt“ die Formen der direkten (oder personellen) oder der strukturellen Gewalt (J. Galtung), womit die Einengung der Handlungs- und Entscheidungsfreiheit von Personen, Gruppen oder Staaten vonseiten anderer Personen oder bestimmter Gesellschaftsstrukturen gemeint ist. Auf der anderen Seite heißt „Gewalt“ auch Staatsgewalt – eine Form der legalen Machtausübung. Das bedeutet aber nicht gleichzeitig, dass die gewaltfreie Aktion eben doch Gewaltkomponenten mit einschließt. Hier ist vielmehr eine Handlung gemeint, die von Einzelpersonen oder Gruppen ausgeht, um gegen gewaltausübende Personen und/oder Strukturen im oben genannten Sinne zu opponieren, wobei auf die Anwendung von Gewalt auf der eigenen Seite verzichtet wird: keine Waffen, keine Gegenstände, die Personen und Sachen verletzen bzw. beschädigen könnten, keine Handgreiflichkeiten, keine Behinderungen lebenswichtiger Dienstleistungen sowie keine Störungen der Herstellung und Verteilung lebensnotwendiger Güter.
Doch bezüglich der Frage „Wann beginnt Gewalt?“ herrscht Uneinigkeit – die Beantwortung liegt im Ermessensspielraum der Einzelnen: Ist der politische Hungerstreik Anwendung von Gewalt, um bestimmte Ziele zu erreichen? Ist das „Sit-in“ auf einer Straßenverkehrskreuzung Anwendung von Gewalt, um öffentlichkeitswirksam politische Ziele zu vertreten? Ist die „illegale“ Gesetzesübertretung „legitim“ und im Sinne der Gewalffreiheit, wenn nur dadurch höhere – moralische – Gesetze eingehalten werden können? Wie auch immer diese Fragen subjektiv beantwortet werden, richtig ist, dass es unterschiedliche Formen der gewaltfreien Aktion, zu der „Ungehorsam“ und Verweigerung zählen, bereits lange gibt – wesentlich länger als die legendären Aktionen mutiger Frauen, die Anfang dieses Jahrhunderts für ihr Wahlrecht kämpften und länger als die berühmten gewaltfreien und -losen Akte Mahatma Gandhis: z. B. opponierten bereits Hunderte von Juden gegen die Aufstellung von Bildern des römischen Kaisers, da eine solche Art der Dar-

stellung ihrer Religion widersprach. Pilatus verwirklichte seine Drohung, sie alle töten zu lassen, jedoch nicht, weil sie sich alle zu Boden warfen und somit ihre Bereitschaft zu sterben vermittelten. Ein anderes Beispiel: In der Komödie über Lysistrata[1] wird berichtet, dass diese alle Frauen aufforderte, sich ihren Ehemännern, Liebhabern und Freunden sexuell zu verweigern, wenn diese weiterhin in den Krieg zögen.

Die gegenwärtige gewaltfreie Aktion wird – neben historischen Ereignissen wie z. B. der Weigerung der Gewerkschaften und der Bürokratie, mit Kapp während des Putsches von 1920 zusammenzuarbeiten oder der Akte des zivilen Ungehorsams der tschechischen Bevölkerung gegen die Sowjets im Jahre 1968 – vor allem mit den Namen von Henry David Thoreau (1817–1862) , Mahatma Mohandas Gandhi (1869–1948), Martin Luther King (1928–1968) sowie den Gebrüdern Berrigan verbunden – Persönlichkeiten, die durch ihr eigenes politisches Handeln beispielgebend wirkten. Henry David *Thoreau* – Verfasser der Schrift „Über die Pflicht zum Ungehorsam gegen den Staat" –, der auch Gandhi beeinflusste, weigerte sich, als Lehrer die zu seiner Zeit üblichen Erziehungsmethoden mit Züchtigung zu übernehmen, weshalb er seine Stellung verlor; er boykottierte die Wahlsteuer aus Protest gegen den Krieg der Amerikaner gegen Mexiko und engagierte sich stark für die Befreiung von Sklaven. Mahatma *Gandhi* der Vater des Prinzips der Gewaltfreiheit, der „Satyagraha" – wurde vor allem durch den Salzmarsch von 1930 bekannt, bei dem er Zehntausende von Anhängern gewann, die mit ihm gegen die Salzsteuergesetze der englischen Kolonialmacht in Indien protestierten. Martin Luther *King* wurde vor allem durch seinen Einsatz für die Gleichberechtigung der schwarzen Bevölkerung während der 60er-Jahre zur Symbolfigur für Gewaltfreiheit in den USA. Er organisierte Boykotts, Verweigerungsaktionen, „Sit-Ins" u. a., um durch diese Provokation die Machthaber auf die Rechte der schwarzen Minderheit aufmerksam zu machen. Die Gebrüder Daniel und Philip *Berrigan* vernichteten 1968 zusammen mit sieben anderen Gleichgesinnten ca. 400 Einberufungsunterlagen vor dem Gebäude des Meldeamtes in Catonsville, USA. Diese Gruppe wurde unter dem Namen der „Neun von Catonsville" bekannt – ihre Unternehmung wurde für viele andere in den darauf folgenden und besonders während der letzten Jahre zum Modell.

Die Formen der gewaltfreien Aktion sind – wie die Beispiele zeigen – vielfältig und bezüglich ihres Verhältnisses zum Status quo unterschiedlich. Insgesamt lassen sich die Aktionsformen in drei Gruppierungen unterteilen: Die *status-quo-orientierte gewaltfreie Aktion* schließt Formen ein, die explizit durch das Gesetz erlaubt sind. Dazu gehören u. a. angemeldete Demonstrationen, Publikationen von Ideen, Appellen und Erklärungen, das Tragen von Zeichen mit Symbolgehalt, Petitionen und Unterschriftensammlungen. Die *status-quo-teilkritischen gewaltfreien Aktionen sind* weder explizit erlaubt noch verboten, weshalb darüber oftmals vehemente Debatten geführt werden. Dazu zählen z. B. Fastenaktionen bis hin zum politischen Hungerstreik oder die Unterstützung von Appellen und

[1] „Lysistrata" (gr. = „die das Heer Auflösende"): Stück von Aristophanes (411 v. Chr.) anlässlich des Peloponnesischen Krieges

Erklärungen, die von den großen staatlichen Institutionen (z. B. Krefelder Appell) abgelehnt werden. Die *status-quo-gesamtkritischen gewaltfreien Aktionen* sind Ausdruck einer massiven Kritik am bestehenden Gesellschaftssystem. Hierzu gehören z. B. die Formen des zivilen Ungehorsams, die den Steuerboykott oder die zivile Usurpation (z. B. Häuserbesetzungen, Friedens-Camps, Blockaden) einschließen. Auch gibt es im Rahmen der status-quo-gesamtkritischen Aktionen Formen der Sachbeschädigung (von vielen Vertretern der gewaltfreien Aktion abgelehnt), die eine Kritik an dem, was als legal gilt, zum Ausdruck bringen sollen.

Rechtliche Probleme werfen vor allem die status-quo-gesamtkritischen Aktionen auf, die bewusst Gesetzesübertretungen beinhalten, wie es z. B. bei Blockaden vor Kasernen oder „Sit-ins" auf verkehrsreichen Straßen der Fall ist. Vonseiten der Akteure wird die Meinung vertreten, dass durch diese Aktionen auf Unrecht aufmerksam gemacht werden soll, das gesetzlich verankert ist. Sie verstehen darunter eine Gefährdung menschlichen Lebens, der Gesellschaft und damit auch der Staatsordnung, weshalb sie sich auf den Artikel 20 Abs. 4 des Grundgesetzes berufen: „Gegen jeden, der es unternimmt, diese Ordnung zu beseitigen, haben alle Deutschen das Recht zum Widerstand, wenn andere Abhilfe nicht möglich ist."

Ist die Ordnung aber tatsächlich gefährdet, wenn bestimmte Entscheidungen im Rahmen der parlamentarischen Demokratie getroffen wurden? Kann bei solchen Entscheidungen von der Notwendigkeit zum Widerstand gesprochen werden? Während die staatlichen Gesetzeshüter sich klar gegen die Anwendung von Art. 20/4 GG aussprechen, weil politische Unrechtsverhältnisse nicht gegeben seien, gehen die Vertreter des zivilen Ungehorsams von im Rahmen des Gesetzes zwar „legalen", aber „illegitimen" Verhältnissen (z. B. zunehmende Kriegsgefahren) aus, die nach geltenden Gesetzen mittels „illegaler", jedoch nach dem höheren Gesetz der Moral legaler, also legitimer Protest- und Widerstandsformen kritisiert werden müssen.

1 Erklären Sie die von der Autorin genannten Formen der „gewaltfreien Aktion".

2 Worin liegt die Problematik solchen Handelns in rechtlicher und in moralischer Hinsicht?

3 Beantworten Sie die Fragen in den Zeilen 36–41. Beziehen Sie dazu den Text auf S. 288 f. mit ein.

4 Lesen Sie den Grundgesetzartikel 20 und diskutieren Sie über die auf den Zeilen 127 f. genannte Problematik.

5 Referieren Sie über Leben und Werk von Henry David Thoreau (s. S. 255) und Mahatma Gandhi.

Mitglieder der Friedensbewegung blockierten 1983 den gesamten Militärstützpunkt der USA in Heilbronn. Auch Prominente, z. B. die Schriftsteller Heinrich Böll und Günter Grass, beteiligten sich an solchen Aktionen.

## Martin Luther King: Was ist gewaltloser Widerstand?

Martin Luther King mit seinem Vorbild Mahatma Gandhi (1966)

Als ich als Pastor nach Montgomery ging, hatte ich noch nicht die geringste Ahnung, dass ich später in eine Krise verwickelt werden würde, in der man gewaltlosen Widerstand anwenden konnte. Ich hatte den Protest weder begonnen noch vorgeschlagen. Ich hatte einfach nur auf den Ruf des Volkes nach einem Wortführer reagiert. Als der Protest begann, besann ich mich, bewusst oder unbewusst, auf die Bergpredigt mit ihrer erhabenen Lehre von der Liebe und auf Gandhis Methode des gewaltlosen Widerstandes. Im Laufe der Zeit erkannte ich immer mehr die Macht der Gewaltlosigkeit. Da ich ja den Protest selbst miterlebte, wurde mir der gewaltlose Widerstand mehr als nur eine Methode, der ich vom Verstande her zustimmte. Er wurde für mich eine Überzeugung, nach der ich mein Leben ausrichtete. Vieles, was mir bisher vom Intellekt her nicht klar gewesen war, wurde nun durch die Praxis geklärt.

Da die Lehre vom gewaltlosen Widerstand eine so positive Rolle in der Montgomery-Bewegung spielte, ist es vielleicht angebracht, einige grundlegende Gesichtspunkte kurz zu erörtern.

Zuerst muss betont werden, dass *gewaltloser Widerstand keine Methode für Feiglinge ist. Es wird Widerstand geleistet.* […] Es ist keine Methode träger Passivität. Der Ausdruck „passiver Widerstand" erweckt oft den falschen Eindruck, dass das eine Methode des Nichtstuns sei, bei der derjenige, der Widerstand leistet, ruhig und passiv das Böse hinnimmt. Aber nichts ist weiter von der Wahrheit entfernt. *Denn der Anhänger des gewaltlosen Widerstandes ist nur insofern* passiv, als er seinen Gegner nicht physisch angreift: sein Geist und seine Gefühle aber sind immer aktiv. Sie versuchen ständig, den Gegner zu überzeugen, dass er im Unrecht ist. Die Methode ist körperlich passiv, aber geistig stark aktiv. Es ist keine Widerstandslosigkeit gegenüber dem Bösen, sondern aktiver gewaltloser Widerstand gegen das Böse.

Ein anderer charakteristischer Zug des gewaltlosen Widerstandes ist der, dass er *den Gegner nicht vernichten oder demütigen, sondern seine Freundschaft und sein Verständnis gewinnen will.* Wer gewaltlosen Widerstand leistet, muss oft durch Boykotte oder dadurch, dass er seine Mitarbeit versagt, protestieren. Aber er weiß, dass diese Mittel nicht Selbstzweck sind. Sie sollen beim Gegner nur ein Gefühl der Scham wecken. Der Zweck ist Wiedergutmachung und Aussöhnung. Die Frucht des gewaltlosen Widerstandes ist eine neue innige Gemeinschaft, während *die Folge der Gewalttätigkeit tragische Verbitterung ist.*

Ein drittes Charakteristikum dieser Methode ist, dass ihr *Angriff gegen die Mächte des Bösen gerichtet ist, nicht gegen Personen, die das Böse tun.* Der Anhänger des gewaltlosen Widerstandes will das Böse vernichten, nicht die Menschen, die dem Bösen verfallen sind. Wenn er sich gegen die Rassendiskriminierung auflehnt, so tut er es in der Erkenntnis, dass die eigentliche Spannung nicht zwischen den Rassen besteht. Ich sage es den Leuten in Montgomery gern so: „Die Spannung in dieser Stadt besteht nicht zwischen Weißen und Negern. Sie besteht im Grunde genommen zwischen Gerechtigkeit

❶ Welche vier Grundzüge des gewaltlosen Widerstands nennt Martin Luther King?

❷ Warum ist der gewaltlose Widerstand „keine Methode für Feiglinge“ (Z. 20/21)?

❸ King beruft sich auf die Bergpredigt und auf das Vorbild Gandhis. Inwiefern?

❹ Referieren Sie über das Leben und Werk Martin Luther Kings.

und Ungerechtigkeit, zwischen den Mächten des Lichts und den Mächten der Finsternis. Und wenn hier ein Sieg errungen ist, wird es nicht nur ein Sieg für 50 000 Neger sein, sondern ein Sieg für die Gerechtigkeit und die Mächte des Lichts. Wir wollen die Ungerechtigkeit vernichten und nicht weiße Menschen, die ungerecht sind.“ Ein vierter charakteristischer Zug, des gewaltlosen Widerstandes ist *die Bereitschaft, Demütigungen zu erdulden, ohne sich zu rächen, und Schläge hinzunehmen, ohne zurückzuschlagen.* „Vielleicht müssen Ströme von Blut fließen, ehe wir unsere Freiheit gewinnen, aber es muss unser Blut sein“, sagte Gandhi zu seinen Landsleuten. Der Anhänger des gewaltlosen Widerstandes ist bereit, wenn es sein muss, Gewalttätigkeit hinzunehmen; aber er wird sie anderen niemals zufügen.

Bürger aus Bratislava stellen sich 1968 sowjetischen Panzern bei der Besetzung der Tschechoslowakei entgegen.

## Leipzig erlebte erneut Montagsdemonstration

### Fernsehteams aus DDR, BRD und Großbritannien drehten

„Ohne Gewalt“ – unter diesem Motto wurde auch gestern wieder im Leipziger Stadtzentrum demonstriert. Deutlich weniger Menschen als an den letzten Montagen, aber dennoch wohl rund 150000 setzten sich vom Karl-Marx-Platz aus in Bewegung.

Dort hatte alles mit einer Transparent-Präsentation für nationale und internationale Kameras begonnen. Teams des DDR- und BRD-Fernsehens drehten ebenso wie BBC. Zwei Schwerpunkte in der Demonstration: gegen den Führungsanspruch der SED[1]; für freie Wahlen. Kaum noch zu sehen – logischerweise nach dem zurückliegenden Wochenende – die Forderung nach Reisefreiheit, dafür aber jene nach den Regelungen füs Reisegeld. Neu waren

[1] SED: Sozialistische Einheitspartei Deutschlands

Plakate, auf denen Frauen aufmerksam machten, stärkeres Mitspracherecht forderten. Nicht übersehen werden konnten auch die plakativen Forderungen, die Schuldigen an der gegenwärtigen Situation im Land zur Verantwortung zu ziehen. Beispielsweise: „Kein Rücktritt ohne Rechenschaft." Während der gesamten Demonstration erschollen immer wieder bekannte Sprechchöre wie „Wir sind das Volk!"
„Ohne Gewalt" – das war auch die vorherrschende Losung rund um das Gebäude des MfS[1], immer wieder ein neuralgischer Punkt der Montagsdemonstration. Vertreter des Demokratischen Aufbruchs, des Neuen Forums, der SED und der FDJ[2] – so ein Sprecher – sicherten den Eingang. Nach Berliner Beispiel trugen die Ordner gelbe Schärpen. „Wir haben diesen Einsatz mit leitenden Mitarbeitern der Dienststelle vereinbart", sagte der Sprecher gegenüber den LVZ-Reportern. In der Sperrkette wieder viele Losungen, manche recht pfiffig, wie jene, die mit den Worten endet „zuhören, nicht immer gleich pfeifen". Die Gruppe bekam den Beifall der Demonstranten.
Wie schon an den vergangenen Montagen fanden sich viele Plakate und Transparente an den Rathäusern wieder. Demonstranten stellten Kerzen auf. Zwei Sprecher des Neuen Forums wandten sich wie zuvor auf dem Karl-Marx-Platz an die Versammelten und forderten sie auf, sich nicht mit der Reisefreiheit zu begnügen, sondern konsequent für weitere Reformen einzutreten.
Der Demonstration waren Friedensgebete in sieben Gotteshäusern vorausgegangen. In der Nikolaikirche wählte Dr. Christoph Kähler vom Theologischen Seminar in seiner Andacht das Thema: „Die Mauern von Jericho": „... Sieben Tage zog Josua um die Mauern von Jericho, bis sie durch Trompetenklänge einstürzten – sieben Montage zogen die Leipziger um das Stadtzentrum, bis die Mauer unter den Rufen ‚Wir sind das Volk' fiel." Jeder müsse sich jetzt im Land aufmachen, nach Lösungen für die Probleme zu suchen. Die Demonstration löste sich gegen 20.15 Uhr friedlich auf.

Leipziger Volkszeitung. 14.11.1989

Im Herbst 1989 führten in der DDR gewaltfreie Massenproteste Hunderttausender Bürger, vor allem die „Montagsdemonstrationen" in Leipzig, zum Fall der Berliner Mauer (9.11.1989) und schließlich zur deutschen Wiedervereinigung (3.10.1990).

[1] MfS: Ministerium für Staatssicherheit
[2] FDJ: Freie Deutsche Jugend

Der **Friedensnobelpreis** wird seit 1901 für „besondere Verdienste um den Erhalt des Friedens" verliehen. Deutsche Preisträger waren: Gustav Stresemann (1926), Ludwig Quidde (1927), Carl von Ossietzky (1935) und Willy Brandt (1971). 1999 vergab das Nobelpreiskomitee die Ehrung zum zweiten Mal an eine Ärzteorganisation. 1985 wurden die „Internationalen Ärzte zur Verhütung eines Atomkrieges" mit dem Preis ausgezeichnet (s. S. 370). Von der 1980 gegründeten „Stiftung für verantwortungsbewusste Lebensführung" (London) wird der so genannte **„alternative Nobelpreis"** für „herausragende Leistungen zur Lösung drängender Menschheitsprobleme" vergeben. Den Preis im Bereich Wirtschaft erhielt 1999 der deutsche Politiker Hermann Scheer, Gründer von Eurosol, der Europäischen Agentur für Sonnenenergie.

# Friedensnobelpreis für „Ärzte ohne Grenzen" – Hilfe für Opfer von Krieg und Naturkatastrophen

## „Bahnbrechende humanitäre Arbeit" / Eine französische Gründung aus dem Jahr 1971

kum. STOCKHOLM, 15. Oktober. Der Friedensnobelpreis wird in diesem Jahr an die französische Hilfsorganisation „Médecins Sans Frontières" (MSF) verliehen. Wie das Nobelkomitee des norwegischen Parlaments am Freitag in Oslo bekannt gab, soll damit die „bahnbrechende humanitäre Arbeit" der Organisation belohnt werden. Sie habe sich dem Grundsatz verschrieben, dass alle Opfer von Katastrophen, ob Naturkatastrophen oder Kriege, ein Recht auf schnelle und wirksame professionelle Hilfe hätten. Weiter heißt es in der Begründung: „Nationale Grenzen und politische Verhältnisse oder Sympathien dürfen keinen Einfluss darauf haben, wer humanitäre Hilfe erhält." Indem sich die Organisation in ihrer fast dreißig Jahre langen Geschichte einen „hohen Grad an Unabhängigkeit" bewahrt habe, sei sie diesen Grundsätzen treu geblieben.

„Médecins Sans Frontières" (Ärzte ohne Grenzen) wurde 1971 von einer Gruppe französischer Ärzte unter dem Eindruck des Biafra-Kriegs gegründet und ist heute in mehr als 80 Ländern mit etwa 2500 freiwilligen Helfern, meist Ärzten und Krankenschwestern, sowie mehr als 15000 ortsansässigen Hilfskräften tätig. Die Initiative, die in 19 Ländern Sektionen unterhält, hat sich damit zur größten privaten Hilfsorganisation der Welt entwickelt.

Eines der Prinzipien der Organisation, das in den vergangenen Jahren allerdings in den Hintergrund gerückt wurde, ist die medienwirksame Öffentlichkeitsarbeit und das Selbstverständnis als „humanitäres Unternehmen". Das wurde vom Nobelkomitee in Oslo ausdrücklich gelobt. Die Arbeit der Organisation habe dadurch in Spannungsgebieten friedliche Konfliktlösungen und Gewaltlosigkeit gefördert, heißt es in der Begründung des Nobelkomitees. Wo Gewalt und Brutalität herrsche, zeige „Médecins Sans Frontières" Wege, die zu Kontakten zwischen verfeindeten Gruppen führten. Indem die Organisation schnell und unkompliziert eingreife, richte sie die Aufmerksamkeit der Öffentlichkeit auf humanitäre Katastrophen; indem sie auf die Ursachen solcher Katastrophen deute, trage die Organisation zur Meinungsbildung gegen Gewalt und Machtmissbrauch bei. „Gleichzeitig zeigt jeder furchtlose und selbstlose Helfer jedem Opfer ein menschliches Angesicht, steht für den Respekt vor dessen Würde und ist eine Quelle für Hoffnung auf Frieden und Versöhnung."

Die Gründung von „Ärzte ohne Grenzen" geht auf Kritik an politischen Hindernissen für humanitäre Hilfe und bürokratischer Schwerfälligkeit etablierter Organisationen zurück. Zu den Grundsätzen der Organisation gehört Neutralität und Unabhängigkeit gegenüber streitenden Parteien. Die Ärzte und Helfer verzichten bei ihren oft lebensgefährlichen Einsätzen auf ihren Lohn und werden von der Organisation entschädigt. Mehr als die Hälfte der Mittel, die der Hilfsorganisation zur Verfügung stehen (zuletzt mehr als 250 Millionen Dollar jährlich), stammen aus Spenden.

Jasper Altenbockum, in: Frankfurter Allgemeine, 16.10.1999

❶ Welche Gründe haben das Nobelpreiskomitee zur Preisverleihung an die „Ärzte ohne Grenzen" bewogen?

❷ Informieren Sie sich ausführlicher über die Arbeit der Ärzteorganisation und referieren Sie darüber (Adresse s. S. 417).

❸ Referieren Sie über Leben und Werk eines Friedensnobelpreisträgers.

# Natur und Mensch

Ein Prinz, der um des Kaisers Tochter warb, schenkte ihr eine wunderschöne Rose vom Rosenstrauch auf seines Vaters Grab, der nur alle fünf Jahre blühte. „Wie zierlich sie gemacht ist!“, sagten alle Hofdamen. „Sie ist mehr als zierlich!“, sagte der Kaiser, „sie ist wunderschön!“ Aber die Prinzessin befühlte sie und war nahe daran zu weinen. „Pfui Papa!“, rief sie, „sie ist nicht künstlich, es ist eine echte Rose!“ „Pfui!“, sagten alle Hofdamen, „eine echte Rose!“ (Nach dem Märchen „Der Schweinehirte“ von Hans Christian Andersen)

Eine Umfrage der Zeitschrift GEO zum Thema: Von wem gehen Ihrer Meinung nach die wichtigsten Impulse für die Zukunft aus? ergab folgendes Ergebnis:

| | |
|---|---|
| Naturwissenschaftler | 60% |
| Umweltschützer | 45% |
| Ingenieure, Techniker | 42% |
| Junge Leute | 40% |
| Universitäten | 34% |
| Bürgerbewegungen | 32% |
| Parteien/Politiker | 32% |
| Unternehmen, Manager | 31% |
| Sozialwissenschaftler | 29% |
| Fernsehen | 18% |
| Gewerkschaften | 17% |
| Journalisten | 15% |
| Schriftsteller | 13% |
| Philosophen | 11% |
| Künstler | 10% |
| katholische Kirche | 5% |
| Verwaltung | 4% |
| Protestantische Kirchen | 3% |
| Keine Angabe | 6% |

Wie hätten Sie geantwortet?

❶ Untersuchen Sie die Verwendung des Wortes „Natur“ im allgemeinen Sprachgebrauch.

❷ Nennen Sie konkrete Beispiele für die Verwendung des Wortes „unnatürlich“. Versuchen Sie zu erklären, was wir im konkreten Fall als das Unnatürliche daran empfinden.

# Einführung

Was ist Natur? Ein antiker Philosoph hätte diese Frage vermutlich vollkommen anders beantwortet als ein Mensch des Mittelalters, ein Mensch im Zeitalter der Industrialisierung anders als ein Schriftsteller in der Epoche der Romantik. Zu allen Zeiten war das Verhältnis des Menschen zur Natur und damit sein Bild von ihr einem stetigen Wandel unterworfen; eine logische Folge davon, dass sich der Mensch selbst verändert und damit auch seine Umwelt immer wieder neu definiert hat. Doch immer bewegt sich dieses Verhältnis zwischen zwei Extremen: Der Wertschätzung der Natur auf der einen und dem Drang sie zu überwinden oder beherrschen auf der anderen Seite. Oftmals, so zeigt die Entwicklung, folgten auf Epochen, in denen sich der Mensch als in erster Linie geistiges Wesen, als Gestalter und Schöpfer der Welt betrachtete, wie in der Aufklärung, Zeiten euphorischer Naturverehrung und Rückbesinnung auf die Macht und Bedeutung der Natur und des Natürlichen, wie dies in der Romantik der Fall war, oder umgekehrt.

Im Allgemeinen sprechen wir von „Natur“ als der Gesamtheit aller nicht vom Menschen hergestellten, sondern gewachsenen (lat. nasci: geboren werden, wachsen) anorganischen und organischen, pflanzlichen und tierischen Gegebenheiten. Also mit Aristoteles von *all dem was ist, bevor der Mensch etwas daran tut.* Natur steht also im Gegensatz zu allem, was wir im weitesten Sinne als Technik bezeichnen, früher vor allem die Kunst (griech.: techne). Doch neben diesem *materialen Naturbegriff* besteht noch ein anderer: Was meinen wir, wenn wir sagen, etwas oder jemand sei „unnatürlich“? Offenbar meinen wir, dass etwas oder jemand nicht so ist, wie es seiner von der Natur gegebenen *Bestimmung* nach, seinem *Wesen* nach sein sollte. Beide Inhalte einer Erklärung von Natur, den materialen wie formalen, finden wir in einer Definition des Augustinus. Für ihn ist Natur Wesen (essentia) und Substanz (substantia).

Beide Aspekte der Natur werfen heute mehr denn je ethische Fragestellungen auf: Die ökologischen Probleme der Umweltverschmutzung, der Knappheit der Rohstoffe, des geringer werdenden Lebensraumes der Menschen sind die Folgen einer jahrzehntelangen Ignoranz gegenüber natürlichen Werten. Erst jetzt, da unser Lebensraum bedroht scheint, erinnern wir uns daran, dass wir selbst Teil der Natur sind. Die Frage der Verantwortung auch im Hinblick auf spätere Generationen verlangt nach politischen Lösungen. Darüber hinaus stellt sich die Frage, ob der Mensch in seinem grenzenlosen Drang, alles machen zu können, nicht auch ethische Grenzen überschreitet. Werden wir heute dem *Wesen* der Natur gerecht, wenn wir in Genlaboren Pflanzen, Tiere und bald vielleicht auch den Menschen nach unseren Wünschen formen? Sollten wir es unterlassen und mit welcher Begründung?

Eines haben wir beim Versuch, die menschliche Lebensqualität stets zu verbessern, bewiesen: Die Natur ist zerstörbar und kann sich heute aus eigener Kraft kaum mehr erneuern.

„Wir werfen weiter als wir Kurzsichtige sehen können.“ Dieser Satz bringt die Problematik des 20. Jahrhunderts sinnfällig auf den Punkt. Nicht bedachte Folgen technologischen Fortschritts zeigen ihre Wirkung, aber „geworfen“ wird weiter denn je.

# 1. Naturbilder im Wandel der Zeit

## Das Buch Genesis 1,26–1,29

Da sprach Gott: Lasst uns Menschen machen als unser Abbild, uns ähnlich, sie sollen herrschen über die Fische des Meeres, über die Vögel des Himmels, über das Vieh, über die ganze Erde und über die Kriechtiere auf dem Land.
Gott schuf also den Menschen als sein Abbild; als Abbild Gottes schuf er ihn. Als Mann und Frau schuf er sie.
Gott segnete sie und Gott sprach zu ihnen: Seid fruchtbar und vermehret euch, bevölkert die Erde, unterwerft sie euch, und herrscht über die Fische des Meeres, über die Vögel des Himmels und über die Tiere, die sich auf dem Land bewegen.
Dann sprach Gott: Hiermit übergebe ich euch alle Pflanzen auf der ganzen Erde, die Samen tragen, und alle Bäume mit samenhaltigen Früchten. Euch sollen sie zur Nahrung dienen.

## Hildegard von Bingen: Den Menschen mit Gott und der Natur heilen

O Mensch, schau dir doch [...] den Menschen richtig an: Der Mensch hat ja Himmel und Erde und die ganze übrige Kreatur schon in sich selber und ist doch eine ganze Gestalt (forma una), und in ihm ist alles schon verborgen vorhanden (in ipso omnia latent). [...]
Bei Erschaffung des Menschen aus Erde wurde eine andere Erde genommen, welche der Mensch darstellt, und alle Elemente waren ihm untertan, weil sie fühlten, dass Leben in ihm war, und sie halfen ihm in allen seinen Bemühungen und er ihnen. Und die Erde spendete ihre Kraft (viriditas) nach dem Geschlecht, nach der Natur, nach der Lebensweise und dem ganzen Verhalten des Menschen. Denn die Erde zeigt mit den nützlichen Kräutern das Verhalten der feineren Sitten des Menschen, sie in den Grenzen zu unterscheiden, aber in den unnützen Kräutern offenbart sie seine nichtsnutzigen, teuflischen Eigenschaften. Es gibt einige Kräuter, welche mit bestimmten Speisen gekocht werden, diese fördern die Verdauung des Menschen (velocem faciunt ad pastum), sie sind leicht, weil sie den Menschen nicht viel beschweren, und sind ähnlich dem Fleische des Menschen. Der Saft der Obstbäume ist ungekocht schädlich, gekocht nützlich, er ist dem Blute des Menschen zu vergleichen. Die nicht Frucht tragenden Bäume, welche sich nicht fortpflanzen, sind Hölzer und keine Bäume, sie haben wohl Blätter, welche den Menschen zur Speisebereitung nichts taugen, so dass sie weder viel schaden noch nützen, sie sind dem Dahinwelken des Menschen zu vergleichen. Was aber in den Bäumen und Hölzern ist, woraus die Taue gefertigt werden, gleicht den Adern des Menschen. Auch die Steine der Erde können mit Knochen des Menschen gleichgehalten werden und die Feuchtigkeit der Steine dem Mark der Knochen, weil der Stein mit der Feuchtigkeit zu-

Die Äbtissin **Hildegard von Bingen** (1098–1179) gilt als die erste deutsche Naturwissenschaftlerin und Ärztin. Sie verbindet in ihrer Heilkunde die antike Lehre von den Körpersäften und Wärmezuständen mit eigenen Erkenntnissen über die Wirkung von Heilpflanzen, wobei allerdings auch Aberglaube einfließt. Hildegards naiv-innige Naturbetrachtung gründet sich auf ein mystisches Erlebnis der göttlichen Schöpfung, durch das sie über visionäre Bilder Zugang zu den Geheimnissen des Alls findet.

gleich Wärme hat. Die Steine jedoch, mit denen die Dächer gedeckt werden, gleichen den Nägeln des Menschen an Händen und Füßen. Einige Pflanzen hingegen sind windig, weil sie durch den Wind wachsen; daher sind sie auch trocken und schwer für die Verdauung und von strenger Natur, sodass sie den Menschen beim Genuss traurig machen; sie gleichen oder ähneln aber dem Schweiße des Menschen. Der Saft der ungenießbaren Kräuter ist giftig, weil sie selbst giftig und dem Auswurf des Menschen vergleichbar sind.

## René Descartes: Vernunft und Natur

**René Descartes** (1596–1650), französischer Philosoph, Mathematiker und Naturwissenschaftler (s. S. 142 f.)

Eben daraus also, dass ich weiß, ich existiere, und einstweilen nur von meinem Denken gewahr werden konnte, dass es zu meiner Natur oder meinem Wesen gehört, eben daraus schließe ich mit Recht, dass mein Wesen auch allein im Denken besteht. Und wenngleich ich vielleicht – oder vielmehr gewiss, wie ich später auseinander setzen werde – einen Körper habe, der mit mir sehr eng verbunden ist, so ist doch, – da ich ja einerseits eine klare und deutliche Vorstellung meiner selbst habe, sofern ich nur ein denkendes, nicht ausgedehntes Wesen bin, und andererseits eine deutliche Vorstellung vom Körper, sofern er nur ein ausgedehntes, nicht denkendes Wesen ist – so ist, sage ich, so viel gewiss, dass ich von meinem Körper wahrhaft verschieden bin und ohne ihn existieren kann. [...]
Sobald ich mir aber einige Grundbegriffe in der Physik verschafft hatte, diese bei verschiedenen Einzelproblemen zu erproben begann und dabei bemerkte, wohin sie führen können und wie weit sie sich von den Prinzipien unterscheiden, deren man sich bis heute bedient hat, so glaube ich sie nicht verbergen zu dürfen, ohne sehr gegen das Gesetz zu verstoßen, das uns verpflichtet, so viel an uns liegt, das allgemeine Beste aller Menschen zu befördern. Denn sie haben mir gezeigt, dass es möglich ist, zu Kenntnissen zu kommen, die von großem Nutzen für das Leben sind, und statt jener spekulativen Philosophie, die in den Schulen gelehrt wird, eine praktische zu finden, die uns die Kraft und Wirkungsweise des Feuers, des Wassers, der Luft, der Sterne, der Himmelsmaterie und aller anderer Körper, die uns umgeben, ebenso genau kennen lehrt, wie wir die verschiedenen Techniken unserer Handwerker kennen, sodass wir sie auf ebendieselbe Weise zu allen Zwecken, für die sie geeignet sind, verwenden und uns so zu Herren und Eigentümern der Natur machen können.

Auguste Rodin (1840–1917): Der Denker

## Francis Bacon: Kunst der Naturbeherrschung

**Francis Bacon** (1561–1626), englischer Philosoph, geht wie Descartes bei der Wahrheitsfindung vom Zweifel aus, der sich bei ihm auf die herkömmlichen Verfahren der Wissenschaft richtet. Sein Satz „Die Natur wird besiegt, wenn man ihr

Es gehört zur Sache, drei Arten oder Grade des Ehrgeizes bei den Menschen zu unterscheiden. Bei der ersten ist man darauf aus, die eigene Macht in seinem Vaterlande zu vermehren, dies ist die gewöhnliche und teilweise unedle Art; bei der zweiten strebt man dahin, des Vaterlandes Macht und Herrschaft über das menschliche Geschlecht zu erweitern; diese Art ist gewiss würdiger, reizt aber zu stärkerer Begierde; erstrebt nun jemand, die Macht und die Herr-

schaft des Menschengeschlechts selbst über die Gesamtheit der Natur zu erneuern und zu erweitern, so ist zweifellos diese Art von Ehrgeiz, wenn man ihn so nennen kann, gesünder und edler als die übrigen Arten. Der Menschen Herrschaft aber über die Dinge beruht allein auf den Künsten und den Wissenschaften. Die Natur nämlich lässt sich nur durch Gehorsam besiegen.
[...] Das Menschengeschlecht mag sich nur wieder sein Recht über die Natur sichern, welches ihm kraft einer göttlichen Schenkung zukommt. Mag ihm das voll zuteil werden. Die Anwendung wird indes die richtige Vernunft und die gesunde Religion lenken.

gehorcht" veranlasst den Forscher, von der einzelnen Beobachtung auszugehen und stetig zu allgemeinen Erkenntnissen zu gelangen. Auf diesem empirischen Prinzip beruht der technische Fortschritt der Neuzeit. Bacons Grundsatz lautet: „Wissen ist Macht."

## Carolyn Merchant: Der Tod der Natur

In (Bacons) *Nova Atlantis* sind die geistigen Ursprünge jener „geplanten Umwelten" zu finden, die in unserer Zeit (Ende der Zwanziger- und in den Dreißigerjahren) durch die technokratische Bewegung und ihr Faible für absolut künstliche, von Menschen für Menschen geschaffene Umwelten entstanden. Nur zu oft sind diese Umwelten im mechanistischen Problemlösungsstil geschaffen worden, ohne Rücksicht auf das Ganze des Ökosystems, von dem die Menschen nur ein einzelner Teil sind [...] Es scheint, als sei die Schaffung künstlicher Produkte eines der Ergebnisse des Bacon'schen Strebens nach Herrschaft und Gewalt über die Natur. [...]
Das neue Bild von der Natur als einer Frau, die durch das Experiment beherrscht und seziert werden musste, legitimierte die Ausbeutung der natürlichen Ressourcen. Zwar verschwand das in der Renaissance beliebte Bild von der nährenden Erde nicht völlig, aber es wurde von der neuen Metaphorik der Kontrolle überlagert. [...]
Nach der wissenschaftlichen Revolution klagt die Natur nicht länger darüber, dass ihr züchtiges Gewand durch den schädlichen Zugriff des Menschen zerrissen wird. Der französische Bildhauer Louis-Ernest Barrias (1841–1905) stellt sie dar, wie sie selbst verschämt den Schleier hebt und sich der Wissenschaft preisgibt. Aus einer tätigen Lehrmeisterin und Mutter ist ein geistloser, unterwürfiger Körper geworden. [...] Die neue mechanische Ordnung und die mit ihr zusammenhängenden Werte „Herrschaft" und „Kontrolle" führen den Tod der Natur herbei.

Pepsch Gottscheber: Der Denker im Wald (frei nach Rodin)

Untersuchen Sie die Texte unter folgender Fragestellung:

❶ Wie stellt sich das Verhältnis des Menschen zur Natur dar? (Ist er Beherrscher, Teil, Nutznießer der Natur?)
Worin liegt jeweils die Bedeutung der Natur für den Menschen?

❷ Diskutieren Sie die Kritik Carolyn Merchants zum heutigen Umgang mit Natur.

❸ Hat Natur im Zeitalter technischer Reproduzierbarkeit von Mensch, Tier und Pflanze überhaupt noch einen Wert? Wenn ja, worin könnte er liegen?

❹ Ordnen Sie den Texten eine passende bildliche Naturdarstellung (s. S. 336) zu.

❺ Schreiben Sie einen entsprechenden kurzen, interpretierenden Text zur Darstellung Tomi Ungerers auf der Auftaktseite dieses Kapitels.

# Mensch und Natur im Bild

Der so genannte Kosmosmensch. Er steht im Mittelpunkt des Universums, er vereint Himmel, Erde, Tiere, Pflanzen und alle Naturerscheinungen in sich. (Miniatur aus dem Buch „Über die göttlichen Werke“ von Hildegard von Bingen)

Der hermetische Philosoph folgt den Fußstapfen der Natur, Kupferstich von Johann de Bry aus Atalanta Fugiens, 1618. Anfangs prägte das Bild vom Magier die Beziehung des Menschen zur Natur, aus dem Magier wurde ein Nachahmer, ein Erforscher und ein Helfer der Natur, und endlich ein Bearbeiter. Man beachte den Stab und das Licht: Beide Werkzeuge können dem Wanderer helfen, den rechten Weg zu finden, doch kann der Stab auch zum Bohren dienen, das Licht zum Sondieren.

Bergleute leiten einen Bach um und fällen Bäume, um Holz für die Veredelung der Erze zu gewinnen; Zeichnung von Georg Agricola aus De Re Metallica, 1556. Die Szene beweist die intensive Nutzung der Holz- und Wasserreserven durch den im Spätmittelalter und in der Renaissance aufkommenden Bergbau. Die Natur erscheint hier als etwas, das man plündern und ausbeuten kann, nicht als die gütige Mutter, die ihren Kindern Nahrung spendet.

Die Natur entschleiert sich selbst. Plastik des französischen Bildhauers Louis-Ernest Barrias (1841–1905). Die Plastik suggeriert die Sexualität der Natur, die der Wissenschaft ihre Geheimnisse preisgibt. Eine ähnliche Szene vom selben Künstler, die in der Pariser École de Médicine steht, trägt den Titel: „La Nature se dévoilant devant la Science“ (Die Natur entschleiert sich vor der Wissenschaft).

# 2. Der Natur ethisch gerecht werden: Umweltethik

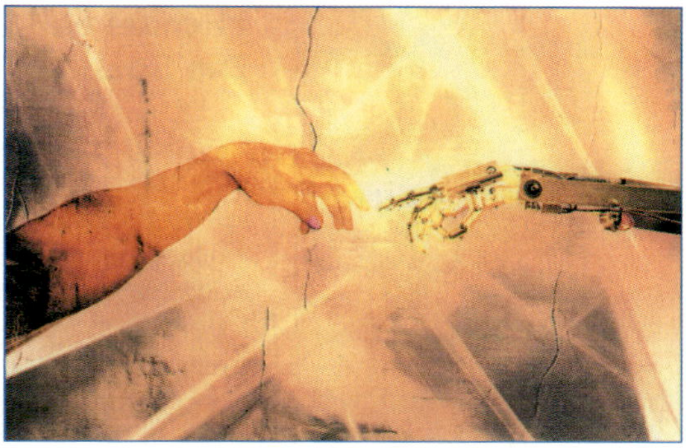

## Die Natur im Zeitalter der technischen Reproduzierbarkeit*

Wir leben im Zeitalter der technischen Reproduzierbarkeit. Ob in den Medien, der Kunst, im Alltag, viele, beinahe alle Dinge scheinen heute für jedermann verfügbar, weil unendlich reproduzierbar zu sein. Besonderen Reiz übt dieser Drang nach Vervielfältigung dort auf den Menschen aus, wo es um die Produktion von Dingen geht, die im Grunde nicht hergestellt werden können: Natürliches. Freilich, der Traum davon, die Gesetze der Natur irgendwann einmal vollständig zu kennen und sie somit selbst erschaffen zu können, ist so alt wie die Menschheit, doch hat er heute bei allem Fortschritt, der damit verbunden ist, auch mitunter beängstigende Ausmaße angenommen und wirft mehr denn je ethische Fragestellungen auf. An die Stelle des einmaligen, echten, aus sich selbst entstandenen Originals Natur tritt heute immer häufiger eine vom Menschen hergestellte, „künstliche Natur". Ob künstliche Bade- oder Skilandschaften in überdachten Hallen, künstliche Welten im Cyberspace, künstlich hergestellte Pflanzen, Nahrungsmittel, Organe, Tiere mit wünschenswerten Eigenschaften und bald vielleicht auch Menschen – die Natur scheint uns nur noch als Vorlage zu dienen. Und dennoch: Wenn wir die Wahl haben zwischen einem Bad im Meer und einem im Swimmingpool, einem T-Shirt aus Dralon oder einem aus 100% Baumwolle, einem Biosaft oder einem mit naturidentischen Aromastoffen ist die Entscheidung klar: Natürlich Natur! Scheinbar geht doch nichts über das Original.

Ein weiteres Beispiel: In Mannheim fand 1998 eine Ausstellung mit dem Titel „Körperwelten" statt. Mit einer speziellen Technik präparierte menschliche Körper und Körperteile wurden ausgestellt. Die Ausstellung wurde, gemessen an den Besucherzahlen, zum größten Museumsereignis in der Geschichte überhaupt. Hätte es sich um künstliche Exponate gehandelt, wäre das Interesse nicht annähernd so groß gewesen. Die Faszination und letztlich auch die Kritik, die die Ausstellung vielfach auslöste, beruhte allein darauf, dass es sich um echte, authentische Körper handelte.

Unser Verhältnis zur Natur ist gespalten: Einerseits setzen wir heute alles daran, sie noch einmal neu zu erschaffen, indem wir ihre Gesetze selbst in die Hand nehmen, andererseits ist uns der Wert einer Natur, die aus sich selbst existiert, durchaus bewusst.

Beide Richtungen der Entwicklung des Menschen zeichnen sich im Augenblick ab: Entweder versucht der Mensch sich selbst als Natur zu akzeptieren und technischen Fortschritt in Harmonie mit dem Naturzustand zu bringen oder aber er wird endgültig seinen Naturzustand kündigen und durch neue Supertechnologien ersetzen.

❶ Worin besteht der Wert des Natürlichen im Gegensatz zum künstlich Geschaffenen?

❷ Stimmt es, dass wir dem Natürlichen immer größeren Wert beimessen als der Reproduktion? Nennen Sie konkrete Beispiele für den einen oder anderen Standpunkt.

❸ Ist Ihrer Meinung nach die Natur oder alles Natürliche schützenswert und wie könnte man diesen Standpunkt begründen?
- Ja, weil der Mensch selbst Natur ist.
- Ja, weil die Natur nicht vom Menschen erschaffen wurde.
- Ja, weil wir auf die Natur angewiesen sind.

Finden Sie weitere Begründungen.

❹ Welchen der beiden Wege wird die Menschheit Ihrer Meinung nach gehen?

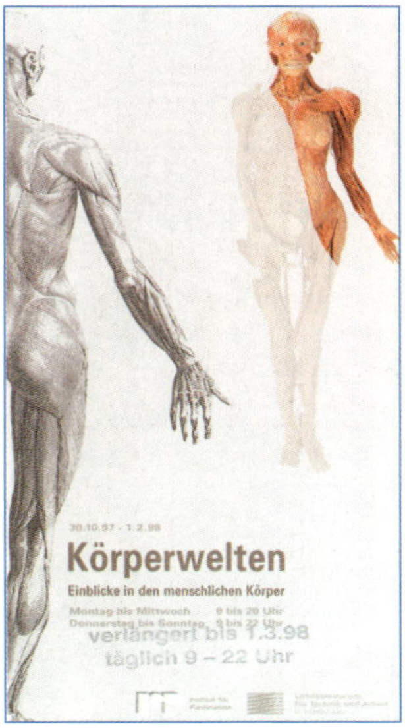

## Michael Hafemann: Die Suche nach einer Umweltethik

Der Begriff Ökologie wurde 1886 von Ernst Haeckel eingeführt, er ist also wissenschaftsgeschichtlich noch recht jung. Von seiner ursprünglichen Wortbedeutung her ist Ökologie das Wissen um die Zusammenhänge, um die Wechselbeziehung und die Interdependenz zwischen einzelnen Lebewesen und ihrem Lebensraum, den lebendigen Systemen. Sie ist das Denken in Kreisläufen und Binomen. Ihre Grundaussage ist, dass nichts im Haushalt des Lebens, der Natur, ohne Wirkung und ohne Ursache ist. In Ökologie stecken die Begriffe oikos „das Haus" und logos „die Lehre". Ökologie ist also die Haushaltslehre der Natur. Sie ist Erkenntnis und noch mehr Verständnismodell. Der Mensch lebt nicht für sich allein, sondern ist Teil eines ökologischen Gesamthaushaltes. Es geht „nur" um diese Einsicht.
Demgemäß ist ökologische Ethik in den meisten ihrer Ansätze auch ein Versuch, dem menschenzentrierten Denken zu entkommen, die Binnenethik zu verlassen.

Nach Hafemann konkurrieren derzeit verschiedene Modelle einer ökologischen Ethik miteinander. Sie lassen sich in folgendem Schaubild darstellen:

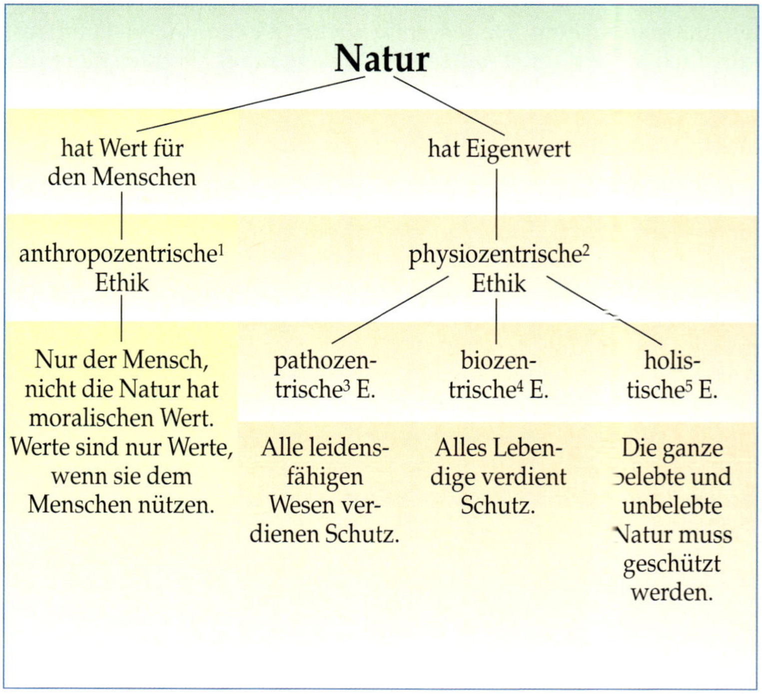


[1] anthropos (gr.): der Mensch
[2] physikos (gr.): von der Natur geschaffen
[3] pathos (gr.): Leiden, Schmerz
[4] bios (gr.): Leben
[5] holos (gr.): ganz vollständig

### Umweltethik

Erster Lehrstuhl für Greifswald

Der erste Lehrstuhl für Umweltethik in Deutschland wird am Freitag in der Greifswalder Ernst-Moritz-Arndt-Universität eingerichtet. Der aus Zürich berufene Professor Konrad Ott werde seine Antrittsvorlesung zum Thema „Umweltethik in schwieriger Zeit" halten, teilte die Universität am Montag mit.
Die Professur, die von der Hamburger Michael-Otto-Stiftung für Umweltschutz gestiftet wurde, ist den Angaben zufolge jährlich mit 250 000 Mark ausgestattet und soll nach fünf Jahren in den Stellenplan der Hochschule übernommen werden. Zur Eröffnung wird neben Bundesumweltministerin Angela Merkel auch der Träger des Alternativen Nobelpreises, Michael Succow, erwartet.

*epd*

❶ Vergleichen Sie die unterschiedlichen ethischen Modelle. Welcher Bereich der Natur wird jeweils unfasst?

❷ Zeigen Sie die jeweiligen Grenzen und Nachteile jedes Modells auf.

❸ Welche der genannten Ethiken halten Sie für richtig, welche für umsetzbar?

## David Ehrenfeld: Umweltethiken

*Im Folgenden stellt der Autor die Überlegungen dar, die sich Johann Wolfgang Goethe, Christopher Stone und Bernhard Dixon bezüglich des Umgangs mit der Um- bzw. Mitwelt machten.*

1. Der Mensch ist gewohnt, die Dinge nur in dem Maße zu schätzen, als sie ihm nützlich sind, und da er seiner Natur und seiner Lage nach, sie für das Letzte der Schöpfung halten muss: Warum sollte er auch nicht denken, dass er ihr letzter Endzweck sei. Warum sollte sich seine Eitelkeit nicht den kleinen Trugschluss erlauben? [...] Warum sollte er Kraut, das er nicht nutzen kann, nicht Unkraut nennen, da es wirklich nicht an dieser Stelle für ihn existieren sollte? Eher wird er die Entstehung der Distel, die ihm die Arbeit auf seinem Acker sauer macht, dem Fluch eines erzürnten guten Wesens, der Tücke eines schadenfrohen bösen Wesens zuschreiben, als eben diese Distel für ein Kind der großen allgemeinen Natur zu halten. [...] Ja es lässt sich bemerken, dass die billigsten Menschen, die sich am meisten zu ergeben glauben, wenigstens nur bis dahin gelangen, als wenn doch alles wenigstens mittelbar auf den Menschen rückfließen müsse, wenn nicht noch etwa eine Kraft dieses oder jenes Naturwesens entdeckt würde, wodurch es ihm als Arznei oder auf irgendeine Weise nützlich würde.

2. In einem Buch mit dem Titel *Should Trees Have Standing* (dt. Umwelt vor Gericht) hat Christopher Stone für gerichtlich einklagbare Rechte für Wälder, Flüsse etc. plädiert, die unabhängig vom Interesse irgendwelcher Personen an diesen Dingen gelten sollen. Er beschreibt die „Erde als einen Organismus, von dem die Menschheit ein funktionierender Teil" ist und rechtfertigt so ungewöhnliche Gerichtsverfahren, wie das zwischen der Stadt Port Chester (New York) und dem Fluss Byram. Stone argumentiert: Wenn eine Firma mittels Repräsentanten Zugang zu einem Gericht haben kann, warum sollte dies nicht auch für Flüsse gelten? Stones Essay wurde bereits in einer Minderheitsentscheidung des Bundesgerichts der Vereinigten Staaten zitiert.

3. Da der Mensch das einzige Produkt der Evolution ist, das in der Lage ist, bewusst bestimmte Schritte zu tun, egal ob sie auf Logik oder Emotion basieren, um seine Entwicklungsrichtung zu beeinflussen, sind wir verantwortlich dafür, darauf zu achten, dass keine andere Art ausgelöscht wird. [...] Einige von uns, die einem virulenten Virus oder Bakterium gern Lebewohl sagen, können durchaus Bedenken gegen die endgültige Auslöschung eines „höheren" Tieres haben – sei es Ratte, Vogel oder Floh –, das diese Mikroben auf den Menschen überträgt. [...] Wo auf der Skala von Größe und Gemeinheit (Pockenvirus, Typhusbazillus, Malariaerreger, Bilharzioseerreger, Heuschrecken, Ratten ...) wird Naturschutz wichtig? De facto gibt es keine aus logischen Gründen zu ziehende Trennungslinie. Jedes von den Naturschützern angeführte Argument trifft auf die Welt des Ungeziefers und der pathogenen Mikroben ebenso zu wie auf Wale, Enziane und Flamingos. Selbst das kleinste und virulenteste Virus kommt infrage.

❶ Welche Umweltethik wird in den gezeigten Fallbeispielen jeweils kritisiert, bzw. vertreten?

❷ Erstellen Sie eine Liste von Gegebenheiten in der Natur, die Ihnen nicht nützlich, lästig oder sogar schädlich sind. Wie gehen Sie mit ihnen um?

❸ Formulieren Sie eine für Sie persönlich gültige Umweltethik.

# 3. Um Rohstoffe Kriege führen?

Die Weltförderation **IPPNW** wurde 1980 von sechs Ärzten gegründet. 1990 gehörten ihr 250 000 Ärztinnen und Ärzte in 69 Ländern an. Die deutsche Sektion wurde 1982 gegründet und zählte im Frühjahr 1993 10 000 Mitglieder. Die Föderation erhielt 1985 den Friedensnobelpreis. Till Bastian ist Mitglied der Föderation (siehe auch S. 370).

## Internationale Ärzte für die Verhütung eines Atomkrieges: Ökologie und Kriegsgefahr

In den verarmten und verelendeten Zonen der so genannten Dritten Welt liegt der Nährboden ständig wachsender Kriegsgefahr. Die verständliche Erleichterung über die Demokratisierung in Osteuropa [...] darf den sich verschärfenden Nord-Süd-Gegensatz nicht vergessen lassen. Der drohende ökologische Ruin unseres Planeten treibt durch Klimaveränderung, Bodenversteppung und Nahrungsmittelverknappung notwendig Gewalt und Krieg hervor, wenn nicht rasch Abhilfe geschaffen wird.

## Till Bastian: Naturzerstörung: Die Quelle der künftigen Kriege

Die ökologischen Veränderungen, die wir schon gegenwärtig beobachten und die sich künftig verstärken und verschärft auswirken werden, wirken deshalb kriegsfördernd vor allem durch Herstellung noch ungleichartigerer, noch ungerechterer Lebensverhältnisse auf unserem Planeten, als wir sie heute bereits vorfinden – weil ihr Fortgang die Armen dieser Welt immer weiter ins Elend stößt, wenn die Reichen ihr Verhalten nicht grundlegend ändern.
Naturzerstörung *muss* schon deshalb friedensgefährdend und kriegsfördernd wirken, weil sie sich *nicht* global gleichartig und gleichmäßig auswirkt, sondern die bereits bestehende Ungerechtigkeit unserer Welt akzentuiert – weil sie die Ärmsten unter den Armen besonders hart treffen, weil sie Not und Verelendung forcieren wird. Wie sich hier deutlich zeigt, ist die menschliche Ausbeutung der Natur „unauflösbar verflochten mit der Ausbeutung des Menschen durch den Menschen."
Wer angesichts dieser Situation [...] bevormundende Ratschläge an die armen Völker des Südens erteilt, ohne bereit zu sein, in gleicher Weise das eigene Lebensmilieu ökologisch umzugestalten, gleicht in fataler Manier der französischen Königin Marie Antoinette, die über die vor ihrem Palast nach Brot rufenden Menschen sagte: „Sollen sie doch Kuchen essen!" Die Folgen dieser Handlung sind bekannt, und es ist durchaus möglich, dass es den Menschen der Nordhalbkugel auf Dauer kaum besser ergehen wird als den Adligen des ancien régime. [...] Die im Gefolge der ökologischen Krise zu erwartenden (bzw. die absehbare weitere Zuspitzung der heute schon existierenden) Konflikte werden schwierig genug zu handhaben sein; umso wichtiger wird es sein, die vorbeugende Konfliktverhütung zu intensivieren, um die ständige Vermehrung von Zahl und Größe weiterer Brandherde vermeiden zu können [...] [So] erfordert die vorbeugende Konfliktvermeidung a) den politischen Willen, diese Aufgabe zu bewältigen; b) eine angemessene Einschätzung von Größe und Dringlicheit dieser Aufgabe; c) die Bereitstellung entsprechender finanzieller Mittel, die vorrangig

den drastisch zu kürzenden Militärhaushalten zu entnehmen sind; d) die rasche Verwirklichung ökologischer Sanierungsprogramme, insbesondere auch zur Reduktion oder besser noch zur Eliminierung global wirksamer Schadstoffe im eigenen Verantwortungsbereich.

❶ Informieren Sie sich aus Ihren Schulbüchern (Geographie, Sozialkunde) über Konflikte, die wegen immer knapper werdender Resourcen entstehen.

❷ Überprüfen Sie Till Bastians Thesen anhand der Grafiken.

## Die Reichen sind die Last der Erde

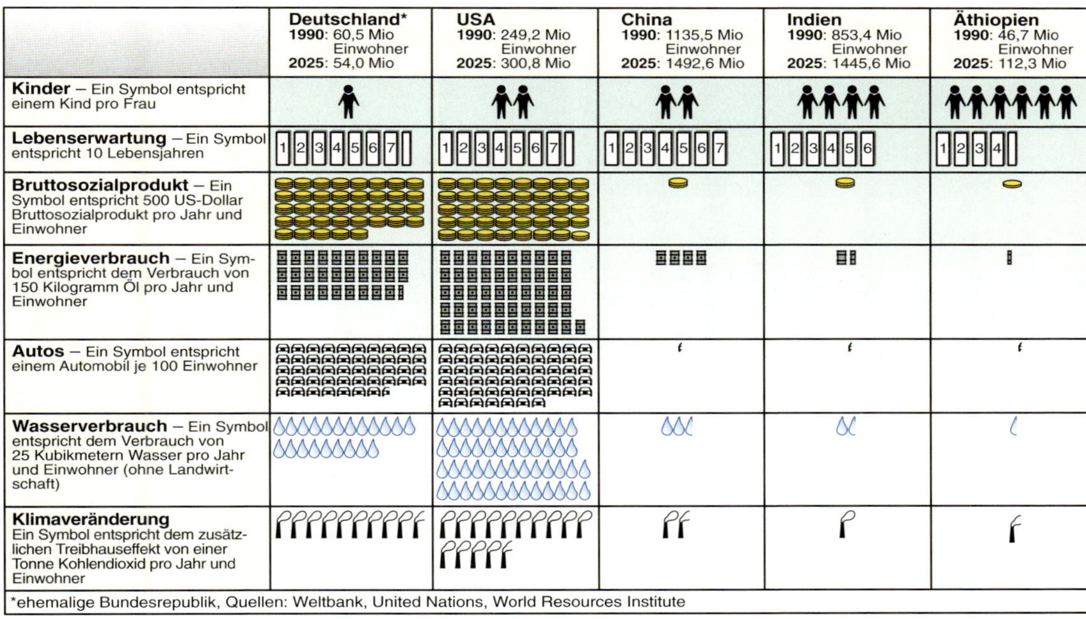


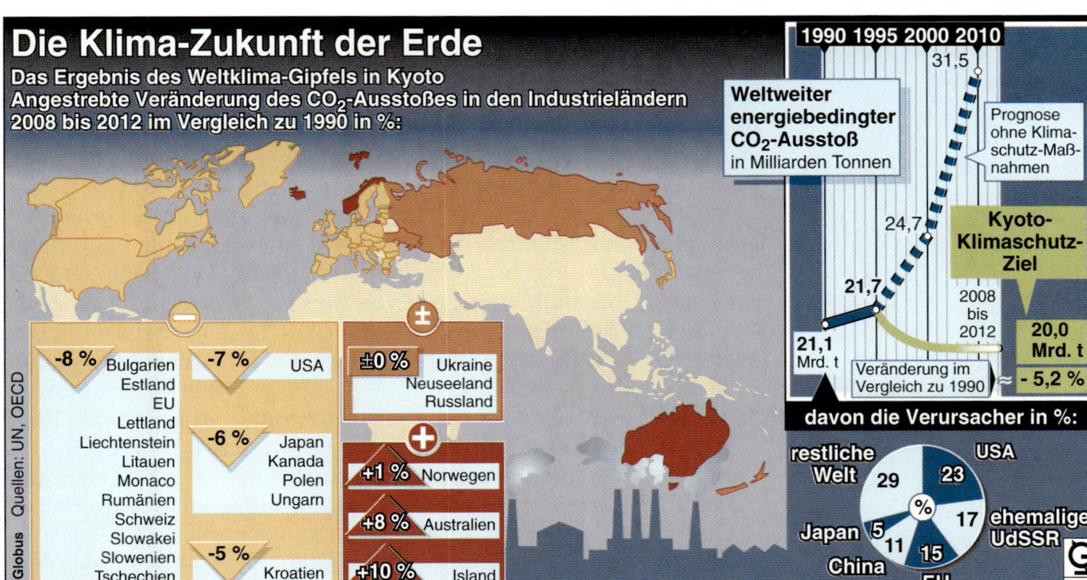

# 4. Mit Gewalt die Erde retten? – „Ökodiktatur“

## Michael Kloepfer: Auf dem Weg zur Ökodiktatur?

Der Staat der Zukunft muss die Unversehrtheit der Umwelt eher noch verstärkt zu seiner Aufgabe sowie zum Maßstab und zum herausgehobenen Verfahrensziel seiner Entscheidungen machen. Der so beschriebene „Umweltstaat“ wird daher zur Erhaltung und zur Sanierung der Umwelt voraussichtlich noch viel weitergehende Regelungen treffen müssen. Ein damit verbundener weiterer Machtzuwachs des Staates zeichnet sich ab. Ist also der Weg in den umfassenden Umweltstaat, in dem durch unlimitierte und übermäßige staatliche Maßnahmen im Bereich der Umweltpolitik Freiheitsrechte ganz oder weitgehend beseitigt werden, vorgezeichnet? Können dabei Einbußen in traditionelle Freiheitsrechte wenigstens teilweise durch Teilhaberechte an staatliche Umweltentscheidungen kompensiert werden, oder ist der Weg zur „Ökodiktatur“ unausweichlich – also zu einem Staat, der zwar die Umwelt sichert, dabei aber die rechtsstaatlichen und demokratischen Freiheiten seiner Bürger zerstört?
[…] Umweltnot kann eine Notstandssituation erzeugen – und dies ist allemal ein trefflicher Nährboden für totalitäre Regime. Diese Gefahr einer „Ökodiktatur“ lediglich als „theoretisch“ zu beschreiben, verharmlost das Problem. Vielmehr sollte einer solchen Entwicklung durch frühzeitige Analyse der möglichen Ursachen rechtzeitig entgegengewirkt werden.
[…] Denkbar ist dabei *entweder,* dass der Staat ein für ein diktatorisches Regime notwendiges Entscheidungsmonopol unter weitgehender Aufrechterhaltung der bisherigen Eigentumsverhältnisse durchsetzt, weshalb diese Staatsform gelegentlich – nicht gerade erhellend – als „Ökofaschismus“ bezeichnet wird, *oder* dass die Monopolisierung der Staatsgewalt unter Aufhebung privater Verfügungsmacht über umweltrelevante Güter geschieht, was man entsprechend – mit Vorbehalten – „Ökosozialismus“ nennen könnte. Beide Varianten sollten politisch unerwünscht sein.
[…] Denkbar erscheint mittelfristig z.B. ein bürokratisch-technokratisches Regime „ökologischer Eliten“, welches seine Legitimation vor allem in dem ökologischen Bewusstsein und Sachverstand seiner Repräsentanten und der von diesen vertretenen ökologisch orientierten Politik, nicht notwendig aber in dem mehrheitlichen Willen der Bevölkerung, finden könnte. Damit würde sich – unter vordergründiger Aufrechterhaltung der geltenden verfassungsrechtlichen Staatsstrukturen – ein jedenfalls partiell autoritäres, zentral organisiertes und geführtes Staatswesen etablieren können. Wer übrigens genau hinsieht, wird bereits heute Ansätze einer politisch nicht wirklich verantworteten (vielleicht auch nicht demokratisch einbindbaren) Sachverständigenherrschaft auch bei den umweltrelevanten Entscheidungswegen in Deutschland erkennen können.

## Ernst Ulrich von Weizsäcker: Ökodiktatur vermeiden!

Michael Kloepfer hat natürlich richtig diagnostiziert, dass der Staat, der „Umweltstaat“, zum Erhalt und zur Sanierung der Umwelt voraussichtlich noch viel weiter gehende Regelungen wird treffen müssen. Er hat auch Recht mit der Befürchtung, dass dieses – ceteris paribus[1] – mit einem unserer individuellen Freiheiten deutlich weiter einschränkenden Machtzuwachs des Staates einhergehen könnte. Dieses gilt, wie wir seit Rio wissen, umso mehr, je mehr sich die nationale Umweltpolitik auf die von Kloepfer nicht behandelte internationale Dimension einlässt. Desto mehr müssen wir uns nämlich fairerweise beim Verbrauch von Natur einschränken. Und dieses wird – ceteris paribus – die Freiheit des Einzelnen weiter einschränken.

Ist also Ökodiktatur unvermeidlich? Ich behaupte, sie ist nur dann vermeidlich, wenn es gelingt, die oben zweimal erwähnte Ceteris-paribus-Einschränkung zu durchbrechen. Was heißt das? Es heißt, dass man sich auf umweltpolitische Instrumente besinnt, die *strukturell freiheitsförmig* sind und nicht, wie die bisherigen, strukturell polizeirechtlich. Da wir aber bisher im Wesentlichen nichts anderes kennen als Grenzwerte, Umweltverträglichkeitsprüfungen und andere Genehmigungsverfahren, d.h. ordnungsrechtliche, um nicht zu sagen polizeirechtliche Instrumente, ist es Kommentatoren wie Michael Kloepfer nicht zu verdenken, dass sie die Ausweitung des Umweltschutzes als beträchtliche Bedrohung der Freiheit ansehen.

Die zentrale Alternative zum Ordnungsrecht heißt: *Die Preise müssen die ökologische Wahrheit sagen*. Wäre dies erreicht, so würden das freie Wirtschaftssubjekt und der freie Bürger auf einem freien Markt *dann* den größten wirtschaftlichen Nutzen davontragen, wenn sie sich so weit wie möglich umweltfreundlich verhalten. Dann würden auch Technologie, Infrastruktur und Kultur einer die Ökologie miteinschließenden Logik folgen. Natürlich ist zu fragen, was denn die „ökologische Wahrheit“ ist. Diese Frage wird nie präzise beantwortet werden können; es gibt aber vernünftige Größenordnungs-Abschätzungen, und es gibt Instrumente, bei welchen eine präzise Kenntnis der „ökologischen Wahrheit“ gar nicht erforderlich ist.

Die Abschätzungen kommen von zwei prinzipiell verschiedenen Seiten: einerseits dem Aufsummieren des Geldwerts von Schäden, die durch Umweltbelastung verursacht worden sind, das heißt der Berechnung der „externen Kosten“. Hierzu gibt es von Wicke, Teufel, Homeyer und anderen brauchbare Abschätzungen, die alle in der Gegend von 5 bis 10 Prozent des Bruttosozialprodukts liegen. Was hierbei typischerweise ausgelassen wird, sind die „exportierten“ Schäden, verursacht, indem wir z.B. Viehfutter, Aluminium und Tropenhölzer importieren, während ökologische Schäden in Übersee anfallen, oder indem wir Ferntourismus oder Agrarexport betreiben, deren direkte und indirekte Schäden ebenfalls hauptsächlich im Ausland anfallen. Unter Berücksichtigung solcher exportierter Schäden neige ich zu einer Schätzung „externer Kosten“

[1] ceteris paribus (lat.): unter (sonst) gleichen Umständen

unserer Wirtschaftsweise in der Gegend von 10 Prozent des Bruttosozialprodukts.

Eine zweite Form, sich an die Frage der ökologischen Wahrheit heranzumachen, ist die Berechnung der „defensiven Kosten", die die Gesellschaft aufbringen muss, um Umwelt- und Zivilisationsschäden verschiedenster Art wieder auszugleichen. Der Kostenschwerpunkt liegt hier im Gesundheitswesen und im klassischen Umweltschutz. Leipert hat für diese Schäden ebenfalls eine Größenordnung von ca. 10 Prozent des Bruttosozialprodukts ermittelt.

Damit die Preise die ökologische Wahrheit sagen, müsste also der gesamte Preis des Naturverbrauchs um ca. 5-10 Prozent des Bruttosozialprodukts ansteigen. Die einzige realpolitische Form, um dieses zu erreichen, wäre eine sanft ansteigende „ökologische Steuerreform" […]

Damit wird die Strategie naturgemäß auch viel leichter harmonisierbar als die polizeirechtlichen Instrumente, die in Ländern mit geringerer wirtschaftlicher Leistungskraft sowohl auf politische wie auf Praktikabilitäts-Widerstände stoßen, während eine im Wesentlichen bei den leicht messbaren Inputs ansetzende Umweltsteuer, die noch dazu die wirtschaftliche Leistungskraft eines Landes zu steigern verspricht, auch in administrativ weniger entwickelten Ländern praktisch durchsetzbar wäre.

Ironisch ist es zu nennen, wenn nun Industrievertreter oder Autofahrer behaupten, eine aufkommensneutrale, also die Staatsquote *nicht* erhöhende ökologische Steuerreform sei ein weiterer schrecklicher Schritt auf die Ökoditatur zu. Das Gegenteil ist der Fall. Dieser Pfad ist die realpolitische *Alternative* zur Ökodiktatur in einer durch eine wachsende Menschheit und steigende Ansprüche massiv bedrohten Welt. Umgekehrt müssen sich die Umweltschützer sagen lassen, dass eine immer tiefer in die Produktionsdetails eingreifende und die Genehmigungsverfahren weiter verlängernde Umweltgesetzgebung und eine sämtliche Gerichte auslastende Dauerstreiterei um Umwelthaftungsfälle der falsche Weg ist. Es ist ein den Staat und die Gerichte überbetonender Weg, der die Gesellschaft spaltet, statt sie auf die gemeinsame Anstrengung zu einer kulturellen und technologischen Wende hinzuführen. Wenn die Umweltschützer nichts dazulernen, wird Michael Kloepfer leider Recht behalten.

❶ Formulieren Sie in eigenen Worten, was Weizsäcker mit dem Satz „die Preise müssen die ökologische Wahrheit sagen" meint.

❷ Überlegen Sie aufgrund Ihrer eigenen Verbrauchergewohnheiten, auf welche Energieformen (Wasser, Strom, Treibstoffe …) sich eine ökologische Steuerreform beziehen sollte.

❸ Überprüfen Sie, ob und inwieweit eine „sanft ansteigende ökologische Steuerreform" in der aktuellen Politik verwirklicht wird.

Rolf Peter Sieferle (Hg.): Natur. Ein Lesebuch. München (Beck) 1991
Sammlung kürzerer Texte zu Themen wie „Schöpfung", „Natur des Menschen", „Pflanzen und Tiere", „Landschaften" u.a.

# 5. Baupläne des Lebens verändern? – Gentechnik

## Klaus Franke: Widersprüche des wissenschaftlichen Fortschritts

„Kann man behaupten", fragt sich der Molekularbiologe Erwin Chargaff, „dass die biologischen Wissenschaften in vielen ihrer Bestrebungen auf die Abschaffung des Todes abzielen? Ich fürchte, man kann es." Die jüngste Sparte der Bioforschung, die Gentechnik, wirbt jedenfalls um Sympathie mit dem Versprechen, Killerkrankheiten wie Krebs und Aids zu besiegen und das Menschenleben um Jahrzehnte zu verlängern.

Leere Verheißungen sind das nicht mehr, seit die Forscher den genetischen Code entschlüsselt haben. Der innerste Mechanismus des Lebens – das molekulare Triebwerk der einzelnen Lebewesen wie der Evolution – ist damit bloßgelegt; die Bioforscher haben begonnen, die molekulare Lebensmaschinerie zu studieren, sie zu zerlegen und neu zusammenzubauen. Mit physikalischer Präzision lassen sich durch Eingriffe in die genetische Schaltzentrale Lebensvorgänge regulieren, umleiten, an- oder abschalten. Die lebende Zelle als Miniatureiweißfabrik mit einem DNS-Zentralcomputer, dessen Programm beliebig variiert werden kann, sobald der Computer-Code übersetzt ist – dieses Biomodell mit seinen die Fantasie beflügelnden Möglichkeiten wird die Welt gründlicher auf den Kopf stellen als jede frühere technische oder wissenschaftliche Revolution, die Atomspaltung inbegriffen.

Mikroben, Pflanzen, Tiere und die Gattung Mensch, alles Lebendige wird in naher Zukunft zur Disposition stehen, wenn die Geningenieure in großem Stil beginnen, ihre weltverbessernden Pläne in die Tat umzusetzen. Eine neue „technologische Eugenik", fürchtet der Münchner Soziologe Ulrich Beck, werde sich der Menschen bemächtigen, zunächst „auf den leisen Sohlen der Gesundheitsvorsorge und mit dem wissenschaftlichen Segen der Genberatung".

Während die Genalchimisten noch damit beschäftigt sind, das Genom des Menschen – die Gesamtheit aller seiner Erbanlagen – zu dechiffrieren, entlassen sie aus ihren Genlabors bereits genmanipulierte Pflanzen und Tiere, deren Nutzwert für die Landwirtschaft angeblich spürbar gesteigert wurde. Allein in der Bundesrepublik gibt es derzeit mehr als 1300 Laboratorien, in denen Wissenschaftler an genetischen Experimenten arbeiten. Erbittert kämpfen die Genbastler gegen gesetzliche Sicherheitsvorschriften, die sie als schikanöse „Regelungsexzesse" bezeichnen.

„Die Welt wird zum Labor", konstatiert Soziologe Beck, sie entwickle sich zum Schauplatz eines „Menschheitsexperiments", an dem jedermann teilnehme, für das jedoch niemand mehr verantwortlich sei. An der Wende zum dritten Jahrtausend, glaubt er, sei die wissenschaftlich-technische Entwicklung zum Selbstgänger geworden. Niemand, glaubt Beck, ist in der „Risikogesellschaft" hoch entwickelter Industrieländer für die Fortschrittsfolgen verantwortlich. Kein Wissenschaftler, sofern er die staatlich verordneten Sicherheitsbestimmungen nicht verletzt, haftet für Schäden, die sich

**Erwin Chargaff** (*1905), Genforscher und Biochemiker, einer der schärfsten Kritiker des „faustischen Prinzips" der Wissenschaft, vertritt die These, dass die Wissenschaft mit der „Misshandlung des Atomkerns und des Zellkerns" eine Grenze überschritten hat, „die sie hätte scheuen sollen".

**Eugenik:** Erbgesundheitsforschung mit dem Ziel, erbschädigende Einflüsse und die Verbreitung von Erbkrankheiten zu verhüten.

**Ulrich Beck** (*1944), Soziologe, sieht die gegenwärtige Gesellschaft als „Risikogesellschaft", deren ungebremste und gefahrenreiche Dynamik eine Neubestimmung von Lebens- und Gesellschaftsform notwendig mache.

❶ Inwieweit ist die Gentechnik nach Franke eine ambivalente (doppelwertige) Form des Fortschritts?

❷ Erstellen Sie eine Tabelle, in der Sie der positiven Nutzung mögliche Gefahren der Gentechnik gegenüberstellen.

❸ Beantworten Sie die Fragen des letzten Abschnitts.

❹ Wer trägt die Verantwortung für Risiken und Folgen wissenschaftlichen Fortschritts?

aus der Anwendung seiner Erkenntnisse gleichwohl ergeben können; die Risiken, so Beck, werden „vergesellschaftet“.
Soll heißen: Wie durch Hexerei werden Schadstoffe, Gifte, radioaktive Partikel oder Strahlen mithilfe von Grenzwertbestimmungen beseitigt. Was in welchen Mengen schädlich oder ungefährlich ist, handeln Experten mit technokratischen Verwaltungsinstanzen aus. Großgefahren, wie sie von Chemiefabriken oder Kernkraftwerken ausgehen, lösen sich in hoch komplizierten Wahrscheinlichkeitsberechnungen auf.
Deren beruhigender Effekt besteht darin, dass sie das technisch nicht auszuschließende Desaster auf Sankt Nimmerlein verlegen. Zwar lautet das Kalkulationsergebnis stets: Der große Knall kommt womöglich schon morgen, vielleicht aber auch erst in 1000 Jahren. Doch da die Berechnungen grundsätzlich experimentell nicht nachprüfbar sind, bleibt das wahre Risiko im Ungewissen, während zugleich der Anschein wissenschaftlicher Gefahrenkontrolle gewahrt wird.
Damit lassen sich besorgte Laien immer seltener abspeisen. Wie aber lässt sich die Kontrolle über den entfesselten Fortschritt zurückgewinnen? Wäre es nicht an der Zeit, nach neuen, weniger aggressiven und damit ökologisch verträglicheren Technologien Ausschau zu halten? Und sollte die Entwicklung nicht lieber verlangsamt oder gar zeitweise gestoppt werden, bevor die Gentechnik damit beginnt, die Naturbeherrschung auf die Spitze zu treiben?

## Günter Altner: An der Grenze

Die Warnung des Philosophen Hans Jonas anlässlich eines Symposiums der Frankfurter Hoechst AG 1986: „Wir müssen wieder Furcht und Zittern lernen und, selbst ohne Gott, die Scheu vor dem Heiligen“ – diese Warnung ist durchaus gehört worden. Aber wie tief ist die Botschaft in die Gehirne der Forscher eingedrungen? […] Was also ist gemeint mit der „Scheu vor dem Heiligen“ in unseren Gentechniklabors? Gibt es etwas an der Natur selbst, in ihren Strukturen und Strukturgesetzen, das uns zögern lassen könnte, nicht nach unserer Willkür verändernd in sie einzugreifen? […]
Leben – reduziert auf bloßen Nutzwert – soll gentechnisch perfektioniert und passend gemacht werden für alle Zwecke, mit denen sich Geld machen lässt. Dabei wird der Forschungseinsatz gegen Hunger, Krankheiten und Umweltzerstörung zum heuchlerischen Motto für den großen Kahlschlag. Am Ende werden die durch Evolution eröffneten Lebenschancen unter die Rahmenbedingungen einer wild ausufernden Industrieproduktion gezwungen sein; Leben als Abfallhalde einer neuen gentechnischen Industriekultur?
Vom Heiligen lässt sich weit und breit nichts ausmachen. Im Gegenteil, hier wird die Entmythologisierung des Heiligen in der Natur bis zu einem letzten, äußersten Punkt vorangetrieben. Zum Menschen. Nach ihm, der in der Tradition der neuzeitlichen Wissenschaft einerseits der herrschaftlich verfügende und andererseits der durch naturrechtliche und moralphilosophische Postulate Geschützte war, nach ihm selbst greift die gentechnische Ingenieurskunst ohne Zögern. Nichts soll uns mehr heilig sein, auch wir selbst

**„Auch Menschen genetisch verändert“**

WASHINGTON (AP). Der britische Physiker und Mathematiker Hawking erwartet für das nächste Jahrtausend nicht nur eine Weiterentwicklung der Technik, sondern auch des Menschen. „Ich glaube nicht an Filme wie „Raumschiff Enterprise“, in denen die Menschen in 400 Jahren praktisch noch die gleichen sind wie heute“, äußerte der wegen einer schweren Krankheit inzwischen praktisch bewegungsunfähige Wissenschaftler bei einem Vortrag, den er auf Einladung von Präsident Clinton im Weißen Haus hielt. Angesichts der dramatischen Fortschritte in Forschung und Technik sei es unausweichlich, dass es einmal auch genetisch veränderte Menschen geben werde. Ein Urteil wolle er dazu aber nicht abgeben.
Hawking wurde besonders mit dem Buch „Eine kurze Geschichte der Zeit“ weltberühmt. Er hat als Professor für Mathematik in Cambridge den Lehrstuhl inne, an dem einst auch Isaac Newton lehrte.

Frankfurter Rundschau, 15.3.99

nicht. Man führe sich nur die seitens der Deutschen Forschungsgemeinschaft Max-Planck-Gesellschaft und der Bundesärztekammer erhobene Forderung nach „Embryonen verbrauchender Forschung“ vor Augen. Um „hochrangiger Forschungsziele“ willen soll die Medizin ihre alte Ethik fahren lassen und das tötende Experiment am menschlichen Leben gestatten. Dabei ist Gentechnik mit im Spiel. Die Transferierung von Genen in den frühen menschlichen Keim zur Herstellung lebenslänglicher Resistenz gegen Krebs, Aids und andere Infektionen wird erwogen. Welcher Ignorant sähe hier nicht, dass der Weg in die Züchtung des leidensfreien (und unsterblichen) Menschen mit therapeutischen Verheißungen gepflastert wird […]
Im Streit um die Gentechnologie werden heute die Würde des Menschen und der Eigenwert der Natur geltend gemacht – mit verschiedener Begründung und Gewichtung. Wie verhalten sie sich zueinander? In erster Annäherung könnte man sagen: Die Würde des Menschen zeigt sich in einem unverwechselbaren Personsein. Der Eigenwert der nichtmenschlichen Geschöpfwelt zeigt sich in der unverwechselbaren Ausprägung der Arten, in ihrem ökologischen Zusammenspiel, was wiederum seinen Ausdruck in den aktuellen Biotopen und in der relativen Stabilität ökologischer Gleichgewichte findet. Dabei ist alles auf Wandel angelegt. Aber das Geheimnis dieses Wandels war immer sein langsames und vielstufiges Fortschreiten, sein Offensein und seine Potenz für höhere Ordnungen, sein Vernetztsein mit der schnelleren Gangart der menschlichen Geschichte. Wie ja auch im Blick auf das Ganze von der Perspektive der Verheißung und des Friedens die Rede sein muss, wie sie nicht zuletzt in den Visionen der christlichen Traditionsgeschichte angelegt ist. Der Durchbruch in die immer tiefer greifende Manipulierung des Lebens verunsichert bis ins Bodenlose. Wie und wo immer die Religion noch in den Nischen der technischen Zivilisation blühen möge, mit der Gentechnik erreicht die naturwissenschaftliche Säkularisierung der irdischen Schöpfung ihren vorläufigen Höhepunkt. Das Heilige scheint durch Tatsachenforschung endgültig ausgetrieben zu sein. Selbst in der durch die molekularbiologische Manipulationskunst betroffenen Personalität des einzelnen Menschen soll es nicht mehr wohnen. Wer sich auf diese Entwicklung einlässt und dabei die privatisierte Frömmigkeit von Forschern und Industriemanagern als schmückendes Beiwerk erkennt, der erlebt voll Erschrecken, dass nun „alles“ möglich wird und erlaubt scheint. Wir machen Leben und Menschen auf Bestellung.

❶ Was meint Altner, wenn er von der Missachtung des „Heiligen“ durch die Gentechnik spricht?

❷ Stimmen Sie der Kritik Altners zu?

❸ Wie schätzen Sie die weitere Entwicklung auf diesem Gebiet ein? Wird alles getan werden, was machbar ist, oder werden ethische Bedenken eine weitere Entwicklung beeinflussen?

## Jürgen Habermas: Moralische Grenzen des Fortschritts

**Jürgen Habermas** (* 1929), Vertreter der sog. „Kritischen Theorie“ (s. S. 108 f.)

Die Erbsubstanz eines Neugeborenen wird bis heute als „Schicksal“ oder als kontingenter[1] Umstand, als Ergebnis eines zufallsgesteuerten Prozesses verstanden, mit dem die heranwachsende Person leben und worauf sie eine Antwort finden muss. Die gramma-

---

[1] kontingent: zufällig

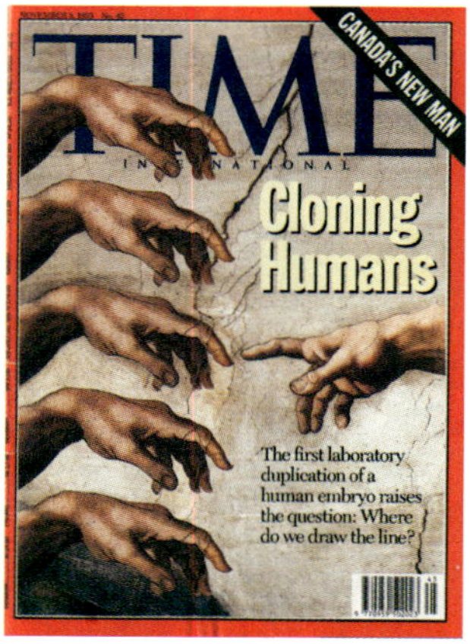


tische Zweideutigkeit der ethischen Grundfrage, wer wir sind und sein möchten, erklärt sich ja aus der Tatsache, dass wir uns in gewisser Weise als eine bestimmte Person schon vorfinden. Wir sind für unser Tun und lassen verantwortlich, obwohl wir über einen Kernbestand von Anlagen und ererbten Eigenschaften keine Verfügung haben. Manche verstehen das als Schicksal, das wir „übernehmen" müssen, andere sehen darin die Herausforderung, „der zu werden, der man sein möchte". Diese Kontingenz lässt sich religiös oder in einem nachmetaphysischen Sinne verstehen; gleichviel, für die Zumutung moralisch verantwortlichen Handelns bleibt eine Bedingung wesentlich. Keine Person darf über eine andere so verfügen und deren Handlungsmöglichkeiten so kontrollieren, dass die abhängige Person eines Stückes ihrer Freiheit beraubt wird. Diese Bedingung wird verletzt, wenn einer über das genetische Programm eines anderen entscheidet. Auch der Klon trifft sich gewissermaßen in seinen Selbstverständigungsprozessen als eine bestimmte Person an; aber hinter dem Kernbestand seiner Anlagen und Eigenschaften steht die Absicht einer fremden Person. [...] Mit dieser Technik wird nämlich eine Entscheidungskompetenz eingerichtet, die einen Vergleich mit dem historischen Beispiel der Sklavenherrschaft nahe legt. Sklaverei ist ein Rechtsverhältnis und bedeutet, dass ein Mensch über einen anderen als Eigentum verfügt. Mit den heute geltenden verfassungsrechtlichen Begriffen von Menschenrecht und Menschenwürde ist sie unvereinbar. [...] Der Klon hingegen ähnelt dem Sklaven insofern, als er einen Teil der Verantwortung, die er sonst selbst tragen müsste, auf andere Personen abschieben kann. Für den Klon verstetigt sich nämlich in der Definition eines unwiderruflichen Kodes ein Urteil, das eine andere Person vor seiner Geburt über ihn verhängt hat. Der Sklavenhalter beraubt sich übrigens, indem er einer anderen Person ihre Freiheit vorenthält, auch der eigenen Freiheit. Im Rahmen demokratischer Rechtsordnungen können jedenfalls Bürger nur dann in den Genuss privater und öffentlicher Autonomie gelangen, wenn sich alle gegenseitig als autonom anerkennen. Im Falle des Erzeugers, der sich zum Herrn über die Gene eines anderen aufwirft, ist diese grundlegende Reziprozität aufgehoben. Für den, der sein genetisches Programm verdoppeln lässt, hat die Sache zudem eine obszöne Seite: Wer dürfte sich, bei allem Narzissmus, für so vollkommen halten, dass er eine exakte Kopie der eigenen Anlagen und Eigenschaften überhaupt wollen kann.

❶ Vergleichen Sie Altners Begründung einer Kritik der Gentechnik am Menschen mit der Habermas'. Worin liegt der wesentliche Unterschied?

❷ Worin sieht Habermas die Grundbedingung moralisch verantwortlichen Handelns?

❸ Welche Konsequenzen hätte das Klonen von Menschen für den, der klont, für den Klon, für den, der sich klonen lässt?

## Jürgen Habermas: Zwischen Dasein und Design. Die Herkunft prägt das Selbstverständnis

In der Hauptsache geht es um die Frage, ob es für eine Person gleichgültig ist oder ob es für ihr Selbstverständnis einen moralisch relevanten Unterschied macht, „auf welche Weise sie zu ihrem Genom gekommen ist" – durch Zufall, Bestimmung oder Willkür. [...] Es macht offensichtlich einen Unterschied, ob wir die genetische Ausstattung als Ergebnis eines Zufallsprozesses der Natur oder als Teil eines „verborgenen" Plans oder religiöse Gnade, als Bestimmung Gottes begreifen. Solche Interpretationen prägen das Bewusstsein von Freiheit, mit dem Personen ihre alltäglichen Handlungen ausführen. Wie sollte dieses Bewusstsein unberührt bleiben von dem Wissen, dass beim Design des eigenen Genoms weder der Zufall der Natur noch Gottes Vorsehung die Hand im Spiel hatte, sondern ein *peer*[1]?

❶ Sehen Sie sich, Ihre Existenz und wie Sie sind eher als Zufallsprodukt der Natur, als Teil eines verborgenen Plans, einer Bestimmung oder als Bestimmung Gottes?

❷ Hat dieses Selbstverständnis Auswirkungen auf Ihr Leben oder Ihr Selbstwertgefühl?

❸ Was würde es für Sie bedeuten zu wissen, dass Sie ein Klon sind?

Katharina Fritsch: Tischgesellschaft (1988)

Betrachten Sie diese lebensgroße Figurengruppe einer „Tischgesellschaft". Wie sieht die Künstlerin den Menschen und die Gesellschaft der Zukunft?

## Embryonenschutzgesetz vom 13. Dezember 1990

*§ 5 Künstliche Veränderung menschlicher Keimbahnzellen*[2]

(1) Wer die Erbinformation einer menschlichen Keimbahnzelle künstlich verändert, wird mit Freiheitsstrafe bis zu fünf Jahren oder mit Geld bestraft.

(2) Ebenso wird bestraft, wer eine menschliche Keimzelle mit künstlich veränderter Erbinformation zur Befruchtung verwendet.

(3) Der Versuch ist strafbar.

(4) Absatz 1 findet keine Anwendung auf
   1. eine künstliche Veränderung der Erbinformation einer außerhalb des Körpers befindlichen Keimzelle, wenn ausgeschlossen ist, dass diese zur Befruchtung verwendet wird.

---

[1] peer (engl.): Gleicher

[2] Keimbahnzelle: weibliche oder männliche Keimzelle, die den Fortbestand der Art sichert

2. eine künstliche Veränderung der Erbinformation einer sonstigen körpereigenen Keimbahnzelle, die einer toten Leibesfrucht, einem Menschen oder einem Verstorbenen entnommen worden ist, wenn ausgeschlossen ist, dass
   a) diese auf einen Embryo, Fötus oder Menschen übertragen wird oder
   b) aus ihr eine Keimzelle entsteht, sowie
3. Impfungen, strahlen-, chemotherapeutische oder andere Behandlungen, mit denen eine Veränderung der Erbinformation von Keimbahnzellen nicht beabsichtigt ist.

*§ 6 Klonen*

(1) Wer künstlich bewirkt, dass ein menschlicher Embryo mit der gleichen Erbinformation wie ein anderer Embryo, ein Fötus, ein Mensch oder ein Verstorbener entsteht, wird mit Freiheitsstrafe bis zu fünf Jahren oder mit Geldstrafe bestraft.
(2) Ebenso wird bestraft, wer einen in Absatz 1 bezeichneten Embryo auf eine Frau überträgt.

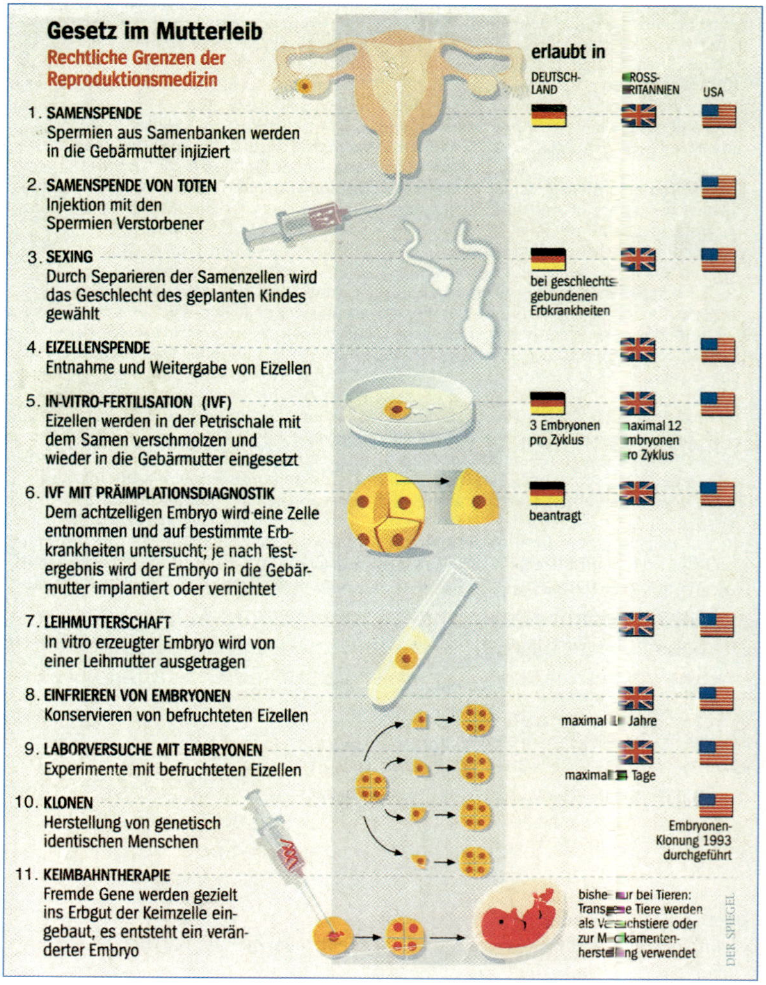


❶ Welche Praktiken im Bereich der Gentechnik sind aufgrund des Embryonenschutzgesetzes möglich, welche nicht?

❷ Vergleichen Sie die Gesetzgebung in Deutschland, Großbritannien und den USA!

❸ Formulieren Sie mögliche Begründungen für die in Deutschland verbotenen Praktiken. Lesen Sie ergänzend dazu den Text von E. Huber, S. 371–374.

❹ Womit könnte man die Forderung nach einer international einheitlichen Gesetzgebung im Bereich der Gentechnik begründen?

## Philosophen als Kontrolleure der Genforschung? – Interview mit Ludger Honnefelder

*Der Philosoph und Bioethiker Ludger Honnefelder äußerte sich in folgendem Interview zur Rolle der Pilosophie angesichts der neuen Möglichkeiten moderner Gentechnik. Anlass war der Herbst 1999 geführte Disput über die Ansichten des Philosophen Peter Sloterdijk zur Gentechnik.*

**Ludger Honnefelder**, * 1936, lehrt an der Universität Bonn Philosophie und ist Geschäftsführender Direktor des Instituts für Wissenschaft und Ethik.

SPIEGEL: Herr Prof. Honnefelder, Ihr Kollege Sloterdijk will allen Ernstes die Zähmung der Bestie Mensch durch genetische „Züchtung" erreichen. Versagen die Philosophen als seriöse Kritiker der Biotechnologie?

HONNEFELDER: Dass Gentechnik und Biotechnologie die größte ethische Herausforderung der Gegenwart sind, ist längst bekannt. Der Rat der Philosophen wird gesucht. [...]

SPIEGEL: Gilt die Zustimmung aller Betroffenen als Voraussetzung und Grenze des Machbaren? Gerade beim Klonen, also dem genetischen Kopieren eines Menschen, könnte die Zustimmung doch gar nicht eingeholt werden.

HONNEFELDER: Durch Klonen würde ein Mensch hergestellt, der zum größten Teil eine Kopie eines Genoms eines anderen Menschen ist. Ihm würde etwas genommen, was bisher zur natürlichen Ausstattung eines Menschen gehört: dass seine Abstammung sich dem Zufall der Kombination des elterlichen Erbguts verdankt. Er würde aus der genetischen Lotterie herausgenommen und der Verfügung durch einen Dritten ausgeliefert. [...]

SPIEGEL: Gibt es noch andere Bedenken der Philosophen gegen die Genmedizin?

HONNEFELDER: Bei der Keimbahntherapie zum Beispiel ...

SPIEGEL: ... die bedeutet, dass ein Eingriff an den Genen vorgenommen wird, der auch die zukünftigen Kinder prägt ...

HONNEFELDER: Ja, Befürworter sagen, diese Intervention in das Genmaterial sei gerechtfertigt, wenn der zukünftige Mensch eine so schwere Krankheit hätte, dass man unterstellen kann, dass er als Betroffener sie nicht wollen kann. Dann, so sagen manche, wäre es doch geradzu die Pflicht des Arztes, diese Therapie anzuwenden.

SPIEGEL: Was als „Krankheit" gilt, ist allerdings soziokulturell bestimmt.

HONNEFELDER: Eben hier beginnt das Problem.

SPIEGEL: Vielleicht wäre Händel nie zur Geburt zugelassen worden – er war Epileptiker.

HONNEFELDER: Das ist der Grund für mich, einer solchen Argumentation nicht zuzustimmen. Wir müssen ein wirklich eindeutiges Kriterium für eine schwere Krankheit haben. [...] Weltweit ist man sich einig, dass auf jeden Fall die Verbesserung von wünschenswerten Eigenschaften zu Gunsten eines besseren Aussehens oder Gedächtnisses verboten werden müssen.

SPIEGEL: Ihr Kollege Sloterdijk überschreitet doch diese Grenze, wenn er bessere Menschen züchten will. [...] Haben Sie einen moralischen Einwand gegen Sloterdijk? Er schlägt ja vor, die Philosophen sollten „aktiv" werden und in das „Spiel" der Züchtung des Menschen eingreifen.

HONNEFELDER: Die Absicht von Experten, über andere zu bestimmen, auch wenn sie noch so gut gemeint wäre und erstrebenswerte Eigenschaften zum Ziel hätte, stellte einen Tugendterror dar und verstieße gegen die ethische Selbstbestimmung, die jedem eigen ist. Ein Menschenbild, das „Züchter“ und „Gezüchtete“ unterscheidet, ist ein elementarer Verstoß gegen das Gleichheitsprinzip, das darauf beruht, dass jeder das Vermögen hat, ein sittliches Subjekt zu sein.

SPIEGEL: Wenn die Philosophen nicht als „Züchter“ des moralischen Menschen berufen sind, inwieweit taugen sie als Kontrolleure der Genforschung?

HONNEFELDER: [...] Es ist ein Missverständnis, dass die Ethiker so etwas wie ein Vormund sein könnten. Die Ethik kann nur bei der moralischen Urteilsfindung behilflich sein.

SPIEGEL: Hegel sagt, dass die Philosophie ihren Flug immer erst in der Dämmerung beginnt, also wenn es schon zu spät ist. Muss nicht ihr Fach – gerade bei einer so stürmisch sich entwickelnden Wissenschaft wie der Humangenetik – hinterherhinken?

HONNEFELDER: Die Gefahr, immer zu spät zu kommen, ist zweifelsohne gegeben. Aber bei der Entwicklung der Gentechnik hat die kritische Reflexion sehr früh eingesetzt. [...] Hinsichtlich der jüngsten, besonders aktuellen Forschung an menschlichen embryonalen Stammzellen sind die ethischen Probleme bereits zum Gegenstand gemacht worden, noch bevor die ersten Experimente im Humanbereich begannen. Dabei geht es um die Frage, ob man „überzählige“ Embryonen als Zwischenstationen benutzen darf, um daraus dann Gewebe und Organe zu züchten.

SPIEGEL: Wie haben Sie ethisch argumentiert?

HONNEFELDER: Wir betrachten den menschlichen Embryo als ein Lebewesen, das dem mit der Menschenwürde verbundenen Schutz und damit dem Instrumentalisierungsverbot unterliegt. Selbst wenn es um höhere Zwecke ginge, darf ein menschliches Lebewesen nicht instrumentalisiert werden. [...]

Die Probleme der Gentechnik treffen uns in einer Situation, in der viele geglaubt hatten, die Moral zu einer Privatsache erklären zu können oder sich auf rechtliche Regelungen zu beschränken. Nun entdecken wir, dass die Moral der „Preis der Moderne“ ist, wie Otfried Höffe sagt. Die Menschheit hat Jahrtausende gegen den Widerstand der Natur gekämpft, diesem Widerstand sein Leben abgerungen. Nachdem der Widerstand der Natur in wichtigen Teilen weggefallen ist, droht der Mensch nach vorne zu fallen und zu stolpern. Nicht mehr die Natur setzt ihm Grenzen, er muss sie sich selbst setzen.

❶ Welche ethischen Überlegungen stellt Honnefelder zu den Techniken des Klonens, der Keimbahntherapie und der Embryonenforschung an? Wie begründet er seinen Standpunkt?

❷ Der Soziologe Max Weber hat Anfang des Jahrhunderts die Forderung nach einer „wertfreien Wissenschaft“ aufgestellt (s. S. 366). Worin sieht demgegenüber Honnefelder die Rolle von Philosophie und Ethik in der modernen Wissenschaft?

❸ Inwiefern ist die Moral der „Preis der Moderne“ (Z. 72/73)?

# Tier und Mensch

Dieser Affe wurde 1966 von dem Forscher J. Delgado 40 Minuten lang in regelmäßigen Abständen mit 120 Elektroschocks behandelt. Er reagierte mit schrillen Schreien und den Versuchen, erreichbare Gegenstände zu packen, sich darin zu verbeißen. Ein vergleichbarer Versuch mit einem Menschen musste nach dem ersten Elektroschock abgebrochen werden.

Ein Mädchen rettet eine Katze während einer Flutkatastrophe in Bangladesh.

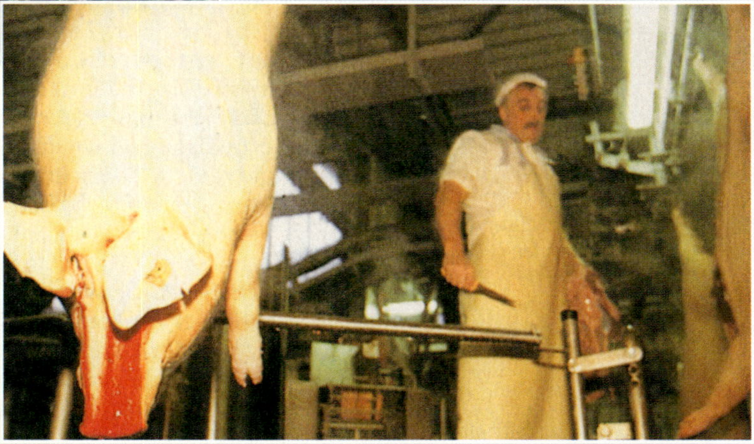

Schlachthofszene

Welche Beziehungen des Menschen zum Tier werden in diesen Bildern sichtbar?

# Einführung

Schon immer hatte das Tier für den Menschen eine überragende Bedeutung: als gefährliches Raubtier, als Gott, als Beute und Nahrung, als Nutztier, als Freund. Und wie der Mensch das Tier jeweils behandelte, machte auch seine jeweilige Beziehung zur Natur deutlich.
In der Frühzeit der Hominiden und auch noch des Homo sapiens war der Mensch sowohl Jäger als auch Gejagter mächtiger Wildtiere. Im Laufe der Evolution wurde er den einst überlegenen Tieren ebenbürtig und schließlich machte er sie zu Haus- und Zuchttieren, manchmal sogar zu Jagdgefährten oder Teilnehmern seiner Kriege. Eins aber änderte sich dabei nicht: Immer blieb das Tier der wichtigste Mitbewohner der Erde.
In der Religion und Mythologie vieler Kulturkreise finden sich Beispiele für die Rolle der Tiere als Gottheiten, in denen ihre den Menschen oft überlegenen physischen und psychischen Kräfte verkörpert wurden. Die Germanen sahen in der Midgardschlange den Erdkreis symbolisiert, auf den Schultern ihres höchsten Gottes Odin saßen die zwei Raben Huginn und Muninn. Im alten ägyptischen Glauben traten Tiere besonders häufig auf: als Falkengott Horus, als Stier Apis, als Katze Bastet usw. In der Gründungssage Roms säugte eine Wölfin Romulus und Remus. Und noch in unseren Tagen lagern heilige Kühe mitten im Verkehr indischer Millionenstädte und verursachen Staus.
Je stärker aber der logos, das Sprachvermögen und die erkennende Vernunft als die Königszeichen des Menschen in der westlichen Religions- und Geistesgeschichte hervorgehoben wurde, um so mehr verloren die Tiere an Achtung, wurden sie zu sprach- und seelenlosen Lebewesen erklärt. Im römischen Recht, das das juristische Denken Europas begründete, wurden Tiere ebenso wie Sklaven zu Sachen erklärt. Den Christen gab die Bibel das Recht, über die Tiere zu herrschen. Und für Descartes, den Begründer des neuzeitlichen Rationalismus, war das Tier nicht viel mehr als eine Maschine. Der Siegeszug der Naturwissenschaften und der Industrialisierung im 19. Jahrhundert stufte das Tier mehr und mehr zum bloßen Material herab, zum Nutz-, Schlacht- und Labortier. Während die Eskimos der getöteten Robbe als Dank und um ihre Seele zu besänftigen, Wasser in den Mund träufelten, sterben heutzutage Millionen von Schweinen, Kälbern und Rindern unbeachtet in den Schlachthöfen.
Die widersprüchliche ethische Einstellung des Menschen zur Natur ist in seinem Umgang mit den Tieren aufs Schärfste zugespitzt. Mitten in der von ihnen betriebenen Umweltzerstörung sehnen sich die meisten Menschen nach einer intakten, möglichst „paradiesischen“ Natur und begeistern sich an der faszinierenden Vielfalt tierischen Lebens. Einerseits werden im Zuge der radikalen Ausbeutung natürlicher Ressourcen immer mehr Tierarten unwiederbringlich vernichtet; andererseits werden Tiere gehätschelt als Ersatz für menschliche Nähe und Zuwendung. Wie soll der heutige Mensch mit den Tieren umgehen?

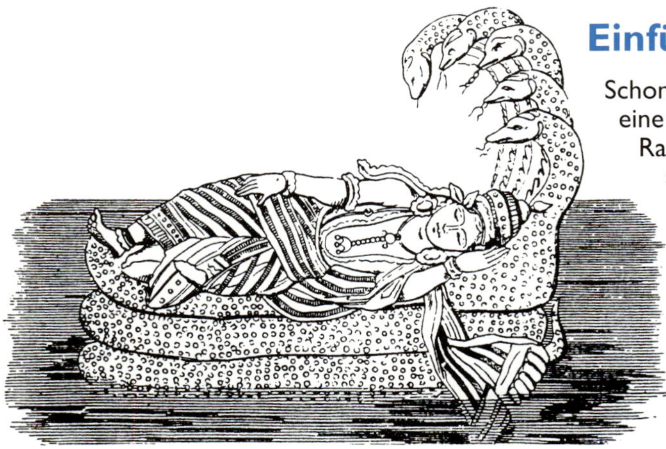

**Ananta** (sanskrit. „unendlich“) ist ein hinduistisches halbgöttliches Schlangenwesen und Verkörperung der Unendlichkeit und Ewigkeit. Als Weltenschlange trägt er die Erde bzw. umschlingt diese. Vishnu, der Schöpfergott, ruht sich zwischen den einzelnen Schöpfungen auf ihm aus.

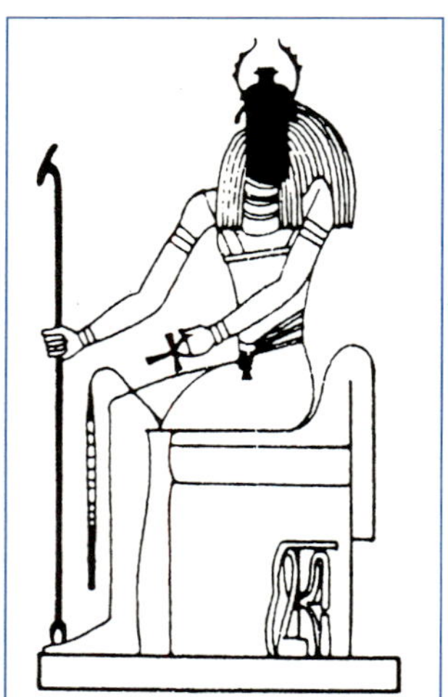

**Chepre** („der [von selbst] Entstehende“) ist ein ägyptischer Urgott, der als Skarabäus (= Mistkäfer) aus der Erde hervorkommt.

Vergleichen Sie die Einstellung zum Tier, die in diesen Tiergottheiten zutage tritt, mit derjenigen unserer heutigen Gesellschaft. Was stellen Sie fest?

# 1. Menschenrecht und Tierrecht abwägen

Alle Vorschläge, wie der Mensch mit den Tieren umgehen solle, beruhen letzten Endes auf einer spezifischen Auffassung, worin sich Menschen und Tiere unterscheiden und welche Menschen- bzw. Tierrechte sich aus den Unterschieden ergeben.
Wenn die Überlegenheit des Menschen sehr betont wird, kann das Tier um so einfacher als vernunftloses organisches Material verstanden werden, das zwar leidet, aber nicht weiß, dass es leidet. Wenn aber – im Zuge der jüngsten Forschungsergebnisse über das Selbstbewusstsein höher entwickelter Säugetiere – die Unterschiede zwischen Mensch und Tier weniger zählen als die Gemeinsamkeiten, wird die Behandlung der Tiere in vielen Fällen als unerträglich empfunden.
Der Schriftsteller **Hans Wollschläger** scheut sich nicht davor, die industrielle und wissenschaftliche Verwertung von Tieren mit der Einkerkerung und Tötung von Menschen in Konzentrationslagern zu vergleichen. Der Philosoph **Robert Spaemann** beharrt auf dem Unterschied zwischen Mensch und Tier, spricht Letzterem aber nicht die Leidensfähigkeit ab. Der australische Philosoph **Peter Singer** fordert eine ethische Gleichsetzung von Menschen und Tieren und hat sich konsequenterweise an die Spitze der weltweiten Bewegung „Befreiung der Menschenaffen aus den Labors“ gesetzt.
Die Richterin **Ilse Bechthold** denkt darüber nach, wie Tierschutz juristisch umgesetzt werden kann.

## Hans Wollschläger: Tiere sehen dich an

Sie werden in Gefängniszellen gehalten, so eng wie die Stehsärge von Oranienburg; das Licht, das ihnen morgens aufgeht, kommt von der Neonröhre, die angeht; ihre Grundlebensbedürfnisse werden mit der chemischen Keule niedergeschlagen, ihre Grundtriebe ebenso an- und abgestellt, Fortpflanzung und Nachkommenaufzucht auf perverse Art mechanisiert. Ihr einziger Daseinszweck: Selbstaufzucht, Selbstverfielfältigung. Haftpsychosen sind die Regelfolge, Selbstmordversuche; die Lebensdauer, die ihnen zugebilligt wird, liegt tief unter ihrer natürlichen Lebenserwartung; das Urteil, Begnadigung ausgeschlossen, lautet generell auf Lebenslänglich.
Es ist die Rede von Tieren, nicht von Menschen. [...]
Was in den Zucht- und Schlachtanstalten der so genannten zivilisierten Nationen geschieht, gehört, alles erwogen, zu dem wohl stärksten Verbrechen, das zurzeit auf Erden zu registrieren ist; es gehört mit zu einem Problem von allergrundsätzlichster Bedeutung. [...]
Sie werden in körperenge Kästen gezwängt, damit sie sich nicht bewegen können, auf Wochen und Monate; wo auch ihr kleinstes Zappeln und Zucken die Täter noch stört, gießt man ihnen einen Gipspanzer um; damit sie nicht schreien und beißen, schneidet man ihnen die Stimmbänder durch und vernäht ihnen die Mäuler;

**Hans Wollschläger** (* 1935), deutscher Schriftsteller und Übersetzer

**Oranienburg:** Kleinstadt in der Nähe von Berlin; 1933–1935 eines der ersten Konzentrationslager der Nationalsozialisten, in dem sie viele politische Gegner umbrachten.

Legebatterie: Hühner können sich in den engen Drahtkäfigen nicht einmal annähernd ihrem Wesen gemäß verhalten. Sie können weder scharren noch ein Staubbad nehmen.

❶ Halten Sie es für berechtigt, diese Art von Hühnerfabriken mit KZs gleichzusetzen? Begründen Sie Ihr Urteil.

man verätzt ihnen den Magen, die Augen, die Haut; infiziert sie gewaltsam mit den gräulichsten Krankheiten, die sie von allein nie bekämen; treibt sie mit Nervengiften in Krämpfe oder Wahnsinn; vergiftet und vergast sie mit den aberwitzigsten Substanzen; implantiert ihnen Elektroden ins Gehirn und jagt ihnen Stromstöße in sämtliche Lebensfunktionen; man zertrümmert ihnen die Knochen, verbrüht und verbrennt sie, setzt sie in Eisbäder und Hitzekammern; man erprobt *Waffenwirkungen* an ihnen [...]: dies alles bei lebendigem Leibe, meist ohne genügende Anästhesie; und reicht der eine Versuch nicht aus, sie umzubringen, so werden sie dem nächsten überantwortet; eine Überlebenschance gibt es nicht.

Es ist, abermals, von Tieren die Rede, nicht von Menschen, – von jenen Tieren, zu denen der Mensch, gegen alle Widerstände deformativer Ideologien[1], sogar ein weit gediehenes Verwandtschafts- und Freundschaftsbewusstsein entwickelt hat: vorab von Hunden und Katzen, den Gefährten der einsamen Kindheit, den Gefährten des wieder einsamen Alters. Und es gibt keinen Zweifel, wie das zu qualifizieren ist, was ihnen in den Großlabors und Versuchsanstalten von Industrie und Medizin und Militär angetan wird: Es ist ein gigantischer Verstoß gegen alles, was die Sorte Homo sapiens im mühseligen Verlauf ihrer geschichtlichen Evolution an Benehmen gelernt hat: der Zusammenbruch einer ganzen Werte-Ordnung, an der Jahrtausende gearbeitet haben: eine Perversion, in der längst nicht mehr nur der einzelne Täter entartet ist, sondern die Tatfähigkeit der gesamten Art, die ihn zulässt und schützt. [...]

Was alles da im längst unheimlichen Verbund an Gräueln stattfindet –, es gibt auch darüber mittlerweile die umfassendsten Informationen, in Büchern wie in den Wochen-, Tages- und Augenblicksmedien; nichts davon ist neu. Aber die Gräuelhaftigkeit wächst, von Augenblick zu Tag zu Woche, auf eine unheimliche Weise eben dadurch, dass nichts davon mehr neu ist; das kollektive Mitwissen konstituiert den Tatbestand einer riesigen Komplizenschaft, deren ungehemmtes Fortbestehen **die Grundlagengeltung der Ethik selbst infrage stellt** und zuletzt die Drohung mit sich bringt, die ganze Entwicklung des Abendlands mit einem welthistorischen Zynismus sondergleichen abzuschließen.

❷ Untersuchen Sie, welche Auffassung vom Tier hinter der Darstellung Wollschlägers steht.

❸ Diskutieren Sie die Behauptung Wollschlägers: Die Behandlung der Tiere greift die Grundlagen der humanen Ethik an.

## Robert Spaemann: Das Prinzip der Ehrfurcht vor dem Leben

**Robert Spaemann** (* 1928), deutscher Philosoph, der sich dem Christentum verpflichtet fühlt.

Es ist unerlässlich, die Unterscheidung zwischen Mensch und Tier zweifelsfrei aufrecht zu erhalten; denn die Verwischung dieser Grenze würde die Frage unbeantwortbar machen, wer als Teilnehmer an einem Rechtfertigungsdiskurs zu betrachten ist, und wer

[1] deformative Ideologien: gemeint ist: „verfälschende Lehren“

nicht. **Sie würde damit diesen Diskurs, für den ja seine Universalität wesentlich ist, selbst aufheben.**

So wichtig die Aufrechterhaltung dieser Grenze ist, so falsch ist es doch, die Ehrfurcht vor dem Leben mit der vor dem Menschen einfach enden zu lassen und etwa die höher entwickelten Tiere nur zur „Umwelt" des Menschen zu zählen. Tiere haben selbst Umwelt, zu der unter anderem der Mensch gehört. Wir wissen nicht, wie Tieren „zumute" ist, aber ihr Ausdrucksverhalten spricht so unmittelbar zu uns von Empfindungen, von Bedürfnissen, von Wohlbefinden und vor allem von Schmerz, dass derjenige die Beweislast hätte, **der solche Vorformen menschlicher Subjektivität** leugnen wollte. Die Weise, wie Menschen mit Hunden, Pferden und anderen Haustieren spontan umgehen, zeigt, dass die römisch-rechtliche Trennung von Personen und Sachen offenbar einen fundamentalen Bereich der Wirklichkeit auslässt. Mit solchen Tieren verbindet uns zweifellos so etwas wie eine Partnerschaft, ein „Mit-Sein".

In der traditionellen Ethik wurde Tierquälerei wegen ihrer den Menschen verrohenden Art verurteilt. Diese Begründung ist seltsam verkürzt. Wenn eine Handlungsweise den Menschen verroht, dann doch wohl deshalb, weil an ihr selbst etwas falsch ist. Wenn wir einem Wesen keinen Schmerz zufügen wollen, dann nicht in erster Linie deshalb, weil es ein vernünftiges, sondern weil es ein schmerzempfindendes Wesen ist. Der Schmerz enthält an sich selbst das Negative, das Nichtseinsollende. Er ist das natürliche Signal einer Lebensbedrohung.

Das Töten von Tieren – solange wir die Art nicht ausrotten – wird nur von einer Minderheit von Menschen als ethisches Problem angesehen, und diese Minderheit kann dafür kaum zwingende Gründe geltend machen. Tiere leben im Augenblick. Sie verhalten sich nicht zu ihrem Leben als einem überschaubaren Ablauf. Sie sind deshalb für den Menschen nicht im gleichen Sinne „Selbstzweck" wie der Mensch.

[...] **So richtig es ist, dass menschliche Interessen über denen der Tiere stehen, so erlaubt es also ist, dass der Mensch sich um den Preis des Leidens von Tieren von eigenen Leiden loskauft** – etwa durch medizinische Experimente –, so gilt doch andererseits, dass nicht jedes menschliche Interesse jedes Leiden von Tieren rechtfertigt.

[...] Und auch wo es um medizinischen Fortschritt geht, muss die Frage der Unvermeidlichkeit von Tierexperimenten jeweils neu und unparteiisch geprüft werden. Dass der Schutz der Tiere überall dort automatisch endet, wo die Humanmedizin beginnt, ist nicht gerechtfertigt.

❶ Informieren Sie sich im Kapitel „Diskurs-Ethik", was einen Diskurs ausmacht. Warum hält R. Spaemann die Unfähigkeit des Tieres, an einem ethischen Gespräch teilzunehmen, für so wesentlich, wenn es um seine Rechte geht?

❷ Welches menschliche Interesse erlaubt gemäß Ihrer persönlichen ethischen Überzeugung den Schmerz der Tiere. Prüfen Sie diese Frage, indem Sie für Tiere das eigene Haustier einsetzen.

## Peter Singer: Gleichheit für Tiere

*Der australische Philosoph Singer vertritt einen konsequenten Handlungs-Utilitarismus (s. S. 70, 76), was bedeutet, dass eine Handlung dann ethisch gut ist, wenn ihre Auswirkungen nützlicher sind, als wenn sie unterlassen wird. „Nützlich" heißt für Singer: Die Interessen aller Beteiligten werden bestmöglich gefördert. Singer geht davon aus, dass alle Menschen vergleichbare Interessen haben, darauf fußt das Prinzip der Gleich-*

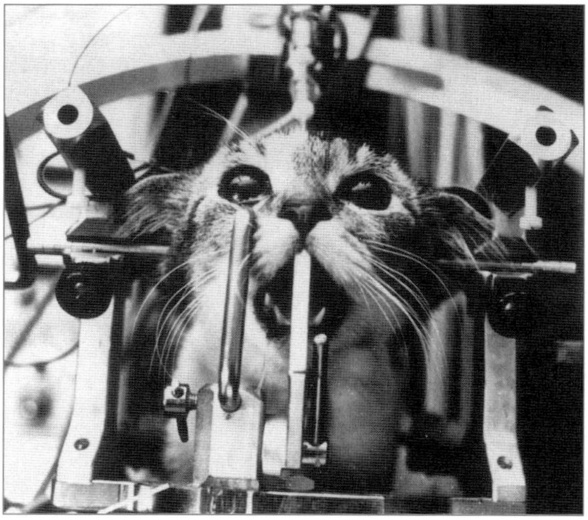

Die besonders sensiblen Katzen werden bevorzugt für Gehirnuntersuchungen verwendet. Um die Elektroden exakt einsetzen zu können, werden die Tiere in eine Art Schraubstock gespannt und mit Curare, einem pflanzlichen Nervengift gelähmt, damit sie zwar Schmerz empfinden können, aber nicht durch Körperreaktionen den Versuch stören.

*heit und Gerechtigkeit. An erster Stelle steht das Lebensinteresse, dann „das Interesse an der Vermeidung von Schmerz, an der Entfaltung von Fähigkeiten, an der Befriedigung elementarer Bedürfnisse wie Nahrung und Behausung, am Genuss von Freundschaft und Liebe in der Beziehung mit anderen und an der Freiheit, eigene Pläne zu verfolgen, ohne dass man von anderen gestört wird." (P. Singer: Praktische Ethik)*

*Die größten Gegner der Gleichheit (= gleiche Abwägung von Interessen) sind für Singer Rassismus, Sexismus, Speziesismus. Unter Rassismus versteht er die Bevorzugung der eigenen Rasse, unter Sexismus die Bevorzugung aufgrund des Geschlechts und als Speziesismus bezeichnet er die Bevorzugung der eigenen Spezies, der Gattung Mensch.*

*Als Grundlage dafür, überhaupt Interessen haben zu können, gilt für Singer die Fähigkeit, Leiden zu empfinden. Das ist für ihn auch der entscheidende Punkt, an dem deutlich wird, wie unbegründet die Ungleichheit in der Interessenabwägung von Mensch und Tier ist.*

Wenn ein Wesen leidet, kann es keine moralische Rechtfertigung dafür geben, sich zu weigern, dieses Leiden in Erwägung zu ziehen. Es kommt nicht auf die Natur des Wesens an – das Gleichheitsprinzip verlangt, dass sein Leiden ebenso zählt wie das gleiche Leiden – soweit sich ein ungefährer Vergleich ziehen lässt – irgendeines anderen Wesens. Ist ein Wesen nicht leidensfähig oder nicht fähig, Freude oder Glück zu erfahren, dann gibt es nichts zu berücksichtigen. Deshalb ist die Grenze der Empfindungsfähigkeit (wir verwenden diesen Terminus als bequeme, wenngleich nicht ganz genaue Abkürzung für die Fähigkeit, Leid oder Freude bzw. Glück zu erfahren) die einzig vertretbare Grenze für die Rücksichtnahme auf die Interessen anderer. Diese Grenze durch irgendwelche anderen Merkmale wie Intelligenz oder Rationalität festsetzen, hieße sie auf willkürliche Weise festsetzen. Weshalb dann nicht andere Eigenschaften wie zum Beispiel die Hautfarbe herausgreifen?
Rassisten verletzen das Prinzip der Gleichheit, indem sie bei einer Kollision ihrer eigenen Interessen mit denen einer anderen Rasse den Interessen von Mitgliedern ihrer eigenen Rasse größeres Gewicht beimessen. Weiße Rassisten akzeptieren nicht, dass der Schmerz, den Schwarze verspüren, ebenso schlimm ist wie der, den Weiße verspüren. Ähnlich messen jene, die ich „Speziesisten" nennen möchte, da, wo es zu einer Kollision ihrer Interessen mit denen von Angehörigen einer anderen Spezies kommt, den Interessen der eigenen Spezies größeres Gewicht bei. Menschliche Speziesisten erkennen nicht an, dass der Schmerz, den Schweine oder Mäuse verspüren, ebenso schlimm ist wie der von Menschen verspürte. [...]

*Singer setzt sich nun mit dem Einwand auseinander, Menschen würden durch ihr größeres Bewusstsein mehr leiden, weil sie den Schmerz voraussehen und fürchten können. Singer erkennt die Berechtigung dieses Einwands/dieser Begründung an, zeigt aber dann in seinen weiteren Überlegungen, zu welchen Konsequenzen dieses Argument führen müsste.*

Normale erwachsene Menschen haben geistige Fähigkeiten, derentwegen sie unter gewissen Umständen mehr leiden als Tiere unter denselben Umständen. Würden wir etwa beschließen, äußerst schmerzhafte oder tödliche wissenschaftliche Experimente an normalen erwachsenen Menschen durchzuführen, die man – wie es der Zufall will – aus öffentlichen Parks zu diesem Zweck entführt, so würden die Erwachsenen, die einen Park betreten, sich vor einer Entführung zu fürchten beginnen. Der daraus resultierende Schrecken wäre eine Form von Leiden, die zu den Schmerzen des Experiments hinzukäme. Dieselben Experimente würden aber bei nichtmenschlichen Lebewesen weniger Qual verursachen, weil die Tiere nicht im Voraus befürchten würden, entführt und zu Experimenten missbraucht zu werden. Das bedeutet natürlich nicht, dass es *richtig* wäre, diese Experimente an Tieren durchzuführen, sondern nur, dass es einen nicht speziesistischen Grund gibt, dafür eher Tiere als normale erwachsene Menschen zu verwenden, wenn die Experimente überhaupt durchgeführt werden müssen. Man sollte allerdings festhalten, dass dieses selbe Argument uns auch Gründe dafür gibt, Kleinkinder – vielleicht Waisen – oder geistig behinderte Kinder eher zu verwenden als Erwachsene, weil Kleinkinder und geistig behinderte Kinder ebenfalls keine Vorstellung davon hätten, was mit ihnen geschehen wird. Was dieses Argument betrifft, so gehören nichtmenschliche Lebewesen, Kleinkinder und geistig behinderte Kinder zur selben Kategorie; und wenn wir uns dieses Arguments bedienen, um Experimente an nichtmenschlichen Lebewesen zu rechtfertigen, so müssen wir uns selbst fragen, ob wir bereit sind, Experimente an Kleinkindern und geistig behinderten Kindern zuzulassen. Wenn wir einen Unterschied zwischen Tieren und diesen Menschen machen, so geschieht das wohl deshalb, weil wir die Angehörigen unserer eigenen Spezies in moralisch unvertretbarer Weise bevorzugen.

❶ Untersuchen Sie das Argument der Tierversuchs-Befürworter, dass ein Mensch mehr leidet als die Katze, wenn er sich in den gleichen Umständen der Gehirnuntersuchungen befände. Was spricht dafür, was dagegen?

❷ Prüfen Sie, ob die radikale Schlussfolgerung in Bezug auf schwer geistig Behinderte überzeugend ist. Was unterscheidet z. B. einen auf der Stufe eines Kleinkindes stehen gebliebenen Menschen von einem hellwachen Säugetier, z. B. einem Menschenaffen?
Arbeiten Sie heraus, welche Auffassung vom Lebewesen Mensch im Vergleich mit dem Lebewesen Tier der Philosoph Singer vertritt.

## Michael Miersch: „Menschenrechte“ für Tiere? Eine Antwort auf Peter Singer

*Auf den gedanklichen Ansatz Singers antwortet ein Journalist. Er führt gegen die philosophische Begründung die erbarmungslosen Gesetze des Überlebens in der Natur ins Feld.*

Der englische Philosoph Bentham verkündete im 18. Jahrhundert, es sei unwichtig, ob Tiere denken oder sprechen könnten. Entscheidend sei ihre Eigenschaft, Leiden und Schmerzen zu empfinden. Diese Leidensfähigkeit, darin sind sich die Wissenschaftler einig, besitzen zumindest alle höheren Tiere. Davon ausgehend, argumentiert der australische Philosoph Peter Singer: Die Fähigkeit eines Lebewesens, Gut und Böse zu unterscheiden, dürfe kein Maßstab für seine rechtliche Gleichbehandlung sein. Denn kleine Kinder oder geistig Schwerbehinderte besäßen ebenso wenig moralisches Urteilsvermögen wie Tiere. Singer vergleicht den Status der Tiere mit dem der Sklaven in der Antike und möchte mit der neuen Sklavenbefreiung bei den Menschenaffen beginnen. Ein Ziel, dem sich inzwischen namhafte Wissenschaftler wie der britische Soziobiologe Richard Dawkins angeschlossen haben.

Die Tierrechtler haben als Zielobjekte ihres Engagements die Tiere entdeckt, denen sie unsere moralischen Normen überstülpen wollen. [...]
[Dabei] vermischen sie zwei völlig gegensätzliche Bereiche: die menschliche Gemeinschaft mit ihren Möglichkeiten, ethische Entscheidungen zu treffen, und die Natur, die auf Effizienz angelegt ist und dabei keine moralischen Skrupel kennt.
Menschen verursachen nur einen Bruchteil des alltäglichen Massensterbens von Lebewesen. Viele Arten sind geradezu darauf ausgerichtet, mit ihren Geburtenraten tausendfachen Tod in Kauf zu nehmen.
**Auch Schmerzen sind aus biologischer Sicht eher ein notwendiges Hilfsmittel als ein moralisches Übel, das es abzuschaffen gilt.** „Ein Säugetier, das keine Schmerzen spürt, hat einen schweren Defekt", schreibt der amerikanische Ökoethiker Baird Callicot. Eine Wölfin, die beispielsweise einen Hirsch verfolgt, leidet nach einiger Zeit vermutlich unter Muskelschmerzen; ihre Pfoten sind blutig, und vielleicht fühlt sie Stiche in Herz und Lunge. Dies alles bringt sie dazu abzuwägen, ob sie die Beute noch weiter verfolgen oder aufgeben soll: ein sinnvolles biologisches Informationssystem. Ist diese Wölfin dadurch unglücklicher als ein Artgenosse, der am Rande einer menschlichen Siedlung bequem und schmerzfrei von Abfällen lebt?

❶ Was will der Autor mit diesem Argument den Tierrechtlern beweisen?
Überlegen Sie, ob Sie dieses Argument überzeugt.

Auch wenn alle Menschen Vegetarier wären, der Futtermittelanbau also wegfiele, müsste weiterhin im großen Maßstab Getreide und Gemüse gepflanzt werden. Jeder bestellte Acker, jede Plantage war jedoch einmal Wildnis und damit Lebensraum für Tiere. **Das Dilemma des „Töten, um zu überleben", fängt nicht erst im Schlachthof an. „In letzter Konsequenz ist die Tierrechtsidee nicht praktikabel"**, folgert daher Baird Callicot.

❷ Tötet der Mensch Tiere um zu überleben? Überprüfen Sie die Argumentation des Autors.

Obwohl echte Tierrechtler nicht nur auf Fleisch, sondern auch auf Milch, Eier, Wolle, Leder und tiergetestete Arzneien verzichten, sitzen sie in der moralischen Klemme. Der Kautschuk, aus dem ihre Schuhe hergestellt werden, stammt aus Plantagen. Dafür wurden Regenwälder gerodet, und mit diesen verschwand eine artenreiche Tierwelt. Wo Baumwolle für Kleidung geerntet wird, waren früher Savannen, über die große Huftierherden zogen. **Selbst die Bücher der Tierrechtsphilosophen sind blutbefleckt.** Schließlich ist Papier ein Holzprodukt. Die Bäume, die dafür gefällt wurden, beherbergten Vögel, Käfer und Kleinsäuger.

❸ Stellen Sie fest, ob die Argumentation im letzten Absatz beweist, dass „die Tierrechtsidee nicht praktikabel ist", weil auch „die Bücher der Tierrechtsphilosophen blutbefleckt sind."

## Ilse Bechthold: Rechtsschutz für Tiere

*Die Richterin Ilse Bechthold untersucht in ihrem Aufsatz die juristische Problematik des Tierrechts. Ganz abgesehen von der philosophischen Begründung des Tierrechts ist es nicht einfach, in unserem traditionell gewachsenen Rechtssystem Tierschutz widerspruchsfrei zu verankern.*

### Das Tier als Objekt oder als Subjekt der Rechtsordnung?

Durch die Presse ging vor einigen Jahren der Rechtsstreit, ob Robben aus eigenem Recht gegen die Verunreinigung der Nordsee klagen können. Dies wurde vom zuständigen Gericht verneint.

**§ 1 TierschG** (Grundsatz)

„Zweck dieses Gesetzes ist es, aus der Verantwortung des Menschen für das Tier als Mitgeschöpf dessen Leben und Wohlbefinden zu schützen. Niemand darf einem Tier ohne vernünftigen Grund Schmerzen, Leiden oder Schäden zufügen."

*Die Strafnormen des Tierschutzrechts*

**§ 17 TierschG**

„Mit Freiheitsstrafe bis zu zwei Jahren oder mit Geldstrafe wird bestraft, wer

1. ein Wirbeltier ohne vernünftigen Grund tötet;
2. einem Wirbeltier
   a) aus Rohheit erhebliche Schmerzen oder Leiden
   oder
   b) länger anhaltende oder sich wiederholende erhebliche Schmerzen oder Leiden zufügt."

Der Bundesgesetzgeber hat 1990 in das BGB einen § 90a eingefügt: „1. Tiere sind keine Sachen. 2. Sie werden durch besondere Gesetze geschützt. 3. Auf sie sind die für Sachen geltenden Vorschriften entsprechend anzuwenden, soweit nicht etwas anderes bestimmt ist." Diese Novellierung sollte der gewandelten Auffassung Rechnung tragen, dass das Tier Mitgeschöpf und deshalb nicht einer Sache gleichzustellen ist. Andererseits musste die Rechtsstellung dem Sachenrecht verwandt bleiben, denn sonst könnte – um ein Beispiel zu nennen – am Tier kein Eigentum erworben werden. Die rechtliche Stellung des Tieres bereitet sichtbar Schwierigkeiten.

**Praxis im Justizalltag**

Durch die Medien gehen des Unterhaltungswerts von Gerichtsreportagen wegen in der Regel nur spektakuläre Fälle, die aber nur einen verzerrten Eindruck von der Gerichtspraxis vermitteln können.

Die Skala reicht von den massenhaft auftretenden Verstößen bei Tiertransporten mit im wahrsten Sinne des Wortes skandalösen Vorgängen bis zu den Verfahren bei Massentierhaltung und im Rahmen von Forschung und Lehre, bei denen Tiere zu bloßem Experimentiermaterial verkommen. Brisant sind Fälle, bei denen religiöse Lehrmeinungen eine Rolle spielen.

Daneben gibt es aber eine Fülle anderer Fälle, denn überall, wo Tiere eingesetzt oder gehalten werden, kann es zu Straftaten zu ihrem Nachteil kommen:

Bestimmte Rassetiere werden als Statussymbol gehalten. Sie sind nicht ihrer selbst willen, sondern vornehmlich zur Befriedigung von Bedürfnissen ihrer Halter erworben worden. Ehrgeiz bei Sportwettkämpfen lassen jegliche Schonung des Tieres vergessen. Um noch höhere Werte beim Springen des Pferdes zu erreichen, wird nicht vor skrupellosen Methoden zurückgeschreckt. Wohlstandskinder meint man mit Tieren zu Familienfesten beschenken zu sollen, wenn die üblichen Spielsachen nicht mehr „ziehen". Wird die altersbedingt kurze Begeisterung und das fehlende Verantwortungsbewusstsein von Kindern nicht berücksichtigt, so ist es nur eine Frage der Zeit, dass es zu tierquälerischer Haltung kommt, falls sich nicht eine erwachsene Person beständig der Sorge der Tiere annimmt.

Insbesondere Männer der rechten Szene benutzen Kampfhunde zur Demonstration von Macht. Martialisches eigenes Outfit wird überhöht durch kraftstrotzende Züchtungen. Auch hier dient das Tier egoistischen Zielen. Wutausbrüche und andere Missempfin-

❶ Überlegen Sie, welcher vernünftige Grund das Leiden von Tieren rechtfertigen könnte.

**religiöse Lehrmeinung:** Gemeint ist z. B. das „Schächten", Schlachten ohne Betäubung nach jüdischem und islamischem Ritus, in dem durch einen Schnitt in die Halsschlagader das Tier ausblutet, um reines, unblutiges Fleisch zu erhalten.

❷ Beschreiben Sie verschiedene Formen des Umgangs mit Tieren, den Sie in Ihrer Umgebung beobachten können. Bei welchen Umgangsformen sind Tiere nicht Selbstzweck?
Welche Umgangsformen verstoßen gegen § 1 TierschG?

dungen finden dann schnell ein stets griffbereites Opfer im eigenen Hund.

**Ein Tier kann auch dadurch leiden, dass es nicht artgerecht durch vermenschlichte Haltung als Ersatz für mitmenschliche Beziehung benutzt wird.** Übertriebenes Verzärteln kann Schäden hervorrufen, wie auch die egozentrische Pflege überalterter Haustiere, denen ein natürliches Altern aus klammernder Tierliebe verwehrt wird.

Eine besondere Rechtsproblematik, die auch zu veröffentlichten Entscheidungen geführt hat, stellt die Verwendung von Tieren zur künstlerischen Performance dar. Nicht ausgestorben sind die Anklagen gegen Gourmets oder jene, die solche beliefern. So werden noch immer eimerweise Frösche eingesammelt, um deren Schenkel zu vermarkten.

Hier greift neben der Strafe aus § 17 TierschG auch ein Fahrverbot nach § 44 StGB, wenn der Pkw zur Ausführung der Tat benutzt worden ist.

## Ordnungsliebe gegen Tierrecht

Wenn ein Hauseigentümer Schwalbennester mit Brut hinunterstoßen lässt, um die Hausfassade umfassend weißen lassen zu können, liegt ein strafwürdiges, weil sinnloses Töten von Wirbeltieren vor.

Auffallend häufig treten nach meinen Gerichtserfahrungen brutale Übergriffe gegen Tiere auf von Personen, die bereits rechtskräftig wegen Gewaltdelikten vorbestraft sind. Es ist nicht sachgerecht, diese Vorstrafen bei der Strafzumessung nicht erschwerend zu berücksichtigen.

Ein besonderes Kapitel stellt die Traditionspflege dar, die tierquälerische Praktiken rechtfertigen soll. Auch hier sind Parallelen zu Aggressionstaten gegenüber Menschen, namentlich Kindern, unverkennbar. Ebenso wie Prügelstrafe gegen Kinder bis in unsere Zeit hinein ohne irgendeinen wissenschaftlichen Beweis für opportun gehalten wird, „eine Tracht Prügel hat noch keinem geschadet“, wird der Heißbrand bei Pferden ohne Betäubung vehement verteidigt.

**Heißbrand:** ein Brandzeichen wird mit glühendem Eisen dem Pferd in die Haut gedrückt, dabei können eiternde Wunden entstehen, die dem Tier große Schmerzen bereiten.

## Tierschutz als Staatsziel?

Der Bedeutung des ethischen Tierschutzgebots entsprechend kann eine effektive Schutzfunktion nur erreicht werden, wenn der Tierschutz als Staatsziel in das Grundgesetz aufgenommen wird.

Es entspricht dem Gebot eines ethischen Tierschutzes, dem Schutz des Tieres einen so starken Rang einzuräumen, dass z. B. Forschungen, die mit unerträglichen, grausamsten Schmerzen von wehrlosen Versuchstieren verbunden sind, von Verfassung wegen nicht mehr gestattet werden.

Ein Staatsziel Tierschutz würde bei diesem Konflikt die Waage der Justiz zugunsten des Tierschutzes ausschlagen lassen.

❸ Welche der folgenden Veranstaltungen mit Tieren verstoßen nach Ihrem Verständnis gegen das Recht der Tiere:
- Jagd
- Pferdesportarten (Springreiten, Dressur, Pferderennen, Military)
- Schönheitswettbewerbe
- Zoo
- Stierkampf
- … ?

# 2. Das Töten von Tieren und Menschen

Nach Ausbruch einer Schweinepest werden Millionen gesunder Tiere zur Vorbeugung gegen die Ausbreitung der Seuche mit Elektroschocks getötet. Ihre Kadaver werden mit Baggern beseitigt.

Französische Soldaten in der Schlacht um Verdun (1916): 200 000 Männer starben an einem einzigen Tag. Rund 700 000 Deutsche und Franzosen wurden allein im Kampf um die Festung Verdun getötet.

In den Beschreibungen des Ersten Weltkrieges (1914–1918) heißt es oft: Millionen Soldaten wurden abgeschlachtet. „Schlacht" und „schlachten" stammen von derselben Wurzel: aus dem Althochdeutschen „slahton" = töten, Vieh schlachten und „slahta" = Tötung, Viehschlachtung.

Sammeln Sie Wörter, die sich von dem Verb „schlachten" ableiten.

## Ein Tierarzt schreibt einen Brief*

Sehr geehrte Frau XXXXXX!
Ganz zufällig wurde ich in einem Gespräch mit meiner Tochter Kathrin, die in Ihrem Ethik-Kurs in der 12. Klasse ist, darauf aufmerksam gemacht, dass sie zur Zeit den Umgang des Menschen mit Tieren in seiner ethischen Problematik untersuchen. Meine Tochter erzählte mir, wie Sie in der letzten Stunde ein Bild von einer Massentötung bei einer Schweinepest mit einem Bild aus dem 1. Weltkrieg konfrontierten, um die Schüler zu „sensibilisieren".
Gegen diese Bild-Zusammenstellung muss ich entschieden protestieren. Damit wird von Ihnen unterschwellig behauptet, meine Tätigkeit als Amtstierarzt bei der Bekämpfung einer Schweineseuche sei vergleichbar mit der eines Soldaten im Krieg, der andere Menschen tötet. Das ist ganz abwegig. Schließlich töte ich gesunde Tiere nur deshalb, damit die Epidemie gestoppt und sowohl die Tiere selbst als auch die Landwirtschaft nicht noch schlimmer geschädigt werden. Außerdem möchte ja auch der Verbraucher gut gefüllte Theken mit gesundem Fleisch in seinen Metzgereien und Supermärkten vorfinden.
Was die Gleichsetzung von Tier und Mensch betrifft: Wenn ich mit der Elektrozange in einem Stall ein Tier nach dem anderen erst betäube, sodass es umfällt, und dann töte (was mir nicht leicht fällt), lassen sich die anderen Tiere nicht stören und fressen weiter. Da sehen Sie schon den Unterschied zum Töten eines Menschen! Man sollte die Personalisierung eines Tieres nicht zu weit treiben.

Mit freundlichem Gruß!
Dr. YYYYYY

❶ Wie begründet der Arzt sein Verhalten?

❷ Lassen sich diese Argumente auch auf die kommerzielle Tierverwertung übertragen?

❸ Wie könnten die Philosophen Spaemann und Singer die auf den Bildern gezeigten Tötungsakte bewerten?

### Projekt

Nehmen Sie Kontakt auf zum Amtstierarzt Ihres Kreises und informieren Sie sich darüber, wie der Arzt den Tierschutz (der Tierschutz gehört zu seinen Aufgaben) und die Tötungen bei Epidemien ethisch begründet.
Sie können dieses Projekt brieflich, in einem persönlichen Gespräch oder auch in einer mit dem Tierarzt geplanten Veranstaltung in der Schule durchführen.

# Medizin und Ethik

❶ Geben Sie der Karikatur einen Titel.

❷ Welche Qualifikationen werden für die Professur für Ethik in der Medizin gefordert? Begründen Sie die Notwendigkeit einer solchen Professur.

## Klinikum der Universität Tübingen

An der Medizinischen Fakultät der Eberhard-Karls-Universität Tübingen ist eine neu geschaffene

**Professur (C 4) für Ethik in der Medizin**

erstmals zu besetzen.

Sie sollen das Gebiet „Ethik in der Medizin" in Lehre und Forschung vertreten und in der Lage sein, die medizinisch-ethischen Belange bei ärztlichen Aufgaben des Tübinger Klinikums konsiliarisch und in der Fort- und Weiterbildung wahrzunehmen. Für die Bewerbung werden daher folgende Qualifikationen erwartet:

- Approbation als Arzt
- Habilitation in einem Fach der Medizin oder in Ethik (Philosophie/Theologie) oder einer Habilitation gleichwertige Leistungen
- Veröffentlichungen auf dem Gebiet der Ethik in der Medizin
- Praktische Erfahrungen in medizinisch-ethischer Beratung

Die Universität Tübingen strebt eine Erhöhung des Anteils von Frauen in Forschung und Lehre an und bittet deshalb entsprechend qualifizierte Wissenschaftlerinnen nachdrücklich um ihre Bewerbung.

Richten Sie bitte Ihre Bewerbung unter dem Kennzeichen Z 1/27 mit den erforderlichen Unterlagen bis spätestens 6 Wochen nach Erscheinen der Ausschreibung an den

**Dekan der Medizinischen Fakultät der Universität Tübingen, Geissweg 5, 72076 Tübingen**

**Äskulapstab,** Symbol der Heilberufe. Die sich um einen Stab windende Schlange ist, weil sie sich jährlich häutet und ihr Gift heilbringend verwendet werden kann, ein Symbol der Lebenserneuerung. Der Name leitet sich von Asklepios (lat. Aesculapius), dem antiken Gott der Heilkunst, ab.

„Wir wissen zu viel. Biomedizin stellt die Menschen vor Entscheidungen, die sie nicht treffen können."
Überschrift einer Titelgeschichte der Wochenzeitung „Die Zeit" vom 7.1.1999

# Einführung

Im Kampf gegen körperliche Mängel, Krankheit und Tod meldet die Medizin fast täglich neue Erfolge und bietet ständig neue diagnostische und therapeutische Verfahren. Gleichzeitig versuchen Regierungen und Krankenkassen (mit wechselndem Erfolg), die Kosten des Gesundheitswesens gerecht zu verteilen, bezahlbar zu halten und damit eine so genannte „Zwei Klassen-Medizin" zu verhindern.
Vor allem aber die ethische Dimension des technischen Fortschritts in der Medizin stellt Ärzte und Patienten vor immer größere Probleme, weil sie Grundfragen menschlicher Existenz berühren.
Einige Beispiele: Ultraschall-Geräte können zu einem sehr frühen Zeitpunkt der Schwangerschaft etwaige Fehlbildungen des Fötus zeigen. Wie sollen Eltern und Ärzte auf einen solchen Befund reagieren? Oder: Soll man versuchen, mit Gewebe von abgetriebenen Föten Krankheiten zu heilen? Oder: Soll man Koma-Patienten mit irreversiblen Hirnschäden am Leben erhalten? Oder: Soll man bei der Methode der künstlichen Befruchtung auch die vorhandenen Möglichkeiten der Manipulation (Geschlechtsbestimmung u.a.) nutzen dürfen? Oder: Wie soll man sich als möglicher Betroffener oder Angehöriger gegenüber der Möglichkeit einer „Organspende" verhalten?
Wer entscheidet in solchen Situationen? Nach welchen Kriterien? Wie reagiert der Gesetzgeber auf solche Situationen? Welches Menschenbild, welche Normen, welche moralischen Überzeugungen im Umgang mit Krankheit und Tod sollen gelten? Zählen Krankheit und Tod zu den natürlichen Bestandteilen des Lebens oder gilt es, sie mit allen Mitteln und um jeden Preis zu bekämpfen?
Zahlreiche Wissenschaftler vertreten die Auffassung, dass ihr Tätigkeitsfeld grundsätzlich „wertfrei" sei. Im Bereich der Medizin regt sich gegen diese Spaltung von Wissenschaft und Ethik zunehmend Widerstand. Von „seelenlosen Krankenhäusern" ist die Rede, von reiner „Apparate-Medizin" und von wissenschaftlich-technischem „Machbarkeitswahn". Zahlreiche Patienten wenden sich von dieser Art „Schulmedizin" ab und suchen ihr Heil in „alternativen" bzw. „natürlichen" Behandlungsmethoden.
Als Reaktion auf die immer größer werdenden ethischen Probleme, die der medizinisch-technische Fortschritt aufwirft, richten einige medizinische Fakultäten Ethik-Lehrstühle (s. S. 365) und Ethik-Kommissionen ein, denen neben Ärzten vor allem Juristen, Philosophen und Theologen angehören. Diese Kommissionen erarbeiten grundsätzliche Richtlinien und treffen Einzelfallentscheidungen. Daneben hat die Ärzteschaft Berufsordungen aufgestellt, die verbindliche Normen für ärztliches Handeln beinhalten.
Schließlich obliegt es einer Gesellschaft als Ganzes, in Form von Gesetzen, wie z.B. dem „Embryonenschutzgesetz" (s. S. 349 f.), zu regeln, welche Möglichkeiten des medizinisch-technischen Fortschritts sie Ärzten und Patienten gestattet oder verbietet.

# 1. Das Berufsethos des Arztes

## Wolfgang Hiddemann: Die Verantwortung des Arztes im 21. Jahrhundert

Selbstverständlich ist die medizinische Praxis heute auch deshalb so erfolgreich, weil sie über hoch spezialisierte Techniken und Verfahren verfügt. Der Arzt muss gerade deshalb ständig abwägen zwischen dem, was medizinisch und technisch machbar ist, und dem, was menschlich und ärztlich vertretbar und sinnvoll ist. Diese Entscheidung wird zunehmend schwieriger.

Ein Beispiel aus der praktischen Erfahrung: Vor gut einem Jahr haben wir einen 52 Jahre alten Patienten in unserer Klinik aufgenommen, der an einer akuten lymphatischen Leukämie litt, einer Erkrankung, die heute mit guten Erfolgsaussichten behandelt werden kann. Auch bei diesem Patienten bewirkte die Therapie in der Anfangsphase, dass sich das Krankheitsbild sehr gut stabilisierte. Dennoch stellte sich dann innerhalb von kurzer Zeit eine Bewusstseinstrübung ein, und der Allgemeinzustand des Patienten verschlechterte sich. Wir mussten feststellen, dass als Komplikation der anti-leukämischen Therapie eine Pilzinfektion des Gehirns aufgetreten war, bei der sich Infektionsherde nahe am Ventrikel, also der Hirnkammer, ausgebildet hatten. Diese Komplikation ist äußerst gefährlich, und sie verläuft fast immer tödlich. Trotz der geringen Erfolgsaussichten hatten wir uns entschlossen, eine Operation durchzuführen. Obwohl der Eingriff zunächst gelang, breitete sich die Pilzinfektion weiter aus, und der Patient verstarb nach zehn Tagen auf der Intensivstation. In diesem Fall muss man sich sicherlich die Frage stellen, ob die Entscheidung zur Operation richtig war oder ob man dem Mann diese Maßnahme nicht besser erspart hätte. Im Nachhinein lautet die Antwort wahrscheinlich ja. Aber durften wir diesem Patienten die – wenngleich nicht sehr hohe – Chance der Therapie zum Zeitpunkt des Eintritts der Komplikation vorenthalten? Wer konnte damals sicher vorhersagen, wie die Krankheit weiter verlaufen würde, und wer sollte es auf sich nehmen, eine mögliche Chance von vornherein nicht zuzulassen? [...]

Wenn wir eine Ethik in der Medizin diskutieren, dürfen wir die Medizin nicht isoliert betrachten. Sie ist Teil unserer Gesellschaft und daher von der gesellschaftlichen Gesamtsituation entscheidend beeinflusst. [...] Krankheit, Sterben und Tod sind aus unserem alltäglichen Selbstverständnis weitgehend verschwunden. Unser Lebensgefühl ist geprägt vom Idealbild des gesunden jugendlichen Menschen, der die Integrität seines Körpers pflegt und aufrecht erhält und der nur in bedauernswerten Ausnahmefällen gezwungen ist, sich der Hilfe der modernen Medizin zu bedienen. Diese Hilfe meint er dann jedoch verbindlich einfordern zu können, und er glaubt, mit seinem Krankenkassenbeitrag gleichzeitig den Anspruch auf Heilung und Gesundheit erworben zu haben. Weil wir Krankheit und Tod verdrängen, weil uns die großen Erfolge der Medizin so selbstsicher machen, ist das Verhältnis zwischen moderner Medizin und Gesellschaft gestört. Natürliche Grenzen werden nicht mehr ernst genommen. Dadurch sind die Erwartungen

**Wolfgang Hiddemann,** Professor für Onkologie (Gebiet der Medizin, das sich mit Geschwülsten befasst), war Mitglied des Vorstandes der „Akademie für Ethik in der Medizin".

Der erste und bedeutsamste Entwurf eines **Kodex ärztlichen Handelns** ist der nach dem griechischen Arzt Hippokrates (460-370 v. Chr.) benannte **„Eid des Hippokrates"**. Er formulierte z. B. das Gebot der ärztlichen Schweigepflicht und untersagte ärztliches Mitwirken bei Abtreibungen und bei Sterbehilfe. Das Berufsethos der Ärzte ist in den berufsethischen Richtlinien der Bundesärztekammer und der Landesärztekammern formuliert. Auf internationaler Ebene gilt die immer wieder aktualisierte **„Deklaration des Weltärztebundes"** von Helsinki (1964).

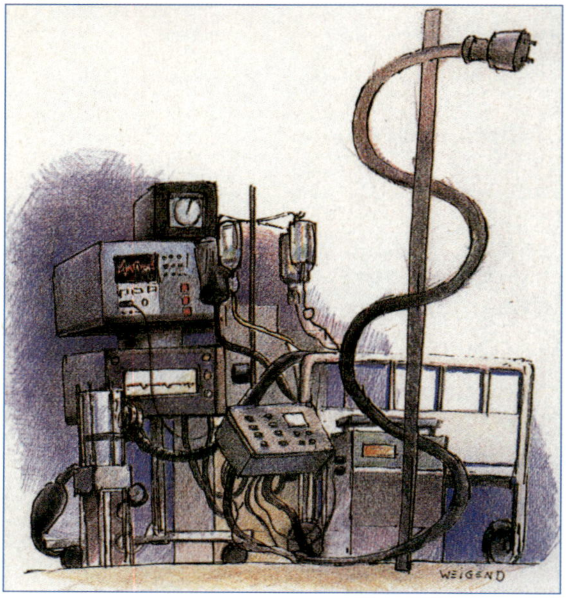


an die Medizin überzogen, und sie müssen zwangsläufig immer wieder enttäuscht werden. Die zunehmende Technisierung und Spezialisierung der Medizin sowie die damit verbundene unüberschaubare Flut von nicht mehr verständlichen Informationen und Eindrücken bewirken, dass viele Menschen eine überwiegend reservierte, ja sogar misstrauische Einstellung zur Medizin entwickeln. Nicht ohne Grund versuchen daher heute viele Bürger, sich der modernen Medizin zu entziehen und flüchten in so genannte alternative oder natürliche Behandlungsmethoden. Um das gestörte Verhältnis zwischen Gesellschaft und Medizin wieder ins rechte Lot zu rücken, müssen wir uns neu orientieren und uns um einen gemeinsam getragenen Grundkonsens bemühen. Dafür müssen wir die Einsicht und die Akzeptanz befördern, dass die Medizin Teil der Gesellschaft ist, dass ihr trotz aller Erfolge Grenzen gesetzt sind, dass Krankheit ein natürlicher Bestandteil des Lebens und kein unvorhersehbarer und bedauernswerter Defekt oder Ausnahmezustand ist und dass der Tod unausweichlich ist. Nur so wird es möglich sein, auf die schwierigen Fragen zur Ethik der Medizin im 21. Jahrhundert sinnvolle Antworten zu finden.

Meines Erachtens kommt es wesentlich darauf an, dass sich die Medizin nicht selbst zur technischen Gesundheitsreparatur-Institution degradiert – um sich gleichzeig voller Ignoranz in ihren Erfolgen zu sonnen; auch Ärzte müssen die Fähigkeit zur Selbstreflexion und Selbstkritik wieder beleben, den Weg zu einer ganzheitlichen Betrachtungsweise zurückfinden, also den ganzen Menschen in seinem persönlichen Umfeld sehen. In jüngster Zeit erscheint immer häufiger das Bild vom Arzt als Anbieter oder Verkäufer und auf der anderen Seite das vom Patienten als Kunden oder Verbraucher. Dieses Bild reduziert das Verhältnis zwischen Arzt und Patient auf die rein kaufmännische und fachliche Ebene und lässt damit etwas Entscheidendes außer Acht: menschliche Partnerschaft und Empathie[1]. Genau dieses zwischenmenschliche Verhältnis unterscheidet den Mediziner vom Arzt, denn es differenziert zwischen technischer und ärztlich-ethischer Betrachtung und Handlung.

Medizin ist nicht nur die Lehre von den Krankheiten des Körpers, von Medikamenten und Therapien, Medizin ist auch keine reine Naturwissenschaft wie die Biochemie und Molekularbiologie. Der Mensch ist mehr als eine Ansammlung von Molekülen. Natürlich ist die fachliche Kompetenz des Arztes unerlässlich für eine erfolgreiche Behandlung; aber ebenso wichtig sind der Respekt vor der Autonomie des Patienten und die Anerkennung seiner besonderen Situation. Beide sollten sich gegenseitig Vertrauen entgegenbringen – im gemeinsamen Bemühen, eine Krankheit zu bekämpfen oder ihre Symptome zu lindern.

❶ Worin liegt die Problematik des angeführten Krankheitsfalles (Z. 7–31)?

❷ Worin sieht der Autor das „gestörte Verhältnis“ zwischen Medizin und Gesellschaft?

❸ Welche Erwartungen haben Sie selbst an die Medizin? Würde der Autor einige davon als „überzogen“ bezeichnen? Wenn ja, aus welchem Grund?

❹ Diskutieren Sie über die Forderungen des Autors an Arzt und Patient.

❺ Wie erklären Sie sich die „Flucht“ vieler Menschen zu „alternativen oder natürlichen Behandlungsmethoden“ (Z. 60/61)?

❻ Wie sieht die Karikatur den Äskulapstab?

[1] Empathie (gr.): Einfühlungsvermögen

## Horst Eberhard Richter: Medizin und Gewissen

*1947 formulierte die Ärzteschaft im so genannten* ***„Nürnberger Kodex"*** *ethische Minimalstandards für Humanexperimente. Dieser Kodex legte erstmals international verbindliche Richtlinien für die medizinische Forschung am Menschen fest und formulierte u.a. die moralische Verpflichtung, vor jeglicher Art medizinischen Experiments die freiwillige und informierte Zustimmung des Patienten einzuholen. Der Kodex wurde durch die* ***Deklaration des Weltärztebundes*** *von 1964, die ständig aktualisiert wird und verbindlichen Charakter hat, ergänzt.*
*Der nachfolgende Text stammt aus einer Rede, die der Autor anlässlich einer Tagung zum 50. Jahrestag des Nürnberger Ärzteprozesses gehalten hat.*

**Horst Eberhard Richter** (geb. 1923) war bis 1992 Professor für Psychosomatik und Direktor des Sigmund Freud-Instituts in Frankfurt am Main.

Wir haben das Thema Medizin und Gewissen für diese Tagung gewählt, weil wir glauben, dass es vor allem auf die innere Haltung der Menschen ankommt, die in diesem Beruf heilen und forschen. Was wir Gewissen nennen, hat für unseren Beruf eine besondere Bedeutung. Es ist die ursprüngliche Quelle des Mitfühlens und ein unüberhörbarer Ansporn zum Helfen. Ihm liegt eine allgemein menschliche Anlage zugrunde, die Schopenhauer[1] ein Mysterium und ein Urphänomen genannt hat. Das ist die innere Notwendigkeit, gefühlsmäßig an dem Leiden des anderen teilzunehmen, verbunden unmittelbar mit dem Drang, ihm beizustehen. [...]
An dieser Stelle möchte ich eine Nebenbemerkung zu einer meines Erachtens abwegigen These einfügen: Sie lautet: Gerade das sorgende Mitfühlen, die Sym-pathie, das Mitleid könnte am Ende auch zum Töten verführen, so wie Hitler beispielsweise den Begriff Gnadentod missbräuchlich für den Massenmord an psychisch Kranken verwendet hat. Aber diese Kranken sind natürlich nicht Opfer von Mitleid, sondern eines rücksichtslosen Ausmerzungsgedankens geworden. [...]
Der Allmachtsanspruch einer Gesellschaft auf perfekte Leidfreiheit würde die Medizin erneut unter den Druck setzen, wichtiger als die Hilfe für die Leidenden die Hilfe für eine Gesellschaft zu nehmen, die indirekt in den Kranken eine beschwerliche, um jeden Preis zu verringernde Last sähe. Im Augenblick treten wirtschaftliche Argumente in den Vordergrund. Die Politik sagt zur Zeit: Wir müssen – Stichwort Globalisierung – mehr Konkurrenzgesellschaft als helfende Gesellschaft sein. Diese Politik sagt: Die Kranken und Schwachen kosten viel, vielleicht müssen sie, wenn sie mehr Druck zu spüren bekommen, weniger leicht und weniger oft krank werden. Noch wird hierzulande die Keule des sozialen Risikos von Krankheit und Gebrechen nicht so ungeniert geschwungen wie etwa in den USA. Aber der Kurs ist schon unverkennbar und damit ein Klima, das in der Medizin im Anklang an früheres Denken eine Tendenz wachsen lassen könnte, sich zum Beispiel mehr um die Gene, die unerwünschte Krankheiten machen, zu kümmern als um ihre Träger [...], die ohnehin nur als auswechselbare Hilfsmaschinen anzusehen seien, welche sich die Gene zur Sicherung ihrer ewigen Replikation geschaffen haben.

Im **Nürnberger Ärzteprozess** 1947 waren 23 Ärzte wegen „Verbrechen gegen die Menschlichkeit" angeklagt, sieben davon wurden zum Tode verurteilt. Sie hatten im „Dritten Reich" zur Ausschaltung angeblich schädlichen Erbgutes an über 350 000 Menschen Zwangssterilisationen vorgenommen und mehr als 5 000 behinderte Kinder sowie 100 000 psychisch Kranke getötet („Euthanasie"). An KZ-Gefangenen wurden darüber hinaus (meist tödlich endende) Menschenversuche durchgeführt.

---

[1] s. unter „Ethik des Mitleids", S. 91–93

❶ Welche Gefahren sieht der Autor für die gegenwärtige Medizin? Wie könnte man ihnen begegnen?

❷ In Indien wurden 1977 zur Eindämmung des enormen Bevölkerungszuwachses etwa 8 Millionen Männer zwangssterilisiert. Beschreiben Sie den Konflikt, in dem sich ein Arzt befindet, der an solchen Maßnahmen mitwirken soll. Wie sollte er sich verhalten?

Aber der Arzt ist angetreten, diesen so genannten Hilfsmaschinen zu dienen, wie immer ihm die Genforschung dabei auch hilfreich sein kann. Das Gewissen, auf das er sich verlassen kann, schlägt nicht für Gene, vielmehr ausschließlich für Menschen und auch nie für deren Benutzung durch noch so wohlmeinend dargestellte Interessen von Wirtschaft und Staat. [...] Keinesfalls aber darf sich die Medizin widerstandslos von einem so genannten Fortschritt überrennen lassen, durch den Menschen sich die Natur anderer Menschen und die eigene unbegrenzt untertan zu machen anschicken.

Die Ärztevereinigung **„Internationale Ärzte gegen den Atomkrieg“** (IPPNW) wurde 1980 gegründet und erhielt 1985 den Friedensnobelpreis.

# IPPNW geben Patienten Vorrang

## Ärzte gegen Atomkrieg schreiben „Nürnberger Kodex“ fort

*Von Michael Emmrich*

FRANKFURT A. M., 20. August. Auf den Tag genau 50 Jahre nach der Verkündigung des „Nürnberger Kodex“ haben die Internationalen Ärzte gegen den Atomkrieg (IPPNW) am Mittwoch in Nürnberg eine Fortschreibung dieser Richtlinie für das Ärzte-Patienten-Verhältnis vorgelegt. In zehn aktuellen Thesen greifen sie neue Grenzfragen auf: Dabei nehmen die Fortpflanzungsmedizin und genetische Tests einen breiten Raum ein.

Zwei Grundsätze stehen hinter dem „Nürnberger Kodex 1997“: Behandlungen dürfen nur nach einer „freiwilligen und informierten Einwilligung“ durch Patienten und nach „bestmöglicher Aufklärung“ der Ärzte stattfinden. Zweitens erhält der Patient klaren Vorrang vor den Interessen von Gesellschaft und Wissenschaft.

Vorgeburtliche Untersuchungen, die gezielt nach Abweichungen und Fehlbildungen suchten, gehörten nicht zur Routine der Schwangerschaftsvorsorge; die stärke eugenische Tendenzen, heißt es in dem Zehn-Punkte-Kodex. Die Präimplantationsdiagnostik, die genetische Untersuchung von Embryonen schon im Reagenzglas, wird abgelehnt. Ebenso das Klonen.

Die Daten aus Gentests dürften nicht für kommerzielle Zwecke (etwa Versicherungen) und bevölkerungspolitische Ziele gebraucht werden, heißt es weiter. Die Gentherapie solle nur für schwere Krankheiten eingesetzt werden dürfen. Die Autoren warnen zugleich: „Der eingeengte Blick auf die Gene versperrt die Sicht auf die vielfältigen Facetten des Phänomens Krankheit [...]“. Die IPPNW-Ärzte erkennen bei Organtransplantationen den Hirntod nicht als Tod des ganzen Menschen an. Für eine Organentnahme sei, mit Ausnahme von Kindern, die Zustimmung der Betroffenen erforderlich. Es könne aber auch eine Vertrauensperson benannt werden. Bei der Sterbebegleitung richtet sich der Kodex dagegen, vorzeitig Leben zu beenden und Hilfe zur Selbsttötung wird abgelehnt. Die Ärzte setzen sich zudem für eine gerechtere Verteilung medizinischer Ressourcen ein.

Der „Nürnberger Kodex“ war Bestandteil des Urteils eines US-Militärgerichts gegen Mediziner, die in der NS-Zeit Verbrechen gegen die Menschlichkeit begangen hatten. Als Voraussetzung für Versuche mit und an Menschen schrieben die Richter damals die freiwillige Zustimmung der Betroffenen zwingend fest.

Frankfurter Rundschau, 21.7.1997

❶ Welche Grundsätze ärztlichen Handelns vertritt der IPPNW?

❷ Welche medizinisch-technischen Möglichkeiten lehnt der IPPNW ab? Aus welchen Gründen?

❸ Informieren Sie sich über die geltende Rechtslage bei Organtransplantationen und vergleichen Sie diese mit der Position des IPPNW.

❹ Nehmen Sie zu einzelnen Festlegungen der Ärzteorganisation begründet Stellung.

# 2. Fortpflanzungsmedizin, Transplantationsmedizin und Umgang mit Sterbenden

1953 überlebte erstmals ein Patient sechs Monate mit einer fremden Niere, 1967 gelang die erste Herztransplantation, 1987 wurde erstmals Gewebe von Ungeborenen ins Gehirn eines an parkinsonscher Krankheit Leidenden implantiert, 1996 wechselte ein amerikanisches Ärzteteam mit Hilfe immenser Spendengelder bei einem 5-jährigen Mädchen zweimal Magen, Darm, Leber, Bauchspeicheldrüse und Nieren aus. 1998 wagten französische Ärzte erstmals die Verpflanzung der Hand eines Toten.
Der Bedarf an Organspenden ist groß und kann bei weitem nicht gedeckt werden. Allein in Deutschland warteten 1997 10000 Dialysepatienten auf eine Spenderniere.
Unter die Meldungen erfolgreicher Organ-Transplantationen und den Appellen an die Bereitschaft zur Organspende mischen sich allerdings auch kritische Stimmen. Sie warnen nachdrücklich vor den Gefahren eines kommerzialisierten Gesundheitsmarktes. So erhielten z.B. 1993 mehr als 2000 Bluter AIDS-verseuchte Blutpräparate, weil die beteiligten Firmen ihre kommerziellen Interessen über die medizinische Sorgfalt stellten.
Darüber hinaus befürchten Kritiker eine totale Vermarktung des menschlichen Körpers und machen auf Tendenzen aufmerksam, den Menschen als Lieferanten wertvoller Rohstoffe zu sehen und ihn zum Spielball medizinischer und biotechnischer Interessen zu machen.
Mit dieser Problematik beschäftigt sich der nachfolgende Text.

### Ellis E. Huber: Probleme des Gesundheitssystems

Das Gesundheitssystem einer Bevölkerung ist so etwas wie ein Immunsystem der Gesellschaft gegen die Krankheitsbedrohung der herrschenden Kultur. Ein sozialer Organismus also, der als Teil des Gemeinwesens der Gesundheit des einzelnen Menschen und der gesamten Bevölkerung dient. [...]
Unsere Bevölkerung spürt, dass im bestehenden Gesundheitswesen Gefahren drohen: Zu sehr dominiert noch das Bild von einer seelenlosen Körpermaschine, die durch Reparaturmedizin funktionstüchtig bleibt, zu sehr machen ärztliche Eingriffe und medizinische Technologie den einzelnen Patienten zum Objekt, zu sehr empfinden Menschen auch, wie sie dem medizinisch-industriellen Komplex ausgeliefert und auf die moralische Redlichkeit der Ärzteschaft angewiesen sind. [...]
Wie entwickeln wir ein Gesundheitssystem, und welches Selbstverständnis leitet künftig die Ärztinnen und Ärzte in Deutschland? Wollen wir ein Gesundheitssystem, das Markt, Profit und kommerzielle Verwertung medizinischer Möglichkeiten kultuviert, lukrative Dienstleisungsunternehmen befördert und das Geschäft mit der Krankheit propagiert? Oder wollen wir ein Gesundheitssystem, das in sozialer Verantwortung denkt und handelt, technische Er-

Der Arzt **Ellis E. Huber** war von 1987 bis 1998 Präsident der Ärztekammer Berlin.

Die Vorstellung des Menschen als einer **„Körpermaschine“** hat seine philosophischen Wurzeln im Denken **René Descartes**' (s. S. 334), der eine fundamentale Trennung von Körper und Geist propagierte und nur im Geist das spezifisch Menschliche sah: „Ich denke, also bin ich“ (cogito ergo sum). Der menschliche Körper sei lediglich eine animalische Maschine: „In Gedanken vergleiche ich den kranken Menschen und eine schlecht gemachte Uhr mit meiner Idee von einem gesunden Menschen und einer gut gemachten Uhr.“

**Erklärung zur Organspende**

Name, Vorname — Geburtsdatum

Straße — PLZ, Wohnort

☐ **Ich bin Organspender:** Ich möchte kranken Menschen dadurch helfen, daß mir nach meinem Tod Organe/Gewebe zur Transplantation entnommen werden.

☐ **Ich bin Organspender,** ausgenommen folgende Organe / Gewebe:

☐ **Ich bin kein Organspender:** Ich widerspreche einer Entnahme von Organen/Gewebe

**Im Falle meines Todes bitte umgehend Nachricht geben an die Organisationszentrale Telefon (Tag und Nacht): (0 61 02) 3 99 99**

Eine solche Erklärung, in Gesundheitsämtern und Apotheken erhältlich, muss man zwar nicht mit sich führen, würde aber die Angehörigen von einer möglichen Entscheidung entlasten.

rungenschaften der menschlichen Einfühlsamkeit unterordnet und mit einer Ethik der Ehrfurcht vor dem Leben die Würde des Menschen bewahren hilft? Die ärztliche Profession nimmt in dieser grundlegenden Entscheidung eine Schlüsselfunktion ein. [...]

Dass sich ein Arzt niemals für gesellschaftspolitische oder wirtschaftliche Interessen gegen seine Patienten funktionalisieren lassen darf: Dieses Credo der sozialen Verantwortung kommt inzwischen im Programm der deutschen Ärzteschaft von 1994 überdeutlich zum Ausdruck. Die offizielle Standesvertretung übernimmt nun Verantwortung für die Strukturen und Verhältnisse im Gesundheitssystem. Die Wende von der Monetik zur Ethik – unterstützt durch die deutsche Vereinigung und die ostdeutschen Erfahrungen – hat begonnen. [...]

Tausende von Menschen sind in Deutschland bereit, Organe zu spenden. Sie tragen einen Organspender-Ausweis mit sich und bekunden ihre Bereitschaft, im eigenen Sterbefall noch anderen Menschen zu helfen. Tausende von schwerstkranken Patienten warten aber auch auf ein Spenderorgan, das ihr Leben retten oder dramatisch verbessern kann. Es gibt aber zu wenig Spenderorgane. Im Prinzip finden viele Bürgerinnen und Bürger die Organtransplantation gut – aber sie können sich nicht mit dem Gedanken anfreunden, dass Ärzte nach ihrem Tode Verwertbares aus ihnen herausschneiden, dass sie als Ersatzteillager benutzt werden wie ein zu Schrott gefahrenes Auto. Plötzlich ist es da, ein widersprüchliches Gefühl zum eigenen Körper, zum eigenen Tod. Die Organspende konfrontiert uns mit unserem Selbstverständnis, mit unseren Beziehungen zum Körper, zu unseren Bekannten oder zu unseren Mitmenschen. Wir empfinden selbst, dass es eben nicht um Körpermaschinen geht, dass der Arzt kein Bioingenieur ist und Angehörige eines Verstorbenen auch nicht im Besitz einer Sache sind, über die sie einfach verfügen können. Es geht um Leben.

Die lebenserhaltende Therapie durch Organtransplantationen ist medizinisch nur zulässig, wenn zwischen Patient und Arzt Vertrauen herrscht und die Rechte und Bedürfnisse des Individuums höher bewertet werden als die von staatlichen oder öffentlichen Institutionen. Ärztliches Handeln darf die Heilung oder Hilfe für Kranke nicht dem wissenschaftlichen Ehrgeiz unterordnen. Es liegt an uns Ärzten, die Ehre der Toten zu schützen, mit den Angehörigen einfühlsam und respektvoll umzugehen und unser Tun jederzeit transparent zu machen. Deshalb gelten in Deutschland ethische Berufsregeln für die Organtransplantation, die von der ärztlichen Selbstverwaltung streng überwacht werden. Ärztinnen oder Ärzte, die dagegen verstoßen, müssen mit dem Entzug ihrer Berufserlaubnis rechnen.

Die Organ-Entnahme für eine Transplantation ist nur erlaubt, wenn zwei unabhängige, an der Organ-Entnahme oder Transplantation nicht beteiligte Ärzte den Hirntod zweifelsfrei festgestellt und dokumentiert haben. Die Ärzte stellen den Tod dann fest, wenn das Stammhirn bei zwei Untersuchungen im Abstand von zwölf Stun-

**Hirntod:** 1968 setzte ein Komitee der amerikanischen Havard Medical School das Versagen messbarer Hirntätigkeit mit dem Tod gleich. Diese Todesdefinition, die bald allgemein akzeptiert wurde, schuf die Voraussetzung für eine Organentnahme, weil die Funktion der übrigen Organe mit maschineller Hilfe aufrecht erhalten und damit transplantationsfähig gehalten werden kann.

Kritiker dieser Todesdefinition sehen Hirntote nicht als Tote oder Leichen, sondern als Sterbende an.

den keine Funktion mehr zeigt und alle Gehirnströme vollständig und unwiederbringlich erloschen sind. „Teilhirntode“ oder „Hirnrindentote“, so genannte Apalliker, Säuglinge ohne Großhirn oder Menschen mit anderen Teilausfällen des Gehirns sind nicht tot. Eine Grenzziehung zwischen hirntot und herztot ist der Medizin möglich, seitdem Maschinen eine künstliche Beatmung ermöglichen und trotz des Hirntodes die Körperfunktionen künstlich aufrechterhalten werden können.

Ohne ausdrückliche Einwilligung des Verstorbenen oder seiner Angehörigen darf kein Organ entnommen werden. Die Zustimmung muss dabei für jedes einzelne Organ erfolgt sein. Um Interessenkonflikte zu vermeiden, wurden in Deutschland Organ-Entnahme und Transplantation organisatorisch voneinander getrennt. Die Vermittlung der Organspende obliegt einer unabhängigen dritten Instanz: der europäischen Organspende-Zentrale Eurotransplant im holländischen Leiden. Es gibt also mit Absicht keine Verbindung zwischen dem Ärzteteam, das Organe entnimmt, und dem, das ein Organ verpflanzt. Die „Gewaltenteilung“ und unabhängige Organ-Vermittlung sind eine bewusste kulturelle Norm der ärztlichen Selbstverwaltung, Bestandteil des Grundgesetzes ärztlicher Berufsausübung. Ein Organ-Handel und die Beteiligung an Organ-Geschäften ist dem Arzt in Deutschland verboten. Wer dagegen verstößt, ist für den ärztlichen Beruf nicht mehr zugelassen. [...]

Wie beim Einsatz von Blut-Medikamenten und bei der Organ-Transplantation hat die ärztliche Selbstverwaltung in Deutschland auch für die künstliche Befruchtung und die Gen-Therapie strenge Regeln vorgegeben und in der Berufsordung festgeschrieben:

Forschungsexperimente mit Embryonen oder Eizellen sind verboten. Die künstliche Befruchtung ist Ärztinnen und Ärzten nur erlaubt, wenn psychotherapeutische Hilfe nicht erfolgreicher ist, stabile Elternbeziehungen bestehen und die biologische Elternschaft mit der sozialen übereinstimmt. Die Nutzung fremder Eizellen ist dabei ebenso verboten wie eine Leihmutterschaft oder Manipulationen an Embryonen. Die künstliche Befruchtung ist nur als therapeutische Maßnahme zur Herbeiführung einer Schwangerschaft zulässig. Die Techniken der In-vitro-Fertilisation oder des Embryo-Transfers dürfen Ärzte in Deutschland für einen anderen Zweck nicht anwenden. Die Ethik-Kommissionen der einzelnen Landesärztekammern überprüfen die fachlichen und medizinisch-technischen Bedingungen von Kliniken oder Arztpraxen, die künstliche Befruchtungen vornehmen. Bei einer künstlichen Befruchtung wird darauf geachtet, dass kein rechtlicher Unterschied gegenüber einer natürlichen Zeugung besteht. Aus diesem Grund sind anonyme Samenspenden nicht zulässig. Wenn bei einem Paar wegen Unfruchtbarkeit des Mannes im Einzelfall Samenspenden Verwendung finden, bedarf dies der vorherigen Zustimmung durch die Ethik-Kommission der Landesärztekammer. Samenspender werden darauf hingewiesen, dass ihr Name dem Kind offenbart wird und insoweit keine ärztliche Schweigepflicht beansprucht werden darf.

Das am 1.1.1991 in Deutschland in Kraft getretene Embryonenschutz-Gesetz hat diese Normen übernommen. In diesem Gesetz sind sowohl die Eizellen-Spende als auch die Ersatzmutterschaft

In Deutschland trat 1997 das erste **Transplantationsgesetz** in Kraft und schafft somit Rechtssicherheit. Danach ist die Organentnahme bei Hirntoten erlaubt, die der Organentnahme zuvor zugestimmt hatten. Sollte diese Person jedoch keinerlei Verfügung getroffen haben, bleibt als notwendige Voraussetzung für die Organentnahme die Zustimmung der engsten Angehörigen („erweiterte Zustimmungslösung“). Organhandel und unrechtmäßiges Verhalten im Zusammenhang mit der Organentnahme wird mit einer Haftstrafe bis zu 5 Jahren oder mit Geldstrafe geahndet.

verboten. Damit ist auch jeglicher Handel mit Samen- oder Eizellen unterbunden.
Ebenso wie die künstliche Befruchtung detailliert in der ärztlichen Berufsordnung geregelt ist, wird auch für den Schutz von Föten in Deutschland Sorge getragen. Der Arzt, der einen Schwangerschaftsabbruch durchführt oder eine Fehlgeburt betreut, muss sicherstellen, dass die tote Leibesfrucht keiner missbräuchlichen Verwendung zugeführt wird. Föten dürfen nicht viviseziert[1] werden, und Abtreibungen zum Erhalt von transplantationsfähigem Gewebe sind verboten. [...] Alle Forschungen und therapeutischen Maßnahmen mit fetalem Gewebe müssen von einer Ethik-Kommission genehmigt sein. Gleichzeitig ist sicherzustellen, dass – wie bei der Organ-Transplantation – keine Beziehung zwischen entnehmender und nutzender Seite besteht. Gewebebanken dürfen nicht kommerziell arbeiten. Bei Konflikten zwischen Forschungsinteresse und mütterlichem Interesse ist dem Bedürfnis der Mutter Vorrang einzuräumen.
Zur Zeit gibt es aber einen massiven Druck von Medizinern, die durch Verpflanzung von fetalem Gewebe Erkrankungen wie Morbus Alzheimer, Chorea Huntington (Veitstanz), Multiple Sklerose, Epilepsie, Schlaganfall und andere Leiden positiv beeinflussen wollen. Die Gefahr besteht, dass nach dem Muster anderer biomedizinischer Märkte ein Fötalgewebe-Markt entsteht und die Illusion wächst, dass in medizinisch „hoffnungslosen" Fällen Heilung durch die Transplantation von fetalem Gewebe möglich sei. Der mit medizinischen Heilsversprechen einhergehende Machbarkeitswahn produziert solche Träume von „Erfolg versprechenden Fötaltransplantaten". Die ethische Folge dieser Entwicklung wäre, dass Frauen entwürdigt und zu fetalen Brutkästen degradiert werden. Gleichzeitig verhindert die Propaganda für solche Heilserwartungen, dass andere Wege zur Bekämpfung der Krankheit oder zur Heilung gesucht werden. Es wird starker Anstrengungen bedürfen, dass wir Ärztinnen und Ärzte in Deutschland eine solche Praxis verhindern, die Frauen zu Gewebsplantagen entmündigt, ethisch inakzeptable Heilsversprechen produziert und lukrative biomedizinische Märkte erschließen will. Es ist notwendig, dass die Medizin in Deutschland sich moralisch beispielhaft von Entwicklungen in anderen kapitalistischen Ländern[2] absetzt.

❶ Aus welchen Gründen glaubt der Autor vor einer „Monetik" in der Medizin warnen zu müssen?

❷ Mit welchen Mitteln wird versucht, Missbrauch bezüglich der Organtransplantation zu verhindern?

❸ Erörtern Sie das Für und Wider von Organtransplantationen. Welche Entscheidung würden Sie selbst (als möglicher Spender, Empfänger oder Angehöriger) treffen? Untersuchen Sie dabei auch den Text des Organspende-Passes hinsichtlich seiner Formulierungen.

❹ Huber spricht von einem „Machbarkeitswahn" bezüglich der künstlichen Befruchtung und befürchtet „fatale Folgen". Was meint er damit? Warum sind anonyme Samenspenden in Deutschland nicht zulässig? Welche Techniken würden Sie in diesem Zusammenhang selbst in Anspruch nehmen wollen, welche nicht?

Das Oberlandesgericht Frankfurt am Main entschied 1998, dass Vormundschaftsrichter den Abbruch lebenserhaltender medizinischer Maßnahmen genehmigen dürfen, wenn dies dem tatsächlichen oder mutmaßlichen Willen der betroffenen Patienten entspricht. Es ging dabei nicht darum, dass Außenstehende über den Tod eines Menschen entscheiden, sondern um die rechtliche Prüfung eines Verfahrensweges, das Recht eines Patienten anzuerkennen, über die Grenzen ärztlicher Maßnahmen zu bestimmen. Bei dem zu entscheidenden

---

[1] Vivisektion: Operativer Eingriff am lebenden Organismus (zu Forschungszwecken)

[2] s. den Überblick auf S. 350

Fall handelte es sich um eine 85-jährige Patientin, die im Koma lag, künstlich ernährt wurde und zu einer Willensäußerung nicht mehr fähig war. Befürworter dieses Urteils sprechen von einer Stärkung des Selbstbestimmungsrechtes des Patienten. Gegner des Urteils befürchten, dass damit einer aktiven Sterbehilfe Vorschub geleistet wird.
Diese Problematik veranlasste die Bundesärztekammer zu einer Grundsatzerklärung, über die der nachfolgende Zeitungstext berichtet.

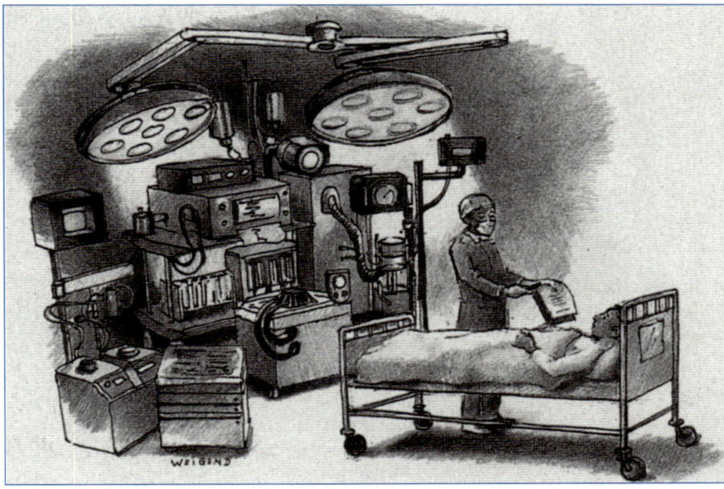

# Patientenwille ist das oberste Gebot

## Bundesärztekammer verabschiedet umstrittene Grundsätze für die Sterbebegleitung

KÖLN (dpa/epd). Trotz massiver Kritik hat die Bundesärztekammer ihre „Grundsätze zur ärztlichen Sterbebegleitung" verabschiedet. Sie sollen Ärzten Entscheidungshilfen im Umgang mit Sterbenden, Tod- und Schwerkranken geben. Politiker von SPD und Grünen und die Deutsche Hospiz-Stiftung warfen der Ärztekammer vor, das Tor zur aktiven Sterbehilfe zu öffnen. Der Vizepräsident der Bundesärztekammer verteidigte dagegen das Papier und betonte, dass immer der Wille des Patienten maßgeblich sei.

In der Richtlinie wird aktive Sterbehilfe strikt abgelehnt, ein Abbruch der Behandlung aber unter bestimmten Umständen zugelassen. So können Ärzte bei Sterbenden oder Todkranken lebensverlängernde Maßnahmen unterlassen oder abbrechen, wenn dies dem erklärten oder mutmaßlichen Willen des Patienten entspricht. Ein Abbruch der künstlichen Ernährung wird nicht ausgeschlossen. Die Kritik entzündet sich vor allem an den Passagen zu nicht-einwilligungsfähigen Kranken wie Wachkoma-Patienten oder extrem geschädigten Neugeborenen, die zwar lebensbedrohlich krank sind, aber nicht zwangsläufig in absehbarer Zeit sterben. So dürfen Ärzte auch bei diesem Patientenkreis lebenserhaltende Maßnahmen unter bestimmten Umständen beenden, vorausgesetzt, dies entspricht dem Willen des Patienten. „Bei einwilligungsunfähigen Patienten ist die Erklärung des gesetzlichen Vertreters, etwa der Eltern, des Betreuers oder des Bevollmächtigten maßgeblich", heißt es in den Richtlinien. Die gesundheitspolitische Sprecherin der Grünen kritisierte die Sterbehilferichtlinie als „verfassungsrechtlich hoch problematisch" und „nicht akzeptabel". Man dürfe nicht mit „Mutmaßungen über das Leben schwerstkranker Menschen" entscheiden. Der Vizepräsident der Ärztekammer verteidigte das Papier und verwies u.a. auf das Sterbehilfeurteil des Frankfurter Oberlandesgerichtes.

Hannoversche Allgemeine, 13.9. 1998

❶ Beschreiben Sie den Konflikt, in dem Patienten, deren Angehörige und die Ärzte stehen.

❷ Welches sind die Vor- und Nachteile der Erweiterung des Selbstbestimmungsrechtes der Patienten?

❸ Informieren Sie sich über den Wortlaut einer „Patientenverfügung" (bei DRK, Hospiz-Bewegung u.a.) und setzen Sie sich damit kritisch auseinander. Welchen Wortlaut würden Sie selbst für eine solche Verfügung wählen?

**Hospiz-Bewegung:** Der Begriff leitet sich von dem lat. Wort hospitium = Gastfreundschaft/gastliches Haus ab. Die moderne Hospiz-Bewegung wurde 1967 in England gegründet und hat sich zum Ziel gesetzt, Schwerstkranke und Sterbende zu Hause (ambulant) oder in stationären Einrichtungen zu betreuen. Die Mitarbeiter (Ärzte, Schwestern, Seelsorger, Psychologen) arbeiten ehrenamtlich und wollen den Patienten die Sicherheit geben, dass nichts ohne ihr Einverständnis entschieden wird und alles unterlassen wird, was „nur den Sterbevorgang verlängert und nicht das Leben". (Adresse s. S. 417)

❶ Was versteht die Hospiz-Bewegung unter „menschenwürdigen Sterben"?

❷ Informieren Sie sich über einen Hospiz-Dienst in Ihrer Nähe und berichten Sie über dessen Arbeit.

## Aus dem Programm der Hospiz-Bewegung

Sterbende brauchen einen vertrauten Ort, an dem sie sich geborgen fühlen, wohl umsorgt von Verwandten und Freunden, und eine ärztliche und pflegerische Betreuung, die den Tagen Leben hinzufügt und nicht nur dem Leben Tage. „Damit ihr letztes Stück Leben wirklich Leben und nicht bloßes Existieren ist", wie Dr. Cicely Saunders es einmal formuliert hat, die mit der Einrichtung des inzwischen legendär gewordenen „St. Christopheros Hospice" in London 1967 die moderne Hospiz-Bewegung ins Leben rief.
Bei allen gewachsenen Unterschieden in den verschiedenen Ländern sind Grundüberzeugungen und Ziele der Hospizbewegung die gleichen:

1. Dem Sterben wieder seinen natürlichen Platz in unserem Leben geben: Es darf weder verdrängt noch künstlich verlängert oder beschleunigt werden. Aktive Sterbehilfe wird unter allen Umständen ausgeschlossen.
2. Voraussetzungen dafür schaffen, dass die Patienten wenn irgend möglich zu Hause sterben können.
3. Wahrhaftig mit den Schwerkranken umgehen: Alles, was gesagt wird, muss wahr sein, aber nicht alles, was wahr ist, muss gesagt werden.
4. Konsequent die Möglichkeiten der Schmerztherapie anwenden, damit die Sterbenskranken ihr Leben bei klarem Bewusstsein zu Ende leben können und nicht in schmerzvoller Verzweiflung nach der „erlösenden Spritze" rufen.
5. Jeden seinen ganz persönlichen Tod sterben lassen. Der Abschied vom Leben mit seinen Ängsten und Schmerzen rührt wie kaum etwas anderes an die Würde und Einmaligkeit des Menschen. Ihn dabei begleiten zu dürfen, kann ein kostbares Geschenk sein.
6. Einfühlsam dem Patienten helfen, Brücken zur Versöhnung zu bauen und Türen aufzustoßen, über die letzten Dinge ins Reine zu kommen.

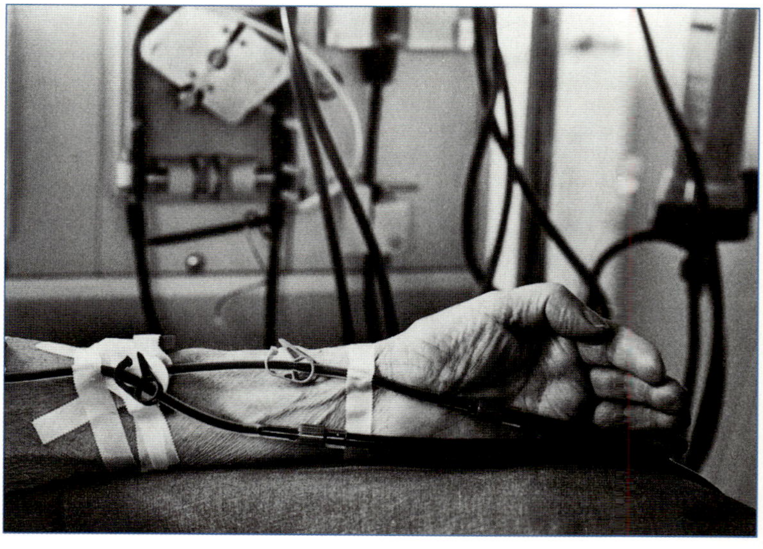

# Wirtschaft und Ethik

# Einführung

„Sie wollen Wirtschaftsethik studieren? Dann entscheiden Sie sich für das Eine oder das Andere!" So soll sich der Satiriker Karl Kraus über den Zusammenhang von Ökonomie und Ethik geäußert haben.
Wirtschaft und Ethik – also ein Widerspruch in sich? Dazu zwei charakteristische Meinungen:
„Die Märkte sind amoralisch. Da zählen moralische Überlegungen nicht. [...] Wir haben in Gestalt der repräsentativen Demokratie einen Mechanismus, der dem Allgemeinwohl dient. Den aber gibt es in der globalen Wirtschaft nicht", George Soros, Milliardär und „Inbegriff des Spekulanten", 1998.
„Der Zweck der Weltwirtschaft ist: Den Erdbewohnern das größte Wohlergehen sicherzustellen. Alle Errungenschaften des menschlichen Geistes sollen allen unseren Mitmenschen in möglichst großem Ausmaß zur Verfügung stehen. Es wird künftig für den Unternehmer keinen Anlass geben, sich zu sagen: Ich darf dem Arbeiter nicht über einen bestimmten Lohn bezahlen. Es liegt dies gar nicht im Interesse des Unternehmers. Das Streben der Wirtschaftsführer muss sein: Dem Menschen immer mehr Lebens- und Verbrauchsgüter zur Verfügung zu stellen, immer mehr Möglichkeiten der Beschäftigung für seine Mitmenschen zu finden", Robert Bosch, Firmengründer, 1932.

Wirtschaft wird von Menschen gemacht und wirkt sich auf Menschen aus. Insofern ereignet sie sich nicht in einem rechts- oder moralfreien Raum, auch wenn dies zeitweise so gesehen wurde (z.B. Sklavenhaltung, Zwangsarbeit) und mancherorts noch so gesehen und praktiziert wird (z.B. Kinderarbeit).
Spätestens seit der industriellen Revolution ist mit der Kritik von Karl Marx am kapitalistischen Wirtschaftssystem und der Entdeckung der „sozialen Frage" durch Politik, Wirtschaft und Kirche die ethische Dimension des Wirtschaftens erkannt worden. Die Lösungsversuche reichen dabei von der Installierung einer „Planwirtschaft" (wie in den sozialistischen Ländern) bis zum Konzept der „sozialen Marktwirtschaft" (wie z.B. in der Bundesrepublik Deutschland).
Nachdem sich die kapitalistisch organisierte Wirtschaftsform gegenüber dem sozialistisch-planwirtschaftlichen Modell durchgesetzt hat, eröffnen sich jedoch neue Probleme. Wozu führt z.B. die nunmehr mit aller Macht einsetzende „Globalisierung der Märkte"? Welche Chancen und Risiken sind damit verbunden? Welche Zukunft wird die Arbeit haben und welche Anforderungen werden an die nach Arbeit suchenden Menschen gestellt werden? Lassen sich Ökonomie und Ökologie wirklich und dauerhaft miteinander versöhnen?
Dass „nichts so spannend ist wie die Wirtschaft" und dass sich immer mehr Menschen für Aktien, Börsenkurse usw. interessieren, lässt sich auch daran ersehen, dass bei den Studienanfängern an den Universitäten die Wirtschaftswissenschaften an vorderer Stelle stehen. Eine Chance auch für ethische Fragestellungen?

**Weisheiten über das Geld**

„Nicht der Euro, sondern das Geld an sich bleibt ein Problem – kein praktisches, sondern ein philosophisches. Die Börsenhausse mit ihren Hundert-Milliarden-Gewinnen beschäftigt die Ethik-Seminare und die Stammtische. Gefragt wird, warum das Geld manchen Leuten mehr Rechte gibt als anderen."
*Beat Kappeler*, Journalist

„Geld heißt so viel wie geprägte Willensfreiheit".
*Fjodor Dostojewski*, russischer Schriftsteller (und Glücksspieler)

„Die Magna Charta der persönlichen Freiheit!"
*Georg Simmel*, Philosoph, über die Bestimmung des römischen Rechts, Pflichten nicht nur in Naturalien, sondern auch in Geld ableisten zu können.

„Nach Golde drängt, am Golde hängt doch alles. Ach, wir Armen!"
*Gretchen* in Goethes „Faust"

„Geld stinkt nicht!"
*Vespasian*, römischer Kaiser, zu der Kritik an seiner Anordnung, für die Benutzung öffentlicher Toiletten Geld zu erheben

„Zum Kriegführen sind dreierlei Dinge nötig: Geld, Geld, Geld!"
*Marschall Trivulzio* zu Ludwig XII.

„Geld ist keine unschuldige Instanz. Es kann zur Quelle schwerer und lang anhaltender Störungen werden."
*John Maynard Keynes*, Ökonom

„In Geldsachen hört die Gemütlichkeit auf."
*David Hansemann*, Wirtschaftspolitiker und Bankengründer

# 1. „Nichts ist so spannend wie die Wirtschaft“

## Sabine Hildebrandt-Woeckel: Fantasie und Tatendrang – Schüler gründen Miniunternehmen

Am Ende war's ein Wettlauf mit der Zeit: Genau acht Nachmittage blieben den 14 Mitarbeitern der Flensburger Firma Fäctorigs, 200000 Spielkarten zu sortieren, mit sechs Kilometer Klebeband in Handarbeit 1100 Kartons herzustellen und schließlich am 17. Dezember 1997 ihr Endprodukt, das so genannte Flensburg-Spiel, an die Geschäfte auszuliefern – gerade noch rechtzeitig, um wenigstens ein wenig vom Weihnachtsgeschäft zu profitieren. „Und dann“, so der damalige Geschäftsführer Frieder Noah, 16, „konnten wir nur noch hoffen, dass die auch rechtzeitig bezahlen, denn sonst wären uns die Lieferanten auf die Pelle gerückt.“

Der Einsatz hat sich gelohnt: für Noah und seine Mitstreiter, die in der verbleibenden Woche bis Heiligabend immerhin 700 Spiele an den Mann brachten, und für das Institut der Deutschen Wirtschaft (IW) in Köln, das im Zweifelsfall für die Schulden von Fäctorigs hätte geradestehen müssen. Denn Fäctorigs ist keine gewöhnliche Firma. Noah und seine Mitstreiter gehen noch zur Schule, zur Zeit in die elfte Klasse der Integrierten Gesamtschule Flensburg. Den erfolgreichen Ausflug in die Wirtschaft verdanken sie einer engagierten Lehrerin und dem Projekt „Junio“ des IW.

Seit 1994 unterstützt das Institut die Gründung so genannter Schülerfimen, die sich – anders als in Planspielen – wirklich auf dem Markt bewegen. Sie produzieren Güter oder erbringen Dienstleistungen, beschaffen Kapital, erstellen Bilanzen, zahlen Lohn und Steuern. Noahs Fazit nach einem Jahr Businessdasein: „Wir haben viel mehr über Ökonomie gelernt als sonst in der gesamten Schulzeit.“ [...] „Ein Zuckerschlecken“, weiß die 16-jährige Michaela von Kessel, „ist das Unternehmerdasein nicht.“ Mindestens acht Arbeitstunden pro Woche haben alle 14 „Youngsters“ seit Herbst vergangenen Jahres in die Firma investiert. [...]

Einige Firmen, beispielsweise die im Schuljahr 1997/98 gegründete „Bavaria Crew“ des Gymnasiums Untergriesbach, waren so erfolgreich, dass sich der Kurs ihrer Aktie versechsfachte. Die Schüler, die mit ihrem Konzept auch den bayrischen Landeswettbewerb gewannen, waren gleich mit drei Geschäftsideen auf den Markt gekommen. [...] 23000 Mark Umsatz brachten sie in ihrem Geschäftsjahr auf die Beine und stießen dabei fast an die aus Haftungsgründen vom IW vorgegebene Grenze von 25000 Mark. Einziges Problem der „Junior“-Unternehmer war die Gewinnverteilung. Nur mit knapper Mehrheit, berichtet Wolfgang Kaiser, 17, habe man auf der Aktionärsversammlung den Vorschlag durchgebracht, 1000 Mark vom Gewinn an ein russisches Waisenhaus zu spenden: „Vielen lag die eigene Dividende mehr am Herzen.“

Seit Mitte der Neunzigerjahre gibt es in Deutschland Firmengründungen von Schülern. Sie werden unterstützt vom Institut der Deutschen Wirtschaft, das jeweils für die Dauer von einem Jahr „Junior“-Firmen betreut, oder von der Deutschen Kinder- und Jugendstiftung, die die jungen Firmengründungen als Dauerfirmen fördert.

❶ Worin liegt Ihrer Meinung nach der Reiz und der Sinn einer solchen Firmengründung? Überlegen Sie, ob Schulen solche Projekte fördern sollten. Wenn ja, mit welcher Zielsetzung?

❷ Von welchen Erfahrungen, Erfolgen und Schwierigkeiten, spricht der Bericht? Liegen die in den Zeilen 37–42 genannten Probleme der Gewinnverteilung in der Logik des Unternehmertums? Vergleichen Sie Letzteres mit den Statements in den Einführungstexten auf S. 378.

# 2. Ethische Aspekte in der Wirtschaftstheorie

Die Schüler in den eingangs beschriebenen Projekten werden wohl kaum Zeit gehabt haben, sich mit grundsätzlichen bzw. wissenschaftlichen Fragen der Ökonomie zu befassen. Den Sinn, Wirtschaftswissenschaften zu studieren, fasste der Nobelpreisträger für Wirtschaft 1981, James Tobin, folgendermaßen zusammen: „Ökonomie bedeutet nicht nur eine Herausforderung für den Verstand, sondern bietet auch die Hoffnung, durch größeres Verstehen das Los der Menschheit zu verbessern".
Gibt es demnach also auch einen ethischen Impuls, der die Wirtschaftswissenschaft(ler) antreibt?

**Adam Smith** (1723–1790), Philosoph und Wirtschaftswissenschaftler, begründete die klassische Nationalökonomie, nachdem er zunächst in seiner „Theorie der ethischen Gefühle" grundlegende anthropologische und ethische Überlegungen angestellt hatte.

## „Eigenliebe tut gut": Die Lehre des Adam Smith*

Einen engen Zusammenhang von Ethik und Ökonomie sah der Begründer der wissenschaftlichen Ökonomie: der englische Philosoph und Wirtschaftswissenschaftler Adam Smith. Er entwickelte zunächst eine „Theorie der ethischen Gefühle" (1759). Darin erklärte er im Gegensatz zu der Lehre von Thomas Hobbes, dass es keiner mächtigen Instanz bedürfe, um die Leidenschaften der Menschen im Zaume zu halten. In seinem Werk „Untersuchung über die Natur und die Ursachen des Wohlstandes der Nationen" (1776) übertrug er diese philosophische Lehre auf das Wirtschaftsleben. Er war der Überzeugung, dass „alle Menschen bestrebt seien, ihre Lebensbedingungen zu verbessern" und dass es eine „ursprüngliche Neigung zum Tausch und Handel" gebe: „Nicht vom Wohlwollen des Metzgers, Brauers und Bäckers erwarten wir das, was wir zum Essen brauchen, sondern davon, dass sie ihre eigenen Interessen wahrnehmen." Trotz dieses natürlichen Eigeninteresses verfüge der Mensch aber auch über Antriebe, die seinen egoistischen Neigungen Grenzen setzen würden: „Für wie selbstsüchtig man den Menschen auch halten mag, in seiner Natur finden sich offenbar Züge, die ihm das Geschick anderer angelegen sein lassen."
Beseitige man nun alle (staatlichen) Systeme der Einschränkung und Bevorteilung, stelle sich „von selbst das einfache System der natürlichen Freiheit" ein. Man solle demnach dem Menschen, sofern er nicht gegen die Gesetze der Gerechtigkeit verstoße, „völlige Freiheit lassen, sein Interesse in der ihm angenehmen Weise zu verfolgen". Ohne es nämlich zu beabsichtigen oder zu wissen, verfolge er auf diese Weise, wie von „unsichtbarer Hand" gelenkt, das Gesamtinteresse und Wohl der Gesellschaft. Der Staat habe nur solche Aufgaben zu übernehmen, die von privater Seite überhaupt nicht oder nur schlechter wahrgenommen werden können. Die Planung und Steuerung der Produktion jedenfalls könne nicht Aufgabe des Staates sein, weil der Markt dies wesentlich besser könne. Darüber hinaus sei der Wettbewerb ein gut funktionierendes Mittel zur Beschränkung der Macht. Nur dort, wo der Markt versage, z.B. bei der Tendenz zur Monopolbildung oder zur Ungerechtigkeit, seien Staatseingriffe gerechtfertigt: „Jener Gebrauch der natürli-

chen Freiheit durch einige wenige Individuen, welcher die Sicherheit der ganzen Gesellschaft gefährden könnte, wird zu Recht durch die Gesetze einer jeden Regierung beschränkt – der freiesten ebenso wie der willkürlichsten."

Adam Smith wird häufig als doktrinärer Vertreter eines wirtschaftlichen „Laisser-faire" bezeichnet. Er selbst hielt die freie Marktwirtschaft jedoch für höchst moralisch, weil dieses Wirtschaftsprinzip den natürlichen Interessen des Einzelnen gerecht werde, das Gesamtwohl fördere und darüber hinaus durch Eingriffsmöglichkeiten des Staates vor Ungerechtigkeit und Auswüchsen bewahrt werde.

Die Weltwirtschaftskrise des Jahres 1929 war die bis dahin schwerste Wirtschaftskrise in Friedenszeiten. Weder ihr Ausmaß noch ihre lange Dauer konnten mit den bislang gängigen Wirtschaftstheorien erklärt werden. Die Krise führte in den Dreißigerjahren zu Massenarbeitslosigkeit und trug in Deutschland zum Ende der Weimarer Republik und damit zum Scheitern der Demokratie entscheidend bei. Diese Entwicklung sah der englische Wirtschaftswissenschaftler **John Maynard Keynes** (1883–1946) früh voraus. Seine Überlegungen zu einer „richtigen" Wirtschaftspolitik mündeten deswegen in die Forderung, der Staat habe bei der Wirtschaftslenkung eine entscheidende Funktion. Er müsse regulierend in die Geldströme und die Währungsspekulationen eingreifen und mit gezieltem Öffnen und Schließen der öffentlichen Geldhähne die Wirtschaft je nach Lage stimulieren und dämpfen. Vor allem aber habe er eine auf sozialen Ausgleich gerichtete Arbeitsmarktpolitik zu betreiben und wohlfahrts- bzw. sozialstaatliche Prinzipien im Sinne einer „sozialen Marktwirtschaft" zu verwirklichen.

Der bedeutendste Gegner von Keynes ist der Amerikaner **Milton Friedman** (geb. 1912). Friedman hält nichts von staatlichen Eingriffen in die Wirtschaft. Die Ökonomie, so sein Credo, sei Mittel zum Zweck der individuellen Freiheit: „Wäre die freie Marktwirtschaft nicht das effizienteste System, ich wollte sie trotzdem – wegen der Werte, die sie repräsentiert: Wahlfreiheit, Herausforderung, Risiko." Der Staat solle lediglich das Privateigentum definieren, das Land verteidigen und die Ärmsten vor Not und Hunger bewahren. Die Idee des Sozialstaates verachtet er; sozialen Wohnungsbau, staatliche Altersvorsorge oder die Festsetzung eines Mindestlohnes lehnt er ab, u.a deswegen, weil sich die „Wohlfahrtsökonomie" hemmend auf die Leistungsbereitschaft auswirke und die Verschuldung des Staates vorantreibe.

Am Ende der Neunzigerjahre trat nach der anfänglichen Euphorie über den „Sieg" des Kapitalismus über den Sozialismus eine Ernüchterung angesichts der Folgen eines ungezügelten und „globalisierten" Kapitalismus ein. Gigantische Firmenfusionen, entnationalisierte, unüberschaubar gewordene Finanzmärkte, Kapital- und Steuerflucht, „Versteigerung von Arbeitsplätzen", „Standort"-Debatten, Anstieg der Arbeitslosigkeit und das Entstehen neuer Armut ließen die Befürchtung aufkommen, dass sich die Weltgesellschaft immer mehr der ökonomischen und politischen Macht einiger hundert transnationaler Unternehmen, den „Global Players", ausliefere und dass somit nicht nur eine Gefahr für den Sozialstaatsgedanken, sondern für die Handlungs- und Gestaltungsspielräume von Politik und Demokratie überhaupt bestehe.

❶ Welche ethische Theorie legt Smith seiner Wirtschaftstheorie zugrunde?

❷ Was könnte Smith unter der „unsichtbaren Hand" (Z. 26) verstehen?

❸ Überprüfen Sie an Beispielen Smiths These, dass der freie Wettbewerb ein Mittel zur Beschränkung individueller Macht sei.

❹ Worin sieht Smith die Aufgaben des Staates?

Bemerkenswert ist daher, dass das Nobelpreiskomitee 1998 den Preis für Wirtschaft dem Ökonomen **Amartya Sen** verlieh, einem Wirtschaftswissenschaftler, der moralische Aspekte wieder in die Wirtschaftstheorie einführte.

Der indische Ökonom **Amartya Sen** beschäftigt sich mit den Ursachen von Armut und Hungersnöten und mit Fragen der Einkommensverteilung. Seit der Veröffentlichung seines Buches „Armut und Hungersnöte" gilt er als Verfechter der Wohlfahrtsökonomie und als „Gewissen seiner Zunft".

# Ein Streiter wider Armut und Hungersnöte

## Der indische Ökonom Amartya Sen erhält als erster Asiate den Wirtschaftsnobelpreis – Moralische Fragen in die Ökonomie eingebracht

Die Vergabe des Nobelpreises für Wirtschaft 1998 hat vor allem in den Entwicklungsländern Freude ausgelöst. Zu den Forschungsschwerpunkten des indischen Ökonomen Amartya Sen zählen die Bekämpfung von Armut und Einkommensunterschieden.

Bereits als Kind wurde Amartya Sen mit einer Katastrophe in seiner Heimat konfrontiert, die seine späteren Forschungen prägen sollte. Zu Beginn der Vierzigerjahre kam in es in West-Bengalen zu einer Hungernot, die anderthalb Millionen Menschen das Leben kostete – obwohl in dem indischen Bundesstaat genügend Lebensmittel angebaut, ja sogar exportiert wurden.

Sen machte sich an die empirische Erforschung von Hungersnöten und entwickelte dabei nicht nur neue Verfahren zur Messung von Armut, sondern wurde auch zu einem der deutlichsten Verfechter von Demokratie. Um Armut zu bekämpfen, müssen die Bürger das Recht zur politischen Teilhabe erhalten, forderte er immer wieder – und attackierte damit auch führende asiatische Politiker. Deren autoritäte Systeme lehnt Sen ab: sie seien für einen wirtschaftlichen Aufschwung nicht hilfreich.

Das Nobelpreiskomitee begründet seine Entscheidung unter anderem damit, dass Sen die Bedingungen verdeutlicht habe, wie kollektive Entscheidungen einer Gemeinschaft mit dem Recht des Einzelnen auf persönliche Freiheit zu vereinbaren seien. Außerdem habe er die theoretischen Kenntnisse erweitert, wie verschiedene Ansätze der Einkommensverteilung in einer Gesellschaft miteinander verglichen werden können. Sen steht damit eher im Gegensatz zu vielen vorangegangenen Nobelpreisträgern, die sich in ihrer Forschung mit reinen Markt- und Angebotsfragen beschäftigten.

Nach einer Professur für Wirtschaft und Philosophie an der Harvard-University (USA) wurde der Wohlfahrtsökonom zu Beginn dieses Jahres als erster Inder zum „Master" (Direktor) des berühmten Tinity-College in Cambridge ernannt.

„Keine Frage, er hat den Nobelpreis verdient", sagt der Kieler Wirtschaftsprofessor Christian Seidl, der Sen seit Jahren kennt und mit ihm zusammengearbeitet hat. Der indische Ökonom habe „außerordentlich wichtige Beiträge" über eine allgemein verständliche Sozialpolitik geleistet und die damit zusammenhängenden Fragen erst in das Bewusstsein vieler Wirtschaftswissenschaftler gerückt. Dass sein bereits 1970 geschriebenes Lehrbuch „Collective choice & social welfare" noch heute ein führendes Lehrbuch der Wohlfahrtsökonomie sei, zeige, wie fundamentale Bedeutung Sens Forschungsergebnisse hätten.

Holger Paul, in: Stuttgarter Zeitung, 15.10.1998

❶ Womit begründet das Nobelpreis-Komitee seine Entscheidung?

❷ Welchen Zusammenhang sieht Sen zwischen wirtschaftlicher Entwicklung und gesellschaftspolitischen Rahmenbedingungen?

## Lothar Ulsamer: Grundelemente einer Wirtschaftsethik

**Lothar Ulsamer** ist Leiter der Abteilung „Mandatsbetreuung und Reden" eines Unternehmens.

- Zentrales Anliegen [...] der Wirtschaft ist die optimale Versorgung der Bürger mit Gütern und Dienstleistungen.
- Die Sicherung und Schaffung menschengerechter Arbeitsplätze ist von elementarer Bedeutung.
- Die beiden vorgenannten Punkte dürfen nicht Umwelt und Natur gefährden. Der Erhalt der Natur ist die Grundvoraussetzung für menschenwürdiges Leben in der Zukunft.
- Egoistische Bestrebungen – der Wunsch, Gewinne zu erzielen [...], im Unternehmen aufzusteigen [...] – sind wichtige Triebkräfte für die wirtschaftliche Fortentwicklung, doch bedürfen sie der Eingrenzung und Einbindung durch entsprechende moralische und staatliche Rahmensetzung und moralische Gegenkräfte.
- Technik und Wissenschaft haben ebenso wie die Wirtschaft eine dienende Funktion. Die Entwicklung muss unter moralischen und ethischen Gesichtspunkten ‚gesteuert' werden, denn scheinbare politische ‚Sachzwänge' oder technische Eigengesetzlichkeiten bzw. die einzelwirtschaftliche Gewinnmaximierung dürfen nicht den Weg in die Zukunft bestimmen. [...]
- Solidarität mit den Mitmenschen, gesellschaftlichen Gruppen und Staaten ist eine der Grundlagen unseres Gesellschafts- und Wirtschaftssystems.
- Subsidiarität ist die Voraussetzung dafür, dass Probleme auf einer möglichst niederen Ebene durch kleine Einheiten gelöst werden. Damit umgehen wir eine hohes Maß an Zentralisation, das abträglich für die gesellschaftliche und individuelle Entwicklung ist.
- Eine staatliche Rahmengesetzgebung ist für die soziale und ökologische Marktwirtschaft unerlässlich. [...]
- Gewinnerzielung auf Kosten der Umwelt und der Mitmenschen ist nicht legitim. So ist es unter moralischen Gesichtspunkten nicht zu verantworten, Milchpulver als Babynahrung in Länder zu verkaufen, wo sauberes Wasser Mangelware ist und die Abnehmer die Beschreibung nicht lesen können.
- Langzeitfolgen wirtschaftlichen Handelns müssen stärker berücksichtigt werden. [...]
- Der Mensch muss im Mittelpunkt stehen. Er darf nicht zum wirtschaftlichen Hilfsmittel degradiert werden, sondern ist als Mitarbeiter, Abnehmer, Lieferant oder Bürger als Person anzunehmen. [...]
- In Sachen Umwelt darf die Wirtschaft nicht im Bremserhäuschen sitzen, sondern muss auf der Lok als Schrittmacher dienen.
- Arbeit und Leistung sind auch als Dienst am Nächsten aufzufassen. Die im Unternehmen oder in Haushalt und Familie erbrachte Leistung kommt denen zu Gute, die noch nicht für sich selbst sorgen können – wie die Kinder –, aber auch alten Menschen, die nicht mehr erwerbstätig sind. Denken sollten wir aber auch an die Kranken und Behinderten, die ein Anrecht auf unsere Solidarität haben. Die Solidarität umfasst aber nicht nur unseren engeren Lebenskreis, sondern auch die anderen Teile der Welt. [...]
- Zivilcourage ist auch in einem demokratischen Staat wichtig und sollte daher in Wirtschaft und Gesellschaft gefördert werden.

❶ Welche Punkte halten Sie für besonders wichtig? Erstellen Sie eine Präferenzliste und begründen Sie diese.

❷ Überlegen Sie, welche Punkte in der sozialen Marktwirtschaft in Deutschland erfüllt sind und welche nur ansatzweise bzw. gar nicht realisiert sind.

❸ Welche Chancen geben Sie den Forderungen hinsichtlich ihrer Umsetzbarkeit?

# 3. Moderner Kapitalismus und Ethik

## Vittorio Hösle: Vor- und Nachteile des Kapitalismus in ethischer Hinsicht

**Vittorio Hösle** (geb. 1960), ist Professor für Philosophie an der Universität Essen. In seinem 1997 erschienenen Werk „Moral und Politik“ entwirft er „Grundlagen einer politischen Ethik für das 21. Jahrhundert“.

❶ Beschreiben Sie das Menschenbild der im Text genannten Philosophen.

**Werner Sombart** (1863–1941), Wirtschaftswissenschaftler, untersuchte die Geschichte des modernen Kapitalismus, erkannte früh das Problem der Umweltgefährdung durch die Technik und schlug deshalb eine Art „Technikfolgenabschätzung“ vor.

**Elimination des Wertbegriffs:** die auf den Soziologen Max Weber (s. S. 87) zurückgehende Trennung von (Sozial-) Wissenschaften und Ethik, d.h. die Wissenschaften sollten „wertfrei“ sein.

*Der Kapitalismus zeichnet sich durch drei Merkmale aus: Privateigentum u.a. an Produktionsmitteln, Steuerung des Wirtschaftsgeschehens über den Markt, Gewinnmaximierung als Wirtschaftszweck.*
*Hösle erläutert zunächst, dass u.a. auch Veränderungen im philosophisch-anthropologischen Denken zur Ausbildung des neuzeitlichen Kapitalismus geführt haben.*

Richtig ist m.E. die These, dass der neuzeitliche Kapitalismus einen **neuen Menschentyp** teils voraussetzt, teils begünstigt, der nicht nur andere Werte hat und anders denkt, sondern der auch anders empfindet als der antike und mittelalterliche – einen Menschentyp, den zwei so verschiedene Wirtschaftsphilosophen wie **Karl Marx** und **Werner Sombart** übereinstimmend „Bourgeois“ nennen. [...] Die wichtigsten bewusstseinsgeschichtlichen Weichenstellungen, die der Genese der modernen Subjektivität zugrunde liegen, sind erstens **Descartes**' Entgegensetzung von Physischem und Psychischem, Außen- und Innenseite, zweitens **Hobbes**' Versuch einer rein egoistisch-strategischen Moralbegründung und drittens **Kants** dualistische Theorie von Sein und Sollen. Auch wenn Hobbes' „Leviathan“ primär staatsphilosophische Ziele verfolgt, scheint mir doch offensichtlich, dass in diesem Werk die entscheidenden anthropologischen und ethischen Voraussetzungen der kapitalistischen Wirtschaft und insbesondere der späteren Wirtschaftstheorie mit größter Klarheit ausgearbeitet wurden. In gewisser Hinsicht lässt sich sagen, dass Hobbes viel moderner ist als **Adam Smith**. Denn während Smiths Wirtschaftstheorie ihre Grundlagen in einer ethischen Theorie hat, die neben egoistischen und unsozialen auch soziale Affekte und Sympathiegefühle annimmt, geht Hobbes erstens vom absoluten Egoismus als Grundmotiv menschlichen Handelns aus: Staat und Wirtschaft sollen auf den rationalen Eigennutz zurückgeführt werden; nicht umsonst hat sich der Begründer des englischen Utilitarismus, **Bentham**, auf Hobbes berufen. Und zweitens hat Hobbes – der mit schonungsloser Klarheit menschliche Arbeit als eine Ware neben anderen interpretiert – die spätere **Elimination des Wertbegriffes** aus der Nationalökonomie schon vorweggenommen. [...]

*Im Folgenden erläutert der Autor die Vorteile, die den Kapitalismus in ethischer Hinsicht positiv erscheinen lassen:*
***1. Wirtschaftliche Effizienz***
***2. Respekt vor der Freiheit und Gleichheit des Einzelnen***
***3. Herausbildung eines von der Willkür des Einzelnen unabhängigen und auf Rationalität beruhenden Systems***
***4. Nähe zu demokratischen Prinzipen.***
*Kein anderes Wirtschaftssystem habe so vielen Menschen so viel Wohlstand gebracht. Darüber hinaus sei der Kapitalismus moralisch deswegen*

*legitimiert, weil er der Freiheit einen großen Wert zubillige. Zur Freiheit gehöre aber auch die vom Kapitalismus garantierte Verfügung über das Eigentum, da nur im Eigentum die Person objektive Wirklichkeit erhalte. Desweiteren habe der Kapitalismus ein hohes Arbeitsethos herausgebildet, das mit der Entwicklung von Tugenden wie Rechtlichkeit, Verantwortlichkeit, Selbstdisziplin und der Fähigkeit, die Folgen des eigenen Handelns vorauszusehen, einhergehe. Aus diesem Streben nach Eigennutz gehe das Gemeinwohl hervor, weil es von sich zu institutionellen Rahmenbedingungen führe. Im Gegensatz zur Planwirtschaft müsse man sich nicht auf den guten Willen des Einzelnen verlassen. Und „die Tatsache, dass institutionalisierte Marktmechanismen einem viele Entscheidungen für das Moralischsein abnehmen, weil der Markt Fehler unmittelbar bestraft, stellt eine ungeheure Entlastung des Menschen dar". Nicht zuletzt weise der Markt demokratische Strukturen auf, indem z.B. jeder Bürger mit seiner Konsumentscheidung Einfluss auf die Produktion habe und auch die persönlichen Abhängigkeiten geringer seien, weil jeder Arbeitnehmer im Prinzip eine Alternative zum derzeitigen Arbeitgeber habe. Danach befasst sich der Autor mit den Mängeln des kapitalistischen Wirtschaftsystems und plädiert für eine Weiterentwicklung der Marktwirtschaft, die in stärkerem Maße die sozialen und ökologischen Probleme berücksichtigt.*

❷ Worin sieht der Autor die Vorteile der kapitalistischen Wirtschaftsform? Erläutern Sie diese durch Beispiele.

Erstens ist das Problem der **Arbeitslosigkeit** zu erwähnen, das zu Folgen führen kann, die nicht zu Unrecht als neue soziale Frage bezeichnet worden sind. So komplex auch die Ursachen für das Phänomen der Arbeitslosigkeit sind und so sehr anzuerkennen bleibt, dass seine härtesten Konsequenzen durch den Sozialstaat abgemildert werden können, so wenig lässt sich bestreiten, dass hier ein Problem liegt, das eine grundsätzliche Grenze des Kapitalismus aufweist (und zwar ganz unabhängig von der Frage der Konjunkturzyklen). Denn einerseits ist der Kapitalismus durch eine äußerste Hochschätzung der Arbeit – und zwar ausschließlich der Erwerbsarbeit – gekennzeichnet, wie sie allen anderen Kulturen fremd war, die nahezu sämtlich der Muße einen größeren Wert zuschrieben; andererseits ist der Kapitalismus die einzige Wirtschaftsform, die – zumal nach der Verbindung mit der Technik – eine Welt in Aussicht stellen könnte, in der immer weniger physische Arbeit notwendig sein wird, ohne dass doch deswegen die Befriedigung der Grundbedürfnisse des Menschen infrage gestellt würde. Zwar bin ich der Überzeugung, dass eine derartige Welt keineswegs bevorsteht – ganz im Gegenteil werden die ökologische Frage und das Dritte-Welt-Problem schon bald zu einer zumindest schwierigen Phase der Weltgeschichte führen, was Spekulationen über ein mögliches Schlaraffenland geradezu geschmacklos erscheinen lässt. Und dennoch ist offenkundig, dass – wenn es der Menschheit gelingen sollte, die ökologische Krise zu meistern – das **Problem der Freizeitgesellschaft** sich machtvoll aufdrängen wird: und zwar als notweniges Resultat der ungeheuren Entfaltung der Produktion durch den Kapitalismus. Gleichzeitig aber wird der Kapitalismus durch seine extreme Förderung der Sphäre des Privaten die Fähigkeit der traditionellen Kultur, auf sinnerfüllende Weise Muße gemeinsam zu gestalten, vermutlich noch mehr zerstört haben, als er es bisher getan hat; und die Gefahr ist durchaus real, dass er – nachdem er sein Ziel erreicht hat, die Menschheit durch die größte Arbeitsanstrengung der Geschichte von der Arbeit zu befreien – den Menschen in eine sinnentleerte Welt stößt, die mit dem Rhythmus von Arbeit und Freizeit auch jeden Reiz verlieren wird. [...]

Ich weiß nicht, ob es tröstlich ist, dass vor dieser Perspektive vollständigen Sinn- und Wertverlustes sich zunächst einmal zwei reale Probleme drängen: **einerseits das ökologische, andererseits das Dritte-Welt-Problem.** [...] So wenig ich glaube, dass eine rationale Bewältigung des ökologischen Problems anders als auf marktwirtschaftlichem Wege möglich ist, so sehr muss doch daran festgehalten werden, dass die gegenwärtigen Rahmenbedingungen des Industriekapitalismus die Naturzerstörung vorantreiben wie keine Wirtschaftsform der Vergangenheit. Insbesondere ist es die Externalisierung von Kosten, die hier die entscheidende Rolle spielt. Das Abwälzen von Kosten auf andere – das können der Nachbar, die eigenen Angestellten, das eigene Unternehmen, aber auch der Staat und die kommenden Generationen sein – ist ein Grundgesetz egoistischen wirtschaftlichen Handelns, und es ist ein elementares Gebot der Ethik, zu fordern, dass diese Tendenz gestoppt wird – was freilich eher Aufgabe des Staates als der Wirtschaft ist. Das Verursacherprinzip muss zur Geltung kommen; ja, schon in den Preisen müssen die Kosten enthalten sein, die der Staat bzw. spätere Generationen erbringen müssen, um die Umwelt wiederherzustellen.

In der Tat scheint mir, dass es zu einer durch Umweltsteuern mitbedingten Veränderung unseres Preissystems keine Alternative gibt, wenn wir die gegenwärtige Zerstörung der Umwelt stoppen und eine **ökologisch-soziale Marktwirtschaft** einführen wollen, die das ethische Gebot der Stunde ist, auch wenn sie unvermeidlich den Konsum einschränken und deswegen als unsozial verschrieen werden wird. Denn trivialerweise muss das Lebensrecht kommender Generationen als höherrangig gelten gegenüber dem Recht auf schrankenlosen Konsum der gegenwärtigen Menschen, und wenn die soziale Marktwirktschaft ihre ethische Legitimation daraus bezieht, dass sie im Gegensatz zum Laissez-faire-Kapitalismus die sozial Schwächeren schützt, dann ist die Forderung nach einem wirtschaftspolitischen Schutz der Allerschwächsten, nämlich der kommenden Generationen, nur eine logische Folge des ethischen Prinzips der sozialen Marktwirtschaft. [...] Man mache sich nichts vor: An der ökologischen Krise sind keineswegs nur die Produzenten schuld, wie uns diejenigen weismachen wollen, die nach den Kosten nun auch die Verantwortung externalisieren; auch der kleinste **Konsument**, also jeder von uns, entscheidet durch sein Kaufverhalten mit, wie stark die Umwelt belastet wird. Das ist die Last der demokratischen Momente der Marktwirtschaft. Aber es auch ihre Größe, und es liegt an uns, wie weit wir sie ins Positive wenden.

❸ Welchen Problemen sieht sich der moderne Kapitalismus gegenüber? Wie könnte man sie lösen?

❹ Prüfen Sie Ihr eigenes Kauf- und Konsumverhalten (und das Ihrer Familie oder Freunde) unter ökologischen Kriterien.

Neben der philosophischen Kritik am Kapitalismus hat sich auch die **christliche Ethik** mit den Vor- und Nachteilen dieser Wirtschaftsform auseinander gesetzt. Sie hat, insbesondere im Katholizismus, eine Soziallehre entwickelt, die betont, dass „die Wirtschaft ausschließlich dem Menschen zu dienen hat". Drei Prinzipen werden dabei für unverzichtbar und konstitutiv gehalten: **Personalität, Solidarität** und **Subsidiarität.**

Mehrmals haben Päpste und Konzilien sich mit Fragen der Wirtschaftsordnung beschäftigt und eine spezifisch christliche Sichtweise dargelegt.
Der folgende Text stammt aus einer Enzyklika (Lehrschreiben) von Papst Paul VI. aus dem Jahr 1967.

## Papst Paul VI.: Über liberalkapitalistisches Profitstreben

Es haben sich unversehens Vorstellungen in die menschliche Gemeinschaft eingeschlichen, wonach der Profit der eigentliche Motor des wirtschaftlichen Fortschritts, der Wettbewerb das oberste Gesetz der Wirtschaft, das Eigentum an Produktionsmitteln ein absolutes Recht, ohne Schranken, ohne entsprechende Verpflichtungen der Gesellschaft gegenüber darstellt. Dieser ungehemmte Liberalismus führte zu jener Diktatur, die Pius XI. mit Recht als die Ursache des finanzkapitalistischen Internationalismus oder des Imperialismus des internationalen Finanzkapitals brandmarkte. Man kann diesen Missbrauch nicht scharf genug verurteilen. Noch einmal sei feierlich daran erinnert, dass die Wirtschaft ausschließlich dem Menschen zu dienen hat. Aber wenn es auch wahr ist, dass viele Übel, Ungerechtigkeiten und brudermörderische Kämpfe, deren Folgen heute noch zu spüren sind, sich von einer bestimmten Abart dessen, was man „Kapitalismus“ nennt, herleiten, so würde man doch zu Unrecht der Industrialisierung als solcher die Übel anlasten, die in Wahrheit den verderblichen Auffassungen von der Wirtschaft zur Last zu legen sind, die neben dem wirtschaftlichen Aufschwung herliefen. Ganz im Gegenteil ist der unersetzbare Beitrag anzuerkennen, den die Organisierung der Arbeit und der industrielle Fortschritt zur Entwicklung geleistet haben. [...]
Es ist bekannt, mit welcher Entschiedenheit die Kirchenväter gelehrt haben, welche Haltung die Besitzenden gegenüber den Notleidenden einzunehmen haben: „Es ist nicht dein Gut“, sagt Ambrosius, „mit dem du dich gegen den Armen großzügig erweist. Du gibst ihm nur zurück, was ihm gehört. Denn du hast dir nur herausgenommen, was zu gemeinsamer Nutzung gegeben ist. Die Erde ist für alle da, nicht nur für die Reichen.“ Das Privateigentum ist also für niemand ein unbedingtes und unumschränktes Recht. Niemand ist befugt, seinen Überfluss ausschließlich sich selbst vorzubehalten, wo andern das Nötigste fehlt. [...] Das Gemeinwohl verlangt deshalb manchmal eine Enteignung von Grundbesitz, wenn dieser wegen seiner Größe, seiner geringen oder überhaupt nicht erfolgten Nutzung, wegen des Elends, das die Bevölkerung durch ihn erfährt, wegen eines beträchtlichen Schadens, den die Interessen des Landes erleiden, dem Gemeinwohl hemmend im Wege steht. Das Konzil hat das ganz klar gesagt. Und nicht weniger klar hat es erklärt, dass verfügbare Mittel nicht einfach dem willkürlichen Belieben der Menschen überlassen sind und dass egoistische Spekulationen keinen Platz haben dürfen. Deshalb darf es nicht geduldet werden, dass Bürger mit übergroßem Einkommen aus den Mitteln und der Arbeit des Landes davon einen großen Teil ins Ausland schaffen, zum ausschließlichen persönlichen Nutzen, ohne sich um das offensichtliche Unrecht zu kümmern, das sie ihrem Lande damit zufügen.

**Leitgedanken der katholischen Soziallehre:**
**Personalität:** Der Mensch ist nicht Mittel für irgendeinen wirtschaftlichen Zweck. Alle Wirtschaftsfaktoren sollen der Person dienen und nicht umgekehrt.
**Solidarität:** Trotz aller berechtigten Eigeninteressen sollen alle am Wirtschaftsleben Beteiligen füreinander einstehen.
**Subsidiarität** (Unterstützung, Hilfe): Der Staat soll nicht Aufgaben übernehmen, die Einzelne oder Verbände selbst lösen können. Der Staat soll erst dann eingreifen, wenn diese ihren Aufgaben nicht (mehr) gewachsen sind.

❶ Von welchem Eigentumsbegriff ist in dem Text die Rede? Welche Forderungen bzw. Konsequenzen sind damit verbunden?

❷ Vergleichen Sie diesen Eigentumsbegriff mit dem des Grundgesetzes (Art. 14).

❸ Von welchen Vor- und Nachteilen spricht der Text in seiner Bewertung der Industrialisierung und des Kapitalismus?

❹ Der Orden der Franziskaner gehört zu den „Bettel-Orden“. Er engagiert sich hauptsächlich in der Armutsbekämpfung in der so genannten „Dritten Welt“. Überlegen Sie, wie notwendig bzw. sinnvoll seine Arbeit und solche Demonstrationen wie die vor der Deutschen Bank sind.

Franziskaner (in Zivil) demonstrieren vor dem Gebäude der Deutschen Bank in Frankfurt/Main für eine andere Geldpolitik gegenüber der „Dritten Welt“.

Der Text des Philosophen Hösle spricht davon, dass der Kapitalismus dazu tendiert, „mit der größten Arbeitsanstrengung der Geschichte den Menschen von der Arbeit zu befreien“. In der Tat fällt es auch den Industrienationen immer schwerer, Lehrverträge und Arbeitsplätze zu schaffen und zu sichern. Prognosen sprechen bereits von einer künftigen „20-80 Gesellschaft“, d.h. dass nur noch ein Fünftel der arbeitsfähigen Menschen ausreiche, um alle Waren zu produzieren und die wesentlichen Dienstleistungen zu erbringen, die die Weltwirtschaft in Schwung halten. Dieses Fünftel zeichne sich durch ein Höchstmaß an „Flexibilität“ und „Mobilität“ aus und sei zu jeder Zeit und an jedem Ort der Erde einsetzbar. Der „frustrierte Rest“ müsse „mit einer Mischung aus betäubender Unterhaltung und ausreichender Ernährung bei Laune gehalten“ werden. Darüber hinaus könnte der Arbeitslose auf dem „weiten Feld der freiwilligen Gemeinschaftsdienste“, z.B. in Sportvereinen oder der Nachbarschaftshilfe vor dem Verlust der Selbstachtung bewahrt werden.
Von den Veränderungen, die die Arbeit bereits jetzt erfahren hat, handelt das folgende Interview.

Der amerikanische Soziologe **Richard Sennett** ist Professor an der „London School of Economics“. In seinem 1998 erschienenen Buch „Der flexible Mensch“ kritisiert er die Ideologie des neuen Kapitalismus und sagt, dass „modische Mangement-Strategien“, die auf kurzfristige Profite zielen, „den menschlichen Charakter schädigen“ würden.

## „Der Kapitalismus verändert Ort und Zeit der Arbeit“ – Ein Interview mit dem Soziologen Richard Sennett

ZEIT: Kurzfristigkeit als Merkmal des neuen Kapitalismus: und was noch?

SENNETT: Besonders interessant erscheint mir, dass sich eine **neue Bildungs- oder Ausbildungsethik** durchsetzt: Was heute zählt, sind allein Kenntnisse und Fähigkeiten, die den Leuten erlauben, schnell von Job zu Job, von Aufgabe zu Aufgabe zu wechseln. Und fast mehr noch als auf Handfertigkeiten und Wissen kommt es dabei auf soziale Anpassungsfähigkeit an.

ZEIT: Die Menschen werden in der Arbeit mobiler. Dagegen ist doch nichts einzuwenden.

SENNETT: Zweifellos haben all diese Veränderungen den Arbeitnehmern größere Freiheiten in der Ausübung ihrer Jobs gebracht. Und viele Leute haben heute Zugang zu Positionen, die ihnen früher niemals offen gestanden hätten. Aber diese Flexibilisierung zieht auch eine Reihe von Problemen nach sich. Ein junger Hochschulabsolvent in Großbritannien muss heute darauf gefasst sein, im Laufe seines Lebens nicht weniger als zwölfmal den Arbeitsgeber zu wechseln. **Es gibt keine linearen Berufskarrieren mehr**: Das heißt, dass die Arbeitnehmer eine ganz andere Art von Beziehung zu ihrem Unternehmen eingehen als früher, eine viel oberflächlichere.

ZEIT: Sind die Beziehungen der Kollegen untereinander auch unverbindlicher?

SENNETT: Ja. Man kann das gut daran erkennen, wie sich die Teamarbeit verändert hat. Ein Team zu sein, das hieß einmal, fest zusammenzuhalten, füreinander einzustehen. Heute ist Teamarbeit eher eine Übung in lockerem, flüchtigen Umgang miteinander. Auf Managementschulen wird heute gelehrt, dass man Teams alle sechs bis acht Monate völlig umkrempeln muss, damit die Leute sich nicht zu sehr aneinander gewöhnen.

ZEIT: Was heißt das für die zur Teamarbeit Verdonnerten?

SENNETT: Wer in ständig wechselnden Besetzungen arbeiten muss, hat keine Chance, Vertrauen zu seinen Kollegen zu entwickeln. Man möchte doch wissen, auf wen man sich verlassen kann, wenn im Betrieb etwas schiefläuft oder der Boss Unmögliches verlangt.

ZEIT: Dem Management kann das egal sein.

SENNENT: Nein. Auf ähnliche Weise erodiert nämlich das Vertrauensverhältnis der Leute zur Firma. Warum soll man sich für einen Laden engagieren, den man nach zwei Jahren wieder verlässt oder von dem man weiß, dass er dann gar nicht mehr existieren wird?

[…]

ZEIT: Woher kommt die Ideologie der Flexibilisierung – und finden Sie es überhaupt angemessen, in diesem Zusammenhang von einer Ideologie zu sprechen?

SENNENT: O ja.

ZEIT: Wer prägt solche intellektuellen Moden?

SENNENT: Sie entstehen in *business schools*: Dort sprechen die Leute unausgesetzt über Veränderung und Flexibilität! Das ist auch wunderbar für all diejenigen, die das nötige Geld haben, um Risikokapitalist zu spielen. Es ist keine ganz so berauschende Perspektive für einfache Arbeiter und Angestellte, die sich ständigem Anpassungsdruck ausgesetzt sehen. Ich frage mich, warum es über die dramatischen Folgen der modernen Arbeitsorganisation keine öffentliche Debatte gibt.

ZEIT: Und warum nicht?

SENNENT: Der intellektuelle Hintergrund dieser Entwicklung ist die Postmoderne. Die Postmoderne negiert die Vorstellung eines

**Postmoderne**: Begriff, der den kulturellen Wandel vom Modernismus der ersten Hälfte des Jahrhunderts zu der Zeit danach umschreibt. Kennzeichen: Zuwendung zu offenen Formen, (spielerische) Verbindung des Funktionalen mit Ästhetischen.

einheitlichen menschlichen „Ichs“, sie lehnt lineare Zeitvorstellungen ab, sie „dekonstruiert“, was ihr in die Finger gerät. Die Theoretiker der Postmoderne singen das Hohelied des Fragments – auf Kosten des Ganzen. Seit 20 Jahren beeinflusst dieses Denken nun schon das Lehrangebot an den Hochschulen: Die Studenten ergehen sich in endlosem Gerede von grenzüberschreitenden Diskursen, sie interessieren sich für jede Form von Randständigkeit, für jeden Nebenkriegsschauplatz; aber das wirkliche Leben gerät ihnen aus dem Blick. Ich halte die Postmoderne für eine ausgesprochen elitäre Veranstaltung.

ZEIT: Haben nicht die Befreiungs- und die Selbstverwirklichungsvorstellungen der Sechzigerjahre genau dies ausgelöst: eine **radikale Individualisierung der Gesellschaft**? Mit viel Freiheit für einige Privilegierte – und der unaufhaltsamen Auflösung traditioneller Solidaritäten und Institutionen?

SENNETT: Der moderne Kapitalismus kann jedenfalls hervorragend mit den Individualisierungstendenzen der Sechzigerjahre leben: Sie konzentrieren sich schließlich nicht darauf, ihn zu kritisieren, sondern auf eine mehr oder weniger diffuse Revolutionierung dessen, was man wohl als „Lifestyle“ bezeichnet.

ZEIT: Aber wo werden Sie heute noch Menschen finden, die ernsthaft nach dem Eigentum an Produktionsmitteln fragen? Kapitalismuskritik gilt im Augenblick nicht gerade als schick.

SENNETT: Das stimmt. Ich fürchte, die Postmoderne mit ihren Debatten hat uns eine ganze Generation junger Kritiker gekostet. Wir müssen uns der allgegenwärtigen **Entpolitisierung** entgegenstemmen. Aber, wer weiß, vielleicht entsteht gerade aus den Gefühlen der Vereinzelung und Verlorenheit am Arbeitsplatz eine neue Solidarität …

ZEIT: Sie setzen ihre Hoffnung auf etwas, das Sie das gefährliche Pronomen nennen: wir. Aber aus wem soll dieses „wir“ bestehen?

SENNETT: Nach 20 Jahren steht das System des flexiblen Kapitalismus vor einer größeren Krise. Er verlangt den Menschen immer größere Individualisierungsleistungen ab, kann diese Zumutungen aber immer schlechter rechtfertigen. Über kurz oder lang werden wir Institutionen brauchen, die dieser Entwicklung etwas entgegenzusetzen haben. [...] Es gibt aber keinen uneingeschränkten Rückgriff auf traditionelle Familienwerte, und ich glaube nicht an eine kommunitaristische Idylle[1]. Da setze ich schon eher auf die Gewerkschaften, obwohl es, zumindest in den USA und Großbritannien nach den Verheerungen der Reagan- und Thatcher-Jahre, lange dauern wird, sie wieder aufzubauen. [...] Ich glaube, dass die **Selbsterfahrung durch harte Arbeit im Sinne Max Webers den Menschen ein Grundbedürfnis ist**; dazu passt ein Arbeitsethos der aufgeschobenen Belohnung. Das funktioniert aber nur, wenn die Belohnung den Beschäftigten nicht durch ständige Umstrukturierungen vor der Nase weggenommen wird. Zu einer solchen Sicherheit, denke ich, müssten wir schon zurückfinden. Wir sollten diese ganze Rhetorik der Modernisierung, des permanenten Wandels und dauernden Risikos kritisch befragen: Wem nützt sie eigentlich?

---

[1] Kommunitarismus: philosophische Richtung, die den Wert kleinerer Gemeinschaften betont

❶ Von welchen neuen Arbeitsformen spricht Sennett? Welche Bedenken äußert er? Sind diese Bedenken Ihrer Meinung nach gerechtfertigt?

❷ Welche gesellschaftlichen Tendenzen macht Sennett für die Arbeitsformen des modernen Kapitalismus verantwortlich? Überlegen Sie, ob Sie diese Tendenzen auch in Ihrem gesellschaftlichen Umfeld antreffen.

❸ Diskutieren Sie über Sennetts Feststellung, dass die „Selbsterfahrung durch harte Arbeit ein Grundbedürfnis des Menschen“ ist.

❹ Stellen Sie als zukünftiger Arbeitnehmer einen Erwartungskatalog an die Arbeitsorganisation Ihres möglichen Arbeitgebers zusammen.

**Ronald Reagan**, US-Präsident von 1980–1988 und **Margret Thatcher**, britische Premierministerin von 1979–1990, folgten in ihrer Wirtschaftspolitik den Lehren des Ökonomen Milton Friedman (s. S. 381)

**Max Weber** (1864–1920, s. S. 384), Wirtschaftshistoriker und Soziologe, untersuchte u.a. die Wechselwirkung von Religion, Wirtschaft und Gesellschaft („Die protestantische Ethik und der Geist des Kapitalismus“, 1905). Er sah in der religiösen Bewegung des Puritanismus mit seinem ethischen Rigorismus und seinem Arbeitsethos eine bewegende Kraft für die Entstehung des Kapitalismus.

# 4. Gewinnorientierung und Moral: Unternehmerethik

Häufig ist es der Fall, dass Unternehmer über zu hohe Umweltauflagen, zu hohe Lohnkosten und über gesetzliche Hemmnisse klagen und ihre Produktion auf Kosten der Arbeitnehmer rationalisieren oder in Billiglohnländer mit geringen Steuerbelastungen und minimalen Umweltstandards verlagern. Oft genug honoriert der Kunde dieses Verhalten, weil er das billigste Produkt bevorzugt, ohne sich für die Art und Weise seiner Herstellung zu interessieren.
Wie lässt sich nun aber das unternehmerische Ziel, das Überleben des Unternehmens zu garantieren und Dividende für die Anteilseigener zu erwirtschaften, mit moralischem Handeln hinsichtlich der Art, Herstellung, Vertrieb und Marketing des Produkts vereinbaren? Wird schließlich der Kunde das moralische Engagement des Unternehmers gutheißen und es in seine Kaufentscheidung, auch wenn das Produkt deshalb teurer ist, mit einfließen lassen?
Manche Unternehmer haben sich entschlossen, auf freiwilliger Basis und in besonderer Weise moralische Vorgaben in ihrer Unternehmenspolitik zu berücksichtigen. Dass dies mit wirtschaftlichem Erfolg einhergehen kann, zeigen die folgenden Beispiele zweier deutscher mittelständischer Unternehmer.

**Porsche-Chef rügt „reine Profitsucht“**

Stuttgart (dpa). Der Vorstandsvorsitzende der Porsche AG, Wendelin Wiedeking, kritisiert das weltweite „Fusionsfieber“ und die „reine Profitorientierung“ vieler Konzerne. Untersuchungen hätten ergeben, dass bislang etwa zwei Drittel aller Fusionen gescheitert seien. Zur Zeit würde nur der Nutzen der Fusionen betont, „aber man sollte sich mal die Kosten anschauen“. Es werde vor allem unterschätzt, dass die Mitarbeiter durch Übernahmen oder Fusionen „plötzlich die Heimat verlieren“.
Wiedeking monierte, dass sich eine ganze Industrie etabliert habe, „deren Aufgabe nur darin besteht, Firmen zu kaufen und dann wieder zu verkaufen“. Deren Interesse sei rein profitorientiert. Der Automanager sagte weiter: „Wir haben als Unternehmer auch eine soziale Verantwortung, wir müssen eine Harmonie zwischen dem Gewinninteresse und den Interessen der Mitarbeiter herstellen.“ Die Sozialkompetenz der Unternehmer sei entscheidend dafür, „ob ein Unternehmen oder eine Nation auf Dauer Erfolg haben“, fügte der Vorstandsvorsitzende hinzu.

Frankfurter Allgemeine Sonntagszeitung, 17.1.1999

## „Ökomanager des Jahres 1997“ – Dr. Claus Hipp und Alfred Ritter sind die Preisträger

Shareholder Value heißt das unternehmerische Motto der späten 90er-Jahre. Reduzieren die Unternehmen deshalb ihre Umweltschutzmaßnahmen? Sind Investitionen in die Umwelt Gift für die Gewinne? Natürlich nicht, dies ist zu kurz gedacht. Das beweisen nicht nur die „Ökomanager des Jahres“, die die Umweltstiftung WWF-Deutschland seit jetzt acht Jahren gemeinsam mit dem Wirtschaftsmagazin „Capital“ auswählt. In das gleiche Horn stößt jetzt auch eine aktuelle Studie des Wirtschaftlichen Zentrums der Universität Basel in Zusammenarbeit mit der Bank Sarasin & Co. Sie kommt zu dem Schluss, dass die zukunftsgerichtete und werterhaltende Komponente von Shareholder Value sich mit den Vorgaben des Umweltschutzes im Unternehmen durchaus decken kann. Auch der reduzierte Einsatz von Ressourcen macht sich positiv in der Bilanz bemerkbar, ebenso ein umweltfreundliches Image, das von Verbrauchern mit der Bereitschaft, deutlich höhere Preise zu zahlen, honoriert wird.
Die beiden diesjährigen Preisträger gehören sicher zu den bekanntesten Mittelständlern in Deutschland. Ihre Produkte sind nahezu jedermann ein Begriff. Beide stammen im weitesten Sinn aus der Ernährungsindustrie.
Wenn es Produkte gibt, bei denen nahezu jeder der Meinung ist, sie müssten frei von Schadstoffen und ökologisch sein, dann ist es Babynahrung. Inbegriff dessen ist Dr. Claus Hipp, den 99 von 100 Deutschen als Verfechter unverfälschter und ökologischer Säug-

**Shareholder Value:** Unternehmenspolitik, die hauptsächlich auf die Erhöhung der Rendite für die Anteilseigner (Aktionäre) ausgerichtet ist. Die Anliegen von Mitarbeitern, Kreditgebern und Standorten bleiben dabei weitgehend unberücksichtigt.

lingsnahrung aus der Werbung kennen. In seinem Fall stimmt das Abbild in der Werbung mit der Wirklichkeit völlig überein. Dr. Hipp ist einer der größten Förderer des Biolandbaus und die Hipp-Werke sind der weltweit größte Verarbeiter organisch-biologischer Rohstoffe. Dass man damit Geld verdienen kann, zeigt der Umsatz von ca. 320 Millionen Mark und die Tatsache, dass in Deutschland jedes zweite verkaufte Glas Babynahrung von Hipp stammt. Hipp behauptet sich gegen große internationale Konkurrenz wie Nestlé (Alete) und Nutricia (Milupa). Als erster großer Lebensmittelhersteller in Europa bestand das Hipp-Werk in Pfaffenhofen die EU-Umweltrichtlinie. Hipp erspart der Umwelt rund 2.000 Tonnen Kunstdünger und 5.000 kg Pestizide im Jahr. Somit werden etwa 83 Millionen m$^3$ Grundwasser geschützt. Organische Abfälle werden zu 96% zu Dünger oder Tierfutter verarbeitet und bis zum Jahr 1999 sollen die $CO_2$ Emission um 30% reduziert werden. Seit 1994 erstellt Hipp einen Umweltbericht und bestand 1995 das EU-Öko-Audit. Hipp lehnt genmanipulierte Babynahrung konsequent ab und kämpft gegen Pläne der EU, höhere Werte für die Rückstände chemischer Spritzmittel in der Säuglingskost zuzulassen.

Die berühmten Schokolade-Quadrate von Ritter Sport sind seit vielen Jahren bekannt. Weniger bekannt sind die Eigentümer und deren Umweltengagement. Neben seinem Umweltengagement bei Ritter Sport gründete Alfred Ritter auch zahlreiche innovative Firmen – von Solartechnik bis zum Investmenthaus für Umweltunternehmer. Das Unternehmen befindet sich in der dritten Generation im Besitz der Familie Ritter. In der 1912 gegründeten Schokoladenfabrik mit jetzt 850 Mitarbeitern und einem Jahresumsatz von etwa 470 Millionen Mark wird seit vielen Jahren aktiver Umweltschutz betrieben. Als erstes Unternehmen seiner Branche führte Ritter Sport ein Umweltmanagement nach der Öko-Audit-Verordnung ein. 1993 wurde die Umstellung auf die voll recyclingfähige Ritter Sport Einstoff-Verpackung abgeschlossen. Der typische Papier-Aluminium-Polypropylen-Verbund entfiel und damit konnten jährlich 50 LKW-Ladungen Abfall vermieden werden. Seit 1991 hat das Unternehmen sein Restmüll-Aufkommen um 90 Prozent reduziert. Auch in den Herkunftsländern der Schokoladen-Rohstoffe hat sich Ritter Sport engagiert. Seit 1990 wurde das agroforstliche Entwicklungsprojekt „CACAONICA" in Nicaragua mit bisher ca 2,5 Millionen DM unterstützt. Ziel des Projektes ist der nachhaltige Anbau von Kakao. Damit verbunden sind die Aufforstung von Regenwald, die Erhaltung der Fruchtbarkeit der Böden und die langfristige Sicherung der Existenz von ca. 400 Kleinbauern.

**Öko-Audit:** Von der EU 1995 verabschiedete Richtlinie, die den Umweltschutz in den Betrieben (ohne staatliche Zuschüsse) verbessern soll. Das Bestehen einer freiwilligen Umweltbetriebsprüfung von gewerblichen Unternehmen wird mit einem Zertifikat, mit dem auch geworben werden darf, honoriert.

**Nachhaltige Entwicklung:** entwicklungs- und umweltpolitisches Leitbild, nach dem erneuerbare Resourcen (z.B. Nutzpflanzen) nur insoweit ausgebeutet werden sollen, wie sie sich selbst regenerieren und die Umwelt nur so stark mit Schadstoffen belastet werden soll, wie sie mit ihrer Selbstreinigungskraft verarbeiten kann. Das Ziel der „Nachhaltigen Entwicklung" wurde 1992 auf der internationalen Umweltkonferenz in Rio de Janeiro verabschiedet.

❶ Wie versuchen die beiden Unternehmer, Ökonomie und Ökologie miteinander zu verbinden?

❷ Überlegen Sie, ob und inwieweit sich ihr Modell auch auf andere Unternehmen (außerhalb des Ernährungsbereiches) übertragen lässt. Informieren Sie sich dazu über unternehmerethische Leitlinien bzw. Aktivitäten von Firmen in Ihrem Umkreis.

# Medien und Ethik

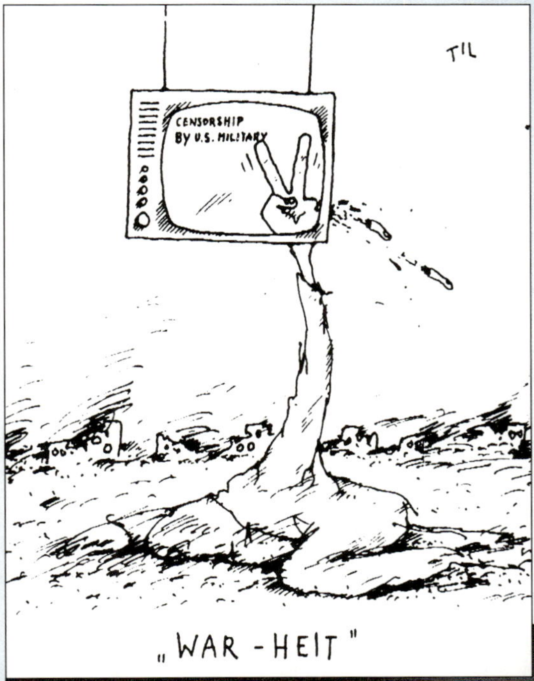

„Momentchen, Herr Pfarrer, schön der Reihe nach!"

Nam June Paik (*1932): Turtle (1993). Die TV-Schildkröte steht als Symbol für Wissen und Weisheit.

## Einführung

„Auf den Konsumenten wartet eine völlig neue TV-Welt – Umstellung auf digitalisiertes Fernsehen bis 2010", „Die Verwirklichung der Informationsgesellschaft ist keine Vision mehr", „Internet: die neue Weltgemeinschaft", „Schulen ans Netz!": Meldungen über den „Aufbruch in eine neue Medienwelt", in der Rundfunk und Telekommunikation, Fernsehen und Internet verschmelzen und in der riesige Medienkonzerne entstehen. Den Konsumenten bzw. Teilnehmer erwartet ein „globales Kommunikations- und Gemeinschaftsgefühl" sowie nie gekannte Freiheiten und Möglichkeiten „umfassender Informations- und Unterhaltungsbeschaffung".

Einfluss und Macht der Medien nehmen ständig zu. Sie bestimmen weitgehend unser Bild von der Wirklichkeit und beeinflussen uns in dem, was wir für wesentlich, notwendig und richtig halten. Der Kampf um Medienpräsenz und um Einfluss auf die Medien zielt deswegen auch auf den Erwerb und Erhalt von politischer und gesellschaftlicher Macht.
Kein Wunder, dass sich angesichts zunehmender Machtfülle der Medien auch die kritischen und mahnenden Stimmen häufen. Einige Beispiele: „Medienfragen sind immer auch Machtfragen", „Der Medienalltag konfrontiert Millionen jeden Tag mit einer phänomenalen Komplexität, der sich noch vor fünfzig Jahren nicht einmal die Fachleute für Unlösbares – Philosophen, Soziologen und Schriftsteller – ausgesetzt sahen", „Die Bilder können falsch sein, aber wenn alle diesen Bildern Glauben schenken, ist es einfacher, sich anzupassen und auch zu glauben, als sich der öffentlichen Meinung zu widersetzen".

Skulptur des koreanischen Videokünstlers Nam June Paik (*1932) vor dem Deutschen Postmuseum in Frankfurt/Main, 1990

Um die Pressefreiheit schließlich, die Bestandteil der UN-Menschenrechtsdeklaration ist und in Deutschland in Art. 5 GG Verfassungsrang genießt, ist es weltweit nicht besonders gut bestellt. Die internationale Organisation „Reporter ohne Grenzen", 1986 in Paris gegründet („reporters sans frontières"), hat es sich zur Aufgabe gemacht, für die weltweite Beachtung der Pressefreiheit einzutreten. Den Angaben dieser Organisation zufolge war 1997 in 80 der 185 UN-Mitgliedsstaaten die Pressefreiheit gefährdet, in 26 extrem bedroht. Weltweit wurden 1997 26 Journalisten in Ausübung ihres Berufes getötet, 102 waren wegen ihrer journalistischen Tätigkeit inhaftiert.
Selbst wenn die Pressefreiheit formell unangetastet bleibt: Wie frei sind Joualisten von den Gesetzen des Marktes, den Vorgaben ihrer Verleger bzw. Konzerne, den Einwirkungen von Politikern oder von Interessenverbänden?
Oder ist, wie es der Entertainer und Schauspieler Thomas Gottschalk formulierte, „die Übermacht des Fernsehens einfach immun gegen jede Kritik"?

# 1. Journalismus, Markt und Moral

## Marion Gräfin Dönhoff: Journalismus – Beruf ohne Moral?

Der Motor der zum Glaubensbekenntnis erhobenen Marktwirtschaft ist die Konkurrenz. Und der Treibstoff für den Motor ist der Egoismus. [...] Da der finanzielle Erfolg der Maßstab für alles ist – für Leistung, Ansehen, Lebensstandard– , darf niemand sich wundern, dass Leute ihren Ehrgeiz darauf richten, möglichst viel Geld zu machen. Dabei treten dann automatisch ethische Gesichtspunkte in den Hintergrund, werden störende moralische Schranken beiseite geräumt. Dies gilt für alle Teile der Gesellschaft, nicht nur für die Medien. [...] Nach dem Prinzip „Den Letzten beißen die Hunde" wälzen die Politiker kurzerhand alle Schuld an den unerfreulichen Zuständen auf die Journalisten ab: Sie sprechen von Schmuddel- und Schnüffeljournalismus, vom Scheckbuchjournalismus, der die Redakteure und Reporter zu Handlangern von Interessenten macht. Es heißt ferner, die Kommentare der Journalisten seien mit Fleiß grundsätzlich gegen „die da oben" gerichtet. Sie hätten, so heißt es, mit ihrer negativen Einstellung einen Erosionsprozess der Demokratie eingeleitet; sie seien es mithin, die für die wachsene Politikverdrossenheit verantwortlich sind. Viele Bürger stimmen ein in den Chor, ohne sich Rechenschaft darüber zu geben, dass ihre skandalsüchtige Nachfrage auf dem Markt der Medien viel zu den unerfreulichen Zuständen beigetragen hat.

Wie stellt sich der Bürger denn nun den „guten" Journalisten vor? Doch wohl in etwa so: neugierig, offen, also ohne Vorurteile, objektiv, jede interessengebundene Fremdbestimmung ablehnend, der Verantwortung seines Berufes bewusst, ein engagierter Spürhund auf der Suche nach der Wahrheit. Viele Journalisten haben diese Ideale zum Kompass, aber es gibt eben auch solche, für die Ruhm und Karriere höher stehen als alles andere – sie lassen sich leicht zu unverantwortlichem Tun hinreißen. [...]

In Deutschland wären vermutlich ohne den *Spiegel* zahlreiche Skandale nie aufgedeckt worden. Die Kontrollfunktion der Presse ist eben unersetzbar – fraglich ist nur, wo **die Grenze verläuft zwischen Kontrollfunktion und reiner Lust am Enthüllen und Denunzieren**, um der Auflage oder der Einschaltquote willen. Was kann man tun, um diese Grenze zu markieren? Anwort: Wahrscheinlich gar nichts, denn jeder Fall ist anders. Man kann also keine Kasuistik[1] aufstellen, man kann auch nur schwer Kritierien postulieren, für das, was erlaubt oder nicht erlaubt ist. Mit Verboten ist dem Problem ohnehin nicht beizukommen, denn jede Form von Pressezensur wäre antidemokratisch und birgt überdies die Gefahr in sich, dass sie irgendwann missbraucht wird; auch muss man bedenken, dass manch einer es ohne Angst vor dem *Spiegel* noch schlimmer treiben würde.

Das Einzige, was man sich vorstellen könnte, ist eine **Selbstkontrolle** der Verlage und Fernsehanstalten. In Deutschland ist am Anfang der Bundesrepublik versucht worden, dies durch die Grün-

[1] Kasuistik: Lehre von den Einzelfällen

**Medienberichte, die Geschichte machten:** 1929 berichtete die von Carl von Ossietzky (Friedensnobelpreis 1936) herausgegebene „Weltbühne" über die geheime und rechtswidrige Aufrüstung der Reichswehr. Ossietzky wurde zu einer Haftstrafe verurteilt, später von den Nazis wegen kritischer Kommentare ins KZ gebracht, er starb 1938 an den Haftfolgen.

Redakteure des „Spiegel" deckten skandalöse Vorkommnisse in der Bundeswehr auf. Herausgeber und Redakteure wurden wegen angeblichen Landesverrates kurzzeitig festgenommen, die Affäre führte schließlich zum Rücktritt von Verteidigungsminister Franz-Josef Strauß („Spiegel-Affäre" 1962).

Recherchen zweier Journalisten der „Washington-Post" über kriminelle Wahlkampftaktiken führten zum Rücktritt von US-Präsident Richard Nixon („Watergate-Affäre" 1973/74).

1983 veröffentlichte die Illustrierte „Stern" angebliche Tagebücher Adolf Hitlers: sie erwiesen sich als Fälschungen.

1988 begleiteten Journalisten zwei Bankräuber, die mit zwei Geiseln nach einem Bankraub flüchteten, interviewten und filmten sie mit ihren Geiseln und behinderten die Arbeit der Polizei („Geiseldrama von Gladbeck").

1991 unterwarfen sich die US-Medien (und andere) in ihrer Berichterstattung über den Golfkrieg dem von der US-Regierung gebildeten „Presse-Pool" und sendeten nur die vom Militär hergestellten oder genehmigten Bilder und Berichte. Der Krieg wurde der Öffentlichkeit „virtuell" und ohne Konfrontation mit Toten oder Verwundeten präsentiert.

1998 berichtete die amerikanische Presse über eine außereheliche Beziehung des US-Präsidenten Clinton. Der detaillierte Ermittlungsbericht eines Sonderstaatsanwaltes und die Videoaufzeichnung der Vernehmung Clintons wurden schließlich im Internet und in anderen Medien veröffentlicht.

dung des **Presserats** zu erreichen. Das Ergebnis war enttäuschend. [...] Inzwischen hat das Problem einer Kontrolle der Medien infolge des privaten Fernsehens und der Enthemmung des Massenpublikums Dimensionen angenommen, die mit naiven Maßnahmen, wie der Presserat sie vorsieht, nicht bekämpft werden können.

❶ Worin sieht die Autorin Aufgabe und Funktion der Presse?

❷ Von welchen Gefahren für das Berufsethos der Journalisten spricht der Text?

## Deutscher Presserat: Publizistische Grundsätze

Der **Deutsche Presserat**, 1956 gegründet, das Selbstkontroll-Organ der deutschen Presse, hat in Zusammenarbeit mit den Presseverbänden einen Pressekodex entworfen, der die **berufsethischen Grundsätze** von Journalisten in 16 Punkten zusammenfasst. Die nebenstehende Fassung stammt aus dem Jahr 1996. Beschwerden über Presseveröffentlichungen können von jedermann beim Presserat eingereicht werden, der eine begründete Beschwerde mit einem Hinweis, einer Missbilligung oder einer Rüge ahnden kann. 1996 sprach der Presserat 20 Missbilligungen und 10 öffentliche Rügen aus.

1. Die Achtung vor der Wahrheit, die Wahrung der Menschenwürde und die wahrhaftige Unterrichtung der Öffentlichkeit sind oberste Gebote der Presse.
2. Zur Veröffentlichung bestimmte Nachrichten und Informationen in Wort und Bild sind mit der nach den Umständen gebotenen Sorgfalt auf ihren Wahrheitsgehalt zu prüfen. Ihr Sinn darf durch Bearbeitung, Überschrift oder Bildbeschriftung weder entstellt noch verfälscht werden. Dokumente müssen sinngetreu wiedergegeben werden. Unbestätigte Meldungen, Gerüchte und Vermutungen sind als solche erkennbar zu machen. Symbolfotos müssen als solche kenntlich sein oder erkennbar gemacht werden. [...]
8. Die Presse achtet das Privatleben und die Intimsphäre des Menschen. Berührt jedoch das private Verhalten öffentliche Interessen, so kann es im Einzelfall in der Presse erörtert werden. Dabei ist zu prüfen, ob durch eine Veröffentlichung Persönlichkeitsrechte Unbeteiligter verletzt werden.
9. Es widerspricht journalistischem Anstand, unbegründete Behauptungen und Beschuldigungen, insbesonderer ehrverletzender Natur, zu veröffentlichen. [...]
11. Die Presse verzichtet auf eine unangemessen sensationelle Darstellung von Gewalt und Brutalität. Der Schutz der Jugend ist in der Berichterstattung zu berücksichtigen.
12. Niemand darf wegen seines Geschlechts oder seiner Zugehörigkeit zu einer rassischen, ethnischen, religiösen, sozialen oder nationalen Gruppe diskriminert werden.
13. Die Berichterstattung über schwebende Ermittlungs- und Gerichtsverfahren muss frei von Vorurteilen erfolgen. Die Presse vermeidet deshalb vor Beginn und während der Dauer eines solchen Verfahrens in Darstellung und Überschrift jede präjudizierende[1] Stellungnahme. Ein Verdächtigter darf vor einem gerichtlichen Urteil nicht als Schuldiger hingestellt werden. Über Entscheidungen von Gerichten soll nicht ohne schwer wiegende Rechtfertigungsgründe vor deren Bekanntgabe berichtet werden.
14. Bei Berichten über medizinische Themen ist eine unangemessen sensationelle Darstellung zu vermeiden, die unbegründete Befürchtungen oder Hoffnungen beim Leser erwecken könnte. Forschungsergebnisse, die sich in einem frühen Stadium befinden, sollten nicht als abgeschlossen oder nahezu abgeschlossen dargestellt werden. [...]
16. Es entspricht fairer Berichterstattung, vom Deutschen Presserat öffentlich ausgesprochene Rügen abzudrucken, insbesondere in den betroffenen Publikationsorganen.

---

[1] präjudizierend: vorverurteilend

❶ Sammeln Sie Presseveröffentlichungen und prüfen Sie, ob sie den infrage kommenden berufsethischen Grundsätzen entsprechen.

❷ Wenden Sie die Kriterien des Presserates auf die Artikel und Bilder in Ihrer Schüler- oder Abitur-Zeitung an.

❸ Marion Gräfin Dönhoff spricht von einer „Enthemmung des Massenpublikums", der die berufsethischen Leitlinien des Presserates nichts entgegensetzen könnten. Besprechen Sie diese Ansicht auch anhand des Textes über die „Talkshows" (s. S. 400 f.).

## Herbert Riehl-Heyse: Journalismus – nur ein Geschäft?

*Anlässlich einer Tagung zum Thema „Journalismus – Beruf ohne Moral?" äußerten einige Medienvertreter, dass der Beruf des Journalisten „mit Moral nichts zu tun" habe und dass „die Medien ein Geschäft seien, sonst nichts". Über diese Ansicht und über seine Auswirkungen in den Medien schreibt der Leitende Redakteur der „Süddeutschen Zeitung" 1995:*

Was kann man von der Ware Journalismus verlangen, die der Medienveranstalter produzieren lässt, durch seine Schreiber oder Fernsehautoren? Erstens doch wohl, dass einigermaßen stimmen soll, was da berichtet wird. Dass das eine vernünftige Erwartung ist, ergibt sich aus dem Umkehrschluss: Würde sich beim Publikum der Eindruck verfestigen, man könne fast nichts von dem glauben, was in den Zeitungen steht oder ihm im Fernsehen nahe gebracht wird, würde es wohl eines nicht zu fernen Tages auf das Angebot dankend verzichten. [...] Wir reden von Geschäften – und verzichten deshalb aufs Grundsätzliche: Dass Nachrichten, Beobachtungen, Beschreibungen selten „wahr" sind in einem philosophischen Sinne, hat sich wohl herumgesprochen. Jeder noch so ehrliche Journalist hat, wie jeder andere Mensch auch, seine individuelle Sicht von dem, was er zu beschreiben hat – was zwangsweise dazu führt, dass drei verschiedene Agenturberichte über ein und dieselbe Bundestagsdebatte, bei größtem Bemühen um Objektivität, immer noch drei sehr verschiedene Wiedergaben derselben Realität ergeben können. Der erfahrene Leser hat das längst kapiert – und hätte es trotzdem sehr gern, dass diese Wiedergabe das Ereignis wenigstens nicht verfälscht, aus welchen Gründen auch immer. Das Produkt Journalismus fällt insoweit mit der Glaubwürdigkeit seiner Produzenten. Wir sind aber dabei, diese Glaubwürdigkeit, sofern sie überhaupt noch vorhanden ist, systematisch zu ruinieren – tatkräftig unterstützt von jenem Teil der Gesellschaft, dem an nichts so sehr gelegen ist, als uns Journalisten für seine Zwecke über den Tisch zu ziehen, mit unserer Hilfe irgendetwas zu verkaufen. [...] Unbestreitbar ist leider: Immer mehr Journalisten lassen sich zu Büchsenspannern von Interessierten, zu Handlangern von Interessen machen. In dieser Abteilung unseres Gewerbes besteht die Welt aus prächtigen Artikeln über prächtige neue Kleider, Artikeln notabene, die in Magazinen hochseriöser Zeitungen erscheinen, bei denen aber der Leser beim besten Willen nicht mehr unterscheiden kann, ob es sich noch um eine redaktionelle Anstrengung oder um das mitgekaufte Umfeld von Annoncen handelt.
[...] Der für die Branche tödliche, jedenfalls hochgradig geschäftsschädigende Verdacht, der sich beim Publikum bestimmter Blätter oder Sendungen aufdrängt, ist der, dass Journalisten nicht mehr unabhängig genug sind, ihren Beruf ordentlich auszuführen: dass sie abhängig sind von Anzeigenkunden, denen sie ihr Brot, von den Politikern, denen sie ihre Karriere, von den Fußballspielern, denen sie ihre Informationen aus der Kabine verdanken.

Die 1968 gegründete Stiftung „Freiheit der Presse" vergibt jährlich den so genannten **„Wächterpreis der Tagespresse"** an Journalisten, die mit „herausragenden publizistischen Leistungen der **verfassungspolitischen Funktion der Tagespresse, zu wachen, Missstände aufzudecken und kritisch zu behandeln"**, hervorgetreten sind; 1994 z. B. an einen Redakteur der „Stuttgarter Zeitung" für seine Berichterstattung über skandalöse Trainingsmethoden bei jungen Eiskunstläuferinnen.

❶ Warum sind Presseberichte „selten ‚wahr' im philosophischen Sinne" (Z. 11/12)?

❷ Vor welchen Gefahren für das Berufsethos der Journalisten warnt der Text? Wie könnte man ihnen begegnen?

# 2. Presse und Persönlichkeitsschutz

Das Grundgesetz garantiert die Pressefreiheit und verbietet die Zensur. Diese Freiheit „findet jedoch ihre Schranken in den Schranken der allgemeinen Gesetze, den gesetzlichen Bestimmungen zum Schutze der Jugend und in dem Recht der persönlichen Ehre“ (Art. 5). Die Rechtsprechung hat aus den Grundwertentscheidungen des Grundgesetzes (Menschenwürde, Art. 1 und freie Persönlichkeitsentfaltung, Art. 2) ein **allgemeines Persönlichkeitsrecht** abgeleitet, das u.a. auch die informationelle Selbstbestimmung schützt. So ist z.B. die ungenehmigte Reklame mit dem Bild des Betroffenen unstatthaft. Das Bundesverfassungsgericht hat 1998 den Persönlichkeitsschutz nochmals verschärft, als es entschied, dass bei „offenkundig unwahren“ Nachrichten, also Meldungen, die schlichtweg erfunden sind, der Betroffene das Recht auf eine Gegendarstellung auf der Titelseite der Zeitung und Anspruch auf Entschädigung habe. Hintergrund war die 1993 publizierte und frei erfundene Mitteilung einer Illustrierten von der bevorstehenden Hochzeit eines Mitglieds des europäischen Adels. Die **Balance zwischen Pressefreiheit und Persönlichkeitsschutz**, zwischen Informationspflicht und Wahrung des Persönlichkeitsrechts ist damit zu einer schwierigen und verantwortungsvollen Aufgabe für die Journalisten geworden.

**Bild muss Entschädigung an Trainer Finke zahlen**

Der Axel Springer-Verlag muss dem Trainer des Fußball-Erstligisten FC Freiburg, Volker Finke, 20000 DM Entschädigung für die Verletzung seiner Persönlichkeitsrechte zahlen. Dieses Urteil ist nach Mitteilung des Oberlandesgerichtes München rechtskräftig geworden. Die Bild-Zeitung hatte im Abstiegsjahr des SC einen Bericht veröffentlicht, worin dem Trainer sexuelle Kontakte zu Ehefrauen von Spielern unterstellt worden waren.

Allgemeine Zeitung Mainz, 16.5.1998

## Medien und Privatsphäre*

Das Welt-Medienereignis des Jahres 1998 war die Ausstrahlung des Videos von der Vernehmung des US-Präsidenten Clinton durch eine Jury über die Art und Weise seines außerehelichen Verhältnisses zu einer Mitarbeiterin des Weißen Hauses. Der Rechtsausschuss des amerikanischen Repräsentantenhauses hatte die vierstündige Aufzeichnung mit der Begründung freigegeben, es müssten alle Beweismittel zur Aufdeckung der Wahrheit öffentlich gemacht werden, damit das amerikanische Volk sich selbst ein Urteil bilden könne. Schließlich gehe es darum, Widersprüchlichkeiten zwischen den Aussagen des Präsidenten und denen der Mitarbeiterin aufzudecken, Clinton der Lüge und des Meineids zu überführen und ein Amtsenthebungsverfahren einzuleiten. Die Abgeordneten brachen damit mit der amerikanischen Rechtstradition, nach der nichtöffentliche Vernehmungen nicht publiziert wurden. (Bereits zuvor war der komplette Untersuchungsbericht des Sonderstaatsanwaltes im Internet veröffentlicht worden. Dieser Bericht enthielt auch die von der Mitarbeiterin gemachten detaillierten Schilderungen ihres sexuellen Umgangs mit dem Präsidenten.) Die US-Fernsehanstalten strahlten das Band mit der Vernehmung Clintons in voller Länge aus. Europäische Sender dagegen zeigten, trotz der amtlichen amerikanischen Freigabe, nur Ausschnitte und verzichteten (bis auf einige Privatsender) auf eine reißerische Aufmachung. Weltweit empörte man sich über die Freigabe und die Ausstrahlung. Sie stelle einen „audiovisuellen Mordversuch“ dar und sei eine „beispiellose Schande“, die an die „Inquisition“ erinnere. Es werde ein „vo-

**Heiminsassen gegen ihren Willen gefilmt**

Ingolstadt (dpa). – In einem Ingolstädter Altenheim sind pflegebedürftige Senioren gegen ihren Willen gefilmt und die Bilder von einem lokalen Privatsender im Fernsehen zur besten Sendezeit ausgestrahlt worden. Die Staatsanwaltschaft Ingolstadt prüft, ob gegen strafrechtliche Bestimmungen verstoßen wurde.

Süddeutsche Zeitung, 1.10.98

yeuristisches Bedürfnis" und „eine heuchlerische Gier nach Kenntnis privatester Vorkommnisse" zu befriedigen versucht.
Nach deutschem Verfassungs- und Presserecht wäre eine solche Veröffentlichung nicht statthaft. Anders als in den USA sind in Deutschland im Gerichtssaal Film-, Rundfunk- und Fernsehaufzeichnungen „zum Zwecke der öffentlichen Vorführung oder Veröffentlichung ihres Inhaltes" unzulässig. In Ausnahmefällen ist lediglich die Aufzeichnung der Zeugenvernehmung von Kindern möglich, um sie vor den Belastungen einer öffentlichen Verhandlung zu bewahren.
Das deutsche Verfassungs- und Presserecht schützt die „allgemeine Privatsphäre" sowohl von Privatpersonen als auch von „absoluten Personen der Zeitgeschichte" (Prominente), unter Umständen sogar an öffentlichen Orten. Der Schutz der Privatsphäre gilt insbesondere für den Intim- und Sexualbereich, weil die Publikation von detaillierten Aussagen zum Sexualleben gegen die Menschenwürde-Garantie des Grundgesetzes und den Persönlichkeitsschutz verstoßen würde. So urteilte der Bundesgerichtshof, dass „über die geschlechtliche Begegnung von Mann und Frau bei allen Kulturen der schützende und bergende Schleier der Scham und des nur den beiden Partnern vorbehaltenen Geheimnisses gebreitet" sei.

❶ Diskutieren Sie das Für und Wider einer Veröffentlichung der Clinton-Vernehmung.

❷ Das Amtenthebungsverfahren gegen Clinton scheiterte u.a., weil sich die amerikanische Öffentlichkeit mehrheitlich auf die Seite des Präsidenten stellte. Welche Gründe könnten dazu geführt haben?

❸ Aus welchen Gründen schützt das Recht die Privat- und Intimsphäre?

Das (vorläufig) Letzte aus dem Land der unbegrenzten Möglichkeiten

In den zahlreichen, von montags bis freitags ausgestrahlten nachmittäglichen **Talk-Shows** wird das Privatleben Prominenter oder Privatpersonen zum Thema von Information und Unterhaltung („Infotainment") gemacht. Die Gäste sind aufgefordert, vor dem Studio- und Fernsehpublikum über ihre privaten Probleme, Erfahrungen und Erlebnisse zu sprechen und werden von den Moderatorinnen und Moderatoren oftmals ermuntert, ihre Konflikte offen untereinander auszutragen.
Seit Bestehen dieser Shows, deren amerikanische Vorbilder es bereits seit mehr als 30 Jahren gibt, sind sie auch Zielscheibe einer Kritik, die ihnen moralische Verwerflichkeit und Verstöße gegen die Menschenwürde vorwirft.
Der folgende polemische Text aus dem Jahr 1996 analysiert mit den Mitteln der Satire diese Form der Fernsehunterhaltung.

## Kay Sokolowsky: Das große Rhabarbern

Sie reden und reden, sie sabbeln und brabbeln, sie quatschen und quasseln. Ein sausendes Plauschen rauscht in den 30 Kanälen des verkabelten Haushalts: Von elf Uhr morgens bis tief in die Nacht wird da ein Strom, ein Katarakt von Worten durchgespült, wahre Schwatzfluten, Schwallseen und Schwafelmeere. [...] Die alte schlichte Weisheit der Selbsterfahrungsgruppen, es werde sich schon alles richten, rede man nur darüber, hat ihren Weg gemacht, und nun wird bei jeder Gelegenheit über jede Affäre palavert – öffentlich, vor wenigstens einer halben Million Zuschauer; und der der Indiskretion sich entzieht, darf froh sein, wenn ihm die Klassenkeile für den Spielverderber erspart bleibt.
Aber es entzieht sich ja niemand; so schlecht wie in der Dauerflaute die Chancen stehen. Alle spielen mit, weil alle froh sind, überhaupt irgendwo dabeisein zu dürfen: Der Erfolg der täglichen Talkrunden wäre in den satten Achtzigern nicht nur aus Gründen des Geschmacks undenkbar gewesen. [...] Erlaubt ist alles, sofern es sich gegen die Penetranz der Kamera nicht sträubt: Das Fernsehen schert sich genauso wenig um Moral und Geschmack wie der Kapitalismus, dessen mächtigster Diener, wie die Werbung, das Fernsehen selbst ist. Toleriert wird alles, was *nicht* im Dunkeln passiert, Blankziehen ist eine Pflicht, Spannen eine Tugend. [...]
In diesen gedrückten, düsteren Zeiten, da ein falsches, d. h. aufrechtes Wort schnurstracks zum Ticket unter die Brücken werden kann, leuchtet die Talkbühne auf als Reservat, an dem es sich frei von der Leber weg reden lässt. Die armen Wichte, die sich für eine Handvoll Spesen und eine Nacht im Novotel zum Affen machen, gieren nicht allein nach der sagenhaften Prominenz, die sie sich von einem Fernsehauftritt versprechen. Sie wissen einfach keinen anderen Ort, um loszuwerden, was sie bedrängt, kein besseres Gelände, um sich wenigstens einmal in ihrem Hundeleben wichtig zu fühlen. Dass die freundlichen Unholde, denen man die Trümmerstücke seines Lebens ausliefert, keine Therapeuten, ja nicht einmal gute Zuhörer sind, scheint keiner der Laien auch nur zu ahnen. [...]
Ein Marsbewohner, der sich ein Bild dieses Staates und seiner Insassen allein anhand der Laien-Talks machen müsste, käme aus dem Staunen kaum heraus. Ein endloser Zug von Schwerstneurotikern, Masochisten, Paranoikern und Fetischisten wälzt sich durch die Ateliers; und wäre es für den Alien schon kaum zu fassen, dass Suizid und Gattenmord nicht zu den häufigsten Todesarten im Land zählen, so würde es ihn erst recht und restlos verwirren, dass diese geplagten, besessenen Wesen in einer Weise über ihr Leid reden, als gingen sie sich selber nichts an. [...]
Die Phrase ist das Fundament der Talkshow; und wenn hier einer Dinge offenbart, die ihn andernorts unsterblich blamieren, so darf er doch sicher sein, dass in diesem Bezirk wie ein Idiot nur aussieht, wer vor Scham kein oder, schlimmer noch, ein *richtiges* Wort herausbringt. Wenn sich verfeindete Paare bei Bärbel Schäfer anschreien, wird die Schreckensfrau ihr festmontiertes Grinsen erst recht nicht verbergen: alles halb so wild. So tief kann kein Schmerz, so heiß kein Zorn sein, dass er nicht vom Fernsehen platt gemacht und laugebadet werden könnte. [...] Die Chat-Show verheißt Katharsis für all unsere Sünden; also darf am Ende keiner der Sünder

so zerknirscht wirken, als gäbe es für ihn keine Hoffnung mehr: „Wir sehen uns, wenn Sie wollen, morgen wieder." Applaus, Trailer, Reklame.

„Kranke werden missbraucht für Monster-Shows", empörte sich das Deutsche Allgemeine Sonntagsblatt einmal über die Neigung der Christen und ihrer Kollegen zu Themen wie „Schuldlos im Irrenhaus" oder „HIV-infizierte Mütter". Doch diese Art moralischer Kritik trifft weit vorbei. Das große Rhabarbern trieft vor Mitleid mit den Deformierten und Defekten. [...] Angewiesen auf ein Publikum, das sein Leben schon am hellichten Tag bloß vorm Fernseher erträgt, hätscheln die Moderatoren ihre beschädigten „Gäste" und suhlen sich in der eigenen Gutmenschlichkeit. [...]

Doch die Sympathie für Freaks und Krüppel hat ihre Grenzen. So wenig die Couchkartoffeln, auf die der Klatsch am Nachmittag spekuliert, je zugeben würden, dass sie längst als Versager aussortiert wurden – so dringend auch erwarten sie von der Chat-Show den Beweis, dass alle selber schuld sind, die aus dem Jammer ihres Lebens keinen Weg mehr sehen. Binnen einer Stunde werden da Probleme gelöst, die den Betroffenen oft Jahrzehnte der Qual beschert haben, und zwischendurch zeigt die Reklame, wofür es lohnt, bei der Stange zu bleiben. Wer sich aber bei der Abmoderation immer noch verstockt zeigt, der wirkt im Kreise der vorläufig Geheilten wie ein Außenseiter, fast wie ein Parasit, und soll auch so wirken. [...] In den Daytime-Talks erfährt die große Tradition bürgerlich-liberaler Utopie eine besonders bizarre Travestie: Die Gleichheit der Menschen verkommt zur Gleichheit ihrer Abbildung, Brüderlichkeit zum Komplizentum, und frei sind wir nur zu klatschen oder nicht. Alle Menschen werden Schwätzer, die auf der einen Seite sechs Mann hoch die Bühnensessel füllen, auf der Seite gegenüber stumm ihren Einsatz erwarten. Dazwischen vermitteln Volksvertreter, die keiner gewählt hat, die aber auch von niemandem abhängig sind. Außer von Sponsoren.

❶ Welchen Zusammenhang sieht der Autor zwischen den Talkshows und der gesellschaftlichen Wirklichkeit?

❷ Überprüfen Sie die Aussagen des Textes, indem Sie solche Shows anschauen und analysieren:
- Welche Themen werden behandelt?
- Was erfahren Sie über die soziale Situation der Gäste?
- Beschreiben und bewerten Sie die Art, wie die Gäste befragt werden.
- Wie reagiert das Publikum im Studio?
- Werden seine Reaktionen von den Moderatoren gelenkt?
- Werden die Sendungen den gehandelten Themen und den Menschen gerecht?
- Beobachten Sie Ihre eigenen Reaktionen auf das Geschehen. Verfassen Sie ein abschließendes Statement.

# 3. Medien, Wahrnehmung und Wirklichkeit

## Paul Valéry: Über den Fortschritt

Der moderne Mensch ist der Sklave seiner Fortschrittlichkeit. Es gibt für ihn keinen Fortschritt, der nicht zugleich vermehrte Sklaverei bedeutet. Komfort macht uns zu Sklaven. Die übermächtigen Mittel, die der Presse zur Verfügung stehen, betäuben uns mit dem gedruckten Geschrei und durchbohren uns mit ihren Sensationsmeldungen. Die Reklame, eines der Hauptübel unseres Zeitalters, beleidigt ständig unsere Augen, verfälscht jedes Attribut, verwüstet ganze Landschaften, untergräbt jeden Maßstab und jede Kritik. Sie missbraucht Bäume, Felsen und Denkmäler, während in den Druckseiten, die von den Maschinen ausgespien werden, Mörder und Opfer, Helden und Feiglinge, Hundertjährige und Kinder verwechselt werden. […] Dies alles hat es auf unser Gehirn abgesehen. Bald werden wir uns streng abgeschlossene Klöster bauen müssen, in die weder Radiowellen noch Zeitungen eindringen können, in denen wir unsere Ahnungslosigkeit von allen politischen Dingen bewahren und pflegen können. Dort wird man nur Verachtung übrig haben für Tempo und Zahlen und für alle Effekte, die durch Masse, durch Überraschung, Kontrast, Wiederholung, Neuigkeit und Leichtgläubigkeit erzeugt werden. Dorthin wird man dann von Zeit zu Zeit pilgern, um durch die Gitterstäbe ein paar Exemplare „freier Menschen“ zu betrachten.

❶ Nehmen Sie Stellung zu Valérys Kritik am allgegenwärtigen Einfluss der Medien auf den Menschen.

❷ Nennen Sie aus Fernsehen oder Presse konkrete Beispiele oder Gegenbeispiele für den Vorwurf, die Medien zielten vor allem auf Sensation, Tempo, Effekt, Masse, Wiederholung, Kontraste und Leichtgläubigkeit ab.

## Paul Virilio: Augen zu, aufgepasst!

Der Franzose **Paul Virilio** (*1932) gehört mit dem Amerikaner **Neil Postman** zu den schärfsten Kritikern der neuen Kommunikationstechnologien und Medienformen, weil an die Stelle von Wahrnehmungs- und Erkenntnisanstrengung das pure Zerstreuungsgeschäft trete, das zu einem Verfall der Urteilskraft und letztlich zur Unmündigkeit führe.

Früher mag es eine „Kunst des Sehens“ gegeben haben, heute aber haben wir es mit einem „Unternehmen der wahrnehmbaren Erscheinungen“ zu tun, das die Form einer vielleicht gefährlichen *Industrialisierung des Sehens* sein könnte.

Tatsächlich stellt sich die Frage, welcher der Bäume, die ich sehe, denn eigentlich der echte ist. Der, vor dem man stehen bleibt und dessen einzelne Äste und Blätter man ganz deutlich sehen kann, der, den man beim Vorbeifahren durch die Windschutzscheibe des Autos sieht, oder der, den man auf dem Fernseh-Bildschirm sieht? Die Antwort auf diese scheinbar unsinnige Frage hat in Wahrheit eine Reihe ganz konkreter Folgen für das tägliche Leben.

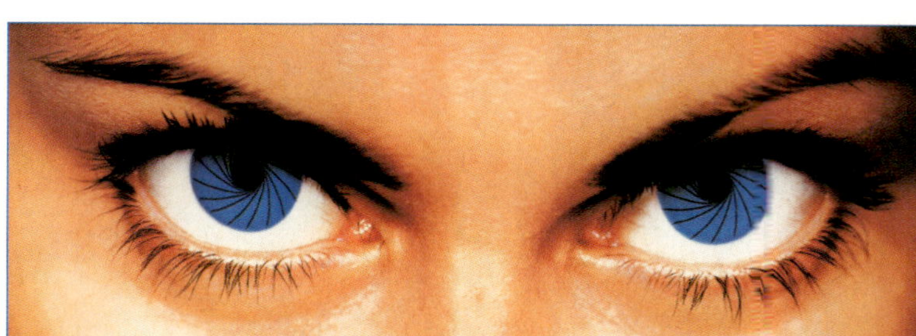

Die Tatsache, dass die *Fotografie* in der Art, wie Niepce oder Daguerre sie erfanden, nicht mehr existiert, sondern dass es nur noch *Standbilder* gibt und darum die fixierten Bilder nichts anderes sind als „Stationen" auf dem Weg der abgespulten Filmsequenzen, deutet darauf hin, dass uns eine Leidenschaft des Blicks bevorsteht, bei dem die Kunst des Liebhaberblicks verschwinden und ersetzt werden wird durch eine Wahrnehmungsindustrie, die sich dem Motor verdankt, dem Sender/Empfänger der „Wellenpakete", die sowohl das Videosignal als auch das Radiosignal transportieren.

Cyberspace: Virtual Reality statt „wirklicher" Realität.

Im letzten Jahrhundert führte die Revolution der Transportmittel zu einer Erhöhung der allgemeinen Mobilität. Diese wurde noch gesteigert durch die *Automatisierung der Produktion* und die damit verbundene Revolutionierung der Übertragungstechniken. Heute dagegen sind wir konfrontiert mit den Ansätzen zu einer *Automatisierung der Weltwahrnehmung*. Ganz in diesem Sinne erklärte der Videokünstler Gary Hill: „Vision ist nicht mehr die Möglichkeit zu sehen, sondern die Unmöglichkeit, nichts zu sehen."

Auf das Bildverbot und den Sehverzicht bestimmter Religionen – im Islam zum Beispiel den Verzicht, das Gesicht der Frauen zu sehen – folgt im Moment geradezu ein kultureller Zwang zum Bild, der, so scheint es, verbunden ist mit der Unterbelichtung des Schriftzeitalters.

Haben wir es mit einem optischen, oder genauer gesagt: mit einem elektro-optischen Fetischismus zu tun? Müssen wir unseren Blick abwenden, schüchtern beiseite sehen und die dargebotene übermäßige Fokussierung vermeiden? All diese Fragen betreffen nicht nur die Ästhetik, sondern auch die *Ethik der heutigen Wahrnehmung*. Ich fürchte, dass wir mit einer Art Pathologie der unmittelbaren Wahrnehmung konfrontiert sind, die alles oder beinahe alles den jüngsten kinematografischen und computergrafischen *Sehmaschinen* verdankt. Da diese Maschinen die Aufgabe haben, die herkömmlichen Bilder zu mediatisieren, d.h. zu vermitteln, werden sie schließlich all ihre Glaubwürdigkeit verlieren.

„Seinen Augen nicht mehr zu trauen", ist tatsächlich nicht mehr Ausdruck des Erstaunens oder der Überraschung, sondern eher Ausdruck eines „Einwands des Gewissens", das sich der Macht des objektiven Bildes verweigert, der Macht eines Bildes, das nicht nur per Direktübertragung oder leicht zeitversetzt im Fernsehen vermittelt wird, sondern auch durch den Missbrauch einer *Mobilisierung des öffentlichen Raums* [...].

*Da das optische Vorüberrauschen nicht mehr aufhört,* ist es schwer, wenn nicht sogar unmöglich, an die Stabilität des Realen zu glauben, an die Fixierung eines Sichtbaren, das sich fortwährend verflüchtigt. Der öffentliche Raum des Gebäudes tritt schlagartig hinter die Instabilität eines allgegenwärtig gewordenen öffentlichen Bildes zurück.

Angesichts dieser „Wahrnehmungsstörung", die jeden von uns betrifft, müsste das Problem der Ethik der kollektiven Wahrnehmung vielleicht nochmals gründlich beleuchtet werden: Werden wir unseren Status als *Augenzeugen* der wahrnehmbaren Realität ein-

❶ Welche Folgen hat nach Virilio die zunehmende Mediatisierung, d.h. Verbildlichung und Übertragung der Realität für den Menschen?

❷ Erläutern Sie, was Virilio mit
- Automatisierung der Wahrnehmung
- Zwang zum Bild
- Enteignung des Blicks

meint.

❸ Nennen Sie Beispiele für eine Verfälschung der Realität durch das Bild.

büßen zugunsten von technischen Substituten, (Video- oder Fernüberwachungs-) Prothesen jeder Art? Machen sie uns zu Unterstützungsempfängern und Sehbehinderten? Sind sie verantwortlich für die Hervorbringung einer Art paradoxer Blindheit, die sich aus der Überbelichtung des Sichtbaren sowie aus der Entwicklung der Sehmaschinen *ohne* Blick ergibt, die an das „indirekte Licht" der elektronischen Optik angeschlossen sind, das mittlerweile die „direkte Optik" der Sonne oder der Elektrizität ersetzt hat.
*Das Kino steckt das Auge in eine Uniform*, warnte Franz Kafka. Durch Videotechnik und digitalisierte Computergrafik ist diese Bedrohung heute zu einem Fakt geworden, sodass bald die Bildung einer Art „Ethikkommission der Wahrnehmung" notwendig sein wird, ohne die wir vielleicht die Auswüchse einer *Abrichtung der Augen* erleiden müssten, eines unterschwelligen, *optisch korrekten* Konformismus, der die Konformismen der Sprache und der Schrift vollenden würde.
Mit der einsetzenden Gewöhnung an extrem Gewalt verherrlichende Filme einerseits und dem missbräuchlichen Umgang mit Zusammenschnitten von Fernsehsequenzen andererseits erleben wir bereits jetzt eine konstante Enteignung des Blicks, die aus der zunehmenden Machtentfaltung von Bild und Ton resultiert. Wenn wir nicht auf der Hut sind, werden wir morgen die wahrscheinlich unbewussten Opfer einer Art Verschwörung des Sichtbaren sein, ein durch die *ungeheure Beschleunigung der herkömmlichen Darstellung* gefälschtes Sichtbares.

## Stefan Stosch: Fälschungen und Fiktionen

Der Journalismus ist dabei, sich seine Bilder selbst zu erfinden. Wenn die Wirklichkeit nicht mitspielt, spielen die Fernsehleute Wirklichkeit. [...] Die Unterscheidung zwischen Dokumentation und Fiktion zählt nicht mehr. Und im Fernsehsessel sitzt derweil der Zuschauer und hat keine Chance mehr zu erkennen, was der Realität entspricht. Er muss glauben. Zu lernen ist von dem Schauprozess gegen Born, dass Bilder lügen. Aber vermutlich ist es noch schlimmer: Der Journalist selbst weiß oft nicht mehr, was Wirklichkeit und was bloße Vermutung oder geschickte PR von Interessengruppen ist. Dabei geht es nicht mehr allein um Fernsehjournalisten, die im Dienste der Aufklärung Märchen bebildern, die vielleicht auch wahr sein können. Es geht um die Journalisten, die verantwortungsbewusst arbeiten wollen, die Nachrichten kanalisieren und allein schon durch die Auswahl ein Bild der Realität herstellen. Und das ist die Mehrzahl der Journalisten. Sie sitzen in ihren Redaktionen, werden überschwemmt mit Agenturmaterial, Anrufen und Faxen und basteln sich daraus „ihre Wahrheit" zusammen. Wenn der Redaktionsschluss naht, ganz gleich ob bei den elektronischen oder den Printmedien, dann haben sie sie gefunden. Jeden Tag aufs Neue. Schon allein diese Arbeitsbedingungen sorgen für Vereinfachungen: Schnelligkeit zählt, Kürze auch, Differenzierung schon weniger: Wirklichkeit wird auf Zeilen oder Sekunden zusammengeschmolzen. Kompliziert darf die Realität nicht sein.

❹ Untersuchen Sie an sich selbst, wo und wann Sie tatsächliche Realität oder mediatisierte Realität in Form von Bildern wahrnehmen.
Welche ist Ihnen angenehmer? Sind Sie sich des Unterschieds immer bewusst?

❺ Was erwarten Sie in dieser Hinsicht von einem Schulbuch, z.B. diesem?

**Gefängnis für Filmfälscher**

Wegen Betrugs in 17 und versuchten Betrugs in drei Fällen sowie weiterer Straftaten [...] hat das Landgericht Koblenz *(im Dez. 1996)* den 38-jährigen Lahnsteiner Filmemacher Michael Born zu einer Freiheitsstrafe von vier Jahren verurteilt. [...] Born hatte zwischen 1990 und 1995 seine manipulierten Beiträge deutschen und Schweizer TV-Sendern verkauft und 350000 Mark kassiert. Die meisten der 21 Filme wurden ausgestrahlt. Dann erstattete Stern TV Anzeige. [...] Aber der Vorsitzende des Gerichts stellte auch Stern TV, mit acht Beiträgen weit vor dem Schweizer Fernsehen DRS, Spiegel TV, RTL, VOX und „S-Zett" (Süddeutsche Zeitung) Hauptabnehmer Bornscher Machwerke, an den Pranger. Er hätte nicht gegenrecherchiert und nur auf Einschaltquoten geschielt. Für Ikea Teppiche knüpfende Kinder in Indien wurden schließlich als Fälschung enttarnt. Als „übelstes Machwerk" schilderte der Richter den Film über angebliche Aktivitäten des Ku-Klux-Klan in Deutschland. Dazu hatte Born eine Laienspielschar in weiße Kutten und Kapuzen gesteckt, sie den Hitlergruß zeigen und Kreuze verbrennen lassen.

Heinrich Halbing, in: Hannoversche Allgemeine Zeitung, 24.12.1996

Ist es gerechtfertigt, das Bild der Realität in den Medien als Fiktion zu bezeichnen? Begründen Sie Ihre Einschätzung.

## Computervernetzung und Internet – Fortschritt oder Gefahr?

*Manche Protagonisten der Computervernetzung vertreten die Ansicht, die entstehende Datenautobahn werde große Weltprobleme lösen. Falsch, hält der amerikanische Medienkritiker Neil Postman dagegen. Der Gesellschaft drohe, überflutet von zahllosen TV-Programmen, Nachrichten und digitalisierter Unterhaltung, vielmehr ein Informations-Overkill.*

GEO: **Wer werden die Gewinner, wer die Verlierer der Datenautobahn sein?**

POSTMAN: Wer Geld, Bildung und einen Netzwerkanschluss hat, gehört zu den Gewinnern; wer nicht, zählt zu den Verlierern. Aber an Bedeutung gewinnen oder verlieren können auch gesellschaftliche Einrichtungen. Was wird etwa aus den Bibliotheken? Wird deren Publikum ausbleiben, weil sich demnächst jeder vom Schreibtisch aus „online" Informationen beschaffen kann? Oder werden Bibliotheken wichtiger, weil dort Fachleute arbeiten, die durch den Informationsdschungel führen können? Das lässt sich noch nicht absehen. […] Ebenso werden die Hersteller von Computern, Programmen und Modems große Gewinne machen. Microsoft-Chef Bill Gates ist heute schon ein Sieger. Seine Macht wird künftig kaum zu kontrollieren sein. Unter all dem wird die Demokratie leiden – sie ist einer der großen Verlierer der neuen Technik. Weil man mit ziemlicher Sicherheit zunehmend Volksentscheide per Netzwerk inszenieren wird, unterminieren die Datenautobahnen die Befugnisse repräsentativ gewählter Parlamente und Regierungen. Zu jeder wichtigen – und unwichtigen – politischen Frage werden die Wähler ihre Vorlieben äußern können […]

GEO: **Die Informationsmenge wächst – welche Folgen resultieren daraus?**

POSTMAN: Das größte Problem der Computertechnik, vor allem der Datennetze, ist die schiere Informationsflut. Daten sind mittlerweile in einer solchen Menge vorhanden, dass sie zu einer Art Abfall verkommen – und wir zu regelrechten Müllschluckern. […] Zum Glück für Bill Gates haben viele „Informationssüchtige" noch nicht erkannt, dass der „Informations-Super-Highway" für keines der wirklich wichtigen Probleme unserer Zeit eine Lösung bietet. Wenn in Somalia oder in einem anderen Land der Erde Kinder verhungern, die Kriminalität auf den Straßen zunimmt, Kinder misshandelt und Frauen missbraucht werden, wenn Rassismus und Sexismus unser gesellschaftliches Leben verderben, dann liegt das nicht an einem Mangel an Information. Dennoch suggeriert die Begeisterung um die neuen Informationstechniken, wir seien auf dem Weg in eine neue schöne Welt.

GEO: **Welchen Einfluss wird der Informations-Highway auf die Bildung haben?**

POSTMAN: […] ich glaube nicht, dass die Bevölkerung deshalb vernünftiger oder schlauer sein wird als zum Bei-

**Neil Postman** (* 1931), Medienkritiker und Professor für Mediaecology an der New Yorker University wurde vor allem durch sein Buch: Wir amüsieren uns zu Tode. Urteilsbildung im Zeitalter der Unterhaltungsindustrie, Frankfurt/Main 1985, bekannt.

Microsoft-Chef Bill Gates

❶ Diskutieren Sie Postmans Kritik an den modernen Informationstechnologien. Berücksichtigen Sie dabei auch ihre eigenen Erfahrungen mit dem Internet.

❷ Welche Bedenken halten Sie für berechtigt, welche für übertrieben?

spiel vor 75 Jahren. Zwar ist die Menge der zur Verfügung stehenden Informationen seither gewaltig angewachsen und werden die Spezialisten zweifellos immer gescheiter. Das führt aber keineswegs dazu, dass alle anderen deshalb auch mehr von Geschichte, Religion, Psychologie, Gesellschaft oder Politik verstehen. […] Was sich indes durch sie verändern könnte, ist die Schule. Sie wird an Bedeutung verlieren, wenn Leute wie Bill Gates die Gesellschaft davon überzeugen können, dass für die Bildung eines Kindes ausreichend gesorgt ist, wenn es nur einen interaktiven Computer besitzt. […]

GEO: **Wie werden sich die zwischenmenschlichen Beziehungen ändern?**

POSTMAN: Schon heute lassen uns die Medien vereinsamen. Wir hören Musik oder Radio allein, sitzen allein vor dem Fernseh- oder Videogerät. Die neuen Informationstechniken werden diese Entwicklung vorantreiben – und damit gesellschaftlich wichtige Werte wie Solidarität und Gemeinschaft zerstören. Die Menschen werden daheim einkaufen, Parlamente wählen, Bankgeschäfte erledigen und alle gewünschten Informationen erhalten, ohne auch nur einen Schritt aus der Tür zu setzen. Leibhaftig einem anderen Menschen zu begegnen könnte deshalb zu einem beängstigenden Erlebnis werden, das man lieber vermeidet. Die Anonymität wird zunehmen. Ein scheinbar gegenläufiger Trend dazu ist, sich „online“ nicht selber erkennen zu geben, sondern sich hinter einer Vielzahl frei erfundener Persönlichkeiten zu verstecken. Für manche, die einsam sind und Bedrückendes auf dem Herzen haben, mag das ein heilsames Ventil sein. „Online“ können sie so eine Art Intimität mit Fremden entwickeln und sich offenbaren, ohne ihre Identität preisgeben zu müssen. Hier trauen sie sich, Dinge auszusprechen, die sie Menschen, mit denen sie leben oder arbeiten, nicht erzählen würden. […]

GEO: **Werden die Datennetze das Wissen demokratisieren?**

POSTMAN: Es ist sicherlich zu begrüßen, wenn die Autorität etablierter Wissensinstitutionen abnimmt und das Ansehen und die Verfügbarkeit alternativer Wissensquellen wachsen. Doch der offene Wissensfluss auf den Datenautobahnen kann kaum kompetenter Kritik unterzogen werden. Blanker Unsinn erhält da den gleichen Raum wie Vernünftiges. Um sich in diesem Informationswirrwarr zurechtzufinden, braucht man eine gute Bildung, und dabei können die Datennetze nicht helfen. […]

GEO: **Trägt die Datenautobahn dazu bei, dass eine Weltkultur entsteht?**

POSTMAN: Ich glaube nicht, dass die weltweite Vernetzung kulturelle Unterschiede einebnen wird. Sie wird im Gegenteil zunehmend von Gruppen mit speziellen Interessen genutzt. Dadurch wird eher das Bewusstsein für Gegensätze geschärft. […] Auf der Suche nach Identität wenden sich Menschen gegenwärtig überall auf der Welt traditionellen ethnischen Strukturen zu. Warum, weiß ich nicht, aber diese Tatsache weist darauf hin, dass wachsende weltweite Kommunikation nicht zwangsläufig zu weltweiter Verständigung führt. Das hängt davon ab, wie unsere Kinder erzogen werden. Und das hat nichts mit Datenautobahn zu tun.

# Fantasie an die Macht: Ästhetik und Ethik

Drehen Sie dieses Bild auf den Kopf und schauen Sie, was dabei herauskommt. Stellen Sie eine Verbindung her zwischen dem Titel des Bildes, dem Inhalt und der Art, wie es gemalt wurde.

Francis Picabia (Maler):
„Der Kopf ist rund, damit das Denken seine Richtung ändern kann.“

Guiseppe Arcimboldo: Der Koch

Der amerikanische Film „Titanic" ist einer der geschäftlich erfolgreichsten Unternehmungen der Filmgeschichte. Millionen Menschen in aller Welt ließen sich erschüttern, unter anderem auch von dem Liebespaar, das sich auf der „Titanic" findet und bei dem Untergang des Schiffes durch den Tod getrennt wird. Das Bild (die beiden Liebenden im Fahrtwind am äußersten Bug des Schiffes) wurde auch für die Plakatwerbung verwendet.

# Einführung

Wer wollte leben ohne die Kraft der Fantasie? Schon das Kind bewegt sich oft in einem Raum, der spielerisch von seiner Vorstellungskraft geschaffen ist. Später identifiziert der Mensch sich tagträumend mit Popstars, Filmhelden, Schönheitsidealen oder literarischen Vorbildern. In dieser imaginären Welt *befreien* sich die Menschen von der Monotonie und den Beschränkungen des alltäglichen Lebens. Diejenigen, die das Talent der Gestaltung in sich entdecken, fixieren ihre Fantasien in Form von Musik, Malerei, Erzählung und Gedichten. Sie schaffen Kunstwerke, die wiederum die Einbildungskraft der Betrachter, Leser und Hörer entzünden.

Kunst zu schaffen und aufzunehmen ist eine urmenschliche Fähigkeit, wie die steinzeitlichen Höhlenmalereien von Lascaux beweisen. In früheren Zeiten hatten die Kunstwerke eine klare Funktion: sie dienten zum Beispiel als magischer Jagdzauber, symbolisierten als Masken dämonische Kräfte oder führten in den hoch aufstrebenden gotischen Kathedralen des Mittelalters die Erhabenheit des christlichen Gottes vor Augen. Darüber hinaus wurde seit der griechischen Antike eine theoretische Beziehung zwischen Schönheit und Wahrheit, zwischen Kunst und Leben hergestellt, die bis in unsere Zeit weiterwirkt. Noch immer verlangen wir von der echten Kunst, dass sie eine Wahrheit über die Welt ausdrückt (siehe den Text von Arthur Schopenhauer in diesem Kapitel).

Heutzutage scheint die befreiende Kraft der Fantasie sehr kommerzialisiert. Schon die Reklame behauptet, kreativ zu sein und will die Menschen im Inneren berühren. Das Publikum wird überwältigt und abgestumpft von einer Flut von Bildern, Worten und Musik, die nur geschaffen wurde, um es zum Kauf von Waren zu veranlassen. Die Grenzen zwischen dem Fantastischen und dem Realen verschwimmen. Die echten Kunstwerke haben es in einer solchen Umwelt schwerer, ihre Bedeutung zu bewahren. Aber immer wieder geschieht es, dass ein Musikstück oder ein Bild, eine Erzählung, ein Film oder ein Schauspiel den aufmerksamen Menschen ergreift, möge das Werk nun ein bewegender Hollywood-Film sein oder ein kompliziertes Gedicht. Im Moment dieser Erfahrung eines Kunstwerkes ist der Mensch ganz in sich versunken, löst sich von dem fortwährenden Strom der Informationen und befreit sich durch seine Vorstellungskraft: Das ist ein ethischer Akt.

Die Revolution von 1830 in Paris begeisterte den Maler Delacroix so sehr, dass er sich auf diesem Bild als Kämpfer auf den Barrikaden (der Mann mit dem schwarzen Zylinder) abbildete. Das Bild ist heute berühmt und oft kopiert als Symbol für Aufstand, Rebellion, Revolution, Befreiung.

Vergleichen Sie das Gemälde und das Filmbild. Was sagen sie über das menschliche Leben und über die Sehnsüchte von Menschen aus?

# 1. Die Rolle der Kunst im Leben

## Arthur Schopenhauer: Die Leistung der Kunst

*Der Mensch stellt sich die Welt vor. Er erzeugt also in seinem Kopf Bilder, Erscheinungen des Außen und ordnet diese nach dem Kausalitätsprinzip, also nach dem Grund-Folge-Zusammenhang. Aber dieses vorstellende Denken erschafft sich nicht ganz beliebig eine imaginäre Welt, sondern die äußere Welt ist wirklich vorhanden und wird erzeugt von der dunklen, rastlosen, unbewussten, nie ermüdenden Triebkraft allen Lebens. Schopenhauer nennt diesen Antrieb: „Wille". Der Mensch kann, wie Schopenhauer selbst es vorführt, kraft seiner Vernunft diesen „Willen" erkennen; ebenso nähert sich die Kunst diesem dunklen Urgrund in ihren Werken und im Verstehen dieser Werke.*

**Arthur Schopenhauer** (1788–1860), deutscher Philosoph (Biografie s. S. 93)

Nicht bloß die Philosophie, sondern auch die schönen Künste arbeiten im Grunde darauf hin, das Problem des Daseins zu lösen. Denn in jedem Geiste, der sich einmal der rein objektiven Betrachtung der Welt hingibt, ist, wie versteckt und unbewusst es auch sein mag, ein Streben rege geworden, das wahre Wesen der Dinge, des Lebens, des Daseins, zu erfassen. [...] Dieserhalb ist das Ergebnis jeder rein objektiven, also auch jeder künstlerischen Auffassung der Dinge ein Ausdruck mehr vom Wesen des Lebens und Daseins, eine Antwort mehr auf die Frage: „Was ist das Leben?" – Diese Frage beantwortet jedes echte und gelungene Kunstwerk auf seine Weise, völlig richtig. [...] Also für die *Anschauung* beantwortet jedes Kunstwerk jene Frage, jedes Gemälde, jede Statue, jedes Gedicht, jede Szene auf der Bühne: auch die Musik beantwortet sie: und zwar tiefer als alle andern, indem sie, in einer ganz unmittelbar verständlichen Sprache, die jedoch in die der Vernunft nicht übersetzbar ist, das innerste Wesen alles Lebens und Daseins ausspricht. Die übrigen Künste also halten sämtlich dem Frager ein anschauliches Bild vor und sagen. „Siehe hier, das ist das Leben!" [...]
Jedes Kunstwerk ist demgemäß eigentlich bemüht, uns das Leben und die Dinge so zu zeigen, wie sie in Wahrheit sind, aber, durch den Nebel objektiver und subjektiver Zufälligkeiten hindurch, nicht von jedem unmittelbar erfasst werden können. Diesen Nebel nimmt die Kunst hinweg.
Die Werke der Dichter, Bildner und darstellenden Künstler überhaupt enthal-

Angenommen, dieses Bild gibt Antwort auf die Frage: „Was ist das Leben?" Wie ist dann unser Leben oder das des Malers zu beschreiben oder zu beurteilen?

Max Beckmann: Die Nacht (1918–1919)

ten anerkanntermaßen einen Schatz tiefer Weisheit: eben weil aus ihnen die Weisheit der Natur der Dinge selbst redet, deren Aussagen sie bloß durch Verdeutlichung und reinere Wiederholung verdolmetschen. Deshalb muss aber freilich auch jeder, der das Gedicht liest, oder das Kunstwerk betrachtet, aus eigenen Mitteln beitragen, jene Weisheit zu Tage zu fördern: folglich fasst er nur so viel davon, als seine Fähigkeit und seine Bildung zulässt: wie ins tiefe Meer jeder Schiffer sein Senkblei so tief hinablässt, als dessen Länge reicht.

Welchen Zweck hat nach Schopenhauer literarische (Schul-)Bildung?

## Friedrich Nietzsche: Rausch und Schönheit

**Friedrich Nietzsche** (1844–1900), deutscher Philosoph (Biografie s. S. 208)

*Für Friedrich Nietzsche ist das menschliche Leben geprägt von dem „Willen zur Macht". Macht bedeutet Steigerung, Intensivierung des Lebens dadurch, dass der Einzelne seine Existenz bewusst als einzigartig gestaltet. Das eigene Leben wie ein Kunstwerk sehen!*
*In diesem Zusammenhang fragt der Philosoph nach dem Antrieb, ein Kunstwerk aus Stein, aus Tönen oder Worten herzustellen.*

Zur Psychologie des Künstlers. – Damit es Kunst gibt, damit es irgendein ästhetisches Tun und Schauen gibt, dazu ist eine physiologische Vorbedingung unumgänglich: der Rausch. Der Rausch muss erst die Erregbarkeit der ganzen Maschine gesteigert haben: Eher kommt es zu keiner Kunst. Alle noch so verschieden bedingten Arten des Rausches haben dazu die Kraft: vor allem der Rausch der Geschlechtserregung, diese älteste und ursprünglichste Form des Rausches. Insgleichen der Rausch, der im Gefolge aller großen Begierden, aller starken Affekte kommt; der Rausch des Festes, des Wettkampfs, des Bravourstücks, des Siegs, aller extremen Bewegung; der Rausch der Grausamkeit; der Rausch in der Zerstörung; der Rausch unter gewissen meteorologischen Einflüssen, zum Beispiel der Frühlingsrausch; oder unter dem Einfluss der Narkotika; endlich der Rausch des Willens, der Rausch eines überhäuften und geschwellten Willens. – Das Wesentliche am Rausch ist das Gefühl der Kraftsteigerung und Fülle. Aus diesem Gefühle gibt man an die Dinge ab, man zwingt sie von uns zu nehmen, man vergewaltigt sie – man heißt diesen Vorgang idealisieren. Machen wir uns hier von einem Vorurteil los: Das Idealisieren besteht nicht, wie gemeinhin geglaubt wird, in einem Abziehn oder Abrechnen des Kleinen, des Nebensächlichen. Ein ungeheures Heraustreiben der Hauptzüge ist vielmehr das Entscheidende, sodass die andern darüber verschwinden.
Man bereichert in diesem Zustande alles aus seiner eignen Fülle: was man sieht, was man will, man sieht es geschwellt, gedrängt, stark, überladen mit Kraft. Der Mensch dieses Zustandes verwandelt die Dinge, bis sie seine Macht widerspiegeln – bis sie Reflexe seiner Vollkommenheit sind. Dies Verwandeln-müssen ins Vollkommene ist – Kunst. Alles selbst, was er nicht ist, wird trotzdem ihm zur Lust an sich; in der Kunst genießt sich der Mensch als Vollkommenheit.

❶ Was bedeutet die Kunst für den Künstler und für den, der die Kunstwerke betrachtet, hört oder liest?

❷ Nietzsche hat seine Überlegungen vor allem auch auf die Musik Richard Wagners bezogen. Übertragen Sie seine Auffassung vom „Rausch" auf heutige Musik, z. B. von Rock-Bands.

## Sigmund Freud: Der Dichter und das Fantasieren

*Fantasie kommt von dem griechischen Wort für „Vorstellung" oder „Erscheinung". Die Menschen haben die Möglichkeit sich etwas vorzustellen, das nicht unmittelbar real ist. Fantasie ist spielerische Befreiung vom Hier und Jetzt. Der fantasierende Mensch erprobt sich in unterschiedlichen Situationen ohne wirkliche Gefahr des Scheiterns. Er fühlt sich so auch in andere Formen des Lebens ein. So entsteht auch Dichtung, behauptet Sigmund Freud. Ist jeder Mensch ein Dichter, während er fantasiert? Der deutsche Schriftsteller und große Erzähler Arno Schmidt ist der Meinung, dass alle Menschen Tagträume gestalten, die vergleichbar sind mit Romanen. Der wirkliche Autor hat dann nur die besondere Begabung, diese „längeren Gedankenspiele", wie Schmidt sie nennt, in sprachliche Formen zu gießen in geduldiger Arbeit.*

**Sigmund Freud**
(1856–1939), österreichischer Arzt und Psychoanalytiker (Biografie s. S. 155)

Sollten wir die ersten Spuren dichterischer Betätigung nicht schon beim Kinde suchen? Die liebste und intensivste Beschäftigung des Kindes ist das Spiel. Vielleicht dürfen wir sagen: Jedes spielende Kind benimmt sich wie ein Dichter, indem es sich eine eigene Welt erschafft oder, richtiger gesagt, die Dinge seiner Welt in eine neue, ihm gefällige Ordnung versetzt. Es wäre dann unrecht zu meinen, es nähme diese Welt nicht ernst; im Gegenteil, es nimmt sein Spiel sehr ernst, es verwendet große Affektbeträge[1] darauf. Der Gegensatz zu Spiel ist nicht Ernst, sondern Wirklichkeit. Das Kind unterscheidet seine Spielwelt sehr wohl, trotz aller Affektbesetzung, von der Wirklichkeit und lehnt seine imaginierten Objekte und Verhältnisse gerne an greifbare und sichtbare Dinge der wirklichen Welt an. Nichts anderes als diese Anlehnung unterscheidet das „Spielen" des Kindes noch vom „Fantasieren".
Der Dichter tut nun dasselbe wie das spielende Kind; er erschafft eine Fantasiewelt, die er sehr ernst nimmt, d.h. mit großen Affektbeträgen ausstattet, während er sie von der Wirklichkeit scharf sondert. Und die Sprache hat diese Verwandtschaft von Kinderspiel und poetischem Schaffen festgehalten, indem sie solche Veranstaltungen des Dichters, welche der Anlehnung an greifbare Objekte bedürfen, welche der Darstellung fähig sind, als Spiele: Lustspiel, Trauerspiel, und die Person, welche sie darstellt, als Schauspieler bezeichnet. Aus der Unwirklichkeit der dichterischen Welt ergeben sich aber sehr wichtige Folgen für die künstlerische Technik, denn vieles, was als real nicht Genuss bereiten könnte, kann dies doch im Spiele der Fantasie, viele an sich eigentlich peinliche Erregungen können für den Hörer und Zuschauer des Dichters zur Quelle der Lust werden. [...]
Der Heranwachsende hört also auf zu spielen, er verzichtet scheinbar auf den Lustgewinn, den er aus dem Spiele bezog. Aber wer das Seelenleben des Menschen kennt, der weiß, dass ihm kaum etwas anderes so schwer wird wie der Verzicht auf einmal gekannte Lust. Eigentlich können wir auf nichts verzichten, wir vertauschen nur eines mit dem andern; was ein Verzicht zu sein scheint, ist in Wirklichkeit eine Ersatz- oder Surrogatbildung[2]. So gibt auch der Heranwachsende, wenn er aufhört zu spielen, nichts anderes auf als

---

[1] Affekt (lat.): Erregung, Leidenschaft
[2] Surrogat (lat.): Ersatz, Ersatzstoff

die Anlehnung an reale Objekte; anstatt zu *spielen, fantasiert* er jetzt. Er baut sich Luftschlösser, schafft das, was man Tagträume nennt. Ich glaube, dass die meisten Menschen zu Zeiten ihres Lebens Fantasien bilden. Es ist das eine Tatsache, die man lange Zeit übersehen hat und deren Bedeutung man darum nicht gewürdigt hat. [...]
So viel von den Fantasien und nun zum Dichter! Dürfen wir wirklich den Versuch machen, den Dichter mit dem „Träumer am hellichten Tag", seine Schöpfungen mit Tagträumen zu vergleichen? Da drängt sich wohl eine erste Unterscheidung auf; wir müssen die Dichter, die fertige Stoffe übernehmen, wie die alten Epiker und Tragiker, sondern von jenen, die ihre Stoffe frei zu schaffen scheinen. Halten wir uns an die letzteren und suchen wir für unsere Vergleichung nicht gerade jene Dichter aus, die von der Kritik am höchsten geschätzt werden, sondern die anspruchsloseren Erzähler von Romanen, Novellen und Geschichten, die dafür die zahlreichsten und eifrigsten Leser und Leserinnen finden. An den Schöpfungen dieser Erzähler muss uns vor allem ein Zug auffällig werden; sie alle haben einen Helden, der im Mittelpunkt des Interesses steht, für den der Dichter unsere Sympathie mit allen Mitteln zu gewinnen sucht und den er wie mit einer besonderen Vorsehung zu beschützen scheint. Wenn ich am Ende eines Romankapitels den Helden bewusstlos, aus schweren Wunden blutend verlassen habe, so bin ich sicher, ihn zu Beginn des nächsten in sorgsamster Pflege und auf dem Wege der Herstellung zu finden, und wenn der erste Band mit dem Untergange des Schiffes im Seesturme geendigt hat, auf dem unser Held sich befand, so bin ich sicher, zu Anfang des zweiten Bandes von seiner wunderbaren Rettung zu lesen, ohne die der Roman ja keinen Fortgang hätte. Das Gefühl der Sicherheit, mit dem ich den Helden durch seine gefährlichen Schicksale begleite, ist das Nämliche, mit dem ein wirklicher Held sich ins Wasser stürzt, um einen Ertrinkenden zu retten, oder sich dem feindlichen Feuer aussetzt, um eine Batterie zu stürmen, jenes eigentliche Heldengefühl, dem einer unserer besten Dichter den köstlichen Ausdruck geschenkt hat: „Es kann dir nix g'schehen." (Anzengruber) Ich meine aber, an diesem verräterischen Merkmal der Unverletzlichkeit erkennt man ohne Mühe – Seine Majestät das Ich, den Helden aller Tagträume wie aller Romane. [...]
In vielen der so genannten psychologischen Romane ist mir aufgefallen, dass nur eine Person, wiederum der Held, von innen geschildert wird; in ihrer Seele sitzt gleichsam der Dichter und schaut die anderen Personen von außen an.

❶ Versuchen Sie sich an Tagträume (Fantasiespiele z. B.) Ihrer Kindheit zu erinnern. Wie liefen sie ab, wann setzten sie ein?

❷ Was gewinnt der Leser für sein eigenes Leben, wenn er sich in die Tagträume eines Schriftstellers versenkt, in denen dieser sich als Mittelpunkt der Handlung darstellt?

## Wozu Literatur? – Aus einem Abituraufsatz

*In einem Aufsatz beschäftigt sich eine Abiturientin mit der Bedeutung der Dichtung für das Leben der Lesenden. Als Anstoß für das Nachdenken dient der Satz des polnischen Schriftsteller Witold Gombrowicz, der bekannt wurde durch seine verstörenden, provokanten, die konventionellen Formen durchbrechenden Theaterstücke und Romane.*

Motto: „*Ernste Literatur ist nicht dazu da,*
*das Leben zu erleichtern, sondern es zu erschweren.*"
(Witold Gombrowicz)

**Kafka schrieb, dass ein Buch sein muss wie „die Axt für das gefrorene Meer in uns".** Ein Buch, das uns anspricht, ist nicht einfach nur ein Buch, in dem eine Problematik angerissen wird, die uns zum Nachdenken anregt über unser Leben, uns folglich gleichzeitig beschwert und erleichtert. (Beschwert dadurch, dass man durch einen äußeren Anlass auf sich gestoßen wurde und sich damit auseinander setzen muss. Erleichtert dadurch, dass etwas angesprochen wurde, für das man selber noch keine Worte fand, was dennoch belastend ist. Man ist nicht ganz allein gelassen damit.)
Sondern es ist noch viel mehr, was geschieht, wenn man das Glück hat, von einem Buch tief berührt zu werden, dieses Buch gefunden und gelesen zu haben. Etwas, was man nicht mehr bezeichnen kann als: das Leben erschwerend. Ich kann es zumindest nicht. Wenn dieses Buch das gefrorene Meer in uns zerschlägt, wird das Meer wieder frei. Meer ist etwas Großartiges, Überwältigendes, es reißt mit. Man kann auch ertrinken. Aber es muss doch wieder frei werden, wie schwer wiegt ein ‚gefrorenes Meer', wie kalt ist es. Es kann zersprengen. Kafka deutet damit die Situation des Menschen in unserer Zeit an. Er trägt die Kälte in sich, die Kraft eines Meeres durch Eis gebannt. Vielleicht nicht nur in unserer Zeit, in allen Zeiten. Aber der ‚moderne' Mensch hat nichts mehr, was ihm hilft, das Eis zu zerschlagen. Wir sind so durchschauend, fast zynisch, dass wir die Wärme, die es noch geben könnte, als künstlich entlarven. Trotz dieser Klarsicht ist niemand in der Lage zu leben, ohne sich etwas vorzumachen. Ein Gott wird bestritten, die Einsamkeit in ihrer Verantwortung nicht angenommen. Darauf macht z.B. Sartre aufmerksam. Er zeigt auch einen Weg auf. Wir sind völlig sinnlos in diese Welt geworfen worden, aber haben dadurch die Freiheit, uns selbst zu erschaffen. Um menschlich leben zu können, muss jeder diese Freiheit, zu der er gezwungen ist, annehmen und verantwortungsvoll wahrnehmen. Schließlich trägt jeder die Verantwortung für das Gesicht der Welt.
Aber welche Angst macht das! [...]
Die moderne Literatur bietet keine „Rettung". Sie baut auf die Sinnlosigkeit und kann folglich keinen Lebenssinn geben. Aber sie setzt auch an beim einzelnen Menschen und seiner Möglichkeit zu handeln. Diese Möglichkeit hat er, da es ja kein göttliches Handeln gibt. Das Wahrnehmen dieser Tatsachen, das Auf-uns-Nehmen der daraus resultierenden Verantwortung „erschwert" ungemein. Doch „Schwere" ist der einzig wirklich lebbare Zustand für den Menschen, sonst schwebt er ja. Der Mensch braucht aber Gebundenheit. Ich glaube, Dichtung greift uns an in unserer Schwebe. Sie reißt uns daraus, dass wir unsere halbherzigen Taten in dieser Welt als Leben ansehen. Zumindest für einen Moment beschließen wir, uns auf das Bedeutungsvolle einzulassen und damit den Kampf gegen die Unmenschlichkeit und die Oberflächlichkeit aufzunehmen.

Kristina Matron

❶ Inwiefern könnte die „Kleine Fabel" wie eine „Axt für das gefrorene Meer in uns" wirken? Was könnte sie in uns befreien oder öffnen?

**Franz Kafka: Kleine Fabel**

„Ach", sagte die Maus, „die Welt wird enger mit jedem Tag. Zuerst war sie so breit, dass ich Angst hatte, ich lief weiter und war glücklich, dass ich endlich rechts und links in der Ferne Mauern sah, aber diese langen Mauern eilen so schnell aufeinander zu, dass ich schon im letzten Zimmer bin, und dort im Winkel steht die Falle, in die ich laufe." – „Du musst nur die Laufrichtung ändern", sagte die Katze und fraß sie.

❷ Beschreiben Sie einen Roman, ein Gedicht oder einen Film, der Sie aus der alltäglichen Routine gerissen hat und Ihnen das Gefühl für das Besondere des menschlichen Lebens gab.

# 2. Konkrete Fantasie: Architektur und menschliches Leben

Die Architektur ist ein gutes Beispiel für konkrete Fantasie. In ihr verbinden sich Kunst und Handwerk, spielerischer Entwurf und zweckorientierte, reale Umsetzung in ein Gebäude. Architektur ist eine bodenständige Kunst, auch Wolkenkratzer müssen ein Fundament haben. In der Stadt-Architektur zum Beispiel wird sehr deutlich, wie die Kunst des Entwurfs das Leben von Menschen unmittelbar beeinflusst. Die Wohnungen können so geplant werden, dass sie das Leben der Bewohner bedrücken oder befreien. Das gilt ebenso für imposante öffentliche Gebäude wie für ein schlichtes Einfamilienhaus.

## Günter Behnisch: Demokratisches Bauen. Ein Gespräch

**Günter Behnisch** (* 1922), deutscher Architekt, der viele öffentliche Bauten beispielhaft gestaltete. Am bekanntesten ist die Olympia-Anlage in München (1970). Seine Entwürfe enthalten oft Elemente des Spielerischen. Behnisch baut auch gern Schulen, zur Zeit ein Gymnasium in Dresden.

*In dieser „tendenziell offenen Architektur“ scheinen Grundsätze der Demokratie ihren Ausdruck zu finden – wie eng sehen Sie selbst das politische System und Ihre Vorstellungen von einem zeitgenössischen Bauen miteinander verbunden?*

Mir wäre es lieber, nicht von „demokratischer Architektur“ zu sprechen, sondern von einem Bauen aus demokratischem Geist heraus. Man kann ja durchaus seiner eigenen Arbeit Werte und Ideale zugrunde legen und auch wirksam werden lassen, die in unserem Demokratiebegriff aufgehoben sind, also vor allem ein Verständnis für die Schwächeren, die Schwachen, aber auch den Gedanken der Offenheit gegenüber neuen Entwicklungen. Für die Architektur heißt das: Es gibt formale Ordnungen, die abgeschlossen sind, das sind die historisch tradierten, etwa die klassischen Ordnungen, denen nichts hinzugefügt oder weggenommen werden darf; bei unserer Architektur ist das anders, man kann addieren oder reduzieren und doch bleibt der Entwurf „innerlich“ intakt. [...]

*Das ist der Begriff des „Spielraums“ – Sie lassen ihn Ihren Mitarbeitern wie sich selbst während der Arbeit; aber „Spielraum“ gewährt auch das Ergebnis noch, indem es eben nicht als ein für allemal verbindliche Setzung behauptet wird.*

Natürlich. Es kann nicht nur um die Spielräume gehen, die wir selbst, als Architekten, für uns beanspruchen. Wichtig ist, den vielen Raum zu geben, die in und mit gebauter Umgebung spielen wollen. Im Sinne der Freiheit, die Adorno für alles künstlerische Gestalten postuliert hat: Es geht immer darum, die Zwänge der empirischen Realität zurückzuweisen, damit Freiraum entsteht für die Schwächeren, die sonst nicht zu Wort kämen, schwächere Kräfte, schwächere Dinge, schwächere Menschen.

*Bei dem, was Sie gebaut haben, gibt es herausragende Anlagen, die internationale Aufmerksamkeit gefunden haben und finden, das Münchner Olympiastadion etwa, nun auch der neue Plenarsaal in Bonn – aber der größte Teil Ihrer Bauten sind doch Schulen gewesen …*

Das hat sich durch Anforderungen von außen so ergeben, wir haben unsere Aufträge immer durch Wettbewerbe bekommen, nach dem Krieg hat die öffentliche Hand viele Schul- und Hochschulbauten ausgeschrieben, wir haben reagiert und oft gewonnen. Es ist aber auch wirklich eine schöne, dankbare Aufgabe, Schulen zu bauen, selbst wenn die Resonanz eher lokal begrenzt bleibt.
Allerdings ist mir der Architekt als Volkserzieher eine eher schreckliche Vorstellung. Obgleich ich annehme, dass sich die Kräfte, die in der Arbeit an einem Bau wirksam sind, in diesem dann auch widerspiegeln – und von daher ausstrahlen können in die Gesellschaft. Ein Bau kann bestimmte Verhaltensweisen seiner Benutzer hervorrufen, positiv wie negativ. [...]
Die Schulbauten alten Typs, man sieht das an den trutzig sich abschließenden, grauen Blöcken ja sehr gut, hatten die Aufgabe, den jungen Bürger in das hierarchisch strukturierte System der staatlichen Ordnung einzufügen. Wir haben uns gegen dieses Konzept gestellt, das war möglich, weil sich nach dem Krieg ein anderer Begriff von sozialer und politischer Ordnung durchsetzte, es ging ja nun darum, Verantwortung mehr nach unten zu verlagern, den Einfluss des Staates zu reduzieren, mehr Raum zu geben der Entwicklung des Einzelnen und der kleineren Gruppe. Diese Vorstellung hat mich geleitet.

*(Die Fragen stellte Peter Iden.)*

Entwerfen Sie in einer Gruppen- oder Einzelarbeit eine Schule im Grundriss, in der Sie gerne arbeiten und Ihre Zeit verbringen würden.

Der Maler und Architekt Friedensreich Hundertwasser baut das Martin-Luther-Gymnasium in Wittenberg, einen typischen Plattenbau der ehemaligen DDR, auf fantasiereiche Weise um. Der Fortgang der Arbeiten wird durch Fotografien dokumentiert, die alle 10 Minuten von einer elektronischen Kamera aufgenommen werden und dann ins Internet gestellt werden. Sie sehen hier ein Bild vom 24.03.1999, 13.05 Uhr.

http://olsnsrv.cs.uni-magdeburg.de/olsn/Schulen/Luther-Gym-Wittenberg/index.htm

Versuchen Sie, sich Informationen über die Idee, die Planung und den Bau aus der Homepage des Martin-Luther-Gymnasiums Wittenberg zu besorgen.

Vergleichen Sie die Slums der englischen Industriestädte des 19. Jahrhunderts mit dem Stadtarchitekturplan von Howard:

❶ Wie leben die Menschen in den Massenquartieren?

❷ Wie ist das Leben der Bewohner im Stadtentwurf von Howard geplant?

Gustave Doré: Slums in London 1873

Ebenezer Howard, Konzept einer Gartenstadt aus 6 Ringsektoren, 1898. Hier: ein Sektor mit innerem G Rundgarten (2 ha), umstanden von R Rathaus, T Theater, B Bibliothek, H Hospital, M Museum, K Konzerthaus. Um den C Centralpark (50 ha) ringförmiger Kr Kristallpalast für Fachgeschäfte; Wohnviertel mit Hausgärten zwischen radialen Boulevards, getrennt durch die 130 m breite A Avenue, auf der Kirchen, 6 Schulen, 2 Spielplätze stehen, begrenzt durch F Fabriken vor der Eisenbahn. Alle anderen Einrichtungen auf dem umgebenden Land.

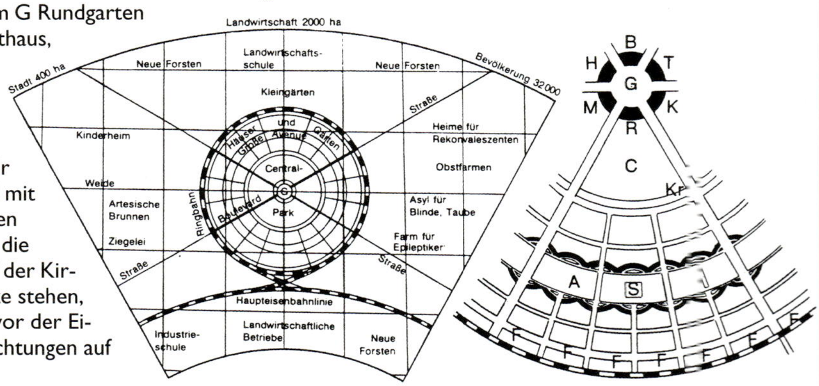

## Projekt

1. Besuchen Sie nahe liegende Museen oder Kunstausstellungen, Kirchen oder Parks und vertiefen Sie sich in ein Werk der bildenden Kunst, das Sie „blitzartig" gut finden. Schreiben Sie darüber, machen Sie Fotos, sammeln Sie Hintergrundinformationen und stellen Sie Ihre Ergebnisse den anderen vor.
2. Führen Sie das gleiche Verfahren durch anhand eines Romans, eines Gedichts, eines Films, eines Musikstücks.

In der Diskussion der Ergebnisse könnten auch die folgenden Fragen besprochen werden:

- Welche Auswirkungen würde es auf das Leben der Menschen haben, wenn es in unserer Gesellschaft keine Kunstwerke mehr gäbe, sondern nur noch zerstreuende Unterhaltungsindustrie?
- Würden viele Menschen das gar nicht bemerken?
  Würde das die Gesellschaft veröden lassen?
  Oder könnte die Mehrheit der Menschen auf Kunst ohne weiteres verzichten?

# Adressen (Stand: Oktober1999)

**amnesty international**
Sektion der Bundesrepublik Deutschland e. V.
**53108 Bonn**
Tel.: 0228/983730, Fax: 0228/630036, Internet: www. amnesty.de

**Ärzte ohne Grenzen**
Lievelingsweg 102
**53119 Bonn**
Tel.: 0228/559500, Fax: 0228/5595011, Internet: www.msf.org

**Bund für Umwelt und Naturschutz (BUND)**
Im Rheingarten 7
**53225 Bonn**
Tel.: 0228/400970, Fax: 0228/4009740, Internet: www.bund.net

**Bundesarbeitsgemeinschaft Hospiz**
Renkerstraße 45
**52356 Düren**
Tel.: 02412/599472, Internet: www.hospizbewegung.de

**Deutsche Welthungerhilfe e. V.**
Adenauerallee 134
**53113 Bonn**
Tel.: 0228/22880, Fax: 0228/220710, Internet: www.welthungerhilfe.de

**Freiwilliges Soziales Jahr/Freiwilliges Ökologisches Jahr**
Bundesministerium für Familie, Senioren, Frauen und Jugend
Rochusstraße 8–10
**53123 Bonn**
Tel.: 0228/9300, Fax: 0228/9302221, Internet: www.bmfsfj.de

**Greenpeace e. V.**
Große Elbestraße 39
**22767 Hamburg**
Tel.: 040/306180, Internet: www.greenpeace.de

**Internationale Ärzte zur Verhütung eines Atomkriegs (IPPNW) e. V.**
Körtestraße 10
**10976 Berlin**
Tel.: 030/6931044, Fax: 030/6943008, Internet: www.ippnw.de

**P.E.N.-Zentrum Bundesrepublik Deutschland**
A World Association of Writers
Sandstraße 10
**64283 Darmstadt**
Tel.: 06151/23120, Fax: 06151/293414

**Reporter ohne Grenzen**
Deutsche Sektion
Skalitzerstraße 101
**10999 Berlin**
Tel.: 030/6158585, Fax: 030/6143463, Internet: www.rog.at

**terre des hommes, Bundesrepublik Deutschland e. V.**
Ruppenkampstraße 11a
**49031 Osnabrück**
Tel.: 0541/7101-0, Fax: 0541/707233, Internet: www.tdh.de

# Textquellenverzeichnis

Mit * gekennzeichnete Texte sind Originalbeiträge der Autoren für diesen Band.


### Adler, Alfred

**Zur Theorie des Traumes**
In: Alfred Adler: Individualpsychologie in der Schule. Frankfurt am Main: S. Fischer 1973, S. 94 f.

### Altner, Günther

**An der Grenze**
Aus: An der Grenze. Gentechnik und die Suche nach einer neuen Moral. In: Die Welt nach Maß, hg. von R. Klingholz. Reinbek bei Hamburg: Rowohlt 1990, S. 224 ff., © Westermann

**Die Zwitternatur des Menschen bei Plessner**
In: H. Hofer/G. Altner: Die Sonderstellung des Menschen. Stuttgart: Fischer 1972, S. 202–205

### Aquin, Thomas von

**Die Summe des Denkens im Mittelalter**
In: Summa Theologoca, hg. vom Katholischen Akademikerverband. Salzburg: Pustet 1937, S. 157–160

### Arendt, Hannah

**Die Geburt des Selbst bei Kierkegaard**
In: Hannah Arendt: Was ist Existenzphilosophie? Frankfurt am Main: Hain 1990, S. 22–25

**Eichmann und die Ethik Kants**
In: Eichmann in Jerusalem.
Ein Bericht über die Banalität des Bösen. München: Piper 1986, S. 174 f.

**Macht und Gewalt**
In: Hannah Arendt: Macht und Gewalt, übersetzt von Gisela Uellenberg. München: Piper, 10. Aufl. 1995, S. 43, 45, 51–57

### Aristoteles

**Nikomachische Ethik**
In: Aristoteles: Nikomachische Ethik, hg. und übersetzt von O. Gigon. München: Deutscher Taschenbuch Verlag 1986, S. 59 f., 64 f., 294–297

**Tugend als Mitte**
In: Aristoteles: Nikomachische Ethik, übersetzt von O. Gigon. Düsseldorf und Zürich: Artemis & Winkler, 2. Aufl. 1967, II. Buch, S. 1106b f.

### Bacon, Francis

**Kunst der Naturbeherrschung**
In: Das neue Organon, hg. von M. Buhr. Berlin: Akademie-Verlag 1962, S. 136 ff.

### Bastian, Till

**Naturzerstörung: Die Quelle der künftigen Kriege**
In: Die Quelle künftiger Kriege. Hildesheim-Verlag der internationalen Ärzte zur Verhütung des Atomkrieges, 2/1992, S. 5, 11, 14, 72

### Bechthold, Ilse

**Rechtsschutz für Tiere**
Aus: Wenn Zigaretten-Diebstahl strafbar ist, der eines Pferdes aber nicht ... In: Frankfurter Rundschau, 3.1.1998, S. 14

### Behnisch, Günter

**Demokratisches Bauen. Ein Gespräch**
Aus: Baumeister für eine zivile Gesellschaft. Ein Gespräch von Peter Iden mit Günter Behnisch. In: Frankfurter Rundschau, 21.8.1993

### Bentham, Jeremy

**Das Prinzip des größten Glücks als Grundlage der Moral**
In: Einführung in die utilitaristische Ethik, hg. von Otfried Höffe. München: Beck 1975, S. 50 f.

### Bingen, Hildegard von

**Den Menschen mit Gott und der Natur heilen**
In: Das Buch vom inneren Wesen der verschiedenen Naturen in der Schöpfung. Salzburg: Otto Müller 1959

### Boethius

**Trost der Philosophie**
In: Trost der Philosophie. München: Goldmann-Taschenbuchverlag 1961, S. 62 ff.

### Born, Nicolas

**Die Welt der Maschine**
In: Nicolas Born: Die Welt der Maschine. Reinbek bei Hamburg: Rowohlt 1980, S. 12 f.

### Brecht, Bertolt

**Leben des Galilei**
In: Bertolt Brecht: Gesammelte Werke, Band 3. Frankfurt am Main: Suhrkamp 1967, S. 1232 f. und 1294 f.

**Die Nachtlager**
In: Bertolt Brecht: Gesammelte Gedichte. Band 1. Frankfurt am Main: Suhrkamp 1967, S. 373

**Maßnahmen gegen die Gewalt**
In: Bertolt Brecht: Gesammelte Werke. Bd. 12, a.a.O., S. 375 f.

**Was nützt die Güte?**
In: Lesebuch der Ethik. Philosophische Texte von der Antike bis zur Gegenwart, hg. von Otfried Höffe. München: Beck 1998, S. 365; © Suhrkamp

### Brieskorn, Norbert

**Die Notwendigkeit von Menschenrechtsbewegungen**
In: Rechtsphilosophie. Stuttgart: Kohlhammer 1990, S. 154

### Buddha

**Erste Rede in Benares an die fünf neu gewonnenen Jünger**
In: Reden des Buddha. Aus dem Pali-Kanon übersetzt von Ilse-Lore Gunsser. Stuttgart: Reclam 1957, S. 32 f.

### Camus, Albert

**Der Mensch in der Revolte**
In: Albert Camus: Der Mensch in der Revolte, übersetzt von Justus Streller, Reinbek bei Hamburg: Rowohlt 1988, S. 14 f.

**Glück in einer sinnlosen Welt**
In: Albert Camus: Der Mythos von Sisyphos, übersetzt von Justus Streller, Reinbek bei Hamburg: Rowohlt 1959, S. 93–101

**Cramer, Friedrich**
**Chaos und Ordnung**
In: Friedrich Cramer: Chaos und Ordnung. Frankfurt am Main/Leipzig: Insel 1993, S. 293–300

**Dagerman, Stig**
**Ein Kind töten**
In: Spiele der Nacht. Erzählungen. Wiesbaden: Limes Verlag 1961

**Descartes, René**
**Die Beweisgründe für das Dasein Gottes und der menschlichen Seele als Grundlage der Metaphysik**
In: René Descartes: Abhandlungen über die Methode des richtigen Vernunftgebrauchs, übersetzt von Kuno Fischer. Stuttgart: Reclam 1961, S. 54–56

**Vernunft und Natur**
In: Discours de la méthode, übersetzt von L. Gäbe. Hamburg: Verlag Felix Meiner 1960, S. 101

**Diogenes Laertius**
**Anekdoten**
In: Leben und Meinungen berühmter Philosophen, hg. von K. Reich, Hamburg 1967

**Dönhoff, Marion Gräfin**
**Journalismus – Beruf ohne Moral?**
In: Die Zeit

**Vom Recht auf Würde**
In: Die Zeit, 26. 12. 1997, S. 1

**Dürrenmatt, Friedrich**
**Über die Gerechtigkeit**
In: Philosophie und Naturwissenschaft. Essays und Reden. Zürich: Diogenes 1986, S. 38

**Ehrenfeld, David**
**Umweltethiken**
Aus: Das Naturschutzdilemma. In: Ökophilosophie, hg. von Dieter Birnbacher. Stuttgart: Reclam 1997, S. 134 f., 172 ff.

**Eibl-Eibesfeld, Irenäus**
**Aggressionstheorien**
Aus: Krieg und Frieden. Zur Naturgeschichte der Aggression. In: Funkkolleg „Der Mensch“, Studienbrief 10. Tübingen: Beltz 1993, S. 18–20; © Deutsches Institut für Fernstudien

**Einstein, Albert**
**Warum Krieg?**
In: Albert Einstein/Sigmund Freud: Warum Krieg? Zürich: Diogenes 1972, S. 18–21

**Eisenberg, Götz/Gronemeyer, Reimer**
**Zivilisation und Gewalt**
In: Jugend und Gewalt. Der neue Generationenkonflikt. Reinbek bei Hamburg: Rowohlt 1993, S. 96 ff.

**Enzensberger, Hans Magnus**
**Der Clan der Seßhaften**
In: Hans Magnus Enzensberger: Die große Wanderung. Frankfurt am Main: Suhrkamp 1992, S. 11–14, 25–26

**Epikur**
**Brief an den Menoikeus**
In: Von der Überwindung der Furcht, eingeleitet und übersetzt von O. Gigon. Zürich: Artemis 1968

**Fetscher, Iring**
**Ermutigung zur Zivilcourage. Plädoyer für eine zu wenig beachtete Tugend**
In: Über die Fähigkeit, menschlicher zu leben, hg. von Karl Rahner und Bernhard Welte. Freiburg: Herder 1979, S. 94 ff.

**Feuerbach, Ludwig**
**Der Mensch muss dem Menschen das Wesentliche sein**
Aus: Ludwig Feuerbach: Die Entwicklung der Philosophie. In: Die Geschichte der neueren Philosophie, hg. von J. Höppner. Leipzig: Reclam 1990, S. 5 f.

**Gott als Projektion des menschlichen Wesens**
In: Das Wesen des Christentums. Stuttgart: Reclam 1974, S. 400 ff., 406

**Finkielkraut, Alain**
**Das Antlitz**
In: Alain Finkielkraut: Die Weisheit der Liebe, übersetzt von Nicola Volland. Reinbek bei Hamburg: Rowohlt 1989, S. 32–34; © Hanser

**Foerster, Heinz von**
**Erkenntnis und Verantwortung**
In: Heinz von Foerster/Bernhard Pörksen: Wahrheit ist die Erfindung eines Lügners. Gespräche für Skeptiker. Heidelberg: Carl Auer-Systeme Verlag 1998, S. 154–164

**Franke, Klaus**
**Widersprüche des wissenschaftlichen Fortschritts**
In: Spiegel Special, „Die Erde 2000“, 4/1993, S. 81 f.

**Freud, Sigmund**
**Das Unbehagen in der Kultur**
In: Sigmund Freud: Abriß der Psychoanalyse. Frankfurt am Main: Fischer Taschenbuch Verlag 1972, S. 63 ff.

**Der Dichter und das Fantasieren**
Aus: Sigmund Freud: Studienausgabe Bd. X: Bildende Kunst und Literatur. Frankfurt am Main: Fischer Taschenbuch Verlag 1982, S. 171–178

**Kultur und Aggression**
In: Sigmund Freud: Kulturtheoretische Schriften. Das Unbehagen in der Kultur. Frankfurt am Main: S. Fischer 1994, S. 86 f.

**Religion als Illusion**
In: Kulturtheoretische Schriften. Frankfurt am Main: S. Fischer 1986, S. 186–189

**Trieblehre**
In: Sigmund Freud: Abriss der Psychoanalyse. Frankfurt am Main: S. Fischer 1972, S. 12–14

**Fromm, Erich**
**Grenzen der Psychoanalyse Freuds**
In: Sigmund Freuds Psychoanalyse – Größe und Grenzen. Stuttgart: Deutsche Verlags-Anstalt 1979, S. 67–72

**Haben oder Sein**
In: Erich Fromm: Haben oder Sein. Die seelischen Grundlagen einer neuen Gesellschaft, übersetzt von Brigitte Stein. München: Deutscher Taschenbuch Verlag 1979, S. 79 f.; © DVA

**Fukuyama, Francis**
**„Wenn die Fürsprecher asiatischer Werte …"**
Aus: Francis Fukuyama: Asiens Werte, Asiens Krise, übersetzt von Ernst Kux. In: Die Zeit, 20.5.1998, S. 3

**Fürstenberg, Friedrich**
**Der Glücksgütermarkt**
Aus: Friedrich Fürstenberg: Soziale Muster der Realisierung von Glückserwartungen. In: Anatomie des Glücks, hg. von Herbert Kundler. Köln: Kiepenheuer 1971, S. 60–64

**Gehlen, Arnold/ Adorno, Theodor W.**
**Wertevermittlung durch Institutionen?**
In: Anthropologische Forschung. Reinbek bei Hamburg: Rowohlt 1971, S. 63–66

**Gerlitz, Peter**
**Die Bedeutung der Ethik**
Aus: Das Ethos des Buddhismus. In: Das Ethos der Weltreligionen, hg. von Adel Th. Khoury. Freiburg: Herder 1993, S. 59 f.

**Greschat, Hans-Jürgen**
**Achtfacher Pfad und allgemeine Regeln**
In: Die Religion der Buddhisten. München: Verlag Reinhardt 1980, S. 135–138

**Habermas, Jürgen**
**Die ideale Sprechsituation**
Aus: Vorbereitende Bemerkungen zu einer Theorie der kommunikativen Kompetenz. In: Jürgen Habermas, Niklas Luhmann: Theorie der Gesellschaft oder Sozialtechnologie? Frankfurt am Main: Suhrkamp 1971, S. 136 ff.
**Moralische Grenzen des Fortschritts**
Aus: „Sklavenherrschaft der Gene". In: Die Zeit, 17./18.1.1998
**Zwischen Dasein und Design. Die Herkunft prägt das Selbstverständnis**
In: Die Zeit, Nr. 12/1998

**Hafemann, Michael**
**Die Suche nach einer Umweltethik**
In: Psychologie heute, Nr. 2/1988, S. 43–45

**Hegel, Georg Wilhelm**
**Die Entwicklung der Freiheit des Menschen**
In: Philosophisches Lesebuch, hg. von Ettlinger/Simon/Söhngen. München: Kösel und Pustet 1925, S. 322 ff.

**Heiden, Hans-Günther**
**Behindert ist man nicht, behindert wird man**
In: Die Gesellschaft der Behinderer. Das Buch zur Aktion Grundgesetz. Reinbek bei Hamburg: Rowohlt 1997, S. 14–15

**Herweg, Rachel Monika**
**Die jüdische Mutter**
In: Die jüdische Mutter. Darmstadt: Wissenschaftliche Buchgesellschaft 1995, S. 188 f.

**Hiddemann, Wolfgang**
**Die Verantwortung des Arztes im 21. Jahrhundert**
In: Spektrum der Wissenschaft, Nr. 2/1998, S. 49–50

**Hildebrandt-Woeckel, Sabine**
**Fantasie und Tatendrang – Schüler gründen Miniunternehmen**
In: Wirtschaftswoche, Nr. 51/1998, S. 140 ff.

**Hobbes, Thomas**
**Selbsterhaltung als höchstes Gut – Der Staat als Garant des Friedens**
In: Thomas Hobbes: Der Leviathan, übersetzt von Jacob Peter Mayer. Stuttgart: Reclam 1970

**Hoerster, Norbert**
**Normative Ethik und Metaethik**
In: Texte zur Ethik, hg. von Dieter Birnbacher und Norbert Hoerster. München: Deutscher Taschenbuch-Verlag 1976, S. 10 ff.
**Über die Notwendigkeit einer Minimalmoral**
In: Glück und Moral. Arbeitstexte für den Unterricht, hg. von M. Baumann und H. Kliemt. Stuttgart: Reclam 1987, S. 141–144

**Horkheimer, Max**
**Um die Freiheit**
In: Max Horkheimer: Um die Freiheit. Frankfurt am Main: Europäische Verlagsanstalt 1962, S. 7–15

**Hösle, Vittorio**
**Vor- und Nachteile des Kapitalismus in ethischer Hinsicht**
In: Vittorio Hösle: Praktische Philosophie in der modernen Welt. München: Beck 1992, S. 113–129

**Huber, Ellis E.**
**Probleme des Gesundheitssystems**
Aus: Ellis E. Huber: Ethik statt Monetik. In: Andrew Kimbrell: Ersatzteillager Mensch. Die Vermarktung des Körpers. München: Deutscher Taschenbuch Verlag 1997, S. 258 ff.

**Huber, Wolfgang**
**Bedingungen des Zusammenlebens**
In: Die tägliche Gewalt. Gegen den Ausverkauf der Menschenwürde. Freiburg: Herder 1993, S. 74 ff.

**Huizinga, Johan**
**Homo ludens (Der spielende Mensch)**
In: Johan Huizinga: Homo ludens, übersetzt von H. Nachod. Stuttgart: Kröner 1991, S. 16–22

**Hume, David**
**Über das moralische Gefühl**
In: David Hume: Eine Untersuchung über die Prinzipien der Moral, übersetzt von G. Streminger. Stuttgart: Reclam 1984, S. 215–226

**Huxley, Aldous**
**Das Recht auf Unglück**
In: Aldous Huxley: Schöne neue Welt, übersetzt von Herberth E. Herlitschka. Frankfurt am Main: Fischer 1978, S. 173 f.; © Piper

**Internationale Ärzte für die Verhütung eines Atomkrieges**
**Ökologie und Kriegsgefahr**
In: Till Bastian: Die Quelle künftiger Kriege. Heidesheim: Verlag der Internationalen Ärzte für die Verhütung des Atomkrieges, 2. Aufl. 1992, S. 5, 11, 14, 72

**Jonas, Hans**
**Das Prinzip Verantwortung**
In: Das Prinzip Verantwortung. Versuch einer Ethik für die technologische Zivilisation. Frankfurt am Main: Insel 1979, S. 7 f., 22 f., 35 f., 245 f.

Kafka, Franz
**Kleine Fabel**
Aus: Franz Kafka: Beschreibung eines Kampfes, hg. von Max Brod. Mainz: Fischer 1969, S. 91

Kant Immanuel
**Der Mensch als freie, sittliche Persönlichkeit**
In: Philosophisches Lesebuch, hg. von Ettlinger/Simon/Söhngen. München: Verlag Kösel und Pustet 1925, S. 301 ff.
**Glückseligkeit und Vernunft**
In: Immanuel Kant: Zur Metaphysik der Sitten. Akademie-Textausgabe. Berlin 1968, Bd. IV, S. 418f.
**Guter Wille und kategorischer Imperativ**
In: Immanuel Kant: Grundlegung zur Metaphysik der Sitten, hg. von Karl Vorländer. Leipzig: Meiner, 3. Aufl. 1945, S. 5f.
**Über die Lüge**
Aus: Immanuel Kant: Metaphysik der Sitten, Tugendlehre, 2. Hauptstück, 1. Von der Lüge. In: Immanuel Kant: Werke in 6 Bänden, hg. von Wilhelm Weischedel, Bd. IV. Darmstadt: Wissenschaftliche Buchgesellschaft 1983, S. 562 ff.; © Inselverlag Wiesbaden 1956
**Über ein vermeintes Recht aus Menschenliebe zu lügen**
Aus: Immanuel Kant: Über ein vermeintes Recht aus Menschenliebe zu lügen. In: Werke in 6 Bänden, a.a.O., S. 638 f.
**Völkerrecht und Völkerbund**
In: Immanuel Kant: Zum ewigen Frieden, hg. von Heiner Klemme. Hamburg: Meiner 1992, S. 66ff.

Kerber, Walter
**Soziale Gerechtigkeit**
Aus: Gerechtigkeit. Philosophische Analyse eines umstrittenen Begriffs. In: Aus Politik und Zeitgeschichte (Beilage von „Das Parlament"), 22.12.1989, S. 3ff.

Khoury, Adel Th.
**Der Mensch und seine Verantwortung**
Aus: Das Ethos des Islams. In: Das Ethos der Weltreligionen. Freiburg: Herder 1993, S. 182f.
**Eherecht und Stellung der Frau**
Aus: Das Ethos des Islams, a.a.O., S. 191f.

King, Martin Luther
**Was ist gewaltloser Widerstand?**
In: Martin Luther King: Schöpferischer Widerstand. Reden, Aufsätze, Predigten. Gütersloh: Gütersloher Verlagshaus 1980, S. 29–31; © Oncken

Kleist, Heinrich von
**Michael Kohlhaas**
In: Heinrich von Kleist: Sämtliche Werke und Briefe. Bd. 2, hg. von H. Sembdner. München: Hanser 1952

Kloepfer, Michael
**Auf dem Weg zur Ökodiktatur?**
In: Jahrbuch Ökologie 1993, hg. von Günther Altner u.a. München: Beck 1992, S. 201, 204

Köhle, Anne-Bärbel
**Opfer trifft Täter. Das Konzept des Täter-Opfer-Ausgleichs**
In: Natur, Nr. 10/1993, S. 50f.

Krämer, Gudrun
**Anpassung oder Re-Islamisierung?**
Aus: Kritik und Selbstkritik. Reformistisches Denken im Islam. In: Der Islam im Aufbruch? Perspektiven der arabischen Welt, hg. von M. Lüders. München: Piper 1992, S. 212f.

Küng, Hans
**Die gesellschaftliche Relevanz des Christseins**
In: Hans Küng: Christ sein. München: Piper 1974, S. 549f.
**Weltreligionen und Weltethos**
In: Universitas. Zeitschrift für interdisziplinäre Wissenschaft. Stuttgart: Wissenschaftliche Verlagsanstalt, 7. Aufl. 1991, S. 633f.
**Wiedergeburt? – Fragen an den Buddhismus**
In: Hans Küng: Ewiges Leben? München: Piper 1982, S. 87f.

Lenk, Hans
**Fair geht vor oder die Spaltung der Moral**
In: FAIRhalten. Materialien zur Fairnesserziehung in der Schule, hg. von der Deutschen Olympischen Gesellschaft, Weinheim 1991, S. 156f.

Lorenz, Konrad
**Ist der Mensch gut oder böse?**
In: Das sogenannte Böse. Zur Naturgeschichte der Aggression. München: Deutscher Taschenbuch Verlag 1973, S. 233

Luther, Martin
**Von der Freiheit eines Christenmenschen**
In: Martin Luther, hg. von K. G. Steck. Frankfurt am Main: Fischer 1955, S. 75f.

Luxemburg, Rosa
**Aus dem Programm des Spartakusbundes**
In: Klassenbuch. Bd. 2. Ein Lesebuch, hg. von Hans Magnus Enzensberger u.a. Darmstadt/Neuwied: Luchterhand 1972, S. 216

Marx, Karl
**Religion als Opium des Volkes**
In: Karl Marx: Werke, Band 1. Berlin: Dietz Verlag 1964, S. 378f.

Marx, Karl/Engels, Friedrich
**Deutsche Ideologie**
In: Werke. Bd. 3, hg. vom Institut für Marxismus/Leninismus. Berlin: Dietz Verlag 1973, S. 28ff.

Matron, Kristina
**Wozu Literatur? Aus einem Abituraufsatz**
Aus: Abiturarbeit von Kristina Matron, 1991, Originalbeitrag

Mead, Margaret
**Ein Tag in Samoa**
In: Jugend und Sexualität primitiver Gesellschaften, Bd. 1: Kindheit und Jugend in Samoa, übersetzt von G. Carnegie. München: Deutscher Taschenbuch Verlag 1970, S. 41 ff.

Merchant, Carolyn
**Der Tod der Natur**
In: Der Tod der Natur. Frauen und neuzeitliche Naturwissenschaft. München: Beck 1994, S. 289f.

Miersch, Michael
**„Menschenrechte" für Tiere? Eine Antwort auf Peter Singer**
Aus: Magna Charta für Fifi. In: Zeitpunkte Nr. 2/95, Hamburg: Zeit-Verlag, S. 82f.

### Milgram, Stanley

**Ein Experiment über Autorität und Gehorsamkeitsbereitschaft**
In: C. E. Linsenmair / G. Mikula: Funkkolleg Psychobiologie, Studienbrief 8. Weinheim: Beltz 1987, S. 85 f., © Dt. Institut für Fernstudien

### Mill, John Stuart

**Was heißt Utilitarismus?**
In: John Stuart Mill: Der Utilitarismus, hg. und übersetzt von Dieter Birnbacher. Stuttgart: Reclam 1976, S. 13–22

### Morus, Thomas

**Lob eines utopischen Staats und Kritik der bestehenden Staaten**
Aus: Utopia. In: Der utopische Staat, hg. von K. Heinisch. Reinbek bei Hamburg: Rowohlt 1960, S. 106–108

### Nietzsche, Friedrich

**Der Wille zum Leiden und die Mitleidigen**
Aus: Friedrich Nietzsche: Die fröhliche Wissenschaft, Viertes Buch. In: Friedrich Nietzsche: Um Leib und Leben. Auswahl aus seinem Werk von Rüdiger Safranski, hg. von Joachim Fest und Wolf Jobst Siedler. Gütersloh: Bertelsmann o.J., S. 347 f.

**Die „Guten"**
In: Sämtliche Werke, Kritische Studienausgabe Band 5, hg. von G. Colli und M. Montinari. München: Deutscher Taschenbuch Verlag 1980, S. 274 f.

**Freiheit als Kampf um die Freiheit**
Aus: Friedrich Nietzsche: Götzendämmerung. In: Werke in drei Bänden, hg. von Karl Schlechta. Darmstadt: Wissenschaftliche Buchgesellschaft, Bd. II, S. 1014

**„Gott ist tot"**
In: Friedrich Nietzsche: Sämtliche Werke. Kritische Studienausgabe Band 3, a.a.O., S. 480 ff.

**Rausch und Schönheit**
Aus: Friedrich Nietzsche: Götzendämmerung. In: Werke in drei Bänden, a.a.O., S. 995

### Nunner-Winkler, Gertrud

**Gibt es eine weibliche Moral?**
In: Weibliche Moral. Die Kontroverse über die geschlechtsspezifische Ethik, hg. von Gertrud Nunner-Winkler. München: Deutscher Taschenbuch Verlag 1995, S. 155 ff.

### Otfried Höffe

**Grundzüge der Religion**
In: Lexikon der Ethik. München: Beck 1997, S. 249 ff.

### Papst Paul VI

**Über liberalkapitalistisches Profitstreben**
In: Texte zur katholischen Soziallehre. Die sozialen Rundschreiben der Päpste und andere kirchliche Dokumente, hg. vom Bundesverband der Katholischen Arbeitnehmer Bewegung Deutschlands, 3. Aufl. 1996, S. 445 ff.

### Pfordten, Dietmar von der

**Ziviler Ungehorsam und Widerstand**
In: Julian Nida-Rümelin: Angewandte Ethik. Die Bereichsethiken und ihre theoretische Fundierung. Stuttgart: Kröner 1996, S. 275–278

### Pieper, Annemarie

**„Andere Länder – andere Sitten" Ist in der Moral alles relativ?**
In: Annemarie Pieper: Einführung in die Ethik. Tübingen: Francke, 2. Aufl. 1991, S. 31 f., 50 f.

### Platon

**Das Höhlengleichnis**
In: Platon: Der Staat, übersetzt von August Horneffer. Kröners Taschenausgabe Band 111, 10. Aufl. 1982, S. 226 ff., Alfred Kröner Verlag, Stuttgart

**Der Tod des Sokrates**
In: Platon: Hauptwerke, ausgewählt, eingeleitet und übersetzt von Wilhelm Nestle. Stuttgart: Kröner 1931, S. 110 f.

### Popper, Karl R.

**Grundlagen einer neuen Berufsethik**
In: Auf der Suche nach einer besseren Welt. Vorträge und Aufsätze aus dreißig Jahren. München: Piper 1984, S. 225–229

### Radbruch, Gustav

**Gesetzliches Unrecht und übergesetzliches Recht**
In: Süddeutsche Juristen-Zeitung, 1946, S. 103 ff.

### Rawls, John

**Gerechtigkeit als Fairness**
In: John Rawls: Eine Theorie der Gerechtigkeit, übersetzt von Hermann Vetter. Frankfurt am Main: Suhrkamp 1979, S. 19–32

### Richter, Horst Eberhard

**Medizin und Gewissen**
In: Universitas. Zeitschrift für interdisziplinäre Wissenschaft, Nr. 2/1997, S. 112 f.

### Riehl-Heyse, Herbert

**Journalismus – nur ein Geschäft?**
In: Spiegel-Spezial Nr. 1/1995, S. 145–148

### Rippe, Klaus-Peter/Schaber, Peter

**Der tugendethische Ansatz**
In: Tugendethik, hg. von Klaus-Peter Rippe und Peter Schaber. Stuttgart: Reclam 1998, S. 11 f.

### Rousseau, Jean-Jacques

**Gefühl der Freiheit und Gewissen**
In: Jean-Jacques Rousseau: Emile oder Über die Erziehung, übersetzt von L. Schmidts. Paderborn: Schöningh 1972, S. 289–301

### Russell, Bertrand

**Eigeninteresse und Selbstaufopferung**
In: Texte zur Ethik, hg. von Dieter Birnbacher und Norbert Hoerster, übersetzt von Dieter Birnbacher. München: Deutscher Taschenbuch Verlag 1976, S. 189–196

**Gibt es ein sittliches Wissen?**
In: Macht und Politik, übersetzt von Elisabeth Fischer-Wernecke. Frankfurt am Main: Fischer Taschenbuch Verlag 1988, S. 21 ff.

### Salinger, Jerome D.

**Glück als Flucht**
In: Jerome D. Salinger: Der Fänger im Roggen, übersetzt von Heinrich Böll. Reinbek bei Hamburg: Rowohlt 1986, S. 97 f., © KIWI

### Sartre, Jean-Paul

**Der Mensch ist verantwortlich**
In: Ist der Existentialismus ein Humanismus? Drei Essays. Zürich: Europa-Verlag 1950, 2. Aufl.

**Freiheit als Wahl: „Tote ohne Begräbnis“**
In: Jean Paul Sartre: Tote ohne Begräbnis, übersetzt von Traugott König. Reinbek bei Hamburg: Rowohlt 1988, S. 46–48

Schaefer, Hans-Christoph
**Wertevermittlung durch Vorbilder**
In: Frankfurter Allgemeine Sonntagszeitung, 27.9.1998, S. 4

Schmid, Richard
**Menschenwürde und tatsächliche Freiheit**
In: Unser aller Grundgesetz. Frankfurt am Main: Fischer 1971, S. 22f.

Schopenhauer, Arthur
**Die Leistung der Kunst**
Aus: Arthur Schopenhauer: Die Welt als Wille und Vorstellung. In: Werke in 10 Bänden. Zürich: Diogenes 1977, Bd. II, S. 479ff.
**Die Tugend der Menschenliebe**
Aus: Arthur Schopenhauer: Die beiden Grundprobleme der Ethik. In: Werke in 10 Bänden. Zürich: Diogenes 1977, Bd. VI, S. 266–269
**Freiheit ist nicht Wille, sondern Charakter**
Aus: Preisschrift über die Freiheit des Willens. In: Arthur Schopenhauer: Werke in 5 Bänden. Bd. III, hg. von Ludger Lütkehaus. Zürich: Haffmans 1991, S. 400ff.

Schweitzer, Albert
**„Die Ehrfurcht vor dem Leben …“ (Zitat)**
In: Albert Schweitzer: Die Ehrfurcht vor dem Leben. München: Beck, 6. Aufl. 1991

Schweitzer, Albert
**Die Ehrfurcht vor dem Leben**
In: Albert Schweitzer: Die Ehrfurcht vor dem Leben, a.a.O., S. 38, 108f.

Seifert, Karl-Heinz/Höring, Dieter
**Der Begriff der „Menschenwürde“ im Grundgesetz**
In: Taschenkommentar zum Grundgesetz für die Bundesrepublik Deutschland, hg. von Karl-Heinz Seifert und Dieter Hörnig. Baden-Baden: Nomos, 4. Aufl. 1991, S. 35

Seneca
**Tugend und sittliche Vollkommenheit**
In: Seneca-Brevier, hg. und übersetzt von Ursula Blank Sangmeister. Stuttgart: Reclam 1996, S. 32, 242f., 216f.
**Vom glücklichen Leben**
In: Seneca: Vom glückseligen Leben und andere Schriften, hg. von P. Jaerisch. Stuttgart: Reclam 1960, S. 50–52, 67–72, 79f.

Singer, Marcus George
**Warum es nicht richtig ist zu lügen**
In: Verallgemeinerungen in der Ethik. Frankfurt am Main: Suhrkamp 1975, S. 150–152

Singer, Peter
**Gleichheit für Tiere**
In: Praktische Ethik. Stuttgart: Reclam 1984, S. 73–76
**Nur Personen haben ein Recht auf Leben**
Aus: Eine nicht gehaltene Rede. In: Die Woche, 3.5.1996, S. 20

Sokolowsky, Kay
**Das große Rhabarbern**
In: Das große Rhabarbern. Neununddreißig Fallstudien über die Talkshow, hg. von Jürgen Roth und Klaus Bittermann. Berlin: Verlag Klaus Bittermann (Edition Tiamat) 1996, S. 9–14

Sokrates
**Sokrates im Gespräch mit Menon: Was ist die Tugend?**
Aus: Grundkurs Philosophie, hg. und übersetzt von Bruno Heller. Bd. 1. München: Bayerischer Schulbuchverlag 1991, S. 74ff.

Spaemann, Robert
**Alle Menschen sind Personen**
In: Personen. Versuche über den Unterschied zwischen „etwas“ und „jemand“. Stuttgart: Klett Cotta 1996, S. 262ff.
**Das Prinzip der Ehrfurcht vor dem Leben**
In: Funkkolleg praktische Philosophie/Ethik. Studienbegleitbrief 6. Weinheim und Basel: Beltz Verlag 1981, S. 67/68; © Deutsches Institut für Fernstudien an der Universität Tübingen

Steinbeck, John
**Früchte des Zorns**
In: John Steinbeck: Früchte des Zorns, übersetzt von Klaus Lamprecht. München: Deutscher Taschenbuch Verlag, 6. Aufl. 1992, S. 48f., © Diana, Zürich

Sternberger, Dolf
**Von den drei Wurzeln der Politik**
In: Frankfurter Allgemeine Zeitung, 28.9.1972

Stirner, Max
**Mir geht nichts Über Mich!**
In: Philosophiekurs Ethik. Materialien für den Philosophieunterricht in der Sekundarstufe 2, hg. von Ossner/Rumpf/Vahland. Heidelberg: Verlag Quelle & Meyer 1982, S. 41f.

Stosch, Stefan
**Fälschungen und Fiktionen**
In: Hannoversche Allgemeine Zeitung, 22.11.1996, S. 6

Thoreau, Henry David
**Über die Pflicht des Ungehorsams gegenüber dem Staat**
In: Henry David Thoreau: Über die Pflicht des Ungehorsams gegenüber dem Staat, übersetzt von Fred Güttinger. Zürich: Diogenes o. J., S. 7ff.

Thrasymachos
**Die Gerechtigkeit ist der Vorteil des Ungerechten**
In: Platon. Der Staat, übersetzt und herausgegeben von Karl Vretska. Stuttgart: Reclam 1982, S. 106ff.

Toynbee, Arnold J.
**Die Bedeutung der Weltreligionen**
In: Menschheit – woher und wohin? Stuttgart: Verlag Kohlhammer 1969, S. 151ff.

Ulsamer, Lothar
**Grundelemente einer Wirtschaftsethik**
In: Lothar Ulsamer: Ethik und Wirtschaft. Thesen, Anfragen und Leitlinien für eine konkrete Wirtschaftsethik. Esslingen o. J., S. 3ff.

Urbanek, Walter
**Der Tanz des Lebens**
In: Walter Urbanek. Der Tanz des Lebens. München: Piper 1990, S. 49

**Uthmann, Jörg von**
**Tugend und Laster**
In: Jörg von Uthmann: Das Buch der Laster. Berlin: Wolf Jobst Siedler Verlag 1996, S. 14f.

**Valéry, Paul**
**Über den Fortschritt**
Aus: Der Monat, Jg. 1949, H. 5

**Virilio, Paul**
**Augen zu, aufgepasst!**
In: Moral. Erkundungen über einen strapazierten Begriff, hg. von Ruth Stäblein, übersetzt von Bernd Wilczek. Bühl-Moos: Elster-Verlag 1993, S. 17–20

**Vogel, Christian**
**Der Sinn und der Nutzen der Erkenntnisse der Naturwissenschaft**
In: Funkkolleg „Der Mensch“, Studienbrief 10. Weinheim/Basel: Verlag Beltz 1993, S. 30, 26–30, 29

**Voltaire**
**Was heißt es, frei zu sein?**
In: Geschichte der Philosophie in Text und Darstellung. Bd. 5: Rationalismus, hg. und übersetzt von Rainer Specht. Stuttgart: Reclam 1990, S. 306–309

**Wallraff, Günther**
**Am Fließband**
In: Industriereportagen. Reinbek bei Hamburg: Rowohlt 1970, S. 8ff.

**Walser, Robert**
**Basta**
In: Robert Walser: Das Gesamtwerk. Band 2. Frankfurt am Main/Zürich: Suhrkamp 1978, S. 262ff.

**Wasmuth, Ulrike C.**
**Gewaltfreie Aktion**
In: D. S. Lutz: Lexikon Rüstung, Frieden, Sicherheit. München: Beck 1987, S. 149–152

**Weber, Max**
**Gesinnungsethik und Verantwortungsethik**
In: Max Weber: Politik als Beruf. Stuttgart: Reclam 1992, S. 70–71

**Weinrich, Harald**
**Die Linguistik der Lüge**
In: Die Linguistik der Lüge. München: Beck, 6. Aufl. 2000, S. 7–12

**Weizsäcker, Ernst Ulrich von**
**Ökodiktatur vermeiden!**
In: Jahrbuch Ökologie 1993, hg. von Günther Altner u.a. München: Beck 1992, S. 207–210

**Weizsäcker, Richard von**
**„Es gibt keine Norm für das Menschsein“**
In: Frankfurter Rundschau, 20.7.1993

**Wesel, Uwe**
**Definition, Geschichte und Funktion des Rechts**
In: Uwe Wesel: Geschichte des Rechts. München: Beck 1997, S. 45–49

**Wickler, Wolfgang/Seibt, Uta**
**Darwins Evolutionstheorie**
In. Das Prinzip Eigennutz. München: Piper 1991, S. 207f.

**Wolken, Simone**
**Asyl – das rettende Menschenrecht**
In: Platz zum Leben gesucht. Lesebuch Asyl, hg. von G. Klemt-Kozinowski u.a. Baden-Baden 1987, S. 16–17; zitiert nach Wochenschau 11, Nr. 6, Nov./Dez. 1992

**Wollschläger, Hans**
**Tiere sehen dich an**
In: Tiere sehen dich an oder Das Potential Mengele. Zürich: Haffmans 1990, S. 7, 8, 14–16

**Zippelius, Reinhold**
**Das Prinzip der Gegenseitigkeit**
In: Rechtsphilosophie. München: Beck, 2. Aufl. 1989, S. 106ff.

**Straftheorien**
In: Rechtsphilosophie, a.a.O., S. 239ff.

**Allgemeine Erklärung der Menschenrechte**
In: Menschenrecht. Ihr internationaler Schutz, hg. von B. Simma. München: Beck 2/1985

**Aus dem Programm der Hospiz-Bewegung**
In: zuhören, annehmen, begleiten, hg. von der Mainzer Hospiz-Gesellschaft. Mainz: 2. Aufl. 1998, S. 6–8

**Aus den Lehren des Konfuzius**
In: Konfuzius. Gespräche, übersetzt von Ralf Moritz. Leipzig: Reclam, 5. Aufl. 1991, S. 118, 44, 46, 117, 56, 126

**„Brauchen wir eine sich selbst überprüfende Ethik?“ – Eine Diskussion unter Philosophen**
In: Funkkolleg Praktische Philosophie/Ethik, StBB II, hg. vom Dt. Institut für Fernstudien Tübingen. Weinheim/Basel: Beltz 1980, S. 85ff.

**Computervernetzung und Internet – Fortschritt oder Gefahr?**
In: Geo-Extra, „Das 21. Jahrhundert“, Nr. 1/1995, S. 6–7

**„Der Kapitalismus verändert Ort und Zeit der Arbeit“ – Ein Interview mit dem Soziologen Richard Sennett**
In: Die Zeit, Nr. 49/1998, S. 28f.

**Der Oberste Gerichtshof von Indiana**
Zitiert nach: Uwe Wesel: The Pursuit of Happiness. In: Kursbuch 95, 1988, S. 28

**Deutscher Presserat: Publizistische Grundsätze**
In: Deutscher Presserat: Publizistische Grundsätze (Pressekodex) in der Fassung vom 14.2.1996. Bonn 1996

**Eine Reportage des „Arbeiter-Samariter-Bundes“**
In: Arbeiter-Samariter-Bund-Magazin, Nr. 4, 1997, S. 4–6

**Germanischer Mythos: Der Weltenbaum**
In: Reiner Tetzner: Germanische Göttersagen. Stuttgart: Reclam 1992, S. 17f.

**Griechischer Mythos: Der doppelgeschlechtliche Urmensch**
In: Platon: Hauptwerke, ausgewählt, eingeleitet und übersetzt von Wilhelm Nestle. Stuttgart: Kröner 1931, S. 115–119

**Indianischer Mythos: Die Mutter Erde**
Zitiert nach: Mircea Eliade: Das Heilige und das Profane. Hamburg: Rowohlt 1957, S. 81

**Koran: Sure 17**
In: Der Koran. Übersetzung von Rudi Paret. Stuttgart: Kohlhammer, 5. Aufl. 1989

**„Ökomanager des Jahres 1997" – Dr. Klaus Hipp und Alfred Ritter sind die Preisträger**
In: Gruner und Jahr Pressedienst, Fax vom 26.3.1998

**Philosophen als Kontrolleure der Genforschung? – Interview mit Ludger Honnefelder**
In: Der Spiegel, Nr. 39, 27.9.99, S. 317f.

# Personenregister

# Sachregister

# Bildnachweis

S. 7 o.l.: Paul Glaser; S. 7 o.r.: Daniel Matzenbacher c/o Contours, Hamburg; S. 7 u.: Bundesverband Selbsthilfe Körperbehinderter e. V.; S. 8: Spiegel Special, Nr. 1, 1999; S. 10, 136 l., 137 o., 138, 184 u.l. und u.m.: Heinrich Schneider/Verlagsarchiv Schöningh; S. 13, 15 u., 40 u., 49 u.l. und u.r., 108, 110, 111 o.r., 119, 147, 157 o., 165 u., 179, 190, 211 o., 227, 257, 268, 289, 301 o.l., 301 o.r., 317, 326, 328, 329, 353 o.r., 358, 377 (2 Fotos), 382: dpa; S. 15 o.: Banco de Mexico; S. 16, 40 o., 95, 99, 224, 236, 271 (3 Fotos), 279, 286, 366: Hermann Nink/Verlagsarchiv Schöningh; S. 17 (2 Fotos): Aktion Sorgenkind; S. 18: Petra Klähn/Verlagsarchiv Schöningh; S. 19, 60, 127, 132, 158, 162, 181, 247, 252, 293, 302, 310, 409: © VG Bild-Kunst, Bonn 1999; S. 24: Quelle: Publikation „Freiwilliges Soziales Jahr, Freiwilliges Ökologisches Jahr" des Bundesministeriums für Familie, Senioren, Frauen und Jugend; S. 25: Fritz Wolf/CCC; S. 31, 45, 49 (alle bis auf u.l. und u.r.), 57, 62, 63 u.r., 72, 83, 87 u., 93, 117, 145, 202, 205, 215 u.r., 215 o.l., 215 o.r., 233 o.r., 233 u., 234 (2 Abb.), 239, 248, 256, 260, 261, 263, 290, 309, 334, 380: Archiv für Kunst und Geschichte, Berlin; S. 35: Rainer Tritschel; S. 41: © Bongarts; S. 51: Gemäldegalerie Alte Meister, Dresden; S. 54: BDZV; S. 58, 215 r.m.: Staatliche Museen zu Berlin, Photographische Abteilung; S. 63 o.l.: Der Spiegel, Nr. 22, 30.5.94; S. 63 o.r.: Focus, Nr. 27, 3.7.95; S. 65: P.E.N., Deutschland; S. 66, 89 u., 142, 146, 155, 201, 255 o.: Bildarchiv Preußischer Kulturbesitz, Berlin; S. 71: Illustration Center-U.C.L. London; S. 75, 177, 399: Horst Haitzinger/CCC; S. 79: Pinacoteca Di Brera, Mailand; S. 87 o.: Deutsches Albert-Schweitzer-Archiv, 60311 Frankfurt a.M.; S. 89 o.: © 1993 Universal City Studios, Inc. and Amblin Entertainment, Inc.; S. 94: UNESCO / Lettern Partners; S. 101: Ullstein-AP; S. 102: © Cramers Kunstanstalt Dortmund; S. 103: Carl Gneist/Verlagsarchiv Schöningh; S. 107: DAI, Athen; S. 111 o.l.: entnommen aus: Funkkolleg Praktische Philosophie/ Ethik. Beltz Verlag, S. 11 © 1981 Dt. Institut für Fernstudien an der Universität Tübingen; S. 116: Olla Magnus Design; S. 120: Museum of Art, Philadelphia; S. 122: Carl-Auer-Systeme Verlag; S. 124: Artothek, Peissenberg / © VG Bild-Kunst, Bonn 1999; S. 128: Siegfried Gohr/Museum Ludwig Köln (Hg.): Gemälde, Skulpturen, Environments vom Expressionismus bis zur Gegenwart. München: Prestel-Verlag 1986. © Prestel-Verlag, München 1999; S. 131: entnommen aus: Bildlexikon der Symbole, München 1980; S. 135, 140, 189, 195, 203, 208, 209, 213 u., 215 u.l., 220 o.l., 255 u., 283, 407, 416 o.: Verlagsarchiv Schöningh; S. 136 r.: A.S.A. Archivi fotografici Storia dell' Arte, Mailand; S. 137 u.: The Robert Gore Rifkind Collection, Beverly Hills, Kalifornien; S. 141 o.: Porträt von Guisto Sustermans, Historisches Bildarchiv L. Handke, Berneck; S. 141 u.: Deutsches Zentrum für Luft und Raumfahrt e.V.; S. 149: © Piper Verlag GmbH, München 1979; Foto: Sybille und Klaus Kalas; S. 150: Michael Mathias Prechtl; S. 151: Gimpel & Weitzenhoffer, New York / © VG Bild-Kunst, Bonn 1999; S. 154: Kurt Halbritter/CCC; S. 156: Rainer Funk, Erich Fromm-Archiv, Tübingen; S. 157 u.: Photothèque Succession René Magritte, Brüssel / © VG Bild-Kunst, Bonn 1999; S. 159: Dieter Appelt, „Image de la Vie et de la Mort", 1981; S. 163: Ernst und Hans Barlach Lizenzverwaltung Ratzeburg; S. 165 o., 170: KNA-Bild; S. 168: Tomaschoff/CCC; S. 180: Foto: Musée National d'Art Moderne, Centre Georges Pompidou, Paris / © VG Bild-Kunst, Bonn 1999; S. 184 u.r.: Foto: Jean-Marie del Moral; S. 187: Weltbild-Verlag, Augsburg; S. 192: AP Photo/Santiago Lyon; S. 194, 196, 198: Fred Lenz/Verlagsarchiv Schöningh; S. 211 u.: Meier's Weltreisen; S. 212: Gabriele Jakobi; S. 214: Bundesamt für Zivildienst; S. 218: Georg Schönharting/Ostkreuz Agentur; S. 220 o.r.: Detail des Gemäldes „Die Hirten von Arkadien" von Nicolas Poussin; S. 225: Andreas Schürmann; S. 228, 229: Veronika Wypior/Verlagsarchiv Schöningh; S. 233 o.r.: Library of Congress, Prints and Photographs; S. 243: CHAPLIN-ARCHIV Frankfurt am Main; S. 254, 363 u.: Bilderdienst Süddeutscher Verlag; S. 259: Madrid, Museo del Prado; S. 265: Originalquelle nicht ermittelbar; S. 267: Bärbel Högner; S. 273: dpa/Witschel; S. 280: Andreas Rulle/CCC; S. 282, 296: Felix Mussil/CCC; S. 295: Deutsche Welthungerhilfe; S. 299: amnesty international; S. 301 u.: Czarnecki/Gamma/Studio X; S. 307: entnommen aus S. Milgram: Das Milgram-Experiment, Reinbek bei Hamburg (Rowohlt) 1992; S. 315: Viola Roehr - v. Alvensleben, München; S. 327: B. Fitch/Black Star; S. 331: Tomi Ungerer; S. 335: Pepsch Gottscheber; S. 336 o.l.: Scala, Florenz; S. 336 o.r. und u.l.: entnommen aus: Carolyn Merchant: Der Tod der Natur. Ökologie, Frauen und neuzeitliche Naturwissenschaft. Aus dem Amerikanischen von Holger Fliessbach. München: C.H. Beck, $^{2}$1994; S. 336 u.r.: Flammarion-Giraudon; S. 337 o.: Hans Neleman/The Image Bank; S. 337 u.: Landesmuseum für Technik und Arbeit, Mannheim; S. 344: Willis; S. 347 o.: Der Spiegel, Nr. 10, 3.3.97; S. 347 u.: bild der wissenschaft, Nr. 6, Juni 1997; S. 348: Time, November 8, No. 19, Vol. 142, 1993; S. 349: Foto: © Museum für Moderne Kunst, Frankfurt am Main / © VG Bild-Kunst, Bonn 1999; S. 350: Der Spiegel, Nr. 10, 1997, S. 221; S. 353 o.l.: © Deutscher Tierschutzbund e.V.; S. 353 u., S. 363 o.: Das Fotoarchiv; S. 354 (2 Abb.): entnommen aus: Lexikon der Mythologie. Augsburg: Weltbild Verlag 1997; S. 356: Okapia; S. 365: Guido Zingerl/CCC; S. 368, 375: Axel Weigend; S. 372: Arbeitskreis Organspende; S. 376: © Dietmar Gust; S. 377: Sven Simon, Essen; S. 388: Initiative Ordensleute für den Frieden, Regionalgruppe Frankfurt/Main, Franziskaner; S. 393 o.l.: Til Mette/CCC; S. 393 o.r.: Walter Hanel/CCC; S. 393 u.: Wolfgang Neeb; S. 394: Deutsches Postmuseum; S. 402: Götz Schwan, Olympus Hamburg; S. 403: Marek Vogel; S. 405 o.: Scott Thode; S. 405: entnommen aus: Spiegel Special „Der digitale Mensch", Nr. 3, 1997, S. 12; S. 406 (2 Fotos): Robbie McClaran/Outline; S. 408 o.: Cinetext; S. 408 u.: Musée du Louvre, Paris; S. 415: © 1999 KDG Wittenberg; S. 416 u.: entnommen aus: Wilfried Koch: Baustilkunde. München: Mosaik-Verlag 1991, S. 418

Sollte trotz aller Bemühungen um korrekte Urheberangaben ein Irrtum unterlaufen sein, bitten wir darum, sich mit dem Verlag in Verbindung zu setzen, damit wir eventuell erforderliche Korrekturen vornehmen können.